Dienstleistungsnetzwerke

Springer
*Berlin
Heidelberg
New York
Hongkong
London
Mailand
Paris
Tokio*

Dieter Ahlert
Heiner Evanschitzky

Dienstleistungsnetzwerke

Management, Erfolgsfaktoren
und Benchmarks
im internationalen Vergleich

Unter Mitarbeit von Martin Ahlert
und Maren Wunderlich

Mit 88 Abbildungen
und 110 Tabellen

Springer

Professor Dr. Dieter Ahlert
Dipl.-Kfm. Heiner Evanschitzky
Am Stadtgraben 13–15
48143 Münster
e-mail: 02heev@wiwi.uni-muenster.de

ISBN 3-540-43572-7 Springer-Verlag Berlin Heidelberg New York

Bibliografische Information Der Deutschen Bibliothek
Die Deutsche Bibliothek verzeichnet diese Publikation in der Deutschen Nationalbibliografie; detaillierte bibliografische Daten sind im Internet über *http://dnb.ddb.de* abrufbar.

Dieses Werk ist urheberrechtlich geschützt. Die dadurch begründeten Rechte, insbesondere die der Übersetzung, des Nachdrucks, des Vortrags, der Entnahme von Abbildungen und Tabellen, der Funksendung, der Mikroverfilmung oder der Vervielfältigung auf anderen Wegen und der Speicherung in Datenverarbeitungsanlagen, bleiben, auch bei nur auszugsweiser Verwertung, vorbehalten. Eine Vervielfältigung dieses Werkes oder von Teilen dieses Werkes ist auch im Einzelfall nur in den Grenzen der gesetzlichen Bestimmungen des Urheberrechtsgesetzes der Bundesrepublik Deutschland vom 9. September 1965 in der jeweils geltenden Fassung zulässig. Sie ist grundsätzlich vergütungspflichtig. Zuwiderhandlungen unterliegen den Strafbestimmungen des Urheberrechtsgesetzes.

Springer-Verlag Berlin Heidelberg New York
ein Unternehmen der BertelsmannSpringer Science + Business Media GmbH
http://www.springer.de

© Springer-Verlag Berlin Heidelberg 2003
Printed in Germany

Die Wiedergabe von Gebrauchsnamen, Handelsnamen, Warenbezeichnungen usw. in diesem Werk berechtigt auch ohne besondere Kennzeichnung nicht zu der Annahme, dass solche Namen im Sinne der Warenzeichen- und Markenschutz-Gesetzgebung als frei zu betrachten wären und daher von jedermann benutzt werden dürften.

Umschlaggestaltung: Erich Kirchner, Heidelberg
SPIN 10877441   42/3130 – 5 4 3 2 1 0 – Gedruckt auf säurefreiem Papier

Einführung in die Problemstellung

Der Forschungsauftrag des Bundesministeriums für Bildung und Forschung (BMBF), dem die vorliegende Arbeit ihre Entstehung verdankt, firmiert unter der Bezeichnung:

> „**Benchmarking zur Stärkung von Innovation, Wachstum und Beschäftigung im Dienstleistungssektor**"

Vorausgegangen war eine Untersuchung, welche die Erkenntnisse, Erfahrungen und Visionen von etwa 300 Experten aus Wirtschaft, Wissenschaft und Politik gebündelt und in konkrete Handlungsempfehlungen umgesetzt hat. Sie wurde im Jahr 1998 unter dem Titel „Dienstleistung 2000plus" der Öffentlichkeit vorgestellt und bildet den Ausgangspunkt des vorliegenden Forschungsprojektes.

Der Dienstleistungssektor: In Deutschland besonders rückständig?

Aus der Untersuchung geht hervor, dass der tertiäre Sektor Deutschlands im internationalen Vergleich nicht die ihm zukommende wirtschaftliche Bedeutung erlangt habe und deutsche Dienstleistungen auf dem Weltmarkt nicht ähnlich führende Wettbewerbspositionen erreichen konnten wir deutsche Industrieprodukte.

In seinem Vorwort verweist Klaus Mangold auf die Tatsache, „dass Dienstleistungen trotz ihrer wichtigen wirtschaftlichen Rolle im Bewusstsein der bundesdeutschen Öffentlichkeit noch immer eine untergeordnete Rolle spielen". Daraus wird das grundlegende Ziel abgeleitet, „in Deutschland ein positives Klima für Dienstleistungen zu schaffen".

Ergänzend sei darauf hingewiesen, dass die Servicebereitschaft und Freundlichkeit des Personals in deutschen Dienstleistungsbetrieben in der öffentlichen Meinung bevorzugt mit der Metapher „Servicewüste Deutschland" belegt wird.

Mit den vorstehenden Ausführungen sind drei völlig unterschiedliche Sachverhalte angesprochen:

- *Erstens*, der statistisch belegbare Tatbestand, dass der tertiäre Sektor in Deutschland – sowohl der relative Anteil an der Gesamtbeschäftigung als auch die Wachstumsraten und der Dienstleistungsanteil an den Gesamtexporten – deutlich hinter anderen Ländern (z. B. Japan, USA) zurückliegt.

- *Zweitens*, die durch einige empirische Erhebungen gestützte Vermutung, dass die Servicebereitschaft der Mitarbeiter in Organisationseinheiten mit unmittelbarem Kundenkontakt in Deutschland (wiederum im internationalen Vergleich) zu wünschen übrig lasse und die Kundenzufriedenheit der Verbraucher entsprechend gering sei.

- *Drittens*, die Unterschätzung von Dienstleistungen als Wirtschaftsfaktor in der breiten Öffentlichkeit, die mangelnde gesellschaftliche Anerkennung und damit die geringe Attraktivität der hier angesiedelten Berufsfelder, nicht zuletzt auch in den Augen von Berufsanfängern und potenziellen Berufswechslern.

Die Fragestellungen des Forschungsprojektes

Diese Sachverhalte konnten jedoch letztlich nur als *Symptome eines Ursachenkomplexes* interpretiert werden, den es erst noch zu erforschen galt. Im Einzelnen leiteten sich daraus die folgenden Fragestellungen ab:

(1) Ist die *Verbrauchernachfrage nach Dienstleistungen* in Deutschland tatsächlich geringer als in anderen Ländern, und wenn ja aus welchen Gründen? Da offenbar nicht alle Dienstleistungsbereiche unter zurückhaltender Verbrauchernachfrage leiden (z. B. Finanzdienstleistungen, Tourismus, Gesundheitswesen), schließt sich die Frage an, wie sich die Unterschiede zwischen den differenten Typen von Dienstleistung erklären lassen.

(2) Welches sind die Schlüsselfaktoren, durch die sich überdurchschnittlich erfolgreiche (z. B. hochrentable, stark wachsende) von weniger erfolgreichen Dienstleistungsunternehmungen im In- und Ausland signifikant unterscheiden, und sind diese *Erfolgsfaktoren* in allen Dienstleistungsbereichen dieselben?

(3) Welche Dienstleistungsunternehmungen bzw. Praktiken in unterschiedlichen Ländern können im Hinblick auf diese Erfolgsfaktoren als vorbildlich identifiziert und damit als Benchmarks interpretiert werden?
Benchmarking bezieht sich auf einzelne, besonders exzellente Anschauungsobjekte in der Realität. Im Rahmen der *ganzheitlichen Benchmarkingforschung* geht es um komplette Konzepte von Dienstleistungsunternehmungen. Im Rahmen der *partialanalytischen Benchmarkingforschung* werden besonders geeignete Teilkonzepte, Konzeptbausteine und Prozesse als sog. „beste Praktiken" analysiert.

(4) Welche Faktoren stehen einer Übertragung exzellenter Gesamt- oder Teilpraktiken der internationalen Dienstleistungswirtschaft nach Deutschland entgegen, und welche *Ansatzpunkte zur Beseitigung der Übertragungsbarrieren* können unterschieden werden?
Übertragung bedeutet nicht zwingend *Imitation* im Sinne einer 1 zu 1-Kopie, sondern beinhaltet auch die mosaiksteinartige Komposition unterschiedli-

cher, exzellenter Konzeptbausteine (bester Praktiken) zu einem neuartigen, eigenwilligen Bauwerk, also die *vorbildorientierte Innovation*.

(5) Wie können die exzellenten Dienstleistungskonzepte im deutschen Markt und, von dort ausgehend, auch grenzüberschreitend zügig umgesetzt und multipliziert werden?

Die *„Hochgeschwindigkeits-Expansion"* ist angesichts fehlender gewerblicher Schutzrechte für Dienstleistungskonzepte eine wichtige Voraussetzung des nachhaltigen Erfolges im tertiären Sektor. Sie ist jedoch mit spezifischen Problemen der System- bzw. Netzwerksteuerung und der Bewältigung von Ressourcenengpässen verbunden, nicht nur im finanziellen Bereich, sondern insbesondere auch im Bereich des so genannten Humankapitals: Den Hauptengpass bilden Personen mit Unternehmerqualitäten.

(6) Wie kann die permanente Verbesserung der Dienstleistungskonzepte und ihrer Vermarktung vorangetrieben werden?

Experimentelle Optimierung auf der Basis eines internen und externen Konzeptbenchmarking sowie das *Knowledgemanagement* sind hier die zentralen Stichworte.

Die Bearbeitung dieser Fragestellungen erfolgte in einem mehrstufigen Prozess. Der Hypothesenbildung dienten die Auswertung vorhandener Studien, eigene Plausibilitätsüberlegungen sowie insbesondere zahlreiche Expertengespräche und Diskussionsforen. Zur konfirmatorischen Überprüfung der Hypothesen wurden mehrere aufeinander aufbauende, überwiegend international ausgerichtete empirische Erhebungen durchgeführt.

Die Stärkung des Dienstleistungssektors: Ein nationales Problem?

Im Rahmen der Hypothesenbildung erwies es sich alsbald als zweckmäßig, den Fokus nicht auf die Analyse einzuengen, was speziell in Deutschland anders sei als in anderen Ländern. So wird die Frage, warum die Potenziale für das Wachstum, die Beschäftigung und die Modernisierung im Dienstleistungssektor nicht hinreichend ausgeschöpft werden, aktuell als ein *EU-weit relevantes Problem* diskutiert. Anlässlich der Veröffentlichung eines umfassenden Berichtes über den Stand des Binnenmarktes für Dienstleistungen durch den EU-Binnenmarktkommissar Frits Bolkestein heißt es in der FAZ Nr. 180 vom 6.8.2002, S. 19:

„Ob die Wirtschaft wächst, hängt im wesentlichen von der Entfesselung des Dienstleistungsmarktes ab. Kaum bekannt – da von den Statistikern nur mangelhaft erfasst – machen Dienstleistungen 70 Prozent des Bruttoinlandsproduktes und der Arbeitsplätze aus. Deutschland liege dabei im Mittelfeld, heißt es. Lang ist die Liste der Beschwerden ausländischer Unternehmen über deutsche Marktzugangshindernisse, lang ist aber auch die Liste der Beschwerden deutscher Unternehmen über Hindernisse in den Nachbarländern."

Im Verlaufe des Forschungsprojektes stellte sich heraus, dass die Stärkung des Dienstleistungssektors eine Nationen übergreifende, *allgemeine Herausforderung für das Management von Dienstleistungsunternehmen* darstellt. Es erschien daher für unser Projektteam Erfolg versprechend, ohne spezifischen Nationalitätenbezug die konzeptionellen Grundlagen eines exzellenten Dienstleistungsmanagement auf der Basis einer internationalen Benchmarkingstudie zu erforschen.

Die Anfangsvermutung dabei lautete: Sollten als wesentliche Gründe für die relativ geringe Verbrauchernachfrage nach bestimmten Dienstleistungen – siehe Frage (1) – einerseits deren unzureichende Qualität (Innovationsgrad, Problemlösungspotenzial) sowie die Unzufriedenheit mit dem Verhalten des Servicepersonals und andererseits ein als ungünstig wahrgenommenes Preis-Leistungs-Verhältnis identifiziert werden, so käme es darauf an,

- die *Qualität des Dienstleistungsangebotes* durch permanentes Dienstleistungsengineering sowie den Dialog mit dem Kunden zu sichern,
- die *führungsorganisatorischen Voraussetzungen* dafür zu schaffen, dass das Servicepersonal qualifiziert und hoch motiviert ist (Unternehmertum „vor Ort"), und
- alle Potenziale des *Kostenmanagements* auszuschöpfen, d. h. die Vorteile der Größendegression, der Erfahrungskurveneffekte sowie der Arbeitsteilung und Spezialisierung effizient auszunutzen und die neuesten Produktions-, Informations- und Kommunikationstechnologien einzusetzen.

Nun stößt der Versuch, im tertiären Sektor allgemeingültige Handlungsempfehlungen für das Management erarbeiten zu wollen, auf enge Grenzen, die aus der *extrem hohen Heterogenität von Dienstleistungen* erwachsen. Grundlage der Erfolgsforschung und Erfolgsgestaltung musste daher die Herausbildung von Klassen bzw. Typen von Dienstleistungen sein, für die jeweils spezifische Lösungen zu erarbeiten sind. Aus den zahlreichen Typologien, die im Verlaufe dieser Untersuchung vorgestellt werden, sei an dieser Stelle exemplarisch – zur Verdeutlichung der Problematik – auf ein Kontinuum verwiesen, welches von sehr einfachen bis zu hoch komplexen Dienstleistungen reicht:

Von der einfachen Dienstleistung zur Systemdienstleistung

Zu den *einfachen Dienstleistungen* zählen z. B. solche, die der Konsument (notfalls bzw. alternativ) auch selbst erbringen könnte, wie etwa das Rasen mähen oder der Gepäcktransport auf dem Bahnhof.

Auf die Frage, ob und warum die Verbrauchernachfrage nach derartigen Dienstleistungen in Deutschland relativ gering ist, wird man vermutlich an jedem Ökonomenstammtisch eine ähnliche Antwort erhalten:

Der Austausch derartiger Leistungen im zwischenmenschlichen Bereich werde durch das hohe Lohnniveau in Deutschland und zusätzlich noch durch alle möglichen Steuern und Lohnnebenkosten stranguliert bzw. in den Bereich der Schwarzarbeit verdrängt. Es müsste schon ein beträchtliches Maß an Arbeitsteilungs- und Spezialisierungseffekten ausgeschöpft werden, um die Schwelle zu überspringen, ab der das Dienstleistungsangebot in das vom Verbraucher akzeptierte – weil im Vergleich zum „Do it yourself" oder zur „Nachbarschaftshilfe" günstigere – Preis-Leistungs-Verhältnis gelangen könne.

Wie kann diese Schwelle gesenkt werden?

Zu denken ist naheliegenderweise an die entsprechende Änderung der institutionellen Rahmenbedingungen in der Volkswirtschaft (Steuern, Abgaben, Lohnkosten, Personalnebenkosten etc.): Damit befasst sich die vorliegende Untersuchung – wie oben schon festgestellt – bewusst nicht, da es sich um eine allgemein bekannte, stets aufs Neue propagierte Trivialität handelt.

Weitaus spannender ist die Frage, ob die Schwelle durch geeignete Vorkehrungen im Bereich des Dienstleistungsmanagement deutlich gesenkt werden kann.

Unsere zentrale Ausgangshypothese lautet, dass die System- bzw. Netzwerkbildung geeignet sein müsste, die Synergieeffekte über eine Mehrzahl von Dienstleistungsanbietern hinweg in einer Weise besser auszuschöpfen, dass trotz der widrigen Rahmenbedingungen attraktive, bezahlbare Leistungsangebote entstehen. Beispiele für die Plausibilität dieser Hypothese findet man schon seit langem im Automobilreparaturbereich (z. B. Auspuff-Service), im Bereich des so genannten Facility Management (z. B. Fensterreinigung), in der Fastfood-Gastronomie (wie z. B. Bulettenbrater, Pizza-Service) etc.

Das Erfolgsrezept scheint simpel zu sein: Aus sehr einfachen Dienstleistungen unterhalb der Akzeptanzschwelle des Verbrauchers werden durch System- bzw. Netzwerkbildung preisgünstige und zugleich qualitativ akzeptable *Systemdienstleistungen.*

Interessanterweise erweisen sich in diesem Schwellenbereich die kooperativen Unternehmensnetzwerke (in der Regel als Franchisesysteme konfiguriert) nicht nur den völlig eigenständig handelnden Dienstleistungsbetrieben, den Solitären, sondern auch den hierarchischen Organisationsstrukturen, z. B. den Massenfilialsystemen, zunehmend als überlegen. Ob dies speziell in dem hier angesprochenen Schwellenbereich an der größeren Opferbereitschaft und Leidensfähigkeit der selbständigen Partner oder an ihrer (im Vergleich mit Filialleitern) möglicherweise höheren Qualifikation und Motivation als so genannte „Unternehmer im Netzwerk" liegen mag oder/und an Transaktionskostenvorteilen im Bereich der Systemsteuerung, ist eine der Forschungsfragestellungen, denen die vorliegende Untersuchung nachspürt. Insbesondere von einem internationalen Benchmarking können hier wertvolle Anregungen erwartet werden.

Netzwerkbildung auch bei komplexen Dienstleistungen?

Nun wäre es völlig verfehlt, die Erfolg versprechende Netzwerkbildung nur im Bereich der so genannten Systemdienstleistungen ansiedeln zu wollen. Das viel bemerkenswertere Marktpotenzial für Unternehmensnetzwerke ist im Bereich der *hoch komplexen Dienstleistungen* zu vermuten. Diese dienen der Lösung umfassender, ganzheitlicher Verbraucherprobleme und sind nicht ohne Weiteres durch „Do it yourself" substituierbar.

Klassische Beispiele im beruflichen und privaten Bereich des Verbrauchers sind Multimediaprobleme, Sicherungsprobleme, Mobilitätsprobleme und natürlich die schon immer höchst anspruchvollen Probleme im Zusammenhang mit dem Neu-, Aus- und Umbau von Häusern und Wohnungen, deren Einrichtung sowie der Gestaltung der Außenanlagen. Unter dem Stichwort „Mass Customization" gewinnen zur Zeit komplexe Konsumgüter in nahezu sämtlichen Branchen erheblich an Bedeutung.

Die Relevanz für den tertiären Sektor erwächst daraus, dass die Bewältigung dieser umfassenden Verbraucherprobleme innovative 'Kompositionen' von Sach- und Dienstleistungen – in der Regel aus unterschiedlichen Branchen – voraussetzt.

Bezüglich der hier zu erbringenden Koordinationsleistungen lautet die aktuelle Forschungsfragestellung, welche Organisationsform sich im so genannten *Wettbewerb der Systeme* durchzusetzen verspricht, welche Erfolgsfaktoren dafür maßgeblich sind und welchen Vorbildern nachgeeifert werden kann. Grundsätzlich kommen im Rahmen dieses Systemwettbewerbs die folgenden Alternativen in Betracht:

(a) Der *Verbraucher* selbst übernimmt die Koordination, indem er in unterschiedlichen Geschäftsstätten die erforderlichen Sach- und Dienstleistungen erwirbt, und zwar entweder als standardisierte und/oder als individualisierte Leistungskomponenten. Er könnte mit dieser Koordinationsaufgabe auch einen spezialisierten Dienstleister, etwa einen Konsumberater bzw. Architekten, beauftragen.

(b) Ein einzelner Handels-, Handwerks- bzw. Dienstleistungsbetrieb, d.h. ein *Solitär in Verbrauchernähe,* bemüht sich um ein (in der Regel individualisiertes) Gesamtangebot aus einer Hand.

(c) Betriebe, die sämtliche Leistungskomponenten bündeln, werden als Filialen einer *hierarchischen Dienstleistungsunternehmung* organisiert, die – wiederum in unmittelbarer Verbrauchernähe – standardisierte Komplettlösungen anbieten.

(d) Das Gesamtangebot der differenten Leistungskomponenten wird durch ein *Virtuelles Netzwerk* selbständiger Betriebe, möglicherweise auch als Digital Business bzw. E-Shopping konfiguriert, dargestellt. Eine Individualisierung der Komplettlösung ist auch hier denkbar.

(e) Im Gegensatz zu kurzlebigen virtuellen Netzwerken kennzeichnet sich das *kooperative Unternehmensnetzwerk* dadurch, dass es auf Dauer angelegt ist und, von einem Systemkopf gesteuert, die differenten Leistungskomponenten über mehrere spezialisierte Fachbetriebe sowie überregional bündelt. Auch hier sind maßgeschneiderte Leistungskomplexe für individualistische Ansprüche ebenso wie standardisierte Komplettlösungen denkbar.

Dienstleistungsnetzwerke im Systemwettbewerb

Einer der zentralen Ausgangspunkte der vorliegenden Untersuchung bildete die Überzeugung, dass die letztgenannte Organisationsform, also das kooperative Unternehmensnetzwerk, nicht nur bei einfachen Systemdienstleistungen, sondern erst recht bei hoch komplexen Dienstleistungen, geradezu prädestiniert sein müsste, als *Sieger aus dem Systemwettbewerb* hervorzugehen. Das Dienstleistungsnetzwerk kann die Vorteile der marktlichen mit denen der hierarchischen Koordination verbinden, ohne deren Nachteile in Kauf nehmen zu müssen.

Die Nachteile der völlig eigenständig handelnden Dienstleistungsbetriebe (Solitäre) liegen auf der Hand. Es fehlt ihnen an zentraler Unterstützung: Entlastung durch geeignete Hintergrundsysteme, effektive Ausnutzung von Vorteilen der Größendegression, der Erfahrungskurveneffekte sowie der Arbeitsteilung und Spezialisierung, Implementierung innovativer Produktionstechniken sowie der neuen Informations- und Kommunikationstechnologien, strategische Fortentwicklung durch experimentelle Optimierung u. v. a. m.

Die hierarchische Lösung, d. h. die filialisierte Dienstleistungsunternehmen bzw. der Dienstleistungskonzern, unterliegt der Gefahr mangelnder Flexibilität und Individualität des Marktauftritts, hoher Motivationsdefizite bei dem Dienstleistungspersonal und fehlenden Unternehmertums vor Ort. Die zentralistische Führungsorganisation mag bei der Massenproduktion von Sachgütern oder in Massenfilialsystemen des discountierenden Versorgungshandels ein überlebensfähiges Koordinationsprinzip sein, erscheint jedoch für den Dienstleistungssektor möglicherweise verfehlt. Vereinfacht ausgedrückt, können Unternehmenskooperationen gegenüber der marktlichen Koordination Transaktionskostenvorteile und gegenüber der hierarchischen Koordination Bürokratiekostenvorteile erlangen, sie verursachen allerdings zusätzliche Kooperationskosten. Diese können bei kurzlebigen Virtuellen Netzwerken die genannten Vorteile überkompensieren, bei auf Dauer angelegten Netzwerken – u. a. wegen der möglichen Vertrauensbildung – jedoch in Grenzen gehalten werden.

Allen Plausibilitätsüberlegungen zum Trotz zeigen unsere empirischen Befunde allerdings keineswegs die generelle Überlegenheit der Netzwerkorganisation gegenüber den alternativen Organisationsformen. Es entwickeln sich zwar etliche Dienstleistungsnetzwerke hervorragend, geradezu vorbildlich, aber es gibt – insbesondere in jüngster Zeit – auch etliche *spektakuläre Fehlentwicklungen und Insolvenzen* in diesem Bereich. Damit richtet sich der Fokus der vorliegenden Arbeit auf die Frage, welche *Erfolgsfaktoren innerhalb der Gesamtmenge koope-*

rativer Dienstleistungsnetzwerke die Gewinner von den Verlierern signifikant unterscheiden.

Dienstleistungsnetzwerke auf dem Prüfstand

Mit der Erforschung der Erfolgsvoraussetzungen von Dienstleistungsnetzwerken wird nicht nur ein erkenntnistheoretisches, sondern auch ein pragmatisches Ziel verfolgt:

Die Ergebnisse sind in ein Evaluations- und Zertifizierungsprogramm gemündet, auf dessen Grundlage das Internationale Centrum für Franchising und Cooperation an der Universität Münster (F&C) in Zusammenarbeit mit der Zertifizierungsstelle des Deutschen Institut für Normung e. V. in Berlin (DIN CERTCO) seit Anfang 2002 ein Zertifikat an Franchisesysteme, gewerbliche Verbundgruppen und ähnliche kooperative Unternehmensnetzwerke vergibt.

Dieser standardisierte Qualitätsmaßstab soll das Management der Dienstleistungsnetzwerke unterstützen, ihre Attraktivität insbesondere am Kapital- und Partnermarkt erhöhen und nicht zuletzt auch Existenzgründungen innerhalb der Netzwerke fördern.

Die Autoren der vorliegenden Untersuchung erhoffen sich nicht nur von der vorliegenden Benchmarkingstudie, sondern auch von dem darauf basierenden Zertifizierungsprogramm DIN/F&C, gemäß dem Forschungsauftrag des BMBF, einen Beitrag zur „*Stärkung von Innovation, Wachstum und Beschäftigung im Dienstleistungssektor*" leisten zu können.

Danksagung

Jede Forschungsarbeit hat nicht nur eine qualitative Dimension – darüber mögen die Leser der Studie urteilen –, sondern auch eine quantitative. Diese wird – fast in anekdotischer Weise – durch die folgende Übersicht verdeutlicht:

Unternehmensbereich:
- Erkenntnisse aus sechs Ländern wurden ausgewertet
- über 30 Tiefeninterviews wurden geführt
- über 300 Dienstleister wurden schriftlich befragt
- über 70.000 Fragen wurden gestellt
- über 4.500 Seiten Fragebögen wurden ausgewertet

Konsumentenbereich:
- über 7.500 Konsumenten wurden befragt
- über 500.000 Fragen wurden gestellt
- über 100.000 „Seiten" Fragebögen wurden ausgewertet

Ein empirisches Forschungsprojekt dieser Voluminösität kann ein universitäres Forschungsinstitut – hier: der Lehrstuhl für Betriebswirtschaftslehre, insbes. Distribution und Handel der Universität Münster – nicht ohne massive Unterstützung realisieren.

Allen voran gilt mein herzlicher Dank dem Auftraggeber des Forschungsprojektes (Förderkennzeichen: 01HG9917/1), dem **Bundesministerium für Bildung und Forschung (BMBF)**, sowie dem als Projektträger fungierenden Deutschen Zentrum für Luft- und Raumfahrt (DLR) für die freundliche Unterstützung bei der technischen Abwicklung.

Voraussetzung für die Förderung aus Bundesmitteln war die finanzielle Unterstützung der Praxis, für die ich den Kuratoren des **Internationalen Centrum für Franchising und Cooperation** herzlich danken möchte. Dies sind im Einzelnen der Deutsche Franchise Verband (DFV) sowie die Unternehmen OBI, TUI, VNR-Verlag, Muelhausmoers. Ferner sei den F&C Sponsoren Der Teeladen, McDonald's, MotorLand und Spinnrad sowie den Mitgliedern des F&C Centrums herzlich gedankt.

Der Franchise- und Kooperationspraxis gilt mein Dank auch für die ideelle Unterstützung, insbesondere für die Bereitwilligkeit, wiederholt empirische Erhebungen über sich ergehen zu lassen, desgleichen den zahlreichen Experten des tertiären Sektors.

Des Weiteren wären die intensiven empirischen Recherchen im Ausland nicht ohne die tatkräftige Unterstützung der Beratungsunternehmen **OC&C Strategy Consultants** (bzw. McKenna Group in den USA) und **Mercuri International** möglich gewesen. Deren exzellente Kontakte in die USA bzw. in den skandinavischen Raum haben es uns erleichtert, international zu forschen.

Das Forschungsprojekt hat seit dem Jahre 1999 die Mehrzahl meiner Mitarbeiter(innen) nicht nur am Lehrstuhl und im F&C-Centrum, sondern auch am Institut für Handelsmanagement und Netzwerkmarketing (im Marketing Centrum Münster) sowie des Marketinginstitut für Textilwirtschaft (FATM) intensiv beschäftigt.

Außer dem vorliegenden Forschungsbericht und zahlreichen Aufsatzveröffentlichungen sind die folgenden Bücher aus dem Projekt hervorgegangen, aus denen die Quintessenz in die vorliegende Studie eingeflossen ist:

- Markenmanagement im Handel (Ahlert/Kenning/Schneider)
- Prozessmanagement im vertikalen Marketing (Ahlert/Borchert)
- Handbuch Franchising & Cooperation (Ahlert)
- Exzellenz in Dienstleistung und Vertrieb (Ahlert/Evanschitzky/Hesse)
- Customer Relationship Management im Handel (Ahlert/Becker/Knackstedt/Wunderlich)

Ebenso erwähnt seien fünf Dissertationen, die im Rahmen dieses Projekts entstanden und inzwischen in der neu gestarteten DUV Schriftenreihe „Unternehmenskooperation und Netzwerkmanagement", herausgegeben von den Professoren Dieter Ahlert, Utho Creusen, Thomas Ehrmann und Günther Olesch, veröffentlicht wurden. Dort werden auch weiterhin die Forschungsergebnisse zur praxisorientierten Theorie des Netzwerkmanagements einer interessierten Öffentlichkeit präsentiert. Allen beteiligten Mitarbeitern und den (Mit-)Autoren der genannten Bücher möchte ich herzlich danken.

Mein besonderer Dank gilt Herrn Dipl.-Kfm. Heiner Evanschitzky, der seit Anfang 2000 die Koordination des BMBF-Projektes übernommen und unermüdlich für den Projektfortschritt „gekämpft" hat, sowie Frau Dipl.-Kffr. Maren Wunderlich und Herrn Dipl.-Kfm. Martin Ahlert, die Teile der vorliegenden Studie verfasst haben.

Ferner danke ich Frau Dipl.-Kffr. Kristin Große-Bölting sowie Frau Dipl.-Kffr. Hilke Plaßmann für ihre Unterstützung bei den Erhebungen im Ausland und Herrn Dipl.-Kfm. Josef Hesse sowie zahlreichen studentischen Mitarbeitern für ihre wertvolle Unterstützung bei der Auswertung der empirischen Ergebnisse.

Münster, im September 2002   Univ.-Prof. Dr. Dieter Ahlert

Inhaltsverzeichnis

Teil I
Auf der Suche nach den Spitzenleistungen im tertiären Sektor 1

1 Erfolg im tertiären Sektor 3
   1.1 Dienstleister im Wettbewerb 3
   1.2 Rahmenbedingungen 4
2 Internationale Betrachtungen 6
   2.1 Der Dienstleistungshandel 6
   2.2 Die arbeitsmarktpolitische Bedeutung des tertiären Sektors 8
   2.3 Implikationen 9
3 Weiterer Verlauf der Untersuchung 11

Teil II
Konzeptionelle Grundlagen und empirische Ergebnisse der Erfolgsforschung in Dienstleistungsnetzwerken 15

1 Dienstleistungsnetzwerke als Analyseobjekt der Erfolgsforschung 17
   1.1 Die systematische Erfassung von Dienstleistungsnetzwerken als Ausgangspunkt der Erfolgsforschung 17
   1.2 Systematisierung durch Typenbildung 18
      1.2.1 Systematisierungsansätze für Dienstleistungen 20
      1.2.2 Systematisierungsansätze für Netzwerke 36
      1.2.3 Dienstleistungsnetzwerke 46

1.3 Realtypen: ausgewählte Beispiele 46

2 Konzeptionelle Grundlagen des Benchmarking im Dienstleistungssektor **51**

2.1 Benchmarking versus Erfolgsfaktorenforschung: Der Münsteraner Ansatz der Erfolgsforschung 51

2.2 Benchmarking im Rahmen neuer Managementansätze 55

    2.2.1 Innovation oder Imitation – ein Gegensatz? 55

    2.2.2 Reengeneering oder Benchmarking – zwei unvereinbare Wege zum Erfolg? 57

2.3 Die Konzeption des Benchmarking im Dienstleistungssektor 57

    2.3.1 Die Arten des Benchmarking in Netzwerken 58

    2.3.2 Der Benchmarkingprozess 61

2.4 Die typischen Fehler beim Benchmarking 63

    2.4.1 Moralische und rechtliche Bedenken 64

    2.4.2 Ablehnung fremder Problemlösungen 65

    2.4.3 Fehlende Bereitschaft zur Umorientierung 66

    2.4.4 Gestörte Kommunikationsbeziehungen 66

    2.4.5 Falsche Lernprozesse 67

    2.4.6 Strukturelle Hindernisse in der Unternehmungsorganisation 67

2.5 Empfehlungen für die Gestaltung des Benchmarking in Dienstleistungsnetzwerken 69

3 Die Erfolgsfaktorenforschung im Dienstleistungssektor **71**

3.1 NetworkExcellence: Der Erfolg von Dienstleistungsnetzwerken 71

3.2 Phase I: Expertengespräche 72

    3.2.1 Ziel und Methode 72

    3.2.2 Ergebnisse 72

    3.2.3 Diskussion 73

3.3 Phase II: Die Delphi-Studie 73

    3.3.1 Ziel und Methode 73

    3.3.2 Ergebnisse 76

    3.3.3 Diskussion 83

	3.4	Phase III: Die konfirmatorische Analyse 84
		3.4.1 Theorie, Ziel und Methode 84
		3.4.2 Ergebnisse 97
		3.4.3 Diskussion 101
	3.5	Erfolgsfaktorenstudien in ausgewählten Teilbereichen des Dienstleistungssektors 104
		3.5.1 Erfolgsfaktoren von Franchisesystemen 104
		3.5.2 Erfolgsfaktoren von Bankdienstleistern 128
		3.5.3 Erfolgsfaktoren in der New Economy 153
	3.6	Zusammenfassung 168
4	**Die Positionierung von Dienstleistungsnetzwerken im Rahmen der Erfolgsfaktoren** **170**
	4.1	Strategische Analyse von Dienstleistungsnetzwerken 170
	4.2	Das Positionierungsmodell 171
		4.2.1 Der Aufbau des Positionierungsmodells 171
		4.2.2 Realpositionen der untersuchten Dienstleistungsnetzwerke 173
		4.2.3 Kritische Würdigung des Positionierungsmodells 174
	4.3	Das Modell der erkannten und unerkannten Erfolgsfaktoren 175
		4.3.1 Die erkannte und die berechnete Wichtigkeit der Erfolgsfaktoren 175
		4.3.2 Die Positionierung der Erfolgsfaktoren 175
		4.3.3 Kritische Würdigung 176
	4.4	Die erfolgsfaktorenorientierte Balanced Scorecard 177
		4.4.1 Grundlagen der Balanced Scorecard 177
		4.4.2 Die Balanced Scorecard als Instrument für die „lernende Organisation" 180
		4.4.3 Die Balanced Scorecard im Lichte der Erfolgsforschung 182
5	**Die Identifikation der „Best Practices"** **185**

Teil III
Case-Studies des internationalen Benchmarking 189

1 Die Vorgehensweise 191
2 Der Erfolgsfaktor Netzwerkmanagement 192
   2.1 Effizienz und Effektivität durch Netzwerkbildung 192
   2.2 Theoretische Grundlagen 193
   2.3 Modell 194
   2.4 Ergebnisse 196
   2.5 Die Benchmarks 198
      2.5.1 Roche Diagnostics: vom „Produzenten" zum „Informationsdienstleister für den Patienten" durch innovatives Netzwerkmanagement 198
      2.5.2 Garant Schuh + Mode AG: Europäisierung und Wachstum durch Netzwerkbildung 201
      2.5.3 Die Revolution im Direktvertrieb: Dell Computer Corp. 205
   2.6 Diskussion 207
3 Der Erfolgsfaktor Markenmanagement 209
   3.1 Die Marke als Leistungsversprechen 209
   3.2 Theoretische Grundlagen 210
   3.3 Modell 211
   3.4 Ergebnisse 214
   3.5 Die Benchmarks 214
      3.5.1 Das bekannteste Franchisesystem der Welt: McDonald's 214
      3.5.2 Der Aufbau einer neuen Marke: R.I.C. GmbH – „RED ZAC" 217
   3.6 Diskussion 218
4 Der Erfolgsfaktor Innovationsmanagement 220
   4.1 Innovation als Kernaufgabe von Dienstleistungsnetzwerken 220
   4.2 Theoretische Grundlagen 220
   4.3 Modell 222

4.4	Ergebnisse	224
4.5	Die Benchmarks	225
	4.5.1 Cisco Systems Inc.: Innovation durch Akquisition	225
	4.5.2 International Business Machines (IBM): Exzellenz durch strategische Diversifikation und finanzielle Ressourcen	228
	4.5.3 Kurzporträts von Pixelpark und Intershop: Lektionen aus der „New Economy"	231
4.6	Diskussion	233

5 Der Erfolgsfaktor Humankapital 234

- 5.1 Menschen als Basis des Erfolgs 234
- 5.2 Theoretische Grundlagen 235
- 5.3 Modell 236
- 5.4 Ergebnisse 238
- 5.5 Die Benchmarks 239
  - 5.5.1 Kaffee und mehr: Tchibo Frisch-Röst-Kaffee GmbH 239
  - 5.5.2 The HP-Lab: Mitarbeiterführung durch „Company Spirit" 242
  - 5.5.3 Kurzportrait von AEXIS und Umanis: It's People's Business 244
- 5.6 Diskussion 246

6 Der Erfolgsfaktor Leistungsqualität 248

- 6.1 Qualität als Ziel für Dienstleistungsnetzwerke 248
- 6.2 Theoretische Grundlagen 249
  - 6.2.1 Dienstleistungsqualität aus Konsumentensicht 249
  - 6.2.2 Dienstleistungsqualität aus Unternehmenssicht 256
- 6.3 Modell 258
- 6.4 Ergebnisse 260
- 6.5 Die Benchmarks 261
  - 6.5.1 Qualität im System: The Body Shop 261
  - 6.5.2 Beratungsqualität beim „Chief Executive Search": Heidrick & Struggles 263

6.5 Diskussion 265

7 Zusammenfassung der Ergebnisse 267

Teil IV
Franchising und Cooperation im tertiären Sektor: Prototypen exzellenter Dienstleistungsnetzwerke? 271

1 **F&C-Netzwerke im Dienstleistungssektor** **273**

    1.1 Franchising und Systemkooperation als Chance im tertiären Sektor 273

    1.2 F&C-Netzwerke im internationalen Vergleich 274

        1.2.1 Die betrachteten Länder: ein Überblick 274

        1.2.2 Detaillierte Betrachtung der Entwicklung in Europa 284

        1.2.3 Weltweite Beobachtungen 294

    1.3 Herausforderungen für das Franchising 296

2 **Zukunftsweisende Ansätze des Managements von F&C-Netzwerken** **298**

    2.1 Der wertorientierte Managementansatz 298

    2.2 F&C-Netzwerke im Systemwettbewerb 300

        2.2.1 Das Alternativenspektrum des Systemwettbewerbs 300

        2.2.2 F&C-Netzwerke als spezifische Form der vertikalen Koordination 302

        2.2.3 Das Managementdilemma in F&C-Netzwerken 304

    2.3 Konzeptionelle Grundlage des wertorientierten Managements von F&C-Netzwerken 311

        2.3.1 Die Betrachtungsperspektive 311

        2.3.2 Der Strategic System Value (SSV) als Ziel- und Steuerungsgröße des wertorientierten Managements 312

2.3.3 Customer Value Management bei gegebener Netzwerkkonfiguration 315

2.3.4 Wertorientierte Strukturentscheidungen im Lichte des Partner Value Managements 317

2.3.5 Wertorientiertes Prozessmanagement in F&C-Netzwerken 325

2.3.6 Wertorientiertes Innovations- und Technologiemanagement in F&C-Netzwerken 330

2.4 F&C-Netzwerke im Aufbruch aus dem Managementdilemma 332

3 Controllingkonzeptionen in F&C-Netzwerken des tertiären Sektors 335

3.1 Die besonderen Problembereiche des Controllings im Franchising ... 335

3.1.1 Controlling und Controller in Franchisesystemen 335

3.1.2 Eine konsensfähige Controllingdefinition für Franchisesysteme 336

3.1.3 Die offenen Fragestellungen 338

3.2 Controllingkonzeptionen aus der Perspektive des Franchising 341

3.2.1 Systemtheoretische Grundlagen der Gestaltung einer Controllingkonzeption 341

3.2.2 Die Gestaltungsebenen der Controllingkonzeption im Überblick 343

3.2.3 Die zu unterstützende Phase im Managementzyklus des Franchisesystems 344

3.2.4 Die Quellen der bereitzustellenden Informationen im Franchisesystem 345

3.2.5 Die Art der Managementunterstützung im Franchisesystem ... 346

3.2.6 Die Controllingziele im Franchisesystem 347

3.2.7 Die Institutionalisierung der Controllingfunktionen im Franchisesystem 348

3.2.8 Operatives vs. strategisches Controlling im Franchisesystem 349

3.2.9 Die Gestaltung der Controllingkonzeption als Kombinationsaufgabe 350

3.3 Franchisesysteme aus der Perspektive des Controllings 351

         3.3.1 Idee und konstituierende Merkmale des Franchising 351
         3.3.2 Die Typologie der Franchisesysteme als Grundlage einer
                Konzeption des Controllings 353
         3.3.3 Die Entwicklungsstadien des Franchisesystems mit
                unterschiedlichen Ansprüchen an die
                Controllingkonzeption 357
         3.3.4 Das Aufgabenspektrum der Controllingkonzeption
                in Franchisesystemen 366
   3.4 Controlling in F&C-Netzwerken 370

4 **Customer Relationship Management: Eine Herausforderung
   für Dienstleistungsnetzwerke** 373
   4.1 CRM in F&C-Netzwerken 373
   4.2 Sichtweisen des CRM in Franchisingnetzwerken 374
   4.3 Internes CRM 376
         4.3.1 Optimierung des Customer Value 376
         4.3.2 Aufbau langfristiger Kundenbeziehungen 387
         4.3.3 Zufriedenheit als zentraler Einflussfaktor des Partner Value
                und als Voraussetzung für die Franchisenehmerbindung 395
   4.4 Das Management von Kundenbeziehungen 399

Teil V

Beyond Networks: Tendenzen in der Entwicklung von Dienstleistungsnetzwerken 401

1 **Das Netzwerkphänomen** 403
   1.1 Theoretische Ansätze 403
   1.2 Netzwerke im Absatzmarkt 404
   1.3 Die ökonomische Überlegenheit von (systemkopfgesteuerten)
        Unternehmensnetzwerken 407

2 **Hinderungsgründe für die massenhaften Durchsetzung von
   Netzwerken im tertiären Sektor** 409

	2.1	Managementdefizite	409
		2.1.1 Art der Systemführung	410
		2.1.2 Führungsqualität des Systemkopfs und der „Unternehmer im Netzwerk"	411
		2.1.3 Spielregeln im Netzwerk	412
	2.2	Rechtliche Hinderungsgründe	415
	2.3	Imageprobleme	416
3	**Voraussetzungen für die massenhafte Durchsetzung von Netzwerken im tertiären Sektor**		**418**
	3.1	Ausbruch aus dem Managementdilemma	418
	3.2	Beseitigung der rechtlichen Ungleichbehandlung	419
	3.3	Verbesserung des Image	419
4	**Ausblick**		**421**

Anhang **423**

Abbildungsverzeichnis **427**

Tabellenverzeichnis **431**

Literaturverzeichnis **437**

**Teil I
Auf der Suche nach den
Spitzenleistungen im tertiären Sektor**

1 Erfolg im tertiären Sektor

1.1 Dienstleister im Wettbewerb

Im Zuge der Globalisierung der Märkte haben sich die Wettbewerbsbedingungen von Unternehmen stark verändert. Wesentliche Trends, wie die globale Öffnung der Märkte, die Vernetzung von Unternehmen sowie eine gestiegene Marktdynamik, sind zu erkennen.[1] Die Liberalisierung des Welthandels und der Abbau staatlich gesetzter Markteintrittsbarrieren haben eine Durchlässigkeit für Kapital, Waren und Dienstleistungen bewirkt. Es findet ein verschärfter Wettbewerb statt, der die Notwendigkeit des verstärkten Ausbaus von Wettbewerbspositionen zwingend erfordert.[2]

Vor dem Hintergrund einer sich insbesondere im Dienstleistungssektor immer schneller wandelnden Umwelt sowie einer „Tertiärisierung" der gesamten Wirtschaft erwartet man auch bei Dienstleistungsanbietern in Zukunft einen stärker werdenden Wettbewerb. Neue Dienstleistungsanbieter aus dem Ausland werden in den deutschen Markt eintreten und Unternehmen aus dem sekundären Sektor werden zunehmend zu Dienstleistern bzw. „Komplettlösungsanbietern". Die daraus folgende erhöhte Wettbewerbsintensität lässt folgende alte Frage in modifizierter Form wieder aufkommen:

„Welche Faktoren charakterisieren nachhaltig exzellente Dienstleister?"

Unternehmen zeichnen sich i. d. R. durch tief gestaffelte Unternehmenshierarchien mit festen Unternehmensgrenzen aus. Diese werden vermehrt von dezentralen, modularen Gebilden mit „fluiden" Strukturen[3], den Netzwerkarrangements, abgelöst.[4] Die arbeitsteilige Abwicklung von Geschäftsprozessen führt vermehrt zu Kooperationsbemühungen zwischen Unternehmen und dementsprechend zu einer Erhöhung der Koordinationsaufgaben. Eine klare Tendenz zur „Verwässerung" klassischer Unternehmensgrenzen wird deutlich. Dieser neuen Form von Dienstleistungsnetzwerken wird das Potenzial zugeschrieben, die Zukunft im tertiären Sektor maßgeblich zu bestimmen, da sich diese Koordinationsform im „Wettbewerb der Systeme" als die dominierende zeigen wird.[5]

---

[1] Vgl. Macharzina, 1999, S. 375.
[2] Vgl. Pausenberger/Nöcker, 2000; Bleicher, 1999.
[3] Bleicher, 1997, S. 439, ähnliches bei Ehrmann, 2001, S. 66.
[4] Vgl. Picot/Reichwald/Wigand, 1998, S. 2.
[5] Vgl. Ahlert, 2001, S. 15 f.

1.2 Rahmenbedingungen

Der tertiäre Sektor gilt als *die* Wachstumsbranche des 21. Jahrhunderts.[6] Die Bruttowertschöpfung im tertiären Sektor stieg im Zeitraum von 1991 bis 2000 absolut um etwa 50 % – verglichen mit etwa 12 % im primären Sektor und 11 % im sekundären Sektor. Im gleichen Zeitraum stieg die absolute Anzahl der Beschäftigten um 16 % im tertiären, während sie sich im primären um 62 % und im sekundären Sektor um etwa 20 % verringerte.[7]

Die folgenden Tabellen verdeutlichen die stetig steigende Wichtigkeit des tertiären Sektors anhand des relativen Anteils der einzelnen Sektoren an der gesamten Bruttowertschöpfung und dem Anteil der Erwerbstätigen.[8]

Tab. I-1: Entwicklung der Bruttowertschöpfung nach Wirtschaftsbereichen
(Quelle: Statistisches Bundesamt, Fachserie 18, 2001)

Berichtsjahr	primärer Sektor [%]	sekundärer Sektor [%]	tertiärer Sektor [%]
1991	1,3	36,7	62,0
1992	1,4	36,4	62,2
1993	1,3	35,3	63,4
1994	1,3	33,2	65,5
1995	1,3	32,9	65,8
1996	1,3	32,1	66,6
1997	1,3	31,3	67,4
1998	1,3	30,9	67,8
1999	1,2	30,7	68,1
2000	1,2	30,1	68,7

---

[6] Vgl. Bruhn/Stauss, 2000, S. 5.
[7] Vgl. Statistisches Bundesamt, Fachserie 18, 2001.
[8] Gewählt wurde hier eine Statistik, die bis ins Jahr 2000 reicht. Die entsprechende Fortschreibung findet man unter http://www.destatis.de/basis/d/vgr/vgrtab3.htm bzw. http://www.destatis.de/themen/d/thm_erwerbs.htm. Aufgrund einer etwas anderen Datenbasis sind beide Darstellungen jedoch nur bedingt vergleichbar.

Tab. I-2: Entwicklung der Erwerbstätigen nach Wirtschaftsbereichen
(Quelle: Statistisches Bundesamt, Fachserie 18, 2001)

Berichtsjahr	primärer Sektor [%]	sekundärer Sektor [%]	tertiärer Sektor [%]
1991	4,1	36,7	59,2
1992	3,5	35,3	61,2
1993	3,3	34,2	62,5
1994	3,1	33,2	63,7
1995	3,0	32,7	64,3
1996	2,7	31,8	65,5
1997	2,7	31,2	66,1
1998	2,6	30,6	66,8
1999	2,6	29,7	67,7
2000	2,5	29,1	68,4

Die oben angeführten Zahlen zeigen eindeutig, dass dem tertiären Sektor in der Bundesrepublik die wichtigste Bedeutung (insbesondere bezüglich der Arbeitsplatzentwicklung) in der Wirtschaft zukommt. Neben einem absoluten Anstieg der Beschäftigtenzahl von 62 % fand – und findet – auch eine relative Verschiebung zugunsten des tertiären Sektors statt: Innerhalb von zehn Jahren fand eine relative Steigerung von fast 10 %-Punkten statt.[9]

Trotz des enormen Wachstums des tertiären Sektors hierzulande wird häufig die mangelnde Wettbewerbsfähigkeit Deutschlands gerade in diesem Wachstumsbereich der Wirtschaft konstatiert. Dies suggeriert einerseits, dass Deutschland seine Chancen für Wachstum insbesondere bei den Erwerbstätigen nicht hinreichend ausschöpft, und andererseits, dass zukünftig ausländische Dienstleistungsanbieter den deutschen Markt beherrschen könnten. Die sich anschließenden internationalen Betrachtungen befassen sich mit dieser Problematik, indem zunächst der Dienstleistungshandel und dann die beschäftigungspolitischen Wirkungen des Dienstleistungssektors genauer analysiert werden.

---

[9] Vgl. Statistisches Bundesamt, Fachserie 18, 2001.

2 Internationale Betrachtungen

2.1 Der Dienstleistungshandel

Der grenzüberschreitende Handel mit Dienstleistungen kann als ein Indikator für die Wettbewerbsfähigkeit einer Nation im tertiären Sektor gedeutet werden: Ein positiver Handelsbilanzsaldo ist Ausdruck von relativer Stärke. Eine Studie des Deutschen Instituts für Wirtschaftsforschung (DIW) führte – basierend auf Daten des Internationalen Währungsfonds (IWF) – eine vergleichende Analyse der fünf umsatzstärksten Export- und Importländer, nämlich USA, Deutschland, Großbritannien, Frankreich und Japan („G5"), durch.[10]

Vor dem Hintergrund einer dominierenden Rolle Deutschlands beim Export von Waren ist der Anteil der Dienstleistungen am deutschen Gesamtexport von etwa 14 % im Vergleich zu etwa 22 % im Durchschnitt aller EU-Länder (hier: 12) verständlich. Dieser vergleichsweise geringe Anteil ist also nicht als Schwäche beim Dienstleistungsexport misszuverstehen, sondern eher als Stärke beim Warenexport. Bezüglich des Exports von Dienstleistungen lässt sich feststellen, dass die Bundesrepublik in allen Teilbranchen des tertiären Sektors auf dem Weltmarkt präsent ist. Vergleichsweise schwach ist dabei der Export von kulturellen Dienstleistungen (z. B. Unterhaltung) sowie Finanzdienstleistungen.[11] Eine starke Position bekleidet Deutschland im Bereich der Baudienstleistungen und bei Versicherungsleistungen.

Beim Import von Dienstleistungen verhält sich Deutschland bei Finanzdienstleistungen eher zurückhaltend. Stark hingegen ist die Nachfrage nach Bau- und unternehmensbezogenen Dienstleistungen.

Die folgende Tabelle gibt einen Überblick über die Salden der Dienstleistungsexporte und -importe für die Jahre 1986 bis 1996:

Tab. I-3: Salden der Dienstleistungsexporte und -importe für die Jahre 1986 bis 1996 (Quelle: Schultz/Weise, 1999, S. 35)

Dienstleistungsteilbranche	G5	Deutschland
(1) Transportdienstleistung	-	-
(2) Reiseverkehr	-	-
(3) Kommunikation	-	-
(4) Bauleistung	+	+/-

---

[10] Vgl. zu den weiteren Ausführungen Schultz/Weise, 1999.
[11] Hier werden „Finanzdienstleistungen" und „Versicherungen" aufgrund der Daten des IWF getrennt untersucht.

(5) Versicherung	+/-	+/-
(6) Finanzdienstleistung	+	+
(7) Informations- und Computerdienstleistungen	-	-
(8) Patente, Lizenzen	+	-
(9) unternehmensbezogene Dienstleistungen	+	-
(10) persönliche und kulturelle Dienstleistungen	+	-
(11) öffentliche Dienstleistungen	+	+
Gesamter Dienstleistungssektor	+	-

Die Entwicklung verlief zwischen Deutschland und der Referenzgruppe G5 bei Finanzdienstleistungen, Versicherungen sowie Transportdienstleistungen, Reiseverkehr und Kommunikation gleichartig. Unterschiedlich ist der Verlauf bei den Baudienstleistungen sowie in besonderem Maße bei Patenten und Lizenzen, unternehmensbezogenen, persönlichen und kulturellen Dienstleistungen.

Tab. I-4: Salden der Dienstleistungsexporte und -importe im Jahre 1996
(Quelle: in Anlehnung an Schultz/Weise, 1999, S. 118-138)

Länder/Region	alle	1	2	3	4	5	6	7	8	9	10	11
Deutschland	-	-	-	-	-	+	+	-	-	-	-	+
Frankreich	+	-	+	+	+	-	+	+	-	+	-	-
Großbritannien	+	-	-	-	( )	+	+	+	+	+	+	-
Japan	-	-	-	-	+	-	-	-	-	-	-	+
USA	+	+	+	-	+	-	+	( )	+	+	+	+
„G5"	+	-	-	-	+	-	+	-	+	+	+	+
„Welt"	+	-	+	-	+	-	+	-	+	+	-	-

(1) Transportdienstleistung
(2) Reiseverkehr
(3) Kommunikation
(4) Bauleistung
(5) Versicherung
(6) Finanzdienstleistung

(7) Informations- und Computerdienstleistung
(8) Patente, Lizenzen
(9) unternehmensbezogene Dienstleistungen
(10) persönliche und kulturelle Dienstleistungen
(11) öffentliche Dienstleistungen
( ) keine Angaben

„G5": Deutschland, Frankreich, Großbritannien, Japan, USA

„Welt": je nach Teilbranche 31 – 103 Länder; ohne „G5"

Exemplarisch lassen sich die Salden für den Ex- bzw. Import von Dienstleistungen am Jahr 1996 festmachen.

Insgesamt ist die Wettbewerbsfähigkeit Deutschlands im tertiären Sektor besser als sie häufig dargestellt wird. Insbesondere bei Versicherungen und Kommunikationsdienstleistungen befindet sich Deutschland in einer positiven Ausgangslage. Kritischer ist die Lage bei unternehmensbezogenen Dienstleistungen sowie Patenten und Lizenzen. Dort liegt ein stetiger Importüberschuss vor. Deutschland könnte vermutlich seine Chancen für eine gesteigerte Wettbewerbsfähigkeit im tertiären Sektor insbesondere bei den Waren begleitenden Dienstleistungen („Services") verbessern. Die gute Ausgangslage als eine der wichtigsten Exportnationen für technologisch anspruchsvolle Waren sowie für Industriegüter kann hier als Einstieg in den Bereich der „Anbieter komplexer Dienstleistungen" – z. B. der Lösung komplexer Probleme bei End- und Geschäftskunden – genutzt werden. Offenbar sind diese Versäumnisse nicht primär den Rahmenbedingungen anzulasten, sondern vielmehr jedem einzelnen Dienstleistungsanbieter.

2.2 Die arbeitsmarktpolitische Bedeutung des tertiären Sektors

Bezüglich des Ex- bzw. Imports von Dienstleistungen ist die wettbewerbliche Lage der Bundesrepublik besser als oft dargestellt. Trotzdem stellt sich die Frage nach den Chancen für den Arbeitsmarkt durch Stärkung des tertiären Sektors. Dabei wird häufig die USA als Musterbeispiel für die Kompensation der Rückgänge der Beschäftigung im primären und sekundären Sektor durch das Entstehen neuer Beschäftigungsverhältnisse im tertiären Sektor angeführt.

Bei der Darstellung und Bewertung der Arbeitsplatzdynamik in den USA gehen die meisten Analysen davon aus, dass die Arbeitslosigkeit in Deutschland auch deswegen so hoch ist, weil eine „Dienstleistungslücke" existiert, die sich insbesondere auf Arbeitsplätze mit niedriger Produktivität bezieht. Dieser Befund stützt sich im Wesentlichen auf einen Vergleich der Branchenstrukturen der Volkswirtschaften in Deutschland, den USA, Japan und einigen anderen Ländern, wie z. B. Schweden. In der Tat kann man feststellen, dass der tertiäre Sektor in Deutschland einen geringeren Anteil an der Beschäftigung und der Wertschöpfung hat als beispielsweise in den USA und in Japan.[12]

Die Ergebnisse des DIW[13] zeigen, dass keine wesentlichen Unterschiede mehr zwischen den Anteilen der Dienstleistungstätigkeiten in der Bundesrepublik und

---

[12] Vgl. hierzu auch: o. V., 1997, Wochenbericht des DIW, Nr. 16/97, S. 275.
[13] Vgl. o. V., 1997b, Wochenbericht des DIW, Nr. 34-2/97.

den USA bestehen.[14] Die Analyse zeigt auch bei der Betrachtung auf Basis der Arbeitseinkommen aller im tertiären Sektor Beschäftigten einen gleich gerichteten Trend. Der Anteil der Arbeitseinkommen aus Dienstleistungstätigkeiten ist in (West-)Deutschland unwesentlich niedriger als in den USA. Dieser Abstand dürfte darauf zurückzuführen sein, dass es in Deutschland trotz hochentlohnter Dienste im produzierenden Gewerbe eine Reihe von Dienstleistungstätigkeiten gibt, die nur gering bezahlt werden.

Ein wichtiger institutioneller Grund dafür, dass der Anteil des Dienstleistungssektors in den USA wesentlich höher ist, besteht in der dort stärkeren Ausgliederung von Dienstleistungsbereichen („Out-sourcing") aus Industrieunternehmen. Insgesamt zeigt sich, dass die Dienstleistungsanteile und die Entwicklung der Dienstleistungstätigkeiten in den USA und in (West-)Deutschland sehr ähnlich sind. Die Tätigkeitsstruktur in Deutschland kann als „modern" bezeichnet werden. Auch in hochproduktiven Produktionsbereichen erfolgt die Wertschöpfung überwiegend in Form von Dienstleistungstätigkeiten. Das Beschäftigungsproblem in Deutschland resultiert somit nicht aus überkommenen Tätigkeitsstrukturen, sondern hat gesamtwirtschaftliche Ursachen, wie z. B. ungünstige Rahmenbedingungen durch gesetzliche Regelungen.[15]

2.3 Implikationen

Insgesamt – so das Fazit der Studie von Schultz und Weise – ist die Wettbewerbsfähigkeit Deutschlands im tertiären Sektor größer als oft vermutet.[16] Die häufig angeführten „Indizien" für die relative Schwäche Deutschlands sind kaum haltbar:

- Der vergleichsweise geringe Anteil der Dienstleistungen am Gesamtexport ist eher Ausdruck des starken Exports von Waren.
- Das steigende Defizit im Dienstleistungshandel wird insbesondere durch die Teilbranche „Reisedienstleistungen" verursacht.
- Die negative Bilanz bei Direktinvestitionen im tertiären Sektor ist eher Ausdruck dessen, dass der Export von Leistungen i. d. R. den Aufbau von Niederlassungen nach sich zieht.

Eine grundlegende Schwäche bei der Entwicklung eines dynamischen Dienstleistungssektors ist, dass diesem Wirtschaftszweig weniger Aufmerksamkeit von Politik und Gesellschaft[17] gewidmet wird als etwa dem etablierten verarbeitenden

---

[14] Zu den landwirtschaftlichen Tätigkeiten zählen auch Tätigkeiten in der Forstwirtschaft und Fischerei. Bei den industriellen Tätigkeiten sind sowohl bauwirtschaftliche- als auch Tätigkeiten im Energiebereich und dem Bergbau enthalten.
[15] Fazit des DIW, vgl. o. V., 1997a, Wochenbericht des DIW, Nr. 27-28/97.
[16] Schultz/Weise, 1999, S. 86.
[17] Vgl. Maleri, 1997, S. 76 ff.; Schultz/Weise, 1999, S. 91.

Gewerbe. Ausdruck dessen sind die vergleichsweise geringen Forschungsförderungsmittel sowie auch die mangelnde statistische Erfassung des tertiären Sektors. Es existiert ex ante kein bedeutender Vorteil für Dienstleistungsanbieter, welcher sich aus deren Herkunft aus verschiedenen Ländern erklären ließe. Somit lassen sich die Unterschiede zwischen exzellenten und weniger erfolgreichen Dienstleistern nicht vorwiegend an den äußeren Bedingungen der jeweiligen Volkswirtschaft festmachen. Trotz der rechtlichen Hindernisse sowie der unterschiedlichen gesellschaftlichen Bedeutung haben sich die Dienstleistungsanbieter verschiedener Nationen recht gut an die jeweiligen Rahmenbedingungen angepasst. Was sind aber dann die Gründe dafür, dass einzelne Dienstleister unterschiedlich erfolgreich sind? Es sind die unternehmensindividuellen Fähigkeiten und Ressourcen – anders ausgedrückt: Der Erfolg im tertiären Sektor liegt im Einflussbereich des Managements. Diese Erkenntnis richtet den Fokus der weiteren Betrachtungen weg vom Makroökonomischen zurück zu einer einzelnen Unternehmung bzw. zu einem einzelnen Dienstleistungsanbieter.

3 Weiterer Verlauf der Untersuchung

Im Management liegt der Schlüssel zum Verständnis des Erfolgs von Dienstleistungsanbietern – unabhängig davon, aus welchem Herkunftsland der Dienstleister kommt. Jedes Land hat zwar eigene Rahmenbedingungen, aber Exzellenz lässt sich überall finden. Somit ist es das Ziel der weiteren Ausführungen, das *Management von Dienstleistungsnetzwerken in einem internationalen Kontext* näher zu beleuchten.

Im ersten Kapitel von **Teil II** wird zunächst das Analyseobjekt, nämlich Dienstleistungsnetzwerke, einer genaueren Betrachtung unterzogen. Da es sich dabei um eine vielschichtige, komplexe Organisationsform handelt, wird diese systematisiert bzw. typologisiert. Dabei werden zunächst Dienstleistungen und anschließend Netzwerke systematisiert. Es wird sodann ein Merkmalskatalog für Dienstleistungsnetzwerke erstellt, der es erlaubt, real existierende Dienstleistungsnetzwerke zu typologisieren bzw. zu hinreichend homogenen Clustern zusammenzufassen. Einige Realtypen werden exemplarisch gemäß der Merkmale und deren Ausprägungen eingeordnet.

Das zweite Kapitel ist der Methodik des Benchmarking gewidmet, das zunächst in den größeren Rahmen der Erfolgsforschung eingeordnet und von der Erfolgs*faktoren*forschung abgegrenzt wird. Es wird herausgearbeitet, dass Benchmarking im Sinne des Lernens von vorbildlichen Praktiken eine wichtige, möglicherweise sogar unverzichtbare Voraussetzung für das zukunftsweisende Management von Dienstleistungsnetzwerken darstellt. Es werden in diesem Kapitel lediglich der allgemein gültige Ablauf des Benchmarking dargestellt und auf Basis einer Analyse typischer Fehler in der Praxis des Benchmarking Gestaltungsempfehlungen für Dienstleistungsnetzwerke abgeleitet. Die spezifischen Benchmarkingstudien im Dienstleistungssektor werden dagegen erst in Teil III präsentiert. Diese Darstellungsreihenfolge erscheint zweckmäßig, da zunächst die Erfolgsfaktoren im Dienstleistungssektor identifiziert werden müssen, welche den späteren Benchmarkingstudien die notwendige Gliederung geben. Ein zielloses, ungerichtetes Benchmarking ist nicht effizient und effektiv.

Der Erfolgsfaktorenforschung im Bereich der Dienstleistungsnetzwerke ist daher das dritte Kapitel in Teil II gewidmet. Die Identifikation der Erfolgsfaktoren geschieht mithilfe mehrerer Erhebungen: Zunächst wurden Experten zu den Erfolgsfaktoren befragt. Diese Einzelmeinungen wurden dann mittels einer Delphi-Studie verdichtet. Der sich anschließende quantitativ-empirische Teil überprüft die Hypothesen zu den Erfolgsursachen von Dienstleistungsnetzwerken in einem branchenübergreifenden Sample von Dienstleistungsanbietern. Anschließend werden gesondert einige Teilbranchen bzw. besondere Formen von Netzwerken analysiert.

Die Ergebnisse der branchenübergreifenden Erhebung werden im vierten Kapitel zur Positionierung der einzelnen Dienstleistungsnetzwerke genutzt. Das fünfte Kapitel identifiziert mit dem vorgestellten Positionierungsmodell die (Teil-) Benchmarks.

Der Identifikation exzellenter Dienstleistungsnetzwerke folgt in **Teil III** deren ausführliche Analyse in Form von Case-Studies des internationalen Benchmarking. Da kein Dienstleistungsnetzwerk angetroffen wurde, welches in jeder Hinsicht (d. h. in Bezug auf jeden Erfolgsfaktor) vorbildlich ist, werden die Case-Studies den differenten Erfolgsfaktoren zugeordnet. Die gebenchmarkten Dienstleistungsnetzwerke werden also als eine besonders vorbildliche Umsetzung des jeweiligen Erfolgsfaktors präsentiert. Gemäß dieser Struktur wird zunächst in den ersten Abschnitten der einzelnen Kapitel der jeweilige Erfolgsfaktor näher betrachtet. Es werden Hypothesen zur Umsetzungsgüte der Faktoren „Netzwerkmanagement" (Kapitel 2), Markenmanagement" (Kapitel 3), „Innovationsmanagement" (Kapitel 4), „Human-Resource Management" (Kapitel 5) und „Leistungsqualität" (Kapitel 6) aufgestellt. Damit werden die Voraussetzungen bzw. die Bestandteile der Exzellenz im einzelnen Faktor herausgearbeitet.

Im jeweils letzten Abschnitt der Kapitel 2 bis 6 wird sodann beschrieben, wie die in Teil II berechneten „Best Practices" den jeweiligen Erfolgsfaktor umsetzen.

Auf der Suche nach den Spitzenleistungen im tertiären Sektor stößt man in der Literatur und auch in der Managementpraxis immer wieder auf die feste Überzeugung, dass Franchisesysteme und ähnliche Netzwerke der Systemkooperation – im Folgenden F&C-Netzwerke[18] genannt – in besonderem Maße dazu prädestiniert seien, den spezifischen Herausforderungen des tertiären Sektors gerecht zu werden. Sie verbinden die Vorteile von Markt und Hierarchie miteinander, die aus der Dezentralität von Unternehmen in unmittelbarer Nähe zum Kunden (Netzpartner „vor Ort") und einem effizient organisierten Systemhintergrund (Managementzentrale) resultieren. Auf diese Weise können Dienstleistungen arbeitsteilig besonders effizient produziert und vermarktet werden; man spricht in diesem Zusammenhang auch von Systemdienstleistungen.

Den F&C-Netzwerken ist der **Teil IV** gewidmet. Im ersten Kapitel werden die Bedeutung und Entwicklungsperspektiven des Franchising im internationalen Vergleich dargestellt. Auch im Feld der F&C-Netzwerke gibt es „Gewinner" und „Verlierer", die sich durch die in Teil II herausgearbeiteten Erfolgsfaktoren signifikant voneinander unterscheiden. Auf der Grundlage dieser Vorarbeiten werden dann in den weiteren Kapiteln die Schlüsselfaktoren des Managements von F&C-Netzwerken dargestellt: Der wertorientierte Managementansatz ist Gegenstand des zweiten Kapitels. Dieser neue Ansatz versucht, die systemimmanenten Fehlsteue-

---

[18] Der Terminus F&C-Netzwerke wurde vom Internationalen Centrum für Franchising und Cooperation, Münster, als Bezeichnung für die Gesamtheit der Unternehmenskooperation mit Systemkopf geprägt. Vgl. Ahlert, 2001, S. 13 ff.

rungen (insbesondere die suboptimale Gebührenordnung) bei existierenden Franchisesystemen zu vermeiden. Die Ausrichtung an der übergeordneten Zielgröße, dem „Strategischen Systemwert", wird als Ausweg aus dem Management Dilemma beschrieben.

Im dritten Kapitel werden die besonderen Anforderungen an ein Controllingkonzept für Dienstleistungsnetzwerke erörtert. Dabei wird insbesondere auf den Lebenszyklus eines Franchisesystems eingegangen und auf die sich daraus ergebenden spezifischen Controllingaufgaben. Die Erstellung eines systemkonformen Controllingkonzepts wird als Kernherausforderung an die Systemzentrale jedes Dienstleistungsnetzwerks identifiziert.

Das Customer Relationship Management (CRM) wird im vierten Kapitel betrachtet. Dabei wird der Schwerpunkt auf die Besonderheiten des CRM in einem mehrstufigen System gelegt. Bei einem solchen lassen sich (mindestens) zwei grundverschiedene Gruppen von „Customers" identifizieren: Die Franchisenehmer und die Endkunden. Für beide lassen sich Bindungsstrategien identifizieren. Ein integriertes Zufriedenheitsmanagement versucht, die kausalen Zusammenhänge zwischen der Franchisenehmerzufriedenheit und der Endkundenzufriedenheit auf der einen Seite und der Franchisenehmerzufriedenheit und dem ökonomischen Erfolg des Gesamtsystems auf der anderen Seite zu optimieren.

Schließlich gibt **Teil V** einen Ausblick auf mögliche Entwicklungen in der Netzwerkforschung und dem Dienstleistungsmanagement. Die Autoren sehen sich bestätigt im Glauben, dass den systemkopfgesteuerten Dienstleistungsnetzwerken – trotz einiger offensichtlicher Hinderungsgründe – die Zukunft gehört. Diese Netzwerke können einen Ausweg aus der noch nicht ganz befriedigenden Wettbewerbsposition[19] Deutschlands im internationalen Export von Dienstleistungen aufzeigen und gleichzeitig – unterstützt durch die Beseitigung ungünstiger Rahmenbedingungen – für einen Schub auf dem Arbeitsmarkt sorgen.

---

[19] Insbesondere im Vergleich mit dem Export von Waren, bei dem Deutschland regelmäßig eine Spitzenposition als größte Exportnation einnimmt.

Teil II
**Konzeptionelle Grundlagen
und empirische Ergebnisse der
Erfolgsforschung in Dienstleistungsnetzwerken**

1 Dienstleistungsnetzwerke als Analyseobjekt der Erfolgsforschung

1.1 Die systematische Erfassung von Dienstleistungsnetzwerken als Ausgangspunkt der Erfolgsforschung

Wie in Kapitel 2 dieses Untersuchungsteils noch ausführlicher dargelegt wird, befasst sich die Erfolgsforschung mit der Suche nach den Spitzenleistungen in der Unternehmenspraxis. Einerseits geht es um die Analyse überdurchschnittlich erfolgreicher Praktiken sowie den Voraussetzungen ihrer Übertragung auf andere Anwendungsfelder (Benchmarking). Andererseits sollen die Schlüsselfaktoren identifiziert werden, durch die sich die Gesamtheit der exzellenten Unternehmen bzw. strategischen Geschäftseinheiten von der Gesamtheit der nicht erfolgreichen signifikant unterscheidet (Erfolgs*faktoren*forschung).

Ausgangspunkt des Benchmarking ist die präzise Charakterisierung des Analysefelds, d. h. sowohl derjenigen Objekte, die Gegenstand des Benchmarking sind, als auch derjenigen Unternehmen, auf welche die „Best Practices" übertragen werden sollen. Ebenso setzt die Erforschung der Erfolgsfaktoren und die Ableitung von Handlungsempfehlungen für das Management eine Systematik des Analyseobjekts voraus, durch die vermieden wird, bei der Gegenüberstellung der „Gewinner" und „Verlierer" „Äpfel mit Birnen zu vergleichen". Es kann davon ausgegangen werden, dass unterschiedliche Erfolgsfaktoren für differente Typen von Dienstleistungsnetzwerken existieren und dass die relative Bedeutung unterschiedlicher Ressourcen sich von Netzwerktyp zu Netzwerktyp deutlich unterscheidet.

Sowohl der Begriff der „Dienstleistungen" als auch der des „Netzwerks" beschreibt die Zusammenfassung einer Mehrzahl vielschichtiger und divergenter Merkmale. Zu beiden Begriffen existieren zahlreiche Klassifizierungs- und Typologisierungsschemata.[1] Der zusammengesetzte Begriff des „Dienstleistungsnetzwerks" potenziert die Vielschichtigkeit noch erheblich. Anliegen dieses Kapitels ist es, eine Methode zu finden, die in diese begriffliche und inhaltliche Komplexität Ordnung bringt, um den Begriff des Dienstleistungsnetzwerks besser fassen zu können.

---

[1] Vgl. Tabelle II-1 und Abbildung II-7.

1.2 Systematisierung durch Typenbildung

Nachdem dargestellt wurde, was das Ziel dieser Systematisierung von Dienstleistungsnetzwerken ist, seien die nun folgenden Ansätze vorgestellt. In der Literatur werden insbesondere zwei Arten der systembildenden Methoden besprochen:

- klassifizierende und

- typologisierende.[2]

Beiden Ansätzen kann die Beschreibung des Analyseobjekts anhand verschiedener Merkmale (und deren Ausprägung) zugrunde liegen.[3]

Eine **Klassifizierung**[4] gliedert ein Untersuchungsobjekt nach einem Merkmal, wobei das Merkmal entweder zutrifft oder aber nicht. Das Ergebnis ist eine einstufige Klassifikation. Um diese eher grobe Systematisierung zu konkretisieren, kann eine mehrstufige Klassifizierung angewendet werden. Dies geschieht durch Nacheinanderschaltung mehrerer einstufiger Klassifizierungen. Im Ergebnis kommt man so zu sich gegenseitig ausschließenden, starren Begriffen bzw. Begriffsklassen, die sich aufgrund ihres Subordinationsverhältnisses von umfassenden, merkmalsarmen zu engen, merkmalsreichen Begriffen erstrecken.

Die Klassifizierung eines Untersuchungsobjekts bringt einige Probleme mit sich. So ist es z. B. möglich, dass ein Objekt mehreren Begriffsklassen gleichzeitig angehört. Darüber hinaus können Leerfelder entstehen, also Klassen, in welche kein Objekt eingeordnet werden kann. Darüber hinaus hängt von der Reihenfolge der verwendeten Merkmale ab, welche Klassen entstehen. Diese Probleme können durch Anwendung einer Typologie vermieden werden.

Eine **Typologisierung** benötigt ebenso wie eine Klassifizierung eine Reihe von Merkmalen. Diese stehen jedoch nicht im Subordinationsverhältnis, sondern gleichbedeutend nebeneinander. Typen entstehen somit durch Kombination von Merkmalen, genauer gesagt: Merkmalsausprägungen.[5] Den Untersuchungsobjekten werden also bestimmte Merkmalsausprägungen nicht gänzlich zu- oder aberkannt, sondern in mehr oder weniger starker Ausprägung zuerkannt.[6] Die Untersuchungsobjekte werden durch Abstufung einzelner Merkmalsausprägungen ge-

---

[2] Vgl. als Beispiele für Systematisierungen der Dienstleistungsbranchen bzw. von „Services" die US-amerikanische SIC-Codes-Klassifizierung („Standard industrial classification") sowie die Arbeiten von Buddeberg, 1954; Rathmell, 1974; Algermissen, 1976; Hill, 1977; Lovelock, 1980; Lovelock, 1983; Schmenner, 1986; Wemmerlov, 1990; Silvestro et al, 1992; Kellog/Nie, 1995; Roth/Chase/Voss, 1997; Ahlert et al., 2002.

[3] Vgl. hier und im Folgenden Ahlert/Olbrich, 2001.

[4] Vgl. Ahlert/Olbrich, 2001, S. 3-6.

[5] Vgl. Algermissen, 1976, S. 28.

[6] Vgl. Algermissen 1976, S. 29 und die dort angegebene Literatur.

kennzeichnet.[7] Zweck der Typologisierung ist es (u. a.), Untersuchungsobjekte in eine Reihenordnung zu bringen.[8] Voraussetzung einer Typologisierung ist entsprechend, dass Merkmalsausprägungen in unterschiedlicher Abstufung vorliegen.[9]

Ergebnis einer Typologisierung sind Begriffe, die als „Name" für den jeweiligen Typen verstanden werden können. Diese Begriffsbildung muss zweckgeleitet sein, d. h. sie muss in sinnvoller Art und Weise helfen, ein Untersuchungsobjekt durch Gliederung in Typen besser wissenschaftlich zugänglich zu machen. Eine Typologie entsteht also durch die Kombination mehrerer, für einen bestimmten Untersuchungszweck ausgewählte Merkmale, von denen mindestens eins abstufbar sein muss.[10]

Bei einer Typologisierung können als Ergebnis einer Kombination von Merkmalsausprägungen Realtypen oder Idealtypen entstehen. *Realtypen* bilden die wirtschaftliche Realität ab und sind somit empirisch vorfindbar. *Idealtypen* entstehen durch bewusste, zweckgerichtete, jedoch willkürliche Abstraktion von der Realität und bilden somit eine Idealform der Wirklichkeit.[11]

Zur Systematisierung des Analyseobjekts „Dienstleistungsnetzwerke" sei daher folgendes Vorgehen gewählt:

- Beschreibung der zu untersuchenden Begriffe mithilfe von Merkmalen: Merkmalskataloge für Dienstleistungen und Netzwerke.

- Darstellung der jeweiligen Merkmalsausprägungen.

- Aufdecken von Zusammenhängen (Korrelationen, Interdependenzen) zwischen den jeweiligen Merkmalen.

- Kombination der Merkmalsausprägungen zur Bildung von Typen (bzw. Klassen) sowohl für Dienstleistungen als auch für Netzwerke.

- Bildung von Klassen von Dienstleistungsnetzwerken durch Kombination der Dienstleistungstypen (bzw. Klassen) mit den Netzwerktypen (bzw. Klassen).

- Identifikation von (empirisch auffindbaren) Realtypen und Bildung von (theoretisch konstruierten) Idealtypen.

---

[7] Dieses ist grundsätzlich auch im Rahmen der Klassifikation möglich. Es müssten entsprechend viele Klassen auf einer Ebene gebildet werden.
[8] Algermissen 1976, S. 29.
[9] Es muss zumindestens ein Merkmal abstufbar sein.
[10] Algermissen 1976, S. 29.
[11] Vgl. Tietz, 1960, S. 27.

1.2.1 Systematisierungsansätze für Dienstleistungen

Das Dienstleistungsmarketing (im anglo-amerikanischen Raum als „Service Marketing" bezeichnet) bietet eine Reihe von Systematisierungsansätzen seines Analyseobjekts. Diese verfolgen z. T. sehr verschiedene Ziele (volkswirtschaftliche, Marketing, Management u. a.[12]). Die folgende Übersicht zeichnet einige Entwicklungen dieser Systematisierungsschemata skizzenhaft nach, wobei auf die zahlreichen Abgrenzungen zwischen Sachgütern und Dienstleistungen hier nicht näher eingegangen werden soll.

Tab. II-1: Systematisierungsansätze von Dienstleistungen

Autor	Kategorien/Gruppen
Judd (1964)	• Rented Goods • Owned Goods • Non-goods services
Rathmal (1974)	• Verkäufertyp • Käufertyp • Kaufmotive • Kaufpraktiken • Regulierungsdichte
Hill (1977)	• Dienstleistung an Personen und an Sachen • Zeitliche Nutzenstiftung • „Rückgängigmachung" („reversibility") der Nutzenstiftung • Physische und mentale Effekte • Individual- vs. kollektiv-Dienstleistung
Shostack (1977) sowie Sasser/Olsen/Woyckoff (1978)	Physischer respektive intangibler Anteil an einem „Produktpaket" („product package")
Thomas (1978)	Ausstattungsbasierte vs. personenbasierte Dienstleistungen („equipment vs. people-based")
Chase (1978)	„Grad" des Kundenkontakts bzw. der Kundenintegration in den Leistungserstellungsprozess
Kotler (1980)	• Ausstattungsbasierte vs. personenbasierte Dienstleistungen • Notwendigkeit der „Anwesenheit" des Kunden • Endkunden vs. Geschäftskunden • Öffentliche vs. private Dienstleistungen • Profit vs. non-Profit

---

[12] Vgl. z. B. Say, 1852; Malthus, 1910; Zeithaml/Bitner, 1996; Corsten, 1997.

Lovelock (1980)	• Nachfragecharakteristik • Inhalt und Nutzen der Dienstleistung • Dienstleistungserstellungsprozess
Lovelock (1983)	• Empfänger und Tangibilität der Dienstleistung • Beziehung zwischen Anbieter und Nachfrager • Individualisierung • Angebot und Nachfrage • Dienstleistungserstellungsprozess
Schmenner (1986)	• Kundenkontakt/Individualisierung • Arbeitsintensität („capital-labor-ratio")
Mersha (1990)	„Grad" des Kundenkontakts
Wemmerlov (1990)	• „Grad" des Kundenkontakts • Dienstleistungserstellungsprozess ist „fluid" vs. „rigid"
Chase/Hayes (1991)	Wettbewerbsstufe („competitive stage")
Silvestro et al. (1992)	• Dienstleistungserstellungsprozess ist „fluid" vs. „rigid" • „Grad" des Kundenkontakts
Meffert/Bruhn (1995/2000)	• persönliche Dienstleistungen • automatisierte Dienstleistungen ...jeweils an Objekten und Menschen
Kellog/Nie (1995)	• Prozessstruktur der Dienstleistungserstellung • Struktur des Leistungspakets
Benkenstein/Güthoff (1996)	„Komplexität" aufbauend auf den • Leistungsmerkmalen der Dienstleistung und den • Persönlichkeitsmerkmalen des Nachfragers
Roth/Chase/Voss (1997)	• Service practice • Performance
Verma (2000)	• Kundenkontakt • Individualisierung • Arbeitsintensität („capital-labor-ratio")
Krishnan/Hartline (2001)	Grad der Informationsasymmetrie zwischen Anbieter und Nachfrager

Viele der älteren Systematisierungen bringen zwar Ordnung in die Vielschichtigkeit des Phänomens der „Dienstleistung", sind aber wenig dazu geeignet, Hilfestellungen für das „Management von Dienstleistungen" zu leisten.[13] Daher seien

---

[13] Diese Auffassung teilt u. a. Verma, 2000, S. 10.

in den folgenden Ausführungen zunächst die wesentlichen konstitutiven Merkmale von Dienstleistungen im Sinne einer Begriffsdefinition dargestellt. Anschließend sollen die beiden für das Management entscheidenden Perspektiven, aus welchen Dienstleistungen betrachtet werden können, dargestellt werden: die Kundensicht auf die Dienstleistung und die Unternehmenssicht auf die Dienstleistungserstellung.

1.2.1.1 Dienstleistungen aus Sicht der Statistik

Die fundamentalste Einteilung von Leistungen ist die in Sach- und Dienstleistungen. Dienstleistungen zeichnen sich im Gegensatz zu Sachleistungen durch ihre Immaterialität aus. Die bundesdeutsche Statistik teilt die Wirtschaftszweige wie folgt ein:

Tab. II-2: Bundesdeutsche Wirtschaftszweigsystematik

primärer Sektor	[0]	Land- und Forstwirtschaft, Tierhaltung, Fischerei
sekundärer Sektor	[1]	Energiewirtschaft, Wasserversorgung, Bergbau
	[2]	Verarbeitendes Gewerbe, Reparaturgewerbe
	[3]	Baugewerbe
tertiärer Sektor	[4]	Handel
	[5]	Verkehr, Nachrichtenübermittlung
	[6]	Kreditinstitute, Versicherungen
	[7]	Dienstleistungen der Unternehmen und freien Berufe
	[8]	Organisationen ohne Erwerbscharakter
	[9]	Gebietskörperschaften, Sozialversicherungen

Diese Systematisierung hat das Ziel, die Gesamtwertschöpfung in ihre Bestandteile zu zerlegen. Die auftretenden Zuordnungsschwierigkeiten, also wenn z. B. ein Unternehmen gleichzeitig Dienstleistungen und Sachleistungen erbringt, werden dergestalt gelöst, dass Unternehmen gemäß des Schwerpunkts ihrer wirtschaftlichen Tätigkeit eingeordnet werden[14].

Offenbar ist diese Systematik für den hier verfolgten Zweck wenig geeignet, da letztlich dem Management Hinweise zur Führung des eigenen Unternehmens gegeben werden sollen. Eine erste Annäherung an diese Problemstellung bietet die Einteilung des tertiären Sektors in Teilbranchen. Es lassen sich dabei zehn Teilbranchen identifizieren:[15]

- Handelsunternehmen,
- Verkehrsbetriebe inkl. Fernverkehr und Gütertransport,
- Finanzdienstleister (Banken/Versicherungen u. ä.),
- Gaststätten und Beherbergungsgewerbe,

---

[14] Vgl. Maleri, 1997.
[15] Vgl. Ahlert et al., 2002.

- Bildungs- und Forschungseinrichtungen, Schulen, Universitäten,
- Kultur- und Freizeitdienstleister,
- Gesundheits-, Wellness- und Schönheitsdienstleistungen,
- Beratungsdienstleistungen (Unternehmensberater),
- Agentur-, Makler- und Kommissionärsdienstleistungen,
- Telekommunikations- und Informationsdienstleister.

Im Folgenden soll versucht werden, sich über den Begriff der Dienstleistung sowie die Sichtweisen des Kunden und des Leistungserstellers dem Phänomen weiter zu nähern.

1.2.1.2 Der Begriff der „Dienstleistung"

In der Literatur ist eine Vielzahl unterschiedlicher Definitionen für den Begriff der Dienstleistung zu finden.[16] Eine Möglichkeit, eine Abgrenzung zwischen Dienst- und Sachleistungen zu erreichen, ist, Dienstleistungen mithilfe von konstitutiven Merkmalen zu beschreiben.

Erfüllt eine Leistung diese **Kriterien**, so ist sie als Dienstleistung zu charakterisieren. In der Literatur lassen sich im Rahmen der Definition von Dienstleistungen mittels konstitutiver Merkmale vier Ansätze unterscheiden:[17]

Tätigkeitsorientierte Definition

Schüller definiert Dienstleistung als das, „was der Mensch tut, um seine physische und psychische Arbeitskraft, mit oder ohne Verbindung zur materiellen Güterwelt, in den Zweckbereich der menschlichen Bedürfnisbefriedigung zu bringen."[18] Problematisch ist diese Definition, da aufgrund des hohen Abstraktionsgrades nahezu jede menschliche Tätigkeit eine Dienstleistung darstellt.

Potenzialorientierte Definition

Bei diesem Definitionsansatz steht die Leistungsfähigkeit und die Leistungsbereitschaft eines Anbieters zur Ausübung einer Tätigkeit im Mittelpunkt der Betrachtung. Es geht um die Fähigkeit des Dienstleistungsanbieters zur Kombination interner Produktionsfaktoren (Mensch oder Maschine) und deren Angebot bzw. Bereithaltung im Falle einer auftretenden Nachfrage.[19] Dienstleistungen werden als zunächst noch nicht realisierte Leistungsbereitschaft aufgefasst, die bei auftretender Nachfrage durch den Abnehmer konkretisiert wird.[20] Ungeklärt bleibt al-

---

[16] Vgl. Meffert/Bruhn, 2000, S. 30; Klose, 1990, S. 5 ff.; Bruhn, 1990, S. 23 ff.
[17] Vgl. Bieger, 1998, S. 7; Bruhn, 1997, S. 13.
[18] Schüller, 1976, S. 19; Bieger, 1998, S. 7.
[19] Vgl. Bieberstein, 1995, S. 29.
[20] Vgl. Klose, 1999, S. 5.

lerdings, ob jegliches Leistungsversprechen, welches zu einer Leistung führen kann, als Dienstleistung einzustufen ist, oder ob die versprochene Leistung gewisse Kriterien erfüllen muss. Insbesondere vor dem Hintergrund, dass die Fähigkeit und die Bereitschaft, eine Leistung zu erbringen, eine grundsätzliche Voraussetzung für jeden Anbieter darstellt, erscheint eine Unterscheidung allein anhand der Potenzialdimension nicht möglich.[21]

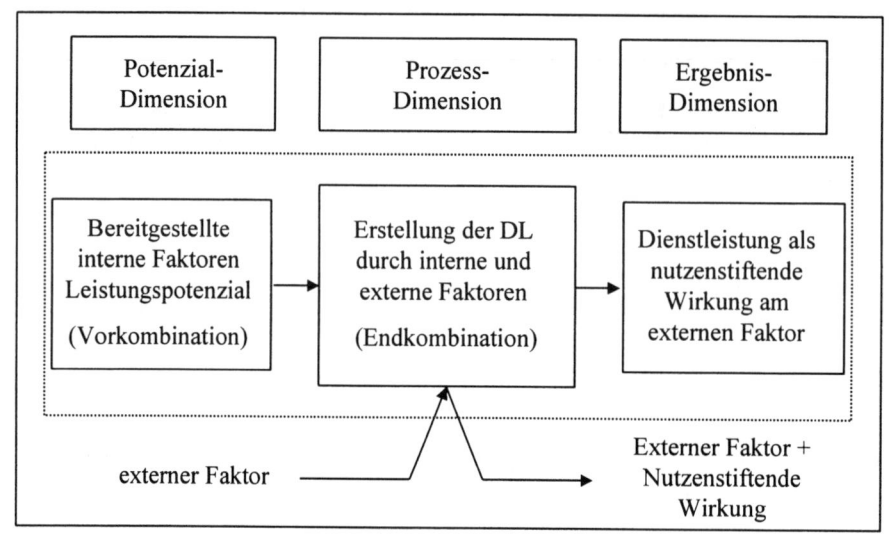

Abb. II-1: Dimensionenorientierte Betrachtung von Dienstleistungen
(Quelle: Schlüter, 1999, S. 242)

Prozessorientierte Definition

Bei der prozessorientierten Definition steht der Prozess der direkten Leistungserbringung durch Integration des externen Faktors bzw. Vollzug am externen Objekt im Vordergrund. Dienstleistungen sind damit der Bedarfsdeckung Dritter dienende Prozesse mit materiellen/immateriellen Wirkungen, deren Vollzug bzw. deren Inanspruchnahme einen synchronen Kontakt zwischen dem Leistungsanbieter und dem Leistungsabnehmer bzw. seinem Objekt von der Bedarfsdeckung her erfordert.[22] Charakterisierendes Merkmal einer Dienstleistung ist hier lediglich der notwendige (zeitlich) synchrone Kontakt zwischen dem Anbieter und dem Kunden bzw. dessen Objekten.[23]

Ergebnisorientierte Definition

Ziel von Dienstleistungen ist es, einen Nutzen beim Abnehmer zu erzielen. Dieser Nutzen, der sich als Ergebnis des Dienstleistungsprozesses ergibt, steht bei der

---

[21] Vgl. Güthoff, 1995, S 5 f.
[22] Vgl. Berekoven, 1983, S. 23.
[23] Vgl. Meyer, 1994, S. 12.

ergebnisorientierten Definition im Mittelpunkt der Betrachtung. Diese Definition geht auf Maleri zurück, der unter Dienstleistungen für den fremden Bedarf produzierte immaterielle Wirtschaftsgüter versteht.[24]

Nach Meffert/Bruhn ist eine phasenbezogene Integration der potenzial-, prozess- und ergebnisorientierten Interpretation von Dienstleistungen notwendig, um die konstitutiven Merkmale einer Dienstleistung in ihrer Gesamtheit zu erfassen.[25] Somit ergibt sich folgende Definition des Dienstleistungsbegriffes.

„Dienstleistungen sind selbstständige, marktfähige Leistungen, die mit der Bereitstellung (zum Beispiel Versicherungsleistungen) und/oder dem Einsatz von Leistungsfähigkeiten (zum Beispiel Friseurleistung) verbunden sind (Potenzialorientierung). Interne (zum Beispiel Geschäftsräume, Personal, Ausstattung) und externe Faktoren (also solche, die nicht im Einflussbereich des Dienstleisters liegen) werden im Rahmen des Erstellungsprozesses kombiniert (Prozessorientierung). Die Faktorkombination des Dienstleistungsanbieters wird mit dem Ziel eingesetzt, an den externen Faktoren, an Menschen (zum Beispiel Kunden) oder deren Objekten (zum Beispiel Auto des Kunden) nutzenstiftende Wirkungen (zum Beispiel Inspektion beim Auto) zu erzielen (Ergebnisorientierung)."[26]

Diese Definition verdeutlicht die Eigenschaften einer Dienstleistung. Sie scheint aber für die konkrete Einordnung einer Leistung als Dienst- oder als Sachleistung nur bedingt praktikabel. Zur Einordnung einer Leistung müssen hier alle Phasen geprüft werden, wobei die Definition keine expliziten Prüfkriterien liefert.

Mögliche Prüfkriterien könnten die Dienstleistungen zugesprochenen konstituierenden **Merkmale** sein. Dies sind die Immaterialität der Dienstleistung, die Integrationserfordernis des externen Faktors und die zeitliche Synchronisation von Produktion und Absatz, das sogenannte „uno-actu" Prinzip.[27]

Immaterialität

Die Immaterialität der Dienstleistung ist eines der am häufigsten angeführten, aber auch eines der umstrittensten Merkmale. Dienstleistungen können nicht gefühlt, geschmeckt, gerochen oder gesehen werden. Dies hat für den Kunden zur Folge, dass er den Kauf von Dienstleistungen als risikoreicher empfindet, da die Leistungseigenschaften nur schwer zu evaluieren sind.[28] Obwohl sowohl die Vorleistung der Dienstleistung als auch ihr Ergebnis einen materiellen Charakter aufweisen können, wie sich z. B. am Abschlussbericht eines Beratungsprojekts verdeutlichen lässt, wird Dienstleistungen das Merkmal der Immaterialität zugeschrieben.[29]

---

[24] Maleri, 1997, S. 3.
[25] Vgl. Meffert/Bruhn, 2000, S. 28.
[26] Meffert, Bruhn, 2000, S. 27.
[27] Vgl. Stuhlmann, 1999, S. 25; Meffert/Bruhn, 2000, S. 41 ff.; Maleri, 1997, S. 84 ff.
[28] Vgl. McDougall/Snetsinger, 1990, S. 28.
[29] Vgl. Meffert, 1994, S. 522.

Dies ist darauf zurückzuführen, dass zur Leistungserstellung Leistungspotenziale vorhanden sein müssen, die vor ihrer Realisierung unkörperlich und daher sinnlich nicht wahrnehmbar sind.[30] Einschränkungen erfährt dieses Kriterium dadurch, dass z. B. Rechte und Informationen auch die Eigenschaft der Immaterialität aufweisen, ohne dass ihnen zugleich die Dienstleistungseigenschaft zuteil wird.[31] Insofern kann es nicht allein, sondern nur in Verbindung mit den anderen Merkmalen als konstituierendes Merkmal interpretiert werden.

Integrationserfordernis des externen Faktors

Als zweites unumstrittenes Kriterium ist die zwingend notwendige Integration eines externen Faktors in den Leistungserstellungsprozess zu nennen. Die möglichen Erscheinungsformen des externen Faktors sind vielfältig. Es kann sich einerseits um die Person selbst handeln, die eine Dienstleistung in Anspruch nimmt (z. B. Fortbildung). Zum anderen kann es sich auch um ein Objekt handeln, an dem eine Dienstleistung vollzogen wird und welches der Kunde vorher beizusteuern hat (z. B. Reparatur eines Gegenstandes), oder aber der Kunde muss zur Verrichtung der Dienstleistung wichtige Informationen zur Verfügung stellen (z. B. Abholort und -zeit bei einer Transportdienstleistung).[32] „Charakteristisch für Dienstleistungen ist die Teilnahme des externen Faktors, nicht seine konkrete Erscheinungsform".[33]

Die Integration des externen Faktors kann verschiedene Formen aufweisen. So kann von einer raumzeitlichen und einer lediglich zeitlichen Integrationsnotwendigkeit gesprochen werden.[34] Bei der raumzeitlichen Integration haben der Leistungsgeber und der Leistungsnehmer einen räumlich und zeitlich synchronen Kontakt, während z. B. bei einer telefonischen Beratung eine zeitliche Integration bei räumlicher Trennung vorliegt. Die Integration kann außerdem unterschiedliche Intensitäten aufweisen, wobei sich die Aktivitäten von Anbieter und Nachfrager der Dienstleistung durch eine partielle Substitutionalität auszeichnen.[35] Eine Mindestaktivität des Anbieters ist allerdings Voraussetzung, da eine vollständige Aktivitätsverlagerung auf den Nachfrager die Selbsterbringung der Dienstleistung durch diesen zur Folge hätte. Bei einer vollständigen Verlagerung der Aktivitäten auf den Nachfrager könnte nicht mehr von einer Dienstleistung gesprochen werden. Ebenso ist es zwingend erforderlich, dass der Nachfrager zumindest sein Bedürfnis nach einer Dienstleistung äußert und den externen Faktor in den Erstellungsprozess mit einbringt. Dienstleistungen als Interaktionsprodukte können nicht autonom realisiert werden.[36]

---

[30] Vgl. Meffert/Bruhn, 2000, S. 51.
[31] Vgl. Klose, 1999, S. 9.
[32] Vgl. Haller, 1998, S. 55.
[33] Vgl. Corsten, 1985, S. 12.
[34] Vgl. Corsten, 2000, S. 150.
[35] Vgl. Corsten, 2000, S. 151.
[36] Vgl. Hentze, Lindert, 1998, S. 1012.

An einem abschließenden Beispiel soll die unterschiedliche Einbindung des externen Faktors bei Dienst- und bei Sachleistungen verdeutlicht werden. Die Autoproduktion ist eine typische Sachleistung. Ein Auto kann vollständig unabhängig vom Kunden hergestellt werden. Trotzdem lässt sich heute vermehrt beobachten, dass der Kunde als externer Faktor in den Erstellungsprozess integriert ist, z. B. in Form von Vorgaben bzgl. der Konfiguration des zu erstellenden Fahrzeugs. Diese Integration des Kunden ist aber keine notwendige Bedingung, um ein Automobil erstellen zu können. Bei einer Dienstleistung, z. B. einer Friseurdienstleistung, ist die Integration des externen Faktors im Gegensatz dazu unabdingbar. Der Kunde muss während der Erstellung der Dienstleistung „Haare schneiden" sich/seinen Körper als „Produktionsfaktor" in den Erstellungsprozess einbringen. Ohne die Einbringung des externen Faktors ist eine Dienstleistung im Gegensatz zu einer Sachleistung nicht erstellbar. Direkt abhängig von der Integration des Kunden in den Leistungserstellungsprozess ist die Möglichkeit, diese Leistung zu individualisieren.

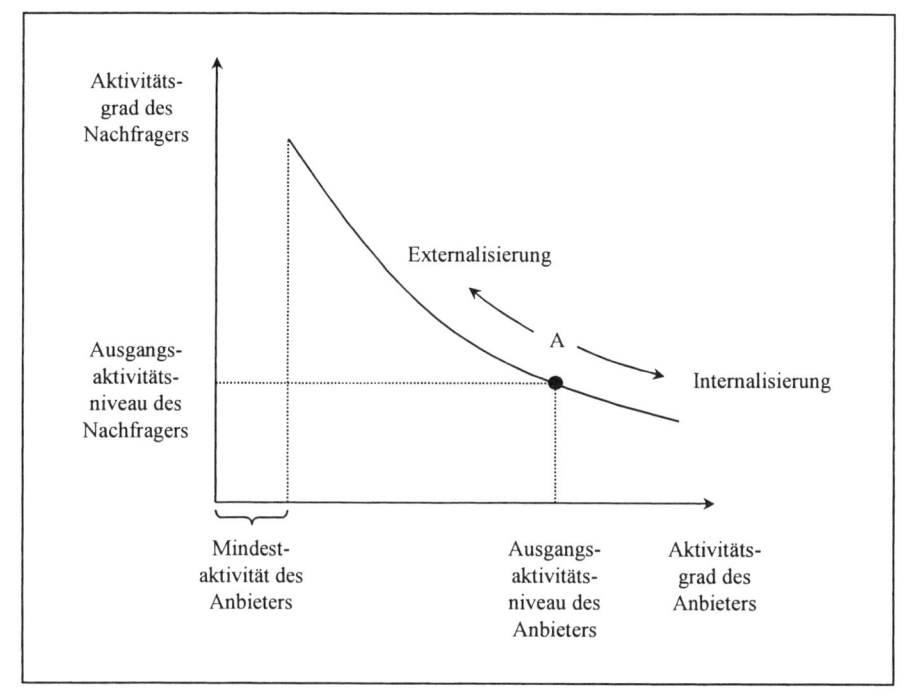

Abb. II-2: Die Substitutionalität von Anbieter- und Nachfrageraktivitäten
(Quelle: Corsten, 2000, S. 151)

Uno-actu-Prinzip

Bei der Dienstleistung sind Leistungserstellung und Leistungsabgabe identisch und erfolgen zeitgleich nach dem „uno-actu"-Prinzip. Mit diesem Begriff wird die zeitliche Synchronisation von Produktion und Absatz beschrieben.[37] Es gibt somit kein Gut oder Objekt, welches vom Anbieter zum Nachfrager wechseln kann. Leistungsgegenstand der Dienstleistung ist überwiegend ein Prozess, der an dem externen Produktionsfaktor vollzogen wird.[38] Aus diesem Merkmal ergibt sich zwangsläufig die Nichtlagerfähigkeit einer Dienstleistung. Sie vergeht häufig im Augenblick ihrer Entstehung. Zudem weisen Dienstleistungen eine fehlende Transportfähigkeit auf.

Von Dienstleistung kann man sprechen, wenn eine Leistung die vorgestellten konstituierenden Merkmale erfüllt. Somit lassen sich Dienstleistungen als Leistungen interpretieren, die durch eine Kombination interner und externer Produktionsfaktoren am externen Faktor erbracht werden, wobei diese Leistung aufgrund der zeitlichen (und räumlichen) Synchronität von Produktion und Absatz ex ante immateriell ist.

Aus dieser Definition ergeben sich die drei grundsätzlichen Merkmale von Dienstleistungen. Um zu einer Typologie der Dienstleistungen zu gelangen, sollen zu diesen konstitutiven Merkmalen zwei ergänzende Sichtweisen auf Dienstleistungen betrachtet werden:

- die Kundensicht und
- die Unternehmenssicht.

Beide werden im Folgenden zur Entdeckung weiterer Merkmale von Dienstleistungen (und somit letztlich zur Typologisierung) herangezogen.

1.2.1.3 Dienstleistungen aus Kundensicht

In der Neuen Institutionen Ökonomie unterscheidet man grundsätzlich vier Arten von Gütern. Diese Unterscheidung basiert auf der Informationsasymmetrie, die zwischen Anbieter und Nachfrager eines Gutes herrscht. Es gibt neoklassische Güter, Such- oder Inspektionsgüter, Erfahrungsgüter und Glaubens- oder Vertrauensgüter.[39]

Bei den *neoklassischen Gütern* sind beide Marktseiten über die Eigenschaften des betreffenden Gutes vollständig informiert. Beispielhaft für solche Güter sind börsenmäßig gehandelte Güter standardisierter Qualität, wie Mineralöle und Erze. Die beim Kauf solcher Güter vorherrschenden Entscheidungsprobleme können leicht gelöst werden. Das spezifische Vertrauen in einen Anbieter spielt beim Kauf dieser Güter kaum eine Rolle.

Bei den *Such- oder Inspektionsgütern* („search qualities") lässt sich vor Vertragsabschluss die Qualität ebenfalls vollständig und kostenlos erfassen. Die einzige nicht kostenlos beobachtbare Determinante bei diesen Gütern ist der Preis.

---

[37] Vgl. Corsten, 1990, S. 19.
[38] Vgl. Klose, 1999, S. 11.
[39] Vgl. Fritsch/Wein/Ewers, 2001.

nicht kostenlos beobachtbare Determinante bei diesen Gütern ist der Preis. Suchgüter sind demnach Produkte, deren Qualitätseigenschaften dem Konsumenten schon vor dem Kauf ohne nennenswerte Informationskosten ersichtlich sind. Beispiele für diesen Gütertyp sind Basislebensmittel, wie Mehl, Zucker und Salz. Vertrauen spielt daher auch beim Kauf von Suchgütern keine wichtige Rolle.

Erfahrungsgüter („experience qualities") sind dadurch gekennzeichnet, dass ein Urteil über ihre qualitativen Eigenschaften erst nach dem Kauf möglich ist. Das Risiko eines Fehlkaufs ist daher hoch. Die Verbraucher laufen Gefahr, gegen ihren Willen relativ schlechte Qualität zu erhalten. Obst in Dosen oder das Essen in einem Restaurant sind typische Beispiele für Erfahrungsgüter. In der Realität findet man zahlreiche Güter, die diesem Typ zugerechnet werden können. Die Informationsbeschaffung verursacht regelmäßig Opportunitätskosten.

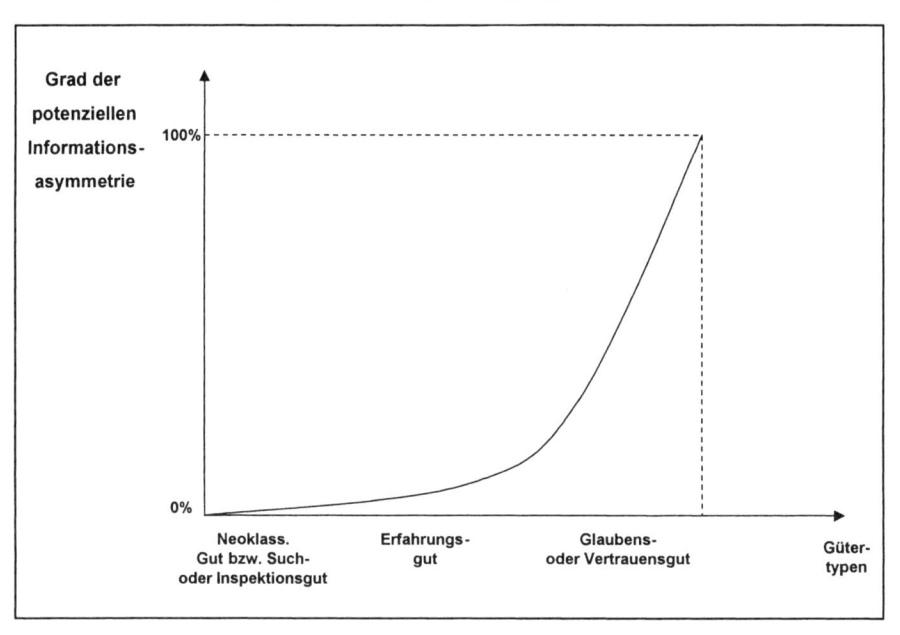

Abb. II-3: Informationsasymmetrie bei verschiedenen Gütertypen
(Quelle: In Anlehnung an Fritsch/Wein/Ewers, 2001)

Die Qualität der *Glaubens- oder Vertrauensgüter* („credence qualities") wird nicht nur durch den Verkäufer, sondern auch durch die Qualität anderer, vom Verkäufer nicht kontrollierbarer Größen (z. B. stochastische Einflussgrößen) oder anderer externer Faktoren (z. B. Einbeziehung des Kunden bei einer Dienstleistung) bestimmt. Somit kann der Nachfrager die schlechte Qualität eines Gutes erst dann erkennen, wenn man eine gewisse Menge eines solchen Gutes konsumiert hat. Ein Beispiel für ein solches Gut ist die Einnahme eines Medikamentes. Vertrauensgüter finden sich insbesondere im Dienstleistungsbereich, so z. B. bei Rechtsanwälten, Ärzten und Krankenhäusern oder aber bei Gütern, die einen besonders hohen Dienstleistungsanteil aufweisen.[40]

Das Konzept der Informationsasymmetrie lässt sich wie angedeutet auf Dienstleistungen übertragen.[41] Auch Dienstleistungen können Such-, Erfahrungs- und Glaubensattribute zugeordnet werden. Der Informationsasymmetrie zwischen Dienstleistungsanbieter und -nachfrager kommt als Grundlage einer Typologisierung von Dienstleistungen vor dem Hintergrund des angestrebten Ziels dieser Typologisierung, nämlich das Erkennen unterschiedlicher Anforderungen an das Management, eine besondere Wichtigkeit zu. Je größer die Unsicherheit des Konsumenten bei der Bewertung der Qualität der Dienstleistung ist, desto wichtiger werden vertrauensbildende Maßnahmen im Rahmen des Managements. An erster Stelle zu nennen sei hier das Markenmanagement.[42]

Das Merkmal der Informationsasymmetrie lässt sich auf mehrere Arten operationalisieren. Hier bietet sich die Bildung von Klassen an, welche sich aus zwei Merkmalen zusammensetzen:[43] (1) Die Fähigkeit eines Konsumenten, die Qualität der Dienstleistungen *vor* dem Kauf einschätzen zu können und (2) die Fähigkeit eines Konsumenten, die Qualität der Dienstleistungen *nach* der Nutzung einschätzen zu können. Dies ergibt folgende Klassifizierung:

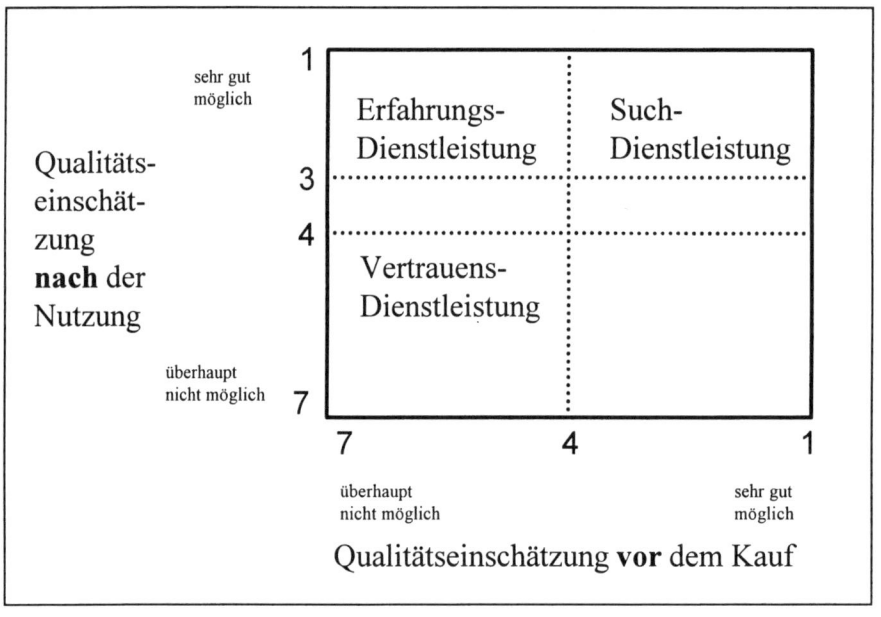

Abb. II-4: Klassifizierung von Dienstleistungen aus Konsumentensicht

---

[40] Vgl. Plötner, 1994, S. 27.
[41] Vgl. z. B. Krishnan/Hartline, 2001, S. 330 f.
[42] Vgl. Teil II, Kapitel 3.4.1.1.
[43] Vgl. Krishnan/Hartline, 2001, S. 332 ff.

In einer explorativen Studie[44] wurden die eingangs erwähnten zehn Dienstleistungsteilbranchen von 411 Konsumenten (im Rahmen einer mündlichen und schriftlichen Befragung) gemäß der empfundenen Informationsasymmetrie bewertet und dann den drei vorgestellten Klassen zugeordnet. Folgende Einteilung konnte berechnet werden.

Tab. II-3: Einteilung der Dienstleistungsteilbranchen nach Informationsasymmetrie

Dienstleistungsteilbranche	Qualitätseinschätzung vor Kauf	Qualitätseinschätzung nach Nutzung
Handelsunternehmen	3,77	2,51
Verkehrsbetriebe inkl. Fernverkehr und Gütertransport	3,87	2,59
Gaststätten und Beherbergungsgewerbe	3,89	1,92
Kultur- und Freizeitdienstleister	3,91	2,14
Finanzdienstleister (Banken/Versicherungen u. ä.)	4,21	2,79
Telekommunikations- und Informationsdienstleister	4,33	2,87
Bildungs- und Forschungseinrichtungen, Schulen, Universitäten	4,38	2,70
Gesundheits-, Wellness- und Schönheitsdienstleistungen	4,45	2,76
Agentur-, Makler- und Kommissionärsdienstleistungen	4,99	3,21
Beratungsdienstleistungen (Unternehmensberater)	5,00	3,02

Es fällt bei der Betrachtung der empirischen Ergebnisse zunächst auf, dass die Qualitätseinschätzung der jeweiligen Dienstleistung (bzw. der Dienstleistungsteilbranche) vor dem Kauf generell deutlich geringer ist, als nach dem Kauf. Entgegen der ursprünglichen Annahme scheint der Wert „4" bei der Fähigkeit, die Leistungsqualität nach dem Kauf bewerten zu können, als Grenze zwischen Erfahrungs- und Vertrauensdienstleistung nicht völlig geeignet zu sein, sondern eher ein Wert um „3".[45]

Dementsprechend besitzen

- Handels-, Verkehrs-, Beherbergungs- und Kulturdienstleistungen (eher) Suchattribute,

---

[44] Vgl. Ahlert/Evanschitzky, 2002a.
[45] Dies stimmt mit den Ergebnissen von Krishnan/Hartline überein, bei denen der mittlere Wert der Skala nicht hinreichend differenziert; vgl. Ahlert/Evanschitzky, 2002a.

- Finanz-, Bildungs-, Wellness- und Telekommunikationsdienstleistungen (eher) Erfahrungsattribute und

- Beratungs- und Maklerdienstleistungen (eher) Vertrauensattribute.

1.2.1.4 Dienstleistungen aus Unternehmenssicht

Grundsätzlich muss sich der Dienstleister im Klaren darüber sein, wer seine **Kunden** sind. Es können grundsätzlich Geschäftskunden (Business-to-Business) oder private Endkunden (Business-to-Consumer) sein. Eng damit verknüpft ist die Frage nach der Anzahl der Kunden. Sind es eher viele oder aber ist es eine überschaubare Anzahl? Aus Sicht eines Dienstleistungsanbieters ergeben sich über diese eher oberflächliche Einteilung hinaus insbesondere zwei Dimensionen, nach welchen Dienstleistungen systematisiert werden können:[46] Komplexität und Kapitalintensität.

Komplexität einer Dienstleistung versteht man nicht im Sinne einer „normalen" Kompliziertheit von Problemen oder Strukturen. Komplexität meint vielmehr allgemein diejenige Eigenschaft von Systemen, in einer gegebenen Zeitspanne eine große Anzahl von verschiedenen Zuständen annehmen zu können, was deren geistige Erfassung und Beherrschung durch den Menschen erschwert.[47]

Aus dieser Vielzahl möglicher Zustände ergeben sich vielfältige, wenig voraussagbare und ungewisse Verhaltensmöglichkeiten. Ein System besteht aus einer Summe von Elementen, zwischen denen Beziehungen bestehen bzw. hergestellt werden können.[48] Ein Zustand beschreibt dabei genau eine spezifische Element-Beziehungs-Kombination. Je häufiger sich die Beziehungen zwischen den Elementen bzw. die Stellung der Elemente zueinander ändert, desto höher wird die Komplexität dieses Systems.

Als System für die Untersuchung der Komplexität soll hier das Beziehungsgefüge zwischen dem Dienstleistungsanbieter und dem vom Anbieter bereitgehaltenen Potenzial, dem Kunden und dem vom Kunden eingebrachten externen Faktor und der Art der zu erbringenden Dienstleistung verstanden werden.[49]

Die Komplexität einer Dienstleistung soll anhand von acht Kriterien festgemacht werden. Dies sind[50]

- Koordination der internen Faktorkapazitäten,

- Art der bereitgehaltenen Faktoren,

---

[46] Vgl. Schmenner, 1986 und Benkenstein/Güthoff, 1996.
[47] Vgl. Bleicher, 1996, S. 31.
[48] Vgl. Ulrich, 1970; Kieser, 1974, S. 302; Bronner, 1992, S. 1122; Benkenstein/Güthoff, 1996, S. 1497; Homburg/Kebbel, 2001, S. 480.
[49] Vgl. Benkenstein/Güthoff, 1996, S. 1498.
[50] Vgl. Ahlert et al., 2002, S. 18.

- Ausprägung des Faktors Arbeit,
- Anzahl/Heterogenität der Teilleistungen,
- Interaktionsintensität,
- Individualität der Dienstleistung,
- Vertragsverhältnis und
- Art der Verwendung (zeitliche Nutzenstiftung).

Offensichtlich sind bei diesem acht Merkmale umfassenden Komplexitätsverständnis die meisten anderen Merkmale von Dienstleistungen aus Unternehmenssicht inbegriffen. Zu nennen ist hier insbesondere der Ansatz nach Schmenner[51], der den Grad der Interaktion und der Individualisierung als wesentliche Merkmale einer Dienstleistung ansieht.[52] Somit sei zur weiteren Systematisierung bzw. Typologisierung die Dienstleistungskomplexität betrachtet.

Neben der Dienstleistungskomplexität spielt es für das Management von Dienstleistungsanbietern eine wesentliche Rolle, wie das kostenmäßige Verhältnis der Faktoren „Maschine/Ausstattung" und „Arbeit" ist. **Arbeitsintensität** (oder Kapitalintensität) beschreibt hier das Verhältnis der Personalkosten zu den Kosten für Maschinen und Ausstattung[53]. Dienstleistungen mit hoher Arbeitsintensität verursachen relativ wenig Kosten für Ausstattung und Maschinen (und fordern somit geringere Investitionen in diese), jedoch relativ viel für Mitarbeiter und deren Entwicklung.

Verma[54] hat nachgewiesen, dass sich mit steigender Arbeitsintensität die Anforderungen an das Management dergestalt ändern, dass die Marketing Funktion und das Human-Resource Management immer wichtiger werden. Umgekehrt hat er gezeigt, dass mit zunehmender Kapitalintensität das Innovationsmanagement (im Sinne von technologischem Fortschritt) und das Zeitmanagement (im Sinne der Vermeidung von Leerlaufzeiten) an Bedeutung gewinnen.

Aus der Kombination der beiden vorgestellten Merkmale ergibt sich für Dienstleistungen aus Unternehmenssicht die in Abbildung II-5 dargestellte Klassifikation.[55]

„Produktähnlich Dienstleistungen" sind durch gering Leistungskomplexität und geringe Arbeitsintensität gekennzeichnet. dies sind z. B. einfache Transportdienste. Mit steigender Komplexität der Dienstleistung wird aus einer produktähnlichen

---

[51] Vgl. Schmenner, 1986.
[52] Weitere Vertreter dieser Ansicht sind Kellog/Nie, 1995 sowie Verma, 2000, die Schmenners Ansatz weiterentwickeln.
[53] Zur Berechnung der Arbeitsintensität vgl. Schmenner, 1986, S. 22, Tabelle 1.
[54] Vgl. Verma, 2000.
[55] Vgl. Schmenner, 1986, S. 25.

Leistung eine „Shop-Dienstleistung". Darunter fallen kapitalintensive, komplexe Leistungen wie z. B. Krankenhausaufenthalte oder Reparaturen.

„Massen-Dienstleistungen" sind einfache, arbeitsintensive Leistungen wie z. B. Handelsaufgaben. Je komplexer die Leistung wird, desto mehr nimmt sie die Gestalt von „Experten-Dienstleistungen" an. Beratungsdienstleistungen sind ein Beispiel solcher z. T. hochkomplexen, arbeitsintensiven Dienstleistungen.

	Dienstleistungskomplexität	
	sehr gering	sehr hoch
Arbeits-intensität sehr hoch	Massen-Dienstleistung	Experten-Dienstleistung
sehr gering	produktähnliche Dienstleistung	Shop-Dienstleistung

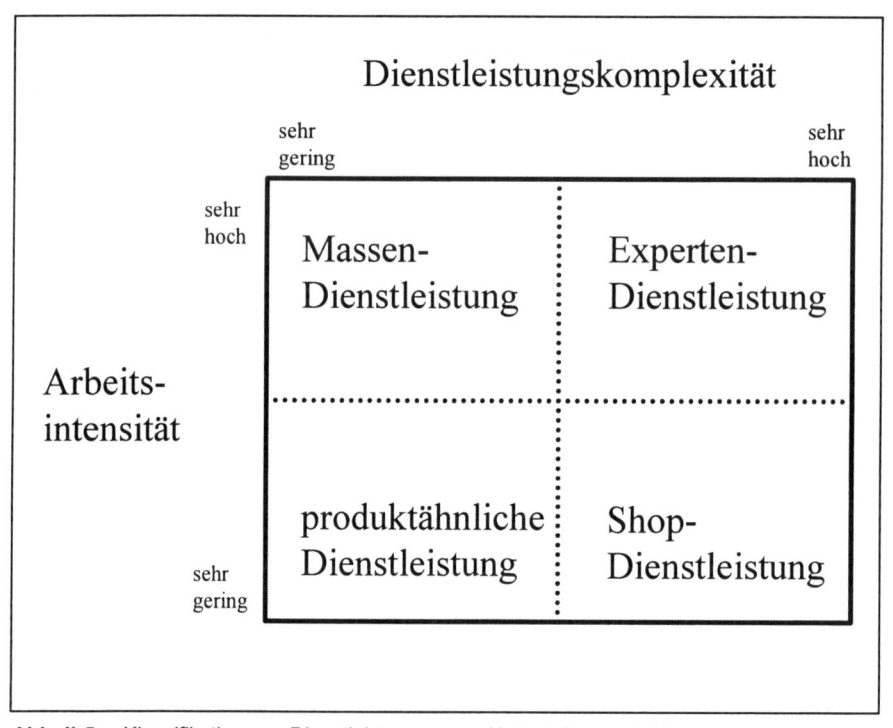

Abb. II-5: Klassifikation von Dienstleistungen aus Unternehmenssicht
(Quelle: in Anlehnung an Schmenner, 1986, S. 25)

Neben der Komplexität der Dienstleistungen an sich und der Arbeitsintensität zur Erstellung selbiger, ist es für einen Dienstleister notwendig, das komplette **Konsumproblem**[56] des Konsumenten zu analysieren. Dabei fungiert das Verhältnis zwischen der Dienstleistung und Sachleistung bzw. zwischen der Herkunft der Bedarfe als Gliederungsschema. Der Dienstleister muss durch Kombination von Sach- und Dienstleistungen bzw. Waren und Services in der Lage sein, ein bestehendes Konsumproblem bei einem Konsumenten lösen. Diese Kombinationsleistung erfordert bei steigender Konsumkomplexität erhöhten Aufwand für das Management.

---

[56] Vgl. Ahlert, 2001.

Komplexe Konsumprobleme

```
        Waren mehrerer        Komplexe Dienstleistungen
        Bedarfsgruppen    +       mit hohem
         und Service              Abstimmungsbedarf

              Ware           +    Einfache
           und Service            Dienstleistung

Qualität ◄─────────────────────────────► Preis

              Ware           +    Service

                        nur Ware
```

Einfache Konsumprobleme

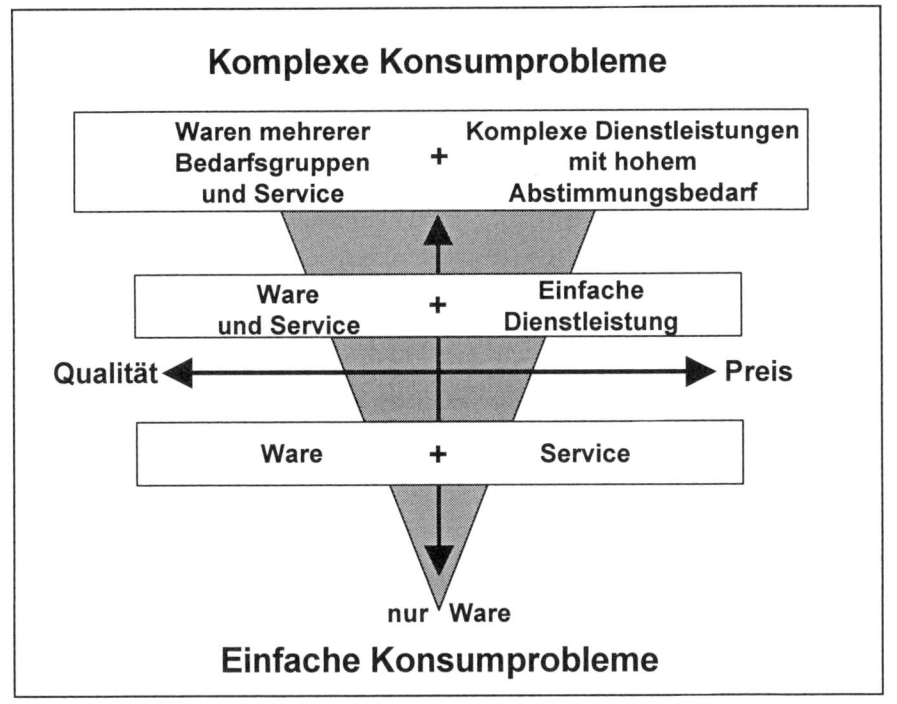

Abb. II-6: Einteilung der Konsumprobleme

1.2.1.5 Merkmale und Merkmalsausprägungen von Dienstleistungen: eine Typologie

Zusammenfassend listet Tabelle II-4 ausgehend von den oben gemachten Erläuterungen die Merkmale auf, die möglichst umfassend das Wesen einer Dienstleistung beschreiben. Zur Bildung von Typen muss versucht werden, bestehende Überschneidungen bzw. Korrelationen zwischen den Merkmalen durch Zusammenfassung zu vermeiden.

Tab. II-4: Merkmale und Merkmalsausprägungen von Dienstleistungen

Merkmal	Merkmalsausprägung
„Art" und „Anzahl" der Kunden	viele (...) wenige B-to-B / B-to-C
Immaterialität	sehr hoch (1) (...) sehr gering (5)
Integration des Kunden	sehr hoch (1) (...) sehr gering (5)
Individualisierung der Leistung	sehr hoch (1) (...) sehr gering (5)
Informationsasymmetrie zwischen Anbieter und Nachfrager	sehr hoch (1) (...) sehr gering (5)
Komplexität der Dienstleistung	sehr komplex (1) (...) sehr wenig komplex (5)

Tab. II-4: Fortsetzung

Komplexität des Konsumproblems	sehr komplex (1) (...) sehr einfach (5)
Arbeitsintensität (Kapital/Arbeit)	Capital-labor ratio viel kleiner als „1" (1) (...) viel größer als „1" (5)

1.2.2 Systematisierungsansätze für Netzwerke

1.2.2.1 Der Begriff des „Netzwerks"

Zunächst können Netzwerke anhand ihrer geografischen Orientierung klassifiziert werden. Eine Unterscheidung in (z. B.) regionale, nationale, europäische und internationale Netzwerke ist vor dem Hintergrund der vorliegenden Untersuchung angebracht. Sie gibt Auskunft darüber, wo die Netzwerkpartner geografisch zu lokalisieren sind. Ebenso lassen sich Netzwerke gemäß ihrer Kooperationsrichtung in vertikale, horizontale oder laterale einteilen. Der Marktauftritt des Netzwerks als Ganzes kann dabei entweder einheitlich (z. B. unter einer gemeinsamen Marke) oder uneinheitlich sein.

Neben diesen eher oberflächlichen Einteilungen gibt es eine Vielzahl unterschiedlicher Forschungsansätze, die sich mit dem Phänomen der „Netzwerke" befassen.[57] Unterscheiden lassen sich diese Ansätze zunächst nach ihrem jeweils dominierenden Begriffsverständnis in Ansätze mit

- personeller,
- interner oder
- externer

Ausrichtung. Ansätze mit personeller Ausrichtung[58], interpretieren Netzwerke als Gefüge sozialer Beziehungen, Ansätze interner Ausrichtung verstehen sie als Gefüge innerhalb von Unternehmen und Ansätze externer Ausrichtung sehen sie als Gefüge zwischen Unternehmen. Letztere Forschungsrichtung kann wiederum unterteilt werden in solche, die transaktionskostenorientierte Netzwerke tendenziell als Hybridformen zwischen den Extrempolen Markt und Unternehmung sehen (dies bedeutet allerdings nicht, dass die Existenz von Netzwerken auch transaktionskostentheoretisch erklärt wird[59]) und solchen, die aus systemtheoretischer Sicht Netzwerke als eine spezifische Form neben Markt und Unternehmung auffassen. Folgende Abbildung gibt die unterschiedlichen Ansätze in Auszügen wieder.

---

[57] Vgl. z. B. Lorenzoni/Grandi/Boari, 1989; Mueller, 1988; Bartlett/Goshal, 1990; Miles/Snow/Coleman, 1992; Jarillo, 1988; Sydow, 1992; Obrig, 1992; Alter/Hage, 1993; Meyer, 1994; Powell, 1990; Teubner, 1992; Klein, 1996.
[58] Vgl. z. B. Mueller, 1988; Lorenzoni et al., 1989.
[59] Vgl. Borchert et al., 1999, S. 56.

```
                          Netzwerkansätze
   ┌──────────────────────────┼──────────────────────────┐
   Personelle Ausrichtung    Interne Ausrichtung        Externe Ausrichtung
   (Netzwerk als Gefüge      (Netzwerk als Gefüge innerhalb  (Netzwerk als Gefüge
   sozialer Beziehungen)     einer Unternehmung)        zwischen Unternehmungen)
```

- Personelle Ausrichtung (Netzwerk als Gefüge sozialer Beziehungen)
  - Betriebliche Netzwerke nach Mueller (1988)
  - Interpersonelle Netzwerke nach Lorenzoni et al. (1989)
- Interne Ausrichtung (Netzwerk als Gefüge innerhalb einer Unternehmung)
  - Interne Netzwerke nach Lorenzoni et al. (1989)
  - Transnationale Unternehmungen nach Barlett/Ghoshal (1990)
  - Interne Netzwerke nach Miles/Snow/Coleman (1992)
- Externe Ausrichtung (Netzwerk als Gefüge zwischen Unternehmungen)
  - Transaktionskostenorientiertes Verständnis von Netzwerken (Netzwerke als Hybridform zwischen Markt und Unternehmung)
    - Hybridformen nach Williamson (1991)
    - Strategische Netzwerke nach Jarillo (1988)
    - Stabile/Dynamische Netzwerke nach Miles/Snow/Coleman (1992)
    - Strategische Netzwerke nach Sydow (1992)
    - Polyzentrische Netzwerke nach Obrig (1992)
    - Produktionsnetzwerke nach Alter/Hage (1993)
    - Netzwerke nach Meyer (1994)
  - Systemtheoretisch geprägtes Verständnis von Netzwerken (Netzwerke als spezifische Form neben Markt und Unternehmung)
    - Netzwerke nach Thorelli (1986)
    - Netzwerke nach Powell (1990)
    - Netzwerke als System höherer Ordnung nach Teubner (1992)
    - Fokale, Tausch-, Lern-Netzwerke und Clubs nach Klein (1996)

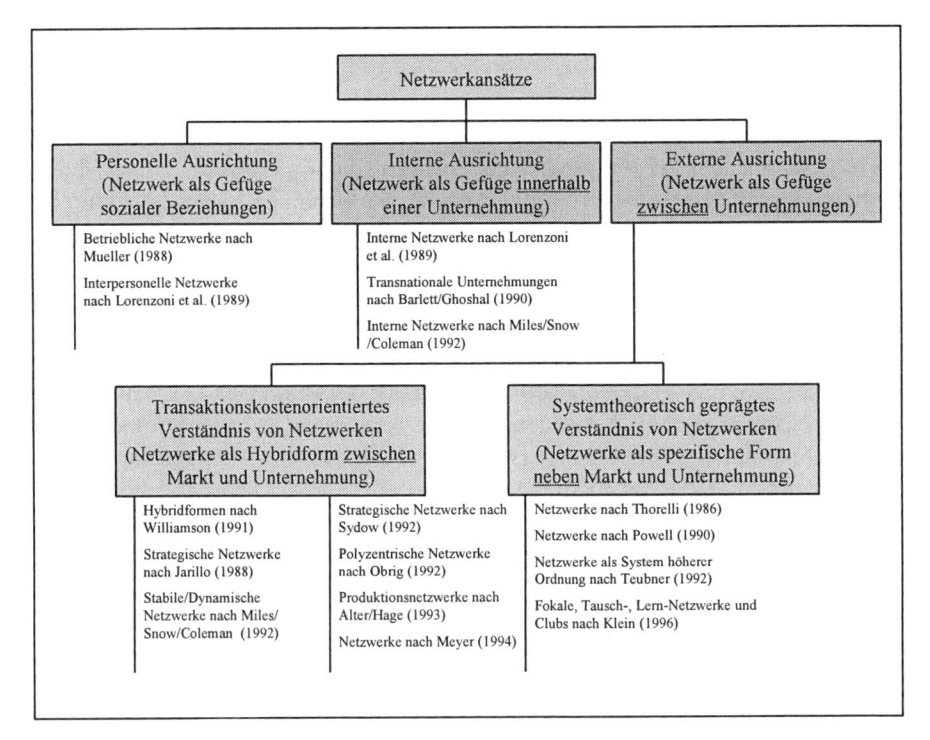

Abb. II-7: Die Systematik der skizzierten Netzwerkansätze
(Quelle: Borchert et al., 1999, S. 57)

Anschauungsobjekt von Mueller ist eine überwiegend hierarchisch und bürokratisch strukturierte Unternehmung. Netzwerke fasst er als Konzepte menschlicher Beziehungen innerhalb dieser hierarchischen Struktur auf.[60] Lorenzoni/Grandi/ Boari unterscheiden zwischen externen, internen und interpersonalen Netzwerken.[61] Ein interpersonales Netzwerk reflektiert nach ihrer Auffassung die Beziehungen und die Kommunikation zwischen Individuen und/oder Gruppen.

Interne Netzwerke entwickeln sich aus der Externalisierung interner Organisationseinheiten. Als interne Netzwerke lassen sich also die Beziehungen zwischen Organisationseinheiten innerhalb einer Unternehmung ansehen. Bartlett/Goshal sehen transnationale Unternehmen als integrierte Netzwerke an und untersuchen die Beziehungen zwischen Stammhaus, Inlands- und Auslandsniederlassungen. Das interne Netzwerk nach Snow/Miles/Coleman entsteht, indem Marktmechanismen auf die Beziehungen innerhalb eines Unternehmens übertragen werden.[62] Auf diese Weise besteht die Möglichkeit der Steigerung der Allokationseffizienz

---

[60] Vgl. Mueller, 1988, S. 21 ff.
[61] Vgl. Lorenzoni/Grandi/Boari, 1989.
[62] Vgl. Snow/Miles/Coleman, 1992, S. 11 ff.

innerhalb des Unternehmens, der Reduktion von Ressourcenabhängigkeiten und die Möglichkeit der Reduktion von Reaktionszeiten.[63]

Dem Verständnis von Netzwerk als Gefüge zwischen Unternehmen soll im Folgenden die meiste Aufmerksamkeit gewidmet werden. Diese *inter*organisationalen Netzwerke spiegeln das Verständnis der Autoren von der Relevanz für das Management von Dienstleistungsnetzwerken am besten wider. Zu klären ist somit, ob Netzwerke eine eigene, spezifische Governanceform neben Markt und Unternehmung darstellen, oder ob es sich bei Netzwerken um eine hybride Koordinationsform auf einem Kontinuum zwischen Markt und Unternehmung handelt. Thorelli, Teubner und Klein sehen das Netzwerk als eigenständige Organisationsform[64]. Powell sieht dies auch so, wobei er als charakterisierende Elemente eine langfristige Perspektive und Vertrauen der Partner zueinander anführt. Dies kommt einem transaktionstheoretischen Verständnis schon recht nahe.[65] Die Vertreter eines solchen transaktionsorientierten Verständnisses ordnen Netzwerke auf dem Kontinuum zwischen Markt und Hierarchie ein.[66]

1.2.2.2 Netzwerke als Transaktionskostenminimierer

Netzwerke sollen als Hybridformen auf dem Kontinuum zwischen Markt und Hierarchie verstanden werden. Folgende Tabelle gibt einen Überblick über interorganisationale Netzwerke.

Tab. II-5: Typologie interorganisationaler Netzwerke
(Quelle: Sydow, 1999, S. 285)

Netzwerktypen	Bestimmung über bzw. Synonyme
Industrielle Netzwerke – Dienstleistungsnetzwerke	Sektorenzugehörigkeit der meisten Netzwerkunternehmungen
Konzerninterne – konzernübergreifende Netzwerke	Konzernzugehörigkeit der meisten Netzwerkunternehmungen
Strategische – regionale Netzwerke	Art der Führung und weitere Merkmale (s. u.). Strategic networks – small firms networks
Lokale – globale Netzwerke	Räumliche Ausdehnung des Netzwerks
Einfache – komplexe Netzwerke	Zahl der Netzwerkakteure, Dichte des Netzwerks, Komplexitätsgrad des Beziehungsgeflechts
Vertikale – horizontale Netzwerke	Stellung der Unternehmung in der Wertschöpfungskette

---

[63] Vgl. Snow/Miles/Coleman, 1992, S. 13.
[64] Vgl. Thorelli, 1986; Teuber, 1992; Klein, 1996.
[65] Vgl. Powell, 1987, S. 82; Powell, 1990; Jarillo, 1988, S. 36 ff.
[66] Vgl. Jarillo, 1988; Williamson, 1991; Miles/Snow/Coleman, 1992; Sydow, 1992; Obig, 1992; Alter/Hage, 1993; Meyer, 1994.

Obligationale – promotionale Netzwerke	Netzwerkzweck im Sinne eines Leistungsaustausches bzw. einer gemeinsamen Interessendurchsetzung
Legale – illegale Netzwerke	Verstoß gegen bestehende Gesetze oder Verordnungen (z. B. Kartelle)
Freiwillige – vorgeschriebene Netzwerke	Gesetzlich vorgeschriebene Zusammenarbeit der Unternehmungen
Stabile – dynamische Netzwerke	Stabilität der Mitgliedschaft bzw. der Netzwerkbeziehungen
Marktnetzwerke – Organisationsnetzwerke	Dominanz des Koordinationsmodus
Hierarchische – heterarchische Netzwerke	Steuerungsform nach der Form der Führung
Intern – extern gesteuerte Netzwerke	Steuerungsform nach Ort (z. B. durch Drittparteien bzw. Netzwerkmanagementorganisation)
Zentrierte – dezentrierte Netzwerke	Grad der Polyzentrizität
Bürokratische – clan-artige Netzwerke	Form der organisatorischen Integration der Netzwerkunternehmungen
Austauschnetzwerke - Beteiligungsnetzwerke	Grund der Netzwerkmitgliedschaft
Explorative – exploitative Netzwerke	Dominanter Zweck des Netzwerks
Soziale – ökonomische Netzwerke	Dominanter Zweck der Netzwerkmitgliedschaft
Formale – informale Netzwerke	Formalität bzw. Sichtbarkeit des Netzwerks
Offene – geschlossene Netzwerke	Möglichkeit des Ein- bzw. Austritts aus dem Netzwerk
Geplante – emergente Netzwerke	Art der Entstehung
Innovationsnetzwerke – Routinenetzwerke	Netzwerkzweck im Hinblick auf Innovationsgrad
Käufergesteuerte – produzentengesteuerte Netzwerke	„Ort" der strategischen Führung
Beschaffungs-, Produktions-, Informations-, F&E-, Marketing-, Recyclingnetzwerke u.ä.	Betriebliche Funktionen, die im Netzwerk kooperativ erfüllt werden

Ein Markt ist im Sinne der neoklassischen Theorie als eine Organisationsform ökonomischer Aktivitäten zwischen beliebigen, unabhängigen und sich begrenzt rational und opportunistisch verhaltenden Marktteilnehmern, die eine genau spezifizierte Arbeitsleistung austauschen, zu verstehen[67]. Der Markt kann organisiert und damit institutionalisiert sein (Börsen, Jahrmärkte, Auktionen, elektronische

---

[67] Vgl. Sydow, 1992, S. 98.

Handelsplattformen) oder aber nicht organisiert sein. Marktliche Beziehungen sind eher kurzfristig angelegt. Die Koordination erfolgt über den Preis.

Begrenzte bzw. beschränkte Rationalität und Opportunismus sind dabei Grundannahmen institutionenökonomischer Ansätze. Begrenzte Rationalität ist eine Folge unvollständigen Wissens und der begrenzten menschlichen Verarbeitungskapazität. Menschen können lediglich in Bezug auf ihren subjektiven Wissensstand rational handeln.[68] Opportunistisches Verhalten basiert auf der individuellen Nutzenmaximierung, wobei der opportunistisch Handelnde bei der Erreichung seiner eigenen Nutzenmaximierung auch negative Auswirkungen für andere Akteure in Kauf nimmt.[69] Dargestellt werden kann dieses Verhalten am Gefangenendilemma.[70]

Die Unabhängigkeit der Marktteilnehmer kann auf der Ebene von Unternehmen in diesem Zusammenhang in die rechtliche und die wirtschaftliche Unabhängigkeit unterschieden werden. Rechtliche Unabhängigkeit konstituiert sich in einer rechtlich eigenständigen Gesellschaftsform. Jedes Unternehmen behält im Netzwerk seine eigene Rechtspersönlichkeit. Die wirtschaftliche Unabhängigkeit bzw. wirtschaftliche Selbstständigkeit bezieht sich auf das Ausmaß der Fähigkeit eines Unternehmens, eigenständige strategische Entscheidungen zu treffen.[71] Strategische Entscheidungen sind aber immer auch durch das Beziehungsgeflecht von Lieferanten, Abnehmern, Kapitalgebern, Arbeitnehmern, Verbänden, Staat und anderen Anspruchsgruppen, in welches das Unternehmen eingebunden ist, beeinflusst.[72] Aus dieser Einbindung resultieren vielfältige Einschränkungen der Handlungsfreiheit, sodass eine wirtschaftliche Unabhängigkeit immer nur eine eingeschränkte Unabhängigkeit bzw. Selbstständigkeit sein kann. Ebenso ist die wirtschaftliche Selbstständigkeit mit dem Eingehen einer Kooperationsbeziehung eingeschränkt. Die Entwicklung und Aufrechterhaltung einer solchen Beziehung erfordert von dem Unternehmen Investitionen in Form einer teilweisen Aufgabe der Freiheit unabhängigen Handelns.[73]

Das andere Extrem des Kontinuums bildet die Unternehmung, in der die Koordination mittels Hierarchie erfolgt. Hierarchie bedeutet, dass die Beziehungen zwischen den Handelnden durch Über-/Unterordnung gekennzeichnet sind.

Die Unternehmensleitung erteilt Weisungen gegenüber einer prinzipiell begrenzten Zahl von Organisationsmitgliedern, wodurch die marktliche Koordination weitgehend substituiert wird. Im Gegensatz zu marktlichen Beziehungen sind

---

[68] Vgl. Simon, 1959, zitiert nach Picot/Reichwald/Wigand, 2001, S. 45.
[69] Vgl. Picot/Reichwald/Wigand, 2001, S. 45; Sydow, 1992, S. 131.
[70] Vgl. Luce/Raiffa, 1957; Ullmann-Margalit, 1977.
[71] Vgl. Sydow, 1992, S. 90.
[72] Vgl. Sydow, 1992, S. 79 und S. 90.
[73] Vgl. Sydow, 1992, S. 90.

hierarchische Beziehungen auf Dauer angelegt und kennzeichnen sich durch ex ante abgestimmte Pläne.[74]

Seinen theoretischen Ursprung hat die Unterscheidung von Markt, Hierarchie und Hybridformen zwischen Markt und Hierarchie in der Transaktionskostentheorie.[75] Die Transaktionskostentheorie untersucht die im Rahmen der Übertragung von Handlungs- und Verfügungsrechten entstehenden Kosten. Dies sind Kosten, die während der einzelnen Phasen der Transaktion entstehen. Eine Transaktion umfasst die Anbahnung, Vereinbarung, Kontrolle und u. U. die Anpassung.[76] Transaktionskosten sind somit:[77]

- Anbahnungskosten (z. B. für Informationsuche, Recherchen, Reisen, Beratung),
- Vereinbarungskosten (z. B. für Verhandlung, Vertragsformulierung, Vereinbarung usw.),
- Abwicklungskosten (z. B. Prozesssteuerung),
- Kontrollkosten (z. B. für Sicherstellung der Einhaltung von Terminen, Qualität, Mengen-, Preis- oder Geheimhaltungsvereinbarungen),
- Anpassungskosten (z. B. für Durchsetzung von qualitativen, preislichen oder terminlichen Änderungen aufgrund veränderter Bedingungen während der Laufzeit).

Die Summe der Transaktionskosten ist ein zentraler Bestimmungsfaktor für die Wahl der Organisationsform ökonomischer Aktivitäten. Dabei wird die Höhe der Transaktionskosten durch die Anzahl der Transaktionspartner, die Transaktionshäufigkeit und -unsicherheit sowie durch die strategische Bedeutung der Transaktion für eine Unternehmung beeinflusst. Diejenige Organisationsform erscheint effizient, die die Transaktionskosten (also die Summe der fünf „Teilkosten") minimiert.

Je nach Ausprägung dieser Einflussvariablen ist dabei eine marktliche, eine hierarchische oder eine hybride, netzwerkartige Koordinationsform (hier nicht im Sinne einer eigenständigen Organisationsform verstanden, sondern als Hybridform) effizient.

---

[74] Vgl. Sydow, 1992, S. 98.
[75] Vgl. grundlegend Coase, 1937, S. 386-405; Williamson, 1990, S. 1 ff.; Weber, 1999a, S. 111.
[76] Vgl. Picot, 1982, S. 269.
[77] Vgl. Picot, 1982, S. 270 sowie Sydow, 1992, S. 130; Picot/Reichwald/Wigand, 2001, S. 50.

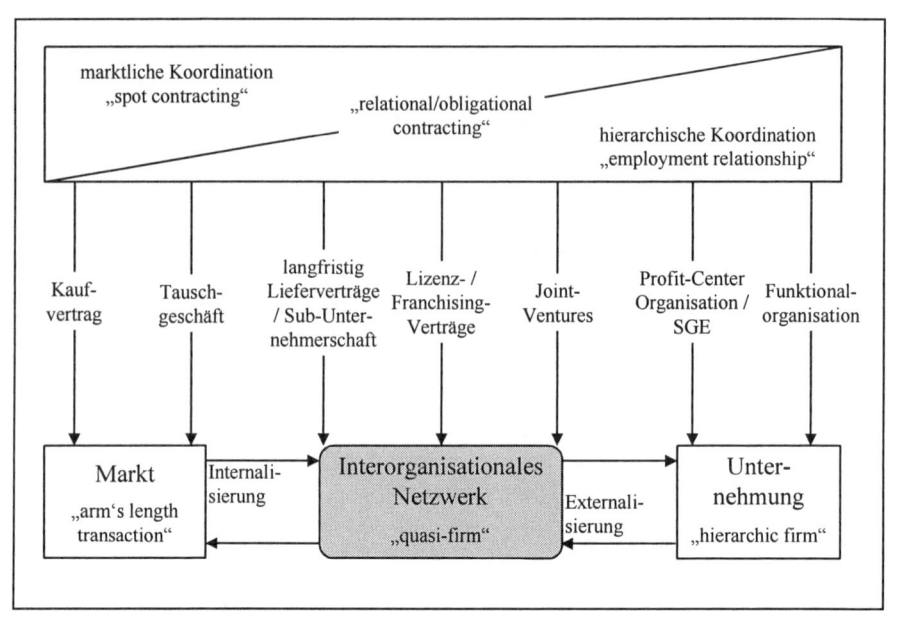

```
marktliche Koordination
  „spot contracting"         „relational/obligational
                                  contracting"        hierarchische Koordination
                                                         „employment relationship"
```

		langfristig	Lizenz- /		Profit-Center	
Kauf-	Tausch-	Lieferverträge	Franchising-	Joint-	Organisation /	Funktional-
vertrag	geschäft	/ Sub-Unter-	Verträge	Ventures	SGE	organisation
		nehmerschaft				

```
    Markt        Internali-  Interorganisationales              Unter-
                  sierung         Netzwerk       Externali-     nehmung
 „arm's length                                    sierung
  transaction"                   „quasi-firm"               „hierarchic firm"
```

Abb. II-8: Organisationsformen ökonomischer Aktivitäten
(Quelle: Sydow, 1992, S. 104)

1.2.2.3 Netzwerke als Nutzenmaximierer

Neben der Fokussierung auf (Transaktions-)Kostenminimierung ist ein ergänzender Ansatz zur Systematisierung von Netzwerken der der Nutzenmaximierung. Dieser Aspekt wird insbesondere von der „Resource Dependence Theory", einem Ansatz der Interorganisationstheorie, untersucht. Pfeffer und Salancik[78] sehen es als Ziel einer (ökonomischen) Organisation, deren langfristiges Überleben zu sichern. Um dies zu gewährleisten, ist der Zufluss an Ressourcen unabdingbar. Zum besseren Verständnis der gegenseitigen Ressourcenabhängigkeit können folgende Fragen gestellt werden:[79]

- Welche Ressourcen sind als kritisch zu bezeichnen?
- Wer liefert bzw. kontrolliert diese kritischen Ressourcen?
- Über welche Macht verfügt der „Lieferant", über welche Gegenmacht verfügt man selbst?
- Welche Gegenleistungen verlangen die Lieferanten der Ressourcen für die Ressourcenlieferung?
- Wie bewerten die Lieferanten die belieferte Organisation?

---

[78] Vgl. Pfeffer/Salancik, 1978; Hickson et al., 1981; Pfeffer, 1987 und 1992.
[79] Pfeffer/Salancik, 1978, S. 79 f.

- Wie wirkt sich die Befriedigung der Interessen eines Lieferanten auf die Befriedigung der Interessen anderer Lieferanten aus?

Grundsätzlich kann der Austausch kritischer Ressourcen über einen Markt oder durch hierarchische Koordination vonstatten gehen. Der marktliche Austausch birgt die Gefahr einer möglichen Unterversorgung an adäquaten Ressourcen. Zahlreiche Ressourcen können als „pfadabhängig" bezeichnet werden, sie „entstehen" erst im Laufe der Zeit unter besonderen, komplexen historischen Umständen.[80] Somit sind diese Ressourcen nur sehr schwer über einen Markt zu beziehen. Hierarchische Strukturen ermöglichen zwar den uneingeschränkten Zugang zu solchen Ressourcen. Was fehlt ist zum einen die Flexibilität bei der Auswahl von Bezugsquellen für Ressourcen. Zum anderen führt eine hierarchische Organisation tendenziell zu fehlender Marktnähe. Insbesondere der Zugang zur Ressource (Markt-)Wissen ist somit eingeschränkt.

Das Phänomen der Netzwerke versucht die Vorteile beider Organisationsformen zu vereinen und deren Nachteile zu vermeiden. Aus Sicht der Ressourcenabhängigkeitstheorie kann die Netzwerkbildung als Mittel zur Reduktion der Unsicherheit bei der Beschaffung notwendiger Ressourcen verstanden werden.[81] Durch den „abgestimmten" (also weder marktlichen noch hierarchischen) Austausch von wertvollen Ressourcen in einem Netzwerk kann für die Teilnehmer am Netzwerk ein zusätzlicher Nutzen gestiftet werden, der ohne das Netzwerk nicht hätte erzielt werden können. Jeder Akteur wird versuchen, das für ihn optimale Verhältnis von abgegebenen zu erhaltenen Ressourcen zu erzielen. Trotzdem kann es zur Ungleichverteilung der Macht- bzw. Abhängigkeitsverhältnisse im Netzwerk kommen. Die relative Macht eines Netzwerkpartners ergibt sich aus dessen Abhängigkeit zu anderen bzw. zum Netzwerk als Ganzem. Drei Faktoren bestimmen diese Ressourcenabhängigkeit:

- Wichtigkeit der getauschten Ressourcen.
- Existenz von Alternativen.
- Verfügungsrechte (Wer ist Inhaber dieser Rechte?).

Aus der Wichtigkeit der Ressourcen und der Existenz von Alternativen für Akteur A sowie dessen Verfügungsrechte, ergibt sich die Anhängigkeit von A vom Netzwerk als Ganzem bzw. von einem anderen Akteur. Folgendes Schaubild visualisiert die verschiedenen Formen der (Ressourcen-)Abhängigkeit in einem Netzwerk.

---

[80] Vgl. z. B. Barney, 1991, S. 107 f. und die dort angegebene Literatur.
[81] Vgl. Kloyer, 1995, S. 12.

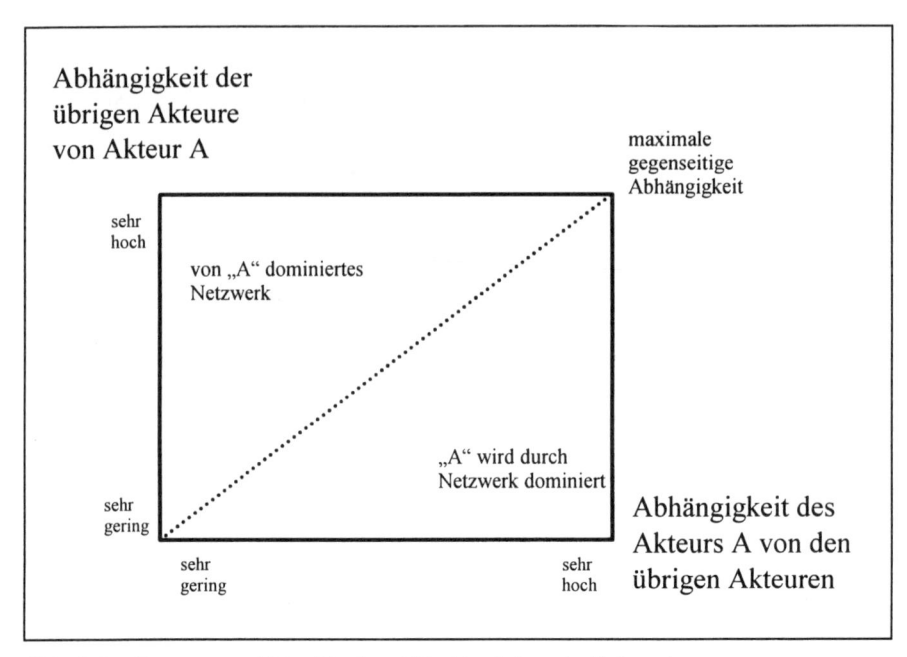

Abb. II-9: Ressourcenabhängigkeit und Machtverteilung im Netzwerk

In einem Netzwerk lässt sich die Position eines Akteurs als „dominierend" oder „dominiert" bezeichnen. Entlang der Diagonalen befindet sich der Akteur mit dem Netzwerk in gegenseitiger Abhängigkeit, wobei diese von „gegenseitig sehr schwach abhängig" (unten links im Schaubild) bis „gegenseitig völlig abhängig" (oben rechts im Schaubild) bezeichnet werden kann.

1.2.2.4 Steuerung von Netzwerken

Die Steuerung von Netzwerken regelt, wie Transaktionen zwischen den Partnern vonstatten gehen und wie Entscheidungen im Netzwerk gefällt werden. Dabei lassen sich zwei Stufen unterscheiden, nämlich

- die Willensbildung und
- die Willensdurchsetzung.

Die Willensbildung gibt Auskunft darüber, wer die grundsätzlichen Entscheidungen im Netzwerk trifft. Dies kann ein Partner (autonom) oder eine (einfache oder absolute) Mehrheit sein. Ebenso kann es sein, dass Entscheidungen nur einstimmig getroffen werden können.

Unabhängig davon, wie Entscheidungen gefällt werden, ist die Frage, wie einmal getroffene Entscheidungen durchgesetzt werden. Hier besteht die Möglichkeit, dass ein Partner („Systemkopf") eine einmal getroffenen Entscheidung (hierarchisch) durchsetzt, also auch Sanktionspotenzial besitzt oder dass auch bei jeder Willensdurchsetzung grundsätzliche Freiwilligkeit herrscht.

Eng verbunden mit der Frage nach der Willensbildung bzw. Willensdurchsetzung ist die nach Bindungs- und Autonomiegrad im Netzwerk. Der Bindungsgrad gibt Auskunft darüber, ob und in welchem Ausmaß die am Netzwerk teilnehmenden Partner ihr Verhalten (vertraglich) bewusst und vorab abstimmen und festlegen. Eine extrem hohe Bindung im Netz liegt vor, wenn sich die Akteure langfristig, in Bezug auf die meisten der denkbaren Aktivitätsbereiche und mit sehr stringenten Vorgaben abstimmen. Der Autonomiegrad beschreibt die Freiheitsgrade, über welche die Akteure in dem abgestimmten Aktivitätsbereich verfügen. Der Autonomiegrad ist umso niedriger, je mehr die eigene Rechtspersönlichkeit des Netzwerkpartners durch vertragliche Regeln eingeschränkt ist und je mehr die Entscheidung eines Partners über den Ein- bzw. Ausstieg durch (z. B.) spezifische Investitionen eingeschränkt ist.[82]

1.2.2.5 Merkmale und Merkmalsausprägungen von Netzwerken

Zusammenfassend seien die Überlegungen zu Netzwerken anhand der Merkmale und deren Ausprägungen dargestellt.

Tab. II-6: Merkmale und Merkmalsausprägungen von Netzwerken

Merkmal	Merkmalsausprägung
geografische Orientierung	regional/national/europäisch/international
Kooperationsrichtung	vertikal/horizontal/lateral
Marktauftritt	völlig einheitlich (1) (...) völlig uneinheitlich (5)
Ausrichtung des Netzwerks	personell/intern/extern (= *inter*organisationales Netzwerk)
Transaktionstyp	Markt (1) (...) Hierarchie (7)[83]
Ressourcenabhängigkeit	• völlige gegenseitige Ressourcenabhängigkeit (5/5) vs. völlige gegenseitige Ressourcenunabhängigkeit (1/1) • völlige Ressourcenabhängigkeit des Akteurs A von Netzwerk (5/1) vs. völlige Ressourcenabhängigkeit des Netzwerks von Akteur A (1/5)
Willensbildung	ein Partner/Gruppe/Mehrheit/Einstimmigkeit

---

[82] Vgl. Grossekettler, 1981.
[83] Folgende Abstufungen können getroffen werden: (1) = Markt; (2) = langfristige Verträge; (3) = kooperierende Gruppe; (4) = Franchising; (5) = Joint Venture; (6) = Holding-Struktur; (7) = Integration.

Tab. II-6: Fortsetzung

Willensdurchsetzung	ein (bestimmter) Partner („Systemkopf")/Mehrheit/Einstimmigkeit
Bindungsgrad	sehr hoch (1) (...) sehr niedrig (5) • Bindungsdauer (kurzfristig (...) langfristig) • Bindungsintensität (stringente (...) lockere Vorgaben) • Bindungsumfang (wenige (...) alle Aktivitätsbereiche)
Autonomiegrad	sehr hoch (1) (...) sehr niedrig (5)

1.2.3 Dienstleistungsnetzwerke

Aus den beiden dargestellten Systematisierungsansätzen von Dienstleistungen und von Netzwerken lässt sich folgende Minimaldefinition von Dienstleistungsnetzwerken aufstellen:

Dienstleistungsnetzwerke bezeichnen die auf die Erbringung einer Dienstleistung ausgerichtete Zusammenarbeit von mehr als zwei rechtlich selbstständigen Partnern, die jedoch zumindest in Bezug auf den Kooperationsbereich wirtschaftlich nicht unabhängig sind. Die Beziehungen zwischen den die Dienstleistung erbringenden Unternehmungen gehen dabei über rein marktliche Beziehungen hinaus, d. h. dass sie für eine gewisse Dauer angelegt sind und die Dienstleistung von den Unternehmungen nicht nur einmalig erbracht, sondern dauerhaft am Markt angeboten wird. Ebenso findet ein Austausch von Ressourcen zwischen den beteiligten Netzwerkpartnern statt.

Der abschließende Abschnitt stellt einige reale Dienstleistungsnetzwerke anhand derer Profile dar. Diese bestehen aus den jeweiligen Merkmalen und Merkmalsausprägungen der erbrachten Dienstleistung und des Netzwerks.

1.3 Realtypen: ausgewählte Beispiele

Es gibt bisher erst relativ wenige empirische Arbeiten, die aufbauend auf eine Klassifikation bzw. Typologie von Dienstleistern versucht haben, reale Dienstleister anhand von Merkmalen einzuordnen[84]. Es soll hier versucht werden, einige Realtypen, die im dritten Teil dieses Buchs betrachtet werden, exemplarisch vorzustellen. Ohne schon jetzt näher auf die Erfolgsfaktoren der Dienstleistungsnetzwerke einzugehen, sei angemerkt, dass für verschiedene Typen eine unterschiedliche Wichtigkeit der Erfolgsfaktoren vermutet wird und somit letztlich verschiedene Herausforderungen an das Management der Netzwerke gestellt werden.

---

[84] Vgl. Verma, 2000.

Zunächst sei der Netzwerkausrüster und Internet-Infrastrukturdienstleister **Cisco Systems Inc.**[85] aus San Jose, USA, anhand der Merkmale von Dienstleistungsnetzwerken eingeordnet.

Tab. II-7: Einordnung von Cisco

Merkmal „Cisco"	Merkmalsausprägung
„Art" der Kunden	Geschäftskunden
„Anzahl" der Kunden	wenige (4)
Immaterialität	gering (4)
Integration des Kunden	hoch (2)
Individualisierung der Leistung	hoch (2)
Informationsasymmetrie	hoch (2)
Komplexität der Dienstleistung	sehr komplex (1)
Komplexität des Konsumproblems	komplex (1)
Arbeitsintensität (Kapitel/Arbeit)	kleiner 1 (2)
geografische Orientierung	international
Kooperationsrichtung	vertikal
Marktauftritt	einheitlich (2)
Ausrichtung des Netzwerks	extern (interorganisational)
Transaktionstyp	langfristige Verträge (2)
Ressourcenabhängigkeit	(2/4)
Willensbildung	Gruppe
Willensdurchsetzung	ein Partner: Cisco
Bindungsgrad	mittel (3)
Autonomiegrad	gering (4)

Bei der Cisco Inc. handelt es sich um einen Anbieter von hoch komplexen Expertendienstleistungen. Cisco spielt in diesem internationalen Netzwerk die Rolle des Systemkopfes. Die Netzwerkpartner sind dabei in höherem Maße von Cisco abhängig als diese von ihnen.

Mit **Heidrick & Struggles**[86] wird ein Dienstleistungsnetzwerk aus der Teilbranche „Personalberatung" eingeordnet. Dieses Netzwerk konstituiert sich zum einen als internes Netzwerk von Beratern, die wiederum international zu einer Holdingartigen Struktur zusammengefasst sind. Es liegt aufgrund der hohen Komplexität und Individualität der Dienstleistung, die für wenige Geschäftskunden (z. B. Aufsichtsräte oder Eigentümer von Unternehmen) erstellt wird, eine hohe gegenseitige Abhängigkeit der Netzwerkpartner vor.

---

[85] Vgl. zum Unternehmen: Teil III, Kapitel 4.5.1.
[86] Vgl. zum Unternehmen: Teil III, Kapitel 6.5.2.

Tab. II-8: Einordnung von Heidrick & Struggles

Merkmal „H & S"	Merkmalsausprägung
„Art" der Kunden	Geschäftskunden
„Anzahl" der Kunden	wenig (4)
Immaterialität	sehr hoch (1)
Integration des Kunden	sehr hoch (1)
Individualisierung der Leistung	sehr hoch (1)
Informationsasymmetrie	hoch (2)
Komplexität der Dienstleistung	sehr komplex (1)
Komplexität des Konsumproblems	komplex (1)
Arbeitsintensität (Kapitel/Arbeit)	kleiner 1 (2)
geografische Orientierung	international
Kooperationsrichtung	horizontal
Marktauftritt	uneinheitlich (4)
Ausrichtung des Netzwerks	extern (interorganisational) intern als Netzwerk von Beratern
Transaktionstyp	Holding-Struktur (7)
Ressourcenabhängigkeit	(3/4)
Willensbildung	Gruppe
Willensdurchsetzung	Gruppe
Bindungsgrad	hoch (2)
Autonomiegrad	gering (4)

Bei dem Fast-Food Anbieter **McDonald's** handelt es sich um das Musterbeispiel eines Franchisesystems aus der Dienstleistungsteilbranche „Gaststättengewerbe". Somit ist seine Einordnung als Dienstleistungsnetzwerk exemplarisch für andere Franchisesysteme.

Tab. II-9: Einordnung von McDonald's

Merkmal „McDonald's"	Merkmalsausprägung
„Art" der Kunden	Privatkunden
„Anzahl" der Kunden	sehr viele (1)
Immaterialität	mittel (3)
Integration des Kunden	gering (4)
Individualisierung der Leistung	sehr gering (5)
Informationsasymmetrie	mittel (3)
Komplexität der Dienstleistung	sehr einfach (5)
Komplexität des Konsumproblems	einfach (4)
Arbeitsintensität (Kapitel/Arbeit)	größer 1 (4)
geografische Orientierung	international
Kooperationsrichtung	vertikal als Gesamtsystem horizontal bei Franchisenehmern
Marktauftritt	völlig einheitlich (1)

Ausrichtung des Netzwerks	extern (interorganisational)
Transaktionstyp	Franchising (5); Systemzentrale als „Principal"
Ressourcenabhängigkeit	(5/3)
Willensbildung	Gruppe
Willensdurchsetzung	ein Partner: Franchisegeber als Systemkopf
Bindungsgrad	hoch (4)
Autonomiegrad	gering (2)

McDonalds bietet eine Massendienstleistung in einer (international aufgestellten) Franchiseorganisation an. Ein Systemkopf mit weitreichenden Kompetenzen führt ein Netzwerk von gegenseitig abhängigen Partnern zu einem international einheitlichen Marktauftritt.

Die **Garant Schuh + Mode AG** ist eine kooperierende Gruppe selbstständiger Unternehmer aus der Handelsbranche „Schuh/Mode". Dies Gruppe steht exemplarisch für viele kooperierende Gruppen und die Einordnung ist somit auch auf andere übertragbar.

Tab. II-10: Einordnung von Garant Schuh + Mode

Merkmal „Garant"	Merkmalsausprägung
„Art" der Kunden	Privatkunden
„Anzahl" der Kunden	sehr viele (1)
Immaterialität	gering (4)
Integration des Kunden	hoch (2)
Individualisierung der Leistung	sehr gering (5)
Informationsasymmetrie	gering (4)
Komplexität der Dienstleistung	wenig komplex (4)
Komplexität des Konsumproblems	mittel (3)
Arbeitsintensität (Kapitel/Arbeit)	etwa 1 (3)
geografische Orientierung	europäisch
Kooperationsrichtung	vertikal
Marktauftritt	uneinheitlich (4)
Ausrichtung des Netzwerks	extern (interorganisational)
Transaktionstyp	kooperierende Gruppe (4); Mitglieder als Principal
Ressourcenabhängigkeit	(1/5)
Willensbildung	Mehrheit
Willensdurchsetzung	Mehrheit
Bindungsgrad	gering (4)
Autonomiegrad	hoch (2)

Garant bietet seinen Kunden die Lösung eines mäßig komplexen Konsumproblems. Dazu wird von den Partnern ein Netzwerk gebildet (historisch, um Einkaufsmacht zu bündeln; Garant begann als „Einkaufsgenossenschaft"), welches konföderativ geführt wird, d. h. das Netzwerk als Ganzes ist hochgradig von den selbstständigen Partnern abhängig.

2 Konzeptionelle Grundlagen des Benchmarking im Dienstleistungssektor

Das Thema Benchmarking im Dienstleistungsbereich wird in der Literatur nur selten gesondert thematisiert. Darin drückt sich aus, dass keine wesentlichen Unterschiede bei der Anwendung und Durchführung des Benchmarking zwischen Sach- und Dienstleistungen vermutet werden.[87] Dieser Auffassung soll hier gefolgt werden. Ähnlich verhält es sich mit dem Benchmarking in Netzwerken. Einer grundsätzlich analogen Vorgehensweise wird hier lediglich eine weitere „Dimension" hinzugefügt: das systeminterne Benchmarking bei den Netzwerkpartnern.

2.1 Benchmarking versus Erfolgsfaktorenforschung: Der Münsteraner Ansatz der Erfolgsforschung

Der Begriff des „Benchmarking" wird in Wissenschaft und Praxis nicht einheitlich verwendet. Nach Backhaus handelt es sich um einen „kontinuierlichen Prozess, bei dem Strategien, Produkte, Prozesse und Methoden über mehrere Unternehmen hinweg verglichen werden."[88] Camp betont in einer Arbeitsdefinition die Suche nach Industriepraktiken, die zu Spitzenleistungen führen. Ein weiterer Aspekt ist die Überprüfung der Übertragungsvoraussetzungen der gefundenen Praktiken auf die eigene Unternehmung.[89] Ahlert und Schröder verstehen darauf aufbauend Benchmarking als Methode, „die nach Spitzenleistungen sucht, ihre Ursachen erforscht und anschließend prüft, inwieweit die Leistungen auf die eigene Unternehmung übertragen werden können."[90] Die Übertragungsvoraussetzungen sind relevant, wenn ein Unternehmen das Benchmarking zur Verbesserung seiner Prozesse initiiert. Die mit der Durchführung einer Benchmarkingstudie verfolgten Ziele gehen aus der Definition des Benchmarkingbegriffs hervor. Dazu bieten sich eine Reihe weiterer Definitionen an, die inhaltlich aber weitgehend identisch sind.[91] Der Begriff „Benchmarking" kann demnach zusammenfassend definiert werden als

„Ein kontinuierlicher systematischer Vergleich der eigenen Effizienz in Produktivität, Qualität und Prozessablauf mit den Unternehmen, die Spitzenleistungen repräsentieren".

---

[87] Vgl. Fassot, 1999, S. 117.
[88] Backhaus, 1999, S. 176.
[89] Vgl. Camp, 1994, S. 16.
[90] Ahlert/Schröder, 2001, S. 1.
[91] Vgl. Camp, 1994, S. 13, 15, 16; Leibfried/McNair, 1993, S. 13; Karlöf/Östblom, 1994; Watson, 1993, S. 20.

Das Benchmarkingkonzept ist eng mit dem methodischen Konzept der Erfolgsfaktorenforschung verbunden. In beiden Konzepten geht es um die Suche nach Spitzenleistungen, um Anregungen für eine radikale Neuorientierung und die permanente Perfektionierung der eigenen Geschäftstätigkeit, also letztlich um das Lernen von exzellenten Vorbildern.

Die Münsteraner Distributions-, Handels- und Netzwerkforschung fasst die beiden Konzepte unter dem Oberbegriff **Erfolgsforschung** zusammen und differenziert sie nach den in der folgenden Abbildung aufgeführten Dimensionen:[92]

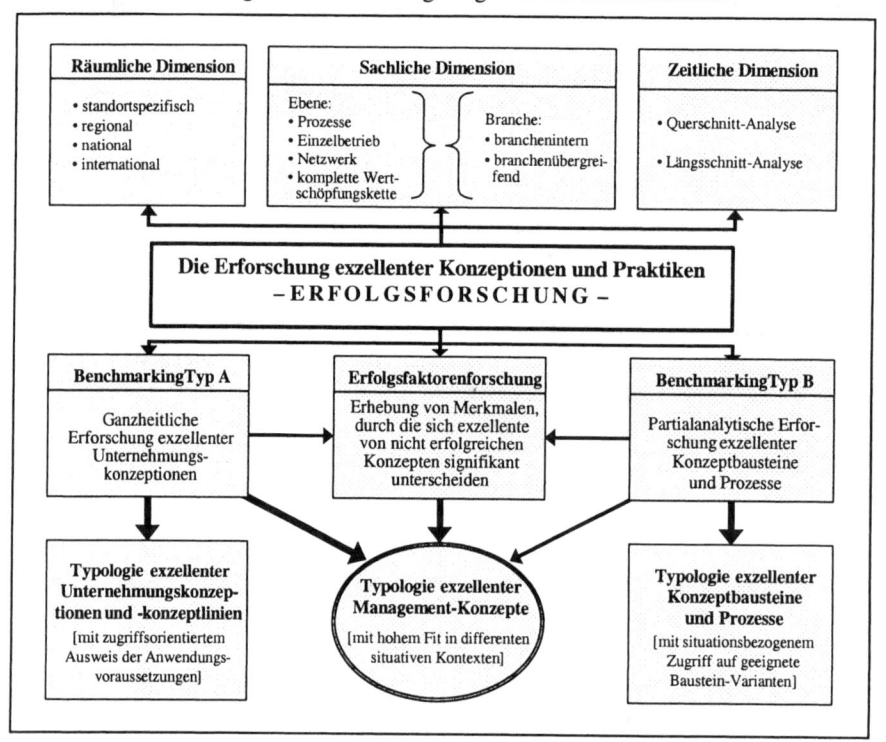

Räumliche Dimension	Sachliche Dimension	Zeitliche Dimension
• standortspezifisch • regional • national • international	Ebene: • Prozesse • Einzelbetrieb • Netzwerk • komplette Wertschöpfungskette Branche: • branchenintern • branchenübergreifend	• Querschnitt-Analyse • Längsschnitt-Analyse

Die Erforschung exzellenter Konzeptionen und Praktiken
– ERFOLGSFORSCHUNG –

BenchmarkingTyp A	Erfolgsfaktorenforschung	BenchmarkingTyp B
Ganzheitliche Erforschung exzellenter Unternehmungskonzeptionen	Erhebung von Merkmalen, durch die sich exzellente von nicht erfolgreichen Konzepten signifikant unterscheiden	Partialanalytische Erforschung exzellenter Konzeptbausteine und Prozesse
Typologie exzellenter Unternehmungskonzeptionen und -konzeptlinien [mit zugriffsorientiertem Ausweis der Anwendungsvoraussetzungen]	Typologie exzellenter Management-Konzepte [mit hohem Fit in differenten situativen Kontexten]	Typologie exzellenter Konzeptbausteine und Prozesse [mit situationsbezogenem Zugriff auf geeignete Baustein-Varianten]

Abb. II-10: Der Münsteraner Ansatz der Erfolgsforschung
(Quelle: Ahlert/Schröder, 2001, S. I)

Die Unterscheidung zwischen den beiden Konzepten besteht im Wesentlichen in den Analyseobjekten:

Bei der **Erfolgsfaktorenforschung** geht es um die Entdeckung derjenigen kritischen Größen (Schlüsselgrößen), durch die sich exzellente Unternehmen bzw. strategische Geschäftseinheiten von den weniger exzellenten, durch die sich also die „Gewinner" von den „Verlierern" signifikant unterscheiden. Im Unterschied zum Benchmarking ist diese Analyse einzelfallübergreifend; sie befasst sich nicht

---

[92] Vgl. Ahlert/Schröder, 2001, S. I.

nur mit den besten, sondern auch mit den schlechten Praktiken. Die Phasen der Erfolgsfaktorenforschung, welche die Grundlage der in Kapitel 3.4 und 3.5 durchgeführten empirischen Studien bildet, zeigt die folgende Übersicht am Beispiel von Dienstleistungsnetzwerken.

Tab. II-11: Phasen der Erfolgsfaktorenforschung

ERFOLGSFAKTORENFORSCHUNG
Vollerhebung oder Bildung einer Stichprobe der zu untersuchenden Dienstleistungsnetzwerke
Auswahl der Analyseobjekte aus dem abgegrenzten Untersuchungsbereich
Festlegung eines geeigneten Erfolgsmaßstabes
Generierung von Hypothesen in Bezug auf erfolgsbestimmende Merkmale
Unternehmensressourcen
Umwelt-/Marktbedingungen
Empirische Untersuchung der ausgewählten Dienstleistungsnetzwerke
(indirekte) Erfolgsmessung über die Ausprägung von Unternehmungsmerkmalen
(durch Items)
(direkte) Messung des Unternehmungserfolges
Identifikation derjenigen Merkmale, anhand derer sich exzellente von nicht erfolgreichen Konzepten unterscheiden (Erfolgsfaktoren)
Test formulierten Hypothesen z. B. mithilfe statistischer Verfahren (Regressionsanalysen, kausalanalytische Ansätze)
Ableitung von Gestaltungshinweisen für das Management von Dienstleistungsnetzwerken

Anstelle einer übergreifenden Analyse aller oder einer großen Anzahl von Fällen befasst sich **Bechmarking** mit sorgfältig ausgewählten Einzelfällen, und zwar mit den einzigartigen, exzellenten Praktiken, nicht dagegen mit den Phänomenen des Missmanagements. Bei diesen einzigartigen Praktiken kann es sich um komplette Unternehmens- bzw. Netzwerkekonzeptionen (Benchmarking Typ A) oder um Teilkonzepte, Konzeptbausteine bzw. Prozesse (Benchmarking Typ B) handeln. Die Vorgehensweise des Benchmarking wird in den folgenden Tabellen stichwortartig skizziert und im folgenden Kapitel 2.3 sowie im Untersuchungsteil III vertieft. Die enge Verbindung zwischen den beiden Erfolgsforschungskonzepten kommt darin zum Ausdruck, dass die Kenntnis der Erfolgsfaktoren (eines Analyseobjekts) eine Grundvoraussetzung für ein zielgerichtetes Benchmarking darstellen, d. h. der systematischen, effektiven Analyse von Vorbildern die Richtung weist. Aus diesen Gründen wird in dem vorliegenden Buch zunächst nach den Erfolgsfaktoren im Dienstleistungssektor gefandet (Kapitel 3.5), um dann im Untersuchungsteil III, nach diesen Erfolgsfaktoren strukturiert, das Benchmarking der exzellenten Dienstleistungsnetzwerke zu betreiben.

Tab. II-12: Benchmarking Typ A

BENCHMARKING TYP A: Komplette Unternehmungskonzeptionen
Identifikation exzellenter Dienstleistungsnetzwerke Festlegung des Maßstabes für überdurchschnittlichen Erfolg Auswahl der Analyseobjekte **Empirische Erhebungen im Bereich der exzellenten Dienstleistungsnetzwerke** Befragung der Geschäftsleitung Beobachtungen in den Betrieben und im Standortumfeld Erhebung des Selbst- und Fremdimages durch Kunden-, Lieferanten- und Mitarbeiterbefragungen Erforschung der Erfolgsursachen **Verallgemeinerung und Aggregation zu idealtypischen Handlungskonzeptionen** Ganzheitliche Dienstleistungskonzeptionen Geeignete Managementtechnologien mit zukunftsorientiertem Ausweis der Anwendungsvoraussetzungen **Experimentelle Überprüfung und Perfektionierung der Konzeptionen (Erfolgsforschung im Rahmen der evolutionären Erfolgsgestaltung)** **Typologie der exzellenten Handlungskonzeptionen und Aggregation zu Konzeptlinien**

Tab. II-13: Benchmarking Typ B

BENCHMARKING TYP B: Konzeptbausteine und Prozesse
Identifikation exzellenter Konzeptbausteine und Prozesse Festlegung von Kriterien für überdurchschnittlich erfolgreiche Teilkonzepte Auswahl der Analyseobjekte **Empirische Erhebungen im Bereich der exzellenten Konzeptbausteine und Prozesse** Befragung der Geschäftsleitung Beobachtungen in den Betrieb und im Standortumfeld Erhebung der Kunden- und Mitarbeitereinstellungen zu den Teilkonzepten Erforschung der Erfolgsursachen **Verallgemeinerung und Herausarbeitung idealtypischer Varianten sowie der Technologien im Systemhintergrund** **Experimentelle Überprüfung und Perfektionierung der Konzeptvarianten sowie Zusammenstellung eines Baukastens exzellenter Teilkonzepte** situationsbezogene Zugriffsmöglichkeit auf geeignete Konzeptvarianten

2.2 Benchmarking im Rahmen neuerer Managementansätze

Den Grundgedanken des Benchmarking kann man am ehesten durch folgende Merkmale beschreiben.[93] Benchmarking

- ist auf die Identifikation von Spitzenleistungen ausgerichtet,
- hat nicht nur die Konkurrenz im Visier,
- befasst sich mit den Eigenschaften von Menschen, Produkten und Prozessen,
- ist ein kontinuierlicher Lernprozess,
- hat die Verbesserung der Wettbewerbsposition zum Ziel und
- stellt bei allen Überlegungen den Kunden in den Mittelpunkt.

Benchmarking ist damit eine Methode, die nach Bewährtem sucht, die Ursachen für Spitzenleistungen erforscht und anschließend prüft, inwieweit die Leistungen auf die eigene Unternehmung übertragen werden können. Benchmarking stellt somit einen Informationsbeschaffungs- und -analyseprozess dar. Diese Methode ist nicht neu. Sie wurde schon immer bei Imitationen und Reverse Engineering eingesetzt. Das eigentlich Neue sind

- die konsequente Orientierung an den Bedürfnissen der Kunden,
- die systematische Suche nach Spitzenleistungen und
- die Einbeziehung aller Unternehmungsbereiche in den Benchmarkingprozess.

Benchmarking kann wie Lean Management, Total Quality Management und Business Reengineering zu den jüngeren Managementkonzeptionen gerechnet werden, die den Unternehmungen eine Hilfe im Umgang mit der Dynamik, Komplexität und Diskontinuität der Umwelt geben wollen. Für Benchmarking gilt wie für alle anderen Managementkonzeptionen, dass es keine Patentrezepte bereithält. Benchmarking fordert seine Anwender vielmehr zu einer aktiven, zielorientierten und kritischen Mitarbeit auf.

2.2.1 Innovation oder Imitation – ein Gegensatz?

Auf der Suche nach exzellenten Konzepten (im Dienstleistungssektor) bieten sich *drei grundverschiedene Marschrouten* an:

- Die Erfindung und Umsetzung völlig neuer Lösungskonzepte, also die **Innovation**.
- Die Identifikation bereits praktizierter Erfolgskonzepte und deren Übertragung auf die eigene Geschäftstätigkeit, also die **Imitation**.

---

[93] Vgl. hier und im Folgenden Ahlert/schröder, 2001.

- Die mosaiksteinartige Komposition unterschiedlicher, exzellenter Konzeptbausteine (beste Praktiken) zu einem neuartigen, eigenwilligen Bauwerk, also die **vorbildorientierte Konstruktion**.

Die **reine Innovationsstrategie** mutet auf den ersten Blick verlockend an, birgt aber auch erhebliche Risiken in sich. In ihrer extremen Ausprägung bedeutet Innovation Abkehr von allen überkommenen Handlungsweisen. Die Frage lautet:

Was würden wir tun, wenn wir noch einmal ganz von vorn anfangen könnten?

Diese Marschroute wird in der neueren Managementliteratur unter dem Terminus Business Reengineering diskutiert. Es handelt sich um eine Prozedur zur eigenständigen Entdeckung eines (vorher nicht bekannten) exzellenten Prozessdesigns für die Wertschöpfungsaktivitäten einer Unternehmung. Durch die konsequente, radikale Ausrichtung an der Nutzenstiftung für den Kunden und durch die Vermeidung unnötiger Koordinationserfordernisse sollen „Quantensprünge der Erfolgssteigerung" erreicht werden.[94]

Die Risiken bestehen darin, dass mit hohem Kosten- und Zeitaufwand „das Rad neu erfunden wird". Es kann davon ausgegangen werden, dass eine reichhaltige Auswahl bereits bewährter Erfolgskonzepte zur Verfügung steht, die dazu einlädt, aus ihr zu lernen: dies sowohl innerhalb der Branche als auch und vor allem außerhalb der Branche und außerhalb der eigenen Landesgrenzen.

Die **reine Imitationsstrategie** verzichtet in ihrer extremen Ausprägung auf eigene Innovationsleistungen. Die systematische Erforschung vorbildlicher Handlungsweisen („Best Practices") und deren konsequente Nachahmung bilden ein altbewährtes Vorgehen, das unter dem neuen Terminus Benchmarking in der jüngeren Management-Literatur ebenso intensiv diskutiert wird wie das Reengineering. Beschränkt sich das systematische Lernen von Vorbildern auf die bloße Nachahmung der vorgefundenen Erfolgskonzepte, so stößt es auf ein weit verbreitetes Vorurteil: „Wer in die Fußstapfen seiner Konkurrenten tritt, kann diese niemals überholen."[95]

Auch wird in der neueren Managementliteratur die Tendenz zur Vereinheitlichung der Unternehmungen durch Benchmarking kritisiert.[96] Die Gegenbewegung formiert sich unter dem Schlagwort *Benchbreaking*: Nicht so sein wie der Beste, sondern anders sein als alle anderen, heißt die neue Devise.

Die reine Imitationsstrategie in Form der Nachahmung ist daher in der Regel nicht erfolgversprechend: Die Fremdkonzepte müssen stets an die standort- und unternehmungsindividuelle Bedingungslage angepasst werden (Assimilation), und schon dies birgt innovative Elemente. Aber auch der vollständige Verzicht auf das Lernen von Vorbildern erscheint ökonomisch unzweckmäßig, da er die Auslese-

---

[94] Hammer/Champy, 1994.
[95] Ahlert/Schröder, 2001.
[96] Gebauer, 1995, S. 44.

funktion des Wettbewerbs als Entdeckungsverfahren ignoriert. Es muss als Anmaßung der Vernunft bezeichnet werden, das optimale Design kundenorientierter Wertschöpfungsprozesse ohne Rückgriff auf bewährte Verhaltensmuster (auch innerhalb des eigenen Systems) vollständig neu erfinden zu wollen.

Daher liegt der „Königsweg zur Erfolgsunternehmung" in der Kombination von Innovation und Imitation. Bei dieser Vorgehensweise werden vorbildliche Teilkonzepte und eigene innovative Konzeptideen zu eigenwilligen Betreibungskonzepten zusammengefügt und fortlaufend experimentell optimiert. Diese **vorbildorientierte Konstruktion** kundenorientierter Wertschöpfungsprozesse verbindet Benchmarking und Reengineering zu einem ganzheitlichen, dynamischen Prozess.

2.2.2 Reengineering oder Benchmarking – zwei unvereinbare Wege zum Erfolg?

Die hier vertretene Auffassung, Benchmarking und Reengineering seien sinnvoll zu kombinieren, steht im Gegensatz zur klassischen, US-amerikanischen Reengineering-Literatur[97], die die Schlussfolgerung nahe legt, es gäbe zwei unterschiedliche, nicht miteinander vereinbare „Wege zum Erfolgsunternehmen": entweder die permanente Verbesserung der Handlungskonzepte in kleinen Schritten, d. h. Evolution mit Benchmarking, oder die Radikalkur durch kundenorientierte Restrukturierung der Unternehmungsprozesse, d. h. Revolution durch Reengineering.

Gegen diese Schlussfolgerung spricht schon das folgende Argument.[98] Selbst wenn das Reengineering als Revolution angelegt wird, bedarf es bei der Umsetzung und in der Zeit danach einer permanenten Fortentwicklung und Perfektionierung (Evolution mit Benchmarking). Weiterhin ist darauf hinzuweisen, dass erfolgreich restrukturierte Dienstleistungsnetzwerke wiederum als Vorbilder (Benchmarks) für andere Dienstleister dienen können. Überhaupt ist der Wechsel von einem alten, nicht mehr erfolgreichen Konzept auf eine neue Handlungsweise nichts anderes als ein Restrukturierungsprozess. Im Ergebnis ist festzuhalten, dass das Benchmarking nicht losgelöst von Reengineering- bzw. Restrukturierungsprozessen praktiziert werden kann.

2.3 Die Konzeption des Benchmarking im Dienstleistungssektor

An der Perspektive eines bestimmten Dienstleistungsunternehmens können mit dem Benchmarking drei verschiedene Zielsetzungen verfolgt werden:

- Steigerung der eigenen Effizienz in Hinblick auf die Produktivität,

---

[97] Hammer/Champy, 1994.
[98] Vgl. Servatius, 1994.

- Steigerung der eigenen Effizienz in Hinblick auf die Qualität,
- Steigerung der eigenen Effizienz im Hinblick auf den Prozessablauf.

Diese Ziele können, je nach Problemstellung, weiter differenziert werden.[99] Das jeweilige Ziel einer Benchmarkingstudie prägt somit die konkrete Aufgabenstellung des jeweiligen Benchmarkingprozesses. In der Regel handelt es sich bei der einmaligen Durchführung einer Benchmarkingstudie um die Realisation von kurz- bis mittelfristig erreichbaren Zielen. Ein langfristiges Ziel des Benchmarking ist darin zu sehen, durch die Institutionalisierung des Benchmarking die lernende Organisation zu realisieren.[100] Benchmarking hat zunächst im anglo-amerikanischen Sprachraum und dann auch in Deutschland große Beachtung gefunden.[101] Gleichwohl gibt es auch eine Reihe von Kritikern des Benchmarking und verschiedene Auffassungen über den Grad der Anwendbarkeit von Benchmarking.[102]

2.3.1 Die Arten des Benchmarking in Netzwerken

Bei der Durchführung einer Benchmarkingstudie kann man zwischen verschiedenen Benchmarkingarten wählen. Grundsätzlich kann jede Benchmarkingstudie hinsichtlich ihrer Dimensionen festgelegt werden, wodurch sich jedesmal eine neue Benchmarkingart ergibt. Es sind sechs verschiedene Dimensionen zu unterscheiden, die in der folgenden Tabelle dargestellt sind.[103]

Tab. II-14: Dimensionen der Erfolgsforschung

Frage	Dimension
1. Was soll erforscht werden?	⇒ Sachliche Dimension
2. Beim wem soll geforscht werden?	⇒ Objektbezogene, personelle Dimension
3. Wo soll geforscht werden?	⇒ Räumliche Dimension
4. Wann soll geforscht werden?	⇒ Zeitliche Dimension
5. Wer initiiert die Erfolgsforschung?	⇒ Subjektbezogene, personelle Dimension
6. Wie sollen erfolgreiche Konzepte ausfindig gemacht werden?	⇒ Instrumentelle Dimension

---

[99] Vgl. hierzu auch die Ausführungen von Karlöf/Östblom, 1994, S. 42 ff.
[100] Vgl. Karlöf/Östblom, 1994, S.193 f. und für den Überblick Garvin, 1994, S. 74 ff.
[101] Vgl. Ahlert, 1994, S. 4.
[102] So z. B. Küting/Lorson, 1995, S. 77 „Benchmarking ist nichts Neues, es weist vielmehr Ähnlichkeiten mit dem Betriebsvergleich auf. (...)" und Pieske, 1995, S. 158: „Benchmarking stellt einen besonderen Informationsbeschaffungsprozess – den Prozess der Beschaffung von Ziel und Richtwerten im Unternehmen – dar."
[103] Vgl. Ahlert, 1994, S. 5 ff.

Unabhängig davon, ob Benchmarking ganzer Unternehmenskonzeptionen oder exzellenter Teilbereiche betrieben wird, können grundsätzlich zwei Ausgangspunkte gewählt werden:

- Eine Unternehmung hat ein konkretes Problem und sucht eine idealtypische Lösung dieses Problems bei Anderen („reaktives Benchmarking").
- In anderen Unternehmungen oder Branchen existieren exzellente Lösungen für vorhandene (komplexe) Problemstellungen. Diese Lösungen werden zum Ausgangspunkt neuer Impulse für die eigene Unternehmensentwicklung genutzt („proaktives Benchmarking").

Ein Fall des **reaktiven Benchmarkings** könnte wie folgt aussehen: Die Zentrale eines Dienstleistungsnetzwerks (z. B. Franchisesystem) stellt eine vergleichsweise schlechte Zufriedenheit unter seinen Partnern fest. Da bekannt ist, dass die Partnerzufriedenheit den Erfolg des Systems als Ganzes mitbestimmt, könnte versucht werden, einen Partner zu identifizieren, dessen Zufriedenheit als sehr gut bewertet wird. Die Gründe dieser Exzellenz müssen nun analysiert und auf die eigene Unternehmung anwendbar gemacht, sprich assimiliert, werden. Wie im letzten Kapitel ausgeführt, darf Benchmarking nicht mit reiner Nachahmung – im Sinne einer 1-zu-1-Kopie – verwechselt werden, wenn diese Meinung auch noch immer verbreitet ist. Vielmehr handelt es sich um einen Prozess, in dem versucht wird, Imitation mit Innovation zu verknüpfen.[104] Ergebnis ist die vorbildorientierte Umgestaltung der eigenen Abläufe. Neue Entwicklungen in der eigenen Branche können dadurch antizipiert werden, dass Entwicklungen in anderen Branchen beobachtet werden. Diesen Prozess kann man als **proaktives Benchmarking** verstehen. Zur Beobachtung bieten sich insbesondere innovative Branchen an – also solche, in denen aufgrund neuer Rahmenbedingungen mit neuen Lösungen gerechnet werden kann. Unter neuen Rahmenbedingungen kann beispielsweise das Aufkommen der Internettechnologie verstanden werden.

Ein Netzwerkpartner (hier sei angenommen, es handele sich um ein Franchisesystem), welcher ein proaktives Benchmarking betreibt, erkennt die Wichtigkeit des Themas E-Commerce auch für sein System. Es wird zunächst festgestellt, dass unter Franchisesystemen kein exzellenter E-Commerce-Anbieter existiert. Also wird der Fokus erweitert und eine Analyse anderer Typen innovativer Dienstleister durchgeführt. Dabei sticht ein besonders erfolgreicher Anbieter ins Auge (z. B. der Computer-Direktvertreiber Dell-Computers[105]). Dessen Geschäftsmodell wird nun analysiert, um so die Gründe des Erfolgs zu verstehen. Danach wird versucht, den exzellenten Auftritt derart auf das eigene Franchisesystem anzuwenden, dass die Effektivität des Mitteleinsatzes gewährleistet bleibt. Vorbildorientiert wird auf diese Weise der eigene E-Commerce-Auftritt konzipiert.

---

[104] Vgl. Lucertini/Nicolo/Telmon, 1995, S. 59.
[105] Vgl. Teil III, Kapitel 2.5.3.

Damit das Benchmarking seiner eigentlichen Aufgabe, nämlich dem Lernen von den Besten, nachkommen kann, ist es von entscheidender Bedeutung, wie weit das Suchfeld für Exzellenz gesteckt wird. Hierbei ist nicht nur die Erweiterung des Suchfelds anhand der sachlichen Dimension „Branche" gemeint – also die Frage, ob das Benchmarking branchenintern oder branchenübergreifend betrieben wird –, sondern insbesondere die Erweiterung hinsichtlich der räumlichen Dimension: Suchfeld für Exzellenz ist der Weltmarkt.

Abbildung II-11 gibt einen Überblick über die Suchfelder für Exzellenz im Benchmarking.

Netzwerken als hybriden Angebotssystemen zwischen Markt und Hierarchie bietet sich (neben den bereits erwähnten Einsatzfeldern) insbesondere eine interessante Anwendungsmöglichkeit: das systeminterne Benchmarking. Dabei sind die Akteure in einem gegebenen Netzwerk die Analyseobjekte.

Ziel des systeminternen Benchmarking ist es, diejenigen Partner herauszufiltern, die das Systemkonzept in idealtypischer Weise umsetzen. Diese werden genauer analysiert um herauszufinden, was die Gründe für das vorbildliche Verhalten sind. Anschließend werden die Erkenntnisse in allgemeine Handlungsempfehlungen überführt und den übrigen Partnern zur Verfügung gestellt.

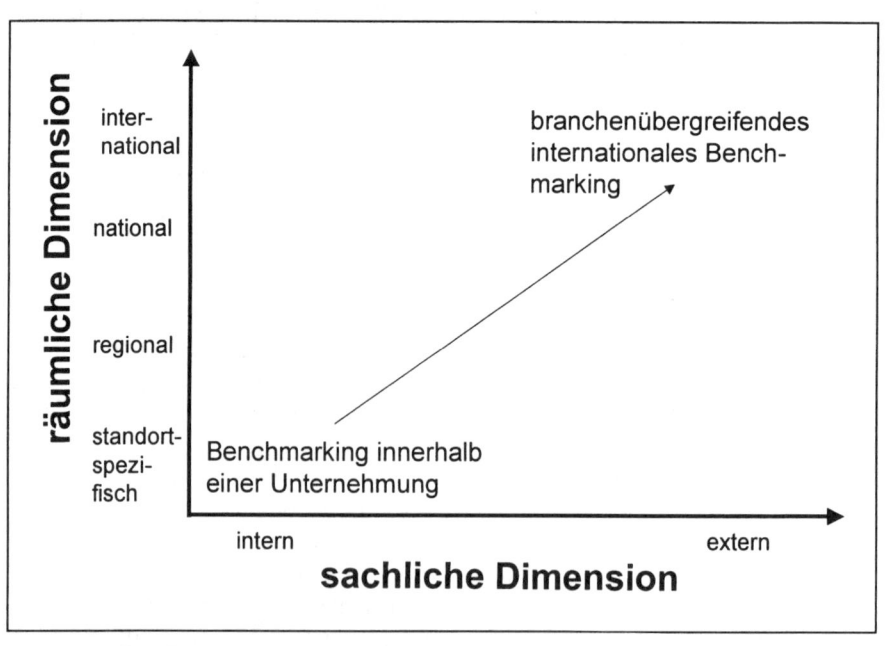

Abb. II-11: Suchfelder exzellenter Praktiken

Ein entscheidender Vorteil dieser Form des Benchmarking ist, dass es sich um eine recht homogene Menge von Beobachtungsobjekten handelt. Alle Partner führen ähnliche Tätigkeiten durch, sodass die Vergleichbarkeit und Übertragbarkeit der Ergebnisse leicht möglich ist.[106] Ebenso gestaltet sich ein Problem des Benchmarking, nämlich die Beschaffung von Informationen, weniger problematisch, da viele Unternehmensdaten in der Systemzentrale bereits vorliegen. Außerdem ist die Gefahr des Know-how-Abflusses insofern begrenzt, als sich ein Netzwerk als eine Einheit versteht, in der alle von den Erfahrungen der Partner profitieren. Insofern ist Benchmarking ein ideales Managementkonzept, um Leistungslücken zu schließen und internes Lernen durchzusetzen.[107]

Nahe liegend erscheint es weiterhin, nach vorbildlichen Steuerungskonzeptionen in anderen Dienstleistungsnetzwerken zu fahnden, um daraus bei der Gestaltung des eigenen Konzepts des Netzwerkmanagements zu lernen.

2.3.2 Der Benchmarkingprozess

2.3.2.1 Das Fünf-Phasenmodell von Karlöf/Östblom

Hinsichtlich der groben inhaltlichen Gestaltung eines Benchmarkingprozesses gibt es in der Literatur kaum Unterschiede. Die Methodik darf daher als anerkannt gelten.

Abweichungen zwischen den einzelnen Autoren sind erstens in der Bezeichnung und zweitens hinsichtlich der Anzahl der einzelnen Schritte festzustellen.[108] In Anlehnung an Karlöf/Östblom lässt sich ein idealtypischer Benchmarkingprozess in fünf Schritte zerlegen. Ottenjann weist darauf hin, dass eine solche Darstellung des Benchmarkingprozesses den Eindruck vermittelt, dass die einzelnen Schritte sequenziell durchlaufen werden. De facto müssen aber auch Rücksprünge in vorhergehende Stufen, z. B. bei der Verifizierung von bereits erhobenem Datenmaterial, vorgenommen werden.[109]

Im Folgenden sollen die einzelnen Phasen des Benchmarkingprozesses kurz beschrieben und damit dem weiteren Vorgehen zugrunde gelegt werden.

Das Ziel des *ersten Schrittes* liegt darin, herauszufinden, welche Tätigkeiten oder Funktionen als Objekt dem Benchmarking unterzogen werden sollen. Es geht also um die Festlegung der sachlichen Dimension. Grundsätzlich kann davon ausgegangen werden, dass sich alles benchmarken lässt.[110] Gleichzeitig gibt es auch eine Vielzahl von Methoden, mit denen sich ein mögliches Benchmarkingobjekt identifizieren lässt. Dies kann z. B. eine Mitarbeiterbefragung sein. In der Praxis

---

[106] Vgl. Karlöf/Östblom, 1994, S. 62.
[107] Vgl. Karlöf/Östborn, 1994, S. 28.
[108] So unterscheiden Leibfried/McNair lediglich drei Schritte mit 15 Teilschritten, Karlöf/Östblom unterscheiden in fünf Phasen, während Camp nochmal in fünf Prozessschritte mit zehn Unterschritten unterteilt. Vgl. hierzu Leibfried/McNair, 1993, S. 51; Karlöf/Östblom, 1994, S. 71 und Camp, 1994, S. 21.
[109] Vgl. Ottenjann, 1996, S. 178.
[110] Vgl. Karlöf/Östblom, 1994, S. 28 und Schröder, 1995, S. 58.

kann es – gerade bei der erstmaligen Anwendung des Benchmarking – vorkommen, dass die Probleme offensichtlich sind und eine Identifikation des Benchmarkingobjekts überflüssig ist oder aber von oben vorgegeben wird.

Im *zweiten Schritt* wird dann versucht, ein Unternehmen oder einen Funktionsbereich zu identifizieren, der in dem Bereich des Benchmarkingobjekts erfolgreich ist und dadurch als Vorbild und Benchmarkingpartner dienen kann. Hier steht also die objektbezogene, personelle und die räumliche Dimension im Vordergrund der Untersuchung.

Im *dritten Schritt* wird versucht, möglichst viele relevante Informationen über den Benchmarkingpartner in Erfahrung zu bringen. Dabei muss die Frage nach der instrumentellen, der räumlichen und der zeitlichen Dimension beantwortet werden. Im Mittelpunkt dieses Schrittes steht die Informationsbeschaffung. Dies kann durch verschiedene Informationsquellen geschehen, u. a. durch die direkte Kooperation mit dem Benchmarkingpartner. Grundsätzlich kann man die Informationsquellen unterteilen in primäre und sekundäre Forschung.[111]

Gegenstand des *vierten Schrittes* ist es, die in Schritt drei gesammelten Informationen sorgfältig zu überprüfen und zu analysieren. Damit verbunden ist auch die Erklärung der Unterschiede zum eigenen Unternehmen und die Frage, ob eventuell zusätzlicher Informationsbedarf besteht.

Im *fünften Schritt* des Benchmarkingprozesses sollen dann schließlich die neuen Erkenntnisse in das eigene Unternehmen transferiert werden. Hinsichtlich der Institutionalisierung des Benchmarking stellt sich die Frage nach der subjektbezogenen, personellen Dimension.

2.3.2.2 Ein Sechs-Phasen Modell

Ottenjann lehnt sich grundsätzlich an der Prozessschrittabfolge von Karlöf/Östblom an. Er erweitert jedoch den Ansatz dieser um die Phase „Ständige Prüfung der Erfolgsstandards".[112]

1. Grobe Eingrenzung des Benchmarkingfeldes:

Den Anfang bildet die Bestimmung der Unternehmensbereiche, für die nach erfolgreichen Vorbildern gesucht werden soll. Dies kann beispielsweise anhand der Wertschöpfungskette erfolgen.

2. Festlegung konkreter Erfolgsforschungsinhalte:

Die zuvor festgelegten Bereiche müssen näher konkretisiert und operationalisiert werden. Das Ergebnis ist eine Positionsbeschreibung der eigenen Unternehmung.

---

[111] Vgl. Watson, 1993, S. 22.
[112] Vgl. Ottenjann, 1995, S. 174.

3. Identifikation erfolgreicher Unternehmen:

Der nächste Schritt umfasst die Auswahl erfolgreicher Unternehmen, die als Vorbilder und Orientierungsmaßstäbe dienen. Die Wahl der Vergleichsunternehmen bestimmt die Möglichkeiten der weiterführenden Datenerhebung.

4. Erklärung der Unterschiede zwischen der eigenen und der Best-Practice-Unternehmung:

Bei der Analyse der gewonnenen Daten sollen Leistungslücken zwischen der eigenen Unternehmung und dem Vorbild erklärt werden. Weiterhin gilt es, die Anwendungsvoraussetzungen für die identifizierten Spitzenleistungen zu überprüfen.

5. Definition von Verbesserungszielen und Programmen:

Die Resultate des Benchmarking sind in der gesamten Unternehmung zu kommunizieren. Ein Mittel dazu sind Workshops für die Vermittlung der Ziele.

6. Ständige Prüfung der Erfolgsstandards:

Benchmarking darf nicht als einmaliger Prozess verstanden werden. Deshalb sollte es kontinuierlich durchgeführt werden.

Folgende Abbildung gibt einen Überblick über die verschiedenen Phasen des Benchmarkingprozesses.

Phase 1	Phase 2	Phase 3	Phase 4	Phase 5	Phase 6
grobe Eingrenzung des Benchmarkingfeldes	Festlegung konkreter Inhalte des Benchmarking	Identifikation erfolgreicher Vergleichsunternehmungen	Erklärung der Unterschiede zwischen der eigenen und der Vergleichsunternehmung	Definition von Verbesserungszielen und Programmen	ständige Prüfung der Erfolgsstandards

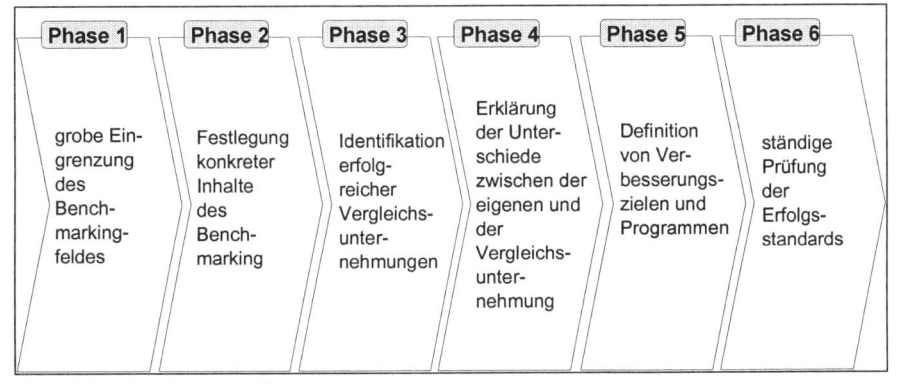

Abb. II-12: Der Benchmarkingprozess
(Quelle: Ottenjann, 1995, S. 172)

2.4 Die typischen Fehler beim Benchmarking

Für die Durchführung einer Benchmarkingstudie ist eine intensive Vorbereitung erforderlich. Dabei sind mehrere Punkte im Vorfeld zu beachten. Ein wichtiger

Punkt ist die Einbeziehung der Unternehmensleitung.[113] So sind Benchmarkingstudien, die nicht von der Unternehmensleitung mitgetragen werden, oft erfolglos.[114] Die Einbeziehung des Managements ist aus verschiedenen Gründen, so z. B. der internen Informationsbeschaffung, erforderlich.[115] Überdies muss das Management, bevor die Untersuchungen abgeschlossen werden können, die Resultate im Verlauf der Benchmarkingstudie diskutieren und würdigen. Im Bereich der Reorganistion empfiehlt es sich ebenfalls, die Unterstützung des Topmanagements für das Benchmarking zu gewinnen, da die Ergebnisse der Benchmarkingstudie u. U. tiefgreifende Veränderungen in weiten Teilen des Unternehmens mit sich bringen können. Verschiedene Benchmarkingstudien (z. B. im Automobilhandel[116], im Bekleidungshandel[117] und im Dienstleistungssektor[118]) liefern nicht nur Beispiele, wie Marktauftritte und Hintergrundsysteme verbessert werden können. Sie zeigen auch auf, wie notwendig es ist, über ein gut funktionierendes Benchmarking zu verfügen.

Die Ergebnisse einer Expertenbefragung[119], einer schriftlichen Befragung von Managern im Handel[120] sowie weitere vorliegende Erkenntnisse[121] geben ein aufschlussreiches Bild über die typischen Fehler, die beim Benchmarking gemacht werden. Diese primär aus dem Handel stammenden Erkenntnisse lassen sich ohne weiteres auch auf den Dienstleistungssektor übertragen.[122]

2.4.1 Moralische und rechtliche Bedenken

Das größte Hindernis für die Suche nach Spitzenleistungen ist, wenn Nachahmungen als unmoralisch oder als Verletzung rechtlicher Schutzpositionen angesehen werden. Diese Position vertreten augenscheinlich auch heute noch viele westliche Industrieunternehmungen im Vergleich zu ihren japanischen Konkurrenten: Wenn die rechtlich zulässige Übernahme erfolgreicher Praktiken gedanklich in die Nähe der rechtlich unzulässigen Produkt- und Markenpiraterie gerückt wird, hemmt dies das Benchmarking.

Einer derartigen Diskussion möchte sich nicht jede Unternehmung ausgesetzt sehen. Zumindest wird sie nicht öffentlich zugeben, dass sie sich an Spitzenleis-

---

[113] Zur Rolle der Unternehmensleitung bei der Durchführung einer Benchmarkingstudie vgl. auch Watson, 1993, S. 206 f.
[114] Vgl. Mehrdorn/Töpfer, 1995, S. 25, die in diesem Zusammenhang von einem K.o.-Kriterium sprechen.
[115] Vgl. Camp, 1994, S. 43.
[116] Vgl. Ahlert/Kollenbach/Korte, 1996.
[117] Vgl. Eickhoff, 1997.
[118] Vgl. die vorliegenden Ausführungen.
[119] Vgl. Schröder u. a., 1994.
[120] Vgl. Krönfeld, 1995; Alves, 1996; Ottenjann, 1996; Schröder, 1995/1996/1996a
[121] Vgl. Rau, 1996.
[122] Die folgenden Passagen stammen aus Ahlert/Schröder, 2001, S. 52-58.

tungen anderer Unternehmungen orientiert. Da ein Dienstleistungsnetzwerk im Vergleich zu einer Industrieunternehmung über weitaus weniger Möglichkeiten verfügt, Dienstleistungskonzepte mit Schutzpositionen auszustatten, sollte zumindest ein rechtliches Hindernis die geringste Barriere für das Benchmarking sein. Es zeigt sich, dass gerade diejenigen Dienstleister ziemlich erfolgreich sind, die sich die Erfahrungen von Vorbildern zunutze machen. Dies ist – sofern nicht gegen rechtliche Restriktionen verstoßen wird – ein Beleg für einen gesunden Wettbewerb. Insoweit sind moralische Bedenken verfehlt.

2.4.2 Ablehnung fremder Problemlösungen

Ein weiterer typischer Fehler ist die Ansicht, dass Benchmarking nicht geeignet sei, Wettbewerbsvorteile zu erzielen: Wer nur nachahmt, kann nicht erfolgreicher sein als die Inventoren. Diese Wertung muss jedoch kritisch gesehen werden. Zum einen können Nachahmer durchaus erfolgreicher sein als ihre Vorbilder. Zum anderen mögen die Nachahmer vielleicht nicht unbedingt die Erfolgsposition der Inventoren erreichen, sie verbessern jedoch häufig mit einer Anpassungsstrategie ihre Ausgangssituation. Der Hintergrund für diese Haltung sind das Not Invented There-Syndrom und das Not Invented Here-Syndrom. Das Not Invented There-Syndrom bringt zum Ausdruck, dass bestimmten Ländern, Bereichen oder Unternehmungen keine Kompetenz zugebilligt wird und daher keine Spitzenleistungen bei ihnen vorgefunden werden können. Lernen von diesen Quellen scheidet daher aus. Diese ablehnende Haltung ist in manchen Fällen auch auf die Einschätzung zurückzuführen, über eine unangreifbare Erfolgsposition zu verfügen, die es als überflüssig erscheinen lässt, sich an anderen Unternehmungen zu orientieren. Insbesondere bei langjährigen Marktführern kann ein solches Bewusstsein wachsen. Sie sind von ihrem Handeln überzeugt, der Erfolg gibt ihnen (noch) Recht, und sie verschließen die Augen vor Entwicklungen in anderen Bereichen und in anderen Unternehmungen.

Eine zweite Ursache für die Ablehnung fremder Problemlösungen ist das Not Invented Here-Syndrom. Es offenbart unmittelbar die fehlende Bereitschaft, sich mit den Erfahrungen Dritter auseinander zu setzen, weil Parallelen zwischen der eigenen und einer anderen Unternehmung nicht gesehen werden. Benchmarking, das sich in anderen Branchen oder gar außerhalb des tertiären Sektors bewegt, wird dadurch verhindert. Es wird teilweise auch die Meinung vertreten, dass sich Standardkonzepte einfacher kopieren lassen als Konzepte, die stark an die Persönlichkeit eines Unternehmers gebunden sind.

2.4.3 Fehlende Bereitschaft zur Umorientierung

Soweit Benchmarking damit verbunden ist, altes Wissen zwingend durch neues ersetzen zu müssen, korrespondieren Lernen und Entlernen direkt miteinander.[123] Die fehlende Bereitschaft zur Aufgabe alten Wissens behindert den organisationalen Lernprozess. Einmal aufgebaute Steuerungspotenziale im Umgang mit der Organisation weisen in der Regel erhebliche Resistenzen gegen Veränderungen auf. Denn das Individuum hat eine „innere Landkarte", nach der es sich im Rahmen des „äußeren" Kontextes bewegt. Änderungen des „äußeren" Kontextes bedingen folglich eine Anpassung der „inneren Landkarte" und damit auch einen Vorgang des individuellen Entlernens. Die Abneigung zu entlernen wird um so größer sein, je besser und je länger jemand mit dem alten Wissen die ihm gestellten Aufgaben bewältigen konnte. Bislang erfolgreiche Dienstleistungsnetzwerke drohen ihre gute Marktposition zu verlieren, wenn sie zu sehr den bisherigen Technologien und Methoden verhaftet sind und sich scheuen, Neues zu entwickeln oder Bewährtes von anderen zu übernehmen.

Hinzu kommt, dass Bildungs- und Umlernprozesse, in denen sich die Mitglieder einer Unternehmung mit den neuen Instrumenten und Techniken vertraut machen sollen, oftmals einen erheblichen Zeitaufwand erfordern. Werden die hierfür notwendige Lernzeit und Fehlertoleranz nicht eingeräumt, können damit unüberwindbare Akzeptanzbarrieren aufgebaut werden.

2.4.4 Gestörte Kommunikationsbeziehungen

Benchmarking ist in erster Linie ein Kommunikationsprozess: Es werden Informationen über Spitzenleistungen aufgespürt, interpretiert, weitergegeben und für eigene Planungen eingesetzt. Während dieses Kommunikationsprozesses können vielfältige Störungen auftreten. Sie reichen von Desinteresse und Ignoranz über die Profilierung der eigenen Person oder Abteilung bis hin zur gezielten Vorenthaltung von Wissen als Machtinstrument (Expertenmacht). Diese Verhaltensweisen können zu innerbetrieblichen Konflikten führen und Kommunikationsprozesse erheblich verzerren. Es sind aber auch semantische und symbolische Probleme denkbar, die nicht zwingend mit den vorstehenden Persönlichkeitsmerkmalen und Verhaltensweisen verbunden sein müssen. Die Bedeutung sprachlicher und bildlicher Zeichen wird missverstanden und führt zu einem unerwünschten Verhalten, das erst zu spät entdeckt wird. Damit ist nicht primär das Fremdsprachenproblem angesprochen, sondern die Verwendung unterschiedlicher Sprachen innerhalb derselben Muttersprache, wie z. B. zwischen Technikern und Kaufleuten oder zwischen verschiedenen Hierarchieebenen, die Berührungsprobleme auslösen und Intransparenz fördern.

---

[123] Vgl. Simon, 1994, S. 4.

Eine andere Ursache für Kommunikationsstörungen liegt vor, wenn einzelne Mitglieder der Organisation eine individuelle Abwehrhaltung gegenüber der Nachahmung von Spitzenleistungen einnehmen. Soweit diese Personen in den Prozess der Gewinnung, Verarbeitung und Weitergabe von relevanten Informationen eingebunden sind, haben sie die Möglichkeit, Informationen zurückzuhalten oder zu manipulieren. Es ist oftmals schwierig zu erkennen, welche Organisationsmitglieder den Kommunikationsprozess lähmen, zumal in den Fällen, in denen sie sich offiziell anders äußern, als sie tatsächlich denken und handeln. Bringen sie dagegen offen ihr Missfallen über mögliche Änderungen zum Ausdruck, dann kann das einen „Dominoeffekt" bei anderen Personen auslösen, insbesondere bei solchen, die nicht unmittelbar von den anstehenden Änderungen betroffen sind.

2.4.5 Falsche Lernprozesse

Auch wenn ein Dienstleistungsnetzwerk bereit ist, Benchmarking zu betreiben und die entsprechenden Ressourcen dafür zur Verfügung stellt, sind weitere Fehlerquellen vorhanden. Es reicht nicht aus, Best Practices lediglich zu übernehmen; vielmehr sind die organisationalen Fähigkeiten und die Marktgegebenheiten zu analysieren, die erst dazu beigetragen haben, dass ein Konzept zum Erfolg geworden ist. Es ist daher notwendig, sowohl die sichtbaren Techniken und Verfahren zu erkennen als auch deren Einbindung in den informellen Unternehmensablauf richtig einzuschätzen. Daher genügt in vielen Fällen nicht die reine Übernahme (Adoption) von erfolgreichen Verfahren und Techniken im Sinne von 1:1-Kopien. Vielmehr ist zu prüfen, in welchen Teilen ein Konzept den spezifischen Bedürfnissen der Unternehmung anzupassen ist (Adaption bzw. Assimilation).

Die richtige Richtung von Lernprozessen hängt vor allem von der menschlichen Wahrnehmungsfähigkeit ab. Da die eigene Wahrnehmung nur eine konstruierte bzw. erfundene Wirklichkeit ist, kann es hilfreich sein zu beobachten, was andere beobachten. Denn dies offenbart, welche Sichtbehinderungen die eigene Wahrnehmung einengen. Wenn der Erfolg bzw. Misserfolg einer früheren Problemlösung ausschlaggebend ist, ob bei einem anstehenden Problem in dieselbe oder in eine andere Richtung gesucht wird, dann werden bei unreflektierten Übernahmen und sich anschließenden zufälligen, weil nicht konsequent aus den Rahmenbedingungen abgeleiteten Erfolgen bzw. Misserfolgen die Suchregeln in die falsche Richtung angepasst. Bei Misserfolgen ist davon auszugehen, dass die Suche in die ursprüngliche Richtung aufgegeben wird. Die Konsequenz ist, dass der Nutzen des Benchmarking verkannt wird und die Akzeptanz sinkt. Hinzu kommt, dass Misserfolge oftmals eher eine Verhaltensänderung auslösen als Erfolge.

2.4.6 Strukturelle Hindernisse in der Unternehmungsorganisation

Bestimmte Eigenschaften von Organisationen können dazu beitragen, dass Mitglieder eines Dienstleistungsnetzwerks Informationen blockieren oder verzerren. Nicht Kooperation leitet die Informationsprozesse, sondern Konfrontation. Insbesondere kann das Alter einer Organisationsstruktur eine nicht unwesentliche Rolle spielen. Denn je länger eine Organisationsstruktur konserviert wird, desto stärker wächst der Druck auf die Menschen, nach einem bestimmten Grundmuster zu interagieren. Lernprozesse werden verhindert und vorhandene Verhaltensmuster zementiert. Als lernfeindliche Organisationsform müssen bürokratische Strukturen eingestuft werden. Durch Überbürokratisierung entstehen „Misstrauensorganisationen", in denen an die Stelle von Präzision und Strafftheit Pedanterie und Kontrollen treten. Damit wird der Zugriff auf interne und externe Informationen erschwert oder unmöglich. Dieser Gefahr unterliegen auch bürokratische Lernsysteme, deren Wesen darin besteht, organisationale Lernprozesse mithilfe von Regeln und Programmen zu koordinieren. Denn formalisierte Management-Informations-Systeme können dazu führen, „dass sich das strategische Führungsverhalten daran gewöhnt, weitgehend nach ‚Instrumenten zu fliegen' und dadurch den ‚Sichtflug' verlernt. Wer zunehmend blind für ‚Sichtflüge' wird, kultiviert zwangsläufig bald wohltemperierte ‚Gewächshaus'-Ansätze und vernachlässigt die weit weniger ordentlichen ‚Freiland'-Ansätze.[124]

Ein besonderes Problem stellen verordnete Kommunikationswege dar, die sich z. B. an den vertikalen hierarchischen Strukturen orientieren. Sie lassen nur vertikale Informationsflüsse zu und verzögern, dass diejenigen Wissensträger und potenziellen Wissensempfänger zueinander finden, die lateral oder horizontal schnell erreichbar sind. Diagonale Kommunikation und diagonale Informationskanäle können sich zwar grundsätzlich informell neben den offiziellen bilden. Sie scheinen sich aber meist nur dann zu bewähren, wenn es um Intrigen geht. Vorschriften über die zu benutzenden Informationskanäle, wie z. B. die Einhaltung von Dienstwegen, bewirken oftmals, dass relevante Informationen nicht rechtzeitig an ihre Adressaten gelangen oder sie überhaupt nicht erreichen.

Organisationen, die das Benchmarking und damit das organisationale Lernen fördern, zeichnen sich im Gegensatz zu den genannten Merkmalen durch eine Rücknahme des hierarchischen Prinzips, wie sie z. B. auch für Lean Production, Lean Management und Business Reengineering gefordert werden, und durch Flexibilisierung der Unternehmungsstrukturen aus. Unternehmungen, die das organisationale Lernen fördern, streben eine große Lernoberfläche an. Sie pflegen viele Kontakte zu anderen Unternehmungen, sind bereit, Wissen von außen aufzunehmen und nach außen abzugeben.

---

[124] Maul, 1993, S. 725.

2.5 Empfehlungen für die Gestaltung des Benchmarking in Dienstleistungsnetzwerken[125]

Beispiele aus der Praxis von Xerox, Ford, Motorola, Asea Brown Boveri oder AT&T sowie aus der Standardliteratur zum Benchmarking zeigen, dass die Prozesse für die Suche nach Spitzenleistungen ähnlich gestaltet werden.[126] Hierzu gehören

- die Auswahl der *Personen*, die sich an dem Benchmarkingprozess beteiligen,
- die Definition des *Gegenstandes*, der dem Benchmarking unterzogen wird,
- die Festlegung der *Kenngrößen*, die untersucht und verbessert werden sollen,
- die Ermittlung der *Leistungslücke* im Vergleich zu der besten Unternehmung der Branche,
- die Bestimmung der *Unternehmungen und Regionen*, in denen nach Spitzenleistungen gesucht werden soll,
- die Durchführung der *Datensammlung*,
- die *Auswertung der Ergebnisse*, insbesondere Überprüfung, inwieweit die entdeckten Spitzenleistungen auf die eigene Unternehmung übertragen werden können sowie
- die *Umsetzung der Spitzenleistung* als 1:1-Kopie oder durch Anpassung an die Bedingungen der eigenen Unternehmung.

Allein die Identifikation erfolgreicher Unternehmungen mit ihren Spitzenleistungen ist noch keine Garantie für den eigenen Erfolg. Wiederholt hat die übernommene Leistung nicht zu den gewünschten Verbesserungen, vielleicht sogar zu Verschlechterungen der Ergebnisse geführt. Der Grund hierfür ist, dass es nicht gelang, die Unterschiede zwischen der eigenen und der Vergleichsunternehmung aufzudecken. Wird ein Benchmarkingprozess dann für gescheitert erklärt, droht die Gefahr, dass Benchmarking künftig mit Vorbehalten, eingeschränkt oder gar nicht mehr betrieben wird. Die Anwender sollten sich daher vor Augen halten, dass Benchmarking nicht automatisch zu Verbesserungen der eigenen Leistungsfähigkeit führen muss. Die Leistung des Benchmarking besteht vor allem darin, die Ursachen und die Rahmenbedingungen von Spitzenleistungen zu erkennen. Insbesondere ist zu überprüfen, inwiefern die spezielle Umweltsituation einer erfolgreichen Unternehmung die Übertragbarkeit von Spitzenleistungen erschwert oder verhindert. Es sind daher Kriterien zu suchen, anhand derer beurteilt werden kann, ob eine identische Übernahme (Adoption, 1:1-Kopie) erfolgreicher Konzepte möglich ist oder ob eine Modifikation (Assimilation, Anpassung) unter Berück-

---

[125] In Anlehung an Ahlert/Schröder, 2001, S. 59 ff.
[126] Vgl. Camp, 1994, S. 20 ff.; Leibfried/McNair, 1993, S. 52 ff.; Karlöf/Östblom, 1994.

sichtigung der eigenen Umweltsituation erforderlich ist. Etliche Beispiele aus der Praxis zeigen[127], dass viele Unternehmen der Frage, unter welchen Voraussetzungen erfolgreiche Leistungen übertragen werden können, nicht hinreichend nachgegangen sind. Anders lassen sich die Misserfolge derjenigen Konzepte nicht erklären, die identisch von einem Ausgangsstandort auf andere Standorte übertragen worden sind und die am Ausgangsstandort überdurchschnittlich erfolgreich waren und auch noch sind. Benchmarkingstudien erweisen sich als ineffiziente Datensammlung, wenn die falschen Vorbilder analysiert werden und wenn die Analyse ungerichtet, d. h. nicht zielgerichtet auf die relevanten Aspekte ausgerichtet ist. Daher erscheint es zweckmäßig, dem Benchmarking eines bestimmten Analyseobjekts (hier: ausgewählte Typen von Dienstleistungsnetzwerken) eine Erfolgsfaktorenforschung in dem betreffenden Untersuchungsfeld vorzuschalten. Die dabei herausgearbeiteten Erfolgsfaktoren verdienen dann das Hauptaugenmerk bei den empirischen Erhebungen im Rahmen der Benchmarkingstudie.

Im nachfolgenden Kapitel sollen, dem vorstehend dargelegten idealtypischen Benchmarkingprozess folgend, zunächst die Erfolgsfaktoren (als zu optimierende Größen) von Dienstleistungsnetzwerken herausgearbeitet werden. Diesem Forschungsanliegen dienten mehrere empirische Erhebungen, deren Ergebnisse in Kapitel 3 präsentiert werden.

Die Erfolgsfaktoren können als Stellgrößen für den nachhaltigen Erfolg interpretiert werden. In Kapitel 4 wird ein „Raum der relevanten Erfolgsfaktoren" aufgespannt, in dem Dienstleistungsnetzwerke positioniert werden können. Diese Vorarbeiten dienen der Identifikation der „Best Practices" in Kapitel 5.

Teil III ist dann dem „eigentlichen Benchmarking" gewidmet. Da es keine Dienstleistungsnetzwerke gibt, die in jeder Hinsicht exzellent sind, werden Dienstleistungsnetzwerke gebenchmarkt, die jeweils in den differenten Erfolgsfaktorkategorien vorbildlich sind. Im Vergleich mit diesen verschiedenen Benchmarks lassen sich die Leistungslücken des eigenen Dienstleistungsunternehmen aufdecken. Es findet ein Benchmarking des Typs B, also exzellenter Teilpraktiken, statt. Das Suchfeld bildet dabei der Weltmarkt. Dieses Vorgehen ermöglicht es, die für das eigene Dienstleistungsnetzwerk entscheidenden Stellgrößen eines langfristigen Erfolgs zu erkennen und somit im Sinne eines vorbildorientierten Lernens Schlüsse ziehen zu können. Die Analyse der Übertragbarkeit der Spitzenleistung für ein konkretes Dienstleistungsnetzwerk kann nur im Einzelfall überprüft werden. Somit enden an dieser Stufe des Benchmarkingprozesses die Betrachtungen

---

[127] Vgl. Ottenjann, 1995, S. 194 ff.

3 Die Erfolgsfaktorenforschung im Dienstleistungssektor

3.1 NetworkExcellence: Der Erfolg von Dienstleistungsnetzwerken

Nachdem der Analysegegenstand, nämlich Dienstleistungsnetzwerke, in Kapitel 1 beschrieben und systematisiert wurde, liegt der Fokus in diesem Kapitel darauf, die Erfolgsfaktoren für eben solche Dienstleistungsnetzwerke zunächst zu identifizieren. Dabei werden in einem ersten Schritt branchenübergreifend Dienstleistungsnetzwerke in die Betrachtungen mit einbezogen. Anschließend werden ebenfalls einige spezielle Organisationsformen von Netzwerken (Franchisesysteme) sowie einige spezielle Branchen (Bankdienstleistungen und New Economy-Dienstleister) betrachtet. Letztlich ist das Ziel, Handlungsempfehlungen abzuleiten und somit die Grundlage für die in Teil III durchzuführende Analyse einiger „Best Practices" zu bieten.

Die folgenden Ausführungen spiegeln in (meist) chronologischer Reihenfolge den Ablauf des Projektes „Internationales Benchmarking von Netzwerken des tertiären Sektors" wider. Anhand mehrerer empirischer Studien wurde sich dem Thema „Erfolg von Dienstleistern" von mehreren Seiten systematisch und umfassend genähert.

Aufbauend auf Expertengesprächen mit Vertretern von Dienstleistungsunternehmen sowie Marktbeobachtern, gefolgt von einer strukturierten Online-Delphistudie, wurden in einer groß angelegten Erhebung die Erfolgsfaktoren von Dienstleistungsnetzwerken empirisch überprüft. Anschließend wurden in mehreren Teilerhebungen, auf diesen Ergebnissen aufbauend, die Erfolgsfaktoren von Franchisesystemen, von Bankdienstleistern sowie von New Economy-Dienstleistern überprüft[128]. Schließlich werden daraus Empfehlungen für das Management von Dienstleistungsnetzwerken abgeleitet.

---

[128] Es sei darauf hingewiesen, dass aufgrund der unterschiedlichen empirischen Erhebungen verschiedene Skalierungen gewählt wurden. So steht der Wert „1" bei der Delphi-Studie und der Erfolgsfaktorenstudie in Franchisesystemen für den „besten" Wert, bzw. „volle Zustimmung" und „5" für das andere Extrem. Bei den übrigen Studien wurde diese Skalierung umgedreht. Aus methodischen Überlegungen wurde auf eine Umskalierung verzichtet. Der Leser sei bei der Interpretation der Ergebnisse darauf hingewiesen.

3.2 Phase I: Expertengespräche

3.2.1 Ziel und Methode

Die erste Phase der Untersuchung zu den Erfolgsfaktoren von Dienstleistungsnetzwerken soll zunächst zu einem besseren Verständnis der Thematik aufseiten der Forscher führen. Dazu wurde ausgehend von einer Literaturstudie ein Leitfaden entwickelt, der zehn Kernfragen enthält. Diese zehn Kernfragen wurden dann in zehn Hypothesen zum Erfolg von Dienstleistungsnetzwerken transformiert und in Form eines Gesprächsleitfadens mit den Experten diskutiert.[129] Die Methode der explorativen Expertengespräche bietet sich gerade in dieser frühen Phase der Untersuchung an, da man sich so ein genaueres Bild des Untersuchungsobjektes machen kann. Die Gesprächspartner repräsentieren weit über 200 Jahre Erfahrung in der Dienstleistungsbranche. Somit scheint das Ziel erreichbar zu sein, keine wesentlichen Aspekte für den Erfolg von Dienstleistungsnetzwerken zu übersehen.

Tab. II-15: Kernfragen

1.	Wo liegt der USP des Unternehmen?
2.	Ist das Produkt (in besonderem Maße) E-Commerce-fähig?
3.	Wird Massenindividualisierung betrieben, wenn ja, wie?
4.	Wie wird das Internet genutzt?
5.	Wer ist Systemkopf?
6.	Wie funktioniert die Zusammenarbeit mit Netzwekpartnern?
7.	Wie wird der Problemkreis „Sicherheit" gelöst?
8.	Wird der Weltmarkt als Zielmarkt betrachtet?
9.	Wird Global Sourcing (auch bei der Netzpartnersuche) betrieben?
10.	Wie wird erreicht, dass das Unternehmen first to market ist?

3.2.2 Ergebnisse

Im Rahmen von zehn Expertengesprächen wurden die zehn Hypothesen diskutiert bzw. die Kernfragen besprochen. Offenbar wurden keine wesentlichen Gründe für den Erfolg von Dienstleistungsnetzwerken übersehen, aber einige Aspekte anders bewertet. Im Ergebnis wurden die folgenden Erfolgsfaktoren als relevant erachtet:

---

[129] Vgl. zur Methode: Herrmann/Homburg, 2000, S. 167 f.; McDaniel/Gates, 2001, S. 189.

Tab. II-16: Erfolgsfaktoren

- Führungsstruktur/Netzwerkmanagement (Systemkopfsteuerung)
- Markenmanagement
- Innovationsgrad
- Produkt/Idee
- Massenindividualisierung
- Internationalisierung
- Schnelligkeit
- Sicherheit
- Imitationsschutz
- (Dienstleistungs-)Qualität
- Human-Ressourcen

3.2.3 Diskussion

Die Ergebnisse der ersten Phase zeigen, dass zumindest bei den befragten Experten eine relativ einheitliche Meinung zu den Bestimmgründen des unternehmerischen Erfolgs vorliegt. Trotzdem geben Expertengespräche immer nur Einzelmeinungen der Befragten wieder. Ebenso ist es unklar, ob eine einzelne Expertenmeinung im Konsens mit der Meinung anderer Experten steht oder etwa eine „Mindermeinung" darstellt. Daher ist es in der nächsten Phase sinnvoll, eine größere Anzahl von Experten mit einem geeigneten Vorgehen zu einem Konsens bzgl. der Erfolgsfaktoren von Dienstleistungsnetzwerken zu führen. Dies geschieht mithilfe der Delphi-Methode.

3.3 Phase II: Die Delphi-Studie

3.3.1 Ziel und Methode

3.3.1.1 Grundlagen der Delphi-Methode

Zur weiteren Annäherung an die Fragestellung nach dem Erfolg von Dienstleistungsnetzwerken wurde nach den zehn Expertengesprächen im In- und Ausland eine Delphi-Studie unter 51 Dienstleistungsexperten durchgeführt. Delphi-Studien haben sich als eine Methode etabliert, Konsens über eine mögliche Zukunft im Kreise von Experten zu schaffen.[130] Es handelt sich dabei um ein mehrstufiges Befragungsinstrument mit Rückkopplung.[131] Ziel ist die Gewinnung von Erkennt-

---

[130] Vgl. Dalkey, 1969; Linstone/Turoff 1975; Wechsler, 1978; Buckley, 1995; Green/Price, 2000.
[131] Vgl. Berekoven/Eckert/Ellenrieder, 1999, S. 269.

nissen über einen Untersuchungsgegenstand, indem ein ausgewählter Teilnehmerkreis in mehreren Fragerunden unter Berücksichtigung der Antworten der vorangegangenen Runde zu vorformulierten Fragen Stellung bezieht.

Es wird angenommen, dass durch Reflexion der Ergebnisse im Laufe der Untersuchung eine Konvergenz der Expertenmeinungen eintritt und sich daraus eindeutige Aussagen ableiten lassen. Vorteilhaft gestaltet sich die Delphi-Methodik zur Nutzung von Expertenwissen ohne zwingende räumliche Nähe und aktive Interaktion der Teilnehmer.[132] Üblicherweise werden drei oder vier Delphi-Runden durchgeführt[133], in denen ein annehmbares Ergebnis, d. h. eine hinreichende Konvergenz der Antworten, erzielt wird, wobei keine Mindestanzahl an Runden vorgeschrieben wird.[134] Vielfältige Anwendung fand die Delphi-Methode bisher als Prognoseinstrument in der Zukunftsforschung, in der Politik und im Bereich der strategischen Planung.[135]

In der durchgeführten Untersuchung wurde die Delphi-Methode bezüglich der Frageformulierungen in den einzelnen Runden modifiziert. Es handelte sich nicht um identische Fragen, die wiederholt gestellt wurden, sondern um unterschiedliche Frageformulierungen, die aufgrund der Antworten der vorherigen Runde entwickelt wurden. Durch diese Vorgehensweise konnte zunächst ein einheitliches Begriffsverständnis erzielt werden, welches in den folgenden Runden zugrunde gelegt wurde. Schließlich wurde der letzte Fragebogen auf die bis dahin wesentlichen Faktoren reduziert, um die Expertenmeinungen zusätzlich zu polarisieren.

Es wurden Experten unabhängig voneinander zur Bedeutung von Erfolgsfaktoren für Dienstleister befragt. Die Antworten wurden ausgewertet und den Teilnehmern in Form von Mittelwerten, deren Standardabweichungen und Rangfolge zur Verfügung gestellt. Auf Basis dieser Daten bewerteten die Experten die Erfolgsfaktoren erneut. Durch diese Vorgehensweise sollte ein Konsens der Expertenmeinungen erreicht werden, indem die Befragten ihre Position unter Berücksichtigung der neu gewonnen Erkenntnisse (group response) anpassen konnten. Insgesamt wurden drei Delphi-Runden durchgeführt.

Die Umsetzung der Studie erfolgte durch Onlinefragebögen, die den Teilnehmern über das Internet zugänglich gemacht wurden. In die vorliegende Untersuchung flossen die Antworten von 36 Experten ein, die durchgängig an der Befragung teilgenommen hatten.

---

[132] Vgl. Rowe/Wright, 1999, S. 354.
[133] Vgl. Doke/Swanson, S. 176.
[134] In der Regel gelten drei Runden als ausreichend, vgl. dazu Clarke/Gupta, 1996 und die dort besprochene Literatur.
[135] Vgl. Clarke/Gupta, 1996, S. 185.

3.3.1.2 Die drei Delphi-Runden

Die **erste Runde** diente der Bildung eines einheitlichen Begriffsverständnisses. Dazu wurden den Teilnehmern einerseits offene Fragen gestellt, die mit eigenen Formulierungen beantwortet werden sollten. Dabei handelte es sich um frei zu formulierende Definitionen verschiedener Erfolgsfaktoren. Andererseits war die Wichtigkeit vorgegebener Charakteristika dieser Erfolgsfaktoren durch Aufteilung von insgesamt 100 Punkten zu bewerten.

Die **zweite Runde** fragte zunächst affektiv die drei wichtigsten Erfolgsfaktoren von Dienstleistern ab. Dann wurde detailliert die Wichtigkeit verschiedener vorgegebener Erfolgsfaktoren auf einer Skala von eins („sehr wichtig") bis fünf („gar nicht wichtig") erhoben. Die Erfolgsfaktoren wurden auf Basis der Antworten der ersten Runde für die Dauer der ganzen Delphi-Studie definiert. Dabei waren jeweils zwei Gesichtspunkte pro Erfolgsfaktor zu bewerten. Die beiden Aspekte ergaben sich aus den Definitionen, die die Experten in Runde eins gegeben hatten. Die unterschiedlichen Aspekte der Erfolgsfaktoren sollten anschließend in eine Rangfolge der fünf wichtigsten Faktoren gebracht werden.

Die **dritte Runde** fragte die aggregierten Erfolgsfaktoren auf einer Skala von eins („sehr wichtig") bis fünf („gar nicht wichtig") ab, unter Berücksichtigung der Ergebnisse der zweiten Runde, die den Teilnehmern in Form von Mittelwerten, Standardabweichungen und Rangfolge zur Verfügung gestellt wurden. Eine Aggregation wurde vorgenommen, um die Erfolgsfaktoren ihrer Wichtigkeit nach stärker zu polarisieren und um durch die Kürze des Fragebogens die Teilnahmebereitschaft der Experten zu erhöhen. Die zweite Runde hatte aufgrund der ähnlichen Mittelwerte der beiden Aspekte der jeweiligen Erfolgsfaktoren ergeben, dass durch eine solche Aggregation keine wesentlichen Informationsverluste zu befürchten sind.

Zusätzlich zu den sieben Erfolgsfaktoren aus Runde 2 wurde der Faktor Customer Relationship Management (CRM) zur Bewertung angeboten. Eine Verdichtung der affektiv genannten Erfolgsfaktoren ergab, dass über 20 % der Experten dies als erfolgsrelevanten Faktor ansehen. Unter CRM versteht der Expertenpanel Maßnahmen, die auf Erhöhung des Zielerreichungsgrades durch Koordination aller Kundenkontakte, also insbesondere Maßnahmen zur Verbesserung der Kundenorientierung und damit der Kundenzufriedenheit, abzielen. Durch die Aufteilung von 100 Punkten entsprechend der Wichtigkeit auf die nunmehr acht Erfolgsfaktoren sollten diese anschließend in eine Rangfolge gesetzt werden.

Der **Teilnehmerkreis** rekrutierte sich zu 25 % aus Wissenschaftlern, 42 % aus führenden Persönlichkeiten von Dienstleistungsunternehmen sowie 33 % aus Unternehmensberatern. Die Unternehmen und Universitäten waren sowohl deutschen als auch internationalen Ursprungs. Obwohl die Unternehmensberatungen auch in die Gruppe der Dienstleister eingeordnet werden können, ist es sinnvoll, sie aufgrund ihrer größeren Markt- und Branchenübersicht in einer getrennten Gruppe zu erfassen.

Von den zu Beginn 51 kontaktierten Experten nahmen regelmäßig 36 an den Befragungen teil. Diese gingen damit in die Auswertung ein. Zusätzlich beantworteten von Runde zu Runde einige andere Personen die Fragen, die mangels Konstanz aber nicht in die Auswertung einfließen konnten. Da es kein einheitliches Gütekriterium zur Größe eines Expertenpanels gibt, soll sich hier der Meinung von Dalkey angeschlossen werden, der eine Mindestzahl von 15 bis 20 Personen für angebracht hält.[136] Diese Größe deckt sich mit der der meisten Delphi-Studien.[137]

3.3.2 Ergebnisse

Ziel der **ersten Delphi-Runde** war es, ein einheitliches Begriffsverständnis bezüglich der Erfolgsfaktoren von Dienstleistern im Expertenpanel zu erreichen. Es fällt auf, dass alle Teilnehmer in den frei zu formulierenden Definitionen sehr ähnliche Antworten gegeben hatten. Aus diesen Antworten lässt sich sehr einfach ein einheitliches Bild herleiten, welches die begriffliche Grundlage für den zweiten Fragebogen darstellt.

Es ergeben sich sieben Erfolgsfaktoren, die in jeweils zwei Aspekte unterteilt werden. Im Einzelnen sind dies:

Tab. II-17: Aspekte der Erfolgsfaktoren

Erfolgsfaktor	Aspekte
Markenmanagement	Auf dem Absatzmarkt
	Auf dem Beschaffungsmarkt
Internationalisierung	Weltweites Anbieten von Leistungen
	Kooperation mit Partnerunternehmen
Netzwerkmanagement	Im Business-to-Business Bereich
	Im Business-to-Consumer Bereich
Innovationsmanagement	Schnelle Umsetzung von Inventionen
	Schutz der Unique Selling Proposition
Mass-Customization	Kundenindividuelle Ansprache (One-to-One Marketing)
	Individualisierte Leistungen/Produkte
Leistungsqualität	Sichere Abwicklung
	Gebotener Zusatznutzen
Humankapital	Vorhandensein qualifizierter Mitarbeiter
	Gelebte Dienstleistungsmentalität

---

[136] Vgl. Dalkey, 1969.
[137] Vgl. Gupta/Clarke, 1996 und die dort angegebene und besprochene Literatur.

Die **zweite Delphi-Runde** bestand aus drei Teilen. Zunächst wurden affektiv Erfolgsfaktoren abgefragt, dann sollten die sieben Erfolgsfaktoren mit je zwei Aspekten ihrer Wichtigkeit nach bewertet werden und anschließend die fünf wichtigsten Aspekte in eine Reihenfolge gebracht werden.

Tab. II-18: Affektive Nennung von Erfolgsfaktoren

Erfolgsfaktor	Anteil Nennungen
CRM [davon: Kundenorientierung 66,7% Kundenzufriedenheit 26,7% sonstige 6,6%]	21,7%
Leistungs-/Servicequalität	18,8%
Human-Resources	11,6%
Markenmanagement	5,8%
Innovation	4,3%
sonstige	37,8%
Insgesamt	100%

Bei der affektiven Nennung der drei wichtigsten Erfolgsfaktoren aus Sicht der Experten wurden „Kundenorientierung" und „Kundenzufriedenheit" neben „Leistungsqualität" und „Humankapital" deutlich häufiger als andere Faktoren genannt (vgl. Tabelle II-18). Da diese eine Ergänzung des bisher aufgestellten Erfolgsfaktorenkontingents darstellen, werden sie in den Fragebogen der dritten Runde aufgenommen. Da Kundenorientierung und -zufriedenheit eher als Maßgrößen des Erfolgs anzusehen sind, wurde als achter Erfolgsfaktor das Customer Relationship Management (CRM) definiert, durch das Kundenorientierung und -zufriedenheit erreicht werden kann.

Im zweiten Teil des Fragebogens wurden sieben Erfolgsfaktoren mit je zwei Aspekten abgefragt. Abbildung II-13 zeigt die Mittelwerte der Wichtigkeit der einzelnen Aspekte. Bewertet wurde auf einer Skala von eins („sehr wichtig") bis fünf („gar nicht wichtig").

Zunächst fällt auf, dass alle zur Bewertung angebotenen Erfolgsfaktoren vom Expertenpanel als eher wichtig angesehen wurden. Ihre Mittelwerte bewegen sich zwischen 2,26 und 1,22. Ebenso kann man anhand des Profils erkennen, dass es „Ausschläge" der Bewertung bei der Frage nach der Internationalisierung (größer als „2") und bei den Aussagen zum Thema „Humankapital bzw. Human Resource Management" (deutlich kleiner als „1,5") gibt.

	1	2	3	4	5
Markenmanagement: Absatzmarkt					
Markenmanagement: Beschaffungsmarkt					
Internationalisierung: Leistungsangebot					
Internationalisierung: Kooperation					
Netzwerkmanagement: B-to-B					
Netzwerkmanagement: B-to-C					
Innovationsmanagement: schnelle Umsetzung					
Innovationsmanagement: Schutz der USP					
Mass-Customization: One-to-One Marketing					
Mass-Customization: Losgröße "1"					
Leistungsqualität: sichere Abwicklung					
Leistungsqualität: Zusatznutzen					
Humankapital: qualifizierte Mitarbeiter					
Humankapital: Dienstleistungsmentalität					

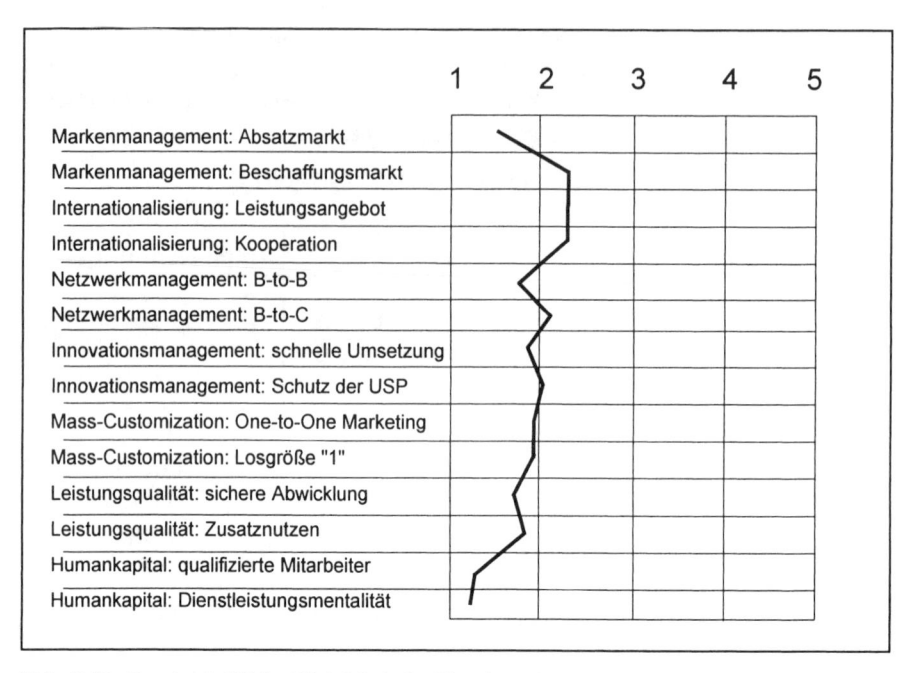

Abb. II-13: Durchschnittliche Wichtigkeit der Einzelaspekte der Erfolgsfaktoren in der zweiten Runde

Tabelle II-19 zeigt in seiner rechten Hälfte die Mittelwerte der aggregierten Erfolgsfaktoren samt ihrer Standardabweichungen, die als Mittelwert aus den jeweiligen Standardabweichungen der zusammengehörenden Einzelaspekte berechnet werden.

Als besonders wichtig werden die Faktoren „Humankapital" (1,24[138]), „Leistungsqualität" (1,79) und „Markenmanagement" (1,88) eingestuft. Da bei diesen Faktoren ebenfalls die geringste Standardabweichung (0,48, 0,75 und 0,75[139]) vorliegt, können die Aussagen auch als „einem Konsens nahe" gelten.

Deutlich schlechter in der Bewertung der Wichtigkeit des jeweiligen Erfolgsfaktors ist die „Internationalisierung". Dieser Faktor liegt mit einem Mittelwert von 2,25 signifikant hinter den übrigen Erfolgsfaktoren, die hier zur Bewertung angeboten wurden.

---

[138] Dieser Wert wurde der Einfachheit halber als arithmetischer Mittelwert der Einzelbewertung der beiden Aspekte des Faktors „Humankapital" gebildet. Eine Gewichtung wäre hier nicht angebracht gewesen.

[139] Auch hier wurde der Einfachheit halber die Standardabweichung als arithmetischer Mittelwert der einzelnen Standardabweichungen gebildet.

Tab. II-19: Mittelwerte der Einzelaspekte und der aggregierten Erfolgsfaktoren der zweiten Runde

Einzelaspekte der Erfolgsfaktoren			aggregierte Erfolgsfaktoren		
	Mittelwert	Standardabweichung	Standardabweichung*	Mittelwert**	
Markenmanagement: Absatzmarkt	1,50	0,66	0,76	1,88	Markenmanagement
Markenmanagement: Beschaffungsmarkt	2,26	0,86			
Internationalisierung: Leistungsangebot	2,25	0,85	0,85	2,25	Internationalisierung
Internationalisierung: Kooperation	2,25	0,85			
Netzwerkmanagement: B-to-B	1,75	0,79	0,89	1,94	Netzwerkmanagement
Netzwerkmanagement: B-to-C	2,13	0,99			
Innovationsmanagement: schnelle Umsetzung	1,79	0,72	0,81	1,94	Innovationsmanagement
Innovationsmanagement: Schutz der USP	2,09	0,90			
Mass-Customization: One-to-One Marketing	1,91	0,92	0,92	1,9	Mass-Customization
Mass-Customization: Losgröße "1"	1,90	0,91			
Leistungsqualität: sichere Abwicklung	1,71	0,55	0,75	1,79	Leistungsqualität
Leistungsqualität: Zusatznutzen	1,87	0,95			
Humankapital: qualifizierte Mitarbeiter	1,26	0,45	0,48	1,24	Humankapital
Humankapital: Dienstleistungsmentalität	1,22	0,52			

* Die aggregierte Standardabweichung ist das arithmetische Mittel aus den beiden Standardabweichungen der Einzelaspekte der Erfolgsfaktoren
** Der aggregierte Mittelwert ist das arithmetische Mittel aus den beiden Mittelwerten der Einzelaspekte der Erfolgsfaktoren

Im dritten Teil des Fragebogens hatten die 51 angesprochenen Experten die Aufgabe, die wichtigsten fünf Erfolgsfaktoren aus den vierzehn angebotenen Teilaspekten zu identifizieren. Im Ergebnis kommt man zu fünf besonders wichtigen Erfolgsfaktoren:

- Humankapital im Sinne von qualifizierten Mitarbeitern,
- Humankapital im Sinne von Dienstleistungsmentalität,
- Markenmanagement auf dem Absatzmarkt,
- Leistungsqualität durch sichere Abwicklung,
- Leistungsqualität als Zusatznutzen.

Die in Tabelle II-20 dargestellte Rangfolge erhält man, indem man die in der letzten Frage durch die Experten vergebenen Ränge gewichtet und über alle Teilnehmer aufsummiert. Für einen ersten Rang liegt der Gewichtungsfaktor beim Wert „fünf", für den zweiten Rang beim Wert „vier", usw. Insgesamt werden die Ränge eins bis fünf berücksichtigt.

Es fällt auf, dass die aggregierte Reihenfolge mit Gewichtungsfaktoren identisch mit der ist, die sich aus dem aggregierten Mittelwertvergleich ergibt. So ergibt sich aus beiden Bewertungen für die Top drei Erfolgsfaktoren folgende Rangfolge:

- Humankapital,
- Leistungsqualität,
- Markenmanagement.

Tab. II-20: Rangbestimmung durch Gewichtungsfaktoren

Einzelaspekte der Erfolgsfaktoren			aggregierte Erfolgsfaktoren		
	Punktzahl*	Rang	Rang	Punktzahl**	
Markenmanagement: Absatzmarkt	77	3	3	89	Markenmanagement
Markenmanagement: Beschaffungsmarkt	12	10			
Internationalisierung: Leistungsangebot	10	11	7	22	Internationalisierung
Internationalisierung: Kooperation	12	10			
Netzwerkmanagement: B-to-B	28	7	6	35	Netzwerkmanagement
Netzwerkmanagement: B-to-C	7	12			
Innovationsmanagement: schnelle Umsetzung	28	7	4	58	Innovationsmanagement
Innovationsmanagement: Schutz der USP	30	6			
Mass-Customization: One-to-One Marketing	27	8	5	51	Mass-Customization
Mass-Customization: Losgröße "1"	24	9			
Leistungsqualität: sichere Abwicklung	68	4	2	122	Leistungsqualität
Leistungsqualität: Zusatznutzen	54	5			
Humankapital: qualifizierte Mitarbeiter	126	1	1	219	Humankapital
Humankapital: Dienstleistungsmentalität	93	2			

* Punktzahl der Einzelaspekte berechnet sich aus den Antworten der letzten Frage wie folgt:
Punktzahl = (vergebener Rang x Gewichtungspunktzahl) x Anzahl Experten
(wobei Rang eins mit 5 Punkten, Rang zwei mit 4 Punkten, ..., Rang fünf mit 1 Punkt gewichtet wird)
** Punktzahl der aggregierten Erfolgsfaktoren ist die Summe der Punktzahlen der beiden Einzelaspekte

Aus den vorgestellten Rankings ist zu schließen, dass die Unterteilung der Erfolgsfaktoren in je zwei Aspekte keinen wesentlichen zusätzlichen Erklärungsbeitrag liefert. In der dritten Runde kann daher mit den aggregierten Erfolgsfaktoren weitergearbeitet werden.

Die **dritte Delphi-Runde** lässt die Teilnehmer aggregierte Erfolgsfaktoren bewerten. Abbildung II-14 zeigt die Mittelwerte der Wichtigkeit der nunmehr acht Erfolgsfaktoren. Bewertet wurde auf einer Skala von eins („sehr wichtig") bis fünf („gar nicht wichtig"). Zusätzlich ist die Standardabweichung des jeweiligen Faktors dargestellt.

Die drei wichtigsten Erfolgsfaktoren sind anhand dieser Bewertung „Humankapital" (1,04), „Leistungsqualität" (1,25) und „Customer Relationship Management" (1,46). Diese besitzen auch die geringste Standardabweichung, welche auf eine gefestigte Meinung innerhalb des Expertenpanels hindeutet. Die geringere Bedeutung des Faktors „Markenmanagement" gegenüber der zweiten Runde ist durch die Einführung des Faktors „CRM" zu erklären.

Die Erfolgsfaktorenforschung im Dienstleistungssektor 81

	1	2	3	4	5
Humankapital	1,04				
Leistungs-/Servicequalität	1,25				
Innovationsmanagement		2,21			
Markenmanagement	2,04				
Mass-Customization		2,09			
Netzwerkmanagement		2,13			
Internationalisierung		2,64			
CRM	1,46				

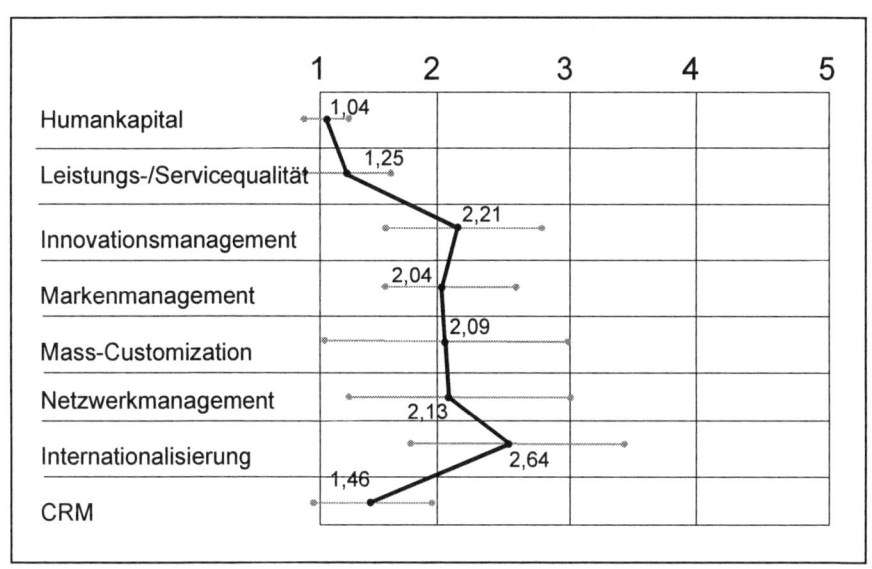

Abb. II-14: Durchschnittliche Wichtigkeit der Erfolgsfaktoren der dritten Runde und deren Standardabweichungen

Die gleiche Reihenfolge ergibt sich aus der Auswertung des zweiten Teils des Fragebogens. Dort sollten 100 Punkte auf die Erfolgsfaktoren verteilt werden.

Tab. II-21: Ranking gemäß aufsummierter Punktzahl aus dritter Runde

Rang	Erfolgsfaktor	Punktzahl		Prozent
		absolut	durchschnittlich	
1	Humankapital	867	24,08	24%
2	Leistungsqualität	743	20,63	21%
3	CRM	479	13,29	13%
4	Markenmanagement	390	10,83	11%
5	Mass-Customization	317	8,79	9%
6	Innovationsmanagement	292	8,13	8%
7	Netzwerkmanagement	289	8,04	8%
8	Internationalisierung	223	6,21	6%
	Summe	3600	100	100%

Die Anordnung in einer Reihenfolge entsprechend der aufsummierten Punktzahl bestätigt die vorstehende Rangfolge:

- Humankapital,
- Leistungsqualität,
- Customer Relationship Management.

In Tabelle II-22 sind die Ergebnisse der zweiten und dritten Delphi-Runde zusammengefasst. Die Erfolgsfaktoren sind nach der Reihenfolge der Wichtigkeit aus der dritten Runde sortiert. Zusätzlich sind die Faktoren in eine sehr wichtige und eine wichtige Kategorie eingeordnet. Die sehr wichtigen Erfolgsfaktoren „Humankapital", „Leistungsqualität" und „Customer Relationship Management" zeichnen sich durch einen Mittelwert zwischen eins und zwei aus, die weniger wichtigen liegen darüber.

Tab. II-22: Darstellung der Ergebnisse der Delphi-Runden zwei und drei

	Variable	Runde 2		Runde 3	
		Mittelwert	Standardabweichung	Mittelwert	Standardabweichung
Sehr wichtig	Humankapital	1,24	0,48	1,04	0,20
	Leistungsqualität	1,79	0,75	1,25	0,44
	CRM	---	---	1,46	0,51
Weniger wichtig	Markenmanagement	1,88	0,76	2,04	0,62
	Mass-Customization	1,90	0,92	2,09	0,90
	Netzwerkmanagement	1,94	0,89	2,13	0,87
	Innovationsmanagement	1,94	0,81	2,21	0,59
	Internationalisierung	2,25	0,85	2,64	0,85

Aufbauend auf der Gruppierung soll nun eine Neuskalierung durchgeführt werden. Dies erscheint zur Auswertung sinnvoll, da auf der Originalskala von eins bis fünf bereits der Wert zwei die Kategorie „wichtig" repräsentiert. Aufgrund der Tendenz zur Linksausrichtung hin zu einer positiven Bewertung aller Faktoren ist eine Neuskalierung zwischen eins und drei der besseren Übersichtlichkeit wegen sinnvoll.

Abbildung II-15 zeigt die Bewertung der Mittelwerte von Runde zu Runde. Es ist ersichtlich, dass sich Tendenzen für die Wichtigkeit der einzelnen Erfolgsfaktoren bilden. Deutlich wird auch, dass sich die Rangfolge von der zweiten zur dritten Runde nicht mehr ändert. Die Positionen werden lediglich durch größere Abstände zwischen den Faktoren bestätigt. Diese deuten auf eine Konsensbildung unter den Expertenmeinungen hin.

In Abbildung II-16 ist die Entwicklung der Standardabweichungen von Runde zu Runde dargestellt. Es ist zu erkennen, dass die Standardabweichung jedes Erfolgsfaktors abnimmt oder mindestens auf gleichem Niveau verbleibt. Die drei wichtigsten Erfolgsfaktoren haben mit Werten zwischen 0,20 und 0,51 die geringsten Standardabweichungen. Eine geringe Standardabweichung zeigt eine geringe Schwankungsbreite in den Expertenmeinungen an. Somit ist zu sagen, dass der jeweilige Mittelwert nicht zufällig entstanden ist, sondern die Meinung eines Großteils der Befragten repräsentiert.

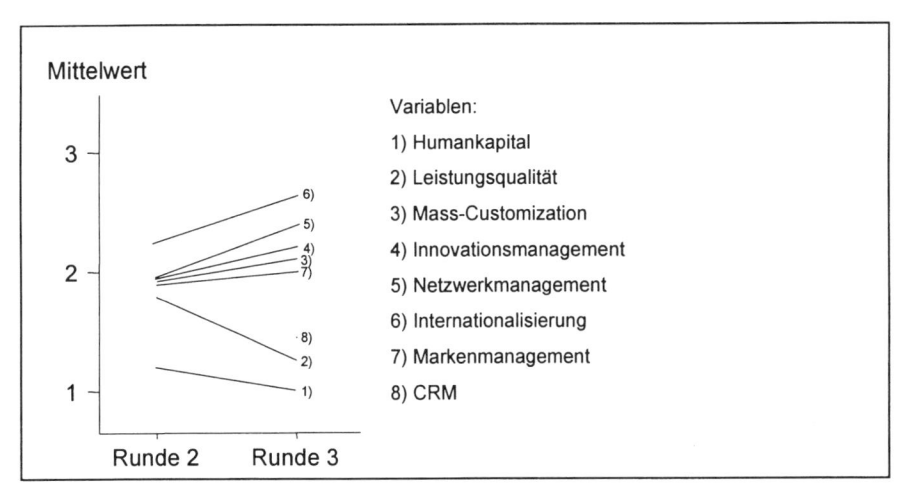

Abb. II-15: Entwicklung der Mittelwerte der Erfolgsfaktoren von Runde zu Runde

Es deutet sich durch die Verkleinerung der Standardabweichung ebenso wie durch die eindeutigen Tendenzen bei der Entwicklung der Mittelwerte der einzelnen Erfolgsfaktoren ein Konsens im Expertenpanel an. Aufgrund dieser Ergebnisse sind große Schwankungen in folgenden Delphi-Runden nicht mehr zu erwarten. Daher kann die Untersuchung an dieser Stelle abgebrochen werden, ein Konsens wurde erreicht.

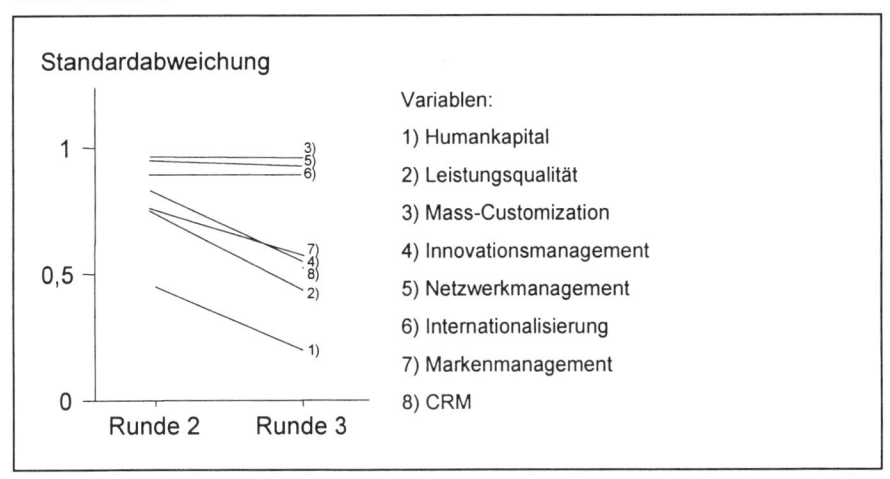

Abb. II-16: Entwicklung der Standardabweichung der Erfolgsfaktoren von Runde zu Runde

3.3.3 Diskussion

Die durchgeführte Delphi-Studie hat im Expertenpanel zu einem Konsens bezüglich der für Dienstleistungsanbieter maßgeblichen Erfolgsfaktoren geführt. Da die Fragestellung nicht genauer auf eine spezifische Art von Dienstleistern eingeht, ist die Anwendung der Ergebnisse auf bestimmte Teilbranchen nur mit Einschränkungen durchzuführen. Ergänzende Erfolgsfaktoren müssten für solche Untersuchungen aufgestellt werden, ohne jedoch die hier gefundenen abzulehnen.

Obwohl in den durchgeführten drei Runden gute Ergebnisse hinsichtlich der Konvergenz der Mittelwerte und der Standardabweichungen erzielt wurden, erscheint eine weitere Validierung der Ergebnisse sinnvoll. Dies gilt vor allem für den neu hinzugekommenen und als wichtig befundenen Faktor „Customer Relationship Management". Es wurde hier darauf verzichtet, um den Expertenpanel nicht weiter zu belasten.

Trotz der relativ geringen Bedeutung der (nur) wichtigen Faktoren in dieser Expertenrunde kann nicht davon ausgegangen werden, dass diese tatsächlich wenig wichtig für den Unternehmenserfolg sind. Es ist vielmehr in weiteren Untersuchungen zu überprüfen, für welche Dienstleister beispielsweise der Erfolgsfaktor „Internationalisierung" wichtig ist. Im Weiteren sollten die Ergebnisse dieser Delphi-Studie in Kombination mit den Ergebnissen der Expertenbefragungen als Grundlage der sich anschließenden konfirmatorischen Analyse eines hinreichend großen Datensatzes dienen. Dazu bietet sich das Instrument der „Kausalanalyse" an. Damit können Hypothesen bzgl. der Erfolgsfaktoren getestet werden. Diese Hypothesen basieren dabei sowohl auf den in den Kapiteln 3.2 und 3.3 vorgestellten Vorstudien als auch auf theoretischen Überlegungen aus den Bereichen „Erfolgsfaktorenforschung" sowie „Dienstleistungsforschung".

3.4 Phase III: Die konfirmatorische Analyse

3.4.1 Theorie, Ziel und Methode

3.4.1.1 Hypothesen zum Erfolg von Dienstleistungsnetzwerken

3.4.1.1.1 Ansätze der Erfolgsfaktorenforschung

Das Buch von Peters und Waterman „Auf der Suche nach Spitzenleistungen" war einer der ersten groß angelegten Versuche, Erfolg von Unternehmungen anhand von Erfolgskriterien zu ermitteln und zu erklären.[140] Die Studie stellte sieben Kriterien auf, die erfolgreiche von weniger erfolgreichen Unternehmungen signifikant unterscheiden können. Dies wurde das „McKinsey-7S-Modell" genannt[141] und bestand aus den Erfolgsfaktoren Struktur, System, Stil, Stammpersonal, Spezialkenntnis, Strategie und Selbstverständnis.

---

[140] Vgl. erste Auflage: Peters/Waterman, 1982.
[141] Vgl. Peters/Waterman, 1991, S. 32.

Die Studie von Peters und Waterman macht deutlich, dass Erfolgsfaktorenstudien einerseits das Vorhandensein eines **Maßstabes** zur Beurteilung des Erfolgs voraussetzen. Dieser Maßstab besteht regelmäßig aus ökonomischen Kategorien. Bisweilen treten aber auch vorökonomische Größen auf. So sehen Meffert und Böing neben ökonomischen Zielen auch zielgruppengerichtete, psychografische und langfristige Ziele als Maßstab für den Erfolg an.[142] Andererseits ist es das Ziel einer Erfolgsfaktorenstudie, eine Anzahl von Erfolgsfaktoren entweder explorativ zu finden oder zu überprüfen, ob hypothetisch vorausgesetzte Erfolgsfaktoren tatsächlich erfolgskritisch sind.

Eine weitere einflussreiche Erfolgsfaktoren-Forschungsrichtung ist das seit 1972 existierende „PIMS-Programm" des Strategic Planning Institute.[143] In diesem als Projekt verstandenen Ansatz wurde versucht, Unternehmensstrategie mit ökonomischem Erfolg in Verbindung zu bringen. Trotz zahlreicher Kritiker[144], lässt sich schlussfolgern, dass es offenbar eine überschaubare Anzahl von Faktoren gibt, die den Erfolg eines Unternehmens determinieren und dass diese Faktoren zu weiten Teilen durch Entscheidungen des Managements zu beeinflussen sind.

3.4.1.1.2 *Erfolgsfaktoren von Dienstleistungsnetzwerken*

Aus den zahlreichen (auch) neueren Studien zum Thema „Erfolg von Produkten"[145] wird besonders auf die Wichtigkeit des Faktors **Innovation** bzw. Innovationsmanagement abgestellt. Desphandé, Farley und Webster haben in ihrer Studie einen signifikanten Zusammenhang zwischen Innovationsmanagement und dem Erfolg („performance") nachgewiesen.[146] Zu ähnlichen Ergebnissen kommen Geroski, Machin und Reenen.[147] Damit ergibt sich folgende erste Hypothese:

H1: Erfolgreiche Dienstleistungsnetzwerke haben ein funktionierendes Innovationsmanagement, welches sicherstellt, dass Inventionen schnell an den Markt gebracht werden.

Da keine der genannten Erfolgsfaktorenstudien ausschließlich auf Dienstleister eingeht, sollen Ansätze der Dienstleistungsforschung zur Generierung weiterer Erfolgsfaktoren ausgewertet werden.

---

142 Vgl. Meffert/Böing, 2000, S. 4.
143 Vgl. Buzzell/Gale, 1987.
144 Vgl. Barzel/Wahlen, 1990, S. 109 und insbes. Fritz, 1994 und die dort angegebene Literatur.
145 Vgl. Cooper, 1979; De Brentani, 1989; Cooper/Kleinschmidt, 1993; Kleinschmidt, 1994; Jensen/Harmsen, 2001.
146 Vgl. Desphandé/Farley/Webster, 1993.
147 Vgl. Geroski/Machin/Reenen, 1993.

Erfolg wird als Ergebnis einer positiven **Qualitätsbewertung** angesehen. Es wird die Wirkungskette von Qualität über Zufriedenheit und Bindung bis hin zum ökonomischen Erfolg aufgezeigt.[148] Chang und Chen weisen den direkten Einfluss der Leistungsqualität auf die Profitabilität bei Vergnügungsdienstleistern nach.[149] Daraus lassen sich als mögliche Erfolgsfaktoren zunächst die Qualität der erbrachten Leistung sowie (eingeschränkt) die Kundenorientierung ableiten. Ebenso erscheint es mehr als wahrscheinlich, dass der Faktor **Humankapital** insbesondere für Dienstleister erfolgskritisch ist, da Dienstleistungen durch Interaktion zwischen dem Dienstleister und dem externen Faktor entstehen. Die Studien von Lado und Wilson[150] sowie Lado und Zhang[151] und Amit, Belcourt[152] weisen den Zusammenhang zwischen Humanressourcen bzw. den Humanressource-Systemen und der Erzielung von Wettbewerbsvorteilen nach. Hiltrop, Harris und Ogbonna, Harel und Tzafrir sowie Sheppeck und Militello weisen einen direkten Zusammenhang zwischen der Ressource „Humankapital" und dem dahinter liegenden System und dem Erfolg nach.[153]

Die Tendenz zur Individualisierung von Produkten und Leistungen lässt sich deutlich erkennen.[154] Die massenhafte Erstellung individualisierter Produkte wird als entscheidender Wettbewerbsvorteil angesehen[155], da Produkte, welche nur unwesentlich teurer als standardisierte Produkte angeboten werden, zu einer erhöhten Kundenzufriedenheit führen. Diese Kundenzufriedenheit lässt sich dadurch erklären, dass der Dienstleister in erhöhtem Maße **kundenorientiert** arbeitet.[156] Peters und Saidin übertrugen das Konzept der Mass-Customization auf Dienstleistungen.[157] Offensichtlich birgt dieses Konzept auch für Ersteller von Dienstleistungen Differenzierungsvorteile; es handelt sich also um einen weiteren möglichen Erfolgsfaktor. Folglich ergeben sich die nächsten drei Hypothesen:

H2: Erfolgreiche Dienstleistungsnetzwerke erstellen eine qualitativ hochwertige Leistung.

H3: Erfolgreiche Dienstleistungsnetzwerke arbeiten kundenorientiert (CRM).

---

[148] Vgl. Parasuraman/Zeithaml/Berry, 1984; Rust/Zahorik/Keiningham, 1995; Hallowell, 1996; Biermann, 1997; Homburg/Bruhn, 1999; Bruhn/Murmann, 2000.
[149] Vgl. Chang/Chen, 1998.
[150] Vgl. Lado/Wilson, 1994.
[151] Vgl. Lado/Zhang, 1998.
[152] Vgl. Amit/Belcourt, 1999.
[153] Vgl. Hiltrop, 1996; Harris/Ogbonna, 1999; Harel/Tzafrir, 1999; Sheppeck/Militello, 2000.
[154] Vgl. Pine/Victor/Boyton, 1993; Duray/Milligan, 1999; Peters/Saidin, 2000.
[155] Vgl. z. B. Pine/Victor/Boyton, 1993.
[156] Vgl. Duray/Milligan, 1999.
[157] Vgl. Peters/Saidin, 2000.

H4: Erfolgreiche Dienstleistungsnetzwerke beschäftigen gut ausgebildete, vom Kunden als kompetent angesehene Mitarbeiter.

Seit einigen Jahren wird in der Marketing-Forschung verstärkt das Thema **Marke** diskutiert.[158] Die Marke wird als Seele der Unternehmung angesehen, die dem Kunden als „Vertrauensanker" dient.[159] Da bei Dienstleistungen in besonderem Maße Schwierigkeiten bei der objektiven Bewertung der erbrachten Leistung bestehen, führt dieser Risikofaktor dazu, dass Vertrauen in eine Marke die objektive Nachprüfung der adäquaten Leistungserstellung z. T. ersetzt.[160] Den positiven Einfluss, den eine starke Marke (über hohes Vertrauen und damit höhere Kundenloyalität) auf den Erfolg hat, haben Chaudhuri und Holbrook sowie Michell, King und Reast nachgewiesen.[161] Daher ist ein Markenmanagement, welches auf die Stärkung der eigenen Marke abzielt, voraussichtlich ein weiterer Erfolgsfaktor.

H5: Erfolgreiche Dienstleistungsnetzwerke setzen auf die positive Verankerung der eigenen Marke bei der angesprochenen Zielgruppe.

Der Vertrieb präsentiert sich z. T. immer noch als eine „Black Box". Man kennt die Input- und Output-Faktoren, aber die Wirkungsmechanismen dazwischen sind unklar.[162] Diese Erkenntnis trifft in besonderem Maße für Dienstleister zu. Da die erstellte Leistung nicht tangibel ist, hat der Vertrieb die Aufgabe, gemeinsam mit den Kunden die richtige Leistung zur richtigen Zeit und am richtigen Ort zu erstellen.

Homburg, Schneider und Schäfer haben versucht, die Dimensionen eines exzellenten Vertriebs aufzuspannen. Dies sind[163]

- die Vertriebsstrategie,
- das Vertriebsmanagement,
- das Informationsmanagement und
- das Kundenbeziehungsmanagement.

Diese vier Faktoren betrachten neben den bereits aufgestellten Hypothesen zum Customer Relationship Management (zur Verbesserung der Kundenorientierung)

---

[158] Vgl. z. B. Ahlert/Kenning, 1999; Kenning, 2001; Köhler/Majer/Wiezorek, 2001.
[159] Vgl. Ahlert/Kenning, 1999, S. 115.
[160] Verwiesen sei hier auf die in Kapitel 2.2.1.3 angesprochene „Informationsasymmetrie" zwischen Anbieter und Nachfrager.
[161] Vgl. Chaudhuri/Holbrook, 2001; Michell/King/Reast, 2001.
[162] Vgl. Huckemann et al., 2000, S. 5.
[163] Vgl. Homburg/Schneider/Schäfer, 2001, S. 10 f.

insbesondere das **Vertriebsmanagement** als Erfolgsfaktor. Positive Effekte des Vertriebsmanagements auf den Erfolg haben Babakus, Cravens, Grant, Ingram und LaForge sowie Slater und Olson mit ihren Studien nachgewiesen.[164]

H6: Erfolgreiche Dienstleistungsnetzwerke sind in der Lage, den Kunden ihre Leistungen zur richtigen Zeit, in der richtigen Menge an den richtigen Ort zu bringen (Vertriebsmanagement).

Bei Dienstleistungen wird der Kunde in den Prozess der Leistungserstellung einbezogen. Daher ist (in der Regel) die physische Nähe von Dienstleistungsanbieter und -abnehmer notwendig. Wenn davon ausgegangen wird, dass Dienstleistungen nicht zentral erstellt werden, treffen Anbieter und Abnehmer dezentral aufeinander. Um trotzdem eine effiziente Leistungserstellung zu gewährleisten, können die verteilten Aktivitäten in einem Netzwerk erstellt werden; dieses würde Kundennähe mit Effizienz des Systemhintergrunds verbinden.[165] Netzwerke sind ebenso geeignet, wenn sachlich verteilte Aktivitäten zu koordinieren sind. Dies ist von besonderer Bedeutung bei Forschungs- und Entwicklungstätigkeiten.[166] Also kann hypothetisch vorausgesetzt werden, dass das Vorhandensein eines funktionierenden Netzwerkmanagements ein Erfolgsfaktor sein könnte. Diese Aussage wird von den Untersuchungen von Sawhney und Parikh unterstützt. Sie sehen im Netzwerk den zukünftigen Werttreiber der Wirtschaft.[167]

H7: Erfolgreiche Dienstleistungsnetzwerke des tertiären Sektors sind als Netzwerk konfiguriert.

3.4.1.2 Das Modell: NetworkExcellence

Um die sieben möglichen Erfolgsfaktoren und die sich daraus ableitenden Hypothesen empirisch zu testen, bedarf es der weiteren Konzeptualisierung und Operationalisierung des Konstruktes „Erfolg von Dienstleistungsnetzwerken". Die Erfolgsfaktoren müssen einer Messung zugänglich gemacht werden. Dies geschieht auf zweierlei Art und Weise:

---

[164] Vgl. Babakus et al., 1996; Slater/Olson, 2000.
[165] Vgl. Ahlert, 2001, S. 11; Evanschitzky, 2001, S. 304 f.
[166] Vgl. Gemünden/Ritter/Heydebreck, 1996.
[167] Vgl. Sawhney/Parikh, 2001.

- direkt durch die Einsetzung von **Kennzahlen/Erfolgsmaßstäben,**
- indirekt durch qualitative **Befragungs-Items.**[168]

Der zu erklärende Erfolg wird also einerseits **direkt** durch Erfolgsmaßstäbe im Messmodell der latenten endogenen Variablen gemessen. In der folgenden Kausalanalyse wird nur ein Erfolgsmaßstab zur direkten Erfolgsmessung angewendet, die Selbsteinschätzung bezüglich des Gesamterfolgs des jeweiligen Dienstleistungsnetzwerks. Es war in dieser Befragung nicht möglich, die übrigen abgefragten Kennzahlen zur Messung heranzuziehen, da die Kriterien der Konvergenz- und Diskriminanzvalidität nicht erfüllt wurden. Zahlreiche Dienstleister stellten die abgefragten Kennzahlen nämlich nicht zur Verfügung. Da es sich bei vielen teilnehmenden Dienstleistern um keine veröffentlichungspflichtigen Gesellschaften handelt, war auch ein Rückgriff auf sekundäre Quellen nicht möglich. In einem solchen Fall wird auch in der Literatur die Meinung vertreten, dass die Selbstauskunft zum Erfolg des eigenen Dienstleistungsnetzwerks ein gutes Substitut für „objektive" Erfolgsmaßstäbe darstellt.[169]

Bei der **indirekten** Messung wurden die Hypothesen durch eine Batterie von drei bis sechs Items im Messmodell der latenten exogenen Variablen „messbar" gemacht.

Die der Untersuchung zugrunde liegenden Hypothesen bezüglich des Erfolgs von Dienstleistungsnetzwerken lassen sich in die folgenden sieben Erfolgsfaktoren übertragen und in das Modell der „NetworkExcellence" integrieren:

- Innovationsmanagement,
- (Leistungs-)Qualität,
- Kundenorientierung (durch Customer Relationship Management),
- Humankapital,
- Markenmanagement,
- Vertriebsmanagement,
- Netzwerkmanagement.

Folgendes Modell lässt sich somit als Pfaddiagramm bzw. Strukturmodell aufstellen.

---

[168] Siehe Anhang für die qualitativen Befragungsitems der fünf auch in Teil III näher analysierten Erfolgsfaktoren.

[169] So sehen es z. B. Venkatraman und Ramanujam, die eine starke Korrelation von Daten, die auf Selbstauskunft beruhen und solchen, die objektiv (z. B.) in Bilanzen auftauchen, festgestellt haben. Vgl. Venkatraman/Ramanujam, 1987, S. 118.

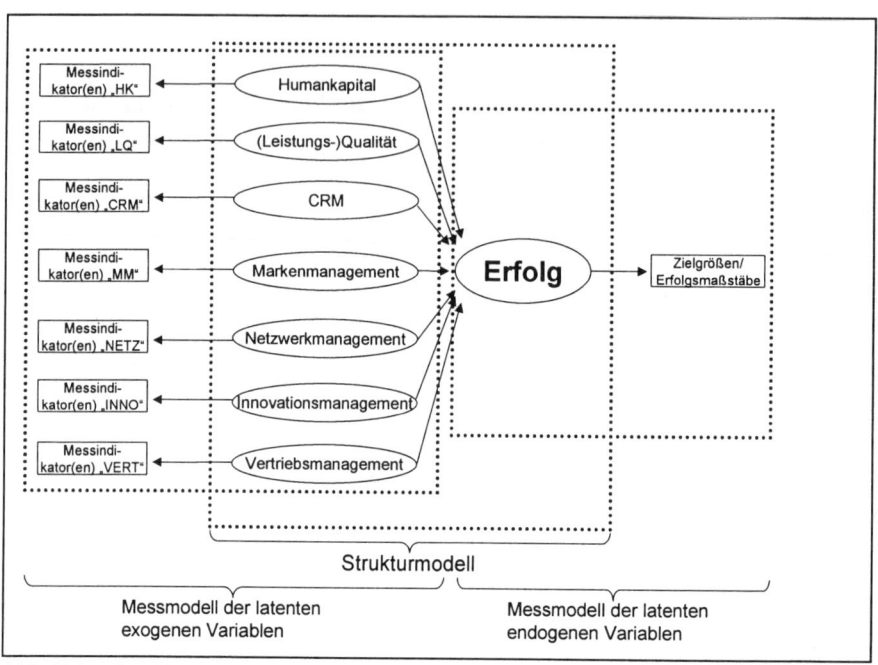

Abb. II-17: Das Modell „NetworkExcellence"

3.4.1.3 Methodik

3.4.1.3.1 Die Kausalanalyse als methodischer Ansatz

Zur Überprüfung der sieben in Kap. 3.4.1.1.2 aufgestellten Hypothesen bietet sich das Instrument der Kausalanalyse an. Dabei handelt es sich um ein dependenzanalytisches Verfahren, welches ein Beziehungsgeflecht zwischen abhängigen und unabhängigen Variablen analysieren kann. Die Besonderheit der Kausalanalyse im Vergleich zu der ebenfalls dependenzanalytischen Regressionsanalyse besteht in der Unterscheidung von Konstrukten (latenten Variablen) und den zu ihrer Operationalisierung herangezogenen Indikatoren (manifesten Variablen). Darüber werden die aus theoretischen Überlegungen abgeleiteten Abhängigkeitsbeziehungen (die Hypothesen) zwischen Konstrukten einer empirischen Überprüfung zugänglich gemacht. Die Kausalanalyse ermöglicht also eine simultane Untersuchung komplexer Beziehungsstrukturen.[170]

Die Überprüfung von Hypothesen über Beziehungen zwischen Konstrukten mithilfe der Kausalanalyse setzt ein **Kausalmodell** voraus. Dabei wird häufig eine als Pfaddiagramm bezeichnete grafische Darstellungsform gewählt. Jedes Kausalmodell umfasst **drei Teilmodelle**: ein Strukturmodell und zwei Messmodelle. Das

---

[170] Vgl. Backhaus et al., 2000, S. 392 ff.; Homburg/Hildebrandt, 1998, S. 18 f.

Strukturmodell beruht auf der aus der Ökonometrie bekannten Strukturgleichungsanalyse („structural equation modelling") und dementsprechend auf einem regressionsanalytischen Denkansatz. Es enthält die zu testenden Zusammenhänge zwischen den Konstrukten. Die abhängigen, zu erklärenden Konstrukte werden als latente endogene Variablen und die unabhängigen, im Kausalmodell selbst nicht erklärten Konstrukte als latente exogene Variablen bezeichnet.[171] Für beide Typen der latenten Variablen sind *Messmodelle* aufzustellen. Diese beschreiben nach dem Prinzip der konfirmatorischen Faktorenanalyse die Messung der latenten Variablen durch Indikatoren. Im Falle des Vorliegens einer hierarchischen Faktorenstruktur kann diese mithilfe einer „Second-Order Confirmatory Factor Analysis" geprüft werden.[172]

Alle Messungen werden als fehlerbehaftete Messungen der jeweiligen latenten Variablen interpretiert.[173] Dabei wird unterstellt, dass die Konstrukte als verursachende Variablen die Beobachtungswerte der ihnen zugeordneten Indikatoren bestimmen.[174]

Die in dem Pfaddiagramm abgebildeten Beziehungen werden in ein System linearer Gleichungen umgesetzt, auf deren Basis die unbekannten Modellparameter ermittelt werden. Dementsprechend ergibt sich die Parameterschätzung als Lösung eines Minimierungsproblems für die Diskrepanzfunktion, welche die Unterschiedlichkeit zwischen der empirischen und der vom Modell generierten Kovarianzmatrix misst.[175] Die Güte dieser Parameterschätzungen kann anhand verschiedener Prüfkriterien, der sogenannten „Fit-Indizes", beurteilt werden.[176]

3.4.1.3.2 Erhebungsmethode und Stichprobe

Im Herbst 2001 wurden (etwa) 1.000 Dienstleistungsunternehmen aus Deutschland angeschrieben, die mithilfe eines Fragebogens zu verschiedenen Erfolgsfaktoren von Dienstleistungsnetzwerken befragt werden sollten. 107 Dienstleister haben darauf reagiert. Dies entspricht einer Rücklaufquote von etwa 11 %. Das ist angesichts des recht umfangreichen Fragebogens ein noch akzeptabler Wert. Vollständig ausgefüllt und somit geeignet für die weitere Analyse waren 95 Fragebögen.

Bei den Befragten handelte es sich überwiegend um die erste Führungsebene des jeweiligen Unternehmens, also Geschäftsführer, Vorstand oder Eigentümer (67,2 %). Das Ziel, verantwortliche Manager mit dem Fragebogen anzusprechen, scheint damit erreicht zu sein. Bei der Überprüfung des Antwortverhaltens zwi-

---

[171] Vgl. Backhaus et al., 2000, S. 416 und S. 427; Homburg/Giering, 1996, S. 9.
[172] Vgl. Byrne, 2001, S. 120-141.
[173] Vgl. Homburg/Baumgartner, 1995, S. 1092 f.
[174] Vgl. Backhaus et al., 2000, S. 415 f.
[175] Vgl. Homburg/Baumgartner, 1995, S. 1093; Homburg/Pflesser, 2000, S. 644 f.
[176] einen Überblick über die Kriterien zur Beurteilung eines Messmodells bieten Homburg/Giering, 1996, S. 13.

schen denen, die früh geantwortet haben und denen, die spät geantwortet haben, zeigten sich keine signifikanten Unterschiede.[177]

Bei den befragten Unternehmen handelt es sich zu etwa der Hälfte um Anbieter des Business-to-Business-Bereichs (53,1 %). Gemäß der Umsatzgröße erzielten ein Viertel (25,3 %) maximal 5 Mio. Euro, ein weiteres Viertel (23,1 %) mehr als 500 Mio. Euro Umsatz. Der Rest (30,8 %) bewegt sich zwischen 50-250 Mio. Euro.

Der Fragebogen gliederte sich in drei Teile:

- Fragen zum Erfolg des Unternehmens
- Fragen zu den sieben Erfolgsfaktoren
- Fragen zum Unternehmen und zum Beantwortenden

Generell wurden im Fragebogen Statements zu den einzelnen Erfolgfaktoren getroffen. Zur Bewertung dieser wurde eine Fünferskalierung mit „1" als „trifft gar nicht zu" und „5" als „trifft voll zu" angeboten.

3.4.1.4 Konzeptualisierung und Operationalisierung

3.4.1.4.1 Das Gesamtmodell

Bei der Durchführung der Kausalanalyse gilt es, eine Reihe von Schritten zu beachten, um das betrachtete Konstrukt zu konzeptualisieren, zu operationalisieren und zu überprüfen, ob die Datenstruktur mit der theoretischen Struktur hinreichend übereinstimmt.[178]

Aufbauend auf den theoretischen Überlegungen und den durchgeführten Vorstudien kann zunächst der grundsätzliche Zusammenhang im Konstrukt dargestellt werden.

Die **Konzeptualisierung**[179] des Erfolgs von Dienstleistungsnetzwerken hat ergeben, dass es sich dabei um ein (komplexes) Konstrukt mit sieben Faktoren handelt. Es liegen offenbar keine Dimensionen vor, die mehrere Faktoren zusammenfassen könnten.

---

[177] Vgl. Armstrong/Overton, 1977.
[178] Vgl. zum Vorgehen vgl. Homburg/Giering, 1996.
[179] Eine Faktorenanalyse war formal aufgrund der hohen Zahl von Variablen verbunden mit einem zu geringen Stichprobenumfang von n = 95 nicht möglich; trotzdem unterstützen die „Ergebnisse" der Analyse die Annahme eines Konstruktes mit sieben Faktoren.

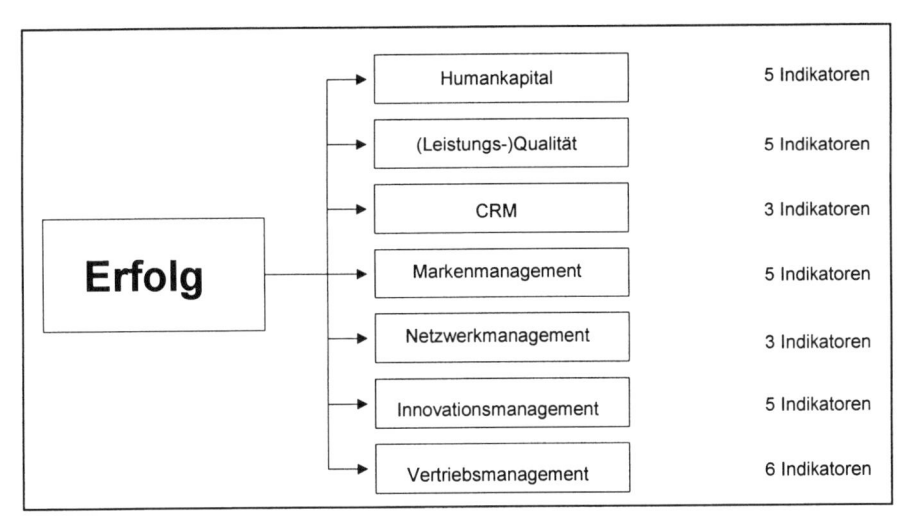

```
┌─────────────────────────────────────────────────────────────┐
│                        → Humankapital            5 Indikatoren │
│                                                               │
│                        → (Leistungs-)Qualität    5 Indikatoren │
│                                                               │
│                        → CRM                     3 Indikatoren │
│   ┌────────┐                                                  │
│   │ Erfolg │──────→   Markenmanagement           5 Indikatoren │
│   └────────┘                                                  │
│                        → Netzwerkmanagement      3 Indikatoren │
│                                                               │
│                        → Innovationsmanagement   5 Indikatoren │
│                                                               │
│                        → Vertriebsmanagement     6 Indikatoren │
└─────────────────────────────────────────────────────────────┘
```

Abb. II-18: Konzeptualisierung des Erfolgs von Dienstleistungsnetzwerken

Vor der eigentlichen Beurteilung der geschätzten Modellparameter ist zu prüfen, ob die berechneten Resultate konsistent sind. Bei unsinnigen Schätzwerten – z. B. Korrelationskoeffizienten größer eins oder negativen Varianzen (so genannte Heywood-Cases) – ist das Modell abzulehnen. Die Güte der Parameterschätzungen kann anhand verschiedener Prüfkriterien, den „Fit-Indizes" des Gesamtmodells, beurteilt werden. Folgenden globalen Anpassungskriterien kommt bei praktischen Anwendungen die größte Bedeutung zu.[180]

- Der *Goodness-of-Fit-Index* (GFI) gibt den Anteil der in der Stichprobe enthaltenen Varianzen und Kovarianzen an, der durch das Modell erklärt wird. Er kann Werte zwischen null und eins annehmen. Üblicherweise werden Modelle bei einem GFI > 0,9 angenommen.

- Ebenfalls ein Maß für die im Modell erklärte Varianz ist der *Adjusted-Goodness-of-Fit-Index* (AGFI). Er unterscheidet sich vom GFI durch die Berücksichtigung der Freiheitsgrade. Der AGFI kann zwischen null und eins liegen, wobei ein Wert > 0,9 im Allgemeinen als akzeptabel gilt.

- Im Gegensatz zum GFI und zum AGFI sollte der *Root-Mean-Square-Residual* (RMR) möglichst gering ausfallen. Je mehr sich dessen Wert null annähert, desto geringer ist der Anteil der in der Stichprobe enthaltenen Varianzen und Kovarianzen, die nicht durch das Modell erklärt werden. Er ist auf das Intervall [0, 1] normiert. RMR-Werte < 0,1 zeigen einen guten Fit des Modells an.

Die einzelnen Fit-Indizes des vorliegenden Datensatzes erfüllen mit 0,087 (RMR), 0,971 (GFI) und 0,965 (AGFI) die besprochenen Gütekriterien. Die deutliche

---

[180] Vgl. z. B. Backhaus et al., 2000, S. 465.

Erfüllung der Mindeststandards bei diesen Kriterien signalisiert die hohe Anpassungsgüte des Gesamtmodells an die empirischen Daten.

Neben der Überprüfung der globalen Anpassungskriterien soll nun die **Validität** des Konstruktes überprüft werden. Für den Nachweis von *Diskriminanzvalidität* ist der Grad zu prüfen, zu dem sich ein Konstrukt von den anderen Konstrukten des Kausalmodells unterscheidet. In der Forschungspraxis gilt Diskriminanzvalidität in der Regel als nachgewiesen, wenn die Korrelationskoeffizienten der latenten Variablen kleiner eins[181] bzw. kleiner als 0,9 sind.[182]

Tab. II-23: Untersuchung der Diskriminanzvalidität

	HK	LQ	CRM	MM	NETZ	INNO	VERT
Humankapital (HK)	1						
Leistungsqualität (LQ)	0,858	1					
CRM	0,844	0,804	1				
Markenmanagement (MM)	0,682	0,766	0,713	1			
Netzwerkmanagement (NETZ)	0,459	0,523	0,515	0,563	1		
Innovationsmanagement (INNO)	0,749	0,678	0,77	0,68	0,636	1	
Vertriebsmanagement (VERT)	0,71	0,656	0,637	0,645	0,487	0,802	1

Evidenz für die Konstruktvalidität bieten die Ergebnisse der Korrelationsanalyse. Die Minimalanforderung ist, dass die empirisch vorgefundenen Korrelationen mit den aus der Theorie vorhergesagten übereinstimmen.[183]

Die *Konvergenzvalidität* bezieht sich auf das Ausmaß, mit dem eine latente Variable durch die Messung mehrerer Indikatoren erfasst wird.[184] Sie gibt Auskunft über die interne Konsistenz der Messvorschrift und kann anhand der Kriterien Faktorreliabilität und durchschnittlich erfasste Varianz (DEV) geprüft werden. Dabei sollte die Faktorreliabilität größer als 0,6 und die DEV größer als 0,5 sein.[185] Die folgende Tabelle zeigt, dass die meisten Kriterien erfüllt werden. Die z. T. knappe Unterschreitung der Gütekriterien bei der durchschnittlich erfassten Varianz führt nicht zu einer gänzlichen Ablehnung der entsprechenden Faktoren, da sonst das theoretische Modell nicht überprüft werden könnte.

---

[181] Vgl. z. B. Bagozzi/Foxall, 1996.
[182] Vgl. Backhaus et al., 2000, S. 465.
[183] Vgl. Cronbach, 1970.
[184] Vgl. Fornell/Larcker, 1981.
[185] Vgl. Fornell/Larcker, 1981.

Tab. II-24: Untersuchung der Konvergenzvalidität

Faktor	Faktorreliabilität	DEV
Humankapital	0,81	0,49
Leistungsqualität	0,79	0,48
CRM	0,74	0,50
Markenmanagement	0,80	0,46
Netzwerkmanagement	0,75	0,50
Innovationsmanagement	0,80	0,47
Vertriebsmanagement	0,88	0,56

Die Beurteilung der *nomologischen Validität* ist mit der Frage verknüpft, in welchem Ausmaß die latenten endogenen Variablen durch die latenten exogenen Variablen erklärt bzw. prognostiziert werden können. Die nomologische Validität eines Kausalmodells ist dann gegeben, wenn sich das ihm zugrunde liegende Hypothesensystem in hohem Maße empirisch bewährt. Daran wird deutlich, dass sich die Prüfung allein auf das Strukturmodell bzw. die darin enthaltenen Strukturgleichungen bezieht. Als Prüfkriterien können die Determinationskoeffizienten (Bestimmtheitsmaße) der Strukturgleichungen herangezogen werden, welche die Zusammenhänge zwischen den latenten endogenen Variablen und den jeweils auf sie einwirkenden latenten exogenen Variablen abbilden. Sie messen die Stärke der Kausalbeziehungen und spiegeln somit die Erklärungskraft der unabhängigen Variablen wider.

Das Bestimmtheitsmaß einer Strukturgleichung berechnet sich aus den quadrierten multiplen Korrelationen der latenten endogenen Variablen und derjenigen exogenen Konstrukte, die im Rahmen des Modells einen Einfluss darauf ausüben. Er gibt den Erklärungsbeitrag der exogenen latenten Variablen zu der Varianz an. Der verbleibende, nicht erklärte Anteil der Varianz entfällt auf die Fehlervariable.[186] Das Bestimmtheitsmaß kann Werte zwischen null und eins annehmen. Je mehr es sich eins nähert, desto höher ist die nomologische Validität einzuschätzen. Ein allgemein akzeptierter Richtwert, den die quadrierten multiplen Korrelationen zum Nachweis der nomologischen Validität übertreffen sollten, existiert nicht. Homburg und Baumgartner sehen einen Wert von 0,4 als angemessen an.[187] Die Werte der Bestimmtheitsmaße (quadrierte multiple Korrelationen) seien im Einzelnen aufgrund der strittigen Grenzwerte nicht näher aufgeführt, sie liegen jedoch bis auf wenige Ausnahmen über dem von Homburg und Baumgartner vorgeschlagenen Wert von 0,4.

---

[186] Vgl. Backhaus et al., 2000, S. 464 f.
[187] Vgl. Homburg/Baumgartner, 1995, S. 172.

3.4.1.4.2 Das Messmodell

Neben der globalen Anpassungsgüte des Modells sollen nun die Detailkriterien überprüft werden.

Tab. II-25: Überprüfung der Reliabilität der Messskalen

Faktor	Indikator	Indikator-reliabilität	Item-to-Total	Cronbach's Alpha
F1: Humankapital	1	0,44	0,53	
	2	0,56	0,63	
	3	0,42	0,63	**0,86**
	4	0,52	0,68	
	5	0,38	0,61	
F2: Leistungs-qualität	6	0,69	0,67	
	7	0,31	0,62	
	8	0,45	0,64	**0,82**
	9	0,30	0,39	
	10	0,42	0,26	
F3: CRM	11	0,61	0,57	
	12	0,52	0,55	**0,77**
	13	0,36	0,42	
F4: Marken-management	14	0,56	0,66	
	15	0,61	0,70	
	16	0,49	0,61	**0,88**
	17	0,26	0,49	
	18	0,36	0,57	
F5: Netzwerk-management	19	0,48	0,65	
	20	0,53	0,69	**0,9**
	21	0,50	0,68	
F6: Innovations-management	22	0,28	0,46	
	23	0,56	0,70	
	24	0,31	0,49	**0,83**
	25	0,46	0,59	
	26	0,61	0,66	
F7: Vertriebs-management	27	0,37	0,60	
	28	0,69	0,81	
	29	0,64	0,78	
	30	0,55	0,72	**0,94**
	31	0,50	0,67	
	32	0,61	0,74	

Zur Überprüfung der **Reliabilität** der Messskalen wurden der Alpha-Koeffizient („Cronbach's α"[188]) sowie die Item-to-Total Korrelationen überprüft.[189] Ebenfalls wird die Indikatorreliabilität berechnet. Sie gibt den Anteil der Varianz einer manifesten Variablen an, der durch die latente Variable erklärt wird.[190]

Die Auswertung zeigt, dass für die sieben Faktoren die Reliabilität der Messskalen (gemessen werden die Faktoren des Gesamtmodells mit drei bis sechs Indikatoren) über dem vorgeschlagenen Niveau des Cronbach'schen Alpha von 0,7 und bei den meisten Indikatoren bzgl. ihrer Reliabilität über dem Wert von 0,4 liegen und diese somit geeignet sind, die entsprechenden Faktoren zu messen.[191] Einige Indikatoren haben einen Item-to-Total- bzw. Indikatorenreliabilitätswert, der kleiner als die gängigen Anforderungen ist. Trotzdem wird von einer Elimination abgesehen, da auf Basis theoretischer Überlegungen vieles für die Beibehaltung der entsprechenden Indikatoren spricht.

3.4.1.4.3 Beurteilung

Offensichtlich werden die meisten Validitäts- und Reliabilitätskriterien erfüllt. Die z. T. nicht erfüllte durchschnittlich erfasste Varianz (DEV) lässt sich theoretisch begründen. Es sei angemerkt, dass die Gütekriterien den Charakter von Orientierungsgrößen haben, welche sich in der Forschungspraxis weitgehend etabliert haben.[192] Es erscheint auch nicht zweckmäßig, feste Annahme- bzw. Ablehnungsregeln vorzugeben. Homburg und Pflesser weisen darauf hin, „dass es bei der Modellbeurteilung nicht unbedingt darum geht, dass alle Kriterien erfüllt sind. Vielmehr sollte auf der Basis der verfügbaren Informationen ein positives Gesamturteil abgeleitet werden können".[193] Werden einzelne Beurteilungskriterien verletzt, so ist im Einzelfall zu prüfen, ob die Abweichungen vertretbar sind. Speziell sollte das Unterschreiten einiger Detailkriterien nicht automatisch zur Ablehnung eines Modells führen.

Insgesamt lassen die guten Werte bei den Gütekriterien die Überprüfung der Hypothesen sinnvoll erscheinen.

3.4.2 Ergebnisse

3.4.2.1 Deskriptive Datenanalyse

Ziel der Befragung war es, die durch Vorstudien (z. B. die beschriebene Delphi-Studie) und durch intensive Literaturstudien ermittelten Erfolgsfaktoren von

---

[188] Vgl. Cronbach, 1951.
[189] Vgl. Churchill, 1979, S. 68; Homburg/Giering, 1996, S. 8 f.
[190] Vgl. Backhaus et al., 2000, S. 466.
[191] Vgl. Backhaus et al., 2000, S. 415 und 454 f.; Nunnally, 1978, S. 245.
[192] Vgl. Fritz, 1995, S. 141.
[193] Homburg/Pflesser, 2000, S. 655.

Dienstleistungsnetzwerken quantitativ-statistisch zu überprüfen. Dazu wurden die Unternehmen zunächst gebeten, sich selbst gemäß ihres Erfolgs einzuschätzen.

Tab. II-26: Selbsteinschätzung des Erfolgs

eigener Erfolg	nicht erfolgreich	weder noch	erfolgreich	sehr erfolgreich
Prozent [%]	3,29	18,68	63,74	14,29

Offenbar sind die Unternehmen von ihrer eigenen Leistungsfähigkeit überzeugt. Etwa drei Viertel aller befragten Unternehmen halten sich für mindestens erfolgreich.

Im Folgenden seien die einzelnen Erfolgsfaktoren der Unternehmen beschrieben:

Tab. II-27: Beschreibung der Erfolgsfaktoren

		Branchenwichtigkeit des Erfolgsfaktors	Wichtigkeit für das eigene Unternehmen	Güte der Umsetzung im Unternehmen
Humankapital				
	(μ)	4,55	4,14	3,51
	(σ)	0,56	0,78	0,81
Leistungsqualität				
	(μ)	4,49	4,35	3,97
	(σ)	0,62	0,77	0,64
CRM				
	(μ)	4,07	3,87	3,35
	(σ)	0,93	1,00	1,03
Markenmanagement				
	(μ)	3,91	3,89	3,41
	(σ)	1,02	1,06	1,14
Netzwerkmanagement				
	(μ)	3,67	3,43	3,03
	(σ)	1,15	1,18	1,09
Innovationsmanagement				
	(μ)	4,25	4,07	3,49
	(σ)	0,75	0,90	0,98
Vertriebsmanagement				
	(μ)	4,60	4,27	3,70
	(σ)	0,66	0,86	0,96

Zunächst sei die Wichtigkeit des jeweiligen Faktors für die Branche beschrieben, anschließend die Wichtigkeit für das eigene Unternehmen und letztlich die Güte der Umsetzung des Erfolgsfaktors im eigenen Unternehmen.

Es lässt sich feststellen, dass den einzelnen Erfolgsfaktoren eine hohe bis sehr hohe Wichtigkeit zugemessen wird. Am wichtigsten erweisen sich die Faktoren „Vertriebsmanagement (4,60), „Humankapital" (4,55) und „Leistungsqualität" (4,49). Neben den hohen Mittelwerten (μ) fallen auch die relativ geringen Standardabweichungen (σ) zwischen 0,56 und 0,66 auf. Offenbar herrscht bei den Befragten Einigkeit über die hohe Wichtigkeit gerade dieser drei Faktoren. Als ebenfalls wichtig werden mit einigem Abstand die Faktoren „Innovationsmanagement (4,25), CRM (4,07) und Markenmanagement (3,91) eingeschätzt. Parallel zu der sich verringernden Wichtigkeit steigt die Standardabweichung. Besonders deutlich wird dies bei dem Faktor „Netzwerkmanagement", der bei einem Mittelwert von 3,67 eine Standardabweichung von 1,15 aufweist. Offenbar herrscht gerade bei den letztgenannten Faktoren keine einheitliche Meinung in der Gruppe der Befragten. Die weitere kausalanalytische Untersuchung muss Aufschluss darüber geben, ob gerade diese Faktoren die erfolgreichen von den weniger exzellenten Dienstleistern unterscheiden.

Generell wird die Wichtigkeit der einzelnen Erfolgsfaktoren für die Branche und für das eigene Unternehmen etwas geringer eingeschätzt, jedoch auf ähnlich hohem Niveau. Die Differenzen bewegen sich im Bereich der statistisch zufälligen Unterschiede.

Deutlich und signifikant niedriger fallen jedoch die Werte für die Umsetzung der einzelnen Erfolgsfaktoren aus. Es scheint also noch **erhebliche Umsetzungsdefizite bei denen als wichtig und erfolgskritisch angesehen Faktoren zu geben.** Besonders hoch fallen die Differenzen bei den Erfolgsfaktoren „Humankapital" und „Vertriebsmanagement" aus.

Im nächsten Schritt soll überprüft werden, ob zwischen den einzelnen Erfolgsfaktoren (genauer: deren Umsetzung im jeweiligen Unternehmen) und dem Gesamterfolg ein linearer Zusammenhang besteht. Dazu werden die Korrelationen zwischen den Merkmalen berechnet.[194]

Diese Analyse zeigt, dass generell eine „mittelstarke" bis „starke" signifikante Korrelation (0,4 bis 0,5) zwischen den Merkmalen vorliegt, d. h., es besteht ein positiver, linearer Zusammenhang zwischen „Erfolg" und „Umsetzung des Erfolgsfaktors". Dieses Ergebnis liefert weitere Anhaltspunkte für die Wichtigkeit der genannten Erfolgsfaktoren für den Gesamterfolg des Dienstleistungsnetzwerks, sagt jedoch nichts darüber aus, welche die abhängige und welche die unabhängige Variable ist und ob ein „kausaler" Zusammenhang dazwischen besteht. Dazu wird im Folgenden die Kausalanalyse als Methode der explikativen Datenanalyse angewendet. Mit dieser können die in Kapitel 3.4.1.2 aufgestellten Hypothesen über den Zusammenhang zwischen den Erfolgsfaktoren und dem Erfolg getestet werden.

---

[194] Vgl. Berekoven/Eckert/Ellenrieder, 1999, S. 198.

Tab. II-28: Korrelationen zwischen Gesamterfolg und Umsetzung der Erfolgsfaktoren

Einsatz des Erfolgsfaktors im eigenen Netzwerk	Korrelation	Signifikanzniveau
Humankapital	0,43	0.01
Leistungsqualität	0,37	0.01
CRM	0,35	0.01
Markenmanagement	0,56	0.01
Netzwerkmanagement	0,42	0.01
Innovationsmanagement	0,49	0.01
Vertriebsmanagement	0,50	0.01

n = 95

3.4.2.2 Explikative Datenanalyse

Um über die Annahme oder Ablehnung von Hypothesen entscheiden zu können, sind die jeweiligen **Strukturkoeffizienten** zu bestimmen. Deren Vorzeichen geben die Richtung und deren Höhe die Stärke des kausalen Zusammenhangs zwischen der latenten exogenen und der latenten endogenen Variablen an. Eine Hypothese ist nur dann abzulehnen, wenn das Vorzeichen des Strukturkoeffizienten nicht dem (ex ante) prognostizierten Wirkungszusammenhang entspricht, sie ist anzunehmen, wenn das Vorzeichen mit der erwarteten Wirkungsrichtung übereinstimmt.

Hinsichtlich der Höhe des Strukturkoeffizienten wird davon ausgegangen, dass nur eine hinreichende Ausprägung von über 0,2 nicht zur direkten Falsifikation einer getesteten Hypothese führt. Eine Ausnahme von dieser Regel wird gemacht, wenn ein Strukturkoeffizient mit einem Absolutwert unter 0,2 bei einer Irrtumswahrscheinlichkeit unter 0,1 signifikant von null verschieden ist.[195] Erfüllt ein Strukturkoeffizient diese Voraussetzungen, kann die mit ihm verbundene Hypothese empirisch nicht abgelehnt werden; sie ist als empirisch (vorläufig) bestätigt anzusehen.

Die nachfolgende Tabelle (II-29) zeigt die Strukturkoeffizienten des Modells.

---

[195] Vgl. Backhaus et al., 2000, S. 471.

Tab. II-29: Strukturkoeffizienten

	Struktur-koeffizient	prognostizierte Wirkungsrichtung/ Hypothesenbewertung	
Humankapital → Erfolg	0,483**	+	
Leistungsqualität → Erfolg	0,224**	+	
CRM → Erfolg	-0,442	+	Ablehnung
Markenmanagement → Erfolg	0,222**	+	
Netzwerkmanagement → Erfolg	0,177*	+	
Innovationsmanagement → Erfolg	0,317**	+	
Vertriebsmanagement → Erfolg	-0,238	+	Ablehnung
** = signifikant auf 0,01-Niveau; * = signifikant auf 0,05-Niveau			

Die empirische Datenbasis gibt Anlass zur Ablehnung von zwei Hypothesen. Offenbar sind die Faktoren „Customer Relationship Management" und „Vertriebsmanagement" nicht für den Erfolg eines Dienstleistungsnetzwerks verantwortlich. Alle übrigen Erfolgsfaktoren und die dazugehörigen Hypothesen können nicht abgelehnt werden. Die erklärte Gesamtvarianz des Modells beträgt 51 %.

3.4.3 Diskussion

Mithilfe der aufgestellten Hypothesen ist es möglich, einen hohen Anteil des Erfolgs von Dienstleistungsnetzwerken zu erklären. 51 % der Varianz bei der abhängigen Variablen, also dem „Erfolg", lässt sich im Modell „NetworkExcellence" erklären.

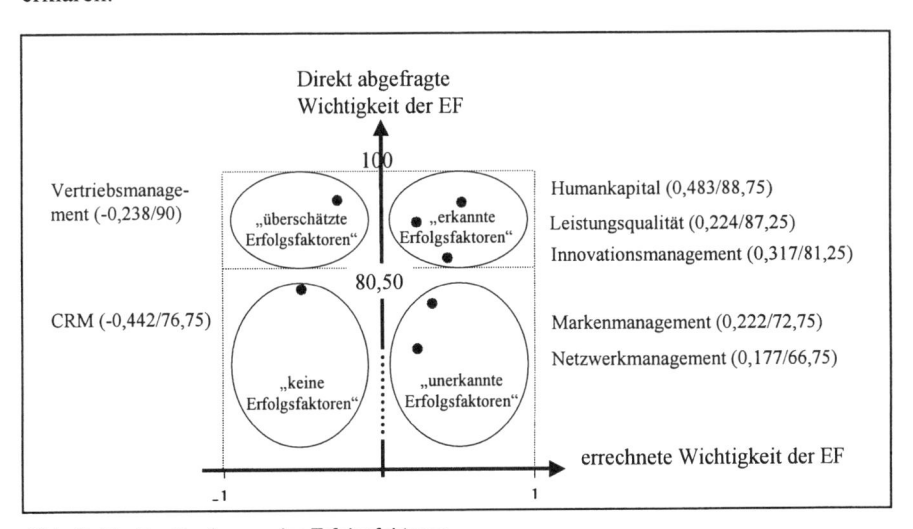

Abb. II-19: Positionierung der Erfolgsfaktoren

Abbildung II-19 positioniert die sieben Erfolgsfaktoren im zweidimensionalen Raum gemäß ihrer direkt ermittelten und der indirekt mittels Pfadkoeffizient bestimmten Wichtigkeit. Die Werte für die direkte Ermittlung der Wichtigkeit berechnen sich aus dem arithmetischen Mittel der direkten Bewertung des jeweiligen Faktors durch alle 95 Teilnehmer der Befragung. Das Ergebnis, welches zwischen „1" und „5" liegen kann, wurde der besseren Anschaulichkeit wegen auf das Intervall von [0; 100] normiert (zur Berechnung dieser Werte siehe den Beitrag von Evanschitzky und Steiff[196]).

Durch Teilung des Koordinatensystems mittels der durchschnittlichen Wichtigkeit aller Erfolgsfaktoren (80,50) und des Null-Wertes der Pfadkoeffizienten, ergeben sich vier Felder, die wie folgt bezeichnet werden sollen:

- „Erkannte Erfolgsfaktoren": Bei diesen stimmen direkt abgefragte und errechnete Wichtigkeit überein.

- „Überschätzte Erfolgsfaktoren": Bei diesen liegt die direkt abgefragte Wichtigkeit über der errechneten.

- „Unerkannte Erfolgsfaktoren": Bei diesen liegt die errechnete über der direkt abgefragten und somit erkannten Wichtigkeit.

- „Keine Erfolgsfaktoren": Bei diesen liegt weder eine hohe erkannte Wichtigkeit vor, noch eine hohe errechnete.

Der Erfolgsfaktor „Humankapital" leistet mit einem Strukturkoeffizienten von 0,483 den höchsten Erklärungsbeitrag zum Gesamterfolg. Wie bereits aus der Theorie vermutet, ist die Ressource „Humankapital" der wesentliche Bestimmgrund für den Erfolg bei Dienstleistern. Der direkte Kontakt zwischen dem Leistungsanbieter und dem Leistungsempfänger, der *Moment of truth*[197], gibt den wesentlichen Ausschlag dafür, wie der Kunde die Leistung empfindet und ob er diese Leistung wieder bei diesem Anbieter nachfragen wird. Offenbar haben die meisten Dienstleistungsnetzwerke diesen Zusammenhang erkannt und verstanden. Die relativ geringe Differenz zwischen der direkt abgefragten Wichtigkeit des Erfolgsfaktors „Humankapital" und der indirekt mittels Pfadkoeffizient ermittelten „Wichtigkeit" bestätigt diese Vermutung.

Ähnlich verhält es sich mit dem Erfolgsfaktor „Innovationsmanagement". Auch dieser gehört zu den erkannten Erfolgsfaktoren. Bereits Drucker, der als erster Wissenschaftler das Marketing Konzept beschrieben hat, stellte in seinem 1954 erschienen Werk *„The Practice of Management"* fest, dass ein Unternehmen eigentlich nur zwei wesentliche Funktionsbereiche haben muss: Marketing und Innovationsmanagement.[198]

---

[196] Vgl. Evanschitzky/Steiff, 2002, S. 193 f.
[197] Vgl. Zeithaml/Bittner, 1996.
[198] Vgl. Drucker, 1954, S. 37.

Den Faktoren „Leistungsqualität" und „Markenmanagement" kommt bei Dienstleistern eine besondere Bedeutung zu. Der Kunde tritt in riskante Vorleistung, d. h. er kann die Qualität der Leistung erst bei oder nach der „Konsumption" bewerten. Daher muss das Dienstleistungsnetzwerk einerseits durch ein geeignetes Qualitätsmanagement die hohen Kundenanforderungen zumindest erfüllen und andererseits dieses Leistungsversprechen durch eine gute Dienstleistungsmarke nach außen kommunizieren.[199] Es verwundert, dass gerade der Erfolgsfaktor „Markenmanagement" – wenn auch knapp – als nicht überdurchschnittlich wichtig direkt eingestuft wird. Möglicherweise können viele Befragte mit dem Begriff nicht allzu viel anfangen und messen den einzelnen Statements, die das Markenmanagement beschreiben, eine umso höhere Bedeutung bei.

Ähnliches lässt sich bei dem ebenfalls unerkannten Erfolgsfaktor „Netzwerkmanagement" feststellen. Die enorme Wichtigkeit der mit dem Netzwerkmanagement verbundenen Praktiken wird von den Befragten durchaus erkannt.

„Vertriebsmanagement" gehört zu den (leicht) überschätzten Erfolgsfaktoren. Offenbar hat ein gutes Vertriebsteam nicht so viel Einfluss auf den Erfolg eines Dienstleistungsnetzwerks. Vielleicht sind aber auch bereits viele Aspekte aus diesem Bereich mit den anderen Erfolgsfaktoren erfasst, z. B. im Faktor „Netzwerkmanagement", der auch auf die Koordination einer Vertriebsmannschaft bezogen werden kann. Für diese Vermutung sprechen die insgesamt recht hohen Korrelationen zwischen dem Faktor „Vertriebsmanagement" und den übrigen Erfolgsfaktoren. Mithilfe des vorliegenden Datensatzes lässt sich diese Vermutung jedoch nicht abschließend bewerten und es bleibt der nachfolgenden Forschung vorbehalten, diese Zusammenhänge genauer zu analysieren.

Ebenso gilt es, den Faktor „Customer Relationship Management" genauer zu studieren.[200] Im vorliegenden Datensatz gilt dieser als „kein Erfolgsfaktor". Das verwundert, da insbesondere bei der Delphi-Studie dessen enorme Wichtigkeit herausgestellt wurde. Möglicherweise fließen auch im CRM viele Aspekte der übrigen Erfolgsfaktoren zusammen, beispielsweise das Qualitätsmanagement oder das Netzwerkmanagement. Ebenso muss darüber nachgedacht werden, ob beim Faktor „CRM" die richtigen Items abgefragt wurden. Diese waren sehr stark auf die Informationsbasis für das CRM fixiert, was ohne Zweifel wichtig ist, aber kaum ein Dienstleistungsnetzwerk kann diese Anforderungen hinreichend erfüllen. Daher mussten die Befragten hier Auskunft über etwas geben, wozu sie nicht die nötige Erfahrung mitbringen. Interessant wäre die Beobachtung der Wichtigkeit dieses Faktors über einen längeren Zeitraum hinweg. Dass die grundsätzliche Wichtigkeit erkannt wurde, lässt vermuten, dass auch bald die entsprechenden Systeme eingeführt werden und die richtigen Praktiken Anwendung finden.

---

[199] Vgl. Ahlert/Kenning/Petermann, 2001.
[200] Vgl. dazu Teil IV, Kapitel 4.

3.5 Erfolgsfaktorenstudien in ausgewählten Teilbereichen des Dienstleistungssektors

Das Modell der „NetworkExcellence" versucht den Erfolg von Dienstleistungsnetzwerken im Allgemeinen zu überprüfen. Die kausalanalytische Untersuchung hat ergeben, dass das Gesamtmodell nicht abzulehnen ist und dass nur zwei von sieben Hypothesen über den Erfolg von Dienstleistungsnetzwerken abzulehnen sind. Ein Fokus auf bestimmte Teilbrachen des tertiären Sektors hat dabei nicht stattgefunden.

Im Folgenden seien ausgewählte Erfolgsfaktorenstudien vorgestellt. Diese beruhen auf dem vorgestellten Grundmodell, modifizieren aber z. T. recht tiefgreifend die Basishypothesen bzgl. der Erfolgsfaktoren. Im Einzelnen werden die Erfolgsfaktoren von Franchisesystemen (3.5.1) als eine besondere Form der Koordination verteilter Aktivitäten bei Dienstleistern, die Erfolgsfaktoren von Bankdienstleistern (3.5.2) sowie die Erfolgsfaktoren von New Economy-Dienstleistern (3.5.3) betrachtet.[201]

3.5.1 Erfolgsfaktoren von Franchisesystemen

3.5.1.1 Aufbau und Ablauf der Studie

Für die empirische Analyse wurde eine primärstatistische Untersuchung in Form einer schriftlichen Befragung durchgeführt. Von den 422 angeschriebenen Franchisesystemen wurden 63 Fragebögen zurückgesandt, was einer Rücklaufquote von ca. 15 % entspricht.

Der Fragebogen bestand aus acht Blöcken, die jeweils einen Erfolgsfaktor mit 10-15 Items operationalisierten. Der befragte Franchise-Zentralen hatte die Möglichkeit, die Items mit einer Fünfer-Skala zu bewerten, wobei hier entgegen der üblichen Skalierung der Wert „5" für schlecht bzw. eine sehr geringe Zustimmung steht, der Wert „1" für die höchste Zustimmung. Grund dafür war das intuitiv bessere Verständnis der Befragten, die mit „1" und „5" leicht Schulnotenwerte assoziieren.

3.5.1.2 Ergebnisse

3.5.1.2.1 Erfolgsfaktor Netzwerkmanagement

„Ein Netzwerk stellt eine auf die Realisierung von Wettbewerbsvorteilen zielende Organisationsform ökonomischer Aktivitäten dar, die sich durch komplex-reziproke, eher kooperative denn kompetitive und relativ stabile Beziehungen

---

[201] Vgl. zu den einzelnen Studien die entsprechenden Beiträge aus Ahlert/Evanschitzky/Hesse, 2002.

zwischen rechtlich selbstständigen, wirtschaftlich jedoch zumeist abhängigen Unternehmungen"[202] auszeichnet. Charakteristisches Merkmal von **Dienstleistungsnetzwerken** ist somit, dass die beteiligten Partner innerhalb der Wertschöpfungskette jeweils spezielle Teilleistungen erbringen, deren Bündelung schließlich zu einer (End-)Dienstleistung führt. Dabei versteht man unter einem horizontalen Netzwerk eine Kooperation von auf derselben Ebene des Wertschöpfungsprozesses liegenden Unternehmungen, wohingegen sich ein vertikales Netzwerk auf vor- und nachgelagerte Unternehmen entlang der Wertschöpfungskette bezieht.[203] Das Management einer Netzwerkorganisation muss Strategien und Aufgaben nicht mehr allein auf Unternehmensebene festlegen, sondern kollektive Unternehmensstrategien finden, mit denen sich alle Netzwerkpartner identifizieren können.[204]

Netzwerkmanagement ist für 61 % der Unternehmen für den Erfolg sowohl des eigenen Franchisesystems als auch für die Branche wichtig (Abbildung II-20). Wie aus der Übersicht deutlich wird, gibt es nur eine geringe Anzahl von Unternehmen, die Netzwerkmanagement weder für ihr eigenes System noch für die Branche als bedeutsam erachten.

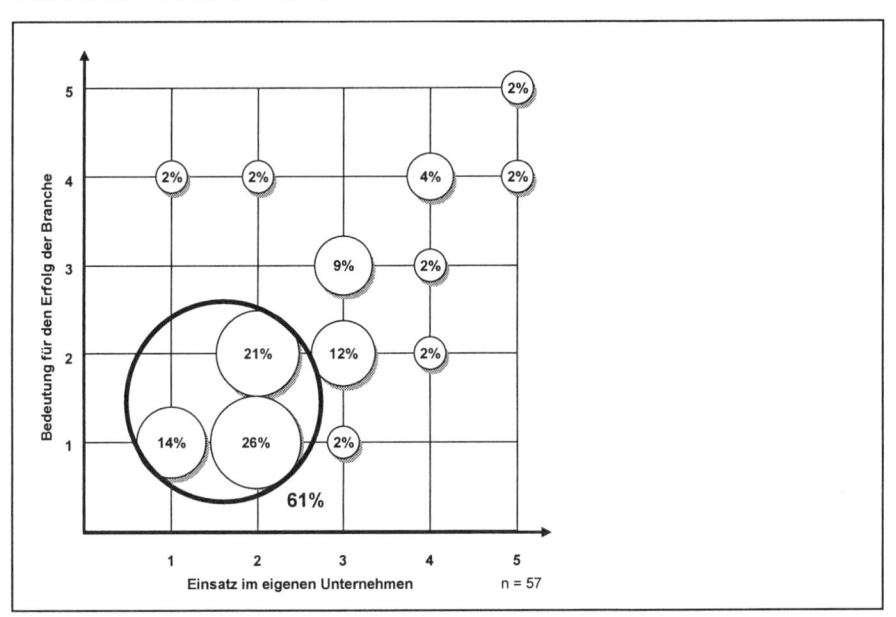

Abb. II-20: Bewertung des Konstruktes Netzwerkmanagement

Der **Erfolgsfaktor Netzwerkmanagement** wurde in einzelne Variablen zerlegt, von denen vermutet wird, dass sie Einfluss auf den Erfolg des Netzwerkmanage-

---

[202] Sydow, 1992, S. 82.
[203] Vgl. Sydow et al., 1995, S. 17.
[204] Vgl. Sydow, 1999, S. 294.

ments haben. Eine hohe Korrelation drückt einen hohen Zusammenhang zwischen der Umsetzung im Franchisesystem und den einzelnen Variablen aus.

Die Variablen „Systemkopf", „Selektionsverfahren", „Allokation", „Flexibilität", „Kooperationspartner", „Wertschöpfungsanteile", „vertragliche Vereinbarungen" und „unternehmerisches Risiko" weisen verhältnismäßig hohe Korrelationen auf. Hier kann mit einer Irrtumswahrscheinlichkeit von nahezu 0 % angenommen werden, dass ein Zusammenhang zwischen der Umsetzung einer Netzwerkstrategie und den entsprechenden Variablen besteht. Die Signifikanz bewegt sich mit dem Wert unter 0,01 auf einem hohen Niveau.

Die Variablen „Vertrauen" und „Informationsmanagement" weisen geringere Korrelationen auf. Die Nullhypothesen können hier mit einer maximalen Irrtumswahrscheinlichkeit von 5 % abgelehnt werden, d. h. die Korrelation ist auf einem Niveau von 0,05 1-seitig signifikant.

„Formalisierung" und „Spezialisierung" weisen die geringsten Korrelationen auf. Die befragten Unternehmen scheinen diesen Kriterien nur eine geringe Bedeutung für den Erfolg eines Netzwerkes beizumessen. Abbildung II-21 zeigt die Durchschnittswerte der einzelnen Variablen im Profil. Dabei ist eine hohe Bewertung aller Variablen festzustellen. Alle Ergebnisse weisen Werte von zwei oder besser auf. Zudem deuten die geringen Standardabweichungen auf ein homogenes Meinungsbild hin.

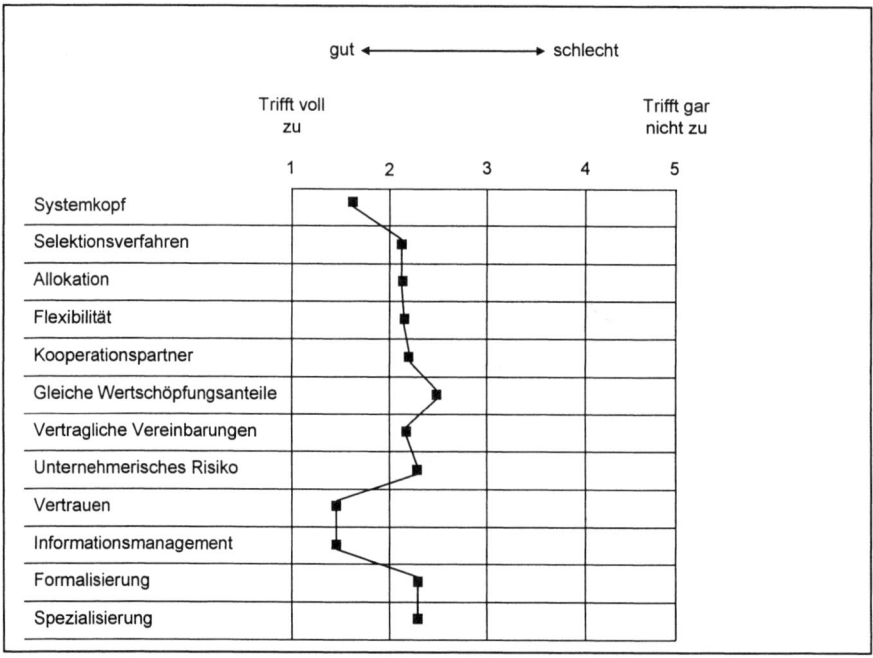

Abb. II-21: Einstellung von Franchiseunternehmen zum Netzwerkmanagement

Im Durchschnitt bewerten die Franchisesysteme die Bedeutung des Netzwerkmanagements für die Branche mit 1,95 und den Einsatz im eigenen Unternehmen mit 2,35. Als bedeutendste Faktoren für den Erfolg eines Netzwerkes werden der „Systemkopf" zur Steuerung des Netzwerkes (1,65) sowie das „Informationsmanagement" (1,55) und das „Vertrauen" zwischen den Netzwerkteilnehmern (1,59) genannt. Die Ergebnisse der Korrelationsanalyse und des Profils stimmen in den wesentlichen Punkten überein. Allein bei den „Wertschöpfungsanteilen" kommt es zu einer unterdurchschnittlichen Ausprägung und einer hohen Standardabweichung. Dies deutet darauf hin, dass es über die Verteilung der „Wertschöpfungsanteile" eine geteilte Meinung bei den befragten Systemen gibt.

3.5.1.2.2 *Erfolgsfaktor Markenmanagement*

Die klassische Markendefinition i. S. einer „Markierung"[205] erweist sich aufgrund der Besonderheit von Dienstleistungen, insbesondere der Immaterialität, als nicht ausreichend. Daher definiert Meffert eine Dienstleistungsmarke „als ein in der Psyche des Konsumenten verankertes, unverwechselbares Vorstellungsbild von einer Dienstleistung (...). Die zugrunde liegende markierte Leistung wird dabei einem möglichst großen Absatzraum über einen längeren Zeitraum in gleichartigem Auftritt und in gleichbleibender oder verbesserter Qualität angeboten".[206] Die **Dienstleistungsmarke** soll in erster Linie zur Kennzeichnung der Herkunft der Marke (Identifizierungsfunktion) und der Differenzierung von Dienstleistungen der Konkurrenz (Individualisierungsfunktion) dienen.

Dienstleistungen sind intangibel, sodass der Konsument erst während oder nach dem Kauf die Möglichkeit hat, die Qualität der Leistung zu beurteilen. Daraus resultiert ein höheres subjektives Kaufrisiko. Der Konsument strebt daher eine Risikoreduktion im Vorfeld der Kaufhandlung an. Ahlert und Kenning sprechen daher von der „Marke als Vertrauensanker".[207] Hier kann eine starke Dienstleistungsmarke dazu dienen, diesem Bedürfnis des Kunden entgegenzukommen und das subjektive Kaufrisiko abzubauen.[208]

Gleichzeitig ist der Schutz einer Dienstleistung aufgrund ihrer Nichtgreifbarkeit sehr schwierig. Daraus resultiert, dass neue Konzepte für Dienstleistungen innerhalb kurzer Zeit kopiert werden und es dem Kunden nur schwer möglich ist, die einzelnen Anbieter miteinander zu vergleichen. Auch hier nimmt die Marke eine bedeutende Rolle ein, weil sie das zentrale Instrument zur Differenzierung darstellt.[209]

Das gesamte Auftreten, von der Preispolitik bis zum Verhalten einzelner Mitarbeiter einer Unternehmung, beeinflusst das Bild und somit das innerhalb und außer-

---

[205] Vgl. Mellerowicz, 1963, S. 39.
[206] Meffert, 2000, S. 312.
[207] Ahlert/Kenning, 1999, S. 115.
[208] Vgl. Tomczak, 1998, S. 14.
[209] Vgl. Tomczak, 1998, S. 15.

halb der Unternehmung bestehende Markenimage eines Dienstleistungsnetzwerks. Um sich profilieren zu können, ist deshalb ein koordiniertes Vorgehen im Rahmen des strategischen Markenmanagements notwendig.

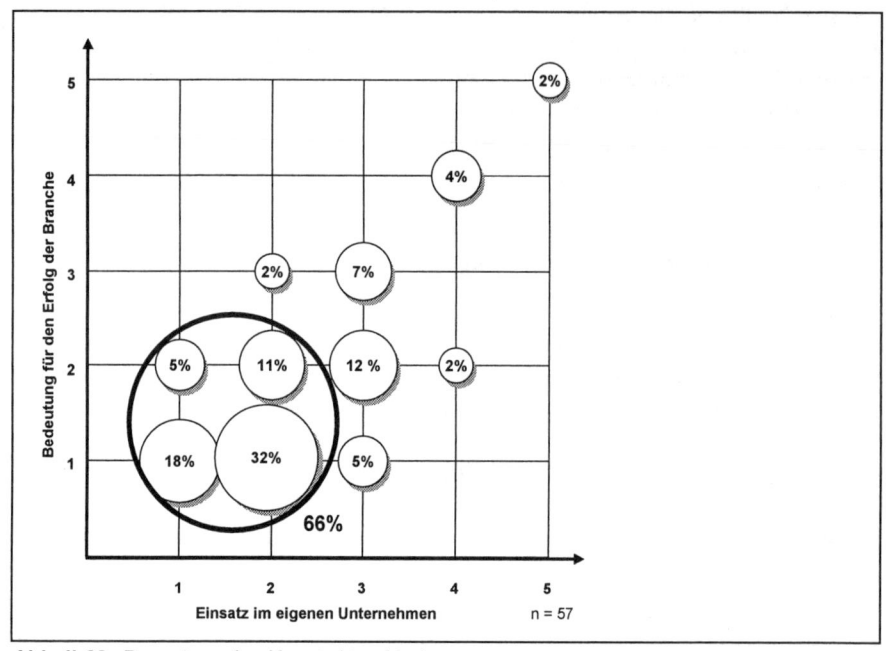

Abb. II-22: Bewertung des Konstruktes Markenmanagement

Für 66 % der befragten Unternehmen stellt Markenmanagement sowohl innerhalb der Branche als auch im eigenen Unternehmen eine hohe Erfolgsrelevanz dar. Es gibt nur eine geringe Anzahl von Unternehmen (7 %), die Markenmanagement weder für ihr eigenes Unternehmen noch für die Branche als wichtig erachten. Eine weitere Gruppe von Unternehmen sieht die hohe Bedeutung für die Branche. Allerdings ist die Bedeutung des Markenmanagements für das eigene Unternehmen noch unklar (17 %). 5 % der Befragten sind bezüglich beider Fragen noch indifferent und urteilen jeweils mit dem Wert vier, 2 % bewerten beide Items sogar mit fünf.

Die Variablen „Kundenbindung", „Positionierung" und „Qualität" weisen die höchsten Korrelationen auf, sodass mit einer Irrtumswahrscheinlichkeit von nahezu 0 % angenommen werden kann, dass ein Zusammenhang zwischen der Umsetzung einer Markenstrategie und den entsprechenden Variablen besteht. Die Signifikanz bewegt sich mit einem Wert unter 0,01 auf einem hohen Niveau.

Bei den Variablen „Markenimage", „Aufpreisbereitschaft" und „Markenbekanntheit" sind geringere Korrelationen festzustellen, wobei die Nullhypothesen mit einer Irrtumswahrscheinlichkeit von 5 % abgelehnt werden können, d. h. die Korrelation ist auf einem Niveau von 0,05 1-seitig signifikant.

„Markenvertrauen" weist eine negative Korrelation mit dem Einsatz im eigenen Unternehmen auf. Die befragten Unternehmen sehen Vertrauen demnach nicht als Notwendigkeit für den Erfolg einer Markenstrategie an. Auffällig ist in diesem Zusammenhang auch die hohe Signifikanz, sodass die Irrtumswahrscheinlichkeit, d. h. die Wahrscheinlichkeit, mit der fälschlich ein Zusammenhang unterstellt wird, mit ca. 26 % sehr hoch ist.

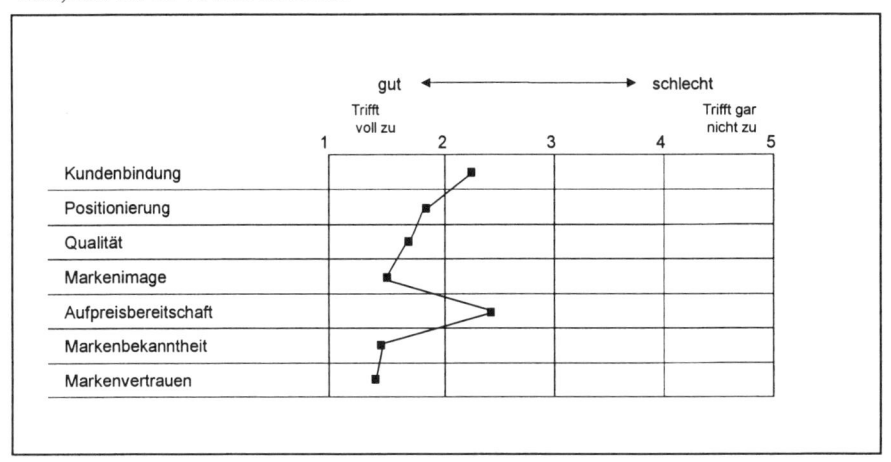

Abb. II-23: Einstellung von Franchiseunternehmen zum Markenmanagement

Im Durchschnitt bewerten die Unternehmen die Bedeutung des Markenmanagements für die Branche mit 1,72 und den Einsatz im eigenen Unternehmen mit 2,21.

Die Bedeutung der einzelnen Items weist keine auffälligen Schwankungen auf (Abbildung II-23). Der „Aufpreisbereitschaft" wird die geringste Bedeutung für den Erfolg des Markenmanagements beigemessen (2,37). Hingegen weist das „Markenvertrauen" mit 1,41 den im Durchschnitt höchsten Wert auf. Daneben sind für die befragten Unternehmen die „Markenbekanntheit" und das „Markenimage" von besonderer Bedeutung für den Erfolg einer Markenstrategie.

Der Unterschied zwischen der geringen Korrelation bei der Variablen „Markenvertrauen" und der hohen Zustimmung im Profil ist darauf zurückzuführen, dass dieses Item sowohl von Unternehmen, die dem Markenmanagement eine hohe Bedeutung zumessen als auch von denen mit einer niedrigen Einstufung dieses Konstruktes als wichtig angesehen wird.

3.5.1.2.3 Erfolgsfaktor Innovationsmanagement

Innovationen sind in ihrer Minimaldefinition als signifikante Änderungen des Status quo durch Erneuerungen, im Sinne von Verbesserungen oder absolut Neuem zu sehen. Im Dienstleistungsbereich können sich Innovationen auf die Dienstleistung selbst, den Prozess der Leistungserbringung oder die unternehmensspezifischen Potenziale beziehen. Daher kann zwischen Produkt-, Prozess- und Potenzialinnovationen unterschieden werden.[210]

Von Produktinnovationen spricht man, wenn ein Unternehmen ein Produkt (auch Dienstleistung) auf den Markt bringt, das bisher nicht im Produktionsprogramm dieses Unternehmens enthalten war.[211] Dies umfasst zur Erhöhung des Kundennutzens sowohl die Erstellung neuer als auch die Verbesserung bestehender Leistungen.

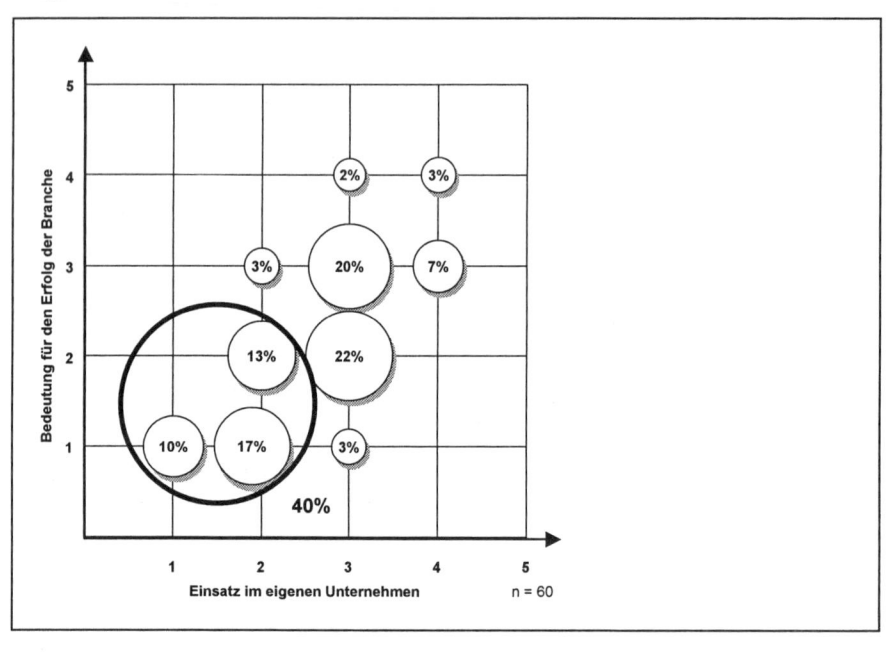

Abb. II-24: Bewertung des Konstruktes Innovationsmanagement

Bei Prozessinnovationen geht es um die Optimierung von Geschäftsprozessen insbesondere durch den Einsatz neuer Informations- und Kommunikationstechnologien. Potenzialinnovationen sind bewusst herbeigeführte Änderungen im Personalbereich oder Sozialsystem einer Organisation. Diese führen zu einer Verbesserung der Rahmenbedingungen in den Unternehmen. Die zentrale Aufgabe des Innovationsmanagements ist darin zu sehen, die personellen oder organisatorischen Bedingungen zu verbessern und die Umsetzung kreativer Leistungen in Innovationen zu fördern.

Das **Innovationsmanagement** selbst ist „die gezielte Planung, Umsetzung und Kontrolle (Steuerung) des Innovationsprozesses, der Geschäftsideen zum Markter-

---

[210] Vgl. Luczak, 1997, S. 516.
[211] Vgl. Kieser, 1974, S. 1733.

folg führt".[212] Beim Innovationsmanagement geht es um die integrierte Optimierung der Produktlösung (Ziel) und der organisatorischen Umsetzung (Lösungsweg/Prozess). Produktinnovationen bedingen in der Regel technische und administrative Prozessinnovationen und umgekehrt.[213]

Innovationsmanagement ist lediglich für 40 % der befragten Fanchisesysteme für den Erfolg sowohl innerhalb des eigenen Netzwerks als auch in der Branche wichtig (Abbildung II-24). Gleichzeitig gibt es nur eine geringe Anzahl von Unternehmen (3 %), die Innovationsmanagement weder für ihr eigenes Unternehmen noch für die Branche als wichtig erachten. Eine weitere Gruppe von Unternehmen sieht die hohe Bedeutung für die Branche, allerdings ist die Bedeutung des Innovationsmanagements für das eigene Unternehmen noch nicht abzuschätzen (25 %). 20 % der Befragten sind bezüglich beider Fragen unschlüssig. 7 % haben sich in Bezug auf die Bedeutung für die Branche noch nicht festgelegt, während sie den Einfluss auf den Erfolg des eigenen Unternehmens als gering einstufen.

Aus dieser Analyse wird bereits deutlich, dass die Bedeutung des Innovationsmanagements für viele Unternehmen noch nicht genau abzuschätzen ist. Zusammen ergeben die Unternehmen, die den Erfolg für die Branche sehen, aber bezüglich ihrer Unternehmensstrategie noch unschlüssig sind und die Unternehmen, die sich in Bezug auf beide Aspekte noch nicht festgelegt haben, einen Anteil von 45 %.

Die Variablen „Dauer", „Entwicklungsstufen", „Kunden", „Kernkompetenz" und „Erfolgsmessung" weisen die höchsten Korrelationen auf, sodass mit einer Irrtumswahrscheinlichkeit von nahezu 0 % angenommen werden kann, dass ein Zusammenhang zwischen der Umsetzung einer Innovationsstrategie und den entsprechenden Variablen besteht. Die Signifikanz bewegt sich mit dem Wert unter 0,01 auf einem hohen Niveau.

Bei den Variablen „Anreizsysteme" und „Ideengenerierung" sind geringere Korrelationen festzustellen, wobei auch hier die Nullhypothesen mit einer Irrtumswahrscheinlichkeit von lediglich 5 % abgelehnt werden können, d. h. die Korrelation ist auf einem Niveau von 0,05 1-seitig signifikant.

Die Existenz eines „Think Tank" sowie ein „formalisierter Innovationsprozess" weisen eine deutlich geringere Korrelation und ein höheres Signifikanzniveau auf, sodass bei diesen Variablen eine höhere Irrtumswahrscheinlichkeit gegeben ist.

Im Durchschnitt bewerten die Unternehmen die Bedeutung des Innovationsmanagements für die Branche mit 2,10 und den Einsatz im eigenen Unternehmen mit 2,57.

Als bedeutsame Items für das Innovationsmanagement werden die „Dauer" der Innovation bis zur Markteinführung (2,40) und die „Einbeziehung der Kunden"

---

[212] Tintelnot et al., 1999, S. 2.
[213] Vgl. Hauschild, 1997, S. 11.

(2,70) genannt. Alle anderen Items scheinen nur eine untergeordnete Rolle zu spielen, da sie Werte größer als drei aufweisen.

	gut ← → schlecht				
	Trifft voll zu				Trifft gar nicht zu
	1	2	3	4	5
Dauer			■		
Entwicklungsstufen			■		
Kunden			■		
Kernkompetenzen				■	
Erfolgsmessung			■		
Anreizsysteme			■		
Ideengenerierung			■		
Think Tank			■		
Formalisierter Innovationsprozess				■	

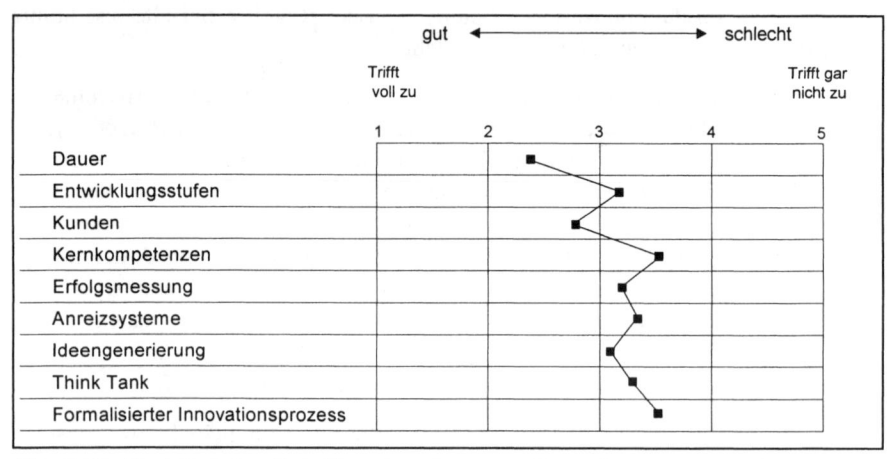

Abb. II-25: Einstellung von Franchiseunternehmen zum Innovationsmanagement

Die geringste Bedeutung wird einem „formalisierten Innovationsprozess" beigemessen, der im Durchschnitt mit 3,56 beurteilt wurde sowie der Beschränkung von Innovationen auf den eigenen Geschäftsbereich („Kernkompetenz") (3,59). Dies zeigt, dass offensichtlich kreative Freiräume für ein erfolgreiches Innovationsmanagement wichtig sind. Die Einschätzung stimmt auch mit den Ergebnissen der Korrelationsanalyse überein.

3.5.1.2.4 Erfolgsfaktor Mass Customization

Der Begriff Mass Customization kann im Deutschen mit den Worten **individuelle Massenproduktion** übersetzt werden. Er setzt sich aus den gegensätzlichen Begriffen Mass Production und Customization zusammen.[214]

Mass Customization ist die Produktion von Gütern und Leistungen für einen großen Absatzmarkt, wobei die Produktion die unterschiedlichen Bedürfnisse jedes einzelnen Nachfragers treffen und dabei zu Kosten einer massenhaften Fertigung vergleichbarer Standardgüter realisierbar sein muss.[215]

Mass Customization kann jedoch deutlich von Variantenfertigung abgegrenzt werden. Sie legt den Fokus auf die Individualisierung von Gütern, d. h. eine Produktion von Gütern, die speziell auf die individuellen Wünsche der Konsumenten abgestimmt ist.[216] Variantenfertigung hingegen bietet den Kunden lediglich eine

---

[214] Vgl. Piller, 2000, S. 201.
[215] Vgl. Piller, 1998, S. 65.
[216] Vgl. Westbrook/Williamson, 1993, S. 40.

Wahlmöglichkeit zwischen verschiedenen sich ähnelnden Produkten, die ungefähr den Konsumentenwünschen entsprechen.[217]

Die effiziente Nutzung der im Zuge des Individualisierungsprozesses erhobenen Kundeninformationen bietet einen entscheidenden Wettbewerbsvorteil. Sie ermöglichen den Aufbau einer dauerhaften, individuellen Beziehung zu jedem einzelnen Kunden.[218] So kann durch den Aufbau von Anbieterwechselkosten, so genannten Switching Costs, eine Kundenbindung erzeugt werden.

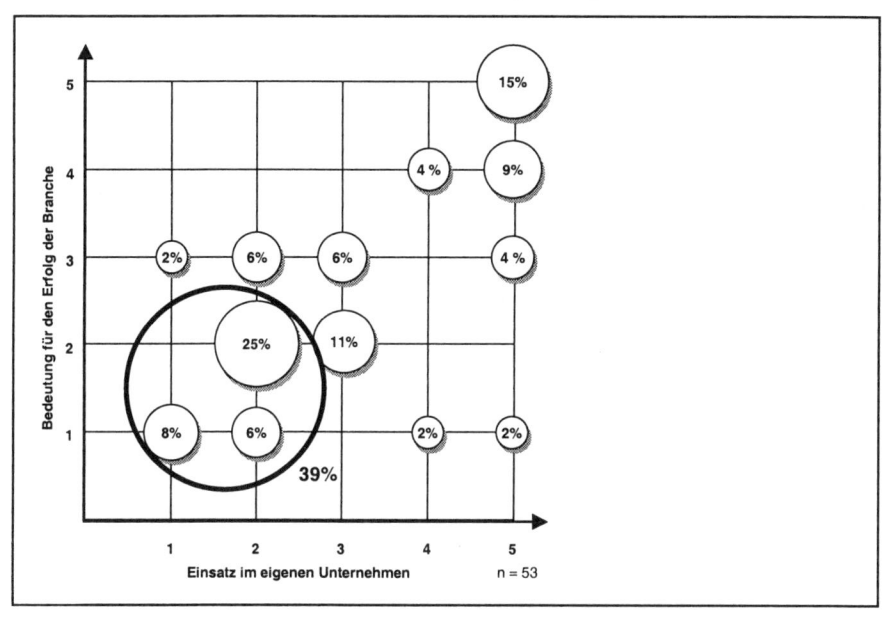

Abb. II-26: Bewertung des Konstruktes Mass Customization

Die Untersuchungsergebnisse zum Erfolgsfaktor Mass Customization sind in Abbildung II-26 dargestellt. Auffällig ist, dass sich bei den befragten Unternehmen nahezu zwei gleich große Gruppen bilden lassen, die sich in ihren Beurteilungen extrem voneinander unterscheiden. Eine mögliche Ursache mag in der mangelnden Verbreitung des Begriffes Mass Customization liegen. Trotz einer vorangestellten Definition liegt die Vermutung nahe, dass einige der Befragten den Begriff nicht kannten und ihn für ein weiteres Management Buzz Word gehalten haben. Gerade in der Dienstleistungsbranche werden seit langem individualisierte Leistungen, basierend auf vorgefertigten Produkten, angeboten. Diese Art der Leistungserstellung wurde jedoch nicht mit dem Begriff Mass Customization gleichgesetzt. Das hat vermutlich dazu geführt, dass die Unternehmen die Fragen zur Mass Customization übersprungen oder mit einer negativen Einstellung beantwortet haben.

---

[217] Vgl. Pine, 1998, S. 3; vgl. Piller, 1998, S. 67.
[218] Vgl. Piller, 1998, S. 65.

Nur knapp 40 % der befragten Franchiseunternehmen sind der Auffassung, dass Mass Customization eine entscheidende Bedeutung für den Erfolg in der eigenen Branche mit sich bringt. Entsprechend haben sie ihre eigene Strategie umgestellt und Mass Customization implementiert.

Ein erheblicher Anteil in Höhe von 28 % ist der Ansicht, dass Mass Customization keine große Bedeutung für die Branche beigemessen werden kann. Konsequenterweise wird hier keine entsprechende Strategie verfolgt. 6 % der befragten Unternehmen sind bezüglich der Branchenbedeutung und der Unternehmensumsetzung unschlüssig. 15 % sind der Auffassung, dass eine Mass Customization-Strategie wichtig für den Erfolg in ihrer Branche ist. Allerdings sind sie nicht in der Lage, eine entsprechende Strategie im eigenen Unternehmen umzusetzen. Hier ist akuter Handlungsbedarf gegeben. Branchenanalysen oder Beratungsdienstleistungen ermöglichen eine Lösung des Problems. Weitere 8 % schätzen die Bedeutung von Mass Customization für die Branche als mittelmäßig ein, haben aber selber bereits eine eigene Strategie umgesetzt. Vermutlich sind sie vom Erfolg der Mass Customization überzeugt und erhoffen sich einen Wettbewerbsvorteil durch eine möglichst frühe Implementierung.

Die Variable „One-to-One-Marketing" fragt die Bedeutung der individuellen Kundenansprache bei einer Mass Customization-Strategie ab. Fraglich ist dabei, in welcher Fertigungsstufe das Wissen über die Kundenpräferenzen genutzt werden soll. Die Variable „Forschung und Entwicklung" fragt, ob die Unternehmen ihr Kundenwissen bereits in die Konzeption von neuen Produkten einfließen lassen. Die Variablen „Hard Customization" und „Soft Customization" sind gemeinsam zu betrachten. Bei Hard Customization erfolgt die Individualisierung der Leistung im eigenen Unternehmen, wohingegen bei Soft Customization die Individualisierung in einer vor- bzw. nachgelagerten Wertschöpfungsstufe stattfindet. Die Variable „Standardisierung" fragt nach der Standardisierung von Leistungskomponenten, die keinen wesentlichen Einfluss auf den individuellen Kundennutzen haben. Zuletzt sollen die drei Variablen „Preis", „Qualität" und „Zeit" Aufschluss über eine Vergleichbarkeit mit entsprechenden in Masse produzierten Standardprodukten geben.

Die höchste Korrelation weist die Variable „Forschung und Entwicklung" auf. Mit einer Irrtumswahrscheinlichkeit von nahezu 0 % kann hier ein Zusammenhang mit der Strategieumsetzung im Unternehmen angenommen werden. Die Variablen „One-to-One-Marketing", „Hard Customization", „Preis" und „Zeit" weisen zwar eine geringere Korrelation auf, dennoch kann immer noch mit einer Irrtumswahrscheinlichkeit von nahezu 0 % ein Zusammenhang nachgewiesen werden. Die Korrelationen bewegen sich auf einem Niveau von 0,01 und sind damit 1-seitig signifikant.

Kritischer bezüglich ihres Aussagewertes müssen die Variablen „Soft Customization", „Qualität" und „Standardisierung" beurteilt werden. Die ersten beiden Variablen weisen bereits eine verhältnismäßig hohe Irrtumswahrscheinlichkeit von knapp unter 10 % auf. Die Korrelationen mit jeweils über 30 % können aber noch als mittelmäßig eingestuft werden. Die Variable „Standardisierung" weist allerdings mit einer Korrelation von lediglich ca. 15 % sowie einem Signifikanzniveau von 0,136 eine deutlich geringere Validität auf. Auf diese Variablen wird bei der Mittelwertanalyse noch einmal detaillierter eingegangen.

Die Betrachtung der Durchschnitts- bzw. Mittelwerte weist eine verhältnismäßig hohe Standardabweichung bei allen ermittelten Variablen auf. Der Grund hierfür liegt in den zwei sehr unterschiedlichen Gruppen, die zuvor bereits ermittelt wurden.

Die Abbildung II-27 gibt die Mittelwerte der einzelnen Variablen in Form eines Gesamtprofils für den Erfolgsfaktor Mass Customization wieder. Die Unternehmen bewerten die Bedeutung von Mass Customization für die Branche mit 2,70 und den Einsatz im eigenen Unternehmen mit 3,08. Die durchschnittliche Bewertung der einzelnen Variablen liegt mit Werten zwischen zwei und drei im oberen Mittelfeld.

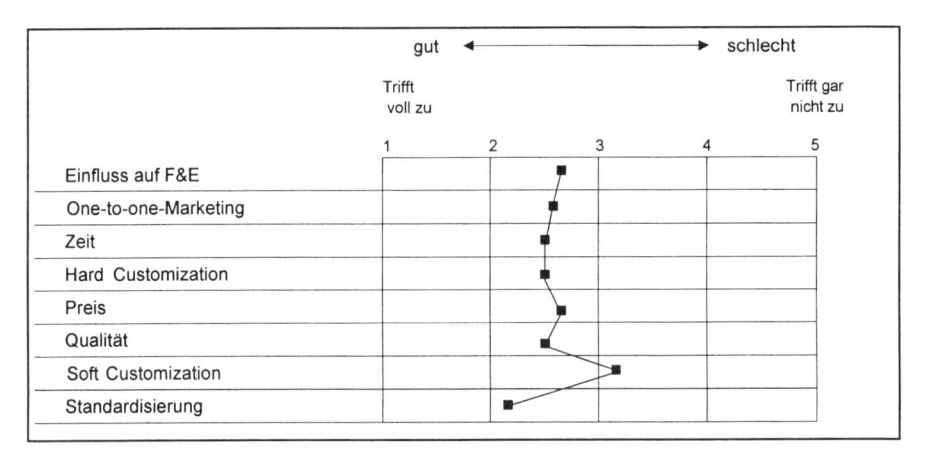

Abb. II-27: Einstellung von Franchiseunternehmen zur Mass Customization

Als ein positiver Ausreißer kann die Variable „Standardisierung" ermittelt werden. Erstaunlicherweise ist diese Variable bereits bei der Korrelationsanalyse negativ aufgefallen, was anhand des Profils erklärt werden kann. Das überdurchschnittlich gute Abschneiden dieser Variablen lässt sich darauf zurückführen, dass eine Vielzahl von Ablehnern der Mass Customization-Strategie diesen Punkt als wichtig erachtet haben. Die allgemein positive Beurteilung zum Punkt „Standardisierung" führt dazu, dass diese Variable nicht mit der Umsetzung der Mass Customization-Strategie korreliert. Die durchgängig gute Bewertung lässt Rückschlüsse auf die Wichtigkeit dieser Variablen zu. Mass Customization ist nur dann erfolgreich, wenn die Dienstleistungskomponenten, die keinen wesentlichen Einfluss auf den individuellen Kundennutzen haben, standardisiert sind. Sollte dieser Punkt nicht berücksichtigt werden, widerfährt der Leistungserstellung ein übermäßiger Komplexitätsanstieg. Dabei könnten die Erfolgskriterien „Zeit" und „Preis" nicht mehr eingehalten werden, sodass eine Vergleichbarkeit zu in Masse produzierten Standardprodukten nicht mehr gewährleistet werden kann. Die Mass Customization-Strategie wird dann zunehmend zu einer Customization-Strategie.

Die Variable „Soft Customization" bildet den zweiten Ausreißer. Sie ist allerdings durch eine unterdurchschnittlich schlechte Bewertung gekennzeichnet. Die befragten Unternehmen scheinen der Auffassung zu sein, wenn dem Kunden eine Leistungsindividualisierung angeboten werden soll, dass diese im eigenen Unternehmen durchgeführt werden sollte. Der intensivierte Kundenkontakt und die aufwändig ermittelten Kundendaten sollen selber genutzt werden, um in diesem Bereich Kernkompetenzen aufzubauen. Nur so kann sich ein Unternehmen von der Konkurrenz nachhaltig abgrenzen und komparative Konkurrenzvorteile aufbauen.

Der Punkt „Preis" einer individualisierten Leistung schneidet entgegen der Erwartung nicht besonders positiv ab. Die befragten Dienstleister schätzen die Preissensibilität ihrer Kunden als verhältnismäßig gering ein. Sie gehen davon aus, dass die Kunden bereit sind, für die Leistungsindividualisierung einen Preis zu bezahlen, der leicht oberhalb des Marktpreises für vergleichbare Standardprodukte liegt. Sie sehen ihren Wettbewerbsvorteil klar in der Individualisierung.

3.5.1.2.5 *Erfolgsfaktor Internationalisierung*

Unter dem Begriff der Internationalisierung wird eine **länderübergreifende Ausdehnung des unternehmerischen Aktionsfeldes** verstanden.[219] Sämtliche betriebliche Funktionsbereiche, wie Beschaffung, Produktion, Absatz, Finanzierung und Personalbeschaffung, können in diesem Zusammenhang betroffen sein.

Die Autoren Krystek und Zur gehen noch einen Schritt weiter und setzen Internationalisierung mit bedeutsamer, für das Unternehmen nachhaltiger Auslandstätigkeit gleich. Sie kann von einem hohen Exportanteil am Umsatz bis hin zu einem weltumspannenden Netz von Direktinvestitionen mit eigenen Tochtergesellschaften, eigenen Produktionsstätten oder Allianzpartnern in unterschiedlichen Regionen der Welt reichen.[220]

Analog zur Bewertung des Erfolgsfaktors Mass Customization kann auch hier festgehalten werden, dass beim Erfolgsfaktor Internationalisierung eine Zweiteilung in Befürworter und Ablehner auftritt. Lediglich 41 % der befragten Dienstleister vertreten in Zeiten von weltweiten Handelsunionen und Globalisierung der Märkte die Auffassung, dass der Internationalisierung eine entscheidende Bedeutung innerhalb der Branche zukommt. Konsequenterweise verfolgen sie aus diesem Grund eine eigene Internationalisierungsstrategie.

Ein mit 34 % ähnlich großer Anteil hält eine Internationalisierung in der Branche für nicht bedeutend und verfolgt folgerichtig auch keine Internationalisierungsstra-

---

[219] Vgl. Zentes/Swoboda, 1997, S. 149.
[220] Vgl. Krystek/Zur, 1997, S. 5.

tegie. Dieser Prozentsatz erscheint auf den ersten Blick erstaunlich hoch. Allerdings muss an dieser Stelle darauf hingewiesen werden, dass sich unter den befragten Dienstleistungsnetzwerken auch eine Vielzahl kleiner und mittelständischer Anbieter befindet. Diese Netzwerke besitzen vermutlich nicht die Ressourcen, eine Ausdehnung über die eigenen Landesgrenzen hinaus zu verfolgen. Für große Systeme ist die Internationalisierung eine wirtschaftlich interessante und wettbewerbsorientiert eine notwendige Strategie. Der starke Wettbewerb, ausgelöst durch die Liberalisierung des Welthandels, lässt eine Präsenz im Ausland schnell zu einem Erfolgsfaktor werden.

Merkwürdig ist jedoch, dass 13 % der befragten Unternehmen im Ausland vertreten sind, obwohl sie eine Internationalisierung in ihrer Branche als nicht bedeutend für den Erfolg ansehen. Mögliche Probleme bei einer Präsenz im Ausland können zu der Einsicht geführt haben, dass eine Internationalisierungsstrategie für Unternehmen der eigenen Branche als nicht empfehlenswert anzusehen ist.

Zusammenfassend kann festgestellt werden, dass ca. 45 % der befragten Dienstleister der Auffassung sind, dass eine Internationalisierung keinen entscheidenden Einfluss auf den Erfolg in der Branche ausübt. Mit lediglich 54 % verfolgt nur jedes zweite Unternehmen überhaupt eine Internationalisierungsstrategie.

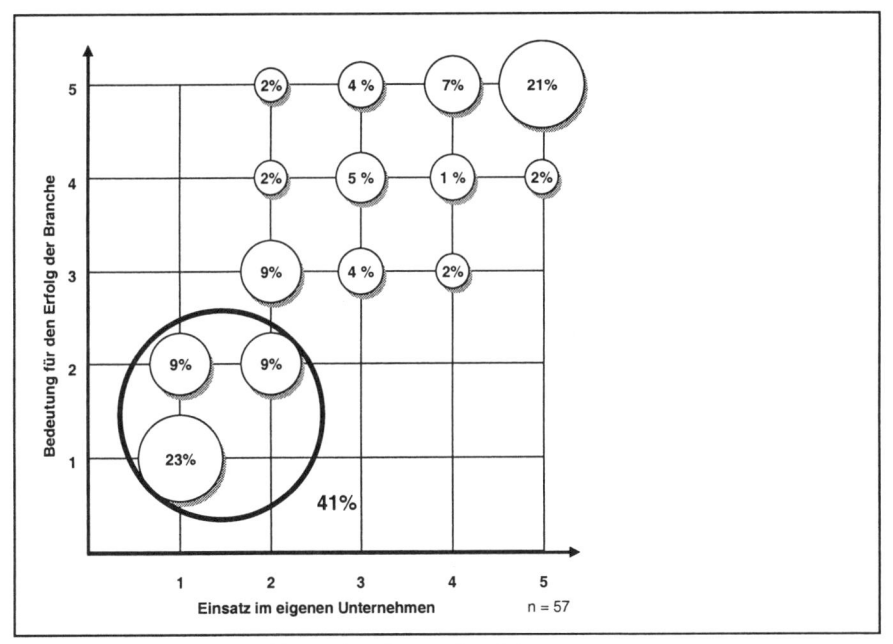

Abb. II-28: Bewertung des Konstruktes Internationalisierung

Die Korrelationen zwischen der Internationalisierungsstrategie und den ausgewählten Variablen bewegen sich auf einem sehr hohen Niveau. Bei allen Variablen sind die Korrelationen mit einem Niveau von 0,01 1-seitig signifikant. Deutlich wird auch, dass die meisten Unternehmen unter einer Internationalisierungsstrategie immer noch primär den Leistungsabsatz verstehen.

Abbildung II-29 zeigt die Mittelwerte der einzelnen Variablen im Profil. Im Durchschnitt bewerten die Unternehmen die Bedeutung von Internationalisierung für die Branche mit 3,16 und den Einsatz im eigenen Unternehmen mit 2,76. Die Ergebnisse bewegen sich mit Werten zwischen drei und vier lediglich auf einem unterdurchschnittlichen Niveau. Zusätzlich sind die ermittelten Standardabweichungen verhältnismäßig hoch, was sich durch die beiden stark auseinander liegenden Gruppen von Befürwortern und Ablehnern erklären lässt.

	gut ←——————→ schlecht				
	Trifft voll zu				Trifft gar nicht zu
	1	2	3	4	5
Leistungsabsatz			■		
Wettbewerbsfähigkeit			■		
P&E Know-how			■		
Mitarbeiterbezug			■		
Direktinvestition			■		
Leistungsbezug			■		
Kapitalbezug				■	
Lizenzvergabe			■		
Kooperationspartner			■		

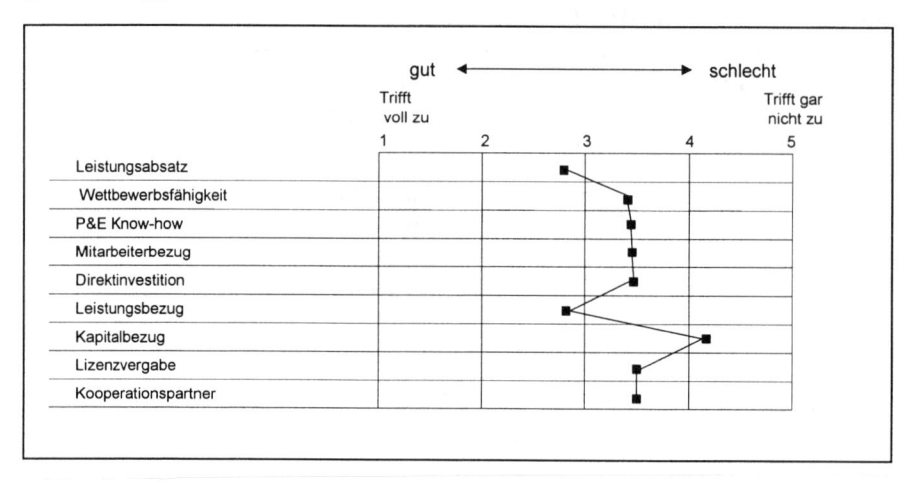

Abb. II-29: Einstellung von Franchiseunternehmen zur Internationalisierung

Erstaunlich schlechte Werte erzielte die Variable „Kapitalbezug". Für viele der befragten Dienstleistungsunternehmen ist eine Beschaffung von Kapital an internationalen Finanzmärkten nicht von Interesse, da eine gewisse Unternehmensgröße abverlangt wird. Zur Erlangung der Kreditwürdigkeit müssen die Unternehmen eine hohe Bekanntheit und positive Reputation aufweisen können. Zusätzlich müssen häufig auch Jahresabschlüsse nach internationalen Rechnungslegungsvorschriften aufgestellt werden. Eine Vielzahl der hier befragten Unternehmen kann diese Bedingungen nicht erfüllen, sodass die internationale Kapitalbeschaffung teilweise unmöglich erscheint.

Die überdurchschnittliche Bewertung der Variablen „Leistungsabsatz" und „Leistungsbezug" deutet auch an dieser Stelle erneut auf ein materialorientiertes Internationalisierungsverständnis hin. Die anderen betriebswirtschaftlichen Aufgabenbereiche, wie beispielsweise die Nutzung von Forschungs- und Entwicklungs-Know-how, finden ein spürbar geringeres Interesse.

Bei Lizenzverträgen mit neuen ausländischen Franchisenehmern, Direktinvestitionen durch die Systemzentrale oder auch Kooperationen mit anderen ausländischen Franchisesystemen lassen die befragten Unternehmen keinerlei Präferenzen bezüglich ihrer Expansionsstrategien im Ausland erkennen. Die abgefragten Variablen weisen sehr homogene Werte auf.

3.5.1.2.6 Erfolgsfaktor Humankapital

Wissenskapital kann in die zwei Komponenten strukturelles und humanes Kapital unterteilt werden. Die strukturelle Komponente beschreibt organisatorisch verankertes Wissen, wohingegen die humane Komponente an Personen gebundenes Kapital darstellt.

Somit können unter dem Begriff Humankapital die Fähigkeiten und das produktive Wissen, welches dem Unternehmen durch die Mitarbeiter zur Verfügung gestellt wird, verstanden werden.[221] **Fähigkeiten** beschreiben die physischen und intellektuellen Möglichkeiten von Menschen. So sind zum Ausführen von handwerklichen Tätigkeiten physische und zum Ausführen von geistigen Tätigkeiten intellektuelle Fähigkeiten unerlässlich. **Kenntnisse** sind Informationen bzw. Wissen über bestimmte Sachverhalte, wie z. B. über Produktionstechniken und -maschinen. Eine Kombination der Fähigkeiten und Kenntnisse ergibt die **Fertigkeiten**. Sie werden von den Mitarbeitern über die Zeit durch Routine und Erfahrung gewonnen.[222]

Bei der näheren Betrachtung des Erfolgsfaktors Humankapital soll auf die Komponente Fähigkeiten verzichtet werden. Fähigkeiten lassen sich nur sehr schwer verallgemeinern, da sie stark von dem Individuum und der zu bewältigenden Aufgabe abhängen. Eine Optimierung der Fähigkeiten kann nur durch eine sorgfältige Einstellungspolitik erzielt werden.

Zur weiteren Operationalisierung von Humankapital wurde vielmehr darauf geachtet, dass entsprechende Variablen zum Informationsfluss bzw. zur Wissensanreicherung abgefragt wurden. Beispielvariablen könnten der Know-how-Austausch oder eine schlanke Organisationsstruktur sein. Des Weiteren wurde versucht, Variablen zu hinterfragen, die Rückschlüsse auf die Nutzung der Mitarbeiterfähigkeiten zulassen. Hier könnten beispielhaft Fragen zu Anreizsystemen oder zur Erhöhung der Aufgabenidentifikation genannt werden.

Ein Überblick über die Ergebnisse der Befragung zum Erfolgsfaktor Humankapital ist in Abbildung II-30 gegeben. Die Beurteilung der „Bedeutung innerhalb der Branche" fällt einheitlich sehr positiv aus. Alle befragten Unternehmen schätzen die Nutzung von Humankapital als hochbedeutend ein.

Ein großer Anteil in Höhe von 68 % der befragten Netzwerke hat auf die Wichtigkeit reagiert und bereits eine eigene Humankapitalstrategie realisiert.

Lediglich 6 % nutzen die Möglichkeiten, die sich durch Humankapital ergeben, noch nicht. Trotzdem messen sie ihr ein hohes Potenzial bei. Gründe für dieses auf

---

[221] Vgl. Rosen, 1987, S. 671.
[222] Vgl. Alewell, 1993, S. 87; Neus, 1998, S. 195.

den ersten Blick unlogisch erscheinende Verhalten könnten in einer mangelnden Umsetzungskompetenz und/oder einer mangelnden Ressourcenausstattung liegen, z. B. an Personal oder finanziellen Mitteln.

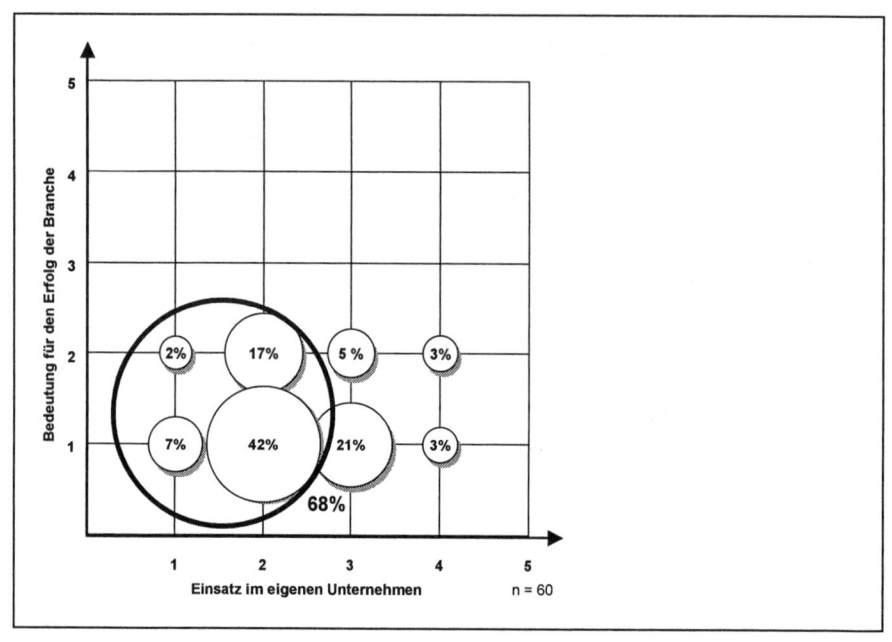

Abb. II-30: Bewertung des Konstruktes Humankapital

Ein großer Anteil von annähernd einem Viertel gibt sich nicht wertend zum Stand ihrer eigenen Humankapitalstrategie.

Die Variablen „Zufriedenheit", „Know-how-Austausch", „Aufgabenidentifikation", „Innovationsbereitschaft", „Kommunikation" und „Harmonie zwischen den Mitarbeitern" weisen verhältnismäßig hohe Korrelationen auf. Hier kann mit einer Irrtumswahrscheinlichkeit von nahezu 0 % angenommen werden, dass ein Zusammenhang zwischen der Umsetzung einer Humankapitalstrategie und den entsprechenden Variablen besteht. Die Signifikanz bewegt sich mit dem Wert 0,01 auf einem hohen Niveau.

Die anderen Variablen, mit Ausnahme der „Lernbereitschaft", weisen bereits geringere Korrelationen auf. Allerdings können auch hier die Nullhypothesen mit einer Irrtumswahrscheinlichkeit von lediglich 5 % abgelehnt werden, d. h. die Korrelation ist auf einem Niveau von 0,05 1-seitig signifikant.

Den schlechtesten Korrelationswert mit 0,189 erzielte die „Lernbereitschaft". Die befragten Unternehmen sehen keinen großen Zusammenhang zwischen einer Humankapitalstrategie und der Lernbereitschaft der Mitarbeiter. Vermutlich entzieht sich die Erhöhung der Mitarbeiterlernbereitschaft der Kompetenz der Unternehmen. Jeder Mitarbeiter muss eine Grundbereitschaft zum permanenten Lernen von sich aus mit in das Unternehmen bringen. Unternehmen können nur die Voraussetzungen für das Lernen ihrer Mitarbeiter verbessern.

Abbildung II-31 zeigt Durchschnittswerte über die einzelnen Variablen im Profil. Im Durchschnitt bewerten die Unternehmen die Bedeutung des Humankapitals für die Branche mit 1,27 und den Einsatz im eigenen Unternehmen mit 2,32. Die Bewertung der Variablen bewegt sich auf einem verhältnismäßig hohen Niveau. Die Durchschnittswerte liegen bis auf wenige Ausnahmen im sehr guten Zweierbereich. Zudem lassen entsprechend geringe Standardabweichungen auf ein homogenes Ergebnis schließen.

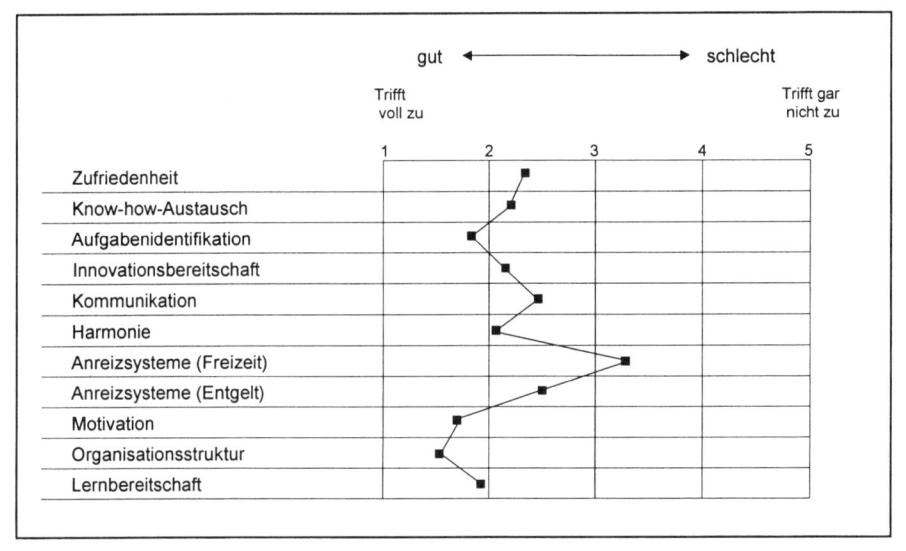

Abb. II-31: Einstellung von Franchiseunternehmen zum Humankapital

Als einzige wesentliche Abweichung lässt sich „Freizeit" als Engagementanreiz feststellen. Der erzielte Mittelwert von 3,23 liegt deutlich unter dem Durchschnitt. Weiterhin muss erwähnt werden, dass sich die Standardabweichungen bei den beiden Anreizvariablen und bei der Variablen „Kommunikation" teilweise deutlich oberhalb des Durchschnitts befinden. Die hohen Werte von über 1,0 lassen keine einheitlichen Rückschlüsse zu. Die befragten Unternehmen scheinen in ihren Meinungen verhältnismäßig stark voneinander abzuweichen.

Die heterogenen Meinungen der Befragten lassen sich vermutlich auf die kontroversen Diskussionen zum Thema Anreize für Mitarbeiter zurückführen. Zur Schaffung von Anreizen muss auf jeden Mitarbeiter individuell eingegangen werden. Eine allgemeine Entscheidung, ob Freizeit oder finanzielle Mittel stärkere Anreize schaffen, lässt sich nicht treffen. Auch die Komponente „Kommunikation unter Mitarbeitern" wird unter den Arbeitgebern immer noch uneinheitlich gesehen. So sind einige Arbeitgeber der Auffassung, die Produktivität sei mithilfe von Kommunikationszonen, wie z. B. gemeinsamen Aufenthaltsräumen, zu steigern. Bei konservativen Arbeitgebern werden solche Maßnahmen jedoch immer noch skeptisch gesehen. Sie sind der Auffassung, dass die Mitarbeiter, während sie miteinander kommunizieren, nicht produktiv für das Unternehmen arbeiten.

3.5.1.2.7 Erfolgsfaktor Dienstleistungsqualität

Unter dem Begriff Dienstleistungsqualität ist die Fähigkeit eines Anbieters zu verstehen, eine Leistung auf einem bestimmten Anforderungsniveau zu erstellen, die den Kundenerwartungen entspricht. Dabei ist die Leistung intangibel und bedarf der Kundenbeteiligung.[223] Diese Definition enthält den **produktorientierten** Qualitätsbegriff, wonach die Beschaffenheit einer Leistung auf einem hohen oder niedrigen Niveau erbracht werden kann und zum anderen den **kundenorientierten** Qualitätsbegriff, da die Anforderungen vom Kunden festgelegt werden.

„Die Dienstleistungsqualität bestimmt sich aus der Summe der Eigenschaften bzw. Merkmale von Dienstleistungen, um bestimmten Anforderungen gerecht zu werden".[224] Anforderungen werden von dreierlei Seiten an die Dienstleistungsqualität gestellt. Auf der Kundenseite stehen Erwartungen der aktuellen und potenziellen Kunden. Aus Wettbewerbssicht stellt sich die Frage, wie sich ein Unternehmen bezüglich seiner Qualitätsstrategie profiliert. Dabei kann die Dienstleistungsqualität zum strategischen Wettbewerbsvorteil werden. Schließlich ist die Dienstleistungsqualität aus Unternehmenssicht zu beurteilen, die sich in der Fähigkeit ausdrückt, auf welchem Niveau ein Unternehmen in der Lage ist, eine Dienstleistung zu erbringen. Allerdings ist es immer der Kunde, der die Anforderungen an eine Dienstleistung bestimmt und der daher auch im Mittelpunkt der Betrachtung steht.

Für die überwiegende Mehrheit stellt die Dienstleistungsqualität mit 83 % einen Erfolgsfaktor sowohl innerhalb der Branche als auch im eigenen Unternehmen dar. Es gibt lediglich eine geringe Anzahl von Unternehmen (2 %), die Dienstleistungsqualität weder für ihr eigenes Unternehmen noch für die Branche als wichtig erachten. Eine weitere Gruppe von Unternehmen sieht die hohe Bedeutung für die Branche, allerdings ist die Bedeutung der Dienstleistungsqualität für das eigene Unternehmen noch indifferent (12 %).

Die Variablen „Termintreue", „Informationen", „Kundenkontaktpersonal", „Preis-Leistungsverhältnis" und „Erwartungen" weisen die höchsten Korrelationen auf, sodass mit einer Irrtumswahrscheinlichkeit von nahezu 0 % angenommen werden kann, dass ein Zusammenhang zwischen der Umsetzung einer Qualitätsstrategie und den entsprechenden Variablen besteht. Die Signifikanz bewegt sich mit einem Wert unter 0,01 auf einem hohen Niveau.

---

[223] Vgl. Bruhn, 1997, S. 27.
[224] Bruhn, 2000, S. 30.

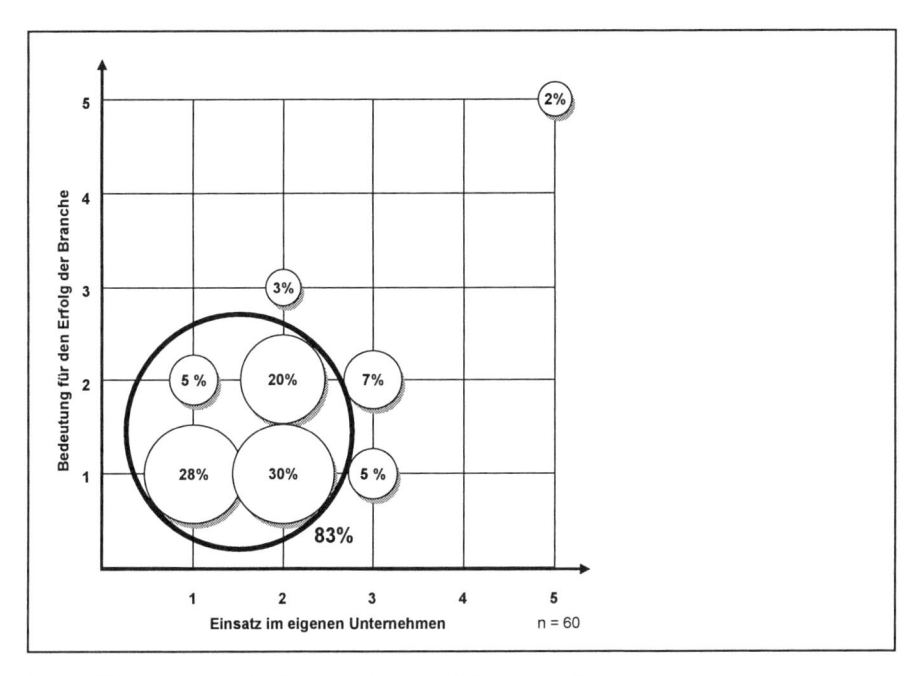

Abb. II-32: Bewertung des Konstruktes Dienstleistungsqualität

Bei der Variablen „Preistransparenz" ist eine geringere Korrelation festzustellen, wobei die Nullhypothese mit einer Irrtumswahrscheinlichkeit von 5 % abgelehnt werden kann, d. h. die Korrelation ist auf einem Niveau von 0,05 1-seitig signifikant.

„Freundlichkeit" und das „Anreizsystem" weisen bereits wesentlich geringere Korrelationswerte bei einem höheren Signifikanzniveau auf. Die Irrtumswahrscheinlichkeit liegt hier bei 6,4 % bzw. 11,4 %.

Bei der Analyse des Profils schneiden das „Kundenkontaktpersonal", das „Preis-Leistungsverhältnis", die „Freundlichkeit", die „Informationen", die „Erwartungen", die „Preistransparenz" und die „Termintreue" besonders positiv ab (Abbildung II-33). Alle diese Variablen weisen eine Bewertung von besser als zwei auf. Zudem deutet eine geringe Standardabweichung auf ein homogenes Meinungsbild bei den befragten Unternehmen hin.

Eine unterdurchschnittliche Bewertung weist lediglich die Variable „Anreizsystem" auf. Der Mittelwert liegt über drei, was einer unterdurchschnittlichen Beurteilung der Erfolgsrelevanz durch die befragten Unternehmen entspricht.

Eine Möglichkeit für die geringe Einstufung der Variablen „Anreizsystem" ist darin zu sehen, dass die befragten Unternehmen diesen Faktor anderen Konstrukten, wie dem Humankapital zurechnen und die Bedeutung für dieses Konstrukt als gering einstufen.

	gut ←——————→ schlecht
	Trifft Trifft gar
	voll zu nicht zu
	1 2 3 4 5
Termintreue	■
Information	■
Kundenkontaktpotenzial	■
Preis-Leistungsverhältnis	■
Erwartungen halten	■
Preistransparenz	■
Freundlichkeit	■
Anreizsystem	■

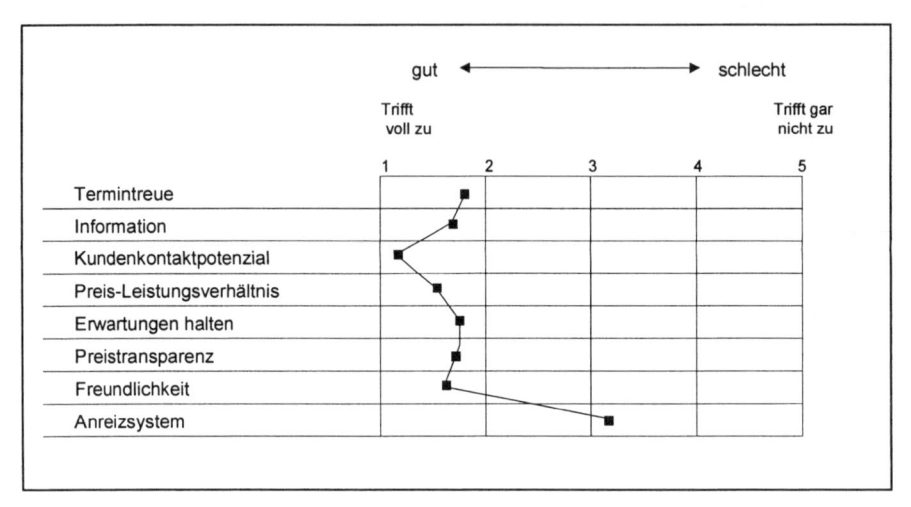

Abb. II-33: Einstellung von Franchiseunternehmen zur Dienstleistungsqualität

3.5.1.2.8 Erfolgsfaktor Dienstleistungsmentalität

Die Dienstleistungsmentalität ist ein integrativer Ansatz, der das gesamte Unternehmen einschließt. Sie geht über die isolierte Betrachtungsweise einzelner Qualitätsaspekte hinaus. Ihre Aufgabe ist es, ein Wertesystem zu schaffen, welches die Beurteilung sämtlicher Einflussgrößen der Dienstleistungswertkette ermöglicht. Das verfolgte Ziel ist die Ermittlung eines dynamischen Gleichgewichtes zwischen dem zur Steigerung des Kundenwertes erforderlichen Aufwands und dem erzielten Gewinn.[225] Dienstleistungsmentalität beschreibt die **problemlösungsorientierten Einstellungen und Verhaltensweisen** der Akteure unter dem Gesichtspunkt, Dienste leisten zu wollen, Dienste leisten zu dürfen und Dienste leisten zu können.[226] Ihr Wirkungsbereich reicht vom Außenverhältnis gegenüber externen Kunden bis zum Innenverhältnis gegenüber internen Kunden, d. h. den eigenen Mitarbeitern.[227] Die Analyse von Interaktionsbeziehungen zwischen den beteiligten Akteuren ist von entscheidender Bedeutung. Ob zwischen Kunden und Mitarbeitern oder zwischen den Mitarbeitern eine positive ganzheitliche Interaktionskultur ist das Fundament einer hohen Dienstleistungsmentalität.[228]

Die Abbildung II-34 zeigt die Befragungsergebnisse zur Dienstleistungsmentalität. Nahezu alle befragten Unternehmen sind der Auffassung, dass der Dienstleistungsmentalität innerhalb der Branche eine hohe Bedeutung zukommt. Interessanterweise findet sich kein Unternehmen, welches diesem Faktor keine Branchenbedeutung zumisst.

---

[225] Vgl. Gillner et al., 1997, S. 1060.
[226] Vgl. Lott/Gramke, 1999, S. 64.
[227] Vgl. Gillner et al., 1997, S. 1060.
[228] Vgl. Lott/Gramke, 1999, S. 64.

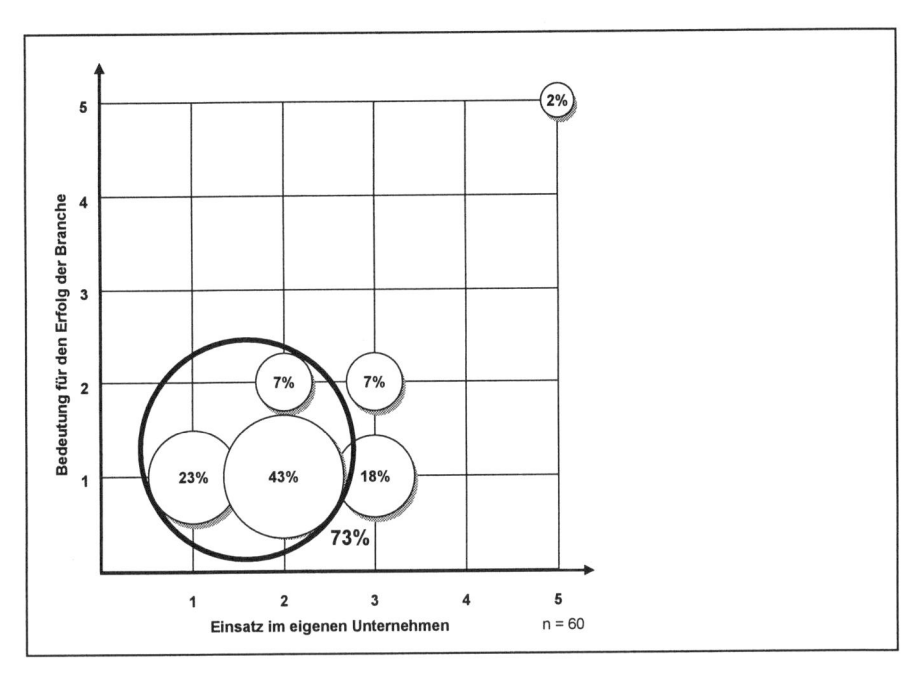

Abb. II-34: Bewertung des Konstruktes Dienstleistungsmentalität

Die Mehrzahl der befragten Franchisesysteme (73 %) hat bereits auf Basis der hohen Branchenbedeutung eine eigene Mentalitätsstrategie umgesetzt. Lediglich 25 % äußern sich neutral zur eigenen Umsetzung und mit 2 % ist der Anteil der Mentalitätsablehner erstaunlich gering. Die befragten Franchiseunternehmen scheinen ihr Augenmerk stark auf den Erfolgsfaktor Dienstleistungsmentalität zu legen. Vermutlich soll Vorurteilen entgegengewirkt werden, wie z. B. Deutschland sei eine Servicewüste.

Die Variablen „Personalrecruiting", „Fortbildungsangebot", „Teamarbeit" und „Kundeninteraktion" weisen die höchsten Korrelationskoeffizienten auf. Entsprechend kann mit einer Irrtumswahrscheinlichkeit von 0 % ein Zusammenhang unterstellt und damit die Nullhypothese verworfen werden. Auch die Variablen „Mitarbeiterzufriedenheit", „Zielgruppenorientierung", „Kommunikation", „Kommunikation Mitarbeiter/Vorgesetzte", „Anreizsysteme" und „Organisationsstruktur" weisen mit dem Wert von 0,01 ein verhältnismäßig hohes Signifikanzniveau auf. Die Korrelationen können als 1-seitig signifikant beschrieben werden. Mit anderen Worten kann mit einer Wahrscheinlichkeit von 99 % ein Zusammenhang zwischen der Umsetzung und den Variablen unterstellt werden.

Lediglich die Variablen „Flexibilität" und „Individualisierung der Leistung" weisen mit einem Korrelationsniveau von 0,05 und 0,1 geringere Werte auf. Hier kann nur noch mit Wahrscheinlichkeiten von 95 % bzw. 90 % von einem Zusammenhang ausgegangen werden.

Besonders positiv schneiden die „Organisationsstruktur" und die „Zielgruppenorientierung" ab. Mit einem Mittelwert von 1,58 führen sie die Spitzengruppe an. Zudem unterstreichen geringe Standardabweichungen die Aussagekraft. Für die befragten Unternehmen scheint die Möglichkeit, Dienste leisten zu können, von entscheidender Bedeutung zu sein. Flache Hierarchien und hohe Kundenkompetenz durch abgesteckte Zielgruppen sollen ein schnelles und fachkundiges Kundenmanagement ermöglichen. Gefolgt werden diese Variablen von „Kundeninteraktion", „Kommunikation Mitarbeiter/Vorgesetzte", „Individualisierung der Leistung" und „Flexibilität". Die befragten Unternehmen sehen in diesen Punkten eine besondere Bedeutung für die Dienstleistungsmentalität.

Verhältnismäßig schlecht wurden „Anreizsysteme" beurteilt. Dabei ist die Standardabweichung überdurchschnittlich hoch, was auf kein einheitliches Meinungsbild hindeutet. Die befragten Unternehmen sind der Auffassung, dass Anreize nicht unmittelbar der Dienstleistungsmentalität zuzuordnen sind. Vermutlich würden sie diesen Punkt dem Erfolgsfaktor Humankapital direkt zuordnen. Analog ist auch die Variable „Personalrekrutierung" nicht der Dienstleistungsmentalität direkt zuzuweisen.

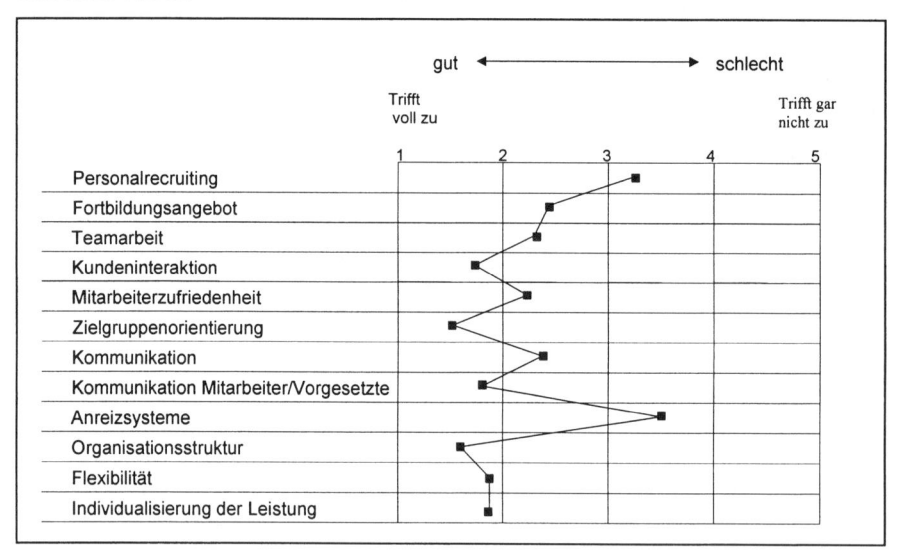

Abb. II-35: Einstellung von Franchiseunternehmen zum Dienstleistungsmanagement

3.5.1.3 Zusammenfassende Diskussion

Ziel dieser Teiluntersuchung war es, einen Überblick über Erfolgsfaktoren in Franchisesystemen sowie deren Ausgestaltung zu geben. Insgesamt kann festgehalten werden, dass ein großer Teil der identifizierten Erfolgsfaktoren in Franchisesystemen bestätigt werden kann.

Besonders die Konstrukte **Dienstleistungsqualität** und **Dienstleistungsmentalität** erzielen sehr hohe Beurteilungswerte. Die befragten Unternehmen sehen bei diesen Faktoren den direkten Zusammenhang zu der am Markt angebotenen Dienstleistung. Dem Kunden eine Leistung auf einem hohen Qualitätsniveau und mit einer positiven Einstellung, die hier durch die Dienstleistungsmentalität ausgedrückt wird, anzubieten, sehen die meisten Systeme als außerordentlich erfolgskritisch an.

Die anderen Faktoren zielen mehr auf den **Leistungserstellungsprozess** sowie dessen Bedingungen ab. Lediglich der Faktor **Humankapital**, der bei der Branchenbedeutung überdurchschnittlich gut abschneidet, übernimmt eine Zwischenfunktion. Er kann sowohl direkt der Leistung als auch dem Erstellungsprozess zugeordnet werden. Der Einsatz von Humanressourcen spielt gerade bei der Erstellung von Dienstleistungen eine entscheidende Rolle.

Dem **Netzwerkmanagement** wird von den befragten Franchiseunternehmen eine hohe Bedeutung beigemessen. Sie ist darin begründet, dass die Fähigkeit der Franchisenehmer, sich in ein Netzwerk einzubringen, Grundvoraussetzung für die Teilnahme an einem Franchisesystem ist. Demnach hat die Kompetenz in diesem Bereich einen hohen Einfluss auf den Erfolg des gesamten Dienstleistungsnetzwerks.

Dem **Innovationsmanagement** wird hingegen eine geringere Erfolgsrelevanz beigemessen. Ursache hierfür kann die geringe Verbreitung einer organisatorischen Verankerung des Innovationsmanagements sein. Zudem mangelt es häufig an einer konsequenten Innovationspolitik in den Unternehmen, sodass ein innovationsfreundliches Klima nicht zustande kommt.

Das schlechte Abschneiden der Erfolgsfaktoren **Mass Customization** und **Internationalisierung** muss jedoch noch einmal separat erläutert werden.

Die unterdurchschnittlichen Ergebnisse des Erfolgsfaktors Mass Customization lassen sich auf eine fehlende Identifikation mit dem Begriff zurückführen. Anscheinend wurde die Definition dieses Begriffes zu eng verstanden, sodass sich einige der befragten Netzwerke nicht angesprochen fühlten. So kann beispielsweise eine Unternehmensberatung auch als Mass Customizer verstanden werden, da sie ihren Kunden auf Basis ihres bereits vorhandenen Wissenspools eine individualisierte Leistung anbietet.

Die Problematik beim Erfolgsfaktor Internationalisierung liegt vermutlich darin begründet, dass eine Vielzahl der befragten Franchisesysteme der Kategorie klein- oder mittelständische Anbietern zuzuordnen ist. Dadurch, dass für sie eine Internationalisierung von geringerer Bedeutung ist, kommt es zu einer unterdurchschnittlichen Ausprägung dieses Faktors. Bei einer isolierten Betrachtung von großen Unternehmen würde Internationalisierung vermutlich bessere Ergebnisse erzielen.

Tabelle II-30 gibt abschließend die Wichtigkeit der einzelnen Erfolgsfaktoren wieder.

Tab. II-30: Mittelwerte über die Branchenbedeutung und die Umsetzung in den Unternehmen (hier: „1" = „besonders wichtig")

Wichtigkeit in ... Erfolgsfaktor ...	Branche (μ.) n = 57	Branche (σ) n = 57	Unter- neh- mung (μ) n = 57	Unter- neh- mung (σ) n =57
Netzwerkmanagement	1,95	1,06	2,35	0,97
Markenmanagement	1,72	0,97	2,21	0,94
Innovationsmanagement	2,10	0,90	2,57	0,81
Mass Customization	2,70	1,34	3,08	1,45
Internationalisierung	3,16	1,60	2,76	1,57
Humankapital	1,27	0,45	2,32	0,72
Dienstleistungsqualität	1,43	0,65	1,82	0,70
Dienstleistungsmentalität	1,17	0,42	2,05	0,75

3.5.2 Erfolgsfaktoren von Bankdienstleistern

3.5.2.1 *Aufbau und Ablauf der Studie*

Zu dem Thema „Chancen und Risiken des Internets für das Bankgewerbe – Erfolgsfaktoren im Bereich des Privatkundengeschäfts" wurde eine empirische Untersuchung mit 101 Bankdienstleistern durchgeführt.

„Welche strategischen Ansätze sind notwendig, um auch in Zukunft erfolgreich am Markt tätig zu sein?" „Wie nachhaltig wird sich der Markt durch die Einflüsse des Internets verändern?" Dies sind die Kernfragen, die durch die empirische Studie näher untersucht werden sollen.

Auf Basis theoretischer Überlegungen wurden **Hypothesen in Bezug auf erfolgsbestimmende Merkmale** generiert. Diskussionspunkte bei der Bildung der Hypothesen waren unter anderem neue Möglichkeiten zur Kundenorientierung durch kundenindividuelle Leistungsangebote sowie einer kundenindividuelleren Kommunikation. Ein weiteres Thema war die Rolle des Internet innerhalb des Vertriebssystems. Außerdem wurde nach der Bedeutung des Markenmanagements für eine Bank und insbesondere für deren Internetaktivitäten gefragt. Ausgangspunkte dieser theoretischen Überlegungen waren sowohl aktuelle Literaturmeinungen als auch Gespräche mit Experten.

Als Ergebnis entstand ein mehrdimensionales Modell von Erfolgsfaktoren in Form von strategischen Konzepten, die als elementar für den zukünftigen Erfolg eines Unternehmens beurteilt wurden. Aus diesen Konzepten wiederum wurden Handlungsempfehlungen für Unternehmen abgeleitet, die im Markt für Bankdienstleistungen tätig sind.[229]

Bei der Erhebung der empirischen Daten kamen zwei sich ergänzende Methoden zur Anwendung. Es wurden sechs explorative Interviews[230] und eine schriftliche Expertenbefragung[231] durchgeführt. Die Interviews wurden mit fünf Experten verschiedener Bankengruppen und mit einem Marktbeobachter geführt. Gesprächspartner aus dem Bereich der Bankengruppen waren zwei Experten aus der Sparkassenorganisation, einer aus dem genossenschaftlichen Sektor und zwei Manager, die bei Großbanken beschäftigt sind. Als Marktbeobachter wurde ein Manager einer Unternehmensberatung interviewt, die auf den Bankensektor spezialisiert ist. In dem acht Seiten umfassenden Fragebogen wurden hauptsächlich Likert-Skalen verwendet.[232] Die Befragten mussten einzelne Aussagen auf einer Fünfer-Skala von „trifft voll und ganz zu" (Wert: 5) bis „trifft gar nicht zu" (Wert: 1) bewerten.

Ausgefüllt wurde der Fragebogen sowohl durch Experten von Marktteilnehmern, die sich in ihrem Unternehmen bereits verantwortlich mit der entsprechenden Thematik auseinander gesetzt hatten als auch von Marktbeobachtern. Unter die Kategorie der Marktbeobachter fallen zum Beispiel Forschungsinstitute oder Unternehmensberatungen. Der Rücklauf betrug 101 Fragebögen, was bei 242 ausgesendeten Fragebögen einer Quote von circa 42 % entsprach. Tabelle II-31 beschreibt, wie sich der Rücklauf über die verschiedenen Kategorien zusammensetzt. In die Kategorie der Direktbanken fallen hier die New-Banks sowie die von den etablierten Banken ausgegliederten Direktbanken. Sie sollen im Folgenden zusammengefasst werden, da sie ein ähnliches Geschäftsmodell verfolgen.

Die durch die Fragebogenaktion erhaltenen Daten wurden anschließend statistisch ausgewertet. Einerseits wurden die einzelnen Items unabhängig voneinander analysiert, aber auch, sofern möglich, in Abhängigkeit voneinander. Den Schwerpunkt bildete die unabhängige Analyse der einzelnen Aussagen mithilfe von statistischen Maßzahlen, wie dem Mittelwert oder den Antworthäufigkeiten der einzelnen Bewertungsstufen und ihre bewertungsstufenübergreifende Verteilung.[233] Itemübergreifend wurde kontrolliert, ob zwischen einzelnen Variablen signifikante Korrelationen bestehen.

---

[229] Vgl. Ahlert/Schröder, 2001, S. II.
[230] Vgl. Herrmann/Homburg, 2000, S. 167 f.
[231] Vgl. McDaniel/Gates, 2001, S. 189.
[232] Vgl. McDaniel/Gates, 2001, S. 274 ff.
[233] Vgl. Bleymüller/Gehlert/Gülicher, 1996.

Mithilfe von Regressions- und Faktorenanalysen wurde dann überprüft, ob eventuell eindeutige einseitige Beziehungen zwischen den Items bestehen, bzw. ob eine Korrelation möglicherweise durch einen hinter den zusammenhängenden Variablen stehenden Faktor bedingt ist.[234] Die Ergebnisse der Interviews wurden in die anschließende Interpretation der Daten einbezogen.

Tab. II-31: Rückläufe nach Kategorien der Befragten

Kategorie	Anzahl/ Rückläufe
Marktteilnehmer	*86*
Sparkassen	24
Genossenschaftsbanken	19
Großbanken	4
andere Privatbanken	24
Deutsche Postbank	1
Direktbanken	8
Near-Banks	2
Non-Banks	2
Finanzportale	2
Marktbeobachter	*15*
Summe	**101**

Zuletzt bleibt festzuhalten, dass die Umfrage nicht als vollkommen repräsentativ betrachtet werden kann, da sicherlich einige Bankgruppen nicht ihrer Bedeutung entsprechend vertreten sind. Beispielsweise sind die Großbanken verglichen mit ihrem Marktanteil von zur Zeit ca. 17,5 % unterrepräsentiert.[235]

Insgesamt betrachtet wurde aber der Hinweis, die Aussagen bitte unabhängig von der spezifischen Situation und der Kundenzielgruppe des Unternehmens, bei dem der Befragte tätig ist, zu beantworten, weitestgehend befolgt. Besteht dennoch eine signifikante Abhängigkeit der Bewertung einer Aussage von der Unternehmenskategorie, welcher der Antwortende zugehört bzw. von der spezifischen Kundenzielgruppe, wird hierauf explizit eingegangen.

---

[234] Vgl. Backhaus et al., 2000.
[235] Vgl. Infratest Burke, 2000.

3.5.2.2 Ergebnisse

3.5.2.2.1 Kundenorientierung als zentrale Zielgröße

Die Kernhypothese, die mit der empirischen Studie überprüft werden sollte, stellt die **Kundenorientierung** als zentrale Zielgröße in den Mittelpunkt aller Überlegungen. „Eine konsequente Kundenorientierung aller Aktivitäten wird zukünftig hauptverantwortlich für den Erfolg eines Unternehmens werden." Diese erste Aussage erhielt die höchste Zustimmung innerhalb der Umfrage. Mit einem Mittelwert von 4,74 bewerteten 98 % der Befragten die Aussage zumindest mit „trifft zu" (Wert: 4 und größer). 76 % stimmten ihr sogar „voll und ganz zu" (Wert: 5). Wie weiter unten beschrieben, verändern sich die Anforderungen der Kunden an ihre Bank nachhaltig. Gleichzeitig werden sie unabhängiger, sind besser informiert und nehmen eine gleichberechtigtere Stellung gegenüber der Bank ein. Insbesondere das Internet spielt bei diesem Entwicklungsprozess eine bedeutende Rolle. Wird das Ziel der Kundenorientierung in einem Unternehmen nicht erreicht, lassen sich auch andere Ziele, an denen der Erfolg eines Unternehmens häufig bewertet wird, wie zum Beispiel das Erzielen von Gewinnen, nicht verwirklichen. Auch die Zufriedenheit der Mitarbeiter, ein anderes mögliches Unternehmensziel, wird durch eine nachhaltige Kundenorientierung gefördert.[236] Dies wird den meisten Unternehmen zusehends bewusst, was auch durch die zur Zeit vielfach zu beobachtenden kundenorientierten Reorganisationsaktivitäten einzelner Banken verdeutlicht wird.

Nun stellt sich die Frage, welche strategischen Konzepte erforderlich sind, um solch eine Kundenorientierung effektiv und effizient umzusetzen. Als Kernerfolgsfaktoren wurden hier ein effektives One-to-One-Marketing, ein Multi-Channel-Vertriebssystem und ein zielgruppenorientiertes Markenmanagement identifiziert. Es wurde gefragt, ob die einzelnen Konzepte Kernerfolgsfaktoren zur Unterstützung einer konsequenten Kundenorientierung sind. Anschließend bestand die Möglichkeit, 100 Punkte entsprechend der Bedeutung der Konzepte zu verteilen, um eine detailliertere Gewichtung vornehmen zu können.

Für 76 % (Mittelwert: 4,09) der Experten trifft es zumindest zu, dass ein **One-to-One-Marketing** essenziell für eine konsequente Kundenorientierung ist. Die Basis für ein One-to-One-Marketing bildet der „Share of a Customer" und nicht nur der Marktanteil nach Kunden. Ziel ist es, einem Kunden so viele Produkte wie möglich über eine lange Zeit innerhalb einer vertrauensvollen Beziehung zu verkaufen.[237]

Ein **Multi-Channel-Vertriebssystem** ist ein Vertriebssystem, das die verschiedenen Kanäle mit ihren besonderen Eigenschaften innerhalb eines Systems integriert und versucht, sich diese besonderen Eigenschaften gezielt zunutze zu machen.

---

[236] Vgl. Meffert/Bruhn, 2000, S. 151.
[237] Vgl. Peppers/Rogers, 1997, S. 415.

Multi-Channel ist einer der zur Zeit wohl am häufigsten in der Bankenlandschaft diskutierten Begriffe, was sich auch in der hohen Bedeutung widerspiegelt, die diesem Ansatz zugesprochen wird. Hier antworteten sogar 83 % der Befragten mit „trifft voll und ganz zu" oder „trifft zu". Auffällig ist, dass die Bewertungen der Bedeutung eines Multi-Channel-Konzepts signifikant mit der Unternehmenskategorie „Sparkassen" positiv (Mittelwert: 4,71) und mit den „anderen Privatbanken" negativ korrelieren. Weiterhin wirkt sich ein überdurchschnittliches Vermögen der Zielkundengruppe eines Unternehmens auffällig negativ auf die Bewertung aus. Sind Korrelationen zwischen Bewertungen zu einzelnen Aussagen und Unternehmenskategorien beziehungsweise bestimmten Kundenzielgruppen zu beobachten, geht die Wirkung immer eindeutig von den beiden letztgenannten aus, da sie für ein Unternehmen weitestgehend festliegen und als Clusterungskategorien dienen. Eine Hauptursache für diese Bewertungen ist sicherlich, dass insbesondere die Privatbankiers ihre traditionell hochvermögende Klientel zumeist persönlich mit einem sehr hohen Servicegrad, oft auch direkt beim Kunden vor Ort, betreuen. Das Internet spielt aus ihrer Sicht, verglichen mit anderen Bankgruppen, eine eher unterdurchschnittliche Rolle. Dies führt dazu, dass Privatbankiers vielfach ein bisher noch wenig umfassendes Internetangebot haben. In diesem Zusammenhang sollte allerdings beachtet werden, dass auch hochvermögende Kunden, und hier insbesondere die jüngere Generation, ein Internetangebot von ihrer Bank erwarten.[238]

Unter einem **zielgruppenorientierten Markenmanagement** soll ein Markenmanagement verstanden werden, das sich an den spezifischen Eigenschaften und Verhaltensmerkmalen der Kundenzielgruppen einer Unternehmung ausrichtet. Der überwiegende Teil der befragten Experten sieht auch im zielgruppenorientierten Markenmanagement einen Kernerfolgsfaktor (64 %). Allerdings ist die Gruppe der Indifferenten („trifft teilweise zu") hier größer (28 %) als bei den anderen Konzepten. Eine mögliche Begründung ist sicherlich, dass für viele das Markenmanagement als eigenständiges strategisches Konzept weniger greifbar ist.

Die folgenden Abschnitte beschäftigen sich mit den Konsequenzen, die für ein Unternehmen mit der Umsetzung der drei Konzepte verbunden sind.

3.5.2.2.2 Erfolgsfaktor One-to-One-Marketing

3.5.2.2.2.1 One-to-One-Marketing als Notwendigkeit in einem transparenter werdenden Markt

Das Internet schafft eine höhere Transparenz an Informationen hinsichtlich der angebotenen Leistungen und ihrer Preise. Viele Direktbanken versuchen sich über eine aggressive Preispolitik im Markt zu profilieren. Der Discountbroker Systracom offeriert zum Beispiel eine Flatfee von 9,95 Euro je Transaktion, unabhängig

---

[238] Vgl. Müller, 2001, S. B9.

vom gehandelten Volumen. Die etablierten Unternehmen sehen sich dadurch einem höheren Preisdruck ausgesetzt.

Der These, dass bei dem Angebot von isolierten Leistungen, also zum Beispiel dem ausschließlichen Angebot von Aktientransaktionen, der Preis das einzige kaufentscheidende Kriterium ist[239], stimmten 36 % der Befragten zu. Für 57 % traf diese Aussage „teilweise zu" (Wert: 3). Dies zeigt, dass der Preis bei solch einem Angebot zwar nicht unbedingt das alleinige, aber doch ein sehr bedeutendes Kriterium ist. Eine entscheidende Rolle könnte andererseits beispielsweise der Innovationsgrad eines Produktes spielen. Bekommt ein Kunde eine spezielle Einzelleistung nur bei einem Anbieter, wird er seine Leistung unter Umständen dort beziehen. Ein Beispiel war hier die Einführung des eigenständigen Wertpapierhandels durch den Kunden am PC, der zunächst nur von den Direktbrokern angeboten wurde und im Rahmen des Börsenbooms großen Zulauf erhielt. Die Kunden jedoch, die hauptsächlich preissensitiv reagieren, werden sich die unterschiedlichen benötigten Leistungen von verschiedensten Anbietern zusammenstellen. Solche Kunden sind besonders abwanderungsgefährdet, aber auch weniger attraktiv für die etablierten Banken.

„Durch das Angebot ganzheitlicher, individueller Problemlösungen kann ein Unternehmen dem verstärkten Preiswettbewerb entgehen." Dieser Aussage stimmten 83 % der Experten zu. Ziel einer Bank muss es sein, mit ihren Kunden eine langfristige Beziehung aufzubauen. Langfristige Beziehungen sind für die Bank profitabel und bieten dem Kunden einen echten Mehrwert. Einen neuen Kunden zu akquirieren ist ca. fünf- bis zehnmal teurer als einen alten zu halten.[240] Es ist entscheidend für das Unternehmen, den lebenslangen Wert eines Kunden durch eine individuelle Betreuung zu realisieren.[241] Auch für den Kunden ist es bei einer langfristig aufgebauten Beziehung schwieriger zu wechseln, da er ebenfalls in diese Bindung investiert hat. Der Aufbau einer vergleichbaren neuen Beziehung setzt einen Lernprozess voraus, da die individuellen Bedürfnisse für den Berater nicht sofort fassbar sind. Die Beziehung dient somit als maßgebliches Differenzierungsmerkmal gegenüber dem Wettbewerb. Dem Kunden werden ganzheitliche, individuelle Lösungen geboten, indem Informationen und Produkte intelligent, auf seine persönliche Situation zugeschnitten, miteinander verknüpft werden.[242]

Auch traditionelle Banken können dem Preiswettbewerb sicherlich nicht völlig entgehen. Ein wettbewerbsfähiger Preis für das **Gesamtpaket** an Leistungen ist notwendig. Allerdings ist laut einer Studie der Infratest Burke Finanzforschung bei den Kunden eine über die Zeit konstante, geringe Neigung festzustellen, zu vergleichen, ob sie die Leistungen ihrer Hausbank woanders günstiger bekommen könnten. 65 % erledigen die meisten Geldangelegenheiten ohne einen näheren

---

[239] Vgl. Betsch, 2000, S. 9.
[240] Vgl. Reichardt, 2000, S. 89.
[241] Vgl. Peppers/Rogers, 1997, S. XI.
[242] Vgl. Burchard, 2000, S. 26.

Vergleich, wobei allerdings zu beobachten ist, dass Kunden von Direktbanken und Großbanken wesentlich preissensibler sind als Kunden der Sparkassen und Genossenschaftsbanken.[243]

3.5.2.2.2.2 *Konzentration auf Kernkompetenzen*

Banken müssen sich auf ihre Kernkompetenzen konzentrieren. Die modernste Technologie alleine wird im Wettbewerb mit Billiganbietern nicht ausreichen.[244] Zur Zeit ist eine verstärkte Diskussion über die Trennung von Produktions- und Vertriebsbanken zu beobachten.[245] Für die Produktionsbanken wird es entscheidend sein, Kostenoptimierungen und Skaleneffekte zu erreichen.[246] Für die hier insbesondere betrachteten Universalbanken gewinnt jedoch die Vertriebskompetenz stark an Bedeutung, während die Bedeutung der originären Produktherkunft abnimmt.[247] Diese Aussage erreichte eine mittlere Bewertung von 4,10. Wichtigkeit erlangt im Vertrieb vor allem eine aktive Ansprache der Kunden durch ihren Berater, der sich in der Vergangenheit meist nur auf Anfrage mit einem Kunden beschäftigte. Nur durch eine aktive Ansprache können Wertpotenziale einer Beziehung weiter abgeschöpft werden.

Kernvoraussetzung für einen intensiven langfristigen Beziehungsaufbau sind die **Beratungskompetenz** und die Kompetenz zur Vertrauensbildung. Diese beiden Kompetenzen wurden von 83 % der Befragten (Mittelwert: 4,26) als die wichtigsten Kernfähigkeiten einer Bank identifiziert, um sich gegenüber Wettbewerbern zu differenzieren. Direktbanken messen diesen Fähigkeiten laut der Auswertungen weniger Bedeutung bei, da sie sich bis jetzt weitestgehend auf eine relativ selbstständig handelnde Kundenzielgruppe fokussiert haben. In der Gesamtbetrachtung werden aber auch weiterhin die wenigsten Kunden völlig unabhängig handeln können beziehungsweise wollen. Die Produktvielfalt hat zu einer schwindenden Selbstsicherheit in Geldanlagen geführt. Lediglich 29 % der Kunden fühlen sich noch gut informiert[248], weshalb auch weiterhin eine persönliche Beratung notwendig sein wird. Diese fachliche Kernfähigkeit kann allerdings nur zu einer wertschöpfenden Beziehung beitragen, wenn eine tiefe Vertrauensbasis zwischen Bank und Kunde existiert. Vertrauen stellt die wichtigste Voraussetzung zu einer erfolgreichen Beziehung dar.[249]

Wird die Beratungskompetenz in den Mittelpunkt der Differenzierungsstrategie einer Bank gestellt, wäre es konsequent, die Beratung gesondert zu bepreisen und die Transaktionsgebühren zu senken. Banken würden sich dadurch aus der missli-

---

[243] Vgl. Infratest Burke, 2000, S. 15 und 19.
[244] Vgl. Gibbons, 2001, S. B4.
[245] Vgl. Herrmann, 2001, online im Internet.
[246] Vgl. Leichtfuß/Schultz, 2000.
[247] Vgl. Kern, 2000, S. 373.
[248] Vgl. Infratest Burke, 2000, S. 12.
[249] Vgl. Reichardt, 2000, S. 132.

chen Lage befreien, dass ein Kunde eine Beratung unentgeltlich in Anspruch nimmt, die Transaktion aber bei einer Discountbank zu einem niedrigeren Preis durchführen kann. Ein weiterer Vorteil dieses Modells ist, dass der Berater den Kunden objektiver beraten kann. Er unterliegt nicht mehr dem Druck, umsatzbringende Transaktionen zu generieren, die für den Kunden unter Umständen gar nicht die beste Alternative darstellen. Bisher ist die Akzeptanz eines derartigen Preismodells bei den Kunden aber noch sehr gering. Nur 25 % wären – bei allerdings ansteigender Tendenz – bereit, für eine besonders qualifizierte Anlageberatung auch etwas zu zahlen.[250] Langfristig gehen jedoch 71 % der Experten (Mittelwert 3,85) davon aus, dass der größte Teil des Umsatzes über Beratungsleistungen generiert wird. Erste Entwicklungen in diesem Bereich sind bei den Privatebanking-Organisationen der Großbanken zu beobachten. Im Privatebanking spielt die Beratung schon seit jeher eine herausragende Rolle. Die Unternehmen sehen eine Chance, dem Kunden die Beratungsleistung durch eine transparente, ehrliche Preispolitik zusätzlich bewusst zu machen.

Betrachten wir die Beratungs- und Vertrauenskompetenz als die elementaren Kernfähigkeiten einer Bank, muss dies Auswirkungen auf die Organisation der Betreuung eines einzelnen Kunden haben. Eine produktorientierte Organisation, in welcher der Kunde für jedes Bedürfnis einen anderen Ansprechpartner hatte, wird den Anforderungen nicht mehr gerecht. Auf die Frage, ob der Kunde einen festen Ansprechpartner haben sollte, unabhängig davon, welche Leistung er nachfragt oder welchen Vertriebskanal er wählt, antworteten nur 51 % mit „trifft zu" oder „trifft voll und ganz zu" (Mittelwert: 3,58). Die „anderen Privatbanken" bewerteten diese Aussage überdurchschnittlich hoch. Aufgrund ihrer vielfach hochvermögenden Klientel ist der persönliche Betreuer für alle Angelegenheiten vielfach bereits Realität. Die Direktbanken stimmen diesem Modell hingegen nur unterdurchschnittlich zu, was sich durch ihre spezielle Kundenzielgruppe ergibt, die nur einen geringen Anspruch an die Beratung hat. Trotz der insgesamt recht niedrigen Bewertung ist aber zu beobachten, dass die Einschätzung dieser Aussage sehr stark positiv von der Bewertung der Aussage zur Kernkompetenz abhängig war. Dies macht deutlich, dass der persönliche Berater doch eine zentrale Rolle bei der Vertrauensbildung einnimmt.

Er kann dem Kunden allerdings nicht in jeglicher Angelegenheit zur Verfügung stehen, insbesondere wenn man bedenkt, dass ein Berater im Retailgeschäft einen Stamm von bis zu 3.000 Kunden zu betreuen hat. Die Qualität seiner Beratungsleistung würde stark eingeschränkt, müsste er sich ständig auch um Routineangelegenheiten kümmern. Auf der anderen Seite kann ein Berater auch nicht Kenntnisse über alle speziellen Dienstleistungen und Produkte besitzen. Komplexe Finanzierungsbedürfnisse stellen zum Beispiel andere Anforderungen als steuerliche Aspekte, die bei der Altersvorsorge zu berücksichtigen sind.

---

[250] Vgl. Infratest Burke, 2000, S. 29.

Der persönliche Berater ist für den Kunden der zentrale Bezugspunkt bei seiner Bank und steht im absoluten Mittelpunkt der Beziehung zwischen Bank und Kunde. Er wird zum **Beziehungsmanager**, geht aktiv auf den Kunden zu und ist verantwortlich für die Abschöpfung von Wertpotenzialen. An ihn werden hohe fachliche, aber auch soziale Anforderungen gestellt. Kann der Berater Probleme nicht mehr eigenständig lösen, weil ihm dazu die relevanten Informationen und Produkte fehlen, muss er mit diesen durch spezialisierte Back-Offices versorgt werden oder er muss den Kunden an Spezialisten weitervermitteln. Anschließend sollte der persönliche Berater allerdings über die Ergebnisse informiert sein, da er die finanzielle Situation des Kunden für spätere Gespräche kennen muss. Ein neuer Ansatz im Privatebanking-Bereich sind hier auch sogenannte Family-Offices, die zusätzlich auch Berater vermitteln, die aus bankfremden Bereichen kommen, wie in etwa Rechtsanwälte. Ein Beispiel ist hier das „New Family Office" der Deutsche(n) Bank/Privatebanking.[251] Bei wenig komplexen Problemen, akzeptiert es der Kunde, von einer „unpersönlichen" Einrichtung betreut zu werden, um den Berater zu entlasten. Die Commerzbank hat aus diesem Grund einen Prozess eingeführt, dass jeder Kunde, der die Sammelrufnummer seiner Filiale wählt, in das zentrale Call-Center geleitet wird. Einfache Fragen werden dort direkt beantwortet. Verlangt der Kunde seinen persönlichen Berater, wird er dorthin weitervermittelt. Wenn möglich, sollen Standardanfragen aber bereits abschließend durch das Call-Center geregelt werden.

3.5.2.2.2.3 *Leistungsindividualisierung nach Wertschöpfungspotenzialen: Notwendigkeit zur Kundensegmentierung*

Die Beziehung mit dem persönlichen Berater wurde bisher als Kern der Beziehung zwischen Bank und Kunde hervorgehoben. Es wurde weiterhin festgehalten, dass es Aufgabe des Beraters ist, diese Beziehung, viel mehr als früher, aktiv und kundenindividuell zu gestalten. Problematisch wird dieser Ansatz in dem Moment, in dem zusätzliche Zeit investiert werden muss. Das Personal ist eine der größten Kostenpositionen im Bankgewerbe, sodass die Personalleistung zu einer äußerst knappen Ressource wird. Der Verwaltungsaufwand der Deutschen Bank in 1999 betrug zum Beispiel 15.746 Mio. Euro. Der mit Abstand größte Anteil der Verwaltungsaufwendungen entfiel mit gut 60 % (9.700 Mio. Euro) auf Personalkosten.[252] Diese Ressource Personal muss möglichst effektiv eingesetzt werden. Nicht jedem Kunden kann eine gleichintensive Betreuung zuteil werden. Nach dem Pareto-Prinzip gilt, dass ca. 80 % des Gewinns mit nur 20 % der Kunden erwirtschaftet wird. Dieses Verhältnis ist auch im Bankbereich zu beobachten, woraus sich Folgen für die Intensität einer individuellen Beratung ergeben müssen. 72 % der Befragten vertreten die Ansicht, dass der Grad der Individualisierung einer Dienstleistung sich an dem Wertschöpfungspotenzial des einzelnen Kunden orientieren wird.

---

[251] Vgl. Zech/Lilla, 2001, S. B11.
[252] Vgl. Deutsche Bank, 2000, S. 51 ff.

Peppers und Rogers schlagen eine **Segmentierung der Kunden** nach zwei Basiskriterien vor: Wie unterscheiden sich die Kunden a) nach ihrem Wert für das Unternehmen und b) nach ihren verschiedenen Bedürfnissen, die sie dem Unternehmen entgegenbringen.[253] Betrachtet man den Wert der Kunden für das Unternehmen, können drei Gruppen unterschieden werden. Die erste Gruppe sind die „Most valuable customers", unter die eben beschriebene 20 % der Kunden fallen, die bereits für den größten Teil der Wertschöpfung des Unternehmens verantwortlich sind und eine intensive Betreuung entsprechend ihrem Wert verlangen. Als zweites gibt es die „Second-tier customers", die zwar ein hohes Wertschöpfungspotenzial besitzen, dieses aber noch nicht mit dem Unternehmen realisieren. Ziel muss es hier sein, den Anteil am Kunden für das Unternehmen zu steigern. Beide Gruppen verlangen nach unterschiedlichen, diesen Zielsetzungen entsprechenden Strategien.[254] Als letztes sind die „Below-zeros" zu identifizieren, mit denen die Bank jetzt und in Zukunft keine Deckungsbeiträge erwirtschaftet.

Eine Segmentierung der Kunden nach ihren Bedürfnissen dient vor allem dem Aufspüren von Synergien bei der Leistungserstellung und einem besseren Verständnis individueller Bedürfnisse. Eine Möglichkeit könnte zum Beispiel die Methode des „Collaborative Filtering" bieten. Amazon.com gilt hier als Pionier. Durch Kaufverhaltensanalysen können Kunden in verschiedene Gruppen sortiert werden, die ähnliche Lesepräferenzen haben. Bewerten beispielsweise neun Mitglieder einer Gruppe, die hier zehn Kunden umfassen möge, ein Buch als empfehlenswert und das zehnte Mitglied hat es noch nicht gekauft, kann ihm dadurch ein individueller Buchvorschlag gemacht werden, der mit hoher Wahrscheinlichkeit seinen Geschmack trifft. Ein viel versprechendes Kriterium zur Kundensegmentierung nach Wert und Bedürfnissen stellt im Bankenbereich eine Orientierung an der Lebensphase eines Kunden dar.[255] Beispielsweise könnte ein Student mit derzeitig geringen Umsätzen einen hohen Beratungsbedarf und ein hohes Wertpotenzial haben, wenn er erst einmal in das Berufsleben eingetreten ist.

Es bleibt festzuhalten, dass eine wirklich individuelle persönliche Komplettbetreuung auch weiterhin Privatebanking-Kunden vorbehalten bleiben wird. Allerdings bieten sich auch für Kunden mit einem geringeren Wertpotenzial durch neue Technologien mehr Möglichkeiten zur Individualisierung, als dies früher der Fall war.

3.5.2.2.2.4 *Neue Technologien als Möglichkeit zur Mass Customization und effizienteren Innovationsprozessen*

Hier setzt das Konzept der Mass Customization an. Unter Mass Customization wird eine Produktion von Gütern und Leistungen für einen größeren Absatzmarkt verstanden, welche die Bedürfnisse jedes einzelnen Nachfragers treffen, aber die

---

[253] Vgl. Peppers/Rogers, 1997, S. 32 ff.
[254] Vgl. Peppers/ Rogers, 1997, S. 99 ff.
[255] Vgl. Meffert/Bruhn, 2000, S. 98.

Kosten vergleichbarer Standardleistungen nicht stark übersteigen.[256] Im Bankenbereich bietet sich, insbesondere durch die hohe Digitalisierbarkeit vieler Produkte, das **Konzept der Modularisierung** an. Mithilfe einer Vielzahl verschiedener hochstandardisierter Einzelkomponenten lassen sich durch deren Kombination kundenindividuelle Produktpakete schnüren. Durch den hohen Standardisierungsgrad auf unterster Ebene werden Skaleneffekte erreicht. 70 % der Experten (Mittelwert: 3,84) sehen durch ein stark modularisiertes Produktangebot die Möglichkeit, qualitativ hochwertige, aber dennoch effiziente Komplettlösungen individueller Kundenprobleme zu bieten. 24 % stuften die Aussage mit „trifft teilweise zu" ein, was sicherlich durch den hohen Anteil an Leistungen zu begründen ist, die durch persönliche Betreuung erbracht werden. Sie sind wesentlich schwieriger kostensenkend zu modularisieren.

Aber auch die persönliche Betreuung kann mit technischer Unterstützung weiter individualisiert werden. Durch Datamining-Prozesse können kundenindividuelle Bedürfnisse aufgespürt werden, die dem Berater eine gezielte Betreuung ermöglichen.[257] Unter Datamining wird das Aufspüren kundenindividueller Bedürfnisse unter der zu Hilfenahme vorher definierter Algorithmen verstanden, die zum Beispiel verschiedene Verhaltensmuster von Kunden, wie bei dem oben beschriebenen Collaborative Filtering, analysieren können.[258] Bei der Commerzbank in etwa ist es Beratern möglich, solche Daten gezielt über einzelne Kunden abzufragen. Zusätzlich werden den Beratern Daten über Kaufwahrscheinlichkeiten einzelner Kunden während bestimmter Marketingaktionen zur Verfügung gestellt, sodass eine zielgerichtete aktive Ansprache erfolgen kann.[259] Durch Datamining-Konzepte können ebenfalls große Fortschritte bei Innovationsprozessen erreicht werden. Die große Mehrheit der befragten Experten (82 %, bei einem Mittelwert von 4,20) sieht durch ein größeres Wissen über kundenindividuelle Probleme die Entwicklung neuer innovativer Produkte ermöglicht, durch welche Kundenwertpotenziale besser ausgeschöpft werden können. Innovationen können zielgerichteter und auch effizienter entwickelt werden. Absatzprognosen werden nicht mehr allein auf Basis von Segmentanalysen, sondern mithilfe kundenindividueller Kaufwahrscheinlichkeiten ermittelt. Dem Innovationsmanagement wird eine sehr hohe Bedeutung beigemessen, da sich eine Bank hier von ihren Wettbewerbern markant differenzieren kann.

Auf technischer Ebene bietet insbesondere das Internet mit seiner Interaktionsfähigkeit große Chancen. Das Nutzungsverhalten des Kunden auf der Website kann relativ einfach festgehalten und auf konkrete Kundenbedürfnisse hin analysiert werden. Der Investment-Broker Charles Schwab ist durch die Auswertung des Abfrageverhaltens seiner Kunden in der Lage, individuelle Einzel- und auch lang-

---

[256] Vgl. Piller, 1998, S. 65; Peppers/Rogers, 1997, S. 142 ff.
[257] Vgl. Maltzan, 2001, S. B12.
[258] Vgl. Piller, 1998.
[259] Vgl. Peppers/Rogers, 1997.

fristig orientierte Finanzplanungsangebote zu erstellen.[260] Allerdings schätzen nur 53 % der befragten Experten die Bedeutung von individuellen Leistungen über das Internet, wie etwa über MySites oder Communities, als herausragend ein. 39 % zeigten sich unentschieden. Insbesondere die Genossenschaftsbanken messen diesen Instrumenten eine geringere Bedeutung bei. Von den Interviewpartnern wurde hier insbesondere der Nutzen von Communities als kritisch angesehen. Communities können zwar begrenzt zur Kundenbindung beitragen, haben aber das Problem, dass Vermögensangelegenheiten gerade in Deutschland als sehr sensibel betrachtet werden. MySites können eine große Bedeutung erlangen, wenn sie es schaffen, den Kunden aktiv anzusprechen und ihm einen Mehrwert schaffen, den er nur auf dieser Site erhält. MySites, die ausschließlich Informationsselektionsfunktionen bieten, können nicht mehr maßgeblich zur Differenzierung beitragen. Ein großer Vorteil individualisierter Websites ist, dass sie das Vertrauen in das anonyme Medium Internet fördern können.

3.5.2.2.2.5 Ausgestaltung des Leistungsangebots

Der Ansatz zur Lösung ganzheitlicher, kundenindividueller Probleme stellt Herausforderungen an den Umfang des Leistungsangebots von Banken. Auch branchenfremde Leistungen werden notwendig sein, um die komplexen Kundenbedürfnisse zu befriedigen.[261] Das **Produkt- und Dienstleistungsangebot** einer Bank kann in drei Stufen ausgebaut werden.[262] Zunächst ist bei jedem Anbieter eine Basisversorgung an Bankprodukten oder das Angebot einer spezialisierten Leistung vorhanden. Dies kann in einer zweiten Stufe durch ein umfassendes Angebot an ganzheitlichen Finanzlösungen erweitert werden, worunter auch beispielsweise Versicherungen fallen können. Die dritte Stufe wäre eine Expansion in finanzdienstleistungsfremde Geschäftsfelder. 73 % (Mittelwert 4,04) der Experten stimmten der Aussage zu, dass ein Unternehmen zusätzlich zu reinen Bankdienstleistungen weitere value-added-Services anbieten muss, um sich gegenüber dem Wettbewerb zu differenzieren.

Es stellt sich nun die Frage, welche Erweiterungen der Leistungspalette für eine Bank zweckmäßig sind bzw. welche Angebotserweiterungen der Kunde als einen echten Mehrwert empfindet. Laut Expertengesprächen sind zwei Kriterien entscheidend für die Bewertung einer potenziellen Angebotserweiterung. Erstens können Leistungen sinnvoll sein, die sich die besonderen Kernkompetenzen einer Bank zunutze machen. Zweitens sollten sie artverwandt zum bestehenden Kernangebot an Bankdienstleitungen sein und dieses sinnvoll ergänzen. Orientieren sich Angebotserweiterungen nicht an diesen Kriterien, können sie stark negative Effekte auf das Markenempfinden des Kunden bezüglich der Geschäfte und Kernkompetenzen seiner Bank haben. Ein Beispiel, das diese Kriterien erfüllt und schon

---

[260] Vgl. Heigl, 2000, S. 303.
[261] Vgl. Betsch, 2000, S. 8.
[262] Vgl. Leichtfuß/Schultz, 2000.

lange insbesondere von den regionalen Banken praktiziert wird, ist die Immobilienvermittlung. Die Bank tritt als Makler auf, berät den Kunden und bietet ihm gleichzeitig die Finanzierung an. Eine hervorragende Möglichkeit bietet sich Banken auch im Rahmen des Angebots von Trust-Services. Das Ausstellen und die Verwaltung von digitalen Signaturen sind Leistungen, die in erster Linie auf Vertrauen seitens des Kunden basieren. Außerdem ergänzen sich digitale Signaturen sehr gut mit Online-Banking-Angeboten. Sicherheitsaspekte sind zur Zeit immer noch die größte Hemmschwelle zur Nutzung dieses Services. 31 % der Kunden, die bereits über Online-Banking nachgedacht haben, es aber noch nicht nutzen, geben Sicherheitsbedenken als den zentralen Grund an.[263] Darüber hinaus könnten Banken auch außerhalb des Bankbereiches von den E-Commerce-Entwicklungen profitieren, wenn sie in der Lage sind, sich hier als Marktführer zu etablieren. Sichere Identifikationen werden bei jeder Transaktion über das Internet benötigt.[264]

Sollten Produkterweiterungen sinnvoll sein, sich aber außerhalb des Kernkompetenzbereiches eines Unternehmens befinden, können diese durch strategische Kooperationen ermöglicht werden.[265] Ein Beispiel hierfür ist die Kooperation zwischen der Sparkasse Osnabrück und dem lokalen Telekommunikations-Carrier Osnatel. Die Sparkasse Osnabrück vermittelt hier Telefon- und Internetanschlüsse und kann dadurch auch Produktbündel, beispielsweise in Form eines Wertpapierdepots mit Internetzugang, anbieten.

3.5.2.2.3 *Erfolgsfaktor Multi-Channel-Vertrieb*

3.5.2.2.3.1 *Notwendigkeit eines mehrere Kanäle integrierenden Vertriebssystems*

Im Folgenden werden nun die Auswirkungen des Internets auf das Vertriebssystem einer Bank näher untersucht. Ausgehend vom vorherigen Abschnitt stellt sich die Frage, ob ein effektives One-to-One-Marketing in Zukunft ausschließlich über das Internet möglich sein wird. 54 % der Befragten verneinten dies (Wert: 2 und kleiner), und weitere 35 % zeigten sich indifferent. Neue technische Möglichkeiten, wie beispielsweise die Internettelefonie oder der visuelle Kontakt durch WebCams, fördern zwar die persönliche Kommunikation zwischen dem Kunden und seinem Berater; trotzdem ist ein ausschließlich über das Internet betriebenes One-to-One-Marketing problematisch. Erstens ist hierfür der Ausstattungsgrad der Kunden mit diesen neuen Technologien auch mittelfristig nicht ausreichend. Zweitens ist das Internet nicht in der Lage, die gleiche persönliche Atmosphäre wie in einer Filiale zu schaffen, die aber für viele Kunden zur Vertrauensbildung eminent wichtig ist. Einer der erfolgreichsten Online-Broker, Charles Schwab, gibt zum Beispiel an, dass 70 % der neuen Konten in den Filialen eröffnet wer-

---

[263] Vgl. Bosch, 2001, S. 13.
[264] Vgl. Heydemann, 2000, S. 643.
[265] Vgl. Peppers/Rogers, 1997, S. XI.

den.[266] Es wird für eine Bank auch weiterhin die Notwendigkeit bestehen, Filialen zu unterhalten.

Dies spiegelt sich auch in der Bewertung der Aussage wider, dass der Kunde die freie Wahl haben möchte, wann er welche Leistungen über welchen Vertriebskanal bezieht. Diese Ansicht vertraten 88 % der befragten Experten. 64 % stimmten sogar „voll und ganz zu". Eine in der Bankenwelt weitgehend akzeptierte Prognose von Booz-Allen & Hamilton über das Kanalnutzungsverhalten der Kunden ist in Abbildung II-36 dargestellt.

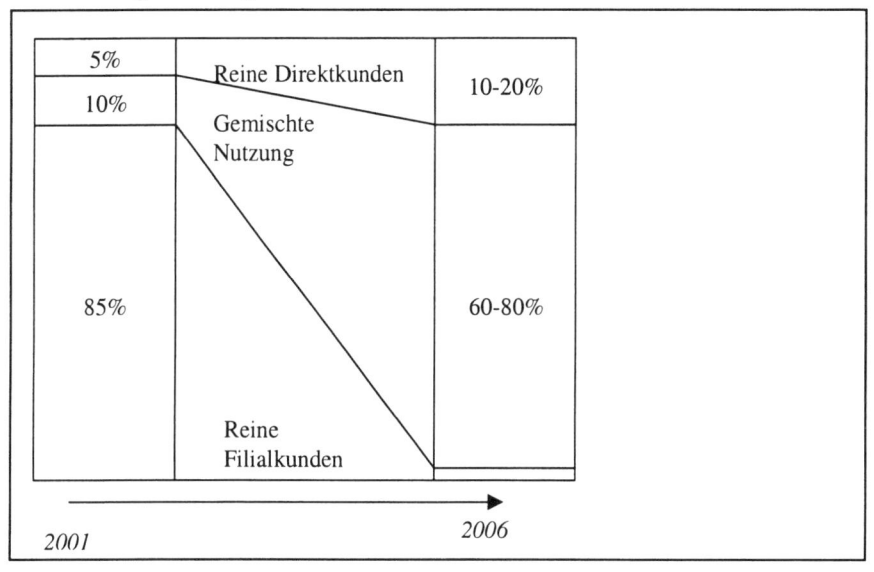

```
  5%
        Reine Direktkunden      10-20%
 10%
        Gemischte
        Nutzung



 85%                            60-80%


        Reine
        Filialkunden
                        ───────►
 2001                           2006
```

Abb. II-36: Schätzung des zukünftigen Kanalnutzungsverhaltens der Bankkunden in Prozent (Quelle: Booz-Allen & Hamilton, zitiert nach Brandes/Watermann, 2001, S. 11)

Die Anzahl der reinen Filialkunden, die heute mit 85 % noch die große Mehrheit bilden, wird sich in den nächsten fünf Jahren drastisch reduzieren. In diese Gruppe fallen vornehmlich ältere Menschen, die ihren Bankgeschäften weiterhin wie bisher nachgehen wollen. Eine Bank kann sich nicht mehr auf diese immer kleiner werdende Gruppe beschränken. Auf der anderen Seite wird die Anzahl der reinen Direktkanalnutzer, verglichen mit dem heutigen Niveau, zwar stark steigen, aber trotzdem nicht über einen Anteil von 20 % hinauskommen. Reine Direktkanalnutzer, die in erster Linie durch die Direktbanken angesprochen werden, sind, vergleicht man sie mit den anderen Gruppen, besonders internetaffin, preisorientiert und handeln bei einem geringen Beratungsanspruch sehr eigenständig.

Dies wurde in zweifacher Hinsicht bestätigt. Zum einen korrelierten die Ausprägungen dieser Charakteristika stark mit den Kundenzielgruppen der befragten Direktbanken. Zum anderen wurde die Einschätzung über diesen Zusammenhang

---

[266] Vgl. Bekier/Flur/Singham, 2000, S. 80.

auch von Befragten anderer Unternehmenskategorien geteilt (82 % stimmten zu). Die Gruppe der Direktkanalnutzer ist aufgrund ihres geringen Wertschöpfungspotenzials deshalb, insbesondere aus Sicht der traditionellen Banken, vergleichsweise unattraktiv.

Hat der Börsenboom in den letzten Jahren bei den Direktanbietern noch zu einer Goldgräberstimmung geführt, wird ihnen heute ihre Abhängigkeit von Transaktionsprovisionen zum Verhängnis.[267] Der große Wettbewerb um die Kundengruppe der reinen Direktkanalnutzer, der bisher zum großen Teil über den Preis ausgetragen wurde, veranlasst deshalb immer mehr Direktbanken, neue Kunden mithilfe umfassenderer Leistungen anzusprechen. Die Advance Bank war zum Beispiel die erste Direktbank, die ihren Kunden auch Beratungsleistungen anbot. Die Direktanlage Bank hingegen will zwar keine umfassende Beratung anbieten, doch auch sie expandiert in die Offlinewelt.[268] Ihre Filialen sollen die Kunden bei Problemen vor Ort betreuen können und Vertrauen aufbauen. Außerdem soll durch multimediale Präsentationen eine Erlebniswelt „Börsenparkett" geschaffen werden, bei der die Markenbildung ein wichtiges Ziel ist.

Mit solchen Maßnahmen bewegen sich diese Direktbanken in Richtung der größten (60-80 %) und am schnellsten wachsenden Kundengruppe, den Mehrkanalnutzern. Viele Entwicklungen fördern das Wachstum dieser Gruppe. Neben der steigenden Penetration der deutschen Haushalte mit PCs werden auch andere Internetzugangsgeräte eine wichtige Rolle spielen. Insbesondere durch TV-Banking werden die Banken in der Lage sein, eine höhere Anzahl an Kunden für die Internetnutzung zu gewinnen. TV-Nutzer sind weiter über verschiedene Alters- und Vermögensgruppen beziehungsweise auch über soziale Schichten verteilt, als es die PC-Nutzer sind. In Deutschland wird davon ausgegangen, dass bereits 2002 19 % der Haushalte mit Set-Top-Boxen ausgestattet sind, die den Internetzugang über das Fernsehen ermöglichen.[269]

Betrachtet man die zukünftig erwartete Umsatzverteilung zwischen den verschiedenen Vertriebskanälen, d. h. die Verteilung der Erbringung von zahlungspflichtigen Leistungen und nicht nur kostenlosen Informationsservices, ergeben sich ebenfalls markante Änderungen gegenüber der heutigen Situation. Der Frage, ob es hier zukünftig eine Gleichverteilung der Umsätze über die verschiedenen Kanäle geben wird, stimmten die Experten im Schnitt „teilweise zu". (Mittelwert: 3,35). Diese Bewertung kann dahingehend interpretiert werden, dass es zwar keine vollkommene Gleichverteilung zwischen den Kanälen geben wird, diese aber wesentlich ausgeglichener als früher für die Umsatzgenerierung verantwortlich sein werden. Die Filiale wird weiterhin der wichtigste Vertriebskanal bleiben, auch wenn dem Internet im Laufe der Zeit eine immer größere Bedeutung zukommen wird. Dies war auch die einhellige Meinung in den Expertengesprächen.

---

[267] Vgl. Husmann/Riley, 2001, S. 78 f.
[268] Vgl. Fischer, 2001.
[269] Vgl. Maude et al., 2000, S. 94.

Eine Studie von Arthur Andersen über die Entwicklung der gesamten Finanzdienstleistungsbranche kommt zu ähnlichen Ergebnissen. In diese Untersuchung wurde auch die Versicherungsbranche einbezogen, was die hohe Bedeutung der Ausschließlichkeitsorganisationen und Makler erklärt. Unter Worksite-Marketing wird der Verkauf der Leistungen am Arbeitsplatz des Kunden verstanden.

Tab. II-32: Schätzung der Veränderung des Umsatzanteils der einzelnen Vertriebskanäle (Quelle: Arthur Andersen, zitiert nach: Bongartz, 2000, S. 53)

Vertriebskanal	2000 [in %]	2010 [in %]
Bankfiliale	50	30
Ausschließlichkeitsorganisation	25	15
Makler	15	10
Call-Center	5	10
Internet	5	20
Worksite-Marketing	0	15

Die Aussage „Die verschiedenen Vertriebskanäle tragen wechselseitig zur Neukundengewinnung für die anderen Vertriebskanäle bei.", bewerteten 65 % der Befragten positiv, während 26 % mit „trifft teilweise zu" antworteten (Mittelwert: 3,79).

Insbesondere die Möglichkeit, durch ein gutes Internetangebot auch Neukunden für die Filiale gewinnen zu können, wird von vielen noch nicht erkannt.[270] Wells Fargo zum Beispiel ist mit einem Anteil von 14,14 % im Onlinesegment eine der erfolgreichsten Onlinebanken der USA.[271] Sie hat dieses Ziel explizit in ihrer Unternehmensstrategie verankert. Wells Fargo positioniert sich immer noch als verlässliche, alteingesessene Bank des amerikanischen Westens. Durch das integrative Zusammenwirken der verschiedenen Vertriebskanäle versucht sie, Filialkunden für das Onlineangebot zu gewinnen, beziehungsweise reine Onlinekunden auch zu Beratungen in die Filialen zu ziehen. Viele Banken sehen jedoch im Internet oftmals nur einen Kanal, der notwendig ist, um ihre bestehende Filialkundschaft zu halten oder um die Abwicklungskosten, insbesondere im Transaktionsbereich, zu senken. Dies ist zwar sicherlich ein wichtiger Aspekt des Internets. Es kann aber nicht der einzige sein.

3.5.2.2.3.2 *Die einzelnen Kanäle und ihre besonderen Eigenschaften*

„Jeder Vertriebskanal bietet spezifische Vorteile, die ein anderer nicht bietet und ist deshalb besonders zur Erfüllung bestimmter Leistungen geeignet." Diese Meinung vertrat mit 82 % die große Mehrheit der Befragten (Mittelwert: 4,22). Direktbanken bewerteten die Aussage wesentlich negativer als andere Unternehmen. Entscheidend für das Internet wird es aus Kundensicht sein, welche Leistungen

---

[270] Vgl. Osberg, 1999, S. 12 f.
[271] Vgl. Gomez Advisors, in: Osberg, 1999, S. 12 f.

über das Medium schneller, bequemer, preislich attraktiver und mit einer höheren Qualität erstellt werden können. Wertpapiergeschäfte kann der Kunde zum Beispiel mittlerweile mithilfe des Internets selbstständig zu jeder Tageszeit und ohne zeitliche Verzögerungen ausführen. Außerdem hat er Zugriff auf umfassende Research-Informationen und bezahlt insgesamt einen geringeren Preis als früher. Auch die Banken müssen daran interessiert sein, solche Leistungen mithilfe zusätzlicher Anreizsysteme in das Internet zu verlagern.[272] Neben den Effizienzvorteilen durch die zunehmende Technisierung bietet sich ihnen vor allem der Vorteil, dass das Personal in den Filialen zielorientierter eingesetzt werden kann. Bisher wird dort noch viel Zeit auf das Erfassen von Überweisungsträgern oder ähnlichen „Produktions"-Tätigkeiten verwendet. Wenn die Mitarbeiter hiervon entlastet werden, können sie sich mehr auf die im Endeffekt entscheidenden Tätigkeiten, die persönliche Beratung und Vertrauensbildung, konzentrieren. Laut einer Umfrage des Fraunhofer-Instituts streben auch 95 % der Bankinstitute nach solch einer veränderten Aufgabenstellung in den Filialen.[273] Dies schlägt sich in der Unterscheidung zwischen verschiedenen Filialtypen nieder. Beratungs-/ Kompetenzcenter sollen sich um die hochwertigen Aufgaben kümmern, während Standardgeschäfte und einfache Betreuungsleistungen in Servicecentern und Selbstbedienungszonen abgewickelt werden. Ein weiterer bedeutender Vorteil der Filiale ist die lokale Verbundenheit. Die Mitarbeiter können auf die speziellen Bedürfnisse der Kunden ihrer „Nachbarschaft" eingehen.[274]

Neben dem Internet und den Filialen treten natürlich auch noch andere Vertriebskanäle, wie ein Call-Center oder der mobile Vertrieb, hinzu. Ziel muss es jedoch immer sein, sich auf die Kernfähigkeiten der einzelnen Vertriebskanäle zu fokussieren und auf dieser Basis ein Vertriebssystem zu entwickeln, das diese Kernfähigkeiten zu einer Gesamtleistung verknüpft.

Nun stellt sich die Frage, welche konkreten Leistungen für das Internet geeignet sind. „Je komplexer eine Leistung, je weniger der Kunde sie selbstständig bewältigen kann, desto weniger wird das Internet bei der Leistungserstellung zum Tragen kommen." Diese Aussage bewerteten 66 % mit mindestens „trifft zu", bei einem Mittelwert von 3,90. Auch die relativ hohe Standardabweichung von 1,04 zeigt, dass hier kein einheitliches Meinungsbild vorhanden ist. Insbesondere die Direktbanken mit ihrer besonders internetaffinen Zielgruppe bewerteten die Aussage stark unterdurchschnittlich.

Die zwei entscheidenden Kriterien, die hier für die Internettauglichkeit eines Produktes Berücksichtigung finden müssen, sind zum einen der tatsächliche Komplexitätsgrad eines Produktes und zum zweiten der vom Kunden subjektiv empfundene. Betrachtet man zum Beispiel das derzeitige Nutzungsverhalten der Kunden beim Internet-Banking, stellt man fest, dass die Abwicklung des Zahlungsverkehrs

---

[272] Vgl. Gerpott/Knüfermann, 2000, S. 42.
[273] Vgl. Bullinger/Engstler/Jordan, 2000, S. 46 ff.
[274] Vgl. Bekier/Flur/Singham, 2000, S. 82 f.

den Löwenanteil der in Anspruch genommenen Leistungen ausmacht. Die Abwicklung des Zahlungsverkehrs ist die am höchsten standardisierte Leistung einer Bank und sehr einfach über das Internet darstellbar. Außerdem wird sie vom Kunden am häufigsten in Anspruch genommen, sodass er mit dieser Leistung vertraut ist und es sogar als bequem empfindet, diese selbstständig von zu Hause aus nutzen zu können. Betrachten wir hingegen nun den Anteil der Kunden, die das Internet für den Abschluss eines Kredits genutzt haben, fällt dieser sehr niedrig aus. Obwohl auch hier bei der Bank zumeist einfache Standardbewertungskriterien bei der Kreditbewilligung zur Anwendung kommen, empfinden viele Kunden hier doch eine höhere Komplexität. Ein Kredit wird nicht gleichermaßen häufig in Anspruch genommen, was die Vertrautheit mit dieser Leistung stark reduziert. Möchte eine Bank Kredite auch über das Internet vertreiben, muss sie dem Kunden entsprechende Hilfestellungen zur Verfügung stellen, um den vom Kunden subjektiv empfundenen Komplexitätsgrad zu reduzieren.

Noch befindet sich das Internet stark in der Informationsphase und in den Anfängen des Transaktionsbereichs. Die Beratung wird erst marginal angerissen. Es gibt aber schon erste Ansätze für virtuelle Berater. Cor@ ist zum Beispiel eine virtuelle Beraterin auf den Internetseiten des Geschäftsbereichs „Unternehmen und Immobilien" der Deutschen Bank. Virtuelle Berater können den menschlichen aber noch nicht ersetzen.[275] Je weiter die technische Entwicklung voranschreitet, desto mehr werden auch Beratungsleistungen und komplexere Transaktionen integrierbar. Insbesondere im Retailbanking geht man davon aus, dass bis 2010 nur noch 20-30 % der Transaktionen und 40-50 % der Beratungstätigkeit über die neugestalteten Filialen laufen werden.[276]

„Viele Dienstleistungen können am besten vertriebskanalübergreifend erbracht werden." Diese Ansicht teilten 67 % der befragten Experten bei einem Mittelwert von 3,84. Hier geht es in erster Linie um die Frage, ob sich die Vertriebskanäle auf die Abwicklung einzelner Geschäftsbereiche spezialisieren oder ob es vorteilhaft ist, deren Leistungserstellung auf mehrere Vertriebskanäle zu verteilen. Die Bewertung der Aussage spiegelt wider, dass die Antwort auf diese Frage stark von dem jeweils betrachteten Geschäftsfeld abhängt. Für die Abwicklung des Zahlungsverkehrs wäre es aus oben genannten Gründen sicherlich erstrebenswert, diese ausschließlich ins Internet verlagern zu können. Im Bereich des Vermögensmanagements hingegen, der sehr beratungsintensiv ist, können sich die Vertriebswege Internet und Filiale hervorragend ergänzen. Das Internet kann den Kunden zum Beispiel mithilfe von virtuellen Beratungscentern zu speziellen Themengebieten auf ein persönliches Gespräch mit seinem Berater vorbereiten. Für potenzielle neue Kunden bietet sich zudem die Möglichkeit, sich im Internet vorab erst einmal anonym über die Angebote einer Bank zu informieren. Hier

---

[275] Vgl. Nölke, 2000, S. 58 ff.
[276] Vgl. Leichtfuß/Schulz, 2000.

muss dann aber eine einfache persönliche Kontaktmöglichkeit gegeben sein, um diese Kunden nicht gleich wieder zu verlieren.

Um vertriebskanalübergreifende Leistungen innerhalb eines Multi-Channel-Systems anbieten zu können, ist zu guter Letzt ein Datawarehouse unabdingbar. Dem stimmten 90 % der Experten zu. Unter einem Datawarehouse wird in diesem Zusammenhang ein IT-System verstanden, das die Informationen über Kunden vertriebskanalübergreifend verwaltet. Den Gegensatz stellt die heute noch weit verbreitete Situation dar, dass über einen Kunden mehrere unabhängige Datensätze in den verschiedenen Vertriebskanälen vorhanden sind.[277] Ein Beispiel zur erfolgreichen Implementierung eines Datawarehouses ist das oben beschriebene Beraterinformationssystem der Commerzbank. Es ist in ein Datawarehousekonzept integriert. Nur mit einer entsprechenden IT-Unterstützung kann eine vertriebskanalübergreifende Betreuung der Kunden gewährleistet werden. Jedem Mitarbeiter in jedem Vertriebskanal müssen die gleichen Informationen über den Kunden zur Verfügung stehen.[278] Durch einen für alle Vertriebskanäle einheitlichen Kundendatensatz werden Fehler bei der Kundenansprache vermieden und die Datenpflege erleichtert.

3.5.2.2.4 Erfolgsfaktor zielgruppenorientiertes Markenmanagement

Als letzter bedeutender Erfolgsfaktor innerhalb des Erfolgsfaktorenmodells soll nun ein zielgruppenorientiertes Markenmanagement besprochen werden. Zunächst wird auf die Wichtigkeit einer starken Marke, insbesondere auch für die Internetaktivitäten einer Bank, eingegangen. Anschließend stellt sich die Frage nach der Notwendigkeit einer Zielgruppenorientierung des Markenmanagements.

3.5.2.2.4.1 Bedeutung der Marke für Unternehmen des Bankgewerbes

Insbesondere drei Hauptwesensmerkmale einer Marke unterstreichen deren Wichtigkeit.[279] Erstens schaffen Beständigkeit und Zuverlässigkeit unter einer Marke Vertrauen, was als eine notwendige Kernvoraussetzung im Rahmen eines One-to-One-Ansatzes identifiziert wurde. Zweitens besitzt eine Marke Unverwechselbarkeit und macht damit die Differenzierung gegenüber dem Wettbewerb greifbar. Der Kunde verbindet mit ihr die Problemlösungskompetenz seiner Bank. Drittens empfindet jeder Einzelne die Marke individuell. Vor diesem Hintergrund definieren Meffert und Bruhn die Dienstleistungsmarke „als ein in der Psyche des Konsumenten verankertes, unverwechselbares Vorstellungsbild von einer Dienstleistung [...]. Die zugrunde liegende markierte Leistung wird dabei einem möglichst großen Absatzraum über einen längeren Zeitraum in gleichartigem Auftritt und in gleichbleibender oder verbesserter Qualität angeboten."[280] Eine eingeführte Marke

---

[277] Vgl. Piller, 1998.
[278] Vgl. Hientzsch, 2000, S. 55 f.
[279] Vgl. Betsch, 2000, S. 9.
[280] Vgl. Meffert/Bruhn, 2000, S. 312.

stellt außerdem eine große Markteintrittsbarriere für potenzielle neue Wettbewerber dar, weil die Kosten zur Markeneinführung und -pflege sehr hoch sind. Consors hat beispielsweise 1998 6,4 Mio. Euro Marketingkosten aufgewendet, für 1999 werden 16,7 Mio. Euro erwartet.[281]

Im Bankenbereich im Speziellen nimmt der Kunde die Marke auf zwei Ebenen wahr. Erstens kann er mit der Marke die Beziehung zu seinem persönlichen Berater verbinden und zweitens mit seiner Beziehung zu der Bank als Institution. Je intensiver die Beziehung zwischen Berater und Kunde ist, desto mehr wird er die Marke auf dieser Ebene wahrnehmen. Hier liegt für die Banken eine gewisse, aber kaum zu vermeidende Problematik. Es wurde bereits herausgestellt, dass eine persönliche Berater-Kunde-Beziehung unabdingbar für die Vertrauensbildung ist. Was passiert aber, wenn der Berater die Bank wechselt? Diesem Problem sehen sich speziell die Privatebanking-Organisationen ausgesetzt, deren Dienstleistungen ganz besonders über persönliche Berater erbracht werden. Im Retailbereich hingegen, in dem diese Beziehung nicht dermaßen stark ausgeprägt ist, kommt der Institution eine wichtige Rolle bei der Markenbildung zu. Das Markenerlebnis muss einen Zusatznutzen zu den im Bankbereich ansonsten vielfach vergleichbaren Leistungen schaffen.

Es stellt sich nun die Frage, welche Bedeutung dem Internet für das Markenmanagement von Unternehmen des Bankgewerbes zukommt. Zunächst war das Image einer Marke ein Hauptgrund für Unternehmen, überhaupt im Internet präsent zu sein.[282] Viele Unternehmen strebten einen Imagetransfer von ihrem Internetauftritt auf ihre etablierte Marke an. Die Unternehmen wollten als jung, modern und innovativ gelten. Mittlerweile werden auch die Möglichkeiten zur Interaktion und Personalisierung stärker wahrgenommen, durch die zusätzliche emotionale Bindungen aufgebaut werden können.[283] Werte können über das Internet sehr dynamisch transferiert werden.[284] Der Kunde entwickelt das Bild von „seiner" Marke bis zu einem gewissen Grad selbst. Eine relativ geringe Bedeutung wird dem Internet momentan noch als Werbemedium zur Förderung der Markenbekanntheit beigemessen. Will ein Unternehmen das Internet letztendlich auch als eigenständigen Vertriebskanal nutzen, ist ebenfalls eine starke Marke erforderlich, um den Kunden überhaupt auf die Website zu lenken. Die Marke bietet ihm einen festen Bezugspunkt in dem unüberschaubaren Angebot des Internets.[285] Außerdem kann sie ein Gefühl von Sicherheit vermitteln, was im Internet zur Zeit noch besonders wichtig ist.

---

[281] Vgl. Imo, 2000, S. 275.
[282] Vgl. Lindström/Andersen, 2000, S. 123.
[283] Vgl. Meffert, 2000, S. 128.
[284] Vgl. Lindström/Andersen, 2000, S. 123 ff.
[285] Vgl. Schneider/Gerbert, 1999, S. 106.

3.5.2.2.4.2 Notwendigkeit einer Zielgruppenorientierung des Markenmanagements

Soll eine Marke die an sie gestellten Anforderungen möglichst effektiv erfüllen, muss das Markenmanagement sich klar an den jeweiligen Kundenzielgruppen eines Unternehmens orientieren. Betrachten wir zunächst die beiden Segmentierungskriterien, die zuvor als besonders sinnvoll herausgestellt wurden, so müssen der (potenzielle) Wert eines Kunden für das Unternehmen und auch seine individuellen Bedürfnisse bei der Markenbildung Berücksichtigung finden. Die Organisationseinheit Deutsche Bank/Privatebanking[286] bedient zum Beispiel einen exklusiven Kundenkreis, der an die Leistungen der Bank besonders hohe Erwartungen stellt. Die Dachmarke „Deutsche Bank/Privatebanking" hebt diesen Anspruch hervor und macht dem Kunden seine hochwertige Betreuung bewusst.

Weiterhin können auf Produktebene Markenfamilien[287] zielgruppenspezifisch positioniert werden. Es werden neue Produktfamilien und Produkte kreiert, die sich nur in Einzelelementen von vergangenen unterscheiden. Sie sind aber an die jeweiligen Marktgegebenheiten angepasst und mit einem entsprechenden Markennamen „verpackt". In diesem Zusammenhang macht eine Marke es einem Unternehmen auch möglich, sich als Innovationsführer zu positionieren. Banken sind mit dem Problem konfrontiert, dass neue innovative Leistungen nicht patentierbar sind und deshalb sehr schnell durch den Wettbewerb kopiert werden können. Hier kann die Marke zumindest eine zeitlich begrenzte Alleinstellung der Leistung im Bewusstsein des Kunden schaffen. Ein Beispiel für solch eine Markenfamilie stellt „Xavex" dar, die in das Angebot der „Deutsche(n) Bank/Privatebanking" integriert ist. Unter der Marke Xavex werden Produkte, wie Optionsscheine, Zertifikate oder Aktienanleihen, angeboten. Xavex kommuniziert ein neues Denken und Handeln im Investmentsektor und will „Innovative Solutions for Smart Investors" bieten. Diese Markenfamilie ist auf die spezifischen Bedürfnisse eines Kundensegments innerhalb der Privatebanking-Organisation zugeschnitten.

Eine weitere Möglichkeit zur Ausgestaltung des Markenmanagements ist eine Orientierung an der Vertriebskanalnutzung der jeweiligen Zielkunden. Betrachtet man die Internetaktivitäten einer Bank, steht sie vor der Entscheidung, entweder eine vertriebskanalübergreifende Dachmarke zu verwenden oder eine unabhängige reine Internetmarke aufzubauen.

Auf die Frage, ob diese Entscheidung von der Kundenzielgruppe eines Unternehmens abhängt, antworteten 66 % der befragten Experten mit mindestens „trifft zu". 22 % stimmten „teilweise zu" (Mittelwert: 3,82). Diese Einschätzung macht deutlich, dass die Markenentscheidung zwar stark von der Kundenzielgruppe, die mit dem Internetangebot angesprochen werden soll, abhängt, sie aber nicht das ausschließliche Kriterium ist. Vielmehr spielen auch noch andere, bei der Ent-

---

[286] Vgl. Deutsche Bank, 2001, online im Internet.
[287] Vgl. Meffert/Bruhn, 2000, S. 320.

scheidungsfindung wichtige Kriterien eine Rolle.[288] Tabelle II-33 spiegelt die Bedeutungen wider, welche die befragten Experten den verschiedenen Vorteilen einer bereits etablierten, vertriebskanalübergreifenden Dachmarke beimessen. Es wird aber ebenso deutlich, dass andere Aspekte, wie die Vermeidung hoher Kosten, die bei der Einführung einer neuen Marke anfallen würden, ebenfalls sehr hoch eingeschätzt werden.

Tab. II-33: Bewertung potenzieller Vorteile einer etablierten einheitlichen Dachmarke

Eine etablierte einheitliche Dachmarke...	Mittelwert	Standardabweichung	Zustimmung [4 oder größer]
...verdeutlicht den Zusammenhang der Leistungen über die verschiedenen Vertriebskanäle.	4,37	0,76	87 %
...vermeidet den zeitintensiven Aufbau einer neuen Marke.	4,34	0,78	85 %
...vermeidet hohe Kosten zur Einführung und Pflege einer neuen Internetmarke.	4,31	0,73	84 %
...schafft Synergien bei der Neukundengewinnung für die einzelnen Vertriebskanäle.	4,30	0,69	89 %
...hat einen höheren Bekanntheitsgrad und fördert das Vertrauen der Kunden.	4,28	0,76	81 %

Auffällig ist auch, dass die Bewertungen der Aussagen zu den jeweiligen strategischen Konzepten weitestgehend einheitlich sind. Eine Faktorenanalyse ergab, dass die Gesamteinschätzungen der einzelnen Strategien, in Form der beiden extrahierten Faktoren, die Bewertung der einzelnen Argumente maßgeblich beeinflusst haben. Die Mehrheit der Befragten erachtet eine Dachmarken-Strategie, betrachtet man diese beiden Faktoren, als vorteilhaft gegenüber der Strategie einer unabhängigen Internetmarke. Die Sparkassen und die Near-Banks tendierten sogar noch stärker zu einer Dachmarkenstrategie, während die Direktbanken die Aussagen hinsichtlich einer unabhängigen Internetmarke höher als der Durchschnitt bewerteten.

Die Sparkassen fokussieren sich stark auf Multi-Channel-Kunden, während die Direktbanken eher im Segment der reinen Direktkanalkunden beheimatet sind. Die Abweichungen bei diesen Unternehmensgruppen zeigen demnach, dass die Kun-

---

[288] Vgl. Schneider/Gerbert, 1999, S. 105 ff.

denzielgruppe der jeweiligen Unternehmen doch eine entscheidende Rolle bei der Bewertung der beiden Alternativen spielt.

Tab. II-34: Bewertung potentieller Vorteile einer neuen eigenständigen Internetmarke

Eine neue unabhängige Internetmarke ermöglicht...	Mittelwert	Standardabweichung	Zustimmung [4 oder größer]
...ein junges, modernes Image.	3,55	0,95	50 %
...den Vorstoß in neue Geschäftsfelder.	3,47	0,93	47 %
...die Wahrung der Integrität der etablierten Marke.	3,29	0,83	39 %
...eine neue internationale Ausrichtung.	3,23	0,90	38 %

Es bleibt festzuhalten, dass Unternehmen durch den Aufbau eines vielschichtigen Markenportfolios eine größere Marktabdeckung erreichen können, da sie dadurch in der Lage sind, unterschiedliche Kundensegmente gezielter und damit auch glaubwürdiger anzusprechen.

3.5.2.2.5 Wechselwirkungen zwischen den einzelnen strategischen Konzepten

Die in den vorangegangenen drei Abschnitten diskutierten Konzepte können nicht vollständig unabhängig voneinander betrachtet werden. Zwischen den verschiedenen Konzepten existieren Schnittmengen und Abhängigkeiten. Aus diesem Grund wurden die Experten danach gefragt, wie stark sich die drei Konzepte gegenseitig bei ihrer Umsetzung unterstützen. Abbildung II-37 stellt diese Zusammenhänge und ihre Einschätzung durch die Experten grafisch dar.

Auffällig bei der Bewertung der Wechselbeziehungen ist, dass diese sehr stark von den Bewertungen der in die jeweilige Wechselbeziehung einbezogenen Einzelkonzepte abhängig war. Dies kann dahingehend interpretiert werden, dass in der Vorstellung eines einzelnen Befragten vielfach eines der Konzepte die beiden anderen mit einschließt. Die drei Erfolgsfaktoren werden vielfach nicht als ähnlich bedeutend wahrgenommen. Betrachtet man allerdings die Einschätzungen über alle Befragten hinweg, wird doch eine recht ausgeglichene Bewertung der Wichtigkeit deutlich. Schlussfolgerung hieraus sollte für die Unternehmen sein, den einzelnen Konzepten bei ihrer strategischen Planung einen zumindest annähernd gleichberechtigten Platz einzuräumen und sie nicht unter dem Dach eines anderen Konzepts stiefmütterlich mitzubehandeln. Zwischen den einzelnen Bausteinen müssen dann wiederum die Schnittstellen, die bereits angesprochen wurden, Berücksichtigung finden. Ein Beispiel hierzu ist das besprochene Beispiel der Direktanlagebank, die durch den Aufbau eines Filialnetzes ihr Markenbild beeinflussen will.

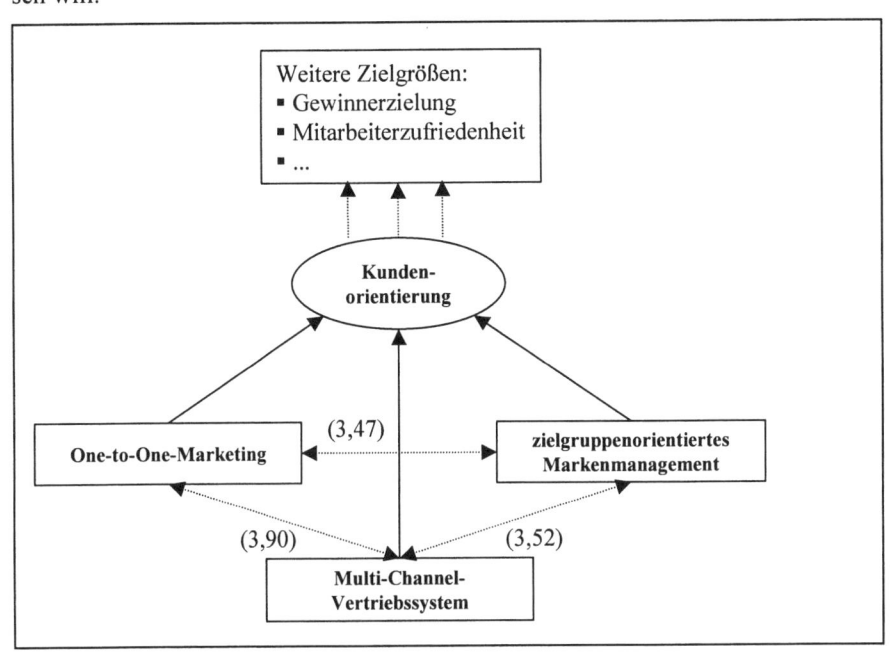

Abb. II-37: Die Erfolgsfaktoren als sich gegenseitig ergänzende Konzepte

3.5.2.3 Zusammenfassende Diskussion

Die Unternehmen des Bankgewerbes sehen sich zur Zeit vielfältigen Herausforderungen ausgesetzt. Insbesondere das Internet, aber auch andere Einflüsse, führen zu tiefgreifenden Veränderungen des Marktes.

Die Kundenbedürfnisse verändern sich nachhaltig. Die Kunden werden unabhängiger von Zeit und Ort, sind besser informiert und nehmen eine gleichberechtigtere Stellung gegenüber dem Berater ein. Ihre Loyalität gegenüber ihrer Hausbank nimmt stetig ab. Zusätzlich steigt die Intensität des Wettbewerbs. Traditionell am Markt etablierte Unternehmen sehen sich mit neuen Wettbewerbern konfrontiert, die mit innovativen Konzepten an den Markt treten. Die etablierten Unternehmen reagieren sehr unterschiedlich auf diese Herausforderungen, da die Einschätzungen über die Bedeutung des Internets stark differieren. Die Reaktionen reichen von einer fast vollständigen Ignorierung des neuen Mediums bis hin zu eigenständigen Internetgeschäftsbereichen.

Vor dem Hintergrund dieser Veränderungen war es Ziel einer empirischen Studie, Erfolgsfaktoren zu identifizieren, die es den Banken auch in Zukunft erlauben, erfolgreich am Markt tätig zu sein. Die Studie umfasste sechs explorative Interviews und eine schriftliche Befragung, an der sich 101 Experten beteiligten. Die

Ergebnisse der empirischen Studie werden im Folgenden nochmals kurz zusammengefasst.

Die zentrale Zielgröße, an der sich alle Aktivitäten eines Unternehmens ausrichten müssen, ist eine konsequente **Kundenorientierung**. Wird dieses Ziel nicht erreicht, lassen sich auch andere Ziele, an denen der Erfolg eines Unternehmens bewertet werden kann, nicht verwirklichen. Kernerfolgsfaktoren für eine konsequente Kundenorientierung sind ein effektives One-to-One-Marketing, ein Multi-Channel-Vertriebssystem und ein zielgruppenorientiertes Markenmanagement. Abbildung II-37 gibt einen Überblick über das entworfene strategische Modell.

(1) Im Rahmen eines **One-to-One-Marketing** muss ein Unternehmen in der Lage sein, seinen Kunden ganzheitliche, individuelle Problemlösungen zu offerieren, um zumindest bedingt dem sich verschärfenden Preiswettbewerb entgehen zu können. Hierzu müssen sich die Banken neu auf ihre Kernkompetenzen konzentrieren – die Beratungskompetenz und die Kompetenz zur Vertrauensbildung. Der persönlichen Beratung kommt dabei eine entscheidende Bedeutung zu. Sie nimmt eine zentrale Rolle in der Organisation der Kundenbetreuung ein. Eine intensive persönliche Betreuung der Kunden muss sich allerdings strikt an dem Wert eines Kunden für das Unternehmen orientieren, da das Personal eine äußerst knappe Ressource darstellt. Ein gutes Allokationsinstrument für diese Ressource könnte ein neues Preismodell sein. Für Kunden mit geringeren Wertschöpfungspotenzialen kann eine stärkere Leistungsindividualisierung auf technischer Ebene erreicht werden. Hier bieten insbesondere die Ansätze der Mass Customization und des Datamining neue Möglichkeiten. Auch an den Umfang des Leistungsangebots werden innerhalb eines One-to-One-Ansatzes neue Anforderungen gestellt. Für die Bewertung potenzieller zusätzlicher Leistungen sollten zwei Kriterien herangezogen werden. Zusätzliche Leistungen sollten sich die Kernkompetenzen einer Bank zunutze machen und das bestehende Kernangebot sinnvoll ergänzen. Kooperationen auf Produktionsebene stellen in diesem Zusammenhang ein probates Mittel dar.

(2) Die Gruppe der Kunden, die in Zukunft mehrere Vertriebskanäle zur Abwicklung ihrer Bankgeschäfte nutzen wird, wächst in den nächsten Jahren rapide. Ebenso steigt die Anzahl der reinen Direktkanalkunden, die aber aufgrund ihrer Preissensitivität und ihrem geringen Beratungsbedarf nicht die primäre Zielgruppe der traditionell am Markt etablierten Banken sein darf. Hieraus ergibt sich für die Unternehmen die Notwendigkeit, ein **Multi-Channel-Vertriebssystem** aufzubauen. Das Internet darf dabei nicht nur als defensives Instrument eingesetzt werden. Es ist auch möglich, Neukunden für die Filialen über das Internet (Banner u. ä.) zu gewinnen.

Ein Multi-Channel-Vertriebssystem muss sich die spezifischen Eigenschaften eines jeden Vertriebskanals zunutze machen und sie gestalterisch in ein Gesamtkonzept einbinden. Sowohl das neue Medium Internet als auch die klassische Filiale werden hierin eine bedeutende Stellung einnehmen. Welche konkrete Leistung besonders für das Internet geeignet ist, entscheidet zum großen Teil deren Komplexität – und zwar sowohl die tatsächliche als auch die vom Kunden subjektiv empfundene. Zu guter Letzt muss ein Multi-Channel-Vertriebssystem mit einem Datawarehouse unterlegt sein, damit das Zusammenspiel der einzelnen Kanäle auch reibungslos funktionieren kann.

(3) Weiterhin ist es für die Banken notwendig, sich der Bedeutung des **Markenmanagements** innerhalb der Unternehmensstrategie bewusst zu werden. Das Markenmanagement muss an die spezifischen Bedingungen des Marktes für Bankdienstleistungen angepasst werden und sich die neuen Möglichkeiten zunutze machen, die das Internet mit seiner Interaktionsfähigkeit im Rahmen der Markenbildung bietet. Durch den Aufbau eines vielschichtigen *zielgruppenorientierten Markenportfolios* erreichen Unternehmen eine größere Marktabdeckung, da sie dann in der Lage sind, unterschiedliche Kundensegmente gezielter und glaubwürdiger anzusprechen.

Auf Produktebene bietet sich dazu der Aufbau von Markenfamilien an. Auch die Entscheidung, die Internetaktivitäten einer Bank unter einer vertriebskanalübergreifenden Dachmarke oder einer unabhängigen Internetmarke zu positionieren, muss von der Zielkundengruppe dieser Aktivitäten abhängen. Bei den meisten Banken scheint hier eine Dachmarkenstrategie als vorteilhaft erachtet zu werden.

Bei den strategischen Planungen müssen die Schnittmengen zwischen den einzelnen Erfolgsfaktoren berücksichtigt werden. Innerhalb dieses Modells wurde auf einem hoch abstrahierten Niveau argumentiert. Nächste Aufgabe müsste es demnach sein, auf Basis dieser Erkenntnisse Strategien für die einzelnen Bankengruppen mit ihren spezifischen Ausgangsbedingungen zu entwickeln.

Bleibt festzuhalten, dass die neuen Markteintritte ihre Marktanteile sicherlich weiter werden steigern können. Trotzdem bieten sich den traditionell im Markt etablierten Unternehmen, betrachtet man die Ausführungen dieser Arbeit, gute Chancen, den Markt für Bankdienstleistungen weiterhin zu dominieren – auch den immer attraktiver werdenden Bereich des Privatkundengeschäfts.

3.5.3 Erfolgsfaktoren in der New Economy

3.5.3.1 *Aufbau und Ablauf der Studie*

Zur Überprüfung des Modells zu den Erfolgsfaktoren von New Economy-Dienstleistern wurde eine schriftliche und eine Onlinebefragung unter insgesamt 181 gezielt angeschriebenen New Economy-Dienstleistungsnetzwerken durchgeführt. Insgesamt kamen 72 vollständig ausgefüllte Fragebögen zurück, die in eine weitere Auswertung eingeflossen sind. Der Rücklauf lag mit 39,8 % auf erfreulich hohem Niveau. Es sei jedoch hier angemerkt, dass zunächst in einer unpersönlichen „Kalt-Akquise" etwa 2.000 New Economy-Dienstleister mit der Frage angeschrieben wurden, ob sie an einer Studie zum Thema „Erfolgsfaktoren der New

Economy" teilnehmen möchten. 181 bekundeten ihr grundsätzliches Interesse, worauf dann nur noch diese angeschrieben wurden.

Den potenziellen Teilnehmern wurde es freigestellt, ob sie per interaktiver E-Mail, per Onlinefragebogen oder per Fax-Fragebogen an der Studie teilnehmen möchten. Der überwiegende Teil (53) wählte die erste Alternative, nämliche eine Teilnahme via interaktiver E-Mail.

Der Fragebogen selbst gliederte sich in die drei Bereiche:

- Fragen zum Erfolg des eigenen Dienstleistungsnetzwerks,
- Fragen zu den einzelnen (neun) Erfolgsfaktoren sowie
- demographische Fragen zum Dienstleistungsnetzwerk und zum Beantworter.

Der **Erfolg** des eigenen Dienstleistungsnetzwerks wurde als Eingangsfrage durch Selbsteinschätzung („sehr erfolgreich" bis „gar nicht erfolgreich") direkt-affektiv abgefragt. Am Ende des Fragebogens wurde diese Frage aufgegriffen, jedoch anders formuliert, nämlich als „durchschnittlicher Zielerreichungsgrad".

Der Hauptteil der Befragung bestand in den Fragen zu den durch (u. a.) die weiter vorne vorgestellte Delphi-Studie[289] hergeleiteten Hypothesen. Diese wurden durch einige spezifische „New Economy-Erfolgsfaktoren" ergänzt. Die nunmehr neun **Erfolgsfaktoren** wurden durch je 10-20 Items abgefragt, die anhand einer Fünfer-Skalierung von „trifft voll zu" bzw. „sehr geeignet" bis „trifft gar nicht zu" bzw. „gar nicht geeignet" bewertet werden sollten („5" entspricht dabei der vollen Zustimmung zu dem Statement, „1" der vollen Ablehnung des entsprechenden Statements). In jedem dieser neun Abschnitte wurde zunächst die Bedeutung des entsprechenden Erfolgsfaktors für die Branche abgefragt, anschließend die Wichtigkeit für das eigene Dienstleistungsnetzwerk. Als dritte Frage wurde die Güte der Umsetzung bzw. Implementierung des Erfolgsfaktors abgefragt; so wurde die „Exzellenz" im jeweiligen Erfolgsfaktor direkt abgefragt.

Nach den Fragen zu den einzelnen Items des jeweiligen Erfolgsfaktors wurde gefragt, ob dieser gemessen wird. Anschließend wurden jeweils Kennzahlen angeboten, die gemäß ihrer Eignung zur Messung des jeweiligen Erfolgsfaktors bewertet werden sollten.

Im dritten Teil des Fragebogens wurden die **Unternehmensdemographika** abgefragt. Dabei ist die Frage nach der Unternehmensstruktur – neben den „klassischen" Fragen nach Branche, Umsatz und Mitarbeiterzahl – für weitere Studien von besonderer Bedeutung: Um welche Art von „Dienstleistungsnetzwerk" handelt es sich bei dem Befragten? Diese Selbsteinordnung kann in einer späteren Analyse mit einer Fremdpositionierung verglichen werden.

---

[289] Vgl. Kapitel 3.3. Delphi-Studien werden häufig zur Generierung von Hypothesen verwendet.

Die Auswertung der Daten muss sich aufgrund ihrer enormen Menge (es lagen insgesamt 72 Datensätze mit je 284 Fragen vor) auf einige ausgewählte Bereiche beschränken.[290]

3.5.3.2 Ergebnisse

3.5.3.2.1 Beschreibung der Stichprobe

Die der Auswertung zugrunde liegende Stichprobe besteht aus 72 New Economy Dienstleistern, die einen vollständigen Fragebogen zurückgeschickt bzw. -gemailt. Sie setzt sich zusammen aus

- 41,9 % Internet- bzw. Multimediadienstleistern,
- 19,4 % Beratungsdienstleistern,
- 8,3 % Softwareunternehmen und -dienstleistern,
- 5,6 % (Online)Händlern sowie
- 24,9 % sonstigen Dienstleistern.

Die befragten Dienstleistungsnetzwerke sind zu 44,3 % im Business-to-Business-Bereich, zu 25 % im Business-to-Consumer-Bereich und zu 30,7 % in beiden Bereichen tätig.

Gemessen an Umsatz und Mitarbeiterzahl wurden in dieser Stichprobe eher kleine Dienstleister befragt:

- 66, 7% erwirtschaften einen Jahresumsatz von maximal 10 Mio. DM und
- 73,4 % haben weniger als 50 Mitarbeiter.

Ebenso haben nur 27,9 % der befragten Dienstleistungsnetzwerke Mitarbeiter im Ausland beschäftigt; die Stichprobe kann daher eher als „national" eingestuft werden.

---

[290] Eine ausführliche Analyse wird in Kürze als Studie erscheinen.

3.5.3.2.2 Erfolgsfaktoren für die New Economy

Die erste Frage, die gestellt wurde, war die **Einschätzung des Erfolgs** des eigenen Dienstleistungsnetzwerks. Dabei sollte der Erfolg zunächst anhand einer Fünfer-Skala, später als „Zielerreichungsgrad", bewertet werden.

Tab. II-35: Bewertung des Erfolgs

Bewertung des Erfolgs	Anteil [%]
gar nicht erfolgreich	0,00
nicht erfolgreich	2,78
weder noch	22,22
erfolgreich	55,56
sehr erfolgreich	19,44

Zielerreichungsgrad [%]	Anteil [%]
[0 - 25[	12,50
[25 - 50[	6,25
[50 - 75[	12,50
[75 - 100[	50
> 100	12,50

n = 72

Bei der Analyse fällt auf, dass sich die befragten New Economy-Dienstleister generell recht gut bewerten. 75 % halten sich für mindestens „erfolgreich". Bzgl. des Grads der Zielerreichung sehen sich 62,5 % bei mindestens 75 %. Die vergleichsweise optimistische Selbsteinschätzung (Franchisesysteme schätzen sich signifikant schlechter ein) muss bei den weiteren Analysen (insbes. bei Clusterbildungen) beachtet werden.

Mit der jeweils ersten Frage zu jedem der neun Erfolgsfaktoren wurde die Wichtigkeit des jeweiligen Faktors für die eigene Branche abgefragt. Folgende Ergebnisse brachte die Befragung (Bemerkung: grundsätzlich wurde eine Fünferskalierung gewählt mit „5" als „bestem" Wert und „1" als „schlechtestem"):

Grundsätzlich wird den vorgeschlagenen Erfolgsfaktoren eine hohe Wichtigkeit für die eigene Branche zugemessen, was Werte zwischen 4,75 und 3,94 ausdrücken. Einzige Ausnahme bildet der Faktor „Internationalisierung" mit einem Wert von 3,0. Die hohe Standardabweichung zeigt, dass es dazu jedoch bei den Befragten kein einheitliches Meinungsbild gibt. Ebenso gibt eine Kreuztabelle darüber Aufschluss, dass 66,7 % der Dienstleistungsnetzwerke, die bereits jetzt zumindest Mitarbeiter im Ausland beschäftigen, also als „international tätige Dienstleistungsnetzwerke" bezeichnet werden können, der Internationalisierung hohe bis sehr hohe Wichtigkeit zumessen. Da jedoch die absolute Anzahl dieser Gruppe zu gering ist, kann diese Aussage nur ihrer Tendenz nach gewertet werden.

Tab. II-36: Wichtigkeit der Erfolgsfaktoren

Erfolgsfaktor	Branchen-wichtigkeit	Standardab-weichung
Humankapital	4,75	0,49
Vertriebsmanagement	4,60	0,65
Informationsmanagement	4,53	0,60
Leistungsqualität	4,44	0,73
Innovationsmanagement	4,42	0,69
Netzwerkmanagement	4,13	1,14
CRM	4,11	0,97
Markenmanagement	3,94	0,89
Internationalisierung	3,00	1,49

n = 72

Ansonsten decken sich die Ergebnisse bzgl. der Wichtigkeit der jeweiligen Erfolgsfaktoren mit denen aus zahlreichen vergleichbaren Studien.[291] Auffallend ist die Wichtigkeit des Faktors „Informationsmanagement" (4,53). Das verwundert jedoch kaum, da es sich bei den befragten Dienstleistungsnetzwerken um Vertreter der New Economy handelt. Viele wurden erst im Zuge der massenhaften Durchsetzung der Informations- und Kommunikationstechnologie gegründet und ihre Dienstleistungen sind in dem Bereich des Informationsmanagements angesiedelt.

Die Umsetzung der als wichtig anerkannten Erfolgsfaktoren im eigenen Netzwerk soll im Folgenden betrachtet werden.

Generell bewegt sich die Bewertung der eigenen Leistungsfähigkeit bezgl. der verschiedenen Erfolgsfaktoren zwischen 3,29 und 3,78, also im schwach guten Bereich. Herausgehoben seien der gute Wert bei der Leistungsqualität (4,08) sowie der schwache Wert bei der Internationalisierung (2,37). Offenbar sind die New Economy-Dienstleister von ihrer eigenen Leistungsfähigkeit überzeugt. Das Gegenteil lässt sich für den Faktor „Internationalisierung" behaupten. Hier sehen viele Defizite (wobei eine hohe Standardabweichung wieder nahe legt, dass kein einheitliches Meinungsbild vorliegt).

---

[291] Vgl. z. B. Ahlert/Evanschitzky, 2002.

Tab. II-37: Umsetzung der Erfolgsfaktoren im eigenen Dienstleistungsnetzwerk

Einsatz des Erfolgsfaktors im eigenen Netzwerk	Mittelwert	Standardabweichung
Humankapital	3,75	0,76
Leistungsqualität	4,08	0,64
CRM	3,49	1,00
Markenmanagement	3,29	1,24
Netzwerkmanagement	3,36	1,35
Innovationsmanagement	3,78	0,98
Internationalisierung	2,37	1,13
Vertriebsmanagement	3,59	1,12
Informationsmanagement	3,64	0,89

n = 72

Erwartungsgemäß erhöhen sich die jeweiligen Mittelwerte bei einer Clusterung nach „erfolgreichen" Dienstleistungsnetzwerken und verringern sich bei den „wenig erfolgreichen".

Zuletzt soll die **Korrelation** zwischen dem Gesamterfolg des Dienstleistungsnetzwerks und den jeweiligen Erfolgsfaktoren analysiert werden. Die Korrelation liefert ein Maß für die Stärke des linearen Zusammenhangs zwischen zwei (metrisch skalierten) Merkmalen.[292] Hier wird also der Zusammenhang zwischen dem „Erfolg" und den einzelnen Erfolgsfaktoren betrachtet. Grundsätzlich spricht man ab einer Korrelation von 0,5 von einem starken Zusammenhang zwischen den beiden betrachteten Variablen.

Festzustellen ist, dass die Korrelationen generell mittelstark (um 0,4) ausgeprägt sind, d. h. eine Zunahme beispielsweise der Güte des Innovationsmanagements würde sich linear zum Erfolg des Dienstleistungsnetzwerks entwickeln. Einzig das Informationsmanagement weist eine eher geringe Korrelation zum Erfolg auf. Die Richtung des Zusammenhangs, also die Frage nach dem Einfluss einer abhängigen Variablen (hier „Erfolg") von einer unabhängigen (hier der jeweilige Erfolgsfaktor), wird später im Rahmen einer Regressionsanalyse untersucht.

3.5.3.2.3 Test der Hypothesen mithilfe der Regressionsanalyse

Mithilfe der **Regressionsanalyse** soll versucht werden, die neun aufgestellten Hypothesen zu testen. Die Regressionsanalyse gibt Auskunft über die Art des

---

[292] Vgl. Berekoven/Eckert/Ellenrieder, 1999, S. 198.

Zusammenhangs zwischen einer abhängigen und einer unabhängigen metrisch skalierten Variablen.[293]

Wichtigkeit		Wirkungsstärke (B)	
4,75	Humankapital	0,349 **	
4,44	(Leistungs-)Qualität	0,424 **	
4,11	CRM	0,315 ***	
3,94	Markenmanagement	0,298 ***	
4,13	Netzwerkmanagement	0,219 ***	Erfolg
4,42	Innovationsmanagement	0,419 ***	
3,00	Internationalisierung	0,297 ***	
4,60	Vertriebsmanagement	0,292 **	
4,53	Informationsmanagement	0,209 *	

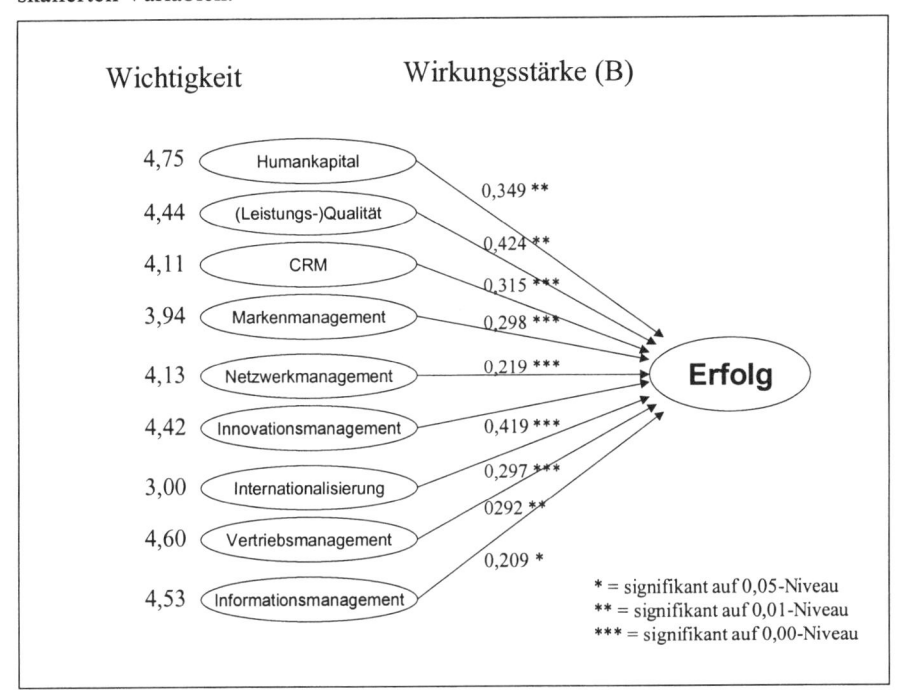

* = signifikant auf 0,05-Niveau
** = signifikant auf 0,01-Niveau
*** = signifikant auf 0,00-Niveau

Abb. II-38: Wirkungsstärke der Erfolgsfaktoren

Sie kann damit hypothetische Ursache-Wirkungs-Zusammenhänge testen. Bei der Berechnung wird ein B-Wert bestimmt, der Aufschluss über die Wirkungsstärke und Wirkungsrichtung der Variablen gibt. Ebenso wird das entsprechende Signifikanzniveau angezeigt, welches über die Irrtumswahrscheinlichkeit, mit der die Nullhypothese abgelehnt werden kann, Auskunft gibt.

Abbildung II-38 zeigt den Wirkungszusammenhang zwischen dem jeweiligen Erfolgsfaktor und dem (Gesamt-)Erfolg. Dabei wurde zur besseren Übersichtlichkeit ebenso der Mittelwert der Wichtigkeit an den jeweiligen Erfolgsfaktor geschrieben, wie die Wirkungsstärke B und das Signifikanzniveau.

Die Wirkungsstärke, also der Einfluss des Erfolgsfaktors auf den Erfolg, bewegt sich zwischen +0,209 und +0,424, was als „starke positive Wirkungsstärke" bezeichnet werden kann.[294]

Offensichtlich sind die aufgestellten Hypothesen mit dem vorliegenden Datensatz nicht zu widerlegen. Die jeweilige Wirkungsstärke ist signifikant mindestens auf 0,05-Niveau. Daher kann angenommen werden, dass die neun aus der Theorie

---

[293] Vgl. Backhaus et al., 2000, S. 2.
[294] Krönfeld, 1995, S. 230.

hergeleiteten Erfolgsfaktoren erfolgsrelevant sind und auch in weiteren Studien getestet werden sollten.

3.5.3.2.4 Analyse der Beziehungen zwischen Erfolgsfaktor und zugehörigen Items

Nachdem das Modell auf Ebene der Erfolgsfaktoren beschrieben wurde, soll nun jeder einzelne Erfolgsfaktor in seiner Beziehung zu den zugehörigen Items untersucht werden.

Tab. II-38: Das „Umsetzungs-Gap"

Erfolgsfaktor	Branchen-wichtigkeit	Umset-zungsgüte	„Gap"
Humankapital	4,75	3,75	1,00
Vertriebsmanagement	4,60	3,59	1,01
Informationsmanagement	4,53	3,64	0,89
Leistungsqualität	4,44	4,08	0,36
Innovationsmanagement	4,42	3,78	0,64
Netzwerkmanagement	4,13	3,36	0,77
CRM	4,11	3,49	0,62
Markenmanagement	3,94	3,29	0,65
Internationalisierung	3,00	2,37	0,63

n = 72

Dabei werden drei herausragende Fälle beschrieben:

- der Erfolgsfaktor „Humankapital",
- der Erfolgsfaktor „Vertriebsmanagement" und
- der Erfolgsfaktor „Informationsmanagement".

Der Grund für eine weitere Analyse dieser drei Erfolgsfaktoren ist, dass diesen nicht nur die höchsten Wichtigkeiten für den Erfolg in der New Economy zugemessen werden. Es fällt darüber hinaus auf, dass hier auch ein **„Umsetzungs-Gap"** besteht, will heißen: Die Differenz zwischen der Wichtigkeit für die Branche und der Güte der Umsetzung im eigenen Unternehmen ist relativ groß.

Der **Erfolgsfaktor Humankapital** wurde mit 11 Items operationalisiert. Dieser Auswahl wurde die Hypothese hinterlegt, dass dasjenige Dienstleistungsnetzwerk den Faktor „Humankapital" optimal umsetzt, das die jeweiligen Items optimal umsetzt, also mit hohen Werten belegt.

Um zu überprüfen, wie gut die Umsetzung ist und wo noch Verbesserungsbedarf besteht, sollen die Mittelwerte verglichen werden. Dabei werden die zwei Cluster „Erfolgreiche" und „Nicht-Erfolgreiche" gebildet. Wie oben erwähnt, sollen hier die als erfolgreich im jeweiligen Item gelten, die den Statements mindestens zustimmen („4" oder „5" in der globalen Bewertung des eigenen Erfolgs), als nicht erfolgreich sollen alle übrigen gelten.

Tab. II-39: Mittelwertdifferenzen der Items zum Faktor Humankapital

Item (kurz)	Mittelwert	Standardabweichung	Mittelwert „Erfolgreiche"	Mittelwert „Nicht Erfolgreiche"	Differenz
Fähigkeiten exzellent	3,97	0,73	4,17	3,58	0,59
Kenntnisse exzellent	4,00	0,67	4,04	3,92	0,13
Trainingsmaßnahmen	2,64	1,14	2,92	2,08	0,83**
Fähigkeiten messen	2,44	1,22	2,63	2,08	0,54
Fertigkeiten exzellent	3,92	0,73	4,13	3,50	0,63
Harmonieförderung	3,83	1,10	4,13	3,25	0,88**
Indentifikation	4,28	0,65	4,50	3,83	0,67*
Beteiligung am Unternehmenswert	2,86	1,54	2,92	2,75	0,17
Know-how Austausch	4,17	0,73	4,29	3,92	0,38
Anreizsysteme	1,78	1,12	2,00	1,33	0,67*
Zufriedenheit hoch	3,89	0,91	4,08	3,50	0,58
	n = 72		n = 48	n = 24	

Es fällt auf, dass die laut Selbsteinschätzung 48 „Erfolgreichen" generell allen Items einen höheren Grad an Zustimmung beimessen. Besonders hoch (und signifikant auf 0,01-Niveau **) ist die Differenz bei den Items „Trainingsmaßnahmen werden angeboten" und „Harmonie Förderung". Mit einigem Abstand folgen die Items „Identifikation mit dem Unternehmen" und „Vorhandensein von Anreizsystemen", deren Differenzen ebenfalls signifikant (auf 0,05-Niveau *) sind.[295]

Die vier Items, bei denen eine signifikante Mittelwertdifferenz vorliegt, zeichnen sich darüber hinaus dadurch aus, dass sie nicht nur eine mittlere bis hohe Korrelation zur Güte des Faktors „Humankapital" aufweisen, sondern auch zum Gesamterfolg des Dienstleistungsnetzwerks.

---

[295] Zu den Signifikanz-Niveaus: vgl. Bühl/Zöfel, 2000, S. 99 ff.

Es zeigt sich, dass New Economy-Dienstleister bei der Mitarbeiterführung noch Schwächen aufweisen. Insgesamt sollte der Fokus auf „weichen" Faktoren, wie Weiterbildungsangeboten und Maßnahmen zur Förderung des Gemeinschaftssinns, liegen und nicht etwa auf „harten" Faktoren, wie die Beteiligung am Unternehmenswert, wo die Korrelation zur Güte des Faktors „Humankapital" bei nur 0,09 liegt.

Der **Erfolgsfaktor Vertriebsmanagement** wurde im Fragebogen mit 12 Items operationalisiert. Analog zum Erfolgsfaktor Humankapital soll auch hier zunächst untersucht werden, in welchem Teilbereich des Vertriebsmanagements Handlungsbedarf bezüglich der Umsetzung herrscht.

Tab. II-40: Mittelwertdifferenzen der Items zum Vertriebsmanagement

Item (kurz)	Mittelwert	Standardabweichung	Mittelwert „Erfolgreiche"	Mittelwert „Nicht Erfolgreiche"	Differenz
Vertriebsstrategie bzgl. Produkte	4,14	1,03	4,62	3,31	1,31
Vertriebsstrategie bzgl. Kunde	4,34	0,76	4,62	3,85	0,77
Vertriebsstrategie bzgl. Produkte	3,80	1,15	4,33	2,85	1,49
Vertriebsstrategie bzgl. Produkte	3,66	1,10	4,19	2,85	1,34
Verkaufsprozesse	3,49	1,14	3,90	2,85	1,06
Stufendefinition im Verkaufsprozess	2,94	1,42	3,71	1,85	1,87**
Erfolgskennziffern	2,91	1,55	3,81	1,62	2,19**
Planung der Kapazitätsbelastung	3,34	1,30	3,86	2,54	1,32
Individuelles Vertriebscontrolling	2,60	1,43	3,38	1,46	1,92**
Individuelle Fortbildung	2,82	1,43	3,52	1,75	1,77*
operatives CRM	3,60	1,45	4,19	2,62	1,58
analytisches CRM	2,91	1,30	3,50	2,08	1,42
	n = 72		n = 48	n = 24	

42 New Economy-Dienstleister schätzen sich selbst als mindestens „erfolgreich" beim Management ihres Vertriebs ein. Es fällt auf, dass die Mittelwertdifferenzen generell höher ausfallen als beim Faktor Humankapital. Offenbar ist das Vertriebsmanagement ein Faktor, zu dem kein einheitliches Meinungsbild unter den Befragten vorherrscht. Dies zeigen auch die recht hohen Standardabweichungen um 1,4. Dies verwundert, da dem Vertriebsmanagement bei relativ geringer Standardabweichung (0,65) eine hohe Wichtigkeit (4,60) für die Branche zugemessen wird. Ebenso sind die Korrelation zwischen den Items und dem Gesamterfolg des

Dienstleistungsnetzwerks sowie zur Güte des eigenen Vertriebsmanagements im mittleren bis guten Bereich angesiedelt.

Bei der Analyse fällt auf, dass die Korrelationen zwischen Item und Erfolgsfaktor deutlich größer sind, als zwischen Item und Gesamterfolg. D. h. es scheinen sehr spezifische Fragen zum Vertriebsmanagement zu sein, die nicht notwendigerweise direkt sehr stark mit dem Gesamterfolg korrelieren.

Die Items mit der größten Mittelwertdifferenz sind

- Gütemaßstäbe, Kennzifferneinsatz (2,19),
- Vertriebscontrolling (1,92),
- Definition des Verkaufsprozesses (1,87) und
- abgeleitete Qualifizierungsmaßnahmen (1,77).

Diese stellen im Wesentlichen Fragen nach den Controllingaktivitäten bzw. nach festgelegten Managementprozessen im Dienstleistungsnetzwerk. Da beides in der Regel eher bei größeren Dienstleistern Anwendung findet, verwundern weder die großen Standardabweichungen noch die hohen Mittelwertdifferenzen. Eine Clusterung nach Dienstleistungsnetzwerken mit einem Umsatz von mindestens 25 Mio. Euro unterstützt diese Vermutung: Diese sind bei den vier Items deutlich besser als der Durchschnitt. Allerdings ist die Mittelwertdifferenz aufgrund der geringen Fallzahl nicht hinreichend signifikant.

Der **Erfolgsfaktor Informationsmanagement** ist für New Economy-Dienstleister aufgrund ihres Arbeitsschwerpunkts von besonderer Bedeutung. Man kann vermuten, dass diese Dienstleister generell beim Thema „Information" strukturelle Vorteile gegenüber anderen Dienstleistungsteilbranchen besitzen. Die trotz allem „nur" gute Bewertung der eigenen Leistungsfähigkeit im Bereich Informationsmanagement (3,64) könnte von der erhöhten Sensibilisierung für diese Thematik und somit kritischeren Selbsteinschätzung herkommen.

Das Informationsmanagement wird mittels vier Items operationalisiert. Das mag wenig erscheinen, aber es gilt zu beachten, dass zahlreiche weitere Items abfragen, welche Daten erhoben werden.

Die Mittelwertdifferenzen zwischen erfolgreichen und nicht erfolgreichen Dienstleistern sind wenig aussagekräftig, da sie relativ gering sind und nicht signifikant. Daher sei hier auf diese Analyse verzichtet.

Interessant bei der Betrachtung der Mittelwerte der Items ist, dass dem Statement zum „kennzahlengestützten Informationsmanagement" generell nicht zugestimmt wird. Dafür gilt die gleiche Erklärung wie oben: Offenbar haben die relativ kleinen Dienstleister, die in der Stichprobe überproportional enthalten sind, kein institutionalisiertes Controlling und demnach werden auch kaum Kennzahlen erhoben. Unterstützt wird diese Vermutung, wenn man genauer betrachtet, aus welchen Bereichen Kennzahlen erhoben werden.

Tab. II-41: Erhobene Kennzahlen

„Erheben Sie gezielt Daten für die folgenden Bereiche und wie wichtig sind diese?"			„Welche Kennzahlen erheben Sie und wie wichtig sind diese?"		
Erfolgsfaktor	ja/nein	Mittelwert Wichtigkeit	Kennzahl	ja/nein	Mittelwert Wichtigkeit
Humankapital	24/46	3,47	Umsatz	66/6	4,72
Vertriebsmanagement	36/34	3,69	Gewinn	68/4	4,78
Informationsmanagement			Kosten	70/0	4,67
Leistungsqualität	34/36	2,97	EK	50/22	3,19
Innovationsmanagement	16/54	3,40	FK	44/28	2,97
Netzwerkmanagement	18/52	3,47	ROI	42/30	3,64
CRM	32/38	2,53	Firmenwert	44/28	3,81
Markenmanagement	**10/60**	**4,11**	Kundenzufriedenheit	**24/48**	**4,25**
Internationalisierung	8/62	2,80			

n = 72

Die erhobenen Kennzahlen zeigen, dass im Wesentlichen die Größen Umsatz, Kosten und Gewinn erhoben werden. Gerade die als sehr wichtig erachtete Größe der „Kundenzufriedenheit" wird nicht erhoben. Ebenso werden keine Daten bzw. Kennzahlen aus dem als sehr wichtig erachteten Bereich des Markenmanagements erhoben. Zusammenfassend kann man behaupten, dass gerade im Bereich des Controllings als Managementunterstützung noch erheblicher Verbesserungsbedarf bei New Economy-Dienstleistern festzustellen ist.

3.5.3.2.5 Datenanalyse mithilfe der Faktorenanalyse

Die nun folgende Faktorenanalyse hat das Ziel, aus einer Vielzahl möglicher Variablen die voneinander unabhängigen Einflussfaktoren herauszukristalisie-ren.[296] Da im vorliegenden Datensatz relativ viele Items zur Operationalisierung der Erfolgsfaktoren herangezogen wurden, hilft eine Faktorenanalyse, diese Daten zu verdichten.[297]

---

[296] Vgl. Backhaus et al., 2000, S. 253.
[297] Vgl. hier und im Folgenden: Backhaus et al., 2000, S. 286.

Tab. II-42: Ergebnisse der Hauptachsen-Faktorenanalyse „Humankapital"

	Komponenten		
	1	2	3
Fähigkeiten exzellent	0,830		
Kenntnisse exzellent	0,820		
Trainingsmaßnahmen		0,797	
Fähigkeiten messen		0,759	
Fertigkeiten exzellent	0,898		
Harmonieförderung			0,679
Indentifikation			0,723
Beteiligung am Unternehmenswert		0,601	
Know-how Austausch			0,701
Anreizsysteme		0,579	
Zufriedenheit hoch			0,687
n = 72	Extraktionsmethode: Hauptachsen-Faktorenanalyse Rotation: Varimax/Kaiser-Normalisierung, 5 Iterationen, KMO = 0,701		

Man erkennt deutlich drei extrahierte Faktoren. Die Gründe für die hohen Faktorladungen lassen sich leicht aufzeigen:

- Der erste Faktor beinhaltet die Items „Fähigkeiten", „Kenntnisse" und „Fertigkeiten". Die Ursache dafür liegt in der Qualifikation des Personals.

- Der zweite Faktor vereinigt die Items „Weiterbildung", Personalentwicklungsmaßnahmen", „Mitarbeiterbeteiligung" und „Anreizsysteme". Ursächlich dafür ist die Personalentwicklung im Dienstleistungsnetzwerk.

- Auf den dritten Faktor laden die Items „Identifikation", „Kommunikation", „Zufriedenheit" und „Betriebsklima". Die dahinter zu vermutende Ursache ist die Zufriedenheit des Personals.

Die Ursachen für die Verbesserung des Faktors „Humankapital" liegen in der Hand des Dienstleistungsnetzwerks. Alle drei Faktoren lassen sich durch ein qualitätsorientiertes Human-Ressource-Management deutlich verbessern.

Die Überprüfung der Eignung der Items des **Erfolgsfaktors „Vertriebsmanagement"** zeigt, dass sich auch diese Daten sehr gut für die Faktorenanalyse eignen (KMO bei 0,812, erklärte Gesamtvarianz: 74,78 %).

Tab. II-43: Ergebnisse der Hauptachsen-Faktorenanalyse „Vertriebsmanagement"

	Komponenten		
	1	2	3
Vertriebsstrategie bzgl. Produkte		0,549	
Vertriebsstrategie bzgl. Kunde		0,590	
Vertriebsstrategie bzgl. Produkte		0,777	
Vertriebsstrategie bzgl. Produkte		0,751	
Verkaufsprozesse		0,704	
Stufendefinition im Verkaufsprozess	0,853		
Erfolgskennziffern	0,739		
Planung der Kapazitätsbelastung	0,686		
Individuelles Vertriebscontrolling	0,777		
Individuelle Fortbildung	0,823		
operatives CRM			0,872
analytische CRM	0,501		0,493
n = 72	Extraktionsmethode: Hauptachsen-Faktorenanalyse Rotation: Varimax/Kaiser-Normalisierung, 8 Iterationen, KMO = 0,812		

Auch bei dieser Analyse ergeben sich drei Faktoren:

- Der erste Faktor vereinigt sechs Items auf sich, wobei das „analytische CRM" eine recht geringe Ladung aufweist. Der Grund für die Ladungen liegt im Vertriebscontrolling.

- Ursächlich für die hohen Ladungen auf den zweiten Faktor sind eindeutige Aussagen zur Vertriebsstrategie.

Der dritte Faktor besteht nur aus dem Item „operatives CRM". Ebenfalls liegt eine gerade noch feststellbare Ladung auf dem „analytischen CRM". Damit ist die Ursache der Ladung das Customer Relationship Management des Dienstleistungsnetzwerks.

Um also die Vertriebsstrategie zu beeinflussen, muss zuerst eine eindeutige Strategie formuliert werden, diese mit den Maßnahmen des CRM umgesetzt werden und schließlich das Ergebnis durch ein vertriebsspezifisches Controlling begleitet werden.

3.5.3.3 *Zusammenfassende Diskussion*

Der Erfolg von Dienstleistungsnetzwerken lässt sich zu einem hohen Grad durch relativ wenige Variablen erklären. Diese Variablen sind die Erfolgsfaktoren von Dienstleistungsnetzwerken. Der vorliegende Beitrag analysiert die Erfolgsfaktoren von New Economy-Dienstleistern. Dabei handelt es sich um eine Teilbranche des tertiären Sektors, der in weiten Teilen durch die gleichen Erfolgsfaktoren gekennzeichnet ist wie andere Dienstleistungsteilbranchen.

Mit der vorgelegten Studie lassen sich einige interessante Ergebnisse für das Analyseobjekt, nämlich New Economy-Dienstleister, festhalten.

Zunächst ist festzustellen, dass den neun hypothetisch aufgestellten Erfolgsfaktoren durch die Befragten eine hohe Relevanz für den Erfolg eines Dienstleistungsnetzwerks zuerkannt wird. Als besonders wichtig werden die Faktoren „Humankapital", „Vertriebsmanagement" sowie „Informationsmanagement" erachtet. Geringere Bedeutung hat lediglich der Faktor „Internationalisierung". Ebenso besteht eine mittlere bis hohe Korrelation zwischen den Erfolgsfaktoren und dem Erfolg. Diese ist mindestens signifikant auf 0,05-Niveau.

Ebenso gibt die Regressionsanalyse den begründeten Anlass dazu, die aus der Theorie hergeleiteten Hypothesen bezüglich der neun Erfolgsfaktoren nicht zu verwerfen. Es kann also davon ausgegangen werden, dass die hergeleiteten Erfolgsfaktoren relevant für den Gesamterfolg von New Economy-Dienstleistungsnetzwerken sind.

Die größten Abweichungen zwischen der Einschätzung der Wichtigkeit eines Erfolgsfaktors für die Branche und der Güte der Umsetzung im eigenen Dienstleistungsnetzwerk liegen bei den Faktoren „Humankapital", „Vertriebsmanagement" und „Informationsmanagement" vor. Die weitere Analyse dieser drei Faktoren ergab, dass

- beim Erfolgsfaktor „Humankapital" die Schwächen der New Economy-Dienstleister auf den weichen Faktoren der Mitarbeiterführung liegen,
- beim Erfolgsfaktor „Vertriebsmanagement" ein systematisches Controlling der Aktivitäten fehlt und
- beim Erfolgsfaktor „Informationsmanagement" die Anzahl der erhobenen Kennzahlen zu gering ausfällt.

Dies sind die wesentlichen Gründe der großen Abweichung zwischen Branchenwichtigkeit und Umsetzungsgüte.

Um nachfolgend Handlungsempfehlungen für die drei kritischen Erfolgsfaktoren ableiten zu können, soll mithilfe einer Hauptachsen-Faktorenanalyse die Datenstruktur weiter untersucht werden. Dabei sei zunächst angemerkt, dass beim Faktor „Informationsmanagement" die Eignung zur Faktorenanalyse fehlt.

Der Erfolgsfaktor Humankapital besteht aus den drei Komponenten „Qualifikation des Personals", „Personalentwicklung" und „Personalzufriedenheit". Diese sind ursächlich für die Güte des Humankapitals. Um demnach diesen Faktor substanziell zu verbessern, bedarf es eines qualitätsorientierten Human-Ressource-Managements.

Das Vertriebsmanagement besteht aus den Komponenten „Vertriebscontrolling", „Vertriebsstrategie" und „CRM". Zu Verbesserung dieses Erfolgsfaktors ist es nötig, die Vertriebsstrategie mit den Maßnahmen des CRM umzusetzen und die Ergebnisse durch das Controlling zu begleiten.

Die Grenzen der hier vorgestellten Analyse liegen im Wesentlichen in zwei Tatsachen begründet: Erstens ist der Datensatz mit einer Fallzahl von 72 relativ gering für explikative Analysen und zweitens ist die Stichprobe an New Economy-Dienstleistern nicht repräsentativ für die Grundgesamtheit. Hier wurden überwiegend kleine Dienstleister befragt, die z. T. andere Erfolgsfaktoren haben als größere. Insbesondere sei dies zum Erfolgsfaktor „Internationalisierung" gesagt.

Mit diesen Einschränkungen leistet die vorgestellte Analyse einen guten Beitrag zur Erklärung des komplexen Konstrukts „Erfolg von Dienstleistungsnetzwerken".

3.6 Zusammenfassung

Die Ausführungen haben gezeigt, dass es für Dienstleistungsnetzwerke erstaunlicherweise nur eine relativ überschaubare Anzahl von Erfolgsfaktoren gibt. Insbesondere in Kapitel 3.4 konnte kausalanalytisch nachgewiesen werden, dass die Faktoren „Humankapital", „Leistungsqualität", „Markenmanagement", „Innovationsmanagement" sowie „Netzwerkmanagement" einen hohen, statistisch signifikanten Einfluss auf den (finanziellen) Erfolg von Dienstleistungsnetzwerken haben.

In Kapitel 3.5 wurde der Tatsache Rechnung getragen, dass es sich bei Dienstleistungsnetzwerken um eine recht heterogene Gruppe von Unternehmen bzw. Netzwerken handelt. Angefangen von kleinen „New Economy" Dienstleistern, die z. T. weniger als zehn Mitarbeiter haben bis zu Weltkonzernen mit mehreren 10.000 Beschäftigten. In beiden Gruppen finden sich exzellente und weniger erfolgreiche Beispiele. Die herausfordernde Frage lautet:

„Was unterscheidet die exzellenten von den weniger erfolgreichen?"

Dazu wurden für Teilcluster von Dienstleistungsnetzwerken die kritischen Faktoren ermittelt, durch welche die Unterscheidung zwischen guten und schlechten Netzwerken zu treffen ist: die Erfolgsfaktoren. Letztlich haben alle Cluster ähnliche „Basiserfolgsfaktoren" (die fünf in Kapitel 3.4 herausgearbeiteten) sowie einige „clusterspezifische Erfolgsfaktoren". Die Frage lautet:

„Welches sind die Erfolgsfaktoren für ein spezifisches Dienstleistungsnetzwerk und wie sind diese untereinander zu gewichten?"

Um über Cluster-Grenzen hinweg eine Vergleichbarkeit[298] zu sichern, bietet sich ein clusterindividuelles Positionierungsmodell an, da die Gewichtung der einzel-

---

[298] Vgl. Evanschitzky/Steiff, 2002, S. 191, sowie das folgende Kapitel 4.

nen Erfolgsfaktoren sich bei den unterschiedlichen Teilclustern u. U. ändern könnte. Die Positionierung findet z. B. anhand zweier Dimensionen statt.

So werden sowohl die qualitativen als auch die quantitativen Aspekte der „NetworkExcellence" betrachtet, und zwar für hinreichend homogene Teilcluster. Da die Positionierung eines beliebigen Dienstleistungsnetzwerks anhand von clusterindividuellen Erfolgsfaktoren und Kennzahlen vorgenommen wird, sind alle Dienstleistungsnetzwerke – clusterübergreifend – vergleichbar. Zusätzlichen Erklärungsbeitrag liefert der Vergleich der realen Positionierung eines Dienstleistungsnetzwerks mit der teilcluster-spezifischen Durchschnittspositionierung. So können Aussagen über die relative Wettbewerbsposition getroffen werden.

Neben der Positionierung, welche zeitpunktbezogen durchgeführt wird, interessiert das Management eines Dienstleistungsnetzwerks insbesondere eine dynamische Betrachtung der Unternehmenssituation. Die entsprechende Frage lautet:

„Wie können die Ergebnisse der Erfolgsforschung zum Nutzen des eigenen Unternehmens in seiner Dynamik dargestellt werden?"

Dazu bietet sich z. B. das Instrument der Balanced Scorecard (BSC) an. Dieses ermöglicht – bei regelmäßiger Anwendung – eine Längsschnittbetrachtung der Unternehmensentwicklung. So lassen sich zahlreiche Handlungsempfehlungen dadurch ableiten, dass Ursache-Wirkungs-Zusammenhänge transparenter werden. Die BSC eignet sich somit durch ihre Konzeption in idealer Weise zum organisationalen Lernen. Denn letztlich macht die Erfolgsforschung nur Sinn, wenn deren Ergebnisse nutzenstiftend bei den Dienstleistungsnetzwerken umgesetzt werden.

4 Die Positionierung von Dienstleistungsnetzwerken im Rahmen der Erfolgsfaktoren

4.1 Strategische Analyse von Dienstleistungsnetzwerken

Um Empfehlungen für das Management von Dienstleistungsnetzwerken aussprechen zu können, lassen sich Dienstleister in ein geeignetes Positionierungsmodell einordnen. Das Modell muss die Ergebnisse der in Kapitel 3 durchgeführten Untersuchungen bzgl. der Erfolgsfaktoren von Dienstleistungsnetzwerken berücksichtigen, diese aber jetzt wieder auf ein einzelnes Unternehmen beziehen. Das heißt, dass aus allen Erfolgsfaktoren ein „Wert" gebildet wird, der z. B. mit dem „Durchschnittswert" aller Dienstleistungsnetzwerke verglichen werden kann. Zur Positionierung und letztlich zur Bewertung der verschiedenen Dienstleister bietet sich die Schaffung eines solchen konzeptionellen Rahmens an.

Eine Positionierung von Dienstleistungsnetzwerken mithilfe des **Positionierungsmodells** (Kapitel 4.2) kann anhand zweier Maßstäbe durchgeführt werden. Neben den qualitativen Erfolgsfaktoren (z. B. Humankapital, Leistungsqualität, Marke u. a.) werden in einer zweiten Dimension die quantitativen Erfolgskennzahlen (also Kennzahlen wie z. B. Umsatz, Kosten, ROI u. a.) bestimmt. Durch Zusammenfügen beider Ansätze lässt sich das umfassende Modell zur Positionierung aufstellen.

Ebenso findet eine Analyse der strategischen Position eines Dienstleistungsnetzwerks mittels des Modells der **erkannten und unerkannten Erfolgsfaktoren** statt (Kapitel 4.3). Dieses setzt die errechneten Wichtigkeiten der einzelnen Erfolgsfaktoren ins Verhältnis zur Selbstauskunft über die Wichtigkeit der Erfolgsfaktoren durch die Dienstleistungsnetzwerke.

Als drittes Modell zur strategischen Analyse von Dienstleistungsnetzwerken bietet sich die Balanced Scorecard (BSC) an. Diese hier als **„erfolgsfaktorenorientiert"** bezeichnete **BSC**, welche in Kapitel 4.4 erläutert wird, schafft es, die qualitativen und die quantitativen erfolgsorientierten Aspekte eines Dienstleistungsnetzwerks vor dem Hintergrund der jeweils verfolgten Strategien abzubilden. Weiter lässt sich durch eine Längsschnittanalyse die Entwicklung im betrachteten Dienstleistungsnetzwerk nachzeichnen, was wiederum von hoher Bedeutung für das jeweilige Management und die Erfolgsfaktorenforschung ist. Die Betrachtung beider Aspekte, also sowohl qualitativer (hier verstanden als zukunftsgerichtete Potenziale) als auch quantitativer (hier verstanden als vergangenheitsbezogene Kennzahlen), hat den Vorteil, dass der im Positionierungsmodell gefundenen Ist-Position durch die Anwendung der erfolgsfaktorenorientierten BSC ein dynamischer Aspekt im Sinne eines Positionierungsmanagements[299] hinzugefügt wird. Sie ermöglicht eine Längsschnittanalyse, d. h. die Entwicklung des Dienstleistungsnetzwerks in der Zeit. Nicht jedes Netzwerk, das momentan eine gute Ist-Position inne hat, muss diese auch in Zukunft beibehalten. Somit ergänzen sich beide Instrumente bei der Implementierung von Unternehmensstrategien und der Steuerung des Unternehmens (bzw. des Dienstleistungsnetzwerks) durch Soll-Ist-Vergleich innerhalb der Größen der verschiedenen Perspektiven der BSC.

4.2 Das Positionierungsmodell

4.2.1 Der Aufbau des Positionierungsmodells

Ein Positionierungsmodell ist eine Methode der Informationsverarbeitung, die dem Zweck dient, strategische Stoßrichtungen zu konkretisieren. Das hier vorgestellte Positionierungsmodell für Dienstleistungsnetzwerke besteht aus zwei Dimensionen, welche durch die beiden Achsen eines Koordinatensystems abgebildet werden. Beide Dimensionen beruhen auf einer Indexbildung zur Operationalisierung des Erfolges. Dabei wird je Achse ein Index errechnet:

- die Erfolgsfaktoren-Index-Achse (Abszisse) zur Abbildung der „Potenziale" eines Unternehmens und

- die Kennzahlen-Index-Achse (Ordinate) zur Abbildung der „Ergebnisse", welche z. Z. erzielt werden.

Die Tatsache, dass es sich bei einem Index um ein eher „grobes Maß für den Erfolg"[300] handelt, muss gegen den Vorteil einer höheren Anschaulichkeit der Ergebnisse abgewogen werden. Für das hier Verwendung findende Positionierungsmodell erscheint aufgrund dieser Überlegung eine zweidimensionale Darstellung angebracht zu sein, da sie sowohl bezüglich der Potenziale als auch der Ergebnisse in anschaulicher Weise eine größere Anzahl von Erfolgsfaktoren respektive Kennzahlen verdichtend darstellt.

Der **Erfolgsfaktoren-Index** soll die qualitative Güte der Umsetzung langfristiger Erfolgspotenziale messen und wird auf der Abszisse abgetragen. Der Erfolg wird demnach durch Erfolgsfaktoren konzeptualisiert, d. h. er wird theoriebasiert erklärt sowie semantisch und inhaltlich konkretisiert. Die Erfolgsfaktoren wiederum werden unter Festlegung einer Bewertungsvorschrift durch je 10-20 Items operationalisiert. Die Bewertung basiert auf der Selbsteinschätzung der Manager des befragten Dienstleisters. Eine Fünfer-Skalierung kommt zur Anwendung, wobei „5" den „besten" Wert darstellt, „1" den „schlechtesten".

---

[299] Vgl. Ahlert, 1998, S. 91 f.
[300] Eisele, 1995, S. 94.

Der **Kennzahlen-Index** soll als Maß für den quantitativen Erfolg einer Unternehmung fungieren und wird auf der Ordinate des Bewertungsmodells abgetragen. Definiert wird er aus den wesentlichen gewichteten Kennzahlen zur direkten Messung der identifizierten Erfolgsfaktoren.

Die Modellbildung erfolgt aus forschungsökonomischen Gründen durch Beschränkung auf die drei wichtigsten Kennzahlen des jeweiligen Erfolgsfaktors, die durch Voruntersuchungen zu ermitteln sind.

Das Positionierungs-Koordinatensystem lässt sich in einer ersten Näherung in vier Felder aufteilen.[301]

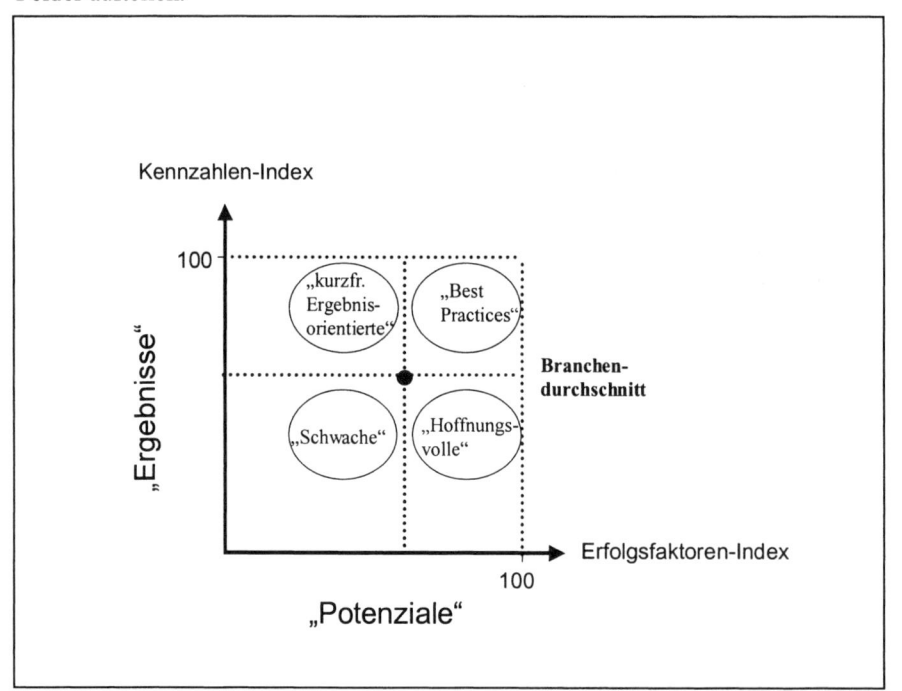

Abb. II-39: Das Positionierungsmodell

Die in obiger Abbildung zu sehenden „Blasen" stellen vier mögliche „Räume" für Real-Positionen von Dienstleistungsnetzwerken dar, wobei der Fixpunkt zur besseren (relativen) Vergleichbarkeit aus den Branchen-Durchschnittswerten für die Erfolgsfaktoren und die Kennzahlen gebildet wird. Somit ergeben sich vier Felder, nämlich:

- die Best-Practices,
- die Hoffnungsvollen,

---

[301] Vgl. Meyer, 1998, S. 1914.

- die Schwachen und
- die Ergebnisorientierten.

Die „Best-Practices" sind die Benchmarks, da sie sowohl im Erfolgsfaktoren-Index, der die „Potenziale" für zukünftige Entwicklungen beschreibt, als auch im Kennzahlen-Index, der im Wesentlichen die aktuelle Leistungsfähigkeit widerspiegelt, sehr hohe Werte erzielen.

Bei den „Hoffnungsvollen" lässt sich feststellen, dass sie gute Index-Werte im Bereich der Erfolgsfaktoren aufweisen, mithin Potenzial besteht, künftig auch auf der jetzt noch nicht so guten Ergebnisseite besser zu werden.

In jeder Hinsicht unterdurchschnittlich zeigen sich die „Schwachen". Diese haben weder eine gute aktuelle Leistungsfähigkeit noch Potenzial, das sich durch einen guten Erfolgsfaktoren-Index-Wert ausdrücken würde.

Die „kurzfristig Ergebnisorientierten" zeichnen sich durch eine relativ gute Position auf der Kennzahlen-Achse aus, d. h. sie erzielen z. Z. gute Ergebnisse. Die Gefahr besteht allerdings, dass durch eine nur unzureichende Fokussierung auf langfristig wirkende Erfolgsfaktoren eine ebenso erfolgreiche zukünftige Entwicklung nicht sichergestellt werden kann.

4.2.2 Die Realpositionen der untersuchten Dienstleistungsnetzwerke

Die 95 Dienstleistungsnetzwerke, welche die Basis der Untersuchung in Kapitel 3.4 bilden, können mithilfe des vorgestellten Positionierungsmodells anhand der beiden Dimensionen „Erfolgsfaktoren" und „Kennzahlen" positioniert werden. Es ergibt sich die in Abbildung II-40 aufgezeigte „Realverteilung" der Dienstleistungsnetzwerke.

Insgesamt wird im Durchschnitt über alle teilgenommenen Dienstleistungsnetzwerke ein Erfolgsfaktoren-Index von 50,34 und ein Kennzahlen-Index von 67,32 erzielt. Die im oberen rechten Quadrant befindlichen Unternehmen sind die Benchmarks, die noch genauer beschrieben werden.[302]

---

[302] Einige der beschriebenen Benchmarks konnten nicht in die quantitative Analyse und somit in diese Positionierung einbezogen werden, da z. T. unvollständige Daten vorlagen.

Kennzahlen-Index

[Diagramm: Streudiagramm mit vier Quadranten — "kurzfr. Ergebnisorientierte", "Best Practices", "Schwache", "Hoffnungsvolle"; Achsenwerte 100 und 67,32 auf der vertikalen Achse; 50,34 und 100 auf der horizontalen Achse]

Erfolgsfaktoren-Index

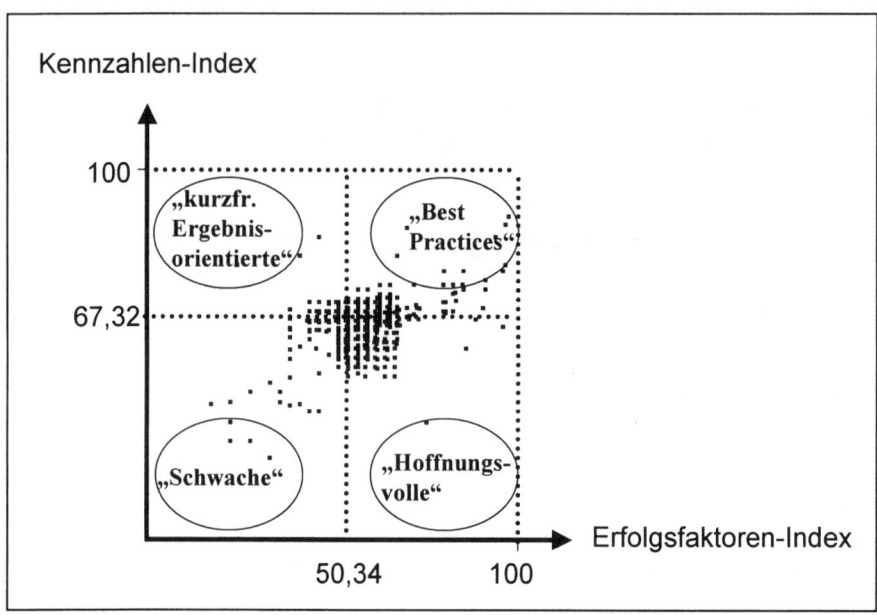

Abb. II-40: Realpositionierung

4.2.3 Kritische Würdigung des Positionierungsmodells

Bei dem vorgestellten Positionierungsmodell handelt es sich um eine bewusste Verdichtung von auf Selbsteinschätzung beruhenden pseudo-metrischen Daten zur Erreichung einer höheren Anschaulichkeit, einer leichten Handhabung im Netzwerk sowie einem damit verbundenen hohen Kommunikationswert.

Grundsätzlich gelten für dieses Modell die gleichen Kritikpunkte wie für andere Positionierungsmodele. Insbesondere gilt zu erwähnen, dass die beiden Achsen der Positionierungsmatrix nicht unabhängig voneinander sind, sondern korrelieren. Trotzdem hilft die Aufspaltung in einen Kennzahlen-bezogenen Ist-Ergebnis-Aspekt und einen Erfolgsfaktoren-bezogenen Potenzialaspekt bei der Positionierung eines Dienstleistungsnetzwerks.

Ebenso hilft die Berechnung eines Branchendurchschnitts, um das eigene Netzwerk im Vergleich zu den relevanten Wettbewerbern zu sehen. Somit fällt auch der unübliche Wertebereich der Indizes von 20 bis 100 nicht weiter ins Gewicht, da der Fixpunkt zur Bewertung der Dienstleistungsnetzwerke vom Branchendurchschnitt gebildet wird. Sollte es gewünscht werden, lässt sich eine Normierung auf eine von 0 bis 100 reichende Prozent-Skala leicht nachholen. Insgesamt handelt es sich bei dem Positionierungsmodell trotz der zukunftsgerichteten Größen im Erfolgsfaktoren-Index letztlich um eine statische Betrachtung.

4.3 Das Modell der erkannten und unerkannten Erfolgsfaktoren

Für die strategische Orientierung eines Dienstleistungsnetzwerks ist es von entscheidender Wichtigkeit, die eigenen Stärken und Schwächen zu erkennen. Jeder Dienstleister muss sich mit der Frage beschäftigen, welches die Erfolgsfaktoren in der eigenen Branche sind.

Die Wichtigkeit der Erfolgsfaktoren lässt sich auf zweierlei Art und Weise bestimmen, nämlich durch

- direkte Abfrage der Wichtigkeit und
- indirekte Messung der Wichtigkeit mithilfe der Pfadkoeffizienten.[303]

4.3.1 Die erkannte und die berechnete Wichtigkeit der Erfolgsfaktoren

Die Teilnehmer der in Kapitel 3.4 befragten Erfolgsfaktorenstudie wurden gebeten, jedem Erfolgsfaktor direkt seine Wichtigkeit „für den Erfolg eines Dienstleistungsnetzwerks" beizumessen. Das arithmetische Mittel über alle Befragungsteilnehmer und über alle Erfolgsfaktoren bildet den Wert der „erkannten Wichtigkeit" aller Erfolgsfaktoren. Dieser Wert dient primär der Einteilung des Koordinatensystems und hat darüber hinaus aufgrund seiner hohen Aggregation von Daten wenig Aussagekraft.[304]

Mithilfe eines Kausalmodells wurde die Wichtigkeit der einzelnen Erfolgsfaktoren berechnet. Die Pfadkoeffizienten geben Auskunft darüber, wie wichtig die Faktoren aufgrund ihrer indirekten Messung mittels Befragungsitems sind. Hierbei ergeben sich Werte, die die Stärke des kausalen Zusammenhangs zwischen dem Erfolgsfaktor und dem Gesamterfolg des Dienstleistungsnetzwerks abbilden.

4.3.2 Die Positionierung der Erfolgsfaktoren

Abbildung II-41 positioniert die sieben aus Kapitel 3.4 bekannten Erfolgsfaktoren im zweidimensionalen Raum gemäß ihrer direkt ermittelten und der indirekt mittels Pfadkoeffizient bestimmten Wichtigkeit. Durch Teilung des Koordinatensystems mittels der durchschnittlichen Wichtigkeit aller Erfolgsfaktoren (80,50) und des Null-Wertes der Pfadkoeffizienten ergeben sich vier Felder, die wie folgt bezeichnet werden sollen:

---

[303] Vgl. die Ergebnisse der Kausalanalyse aus Kapitel 3.4.
[304] Die durchschnittliche Wichtigkeit jedes einzelnen Erfolgsfaktors wurde ebenfalls bestimmt, zur Positionierung jedoch nicht verwendet. Es sei hierzu auf die Analyse in Teil 3.4 verwiesen.

- „Erkannte Erfolgsfaktoren": Bei diesen stimmen direkt abgefragte und errechnete Wichtigkeit überein.
- „Überschätzte Erfolgsfaktoren": Bei diesen liegt die direkt abgefragte Wichtigkeit über der errechneten.
- „Unerkannte Erfolgsfaktoren": Bei diesen liegt die errechnete über der direkt abgefragten und somit erkannten Wichtigkeit.
- „Keine Erfolgsfaktoren": Bei diesen liegt weder eine hohe erkannte Wichtigkeit, noch eine hohe errechnete vor.

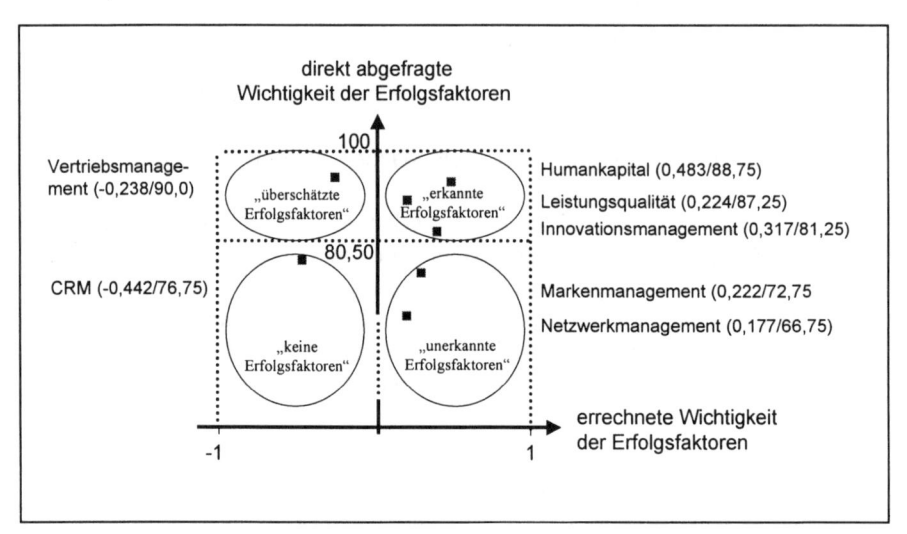

Abb. II-41: Positionierung der Erfolgsfaktoren

4.3.3 Kritische Würdigung

Das Modell der erkannten und unerkannten Erfolgsfaktoren ist hilfreich bei der Identifikation von noch nicht hinreichend ausgenutzten Wettbewerbsvorteilen. Wenn z. B. wie im vorliegenden Datensatz die Wichtigkeit des Netzwerkmanagements als unterdurchschnittlich wichtig eingeschätzt wird, die indirekte Messung über die Pfadkoeffizienten jedoch zeigt, dass der Faktor „Netzwerkmanagement" sehr wohl einen hohen positiven Einfluss auf den Gesamterfolg hat, steht dem Management hier eine Möglichkeit offen, sich gegenüber den Wettbewerbern zu verbessern.

Kritisch bei der Anwendung dieses Modells ist die Beachtung der Grundgesamtheit. Ein Vergleich mithilfe der errechneten Wichtigkeit der Erfolgsfaktoren macht nur Sinn, wenn sich die Dienstleistungsnetzwerke in hinreichend homogenen Teilclustern befinden. Ansonsten gilt wie bereits vorher, dass es sich bei dieser Positionierung von Erfolgsfaktoren um eine zeitpunktbezogene Analyse handelt, mithin die Stabilität der Aussagen über die Zeit nicht notwendigerweise gegeben sein muss.

4.4 Die erfolgsfaktorenorientierte Balanced Scorecard

4.4.1 Grundlagen der Balanced Scorecard

Das in Kapitel 4.2 vorgestellte Positionierungsmodell ermöglicht es einem Dienstleistungsnetzwerk, sich im Vergleich zu seinen Wettbewerbern zu sehen, das in Kapitel 4.3 vorgestellte Modell sensibilisiert für die differenzierte Auffassung der Wichtigkeit der einzelnen Erfolgsfaktoren. Obwohl durch die Potenzialperspektive des „Erfolgsfaktoren-Index" auch zukunftsgerichtete Größen abgebildet werden, ist jede Positionierung letztlich statisch und besitzt somit nur eine eingeschränkte Aussagefähigkeit. Eine Möglichkeit zur Erhöhung der Aussagefähigkeit könnte darin bestehen, eine Positionierung in regelmäßigen Abständen durchzuführen. Aber auch diese Möglichkeit erhöht die Aussagefähigkeit nur bedingt, da zwar Veränderungen bezüglich der Positionierung sichtbar werden, hingegen die Gründe für die Veränderung im Verborgenen bleiben.

Eine andere, wesentlich besser geeignete Möglichkeit zur Erhöhung der Aussagefähigkeit wäre der Einsatz eines Instruments, welches auch die qualitativen und die quantitativen Aspekte des Positionierungsmodells abbildet und gleichzeitig dynamische Aspekte ganzheitlich integriert. Dies können beispielsweise Ursache-Wirkung-Zusammenhänge sein oder aber auch Aspekte des „organisationalen Lernens". Das „Zauberwort" in diesem Zusammenhang heißt: „Balanced Scorecard" (BSC) bzw. „ausgewogener Berichtsbogen".

Das Konzept der Balanced Scorecard wurde Anfang der 90er Jahre von den amerikanischen Professoren Robert S. Kaplan und David P. Norton im Rahmen einer gemeinsamen Studie mit der KPMG Unternehmensberatung und zwölf amerikanischen Unternehmen aus dem Fertigungs- und Dienstleistungsbereich, der Schwerindustrie sowie der High-Tech-Branche entwickelt. Hintergrund dieser Studie war die massive Kritik in der Literatur und in weiten Teilen der Praxis an den damals gängigen Konzepten des Performance Measurement.[305]

Anders als klassische Kennzahlensysteme gehen Kaplan und Norton bei der BSC davon aus, dass der wirtschaftliche Erfolg einer Organisation **nicht ausschließlich aus finanziellen Kennzahlen** (wie z. B. Umsatz, Gesamtkapitalrentabilität, Eigenkapitalrentabilität, ordentliches Ergebnis etc.) heraus beurteilt werden kann, sondern dass zusätzlich auch **nicht-finanzielle Kennzahlen** (wie z. B. Mitarbeiterzufriedenheit, Mitarbeiterfähigkeiten, Prozessinnovation, Kundenzufriedenheit etc.) mit einbezogen werden müssen. Die Balanced Scorecard ergänzt die finanziellen Kennzahlen, die lediglich vergangene Ereignisse reflektieren, um nicht-

---

[305] Vgl. Kaplan/Norton, 1997a; Weber/Schäffer, 1998, S. 342.

finanzielle Kennzahlen, die die treibenden Kräfte zukünftiger Leistungen abbilden.[306]

Die vorhandenen Vorstellungen des Managements zur Vision einer Organisation und die daraus abgeleiteten Ziele und Strategien werden durch die Balanced Scorecard in konkret formulierte und über messbare Kennziffern abrechenbare Maßnahmen transparent für jeden Mitarbeiter umgesetzt. Somit bietet die BSC die immens wichtige Verbindung zwischen den jeweiligen Strategien einer Organisation und ihren konkreten Handlungen.[307]

Die Balanced Scorecard bildet daher ein Kommunikationsinstrument, mit dessen Hilfe die vom Management erarbeiteten Strategien allen Mitarbeitern bzw. allen Mitgliedern einer Organisation oder eines Netzwerks vermittelt werden können.[308] Dies ist von herausragender Bedeutung, da die Strategien einer Organisation nur so gut und wirksam sind, wie es gelingt, sie in allen Bereichen und Ebenen einer Organisation transparent und für alle Beteiligten nachvollziehbar umzusetzen. Denn sollen die einzelnen Mitarbeiter (bzw. Mitglieder einer Organisation) im Sinne der Organisationsziele bzw. der daraus abgeleiteten Strategien handeln, so müssen ihnen diese Ziele bzw. Strategien auch bekannt und verständlich sein.

Bekannte Unternehmen, wie z. B. Coca Cola, Apple Computer, Motorol, Unilever und Obi haben das Konzept der Balanced Scorecard bereits übernommen.[309]

Der Aufbau einer Balanced Scorecard ist konsequent auf die strategierelevanten Bereiche einer Organisation auszurichten. Dies geschieht regelmäßig durch die Berücksichtigung der vier Perspektiven:

- Finanzperspektive,
- Kundenperspektive,
- Interne Prozessperspektive und
- Lern- und Entwicklungsperspektive.

So wird eine ganzheitliche Sichtweise mit einer ausgeglichenen Berücksichtigung von kurz- und langfristigen sowie finanziellen und nicht-finanziellen Kennzahlen (hard- und soft-facts) erreicht.[310]

Die in Abbildung II-42 dargestellten vier Perspektiven sind dabei lediglich als „Schablone" und nicht als „Zwangsjacke" zu sehen. So kann bei Bedarf eine der Perspektiven weggelassen oder die vier Perspektiven um eine weitere (z. B. Partnerperspektive oder Umweltschutz) ergänzt werden.[311]

---

[306] Vgl. Kaplan/Norton, 1997a, S. 8.
[307] Vgl. Horváth, 1999, S. 29.
[308] Vgl. Dusch/Möller, 1997, S. 116.
[309] Vgl. Eschenbach, 1999, S. 38.
[310] Vgl. Horstmann, 1999, S. 193.
[311] Vgl. Kaplan/Norton, 1997a, S. 33; Horstmann, 1999, S. 199; Creusen/Salfeld, 2001; Wolff-Peterseim, 2001; Junga/Neugebauer, 2001.

Auf Basis der aus der Organisationsvision jeweils abgeleiteten Strategie sind die Ursache-Wirkungs-Beziehungen von den Teilzielen der vier Perspektiven so abzuleiten, dass sie logisch verknüpfte Ketten innerhalb und zwischen den vier Perspektiven bilden, die sichtbar werden lassen, inwiefern die einzelnen Größen zur Erfüllung der Strategie beitragen. Die Ursache-Wirkungs-Beziehungen von Teilzielen sollten dabei so gebildet werden, dass sie in idealer Weise (bei Profit-Organisationen) in einem direkten oder indirekten Zusammenhang zu den monetären Zielgrößen stehen.[312]

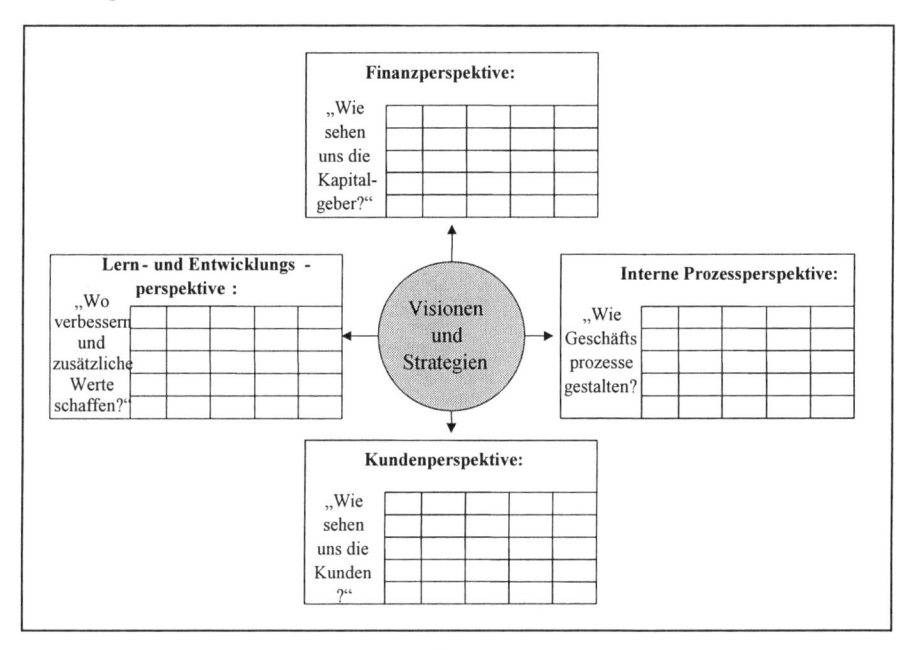

Abb. II-42: Vier Perspektiven der Balanced Scorecard
(Quelle: In Anlehnung an Kaplan/Norton, 1997b, S. 315)

Eine solche Ursache-Wirkungs-Beziehung einer Profit-Organisation könnte z. B. wie in Abbildung II-43 dargestellt aussehen.

Ein Balanced-Scorecard-System sollte bei Dienstleistungsnetzwerken für die Gesamtorganisation entwickelt werden, um das Dienstleistungsnetzwerk mit all seinen Systemelementen einheitlich auf die verfolgten Ziele auszurichten.

Die Scorecards der übergeordneten Organisationseinheiten werden dabei zum Ausgangspunkt für Scorecards der jeweils untergeordneten Organisationseinheiten. Ziel ist es, die jeweiligen Strategien über die Scorecards möglichst weit „runterzubrechen", d. h. auf die einzelnen Mitglieder eines Netzwerks, deren Abteilungen, Arbeitsgruppen und sogar auf einzelne Mitarbeiter. Die in einer Scorecard

---

[312] Vgl. Klaus/Dörnemann/Knust, 1998, S. 375.

einer Organisationseinheit formulierten Ziele sind dabei Mittel zur Erreichung von Zielen, die in der jeweilig übergeordneten Organisationseinheit definiert wurden.[313]

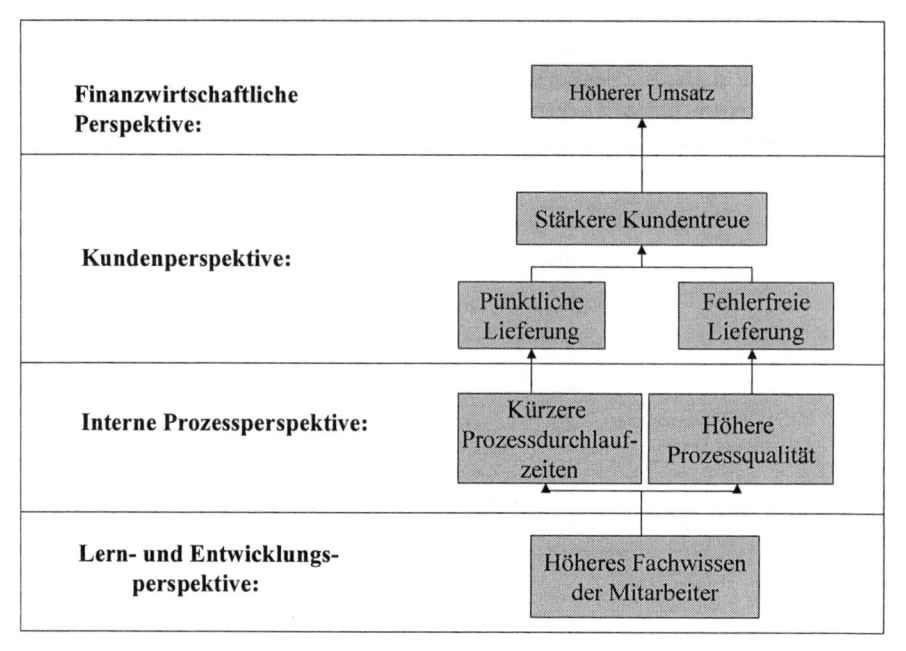

Finanzwirtschaftliche Perspektive:	Höherer Umsatz
Kundenperspektive:	Stärkere Kundentreue — Pünktliche Lieferung, Fehlerfreie Lieferung
Interne Prozessperspektive:	Kürzere Prozessdurchlaufzeiten, Höhere Prozessqualität
Lern- und Entwicklungsperspektive:	Höheres Fachwissen der Mitarbeiter

Abb. II-43: Beispiel einer Ursache-Wirkungs-Beziehung
(Quelle: In Anlehnung an Kaplan/Norton, 1997a, S. 29)

4.4.2 Die Balanced Scorecard als Instrument für die „lernende Organisation"

Bei der Suche nach geeigneten Kennzahlen sollte die Beziehungsstärke möglichst quantifiziert werden. Auch die Reaktionszeiten (z. B. Dauer zwischen der Verbesserung der Produktqualität und einem Anstieg des Marktanteils) sollten zumindest grob Berücksichtigung finden.[314] Über die so gewonnenen Kausalketten erhalten die Mitglieder einen kompletten Überblick über den Wirkungszusammenhang der jeweilig verfolgten Strategien. Die einzelnen Mitglieder eines Netzwerks und ihre jeweiligen Mitarbeiter können somit ihre Stellung im Geschäftsprozess verstehen und erkennen, wie sie mit ihren Aktivitäten zur Umsetzung der Strategien beitragen können.[315]

---

[313] Vgl. Kaplan/Norton, 1997a, S. 34 und S. 205; Klaus/Dörnemann/Knust, 1998, S. 375; Krahe, 1999, S. 116; Creusen/Salfeld, 2001.
[314] Vgl. Kaplan/Norton, 1997a, S. 29; Klaus/Dörnemann/Knust, 1998, S. 375.
[315] Vgl. Krahe, 1999, S. 122.

Die Verwendung von Kennzahlen als „Sprache" erleichtert es, komplexe und oft auch nebulöse Konzepte in eine präzise Form zu bringen. Die Fokussierung auf Ursache und Wirkung beim Aufbau eines Balanced-Scorecard-Systems, in das die Mitglieder eines Netzwerks und deren Mitarbeiter mit einbezogen sind, fördert das Verständnis für dynamische Zusammenhänge.

Die Mitarbeiter werden beim Konzept der Balanced Scorecard nicht nur in die Entwicklung der Balanced Scorecard mit einbezogen, sondern auch in einen ständigen Feedbackprozess. Das Konzept der Balanced Scorecard ist somit weit mehr als ein einfaches Top-down-Modell von Befehl und Kontrolle.[316]

Die Theorie von Top-down-Modellen ist, anders als bei der Balanced Scorecard, dass die Mitarbeiter lediglich Befehle ausführen und die von der obersten Unternehmensleitung aufgestellten Pläne einhalten. Zu diesem Zweck werden Ausführungs- und Steuerungssysteme gebildet, um die Mitarbeiter in Einklang mit den vorgegebenen Plänen zu bringen. Dieser lineare Prozess bildet aber nur einen einfachen (single loop) Rückkopplungsprozess.

„Abweichungen von geplanten Ergebnissen führen nicht dazu, infrage zu stellen, ob die geplanten Ergebnisse überhaupt noch gewünscht sind, noch zweifeln sie an, ob die Methoden zur Zielerreichung überhaupt angemessen sind. Abweichungen von geplanten Zielen werden als Fehler angesehen und führen dazu, dass große Aktionen gestartet werden, um die Organisation wieder zurück auf den rechten Weg zu bringen."[317]

Die heutigen Strategien von Unternehmen können aufgrund der zunehmenden Komplexität und Dynamik der Umweltbedingungen jedoch nicht derart linear und stabil sein.[318]

Unternehmen – und insbesondere Dienstleistungsnetzwerke – arbeiten heutzutage in einem turbulenten Umfeld, sodass Strategien häufiger wechseln und Manager Rückmeldungen über viel komplexere Abläufe benötigen. Eine einstmals geplante Strategie, die in bester Absicht und auf der Grundlage hochwertiger Informationen entworfen wurde, kann für aktuelle Umstände schon nicht mehr angemessen oder nützlich sein.

Unternehmen müssen schnell und flexibel reagieren, da sich in ständig verändernden Umfeldern neue Strategien aus günstigen Gelegenheiten oder aus Herausforderungen ergeben können, die zum Zeitpunkt der Formulierung der einstigen Strategie nicht vorhersehbar waren.

Gerade Dienstleistungsnetzwerke benötigen aufgrund ihrer Größe und Komplexität die Möglichkeit des Double-loop-Lernens. Dieser Effekt tritt ein, wenn das jeweilige Management allgemein anerkannte Voraussetzungen infrage stellt und darüber reflektiert, ob die Annahmen, nach denen bisher gehandelt wurde, unter

---

[316] Vgl. Kaplan/Norton, 1997a, S. 16.
[317] Kaplan/Norton, 1997a, S. 16.
[318] Vgl. Kaplan/Norton, 1997a, S. 16 und S. 242.

den neuen Ausgangsbedingungen und unter den aktuellen Ergebnissen, Beobachtungen und Erfahrungen der Mitarbeiter noch aufrecht erhalten werden können und sollen.[319]

Die Balanced Scorecard realisiert auf diese Weise Wissensmanagement, weil durch sie dem operativen und dem strategischen Lernen ein klar definierter Rahmen gegeben wird. Die Schaffung einer funktionsübergreifenden Perspektive ist dabei eine wichtige Voraussetzung für den Lernprozess. Erst der Einsatz von funktionsübergreifenden (bzw. interdisziplinären) Teams ermöglicht es, jeweiliges Spezialwissen und verschiedene Sichtweisen und Erfahrungen umfassend auszutauschen.

Diese Synthese ermöglicht es, das organisationsintern vorhandene, aber verstreute Potenzial zu nutzen und Synergieeffekte zu erzeugen.[320] Diese interdisziplinären Teams können über eine Sekundärstruktur in der Organisation eingerichtet werden.

4.4.3 Die Balanced Scorecard im Lichte der Erfolgsforschung

Der Balanced-Scorecard-Ansatz eignet sich in idealer Weise zur Steuerung von Dienstleistungsnetzwerken und für die Erfolgsforschung in diesem Bereich. Hierzu lassen sich vier wesentliche Gründe aufführen:

Definition und Visualisierung

Der Einsatz des Balanced-Scorecard Ansatzes ermöglicht durch die Verwendung von Kennzahlen eine eindeutige Definition der aus den jeweiligen Netzwerkzielen abgeleiteten Strategien. Diese strukturierte und eindeutige Erfassung und Darstellung der verfolgten Strategien ermöglicht erst, ein Dienstleistungsnetzwerk mit all seinen Systemelementen einheitlich auf die verfolgten Ziele auszurichten und transparent für seine Mitglieder darzustellen.

Ursache-Wirkung-Zusammenhänge

Ursache-Wirkung-Zusammenhänge stellen die Wechselwirkungen zwischen den und innerhalb der entsprechenden Perspektiven dar, welche zwischen den Kennzahlen bestehen. Somit werden alle wesentlichen Verbundbeziehungen eindeutig definiert und transparent dargestellt. Die Stellung und Funktion jedes einzelnen Netzwerkmitglieds und seiner jeweiligen Mitarbeiter wird im Reaktionsverbund deutlich.

Einsatz in Unternehmen (Überführung)

Der Einsatz einer noch endgültig zu entwickelnden erfolgsfaktorenorientierten Basis-Balanced-Scorecard in verschiedenen Dienstleistungsnetzwerken wäre vor dem Hintergrund der spezifischen Schwächen der Erfolgsfaktorenforschung von

---

[319] Vgl. dazu die Ausführungen zum Double-loop-learning von Kaplan/Norton, 1997a, S. 17 und S. 242.
[320] Vgl. Kaplan/Norton, 1997a, S. 253.

großem Interesse. Dienstleistungsnetzwerke und ihre jeweiligen Mitglieder hätten die Möglichkeit, eine idealtypische erfolgsfaktorenorientierte „Basis-Balanced-Scorecard", welche alle wesentlichen Erfolgsfaktoren und deren Kennzahlen berücksichtigt, als Ausgangsbasis zu benutzen und diese dann jeweils strategieadäquat mit weiteren Kennzahlen zu ergänzen. Somit wäre die Vergleichbarkeit zwischen den verschiedenen Unternehmen auf Erfolgsfaktorebene grundsätzlich weitergegeben.

Lernen (ständiges Hinterfragen, ob neue Erfolgsfaktoren hinzugekommen sind)

Durch die geschaffene Vergleichbarkeit von verschiedenen Dienstleistungsnetzwerken, die durch Verwendung einer idealtypischen erfolgsfaktorenorientierten Basis-Balanced-Scorecard erreicht wird, erschließen sich neue Wege für Forschung und Praxis im Bereich der Erfolgsfaktorenforschung. Es wird somit endlich möglich, die Entwicklung der Erfolgsfaktoren und ihrer Kennzahlen über einen längeren Zeitraum hinweg beobachten zu können und gemeinsam daraus zu lernen.

Im Rahmen der weiter oben vorgestellten empirisch gestützten Untersuchung wurden fünf wesentliche Stellgrößen für den (langfristigen) Erfolg eines Dienstleistungsnetzwerks identifiziert.[321] Dabei handelt es sich um die folgenden fünf Erfolgsfaktoren:

- Netzwerkmanagement,
- Innovationsmanagement,
- Humankapital,
- Leistungsqualität,
- Markenmanagement.

Die Zuordnung der identifizierten Erfolgsfaktoren zu dem bereits in seinen Grundzügen vorgestellten Balanced-Scorecard-Ansatz könnte nach den bisherigen Forschungsergebnissen wie in Abbildung II-44 dargestellt aussehen. Es zeigt sich, dass eine eindeutige Zuordnung der Erfolgsfaktoren zu nur einer Perspektive nicht immer möglich ist. Trotzdem lässt diese Zuordnung erkennen, in welcher der fünf Perspektiven welche Erfolgsfaktoren wirksam werden.

---

[321] Vgl. Kapitel 3.4.

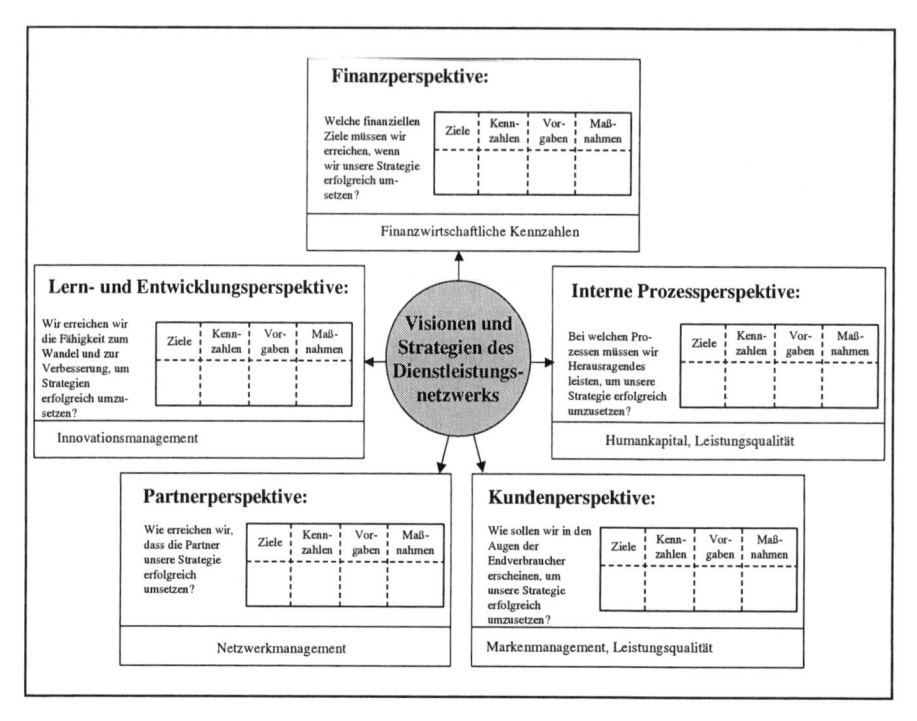

Abb. II-44: Zuordnung der Erfolgsfaktoren zu den Dimensionen
(Quelle: In Anlehnung an Kaplan/Norton, 1997b, S. 315 und Ahlert, 2001, S. 50)

Angesichts der Spezifika von Dienstleistungsnetzwerken sind die vier klassischen Perspektiven um eine weitere Perspektive, die Partnerperspektive, ergänzt worden. Das Netzwerkmanagement soll dafür Sorge tragen, dass die Partner eine gemeinsame Strategie umsetzen.

Die vorgestellten Ansätze zur Positionierung von Dienstleistungsnetzwerken geben einen Ausblick dessen, was letztlich Ziel der Erfolgsforschung in Netzwerken sein sollte: das Ableiten von Handlungsempfehlungen für das Management. Dazu müssen sowohl die qualitativen als auch die quantitativen Aspekte der „Network Excellence" betrachtet werden, und zwar für hinreichend homogene Teilcluster. Da die Positionierung eines beliebigen Dienstleistungsnetzwerks anhand von cluster-individuellen Erfolgsfaktoren und Kennzahlen vorgenommen wird, sind alle Dienstleistungsnetzwerke cluster-übergreifend vergleichbar. Die Zielerreichungsgrade sind jeweils zwischen 0 und 100 %.

5 Die Identifikation der „Best Practices"

Mit der Methodik der Erfolgsfaktorenforschung wurde die konzeptionelle Grundlage zur Identifikation der Benchmarks bei Dienstleistungsnetzwerken geboten. Diese erlaubt es, die in Kapitel 3 empirisch geprüften Erfolgsfaktoren in Kombination mit den „objektiven" Erfolgsmaßstäben als Grundlage zur relativen Positionierung eines Dienstleistungsnetzwerks heranzuziehen.

Wie in Kapitel 4 dargestellt, kann das Netzwerk, welches den höchsten durchschnittlichen Erfolgsfaktorenindex mit dem höchsten durchschnittlichen Kennzahlenindex verbindet, als die „Total-Benchmark" verstanden werden. Da es sich bei beiden zur Positionierung verwendeten Indizes um sehr hoch aggregierte Größen handelt – sie bestimmen sich aus dem gewichteten Durchschnitt der jeweiligen Zielerreichungsgrade bei den einzelnen Erfolgsfaktoren und den Kennzahlen –, fällt es nicht leicht, Empfehlungen ausgehend von den Management-Praktiken dieser Benchmark auszusprechen. Daher soll im folgenden Teil III das Konzept der Positionierung analog auf die Ebene der einzelnen Erfolgsfaktoren angewendet werden. Auch hier kann zur Identifikation der Teil-Benchmarks zum einen ein „Erfolgsfaktoren-Index" gebildet werden. Dieser bestimmt sich aus dem Mittelwert aller Einzelwerte, die bei den zur Operationalisierung herangezogenen Items erreicht wurden.[322]

$$ZEG_{qual\ xy} = \sum_{i=1}^{j} EB\_I_{iy} \times \frac{20}{j}$$

Dieser Wert wird kombiniert mit der „objektiven" Güte der Umsetzung des jeweiligen Erfolgsfaktors, welche sich aus den zuvor abgefragten Kennzahlen wiederum als Mittelwert gemäß folgender Formel ergibt:

---

[322] Im Folgenden werden die den Berechnungen zugrunde gelegten Variablen definiert:
x: Erfolgsfaktor, $x \in [1;n]$
y: (befragte) Dienstleister, $y \in [1;m]$
i: (abgefragtes) Item, $i \in [1;j]$
k: (abgefragte) Kennzahl, $k \in [1;p]$
$ZEG_{qual\ xy}$: qualitativer Zielerreichungsgrad bei Erfolgsfaktor x von Dienstleister y
$ZEG_{quant\ xy}$: quantitativer Zielerreichungsgrad bei Erfolgsfaktor x von Dienstleister y
EB_I_{iy}: Einzelbewertung des Items i durch Dienstleister y
EB_K_{xy}: Einzelbewertung der Kennzahl k durch Dienstleister y

$$ZEG_{\text{quant xy}} = \sum_{k=1}^{p} EB\_K_{ky} \times \frac{20}{p}$$

Die beiden Werte repräsentieren die Realposition eines Dienstleistungsnetzwerks bzgl. eines bestimmten Erfolgsfaktors. Sie lässt sich in einem zweidimensionalen Raum abtragen, was zu folgender Positionierungsmatrix führt:

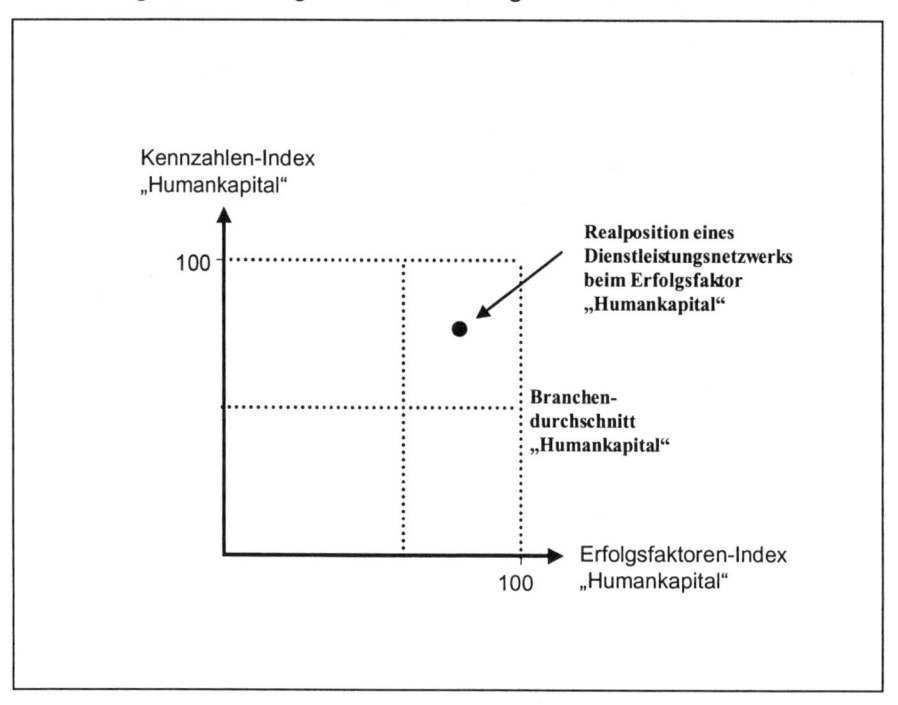

Abb. II-45: Positionierung bzgl. des Erfolgsfaktors „Humankapital"

Dieses Vorgehen muss nun für alle Dienstleistungsnetzwerke und die fünf als relevant erachteten Erfolgsfaktoren durchgeführt werden, um die „Teil-Benchmarks" identifizieren zu können. Dies führt zur Identifikation der folgenden Dienstleistungsnetzwerke, die im folgenden Teil näher betrachtet werden sollen:[323]

---

[323] Es sei bedacht, dass sich das Sample an möglichen Benchmarks auf die Dienstleister beschränken musste, die ihre Bereitschaft signalisierten, an der Befragung teilzunehmen. Neben der direkten Befragung von Repräsentanten des Unternehmens wurden auch externe Quellen herangezogen, z. B. das Urteil von Beratern oder anderen Wissenschaftlern.

Tab. II-44: Die Benchmarks

Erfolgsfaktor	Teil-Benchmark
Erfolgsfaktor Netzwerkmanagement	Roche Diagnostics
	Garant Schuh + Mode AG
	Dell Computers
Erfolgsfaktor Markenmanagement	McDonald's
	R.I.C. GmbH („Red Zac")
Erfolgsfaktor Innovationsmanagement	Cisco Systems
	International Business Machines (IBM)
Erfolgsfaktor Humankapital	Tchibo Frisch-Röst Kaffee GmbH
	Hewlett-Packard
Erfolgsfaktor Leistungsqualität	The Body Shop
	Heidrick & Struggles

Es sei bereits an dieser Stelle darauf hingewiesen, dass neben dem „objektiv" ermittelten Wert für einen gewissen Erfolgsfaktor das Urteil der Autoren sowie weiterer Wissenschaftler und Branchenexperten bei der Auswahl der Benchmarking Partner entscheidend war. Es fiel auf, dass die isolierte Betrachtung nur eines Erfolgsfaktors zur Strukturierung sehr wohl geeignet ist, jedoch bei realen Unternehmen immer die Kombination von Fähigkeiten aus verschiedenen Bereichen zu überdurchschnittlichen Ergebnissen führt. Dieser Tatsache wurde bei der Beschreibung der „Best Practices" Rechnung getragen.

Teil III
Case-Studies des internationalen Benchmarking

1 Die Vorgehensweise

Nach dem im Teil II des vorliegenden Werks auf quantitativ-empirischem Wege die Erfolgsfaktoren von Dienstleistungsnetzwerken hergeleitet und überprüft worden sind, soll nun an ausgewählten Fallbeispielen, den „Case-Studies", im internationalen Kontext aufgezeigt werden, wie die jeweiligen Faktoren von den mittels der vorgestellten Positionierung[1] identifizierten Benchmarks umgesetzt werden. Im Folgenden werden also die fünf als besonders wichtig erachteten Erfolgsfaktoren

- „Netzwerkmanagement",
- „Markenmanagement",
- „Innovationsmanagement",
- „Humankapital" und
- „Leistungsqualität"

näher untersucht.[2] Dies geschieht anhand des in Teil II, Kapitel 3.4, beschriebenen Datensatzes von 95 Dienstleistungsnetzwerken. Zunächst wird je Erfolgsfaktor ein Modell hergeleitet und empirisch überprüft. Dies geschieht sowohl auf deskriptive als auch auf explikative Weise.

Anschließend werden zu jedem Erfolgsfaktor die Benchmarks anhand kurzer Fallstudien vorgestellt. Es sei darauf hingewiesen, dass keine „Total-Benchmark" (Benchmarking Typ A) vorgestellt wird, sondern vielmehr „Teil-Benchmarks" (Benchmarking Typ B).[3]

Kaum ein Dienstleistungsnetzwerk ist in den fünf wichtigen Faktoren gleichzeitig exzellent. Trotzdem werden für eine klarere Strukturierung die Fallbeispiele jeweils einem Erfolgsfaktor zugeordnet – und zwar dem, in welchem das vorgestellte Netzwerk den „objektiv" besten Wert aller untersuchten Dienstleister aufweist[4]. Die Exzellenz der vorgestellten Benchmarks rührt trotzdem eher von einer Kombination exzellenter Teilpraktiken, d. h. aus der Kombination mehrerer sehr gut umgesetzter Erfolgsfaktoren.

---

[1] Vgl. Teil II, Kapitel 4.2 und insbesondere Kapitel 5.
[2] Zu den qualitativen Befragungsitems: vgl. Anhang, S. 419 ff.
[3] Vgl. Teil II, Kapitel 2.1.
[4] Vgl. Teil II, Kaitel 5.

2 Der Erfolgsfaktor Netzwerkmanagement

2.1 Effizienz und Effektivität durch Netzwerkbildung

Bei der Erstellung einer Dienstleistung wird i. d. R. der Kunde in den Prozess der Leistungserstellung integriert. Somit ist es notwendig, dass Anbieter und Nachfrager an einem Ort aufeinander treffen. Um eine solche Dezentralität effizient zu organisieren, bietet sich eine Organisationsform an, die die Effizienz eines Systemhintergrunds mit der Effektivität bei der Kundenansprache verbindet.[5] Dies kann durch eine netzwerkartige Organisation dieser verteilten Aktivitäten geschehen.

Ein Netzwerk stellt eine auf die Realisierung von Wettbewerbsvorteilen zielende, polyzentrische, gleichwohl von einer oder mehreren Unternehmungen strategisch geführte Organisationsform ökonomischer Aktivitäten zwischen Markt und Hierarchie dar, die sich durch komplex-reziproke, eher kooperative denn kompetitive und relativ stabile Beziehungen zwischen rechtlich selbstständigen, wirtschaftlich jedoch zumindest teilweise abhängigen Unternehmungen auszeichnet.[6] Typischerweise tritt in dieser Organisationsform dezentraler Unternehmungsführung die Frage des Eigentums hinter die Frage der strategischen Steuerbarkeit der Netzwerkunternehmungen zurück.[7]

Unter einem Netzwerk versteht man also die freiwillige zielgerichtete Verbindung mindestens dreier rechtlich selbstständiger und wirtschaftlich zumindest teilweise abhängiger Partner. Es kann sich dabei um das Beziehungsgeflecht im eigenen „Unternehmen/System" handeln (z. B. Franchisesystem/kooperierende Gruppe) oder um eine horizontale, vertikale oder laterale Kooperation mit anderen, unabhängigen Unternehmen. Ziel des Netzwerks ist eine optimierte Leistungserstellung (beispielsweise durch Bündelung von Kernkompetenzen) bei gleichzeitiger Verteilung von Risiken. Die Aufgabe des Netzwerkmanagements liegt somit in der Koordination dieser verteilten Aktivitäten. Diese Aufgaben können in die Bereiche der Netzwerkgestaltung, Netzwerkorganisation und Netzwerknutzung untergliedert werden. Es wurde bereits nachgewiesen, dass die Güte des Netzwerkmanagements einen positiven Einfluss auf den wirtschaftlichen Erfolg des Dienstleisters hat.[8] Im Folgenden sei überprüft, welche Faktoren die Güte des Netzwerkmanagements positiv beeinflussen.

---

[5] Vgl. Ahlert, 2001, S. 11; Evanschitzky, 2001, S. 304.
[6] Vgl. insbesondere Teil II, Kap. 1.
[7] Vgl. Sydow, 1992, S. 78.
[8] Vgl. Teil II, Kapitel 3.3 bis 3.5, insbsondere Kapitel 3.4.2.2, 3.5.1.2.1 und 3.5.3.2.3.

2.2 Theoretische Grundlagen

Die Kernaufgabe des Netzwerkmanagements liegt in der Koordination der verteilten Aktivitäten. In einem ersten Schritt muss also festgelegt werden, wie das Netzwerk zu gestalten ist, um dieser Aufgabe gerecht zu werden. Angefangen bei der Auswahl der Netzwerkpartner[9] über die explizite Steuerung, z. B. mittels eines Systemkopfs, bis zur Gestaltung der Kooperation innerhalb des Netzwerks. Ebenso ist von Bedeutung, wie die verteilten Aktivitäten im Dienstleistungsnetzwerk kontrolliert werden. Dies führt zu einer ersten Hypothese:

H1:   Je detaillierter die Gestaltung des Netzwerks, desto besser ist die Bewertung des Netzwerkmanagements.

Wenn die Gestaltung des Dienstleistungsnetzwerks geregelt ist, muss das Netzwerkmanagement im nächsten Schritt die Organisation der verteilten Aktivitäten festlegen. Dabei ist zunächst zu prüfen, ob eine vertragliche Basis der Zusammenarbeit der Netzwerkpartner besteht. In dieser soll festgelegt sein, wer welche Ressourcen in das Netzwerk einbringt und wer welche Leistungen zu erbringen hat. Wenn diese Anforderungen an die Organisation des Netzwerks erfüllt werden, kann dieses zu einer werttreibenden Ressource werden.[10] Dies führt zu der zweiten Hypothese:

H2:   Je eindeutiger die organisatorische Gestaltung des Dienstleistungsnetzwerks, desto besser ist die Bewertung des Netzwerkmanagements.

Die Gestaltung und Organisation des Netzwerks stellen die Basis für die Nutzung der spezifischen Vorteile einer netzwerkartigen Konfiguration der verteilten Aktivitäten dar. Durch Standardisierung der kundenfernen Aktivitäten mithilfe eines effizienzorientierten Systemhintergrunds können Kostenvorteile erzielt werden. Andererseits können durch Kooperationen Kernkompetenzen ergänzend genutzt werden. Die Spezialisierung der kundennahen Aktivitäten verhilft dem Dienstleistungsnetzwerk zu einer erhöhten Effektivität. Somit lässt sich folgende Hypothese aufstellen:

---

[9]   Vgl. Harbison/Pekar, 1998, S. 83.
[10] Vgl. Sawhney/Parikh, 2001.

H3: *Je besser die spezifischen Vorteile des Netzwerks genutzt werden (Effizienz und Effektivität), desto besser ist die Bewertung des Netzwerkmanagements.*

Die drei Hypothesen werden durch Konzeptualisierung und Operationalisierung zu einem Modell verdichtet. Dieses Modell wird sodann konfirmatorisch getestet.

2.3 Modell

Wie bereits angemerkt, kann das Konstrukt „Netzwerkmanagement" mithilfe der drei Faktoren „Netzwerkgestaltung", „Netzwerkorganisation" und Netzwerknutzung" konzeptualisiert werden.

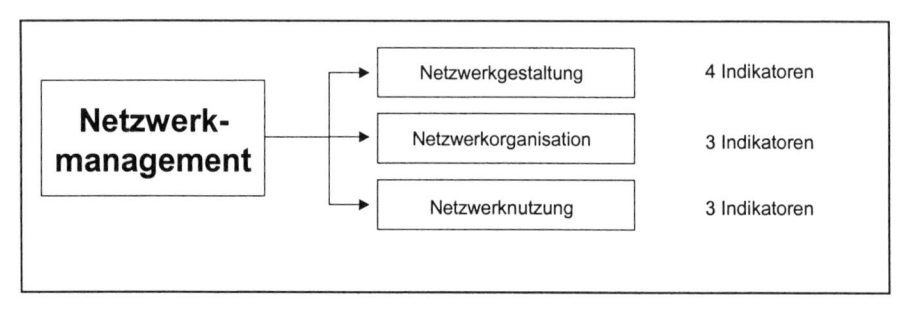

Abb. III-1: Konzeptualisierung des Netzwerkmanagements

Diese Konzeptualisierung wird zunächst mittels der vier gängigsten Globalgütekriterien überprüft.[11]

Tab. III-1: Gütekriterien des Gesamtmodells

	RMR	GFI	AGFI	NFI
Netzwerkmanagement	0,088	0,988	0,980	0,984

Die vier Gütekriterien, Goodness-of-Fit (GFI), Adjusted-Goodness-of-Fit (AGFI), Normed-Fit-Index (NFI) und Root-Mean-Square-Residual (RMR) liegen über den vorgeschlagenen Mindestwerten von „> 0,9" für GFI, AGFI und NFI, sowie „< 0,1" für RMR. Ebenso zeigt der gute Wert des relativen Chi-Quadrat-Index von 2,226 (Chi-Quadrat/df = 2,226; Maximalwert: „3"), dass die Anpassungsgüte des Modells als gut bezeichnet werden kann.

---

[11] Vgl. Homburg/Giering, 1996.

Im nächsten Schritt wird die Unidimensionalität des Konstruktes überprüft. Die durchgeführte explorative Faktorenanalyse bestätigt die Annahme eines dreifaktoriellen Konstruktes.[12]

Für den Nachweis von Diskriminanzvalidität ist der Grad zu prüfen, zu dem sich ein Konstrukt von den anderen Konstrukten des Kausalmodells unterscheidet. In der Forschungspraxis gilt Diskriminanzvalidität in der Regel als nachgewiesen, wenn die Korrelationskoeffizienten der latenten Variablen kleiner eins[13] bzw. kleiner als 0,9[14] sind. Hier liegen in zwei Fällen Werte von unter 0,9 vor. Bei der Korrelation zwischen „Netzwerknutzung" und „Netzwerkorganisation" ergibt sich ein Wert von 0,915. Offenbar sind die beiden Faktoren nicht überschneidungsfrei. Aufgrund der oben erwähnten theoretischen Überlegungen soll für die weitere Analyse ein dreifaktorielles Konstrukt des Netzwerkmanagements beibehalten werden.[15]

Tab. III-2: Untersuchung der Diskriminanzvalidität

	Netzwerkgestaltung	Netzwerkorganisation	Netzwerknutzung
Netzwerkgestaltung	1		
Netzwerkorganisation	0,792	1	
Netzwerknutzung	0,888	0,915	1

Die im Folgenden überprüfte Konvergenzvalidität bezieht sich auf das Ausmaß, mit dem eine latente Variable durch die Messung mehrerer Indikatoren erfasst wird.[16]

Tab. III-3: Untersuchung der Konvergenzvalidität

	Faktorreliabilität	DEV
Netzwerkgestaltung	0,79	0,48
Netzwerkorganisation	0,85	0,65
Netzwerknutzung	0,78	0,54

Sie gibt Auskunft über die interne Konsistenz der Messvorschrift und kann anhand der Kriterien Faktorreliabilität und durchschnittlich erfasste Varianz (DEV) ge-

---

[12] KMO = 0,859; erklärte Gesamtvarianz = 72,14 %.
[13] Vgl. z. B. Bagozzi/Foxall, 1996.
[14] Vgl. Backhaus et al., 2000, S. 465.
[15] Die Überprüfung des Modells als zweifaktorielles Konstrukt führt zu erheblich schlechteren globalen Gütekriterien.
[16] Vgl. Fornell/Larcker, 1981.

prüft werden. Dabei sollte die Faktorreliabilität größer als 0,6 und die DEV größer als 0,5 sein.[17] Tabelle 3 zeigt, dass die Kriterien der Faktorreliabilität erfüllt werden und die DEV nur in einem Fall (der Netzwerkgestaltung) knapp unterschritten wird. Auch diese knappe Unterschreitung gibt noch keinen hinreichenden Grund, das Modell zu modifizieren. Zur Überprüfung der Reliabilität der Messskalen wurden die Indikatorreliabilität[18], die Item-to-Total Korrelationen sowie der Alpha-Koeffizient („Cronbach's α"[19]) berechnet.[20]

Tab. III-4: Überprüfung der Reliabilität der Messskalen

	Indikator	Indikatorreliabilität	Item-to-Total	Cronbach's Alpha
Netzwerkgestaltung	1	0,55	0,5850	0,7883
	2	0,31	0,5644	
	3	0,59	0,6988	
	4	0,48	0,5467	
Netzwerkorganisation	5	0,74	0,7809	0,8299
	6	0,45	0,5463	
	7	0,76	0,7701	
Netzwerknutzung	8	0,53	0,5225	0,7759
	9	0,58	0,6556	
	10	0,50	0,6622	

Im Wesentlichen werden die Gütekriterien zur Beurteilung der Reliabilität der Messskalen erfüllt. Da ebenfalls bei keinem der übrigen Gütekriterien die vorgeschlagenen Mindestwerte weit verfehlt werden, kann mit der konfirmatorischen Analyse des Datensatzes, also der Überprüfung der Hypothesen, fortgefahren werden.

2.4 Ergebnisse

Der Wert und das Vorzeichen der Strukturkoeffizienten bilden den Maßstab zur Überprüfung der aufgestellten Hypothesen. Um über deren Annahme oder Ablehnung entscheiden zu können, ist zu überprüfen, ob das Vorzeichen des Strukturkoeffizienten mit dem hypothetisch vorausgesagten übereinstimmt. Der Wert des Strukturkoeffizienten gibt die Stärke des kausalen Zusammenhangs zwischen der latenten exogenen und der latenten endogenen Variablen an. Eine Hypothese ist abzulehnen, wenn das Vorzeichen des Strukturkoeffizienten nicht dem prognostizierten Wirkungszusammenhang entspricht, sie ist anzunehmen, wenn das Vorzeichen mit der erwarteten Wirkungsrichtung übereinstimmt. Hinsichtlich der Höhe

---

[17] Vgl. Fornell/Larcker, 1981.
[18] Vgl. Backhaus et al., 2000, S. 466.
[19] Vgl. Cronbach, 1951.
[20] Vgl. Churchill, 1979, S. 68; Homburg/Giering, 1996, S. 8 f.

des Strukturkoeffizienten wird davon ausgegangen, dass nur eine hinreichende Ausprägung von über 0,2 nicht zur Falsifikation einer Hypothese führt. Eine Ausnahme hiervon wird gemacht, wenn ein Parameter mit einem Absolutwert unter 0,2 bei einer Irrtumswahrscheinlichkeit unter 0,1 signifikant von null verschieden ist.[21] Erfüllt ein Strukturkoeffizient diese Voraussetzungen, kann die mit ihm verbundene Hypothese empirisch nicht abgelehnt werden; sie ist als empirisch (vorläufig) bestätigt anzusehen.

Tab. III-5: Überprüfung der Hypothesen

	Struktur-koeffizient	Prognostizierte Wirkungsrichtung/ Hypothesenbewertung	
Netzwerkgestaltung → „Güte" des Netzwerkmanagements	0,397**	+	nicht ablehnen
Netzwerkorganisation → „Güte" des Netzwerkmanagements	0,350**	+	nicht ablehnen
Netzwerknutzung → „Güte" des Netzwerkmanagements	0,020	+	ablehnen
** = signifikant auf 0,01-Niveau; * = signifikant auf 0,05-Niveau			

Die kausalanalytische Überprüfung der Hypothesen kommt zu dem Ergebnis, dass sowohl die Gestaltung des Netzwerks als auch die Netzwerkorganisation die Güte des Netzwerkmanagements positiv beeinflussen. Somit sind die Hypothesen H1 und H2 nicht abzulehnen. Es konnte anhand des vorliegenden Datensatzes kein signifikant positiver Einfluss der Nutzung des Netzwerks auf die „Güte" des Netzwerkmanagements nachgewiesen werden. Somit muss die Hypothese H3 abgelehnt werden. Es scheint, als ob die bloße Nutzung eines Netzwerks nicht zwischen einem exzellenten und einem weniger guten Dienstleister diskriminiert. Vielmehr scheinen die organisatorischen und gestalterischen Voraussetzungen im Dienstleistungsnetzwerk entscheidend für die Güte des Netzwerkmanagements zu sein. Sind diese exzellent, ergeben sich direkt gute Nutzungsmöglichkeiten.

Ein Blick auf die Benchmarks für das Netzwerkmanagement gibt einen Einblick in die Umsetzung dieses Erfolgsfaktors bei ausgewählten Dienstleistungsnetzwerken.

---

[21] Vgl. Backhaus et al., 2000, S. 471.

2.5 Die Benchmarks

2.5.1 Roche Diagnostics: vom „Produzenten" zum „Informationsdienstleister für den Patienten" durch innovatives Netzwerkmanagement[22]

2.5.1.1 Allgemeine Informationen

Roche Diagnostics ist der weltweit führende Anbieter von diagnostischen Gesundheitsinformations- und Analysegeräten. Es handelt sich um eine Division der Hoffmann-La Roche Holding AG mit Sitz in Basel (Schweiz), einem Anbieter aus dem Sektor Pharma/Chemie und Gesundheitsdienstleistungen. Roche ist gemäß seiner Marktkapitalisierung der 13. größte Konzern dieses Sektors. Roche beschäftigt insgesamt etwa 64.000 Mitarbeiter und erwirtschaftete in 2001 einen konzernweiten Umsatz von 29,163 Mrd. CHF.[23] Trotz der als nicht befriedigend angesehenen Performance des Gesamtkonzerns[24] zählt die Division „Diagnostics" zu den ertragsstärksten und wachstumsstärksten Sparten der gesamten Hoffmann-La Roche Holding AG.

Die Division „Roche Diagnostics" ist neben „Pharma" und „Vitamine und Feinchemie" die dritte Division der Roche Holding.

Tab. III-6: Umsatz- und Gewinnentwicklung der Roche Diagnostics

	Umsatz (Mrd. CHF)	Ertrag (Mrd. CHF)
2001	6,900	0,993
2000	6,252	0,822
1999	5,282	0,633
1998	4,616[25]	0,598

Sie wird als eine eigene strategische Geschäftseinheit geführt und hat im Jahr 2001 etwa 6,9 Mrd. CHF Umsatz generiert und 993 Mio. CHF operativen Gewinn mit 16.345 Mitarbeitern erwirtschaftet. Dies entspricht einer Umsatzsteigerung von 10 % und einer Gewinnsteigerung von 21 % im Vergleich zum Jahr 2000.

---

[22] Angaben basieren auf Aussagen von Dr. Thomas Baier, Vice President Roche Diagnostics, Lena Jonsson, Human Resource Managerin und Malin Larsson, Marketing Managerin bei Roche Diagnostics, Schweden sowie internen und öffentlichen Berichten der Roche Diagnostics.

[23] Daten vom Juli 2002.

[24] Vgl. Manager Magazin, 5/02, S. 101 ff.

[25] Ein enorme Anstieg bei Umsatz und Gewinn im Vergleich zu 1997 war durch die Übernahme von Boehringer Mannheim begründet.

Insgesamt lässt sich eine ähnlich positive Entwicklung bei Umsatz und Gewinn über die letzten fünf Jahre verfolgen.

Roche Diagnostics hat seine Aktivitäten in fünf Business Areas organisiert:

- Applied Sciences,
- Diabetes Care,
- Centralized Diagnostics,
- Molecular Diagnostics and
- Near-Patient Testing,

wobei die letzten drei Gebiete Teil des „Roche Lab Network" sind.

In Folge einer strategischen Umstrukturierungsphase in den 90er Jahren wurde die Organisation von Roche Diagnostics in eine Matrix-Organisation gewandelt. Eine Achse stellt dabei die geografische Unterteilung in vier Hauptregionen dar. Die umsatzstärkste Region ist Europe, Middle East & Africa (EMEA, 41 % des Gesamtumsatzes), gefolgt von North America (37 %), Asia/Pacific (10 %) und Iberia/Latin America (9 %). Die zweite Achse der Matrix integriert organisatorisch die unterschiedlichen Business Areas von Roche Diagnostics.

Durch diese Neuorganisation soll vor allem die Nutzung des internationalen Netzwerkes über die Geschäftsfelder hinweg forciert werden. Vertieft wird die internationale Zusammenarbeit darüber hinaus durch die Einführung von übergreifenden Controllingkennzahlen für die einzelnen Hauptregionen.

Die Implementierung der strategischen Umstrukturierung wurde unterstützt durch den Aufbau von Kooperationen und Mergers mit komplementären Nischenanbietern. Im Jahr 2001 wurden Kooperationen mit den Firmen deCode, Millenium, Health Care Diagnostics, CombiMatrix, Quest Diagnostics eingegangen. Mit den Firmen Chiron, Prionics konnten Lizensierungs-Agreements unterzeichnet werden. Darüber hinaus kam es zur Akquirierung der Firma Amira Medical.

2.5.1.2 Wettbewerbsumfeld

Roche Diagnostics ist Marktführer. Im Wettbewerbsumfeld sind zwei Hauptkonkurrenten und drei weitere Akteure angesiedelt, die den gesamten Markt bearbeiten. Zusätzlich existieren viele Nischenanbieter.

Der Marktanteil von Roche beträgt nach der Fusion mit Boehringer Mannheim ca. 20 %. Der relevante Markt erstreckt sich auf medizinische Systemtechnologien für genomische und proteomische Forschungen. Zielgruppen sind dabei primär Labore und Krankenhäuser. Allerdings sollen im Rahmen der Wandlung zu einem Informationsdienstleister ebenfalls die praktizierenden Ärzte und auch der Patient weiter in den Mittelpunkt rücken.

Das Wachstum des bisherigen relevanten Marktes ist als gering einzuschätzen. Durch die Neuausrichtung wird ein größerer und dynamischerer relevanter Markt erhofft. Markteintrittsbarrieren sind in Wissensvorsprüngen und hohen finanziellen Investitionen begründet. Durch die strategische Neuausrichtung sollen neue Räume für kreatives und innovatives Handeln geschaffen werden. Dabei werden vor allem Kooperationen und Mergers mit Nischenanbietern zur Verbreitung und Vertiefung des Produktsortiments und den damit einhergehenden Services angestrebt.

2.5.1.3 Kernfähigkeiten: Netzwerkbildung zur Gewinnung von Innovationen

Kernerfolgsfaktor des Unternehmens ist die Kombination des Netzwerkmanagements mit dem Innovationsmanagement. D. h., dass Netzwerkbildung zu den Kunden und zu den „Zulieferern" – hier besonders die Kooperationen mit Nischenanbietern aber auch die internationale Zusammenarbeit im eigenen Konzern – dazu genutzt werden, die Innovationskraft immer zu steigern. Stärken von Roche Diagnostics sind also seine Innovationspolitik, die ausreichenden finanziellen Ressourcen für den Forschungs- und Entwicklungsbereich und die internationale Zusammenarbeit innerhalb der Division.

Die Kernschwäche ist die relativ geringe Markenbekanntheit der Produktmarken.

Marktrisiken für den Gesamtkonzern werden primär durch Änderungen im Gesundheitssystem und anderen rechtlichen Rahmenbedingungen[26] der einzelnen Länder verursacht. Darüber hinaus ist die Arbeitsmarktsituation in diesem Wirtschaftsbereich problembehaftet, da eine dauerhafte Bindung von qualifiziertem Personal schwierig ist. Marktchancen sind primär durch die Marktdynamik gegeben, die Innovationsführern Wertbewerbsvorteile verschaffen kann.

Eine der Kernfähigkeiten des Unternehmens ist die Integration der akquirierten Unternehmen. Der Zusammenschluss mit Boehringer Mannheim ist eines der wenigen positiven Beispiele für eine erfolgreiche Integration. Der wesentliche Faktor, der zu einem Wettbewerbsvorteil führt, ist die Fähigkeit, durch Akquisitionen Zugang zu Innovationen zu erhalten. Roche Diagnostics hat in den letzten fünf Jahren zahlreiche Unternehmen akquiriert und integriert und nicht zuletzt damit Zugang zu weit über 100 Patenten erlangt.[27]

Das Unternehmen profiliert sich mit der Kombination von technischer Innovationsfähigkeit mit innovativem Management der weiteren Unternehmensressourcen. Im Rahmen der Personalpolitik werden beispielsweise verstärkt Experten aus fremden Branchen beschäftigt. Neben den allgemeinen Human Resources betrifft dies ebenfalls die Management-Ressourcen. Im Bereich der Personal- und Management-Ressourcen werden zusätzlich zahlreiche interne und externe Weiterbil-

---

[26] So laufen z. B. Patente für Medikamente nach 20 Jahren aus.
[27] Vgl. http://www.roche-diagnostics.com/ba_rmd/patent_list.html.

dungsmaßnahmen in den Mittelpunkt gerückt, um die langfristige Wettbewerbsfähigkeit zu gewährleisten.

2.5.2 Garant Schuh + Mode AG: Europäisierung und Wachstum durch Netzwerkbildung[28]

2.5.2.1 Allgemeine Informationen

Gegründet wurde die Garant Schuh + Mode AG 1927 als reine Einkaufskooperation. Rund 5.000 Fachhändler betreiben mehr als 6.600 Fachgeschäfte in den Handelsbranchen Schuhe, Sport und Freizeit sowie Lederwaren und Accessoires in 14 Ländern Europas. Das Unternehmen war bis 1986 eine klassische Einkaufsgenossenschaft mit begrenzten Funktionen, wie Warenbeschaffung und Zentralregulierung. Heute ist Garant eine im amtlichen Handel aller großen deutschen Börsen notierte und im S-Dax gelistete Aktiengesellschaft. Sie erbringt für die dem Unternehmen als (Namens-)Aktionäre angeschlossenen Fachhändler Dienstleistungen in allen Funktionsbereichen der Betriebsführung im Facheinzelhandel, z. B. Warenbeschaffung und Sortimentsgestaltung, Marketingkonzepte, Systeme der Warenwirtschafts- und Informationstechnologie, Betriebsberatung sowie Finanz- und Bankdienstleistungen, letztere aufgrund der enger gewordenen Spielräume für mittelständische Kreditnehmer in Form einer maßgeblichen Beteiligung an einer mittelständisch ausgerichteten Universalbank. Folgende Umsatz- und Gewinnentwicklung war in den letzten Jahren festzustellen.

Tab. III-7: Umsatz- und Gewinnentwicklung bei der Garant Schuh + Mode AG

	Umsatz (in Mrd. €)	Ertrag (in Mio. €)
2001	3,445	113,5
2000	3,011	108,1
1999	2,841	97,1
1998	2,378	88,2
1997	2,152	85,6

Hauptgeschäftsfeld ist die so genannte Zentralregulierung, die den Zahlungsverkehr zwischen Fachhändlern und Vertragslieferanten abwickelt.

---

[28] Alle Angaben beziehen sich auf Gespräche mit Dr. Kurt Merse, Mitglied des Aufsichtsrats der Garant Schuh + Mode AG sowie seinen Vortrag auf dem Kongress „HIS 2002 – Exzellenz im Handel, Erfolgsfaktoren im 21. Jahrhundert" am 27. und 28. Mai 2002 in Münster.

2.5.2.2 Wettbewerbsumfeld

Das wirtschaftliche Umfeld, in welchem sich die Garant Schuh + Mode AG bewegt, muss differenziert betrachtet werden. Während der deutsche Markt stagniert, sind auf anderen europäischen Märkten[29] z. T. hohe Zuwächse zu realisieren. Somit ist das makroökonomische Umfeld als eher positiv zu bezeichnen.

Das wesentliche Motiv für die Europäisierung der Garant Schuh + Mode AG ist die sich Anfang der 80er Jahre abzeichnende Marktsättigung im deutschen Stammland, die sich durch Abflachung des Konsums, einen härter werdenden Wettbewerb in Folge übersetzter Kapazitäten in Industrie und Handel, einer aggressiven Verdrängungspolitik von Großfilialisten sowie dem Auftreten neuer Anbieter im Bereich der Großverteiler bemerkbar gemacht hat. Diese Marktsituation ließ einen Strukturbereinigungsprozess erwarten, der dann in der Folge auch eintrat und für alle Verbundgruppen mit einem Abschmelzungsprozess von nicht mehr wettbewerbsfähigen Fachhändlern verbunden war, für den in irgendeiner Form eine Kompensation gefunden werden musste.

2.5.2.3 Kernfähigkeit: Netzwerkmanagement zur Europäisierung

Da fast alle selbstständigen Fachhändler in Deutschland Mitglied einer Verbundgruppe waren (und sind), kam als Kompensation nur die Erschließung neuer Märkte im Ausland infrage.

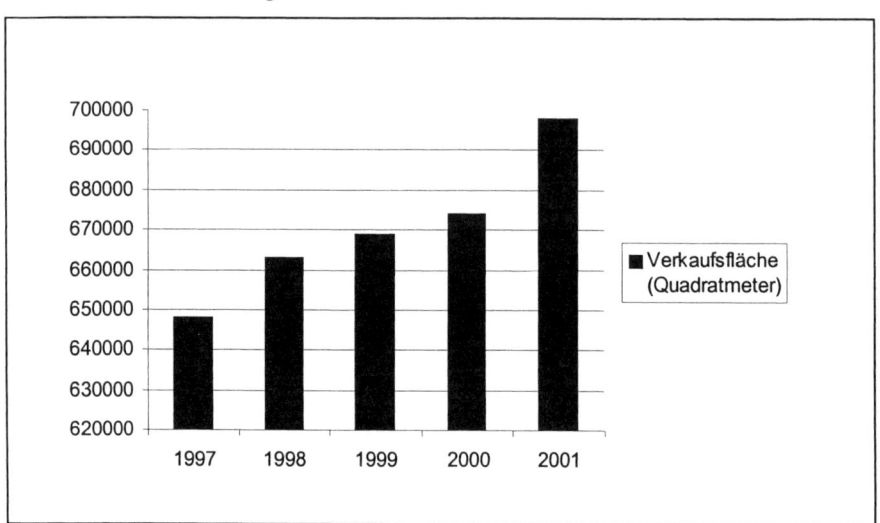

Abb. III-2: Wachstum an Verkaufsfläche

Hierbei hat sich Garant auf solche Länder konzentriert, die über ein interessantes Konsumpotenzial verfügen, in denen also der selbstständige Fachhandel einen

---

[29] Zu nennen sind hier insbes. Skandinavien und die Niederlande.

nennenswerten Marktanteil aufweist und in denen die Facheinzelhandelsunternehmen einer leistungsfähigen Verbundgruppe noch nicht angeschlossen waren bzw. die Leistungsfähigkeit der bestehenden Verbundgruppen mangelhaft war.

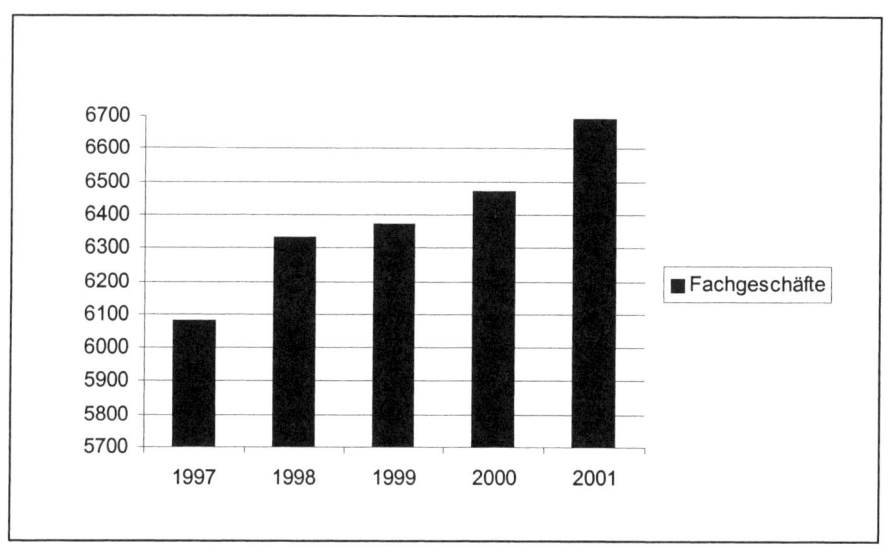

Abb. III-3: Anzahl an Fachgeschäften

Vor diesem Hintergrund lässt sich das enorme Wachstum an Verkaufsfläche, Anzahl an Fachgeschäften und Anzahl der Mitarbeiter der Garant Schuh + Mode AG in den letzten fünf Jahren erklären.

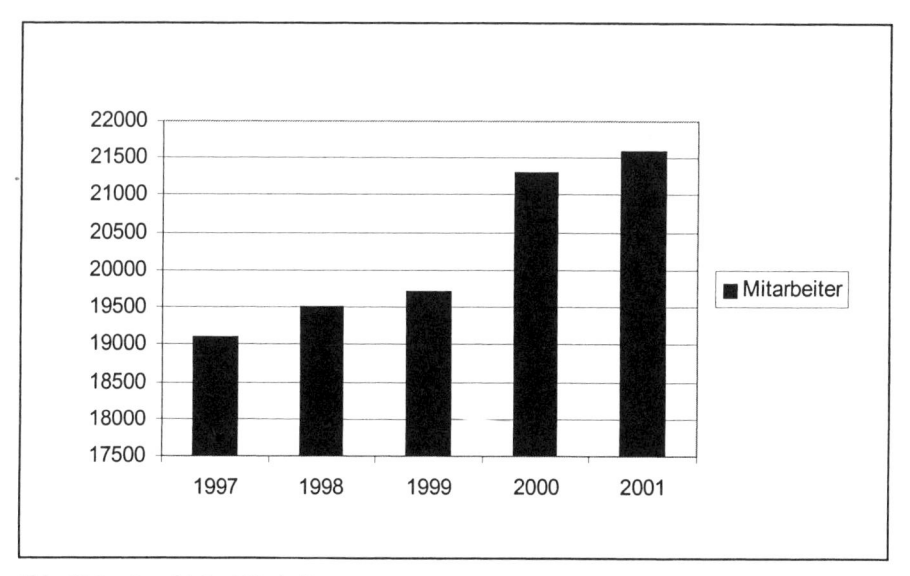

Abb. III-4: Anzahl der Mitarbeiter

Die Internationalität von Garant (Abbildung III-5) wurde im Wesentlichen durch Akquisitionen durchgeführt. Nach einer solchen Akquisition von Verbundgruppen werden sofort sämtliche zentralisierungsfähigen Funktionen dort ausgegliedert und in das zentrale Basiskonzept der Führungsgesellschaft integriert. Zu diesen Funktionen gehören u. a. sämtliche für die Fachhändler zu erbringenden Finanzdienstleistungen, wie z. B. die gesamte Warenabrechnung zwischen den Vertragslieferanten und den Fachhändlern in den einzelnen Ländern („Zentralregulierung"). Ebenso sind dies die Implementierung von Warenwirtschaftssystemen bei den Händlern, deren Beratung und Betreuung in allen Fragen der Betriebsführung im Facheinzelhandel (Ausnahme ist der Sektor Marketing) sowie die Durchführung von Standortanalysen und Maßnahmen der Aus- und Weiterbildung.

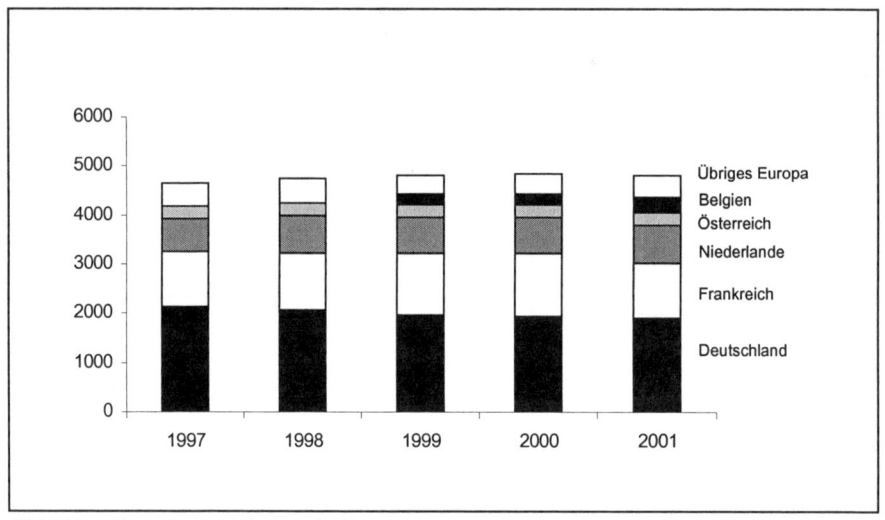

Abb. III-5: Internationalisierung im Fachhandel

Was die Europäisierung von Garant erfolgreich macht, ist die konsequente Umsetzung der folgenden organisatorischen Voraussetzungen:

- Sämtliche Abteilungen der Zentrale arbeiten länderübergreifend und beschäftigen Mitarbeiter aus den Ländern, in denen Garant mit Fachhändlergruppen vertreten ist.

- Zwischen der Zentrale und den ausländischen Einheiten besteht ein permanenter und kostengünstiger Informationsaustausch über Datenleitungen.

- Die gesamte Infrastruktur der Zentrale ist international ausgerichtet.

- Die Leiter der ausländischen Einheiten kommen ausnahmslos aus diesen Ländern, beherrschen jedoch alle die deutsche Sprache (die Konzernsprache ist deutsch), sind Mitglieder des erweiterten Führungskreises und nehmen in dieser Funktion an den einmal pro Quartal stattfindenden Strategiegesprächen und Grundsatzabstimmungen bei der Zentrale teil.

- Insgesamt wird bei Garant nicht mehr zwischen In- und Ausland unterschieden, sondern man spricht nur noch von Deutschland als Stammland einerseits und den europäischen Partnerländern andererseits.

Das von Garant praktizierte Netzwerkmanagement ist der entscheidende Erfolgsfaktor für eine gelungene Europäisierung der Verbundgruppe. Mehr noch: Mit dieser Organisationsform konnte Garant einen deutlichen Wettbewerbsvorsprung vor konkurrierenden Verbundgruppen erringen, die versucht haben, die Erschließung ausländischer Märkte im Wege der Etablierung kompletter Infrastrukturen in den einzelnen Märkten durchzuführen, d. h. also in allen Ländern die gleichen Dienstleistungsstrukturen für die zu gewinnenden Fachhändlergruppen aufzubauen und auf eine netzwerkartige Organisationsform zu verzichten. Dies führte im Vergleich zu unserer Organisationsform natürlich zu erheblich höheren laufenden Kosten mit der Folge nachhaltiger Verluste und – wenn diese hoch genug waren – der Beendigung des Auslandsengagements. Die Garant Schuh + Mode AG hat vor einigen Jahren in einem der größten europäischen Märkte die defizitäre Tochtergesellschaft einer konkurrierenden Verbundgruppe übernommen und durch sofortige Restrukturierung und Eingliederung in unser Netzwerkmanagement den laufenden Aufwand bei vollständiger Beibehaltung der Dienstleistungsqualität für die Fachhändler auf etwa ein Zehntel reduziert. Dies ist der entscheidende Punkt bei der internationalen Expansion einer Verbundgruppe: Die Ertragspotenziale der Verbundgruppen, im Wesentlichen nur die so genannte Delkredereprovision im Rahmen der Zentralregulierung der Lieferantenfakturen (eine Erläuterung würde hier zu weit führen), sind derartig schmal, dass eine Internationalisierung nur auf der Grundlage einer Organisationsform sinnvoll und realisierbar ist, die auf den jeweiligen Auslandsmärkten auch die angestrebten Renditen erwarten lässt, im Falle Garant also eine Netzwerkorganisation, die darüber hinaus durch schmale Infrastrukturen und straffe Kostenbudgets gekennzeichnet ist.

2.5.3 Die Revolution im Direktvertrieb: Dell Computer Corp.[30]

2.5.3.1 Allgemeine Informationen

1984 in Austin, Texas, gegründet, ist die Dell Computer Corp.[31] heute Marktführer unter den PC-Herstellern. Von Beginn an verfolgte Dell das Konzept des Direktvertriebs, und das sowohl an private als auch an Geschäftskunden. Durch die Umgehung des Handels können so Kosten gespart und die Produkte direkt an die Kundenwünsche angepasst werden. Dell hat durch den Ausbau seiner Onlineshops eine der umsatzstärksten Internetseiten überhaupt und wickelt mittlerweile 50 % seines Geschäfts über das Internet ab.

---

[30] Alle Angaben beruhen auf einem Gespräch mit Margret A. Doyle, (ehem.) Sales Representative, Dell Computer Corp., Austin, USA.
[31] 1988 fand das „going public", also die offizielle Listung an der Börse, statt.

Das kontinuierliche Umsatzwachstum wurde immer begleitet vom Ausbau des Kundenservice über Hotline und E-Mail. So befindet sich z. B. in Austin mit fast 1.000 Plätzen eines der größten Call-Center der Branche. Die Call-Center-Agents lösen etwa 90 % aller Kundenanfragen ohne zusätzliche Unterstützung oder Weiterleitung der Anrufer. Dell hat außerdem konsequent seine Produktpalette ausgeweitet und bietet heute IT-Lösungen sowohl für Privathaushalte als auch für Unternehmen jeder Größe an. In den letzten fünf Jahren hat Dell die folgenden Umsätze und Erträge erwirtschaftet.

Tab. III-8: Umsatz- und Gewinnentwicklung von Dell Computers

	Umsatz (in Mrd. US-$)	Ertrag (in Mrd. US-$)
2001	31,888	2,310
2000	25,265	1,860
1999	18,243	1,460
1998	12,327	944
1997	7,759	518

Dell erwirtschaftet mit etwa 24.000 Mitarbeitern über 60 % seines Umsatzes in den USA, ist aber weltweit mit Niederlassungen und Produktionsstätten vertreten. Deshalb sieht man auch im Ausland die besten Wachstumschancen. Außerdem will man den Anteil des Internetgeschäfts weiter ausbauen.

2.5.3.2 Wettbewerbsumfeld

Der Markt für PCs ist weltweit hart umkämpft[32]. Neben den bekannten Herstellermarken, wie IBM, Hewlett-Packard (jetzt zusammen mit Compaq) oder Apple, bieten eine große Anzahl von Händlern PCs in allen Preisklassen an. Das direkte Vertriebsmodell, mit dem Dell erfolgreich wurde, wird zunehmend von Wettbewerbern (z. B. Gateway 2000, (ehem.) CompuAdd oder in Deutschland Maxdata und Gericom) kopiert.

Der Gesamtmarkt macht nach einer Phase enormen Wachstums jetzt eine schwächere Phase durch. Zahlreiche Marktaustritte sind zu verzeichnen. Die spektakulärste Änderung war der Zusammenschluss von Hewlett-Packard und Compaq zum weltweit größten Hersteller von Computerequipment.

---

[32] Weiter unten wird noch genauer auf diesen Markt eingegangen. Es sei auf Abbildung III-33 verwiesen.

2.5.3.3 Kernfähigkeit: Direkter Kundenkontakt

Dell hat es geschafft, in diesem durch Übernahmen und Zusammenschlüsse geprägten Feld als eigenständiger Marktteilnehmer nicht nur zu überleben, sondern sich zu einem dominierenden Anbieter zu entwickeln. Diese Entwicklung ist im Wesentlichen auf das erfolgreiche Geschäftsmodell von Dell zurückzuführen: den Direktvertrieb. Auf diesem Weg wird der Kunde in das Dell-Netzwerk integriert. Er ist nicht nur der Auslöser für die Herstellung eines Computers, er wird in den Erstellungsprozess von Beginn an integriert. Er „konfiguriert" seinen persönlichen Computer. Diese Informationen werden auf so genannten „spec sheets" zu den Produktionsstätten (z. B. in Austin, Texas oder in Irland) elektronisch weitergeleitet.

Die Kundenintegration hat viele Vorteile, davon seien hier die beiden wesentlichen genannt:

- Umgehung des Handels und damit dessen Handelsspanne und

- direkter Zugang zu Kundeninformationen.

Dell konzentriert sich also auf die Pflege des Kundenkontaktes. Dies wird als Kernaufgabe des Unternehmens angesehen. Andere Funktionen, insbesondere die Produktion[33], werden zunehmend ausgelagert.

2.6 Diskussion

Das Netzwerkmanagement[34] kann von Dienstleistern für viele Zwecke genutzt werden. Einerseits kann ein Netzwerk so organisiert sein, dass, wie im Fall der Roche Holding AG, Inventionen von vielen unterschiedlichen Partnern generiert werden. Diese werden dann im Netzwerk schneller und effizient durchgesetzt. In diesem Fall bündelt das Netzwerk die (asymmetrischen) Kompetenzen der einzelnen Partner. Ein solches Netzwerk hat besondere Bedeutung für solche Anbieter, die teure Forschung und Entwicklung betreiben. Somit ist das Hauptmotiv der Netzwerkbildung die Realisierung von Größenvorteilen durch Bündelung von Ressourcen.

Ein weiterer Vorteil bzw. ein Einsatzfeld von netzwerkartigen Strukturen ist der Umgang mit dem Thema Wachstum. Einerseits lässt sich Wachstum beispielsweise durch die Vergabe von Franchisen an eigenständige Unternehmer besser finanzieren. Dies ist ein Hauptmotiv für die Franchisierung vieler Dienstleister. Andererseits schafft es ein effizientes Netzwerkmanagement wie im Fall der Garant

---

[33] Die Fertigung wird zunehmend auf so genannte „Electronic Contract Manufacturer" (z. B. Flextronics oder Solectron) verlagert.
[34] Zur weiteren Vertiefung des Erfolgsfaktors „Netzwerkmanagement" sei auf Teil IV Kapitel 2 und 3 verwiesen.

Schuh + Mode AG, bislang unabhängige Händler in (ausländischen) Zielländern zu integrieren, die bisher unerschlossen waren. Somit wird der Markteintritt effizient und effektiv und somit besser als etwa die Neugründung von Niederlassungen. (In manchen Märkten kann nur mittels „Kooperationen" – z. B. in Form von Joint Ventures – eingetreten werden, da entsprechende Rahmenbedingungen existieren.) Dienstleistungsnetzwerke können aber auch zum Kunden hin integrativ wirken. Durch dessen direkte Einbeziehung in den Prozess der Leistungserstellung – angefangen bei der Planung der Leistung bis zur Abnahme – lassen sich (unnötige) Mittler umgehen und somit Vorteile realisieren, wie im Fall Dell dargelegt worden ist.

Offenbar hängt die erfolgreiche Umsetzung des Managements eines Dienstleistungsnetzwerks weniger von der spezifischen Nutzung eben jenes Netzwerks ab als vielmehr davon, wie es organisatorisch passend zur Netzwerknutzung gestaltet wird.

Folgende Punkte sind dabei zu beachten:

1. Detaillierte Verträge sollten die Zuständigkeiten (Rechte und Pflichten) der Netzwerkpartner regeln.

2. Asymmetrische Fähigkeiten der Netzwerkpartner müssen zu einer gemeinsamen Problemlösung integriert werden.

3. Die „Art" des Netzwerks muss zu dessen Zielen passen.

Wenn diese Punkte bei der Umsetzung berücksichtigt werden, sind Netzwerke gerade im Bereich des tertiären Sektors bestens für die Zukunft gerüstet, da sie Flexibilität im Marktauftritt mit Effizienz bei der Umsetzung verbinden.

3 Der Erfolgsfaktor Markenmanagement

3.1 Die Marke als Leistungsversprechen

Dienstleistungen sind aufgrund ihrer Intangibilität sehr schwer objektiv zu bewerten. Die Güte der Leistung lässt sich in der Regel erst während oder nach der Leistungserstellung erkennen; man spricht dann von einer Erfahrungsleistung („experience-dominant service"). Reine „Suchleistungen" („search-dominant services") stellen eher die Ausnahme dar und sollen daher im Weiteren nicht näher betrachtet werden. In manchen Fällen, wie z. B. einer komplexen medizinischen Operation, ist es für einen „Käufer" gar nicht möglich, die Qualität der Leistung zu bewerten. Es handelt sich dann um eine Vertrauensleistung („credence-dominant service").[35] Der Käufer einer solchen Leistung tätigt eine riskante Vorleistung. In einem solchen Kontext gewinnt die (Dienstleistungs-)Marke eine besondere Bedeutung. Sie wird für den Konsumenten zu einem Qualitätsindikator, da sie in seinen Augen ein Leistungsversprechen verkörpert.

Marke ist also bei weitem mehr als die bloße „Markierung" einer Leistung.[36] Sie wird zu einem Instrument des (Marketing-)Managements eines Dienstleistungsnetzwerks. Kotler definiert in diesem Sinne die Marke als „a name, term, sign, symbol, or design, or combination of them which is intended to identify the goods and services of one seller or group of sellers and to differentiate them from those of competitors".[37] Die Marke hat demnach zwei wesentliche Aufgaben: Die Identifikation und die Differenzierung, wobei die Differenzierung durch das Bieten eines Zusatznutzens geschaffen wird. Häufig wird dieser Zusatznutzen mit dem Begriff der „Brand Equity" belegt. Darunter wird gemeinhin das „added value endowed by the brand to the product"[38] verstanden. Sein Wert rührt im Wesentlichen von der Reduktion des subjektiv empfundenen Kaufrisikos.

Ökonomische Bedeutung kommt dem Markenmanagement aufgrund der Kaufverhaltenswirksamkeit der Marke zu. Vielfach wurde nachgewiesen, dass sich dieser Faktor über eine erhöhte Kundenloyalität und über das gestiegene Vertauen in die Leistungen positiv auf den Erfolg eines Unternehmens auswirkt.[39]

---

[35] Vgl. Krishnan/Hartline, 2001, S. 328.
[36] Vgl. Mellerowicz, 1963, S. 39.
[37] Kotler, 1991, S. 442.
[38] Farquhar, 1989, S. 47.
[39] Vgl. Shipley/Howard, 1993; Chaudhuri/Holbrook, 2001; Michell/King/Reast, 2001; eigene Analyse aus Kapitel 2.3.

3.2 Theoretische Grundlagen

Das Markenmanagement gehört zu den Kernaufgaben des Top-Managements. Diese liegen darin, die Quellen des oben beschriebenen Zusatznutzens („Brand Equity") zu erkennen und die daraus resultierenden potenziellen Vorteile in „komparative Konkurrenzvorteile" zu transformieren. Eine erste wichtige Aufgabe liegt daher darin, eine eindeutige Markenstrategie zu formulieren. Diese muss zuerst festlegen, wofür die Marke steht. Ebenso sollte sie Aussagen über das Markensystem beinhalten und die künftige Stoßrichtung vorgeben, in welche sich die Marke entwickeln soll. Die erste Hypothese lautet also:

H1: *Je genauer die Markenstrategie formuliert ist, desto besser ist die Bewertung des Markenmanagements.*

Wenn das Markenmanagement festgelegt hat, wofür die Marke stehen soll, ist es notwendig, die Marke in der relevanten Zielgruppe bekannt zu machen und dort eindeutig gemäß der durch die Markenstrategie festgelegten Stoßrichtung zu positionieren. Diese „Name Awareness" zählt Aaker zu den wesentlichen Grundlagen, auf denen der subjektiv empfundene Zusatznutzen basiert.[40] Berry, Lefkowith und Clark sind auf Basis theoretischer Überlegungen zu dem Schluss gekommen, dass „the service brand should be the firm's name and should not be individualized".[41] Bharadwaj, Varadarajan und Fahy haben festgestellt, dass ein bekannter Markenname aus Kundensicht das Kaufrisiko erheblich reduziert und somit aus Unternehmenssicht einen Wettbewerbsvorteil darstellt.[42] Daher kann folgende Hypothese aufgestellt werden:

H2: *Je höher die Markenbekanntheit, desto besser ist die Bewertung des Markenmanagements.*

Markenbekanntheit in der relevanten Zielgruppe ist die notwendige Voraussetzung dafür, dass eine Dienstleistungsmarke erfolgreich sein kann. Dieser Erfolg kommt letztlich dadurch zum Ausdruck, dass Kunden bereit sind, einen Aufpreis für die Leistungen des eigenen Dienstleistungsnetzwerks gegenüber denen vergleichbarer Anbieter zu zahlen.

---

[40] Vgl. Aaker, 1992 und 1996.
[41] Berry et al., 1988, S. 28.
[42] Vgl. Bharadwaj et al., 1993.

Diese Aufpreisbereitschaft hängt im Wesentlichen davon ab, wie loyal die Kunden gegenüber dem Anbieter sind.[43] Markenloyalität führt dann zu einem höheren Marktanteil, wenn sich die Wiederkaufwahrscheinlichkeit erhöht. Neben diesem indirekten, positiven Effekt hat Aaker festgestellt, dass die Marketingausgaben für loyale Kunden signifikant geringer sind als für weniger loyale.[44]

Oliver definiert Markenloyalität anhand verhaltenswissenschaftlicher („behavioral") und Einstellungsmerkmale („attitudinal").[45] Loyalität lässt sich somit durch das Wiederkaufverhalten (z. B. die Reaktion auf Preissteigerung) und das Commitment (z. B. das Weiterempfehlungsverhalten) beschreiben. Aufgabe eines guten Markenmanagements ist es daher, die Markenloyalität zu steigern, um somit die damit verbundenen positiven Effekte auf den Erfolg bzw. die Profitabilität des Dienstleistungsnetzwerks zu steigern. Daher lässt sich folgende Hypothese aufstellen:

H3:   Je höher die Markenloyalität, desto besser ist die Bewertung des Markenmanagements.

Diese drei Hypothesen werden im Folgenden zunächst konzeptualisiert und anschließend operationalisiert. Mithilfe der Kausalanalyse werden die Hypothesen dann überprüft.

3.3 Modell

Aufbauend auf den theoretischen Überlegungen kann zunächst der grundsätzliche Zusammenhang im Konstrukt anhand seiner Konzeptualisierung dargestellt werden.

Marken-management	→	Markenstrategie	4 Indikatoren
	→	Markenbekanntheit	3 Indikatoren
	→	Markenloyalität	4 Indikatoren

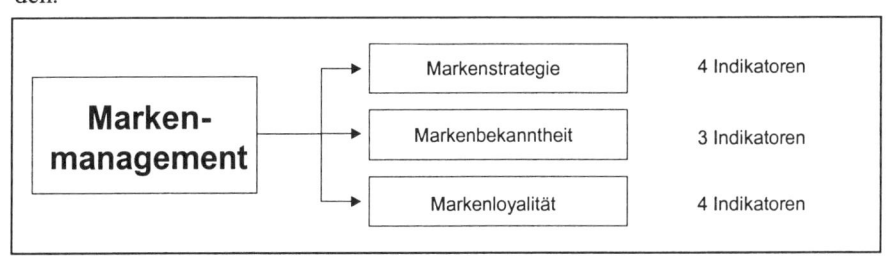

Abb. III-6: Konzeptualisierung des Markenmanagements

---

[43] Vgl. Pessemier, 1959; Jacoby/Chestnut, 1978; Winters, 1991; Holbrook, 1992; Bello/Holbrook, 1995; Aaker, 1996.
[44] Vgl. Aaker, 1992 und 1996.
[45] Vgl. Oliver, 1999, S. 34.

Es handelt sich beim Markenmanagement um ein dreifaktorielles Konstrukt, welches sich aus der Markenstrategie, der Markenbekanntheit und der Markenloyalität zusammen setzt.

Das sich aus dieser Konzeptualisierung ergebende Modell soll zunächst anhand globaler Anpassungskriterien[46] überprüft werden.

Tab. III-9: Gütekriterien des Gesamtmodells

	RMR	GFI	AGFI	NFI
Markenmanagement	0,110	0,969	0,951	0,955

Die vier Gütekriterien liegen bis auf den Root-Mean-Square-Residual (RMR) über den vorgeschlagenen Mindestwerten. Der im vorliegenden Modell als kritisch zu bezeichnende RMR gibt Auskunft darüber, wie gut die erwarteten Varianzen bzw. Kovarianzen mit den tatsächlichen übereinstimmen. Da die Abweichung vom vorgeschlagenen Wert von „< 0,1" relativ gering ist und der relative Chi-Quadrat-Index deutlich kleiner als 3 ist (Chi-Quadrat/df = 2,104), soll das Modell nicht grundsätzlich abgelehnt werden.

Die Überprüfung der Unidimensionalität des Konstruktes mithilfe einer explorativen Faktorenanalyse zeigt, dass die zur Operationalisierung herangezogenen Items das zugrunde gelegte Konstrukt widerspiegeln.[47]

Die Diskriminanzvalidität soll anhand der Korrelationskoeffizienten der latenten Variablen überprüft werden. Die hier vorliegenden Werte von unter 0,7 zeigen, dass sich das angenommene Konstrukt von anderen Konstrukten des Kausalmodells hinreichend unterscheidet.

Tab. III-10: Untersuchung der Diskriminanzvalidität

	Strategie	Bekanntheit	Loyalität
Strategie	1		
Bekanntheit	0,394	1	
Loyalität	0,672	0,632	1

Die interne Konsistenz der Messvorschrift überprüft anhand der Konvergenzvalidität, ist ebenfalls gegeben, da zum einen eine hohe Faktorreliabilität vorliegt und zum anderen die durchschnittlich erfasste Varianz mit Ausnahme des Wertes bei der „Loyalität" über den vorgeschlagenen Mindestwerten liegt.

---

[46] Vgl. z. B. Homburg/Giering, 1996.
[47] Das KMO liegt mit 0,826 im guten Bereich und die 11 Items lassen sich zu den drei Faktoren zusammenfassen, die bei der Konzeptualisierung vorgeschlagen wurden.

Der eher kritische Wert im DEV bei der Loyalität soll hier nicht dazu führen, dass dieser Faktor eliminiert wird. Hier sollen theoretische Überlegungen Vorrang vor statistisch-methodischen haben. Insbesondere der Markenloyalität wird in der Literatur ein hoher Stellenwert[48] beigemessen, sodass diese hier als ein wesentlicher Faktor des Markenmanagements aufgefasst werden soll.

Tab. III-11: Untersuchung der Konvergenzvalidität

	Faktorreliabilität	DEV
Strategie	0,90	0,70
Bekanntheit	0,85	0,66
Loyalität	0,72	0,40

Als letzter Schritt zur Beurteilung der Validität und Reliabilität des aufgestellten Kausalmodells soll die Reliabilität der Messskalen ermittelt werden. Dies gibt Auskunft darüber, ob die zur Messung des Konstruktes herangezogenen Indikatoren genau das (theoretisch hergeleitete) Konstrukt messen.

Tab. III-12: Überprüfung der Reliabilität der Messskalen

	Indikator	Indikatorreliabilität	Item-to-Total	Cronbach's Alpha
Strategie	1	0,55	0,6113	0,8985
	2	0,76	0,8543	
	3	0,81	0,8152	
	4	0,67	0,8321	
Bekanntheit	5	0,74	0,5542	0,8451
	6	0,62	0,7973	
	7	0,61	0,8057	
Loyalität	8	0,61	0,5368	0,7279
	9	0,20	0,4670	
	10	0,34	0,6098	
	11	0,45	0,4707	

Offenbar können die Messskalen als hinreichend valide bezeichnet werden. Dies, kombiniert mit den guten Werten aller übrigen Gütekriterien, lassen die im Folgenden durchgeführte kausalanalytische Überprüfung der Hypothesen sinnvoll erscheinen.

---

[48] Vgl. Huber/Herrmann/Weis, 2001; Chaudhuri/Holbrook, 2001 und die dort angegebene Literatur.

3.4 Ergebnisse

Zur Überprüfung der aufgestellten Hypothesen werden die Werte und die Vorzeichen der Pfadkoeffizienten aus der kausalanalytischen Untersuchung herangezogen.

Tab. III-13: Überprüfung der Hypothesen

	Strukturkoeffizient		Prognostizierte Wirkungsrichtung/ Hypothesenbewertung
Markenstrategie → „Güte" des Markenmanagements	0,492**	+	nicht ablehnen
Markenbekanntheit → „Güte" des Markenmanagements	0,318**	+	nicht ablehnen
Markenloyalität → „Güte" des Markenmanagements	0,204*	+	nicht ablehnen
** = signifikant auf 0,01-Niveau; * = signifikant auf 0,05-Niveau			

Es fällt auf, dass die Vorzeichen der Strukturkoeffizienten mit den hypothetisch angenommenen Wirkungsrichtungen übereinstimmen. Da darüber hinaus die Wirkstärke jeweils über dem Wert von 0,2 liegt, können die Hypothesen H1 bis H3 nicht abgelehnt werden. Offenbar beeinflussen sowohl die Markenstrategie als auch die Markenbekanntheit und die Markenloyalität ein erfolgreiches Markenmanagement. Der Markenstrategie kommt eine besondere Wichtigkeit zu. Sie ist Voraussetzung zur Erzielung von Markenbekanntheit und Markenloyalität. Exemplarisch sei das Markenmanagement an den folgenden Beispielen gezeigt.

3.5 Die Benchmarks

3.5.1 Das bekannteste Franchisesystem der Welt: McDonald's[49]

3.5.1.1 Allgemeine Informationen

Dick und Maurice McDonald eröffnen am 20. Dezember 1948 ihr erstes Restaurant in San Bernadino, Kalifornien. Fünf Jahre später ist der erste Franchisenehmer gefunden. 1954 erwirbt Ray Krog aus Chicago das Exklusivrecht, Lizenzen

---

[49] Alle Angaben beruhen auf Gesprächen mit Matthias C. Baumgarten, Direktor Kommunikation, McDonald's Deutschland, am Rande der Tagung „Integriertes Markenmanagement" in Münster am 6.7.2001 (dort hielt er einen Vortrag zum Thema „Das Management der netzgeführten Marke") sowie veröffentlichten und vertraulichen Angaben der McDonald's Franchise-Zentrale.

für McDonald's Restaurants zu vergeben und kaufte sieben Jahre später auch den Namen der Brüder McDonald's und wurde damit Alleininhaber der Rechte am McDonald's-System. Schon 1966 hat die Figur Ronald McDonald bei Kindern denselben Bekanntheitsgrad wie Santa Claus. Danach erfolgte ein rasanter Aufstieg der Fast-Food-Kette, die den weltweiten Durchbruch 1971 mit der Eröffnung von Restaurants in Tokio, Sydney und Amsterdam schaffte. Heute ist McDonald's weltweit in allen großen Städten vertreten. Die Würdigung als „Global-Player" mit 25.000 Restaurants weltweit wurde 1986 unterstrichen, als die Zeitschrift „Economist" erstmals den „Big-Mac-Index" als Instrument für internationale Preisvergleiche ins Leben rief.

McDonald's hat es auch in schwierigen ökonomischen Situationen geschafft, stets einen positiven Ertrag zu erwirtschaften.

Tab. III-14: Umsatz- und Gewinnentwicklung von McDonald's

	Netto-Umsatz (in Mrd. US-$)	Ertrag (in Mrd. US-$)
2001	40,630	1,637
2000	40,181	1,977
1999	38,491	1,948
1998	35,979	1,550
1997	33,638	1,642

Offenbar ist das Franchisesystem von McDonald's für konjunkturelle Schwankungen relativ unempfindlich. Dies zeigt auch die steigende Zahl der Outlets, hier der Vergleich in einem Zeitraum von fünf Jahren.

Tab. III-15: Anzahl der Outlets bei McDonald's

Land/Region	2001	1996	Wachstum [%]
USA	13.099	12.094	8,31
APMEA[50]	7.321	3.812	92,05
Europe	5.794	3.287	76,27
davon in Deutschland	1.152	743	55,05
Japan	3.822	2.004	90,72
Kanada	1.223	992	23,29
Süd Amerika	1.581	699	126,18
Total	**30.093**	**20.884**	**44,10**

---

[50] Asia/Pacific, Middle East/Africa.

3.5.1.2 Wettbewerbsumfeld

Die Dienstleistungsteilbranche „Gaststätten" und darin insbesondere der Bereich „Fast-Food" ist hoch kompetitiv. In den USA ist dies noch erheblich ausgeprägter als in Europa. Die zu weiten Teilen austauschbare „Kernleistung" von Fast-Food-Restaurants lässt auf der Leistungsebene kaum Raum für Differenzierung. Um sich dennoch einen Wettbewerbsvorteil gegenüber den Wettbewerbern zu verschaffen, ist die einzig verbleibende Differenzierungsmöglichkeit die über emotionale Aspekte. Der Marke kommt somit in diesem Wettbewerbsumfeld die entscheidende Bedeutung bei.

3.5.1.3 Kernfähigkeit von McDonald's: Die Marke als Qualitätsanker für Konsumenten

Grund für den außerordentlichen Erfolg von McDonald's ist die Geschäftsidee der Brüder McDonald, die den Menschen „preiswerte, gute Verpflegung mit schnellem Service" bieten soll. McDonald's hat es geschafft, diese hohe Leistungsqualität im ganzen System einheitlich sicherzustellen. Dies geschieht durch ein Netz von zuliefernden Partnern aus den Branchen Landwirtschaft (jeweils aus dem Land, in dem die Ware abgesetzt wird), Nahrungs- und Genussmittel sowie Verpackung und Anlagenbau. Diese werden zur Sicherstellung der betrieblichen Flexibilität durch eher kurzfristige Verträge an das McDonald's-Franchisesystem gebunden. Trotzdem wird versucht, die Zulieferer langfristig an das System zu binden. Dadurch können detaillierte Vorgaben bezüglich der Qualität vorgegeben werden.[51]

Die Kernfähigkeit des McDonald's-Franchisesystems ist es, das an die Kunden gegebene Leistungsversprechen einer einheitlich hohen Qualität durch die Marke „McDonald's" zu transportieren. Diese Marke erfreut sich einer enormen Bekanntheit[52] und steht hier als „Anker" für weltweit einheitliche Qualität. Sie kann als die weltweit erfolgreichste netzgeführte Marke bezeichnet werden. Die enorme Markenbekanntheit ist nicht zuletzt Ergebnis einer weltweit konsistenten Markenstrategie. Obwohl McDonald's ein Franchisesystem ist, wird sehr genau darauf geachtet, dass die Werte, also „Qualität, Service, Sauberkeit und Preiswürdigkeit", für die die Marke steht, überall eingehalten und somit transportiert werden. Verträge regeln die Umsetzung dieser Prinzipien und schreiben Sanktionsmaßnahmen

---

[51] So werden von der Systemzentrale regelmäßig Kontrollen der Franchisenehmer, vor allem im Hinblick auf die Einhaltung der Q.S.C.&V.-Standards („Quality, Speed, Cleanliness, Value"), durchgeführt.

[52] Bei einer Umfrage des Internationalen Centrums für Franchising & Cooperation wurde McDonald's als Synonym für Franchising gesehen. Die ungestützte Bekanntheit lag bei weit über 80 %; vgl. Ahlert/Hesse/Wunderlich, 2001. Zu vergleichbaren Ergebnissen kam das ManagerMagazin in seiner Ausgabe 6/02, in dem McDonald's nach Coca Cola als die zweitbeste Marke bezeichnet wurde; vgl. Student/Werres, 2002, S. 113.

bei Zuwiderhandlung vor. Alle diese im Systemhintergrund verankerten Maßnahmen haben nur das eine Ziel, nämlich Kunden dauerhaft an die Marke zu binden. Das Ergebnis einer im Branchenvergleich enormen Loyalität der Kunden zu McDonald's belegt die Richtigkeit der getroffenen Maßnahmen.

3.5.2 Der Aufbau einer neuen Marke: R.I.C. GmbH – „RED ZAC"[53]

3.5.2.1 Allgemeine Informationen

„Red Zac" ist die neue Marke der Interfunk-Handelsgruppe. Diese hat ein Außenumsatzvolumen von etwa zwei Milliarden Euro, rechnet über ihre Zentrale rund eine Milliarde Euro ab und ist damit eine der erfolgreichsten und auch wichtigsten Verbundgruppen in dem Bereich der elektronischen Konsumgüter. Die „alte" Interfunk-Gruppe selbst ist seit mehr als 30 Jahren im Markt aktiv und konnte stets auf gut entwickelte Systeme und Prozesse, wie Beschaffung, Logistik, Information, Betriebstypen etc. zurückgreifen. Der Schwachpunkt war das Image, welches die jugendlichen Konsumenten nicht ansprach. Mehrere Anläufe zur Repositionierung der Marke scheiterten. Der Hauptgrund dafür war, dass die Mitglieder der Gruppe nicht hinreichend in das Markenkonzept eingebunden wurden und dass dieses auch nicht konsistent gestaltet wurde. Am 1.10.2001 wurde das operative Geschäft der Interfunk in die R.I.C. GmbH übertragen. Die Kerngeschäftsfelder der R.I.C. GmbH sind die Unterhaltungselektronik, die Haustechnik, die Bereiche Mobil- und Telekommunikation, PC Multimedia, Tonträger. Die Produkte aus den Kerngeschäftsfeldern werden insbesondere von jugendlichen Verbrauchern stark nachgefragt. Daher war eine Neupositionierung der Gruppe notwendig.

3.5.2.2 Der Markenaufbau

Die fundamentale Erkenntnis des Managements der R.I.C. GmbH war, dass insbesondere im Bereich der Elektronik junge Konsumenten die Trends vorgeben. Diese Trends „wandern" die Alterspyramide hinauf. Welches Unternehmen es schafft, junge Trendsetter an sich zu binden, wird ebenfalls ältere Kunden gewinnen. Somit wurde die Gruppe der 14-29-jährigen zur Zielgruppe der neu zu schaffenden Marke definiert.

Um diese Gruppe zu erreichen, wurde ein modernes Markenbild entwickelt. „Red Zac" wurde „geboren".

Zunächst wurde der „genetische Code" von Red Zac definiert. Im Kern lassen sich drei Begriffe finden: Jugend, Innovation und Individualität. Davon ausgehend

---

[53] Alle Angaben beruhen auf Gesprächen mit Werner Winkelmann, Geschäftsführer R.I.C., sowie seinem Vortrag auf dem Kongress „HIS 2002 – Exzellenz im Handel, Erfolgsfaktoren im 21. Jahrhundert" am 27. und 28. Mai 2002 in Münster.

wurden ein Logo (und die Farbgebung) und ein Slogan entwickelt, welche diese Werte transportieren. Anschließend wurde mit einem Werbeetat von etwa 63 Millionen Euro das neue Konzept bekannt gemacht. Die Ausgaben teilen sich die Zentrale der Gruppe (15 Mio. Euro) und die Mitglieder (48 Mio. Euro).

Das Konzept zur Etablierung der Marke Red Zac beruht auf drei Säulen: Fernsehspots, Beilagen und Darstellung des Unternehmens am Point of Sale (POS). Seit der Einführung der Marke im Juni 1998 wird jährlich in acht TV Wellen in den Sendern RTL, PRO 7 und SAT1 geworben. Diese Sender wurden wegen ihrer hohen Akzeptanz bei der jugendlichen Zielgruppe ausgewählt. Das Fernsehen ist Leitmedium der Kampagne, die gemeinsam mit den Herstellern der beworbenen Produkte finanziert wird.

Die zweite Säule des Konzepts ist die Beilage. Sie fungiert als Bindeglied zwischen TV-Werbung und POS. Von der Zentrale wird diese Beilage ebenfalls achtmal im Jahr parallel zu den TV-Werbewellen entwickelt. Die Mitglieder der Kooperation streuen diese Beilagen selbst in den regional relevanten Tageszeitungen. Neben den acht zentralen Werbeaktionen mittels Beilage werden noch einmal zwölf individuelle Sonder-Flyer gedruckt. Damit kam Red Zac im Jahr 2001 auf über 150 Millionen Flyer, was etwa 400 Millionen Werbekontakten entspricht. Mit den durchschnittlich etwa 15 Millionen Beilagen pro Monat werden mehr als 40 % der deutschen Haushalte erreicht.

Die dritte Säule zur Markenetablierung ist der Auftritt am POS, angefangen bei der Ladengestaltung über die Farbgebung bis zum Produktangebot. Entscheidend für den Erfolg der Werbeaktionen ist deren synchronisierter, abgestimmter Einsatz. Die Markeneinführung wurde von Schulungsmaßnahmen für Partner und deren Mitarbeiter flankiert. Diese Maßnahmen finden auch nach der Markteinführung in der „ZAC Akademie" statt. Im Jahr durchlaufen etwa 2.500 Mitarbeiter der Partner diese Programme.

Der radikale, inszenierte Imagewandel von Interfunk zu Red Zac führte seit Einführung der Marke 1998 zu einem durchschnittlichen Wachstum von jährlich etwa 10 %. Die (gestützte) Bekanntheit der Marke liegt bei etwa 67 %, d. h. 50 Millionen Deutsche kennen Red Zac. Das radikale Konzept der Reduzierung auf ein Bild, eine Farbe (rosa), eine Aussage („so what") und einen Namen (Red Zac) war maßgeblich an diesen Erfolgen beteiligt.

3.6 Diskussion

Die Marke[54] verkörpert aus Sicht des Kunden ein Leistungsversprechen. Diesem kommt aufgrund der Immaterialität einer Dienstleistung und der sich daraus erge-

---

[54] Zur weiteren Vertiefung des Erfolgsfaktors „Markenmanagement" in Netzwerken des Handels sei auf Ahlert/Kenning/Schneider, 2001, verweisen.

benden Unsicherheit bei der Bewertung der Güte der entsprechenden Leistung eine besondere Bedeutung zu. Das Markenmanagement bildet für Dienstleistungsnetzwerke den wesentlichen Differenzierungsfaktor.

Voraussetzung für die Einbeziehung einer Marke in den Kaufentscheidungsprozess eines Konsumenten ist, dass dieser die Marke überhaupt kennt und dass seine Kenntnis über die „Eigenschaften" der Marke dazu ausreicht, die Marke zur Befriedigung eines bestimmten Bedürfnisses in Erwägung zu ziehen. Die Erreichung einer hohen Markenbekanntheit in der relevanten Zielgruppe ist damit eine Grundvoraussetzung für die Erreichung aller anderen Ziele der Markenführung. Weiteres zentrales Ziel der Markenführung ist die Schaffung von Markenpräferenzen über den Aufbau eines individuellen Markenimages. Wurde die Präferenz für eine Marke bei einem Teil der Konsumenten geschaffen und sind diese zufrieden mit den angebotenen Leistungen, besteht die Möglichkeit, Markentreue bzw. -loyalität bei den Kunden aufzubauen.

Somit lassen sich folgende Punkte für ein exzellentes Markenmanagement ableiten:

1. Die Ist-Position der Marke soll bestimmt werden. Markenbekanntheit, Verankerung in der Zielgruppe und die Werte, für die die Marke steht, müssen überprüft werden.

2. Die Soll-Position muss anhand überprüfbarer Kriterien definiert werden.

3. Die Markenstrategie soll die Oberziele operationalisieren. Dabei sollte das Markenmanagement Kernaufgabe des Top-Managements – noch besser der Inhaber bzw. der Eigentümer des Dienstleisters – sein.

Letztlich ist eine starke Marke für ein Dienstleistungsnetzwerk die beste Art der Kundenbindung.

4 Der Erfolgsfaktor Innovationsmanagement

4.1 Innovation als Kernaufgabe von Dienstleistungsnetzwerken

Innovationen gehören zu den wesentlichen Erfolgsursachen von Unternehmen. Dies leuchtet bei „Produkt-Unternehmen" ein, da deren Erfolg unmittelbar von der Güte des vertriebenen Produkts abhängt. Bei Dienstleistern ist die Wichtigkeit von Innovationen aufgrund der Intangibilität der Leistung weniger offensichtlich. Man muss bei diesen den kompletten Prozess der Leistungserstellung betrachten, denn in jeder Phase können Innovationen ansetzen. Im Dienstleistungsbereich können sich Innovationen also auf die Dienstleistung selbst, den Prozess der Leistungserbringung oder die unternehmensspezifischen Potenziale beziehen. Es kann zwischen Produkt-, Prozess- und Potenzialinnovationen unterschieden werden.[55]

Von Produktinnovationen spricht man dann, wenn ein Unternehmen ein Produkt (auch Dienstleistung) auf den Markt bringt, das bisher nicht im Produktionsprogramm dieses Unternehmens enthalten war.[56] Dies umfasst sowohl die Erstellung neuer Leistungen als auch eine Erhöhung des Kundennutzens durch die Verbesserung bestehender Leistungen. Bei Dienstleistern besteht die Möglichkeit der Erweiterung einer Kernleistung um zusätzliche weitere Servicekomponenten.[57]

Bei Prozessinnovationen geht es um die Optimierung von Geschäftsprozessen insbesondere durch den Einsatz neuer Informations- und Kommunikationstechnologien.

Potenzialinnovationen sind absichtlich herbeigeführte Änderungen im Personalbereich oder Sozialsystem einer Organisation.[58] Diese führen zu einer Verbesserung der Rahmenbedingungen in den Unternehmen. Darin ist auch die zentrale Aufgabe des Innovationsmanagements zu sehen: durch die Verbesserung von personellen oder organisatorischen Bedingungen die Umsetzung kreativer Leistungen in Innovationen zu fördern.[59]

4.2 Theoretische Grundlagen

Innovationen bzw. die aus einem erfolgreichen Innovationsmanagement resultierende Innovationskraft gehören wie dargestellt zu den Kernkompetenzen von

---

[55] Vgl. Luczak, 1997, S. 516.
[56] Vgl. Kieser, 1974, S. 1733.
[57] Vgl. Luczak, 1997, S. 516.
[58] Vgl. Meißner, 1989, S. 28 f.
[59] Vgl. Luczak, 1997, S. 516.

Dienstleistungsnetzwerken.[60] Das Innovationsmanagement selbst ist „die gezielte Planung, Umsetzung und Kontrolle (Steuerung) des Innovationsprozesses, der Geschäftsideen zum Markterfolg führt."[61] Beim Innovationsmanagement geht es um die integrierte Optimierung der Produktlösung (Ziel) und die organisatorische Umsetzung (Lösungsweg/Prozess), denn Produktinnovationen bedingen i. d. R. technische und administrative Prozessinnovationen (vice versa).[62]

Der Innovationsprozess besteht grundsätzlich aus den Kernstufen des Innovationsmanagements: die Ideengewinnung, die Ideenprüfung, die Ideenrealisierung und die Markteinführung. Die Ausgestaltung der einzelnen Phasen ist entscheidend von den Innovationsstrategien abhängig.[63]

Die grundsätzliche Ausrichtung auf eine technologieinduzierte (market-push) oder eine nachfrageinduzierte (market-pull) Innovationsstrategie ist eine der wichtigsten Entscheidungsparameter. Die scheinbar gegensätzlichen Strategien sichern letztlich erst in ihrer Kombination den langfristigen Erfolg eines Unternehmens.[64] Wichtig für das Innovationsmanagement ist, dass die Stufen nicht zwangsläufig hintereinander, sondern parallel verlaufen.

Ausgehend von der Stufeneinteilung des Innovationsmanagements lassen sich folgende Hypothesen aufstellen:

H1: *Je höher die Marktorientierung des Dienstleistungsnetzwerks, desto besser ist das Innovationsmanagement.*

Unter Marktorientierung sei hier insbesondere das frühzeitige Erkennen von Marktchancen z. B. durch Marktforschungsaktivitäten gemeint. Neben diesen Aktivitäten ist es darauf aufbauend für ein exzellentes Innovationsmanagement unabdingbar, geeignete Organisationsstrukturen zur Umsetzung der Innovation implementiert zu haben. Darunter fällt insbesondere die Schaffung eines Innovationsklimas im Netzwerk, beispielsweise durch gezielte Anreizsysteme für Mitarbeiter. Die Hypothese lautet folglich:

H2: *Je besser die Organisation des Dienstleistungsnetzwerks auf die Generierung und Realisierung von Innovationen ausgerichtet ist, desto besser ist das Innovationsmanagement.*

---

[60] Vgl. Kandampully, 2002.
[61] Tintelnot/Meißner/Steinmeier, 1999, S. 2.
[62] Vgl. Hauschild, 1997, S. 11.
[63] Vgl. Pleschak/Sabisch, 1996, S. 57 ff.
[64] Vgl. Pleschak/Sabisch, 1996, S. 8.

Innovationen können scheitern. Daher muss ein Mechanismus existieren, der rechtzeitig eben solch drohende „Flops" möglichst verhindert. Dies kann zu einer Kernaufgabe eines prozessbegleitenden Controllings werden.

H3: *Je besser das (innovations-)prozessbegleitende Controlling, desto besser ist das Innovationsmanagement.*

Die drei formulierten Hypothesen führen zu einem weiteren Kausalmodell, welches im Folgenden empirisch überprüft wird.

4.3 Modell

Das Gesamtmodell des Innovationsmanagements präsentiert sich in folgender Struktur:

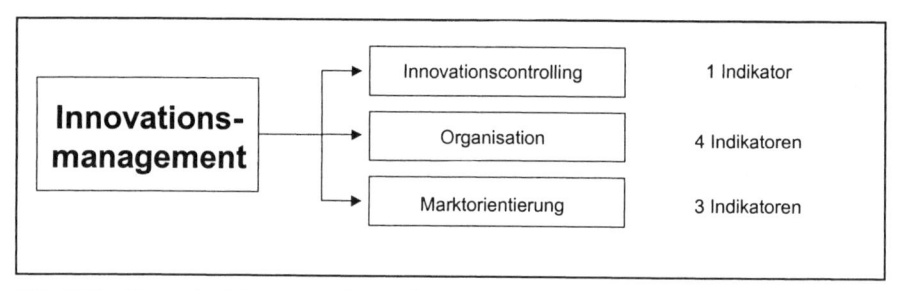

Abb. III-7: Konzeptualisierung des Innovationsmanagements

Beim Innovationsmanagement handelt es sich um ein dreifaktorielles Konstrukt, welches aus den Faktoren Marktorientierung, Organisation und Innovationscontrolling besteht. Das sich aus dieser Konzeptualisierung ergebende Modell soll anhand globaler Anpassungskriterien[65] überprüft werden.

Tab. III-16: Gütekriterien des Gesamtmodells

	RMR	**GFI**	**AGFI**	**NFI**
Innovationsmanagement	0,076	0,979	0,960	0,956

Alle betrachteten Gütekriterien sind besser als die vorgeschlagenen Mindestwerte. Ebenso ist der relative Chi-Quadrat-Index deutlich kleiner als 3 (Chi-Quadrat/df = 1,469). Dies führt dazu, dass das Modell nicht grundsätzlich abgelehnt werden kann.

---

[65] Vgl. z. B. Homburg/Giering, 1996.

Die Überprüfung der Unidimensionalität des Konstrukts mithilfe einer explorativen Faktorenanalyse zeigt, dass die zur Operationalisierung herangezogenen Items das zugrunde gelegte Konstrukt recht gut widerspiegeln.[66]

Die Korrelationskoeffizienten der latenten Variablen weisen einen Wert von jeweils unter 0,7 auf. Damit liegt Diskriminanzvalidität vor.

Tab. III-17: Untersuchung der Diskriminanzvalidität

	Controlling	Organisation	Marktorientierung
Controlling	1		
Organisation	0,519	1	
Marktorientierung	0,437	0,575	1

Die durchschnittlichen erfassten Varianzen der Faktoren „Organisation" und „Marktorientierung" liegen leicht unterhalb des vorgeschlagenen Werts von 0,5. Da aber eine hohe Faktorreliabilität vorliegt, kann die interne Konsistenz der Messvorschrift als gegeben angesehen werden.

Tab. III-18: Untersuchung der Konvergenzvalidität

	Faktorreliabilität	DEV
Controlling	1,0	1,0
Organisation	0,72	0,41
Marktorientierung	0,66	0,40

Da der Faktor (Innovations-)Controlling mit nur einem Indikator gemessen wurde, erübrigt sich dessen weitere Analyse bezüglich der Reliabilität der Messskalierung. Die Überprüfung der Reliabilität der Messskalen für die Faktoren „Organisation" und „Marktorientierung" erfolgt mithilfe der Indikatorreliabilität, dem Item-to-Total und dem Cronbach'schen Alpha.

Tab. III-19: Überprüfung der Reliabilität der Messskalen

	Indikator	Indikator-reliabilität	Item-to-Total	Cronbach's Alpha
Controlling	1	1,0		
Organisation	2	0,28	0,4402	0,7054
	3	0,18	0,4187	
	4	0,37	0,4901	
	5	0,79	0,6286	

---

[66] Das KMO liegt mit 0,747 im verdienstvollen Bereich und die 8 Items lassen sich eindeutig den drei Faktoren zuordnen, die bei der Konzeptualisierung vorgeschlagen wurden.

Tab. III-19: Fortsetzung

Marktorientierung	6	0,34	0,4925	0,6334
	7	0,25	0,4130	
	8	0,61	0,4459	

Die Messskala für den Faktor „Marktorientierung" weist einen nicht voll befriedigenden Alpha-Wert auf. Dies liegt vermutlich daran, dass man Marktorientierung als mehrfaktorielles Konstrukt auffassen muss.[67] Trotzdem kann die Messskala als hinreichend valide bezeichnet werden. Dies, kombiniert mit den guten Werten aller übrigen Gütekriterien, lässt eine kausalanalytische Überprüfung der Hypothesen sinnvoll erscheinen.

4.4 Ergebnisse

Die Vorzeichen der Strukturkoeffizienten stimmen mit den hypothetisch angenommenen Wirkungsrichtungen überein. Bei den Hypothesen H2 und H3 liegt dabei noch eine Wirkstärke von über 0,2 vor. Ebenso sind beide Werte signifikant auf mindestens 0,05-Niveau. Daher können diese beiden Hypothesen nicht abgelehnt werden. Anders verhält es sich mit dem angenommenen positiven Zusammenhang zwischen dem Innovationscontrolling eines Dienstleistungsnetzwerks und seiner Exzellenz bzgl. des Innovationsmanagements. Ein positiver, jedoch sehr geringer und nicht signifikanter Strukturkoeffizient führt zur Ablehnung der entsprechenden Hypothese.

Tab. III-20: Überprüfung der Hypothesen

	Struktur-koeffizient	Prognostizierte Wirkungsrichtung/ Hypothesenbewertung	
Controlling → „Güte" des Innovationsmanagements	0,025	+	ablehnen
Organisation → „Güte" des Innovationsmanagements	0,543**	+	nicht ablehnen
Marktorientierung → „Güte" des Innovationsmanagements	0,245*	+	nicht ablehnen
** = signifikant auf 0,01-Niveau; * = signifikant auf 0,05-Niveau			

Die folgenden Ausführungen zeigen einige „Best Practices" im Innovationsmanagement, wobei der Fokus der Betrachtung auf den organisatorischen Vorraussetzungen zur Generierung und Umsetzung von Innovationen liegt. Einige Negativ-

---

[67] Vgl. zur Diskussion der Marktorientierung Kohli/Jaworski, 1990; Narver/Slater, 1990; Jaworski/Kohli, 1993; Kohli/Jaworski/Kumar, 1993 und aktuell Harris, 2001.

beispiele aus dem Bereich der „New Economy" geben Aufschluss insbesondere darüber, dass den Innovationen kein Wert an sich zugemessen werden kann, sondern dass sie beim Kunden auch einen Zusatznutzen bieten müssen. Diese fehlende Marktorientierung, gepaart mit z. T unsoliden Finanzierungsmodellen, führte zu den zahlreichen Pleiten gerade bei „hoch innovativen" Dienstleistern.

4.5 Die Benchmarks

4.5.1 Cisco Systems Inc.: Innovation durch Akquisition[68]

4.5.1.1 Allgemeine Information

Der Informationshardwarehersteller Cisco Systems wurde im Dezember 1984 von zwei Wissenschaftlern der Stanford University, Leonard Bosack und Sandy Lerner, gegründet. Ziel war es, die verschiedenen Computernetzwerke der Universität miteinander zu verbinden. Dazu wurde ein spezialisierter Computer zwischen die Netzwerke geschaltet, der als „Übersetzer" fungierte. 1990 wurde das Unternehmen erstmals an der US-Börse notiert und im Jahr 1996 betrat Cisco den Markt der Telekommunikationsausrüster. Im weiteren Verlauf wandelte sich das Unternehmen vom Hersteller zum „Komplettlösungsanbieter" primär für Geschäftskunden.

Ziel von Cisco war und ist es, die Vernetzung von Computern zu vereinfachen und sie effektiver zu nutzen. 1986 brachte Cisco seinen ersten Multiprotokoll-Router auf den Markt – eine Mischung aus Hardware und intelligenter Software, die sich bald als Standard für Networking-Plattformen auf dem Markt entwickelte. Anfang der 90er-Jahre bekam Ciscos Produktangebot neue Impulse.

Zwei neue Technologien – Switching und ATM (Asynchronous Transfer Mode, eine Hochgeschwindigkeitstechnik zur Übertragung von Sprache und Daten in Netzwerken) – prägten die weitere Marktentwicklung. Heute ist Cisco, basierend auf seiner IP-Expertise, Vorreiter bei der Integration von Daten und Sprache über dieselbe Netzinfrastruktur.

Die Umsätze bzw. die Gewinne haben sich in den letzten Jahren überwiegend positiv entwickelt.

---

[68] Angaben basieren auf Aussagen von Robert P. Michelet, (ehem.) Senior Manager, Marketing Strategy bei Cisco sowie veröffentlichten und vertraulichen Angaben der Zentrale der Cisco Systems Inc., San Jose, USA.

Tab. III-21: Umsatz- und Gewinnentwicklung von Cisco Systems

	Umsatz (in Mrd. US-$)	Ertrag (in Mrd. US-$)
2001	22,293	-1,014
2000	18,928	2,668
1999	12,150	2,100
1998	8,459	1,350
1997	6,440	1,000

Die Umsätze haben sich in den letzten fünf Jahren etwa vervierfacht. Die Erträge haben sich bis auf das Jahr 2001, in dem zum ersten Mal ein negativer Ertrag ausgewiesen werden musste, ebenfalls sehr positiv entwickelt.

4.5.1.2 Wettbewerbsumfeld

Cisco ist mit einem geschätzten Marktanteil von über 75 % mit Abstand der größte Anbieter von Routern. Da neben diesem Kerngeschäft (Netzwerkausrüstung) zunehmend auch der Markt der Telekommunikationsausrüster bearbeitet wird, gehören neben Lucent Technology, Nortel Networks und 3Com auch Siemens und Alcatel zu den wichtigsten Wettbewerbern von Cisco.[69]

Die zunehmende Konvergenz dieser Märkte führt zu einem erhöhten Wettbewerbsdruck, obwohl das Marktwachstum nach wie vor als hoch eingeschätzt wird. Durch seine dominierende Stellung im Markt für Router hat es Cisco – ähnlich wie Microsoft – geschafft, einen Industriestandard de facto einzuführen.

Ziel von Cisco ist es, in jedem von ihm bearbeiteten Markt mindestens der zweitgrößte Anbieter zu werden. Dieses (Wachstums-)Ziel wird vor allem dadurch erreicht, dass kleine bis mittelgroße hoch innovative Technologieführer von Cisco akquiriert und integriert werden. Die Fähigkeit, diesen Prozess durchzuführen, ist eine der wesentlichen Stärken des Unternehmens.

4.5.1.3 Kernfähigkeit: Innovation durch Akquisition

Innovationskraft ist eine der wesentlichen intangiblen Ressourcen im High-Tech-Markt der Netzwerkausrüster. Jedes Unternehmen muss bestrebt sein, neue technische Entwicklungen nicht zu verpassen, da sonst die eigene Marktposition gefährdet ist.

---

[69] Vgl. zur Wettbewerbsübersicht z. B. http://aktien.onvista.de/top_flop.html, Branche: Netzwerktechnik und -systeme.

Akquisitionen sind eine Möglichkeit, Zugang zu neuen Technologien zu erwerben. Cisco hat seit 1993 (zu diesem Zeitpunkt wurde mit Crescendo Communications das erste Unternehmen übernommen) weit über 50 Unternehmen übernommen, die meisten bezahlt durch eigene Aktien. John Chambers, CEO von Cisco, sagte in einem Interview mit der *Business Week* „Most people forget that in high-tech acquisition, you are really acquiring people [...]"[70], was deutlich macht, dass der Erfolgsfaktor „Innovationsmanagement" untrennbar mit dem (Erfolgs-)Faktor „Humankapital" verbunden ist. Um also den Erfolg einer Akquisition sicherzustellen, wird versucht, nicht nur die neue Technologie zu erwerben, sondern insbesondere die neuen Mitarbeiter als „Träger des Wissens" dauerhaft an das Unternehmen zu binden. Dazu hat Cisco einen weitestgehend standardisierten Akquisitions- und Integrationsprozess institutionalisiert.

In einer Screening Phase wird überprüft, ob das anvisierte Unternehmen ein zu den Cisco-Leistungen passendes Angebot besitzt und ob dieses Angebot über bestehende Vertriebskanäle vermarktet werden kann. Darüber hinaus wird überprüft, ob die Unternehmenskulturen kompatibel sind.

Sollten diese Grundvoraussetzungen für eine erfolgreiche Übernahme erfüllt sein, wird ein interfunktionales Team gebildet, das die Details der Akquisition vorbereitet.

Bei erfolgreicher Übernahme beginnt die zweite Phase des Akquisitions- und Integrationsprozesses, der Postakquisitions- und Integrationsprozess. Dieser verläuft in zehn Schritten, die dafür Sorge tragen, dass sich das akquirierte Unternehmen in die Prozesse und Systeme von Cisco integriert. Beispiele hierfür sind die Implementierung gemeinsamer Warenwirtschaftssysteme, die Vergabe einheitlicher Produktnummern oder die Einführung einheitlicher Evaluationskriterien für Zulieferer. Besondere Bedeutung wird der Integration der Mitarbeiter des akquirierten Unternehmens beigemessen. Neben einer kompatiblen Unternehmenskultur liegt der Schlüssel zur erfolgreichen Integration in der Bildung von Integrationsteams, die aus erfahrenen Cisco Mitarbeitern und Mitarbeitern des übernommenen Unternehmens bestehen.

Vielfach lässt sich feststellen, dass Unternehmen aus dem Umfeld von Cisco (speziell in der San Francisco Bay Area) bereits von Anbeginn ihrer Existenz darauf ausgerichtet sind, von Cisco übernommen zu werden; sie arbeiten bereits nach dem „Cisco Way".[71]

Trotz der im letzten Jahr weniger erfolgreichen Geschäfte gehört Cisco nach wie vor zu den wenigen erfolgreichen Unternehmen der Internet-Ära. Durch das Ineinandergreifen insbesondere der beiden Erfolgsfaktoren „Innovation" und „Humankapital" hat es das Unternehmen geschafft, in einem hoch kompetitiven Um-

---

[70] Vgl. Business Week, 31.8.1998.
[71] Angaben von Dr. Philipp A. Gerbert, Partner der McKenna Group, Palo Alto, USA.

feld, in dem das Verpassen einer technologischen Neuerung schon das wirtschaftliche Ende bedeuten kann, die Marktführerschaft im Kerngeschäft nicht zu gefährden und für andere Unternehmen die Benchmark zu bilden.

4.5.2 International Business Machines (IBM): Exzellenz durch strategische Diversifikation und finanzielle Ressourcen[72]

4.5.2.1 Allgemeine Informationen

Das Unternehmen IBM hat eine wechselvolle Geschichte aufzuweisen. 1911 startete die Firma unter dem Namen Computing Tabulating Recording Society. Die überlegene Marktstellung bei den Großrechnern der 60er- und 70er-Jahre ebenso wie bei den PCs Anfang der 80er-Jahre sollte nicht von Dauer sein. 1993 verzeichnete das Unternehmen einen Rekordverlust von acht Milliarden US-Dollar. Durch den neuen CEO Louis Gerstner wurde der Konkurs abgewendet. Seit Mitte der 90er-Jahre wurde ein Kurs in Richtung Internet mit der E-Business-Strategie eingesetzt. Die Fokussierung erfolgt verstärkt auf den Bereich „Services". Dieser Bereich macht etwa 42 % des Umsatzes aus. Mit Hardware erwirtschaftet IBM ca. 37 % Umsatz und mit Software 15 %. Amerika[73] (also Nord- und Südamerika) liefern 44 %, Europa und der Mittlere Osten 28 % und Asien/Pazifik knapp 20 % der Erlöse.

IBM steht mittlerweile für das Angebot von kompletten IT-Lösungen, die für den Kunden einen Mehrwert schaffen sollen. Damit diese Mission einen glaubwürdigen Charakter hat, werden nicht nur Produkte von IBM in die Komplettlösungen mit einbezogen, sondern vielmehr bietet IBM Global Services (IBM GS) die für den Kunden beste Lösung an – das heißt auch Software- oder Hardware-Produkte von Wettbewerbern. Dabei wird eine Philosophie des Strebens nach ständiger Verbesserung zugrunde gelegt.

IBM GS hat sich in seiner strategischen Grundausrichtung nicht auf eine Basisstrategie festgelegt, sondern verfolgt einen bereichsspezifischen Strategiepluralismus. In innovativen, neuen Bereichen, wie z. B. Biotech, probiert IBM GS – entweder durch eigene Entwicklungen oder durch Akquisitionen – first to market-Lösungen zu entwickeln. In Bereichen, in denen es weniger wichtig ist, als Pionier Standards zu setzen, analysiert IBM GS zunächst die Wettbewerbstätigkeiten und tritt dann mit dieser Erkenntnis in den Markt ein, wenn ein Verbesserungspotenzial für IBM GS besteht.

Besonders im Maintenance-Bereich wird die Strategie der Qualitätsführerschaft verfolgt. In Bereichen, bei denen Berührungspunkte mit Key Accounts bestehen,

---

[72] Angaben basieren auf Aussagen von Stanley J. Sutula III, Director of Financial Planning EMEA sowie veröffentlichten und vertraulichen Angaben der IBM Inc.

[73] Zahlen von IBM (4. Quartal 2001): „Americas": 44 %; „Europe/ME/A": 28 %; „Asia Pacific": 20 %; „OEM": 8 %.

wird unter Ausnutzung von Potenzialen zur Quersubventionierung die Strategie der Kostenführerschaft verfolgt, um die bestehenden Großkunden nicht an Wettbewerber zu verlieren.

Folgende Umsätze und Gewinne hat der IBM Konzern bzw. IBM GS erwirtschaftet:

Tab. III-22: Umsatz- und Gewinnentwicklung des IBM-Gesamtkonzerns

	Umsatz (in Mrd. US-$)	Ertrag (in Mrd. US-$)
2001	85,866	7,723
2000	88,369	8,093
1999	87,548	7,712
1998	81,667	6,328
1997	78,508	6,093

Tab. III-23: Umsatz- und Gewinnentwicklung von IBM GS

	Umsatz (in Mrd. US-$)	Ertrag (in Mrd. US-$)
2001	34,956	9,601
2000	33,152	8,843
1999	32,172	8,868
1998	28,916	7,719
1997	25,166	6,702

4.5.2.2 Wettbewerbsumfeld

Der IT-Service-Markt ist im Allgemeinen ein Markt, der einer starken Bewegung und somit einem ständigen Wechsel unterliegt. Grund hierfür sind vor allem die relativ niedrigen Markteintrittsbarrieren. Für die Anbieter auf dem Markt bedeutet dies die Notwendigkeit einer hohen Flexibilität und Fähigkeit zur Anpassung der Service Skills an die sich wechselnden Anforderungen des Marktes. Die Marktentwicklung in Europa war in der ersten Hälfte des Jahres 2001 zunächst relativ stabil, bis ein Einbruch in der zweiten Hälfte – ausgelöst durch die Ereignisse des 11. September – zu verzeichnen war, der auch den europäischen Markt stark negativ beeinflusste. Diese rezessive Tendenz wurde in der ersten Hälfte von 2002 beibehalten, da das Kundenverhalten auch weiterhin durch große Zurückhaltung und Vorsicht gekennzeichnet war. Allerdings wird für die zweite Hälfte des Jahres 2002 mit einem Aufschwung gerechnet, da sich viele Angebote gegen Ende der ersten Jahreshälfte in der „Pipeline" befanden. Insgesamt wird mit einem Jahresmarktwachstum von 3-7 % in 2002 gerechnet.

IBM ist mit ca. 12 % Gesamtmarktanteil führend auf dem IT-Service-Markt. Besonders ausgeprägt ist die Marktführerschaft dabei in Bezug auf große Outsourcing-Serviceangebote.

Als stärkste Wettbewerber von IBM GS sind Accenture, EDS und Cap Gemini Ernst & Young zu nennen. Darüber hinaus werden ebenfalls Hewlett-Packard, Price Waterhouse & Coopers und Compaq immer bedeutendere Player auf dem betrachteten Gesamtmarkt. Weiter existiert eine große Anzahl von Nischenanbietern auf Teilmärkten im Wettbewerbsumfeld.

Die Stärke von IBM GS ist in der Qualität der angebotenen Komplettlösungen zu finden, die vor allem begründet wird durch die Qualität der Humanressourcen von IBM GS und sich in einem Wertzuwachs für den Kunden niederschlägt. Auf diese Art und Weise könnte das derzeitige Marktwachstum im private & governmentsector des europäischen IT-Service-Markts zur Marktanteilsgewinnung und Umsatzsteigerung für IBM GS genutzt werden. Eine Gefahr für IBM GS ist allerdings in den niedrigen Markteintrittsbarrieren zu sehen. In dem schnellen, sich ständig wechselnden Markt ist gerade für Nischenanbieter der Markteintritt relativ leicht und IBM GS fällt es aufgrund seiner Größe und der damit verbundenen Inflexibilität und Langsamkeit verhältnismäßig schwer, mit der notwendigen Geschwindigkeit in neue, erfolgsversprechende Business Areas einzutreten. Aufgrund der erheblichen Finanzressourcen kann dieser Schwäche jedoch durch Akquisition der neuen Nischenanbieter entgegengewirkt werden.

4.5.2.3 Kernressource: Finanzkraft als Motor für Innovationen

Eine Kernressource von IBM GS ist die breite finanzielle Basis. Durch diese kann das mit dem Kerngeschäft verbundene Risiko der langfristigen Outsourcing-Verträge kompensiert werden.

Darüber hinaus ist die wertvollste Ressource das Personal und dessen Innovationskraft. Dabei kann zwischen Management-Ressourcen und Vertriebsmitarbeitern unterschieden werden. IBM differenziert bei den Management-Ressourcen weiter zwischen technischen und den „General-Management"-Ressourcen. Das General Management ist von großer Wichtigkeit für die strategische Führung des Unternehmens und zeichnet sich aufgrund der strategischen Bedeutung durch eine schwierige Substituierbarkeit aus. Die technischen Management-Ressourcen sind zwar ebenso wichtig, aber weniger „einzigartig" (und somit leichter substituierbar) als die Ressourcen des General Managements. Die Vertriebsmitarbeiter sind ausschlaggebend für die letztendliche Umsatzgenerierung. Sie sind somit die wertvollste operationale Ressource.

Eine weitere wichtige Ressource von IBM GS sind die Kundenbeziehungen. IBM GS ist weltweit Nr. 3 in puncto Kundenzufriedenheit. Gute Kundenbeziehungen sind eine sehr wertvolle, aber gleichzeitig auch sehr sensible Ressource. „They are easy to damage and hard to repair."[74]

Die Unique-Selling-Proposition von IBM GS ist primär die Breite und Tiefe der angebotenen IT-Lösungen. Darüber hinaus sind die Total Cost of Ownership dieser Komplettlösungen meist kostengünstiger als die Angebote des Wettbewerbs. Die genannte USP ist für den Erfolg von IBM GS von großer Wichtigkeit, da die Breite und Tiefe des Angebots dem Tagesgeschäft eine relativ hohe Stabilität verleiht und der Servicesektor auf dem Gesamt-IT-Markt zu dem größten Wachstumsmarkt zählt. Durch die breite Produkt- und Leistungspalette des Gesamtkonzerns IBM besteht für IBM GS die Möglichkeit zur Quersubventionierung, um im Preiskampf mit dem Wettbewerb konkurrieren zu können. Weiter tragen die relativ geringen Total Cost of Ownership und die Breite und Tiefe des Angebots nicht unwesentlich zur Bindung der Kunden bei.

4.5.3 Kurzporträts von Pixelpark[75] und Intershop[76]: Lektionen aus der „New Economy"

Im März 1991 gründet Paulus Neef mit zwei Freunden **Pixelpark**. Das junge Unternehmen konzentriert sich auf die Entwicklung und Produktion von CD-ROMs und Kiosksystemen. Zwischen 1991 und 1995 klettert der Umsatz von 600.000 DM auf 7,7 Mio. DM. Als eines der ersten Unternehmen in Deutschland erkennt Pixelpark das wirtschaftliche Potenzial im Internet – Pixelpark wird zum Taktgeber einer ganzen Branche. Zu den Pioniertaten von Pixelpark gehören das erste deutschsprachige Onlinemagazin „Wildpark" und der Aufbau des nach wie vor erfolgreichen Onlineshops des Elektrohändlers Conrad. 1996 erwirbt die Bertelsmann AG 75 % der Anteile an Pixelpark und ermöglicht so erste Expansionsschritte. Pixelpark Hamburg wird 1997 eröffnet. In den folgenden Jahren kommen weitere Standorte in Deutschland sowie in London, Paris und in der Schweiz hinzu. Schließlich folgt der Gang an die Börse: Seit dem 4. Oktober 1999 wird die Pixelpark AG am Neuen Markt notiert. Durch die fortschreitende internationale Expansion verfügt Pixelpark nunmehr über ein europaweit operierendes Netzwerk.

Die Ertragslage hat sich für die Pixelpark AG wie folgt entwickelt:

---

[74] Stanley J. Sutula III, Director of Financial Planing EMEA.
[75] Angaben beruhen auf Gesprächen mit Thomas Mörsdorf, (ehem.) Executive Vice President der Pixelpark AG, Berlin.
[76] Angaben beruhen auf zwei schriftlichen Befragungen der Intershop AG sowie Gesprächen mit Beratern der OC&C Strategy Consultants über deren Kunde Intershop.

Tab. III-24: Umsatz und Gewinnentwicklung von Pixelpark

	Umsatz (in Mio. €)	Ertrag (in Mio. €)
2001	81,30	-86,03
2000	52,27	-15,56
1999	21,67	-1,68
1998	10,82	0,20

Das Unternehmen hat es in seiner Geschichte als Aktiengesellschaft noch nicht geschafft, einen positiven Jahresertrag auszuweisen. Die Marktkapitalisierung von Pixelpark, die als Ausdruck der Hoffnung in das Unternehmen verstanden werden kann, schwankt je nach Börsenkurs gewaltig: Bei der Initial Public Offering (IPO) wurden 3.588.750 Aktien zu 15 Euro ausgegeben. Dies entspricht einer Marktkapitalisierung von 53.831.250 Euro. Der maximal erreichte Wert lag im März 2000 bei etwa 650 Millionen Euro. Mittlerweile (September 2002) liegt der Aktienkurs bei etwa 1 Euro und ein Ende dieses Wertverlustes ist noch nicht absehbar.

Seit der Firmengründung im Jahr 1992 ist **Intershop Communications AG** eine der treibenden Kräfte im Bereich E-Commerce und kann auf eine lange Tradition in der Entwicklung innovativer E-Commerce-Lösungen zurückblicken, die bis heute fortgesetzt wird. Im Mittelpunkt der Tätigkeit steht das Bestreben, den Kunden bestmögliche Lösungen anzubieten. Die E-Business-Plattform Intershop Enfinity belegt im aktuellen „Commerce Platform TechRanking™" der Marktforscher von Forrester Research den Spitzenplatz in seiner Klasse. Mit Niederlassungen in Europa, Asien und Amerika sowie einem weltweit operierenden Team aus Consultants und Implementierungspartnern bietet Intershop Service und Support für seine Business-Kunden.

Die Ertragslage für Intershop gestaltet sich wie folgt:

Tab. III-25: Umsatz und Gewinnentwicklung von Intershop

	Umsatz (in Mio. €)	Ertrag (in Mio. €)
2001	68,65	-131,79
2000	122,99	-38,92
1999	46,27	-18,39
1998	17,87	-17,31

Ähnlich wie Pixelpark wurde bei Intershop noch kein positiver Ertrag erwirtschaftet. Marktkapitalisierung bei der IPO war 92.034.000 Euro. Es wurden 1,8 Millionen Aktien zu einem Kurs von 51,13 Euro ausgegeben. Im September 2002 hat sich der Aktienkurs bei deutlich unter 1 Euro (vorübergehend) stabilisiert.

4.6 Diskussion

Die Unternehmen Pixelpark und Intershop galten als Hoffnungsträger für die innovative Dienstleistungsbranche in Deutschland und beide konnten die in sie gesetzten Erwartungen nicht erfüllen. Ein wesentlicher Grund dafür ist, dass ein Grundsatz des Marketings nicht beachtet wurde: Wofür ist ein Kunde bereit, Geld zu zahlen? Zweifelsohne haben beide Unternehmen innovative und gute Produkte, doch es finden sich kaum Kunden dafür. Des Weiteren fehlt bei diesen Dienstleistern ein ausgereiftes Controllingsystem. Speziell im Bereich des Innovationscontrollings fehlen Mechanismen zur Minimierung von Ausfallrisiken und Flops.

Ebenso liegt eine entscheidende Schwäche dieser „New Economy"-Dienstleister in deren mangelnder Kapitalausstattung. Die Expansionspläne von Intershop und Pixelpark insbesondere in die USA fanden ohne langfristige Strategie und finanzielle Ressourcen statt. Die Stärke von IBM und Cisco ist nicht etwa deren originäre Innovationskraft, sondern vielmehr die Fähigkeit, Zugang zu innovativen Ideen zu erlangen. Cisco macht dies im Wesentlichen dadurch, dass es junge Startups mit seiner Basistechnologie (einer Plattform) versorgt, um diese Unternehmen dann zur rechten Zeit akquirieren und recht einfach integrieren zu können. IBM auf der anderen Seite nutzt seine enorme finanzielle Potenz, um Innovationen auch über einen längeren Zeitraum und bei ausbleibenden positiven Erträgen am Markt zu testen. Ansonsten kauft IBM erfolgreiche Nischenanbieter zur Vervollständigung des eigenen Portfolios auf.

Um durch innovative Dienstleistungen erfolgreich sein zu können, müssen folgende drei Punkte beachtet werden:

1. Jedes Innovationsmanagement muss auf soliden Markt(forschungs-)daten beruhen.
2. Innovationen müssen als Kernaufgabe des Unternehmens verstanden werden. Der Prozess zur Erlangung von Innovationen muss organisatorisch implementiert sein.
3. Das Innovationsmanagement muss klare Richtlinien zur begleitenden Erfolgsmessung („Innovationserfolgsmessung") bereitstellen.

Jeder dieser Punkte wird sowohl von Cisco Systems als auch von IBM erfüllt. Was beide zu überdurchschnittlich erfolgreichen Unternehmen im Bereich des Innovationsmanagements macht, ist die Fähigkeit ihres Managements, zum richtigen Zeitpunkt Zugang zu Innovationen zu erlangen.

5 Der Erfolgsfaktor Humankapital

5.1 Menschen als Basis des Erfolgs

Der Begriff Humankapital wird in der Literatur vielfach recht ähnlich beschrieben. Rosen sieht Humankapital als „stock of skills and productive knowledge embodied in people."[77] North vertritt die ähnliche Auffassung, dass die Kompetenzen und Fähigkeiten der Mitarbeiter die Bestandteile von Humankapital bilden.[78] Alewell und Neus unterteilen das Humankapital einer Person in die drei Bereiche Fähigkeiten, Kenntnisse und Fertigkeiten.[79] Unter *Fähigkeiten* kann man die physischen und intellektuellen Möglichkeiten eines Menschen verstehen. So sind zum Ausführen von handwerklichen Tätigkeiten physische und zum Ausführen von geistigen Tätigkeiten intellektuelle Fähigkeiten unerlässlich. *Kenntnisse* sind Information bzw. Wissen über bestimmte Sachverhalte, wie z. B. über Produktionstechniken und -maschinen. Aus der Kombination von Fähigkeiten und Kenntnissen ergeben sich *Fertigkeiten*. Sie werden von den Mitarbeitern über die Zeit durch Routine und Erfahrung gewonnen.

Die Änderung der Wettbewerbssituation und die damit verbundene stärkere Orientierung an den Kundenwünschen hat eine Änderung der Mitarbeiterrolle insbesondere bei Dienstleistern bewirkt. Änderungen der Kundenbedürfnisse können nur über den Dialog zum Kunden erfahren werden und erfordern unverzügliche Reaktionen.[80] Die Mitarbeiter, die direkt mit den internen Prozessen und den Kunden zu tun haben, sind in der Lage, Ideen zur Verbesserung von Prozessen und Leistungen zu generieren und umzusetzen.[81] Erst die Bereitstellung von Humankapital ermöglicht die Leistungsfähigkeit eines Dienstleistungsunternehmens.[82]

Dass der Faktor „Humankapital" bzw. „Human Resource Management" für Dienstleister besonders erfolgskritisch ist, haben zahlreiche Studien nachweisen können[83]. Dienstleistungen entstehen erst durch Interaktion zwischen dem Dienstleistungsanbieter und dem Nachfrager.

---

[77] Rosen, 1987, S. 681 f.
[78] Vgl. North, 1998, S. 57.
[79] Vgl. Alewell, 1993, S. 87; Neus, 1998, S. 195.
[80] Vgl. Tominaga, 1996, S. 115.
[81] Vgl. Kaplan/Norton, 1996, S. 127 f.
[82] Vgl. Meffert/Wolter, 2000, S. 7.
[83] Vgl. Lado/Wilson, 1994; Lado/Zhang, 1998; Amit/Belcourt, 1999; Hiltrop, 1996; Harris/Ogbonna, 1999; Harel/Tzafrir, 1999; Sheppeck/Militello, 2000 sowie Teil II, Kapitel 3.4.2.2.

5.2 Theoretische Grundlagen

Bereits Kaplan und Norton haben mit der Balanced Scorecard unterstellt, dass der Unternehmenserfolg von der Zufriedenheit der Kunden abhängt. Eine entscheidende Rolle bei der Steigerung der Kundenzufriedenheit spielen die Mitarbeiter.[84] Die Mitarbeiter stehen in einem permanenten Kontakt zum Kunden. Eine schlechte Stimmung im Team färbt sofort auf den Kunden ab und lässt die Wahrscheinlichkeit steigen, dass er zu einem Konkurrenten abwandert. Somit lässt sich folgende erste Hypothese aufstellen:

H1: Je höher die Mitarbeiterzufriedenheit im Dienstleistungsnetzwerk, desto besser ist das Human Resource Management.

Zur Erläuterung des Begriffs der Mitarbeiterzufriedenheit kann das Modell des Soll-Ist-Wert-Vergleichs herangezogen werden. Der Ist-Wert stellt eine gegebene Situation, z. B. einen von einem Mitarbeiter wahrgenommenen realen Arbeitsplatz, dar. Der Soll-Wert ist das Wunschbild vom Arbeitsplatz, wie er nach den Ansprüchen des Mitarbeiters idealerweise aussehen sollte. Beide Werte werden zueinander in Beziehung gesetzt, und der Grad der Diskrepanz bzw. der Übereinstimmung gibt die Qualität der Zufriedenheit in Bezug auf den Arbeitsplatz wieder.

Die Mitarbeiterzufriedenheit kann als ein notwendiges Element zur Erzielung überdurchschnittlicher Gewinne in der Zukunft verstanden werden.[85] Die Leistungswilligkeit eines Mitarbeiters wird aus seinem Umfeld heraus bestimmt.[86] Weicht das gewünschte Umfeld (Soll-Wert) stark von dem wirklichen Umfeld (Ist-Wert) ab, ist der Mitarbeiter unzufrieden. Die fehlende Zufriedenheit wirkt sich direkt auf die Arbeitsmotivation aus. Der Antrieb zur Arbeit basiert lediglich auf der Motivation zum Geldverdienen. Instinktiv versucht der Mensch, mit einem Minimum an Arbeit sein Entgelt zu erzielen.[87] Der hierdurch in Gang gesetzte Kreislauf verwehrt die Nutzung von Humanressourcen, wie z. B. der Kreativität. Die genannten Wettbewerbsvorteile einer Unternehmenskultur können hier nicht realisiert werden. Die Zufriedenheit der Mitarbeiter hat aus Unternehmenssicht keinen Selbstzweck. Sie soll vielmehr dafür Sorge tragen, dass die Kompetenz im Dienstleistungsnetzwerk weiter entwickelt wird. Dies ist am besten mit motivierten, zufriedenen Mitarbeitern umzusetzen. Folglich ist es die Aufgabe eines exzellenten Human Resource Managements, dies zu fördern.

---

[84] Vgl. Kaplan/Norton, 1996, S. 130.
[85] Vgl. Kaplan/Norton, 1996, S. 256.
[86] Vgl. Braim, 1995, S. 12.
[87] Vgl. Braim, 1995, S. 12.

H2: *Je höher die Mitarbeiterkompetenz, desto besser ist das Human Resource Management.*

Um die Mitarbeiterkompetenz ständig zu verbessern, müssen zahlreiche Angebote zur Fort- und Weiterbildung durch das Dienstleistungsnetzwerk angeboten werden. Diese sollen sich an den Bedürfnissen des Netzwerks als Ganzes ausrichten; letztlich muss der „Unternehmer im Netzwerk" ausgebildet werden. Folgende Hypothese kann demnach aufgestellt werden:

H3: *Je besser die Systeme zur Entwicklung der Mitarbeiter des Dienstleistungsnetzwerks, desto besser ist das Human Resource Management.*

Diese drei Hypothesen sollen anhand des vorliegenden empirischen Datensatzes überprüft werden.

5.3 Modell

Aus den theoretischen Überlegungen lässt sich vermuten, dass es sich bei dem Erfolgsfaktor „Humankapital" (bzw. dem Human Resource Management) um ein dreifaktorielles Konstrukt handelt.

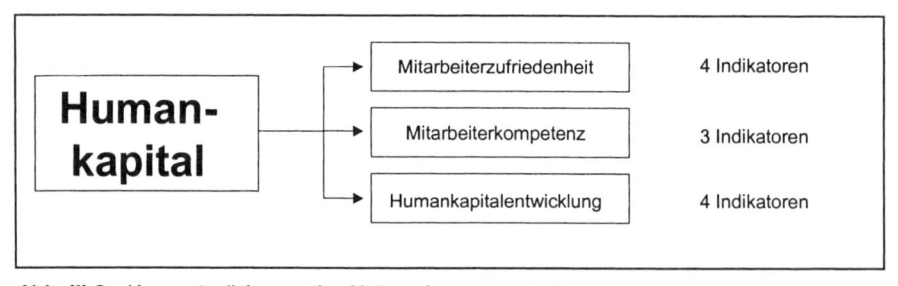

Abb. III-8: Konzeptualisierung des Netzwerkmanagements

Die drei Faktoren werden mit jeweils vier bzw. drei Indikatoren gemessen.

Anschließend soll anhand der vier gängigen Gütekriterien überprüft werden, wie gut das Gesamtmodell den empirischen Daten entspricht.

Tab. III-26: Gütekriterien des Gesamtmodells

	RMR	GFI	AGFI	NFI
Humankapital	0,075	0,974	0,958	0,951

Die vier Gütekriterien liegen alle deutlich über den vorgeschlagenen Mindestwerten. Der relative Chi-Quadrat-Index liegt mit einem Wert von 1,611 ebenfalls deutlich unter dem vorgeschlagenen Maximalwert von „3". Somit kann das Modell nicht grundsätzlich abgelehnt werden.

Die zur Überprüfung der Unidimensionalität herangezogene explorative Faktorenanalyse zeigt, dass die zur Operationalisierung herangezogenen Items das zugrunde gelegte Konstrukt gut widerspiegeln.[88]

Die Diskriminanzvalidität soll anhand der Korrelationskoeffizienten der latenten Variablen überprüft werden.

Tab. III-27: Untersuchung der Diskriminanzvalidität

	Mitarbeiter-zufriedenheit	Mitarbeiterkompetenz	Humankapital-entwicklung
Mitarbeiter-zufriedenheit	1		
Mitarbeiter-kompetenz	0,592	1	
Humankapital-entwicklung	0,574	0,571	1

Alle Werte liegen deutlich unter 0,6. Dies zeigt, dass sich das angenommene Konstrukt von anderen Konstrukten des Kausalmodells hinreichend unterscheidet.

Die Konvergenzvalidität gibt Auskunft über die interne Konsistenz der Messvorschrift.

Tab. III-28: Untersuchung der Konvergenzvalidität

	Faktorreliabilität	DEV
Mitarbeiter-zufriedenheit	0,81	0,53
Mitarbeiter-kompetenz	0,88	0,71
Humankapital-entwicklung	0,72	0,41

Die Faktorreliabilität ist in allen Fällen deutlich größer als 0,6. Ebenso liegen die Werte für die durchschnittlich erklärte Varianz (DEV) über dem vorgeschlagenen Mindestwert von 0,5.[89]

---

[88] Das KMO liegt mit 0,783 noch im guten Bereich und die 11 Items lassen sich zu den drei Faktoren zusammenfassen, die bei der Konzeptualisierung vorgeschlagen wurden. Die erklärte Gesamtvarianz liegt bei 68,13 %.

[89] Vgl. Fornell/Larcker, 1981.

Zur Überprüfung der Reliabilität der Messskalen wurden die Indikatorreliabilität, die Item-to-Total-Korrelationen sowie der Wert des Cronbach'schen Alphas berechnet.

Tab. III-29: Überprüfung der Reliabilität der Messskalen

	Indikator	Indikatorreliabilität	Item-to-Total	Cronbach's Alpha
Mitarbeiterzufriedenheit	1	0,77	0,6180	0,8181
	2	0,58	0,7044	
	3	0,40	0,6606	
	4	0,36	0,6744	
Mitarbeiterkompetenz	5	0,74	0,7578	0,8797
	6	0,66	0,7507	
	7	0,74	0,7954	
Humankapitalentwicklung	8	0,53	0,5811	0,6776
	9	0,76	0,6355	
	10	0,20	0,3398	
	11	0,16	0,3341	

Im Wesentlichen werden die Gütekriterien zur Beurteilung der Reliabilität der Messskalen erfüllt. Die z. T. kleinen Werte bei der Item-to-Total-Korrelation des Faktors „Humankapitalentwicklung" kombiniert mit einer knappen Unterschreitung des Cronbach'schen Alpha-Werts, lassen auf nur eine mäßige Güte dieser Teilskala schließen. Da aber abgesehen davon bei keinem der übrigen Gütekriterien die vorgeschlagenen Mindestwerte verfehlt werden, kann mit der konfirmatorischen Analyse des Datensatzes, also der Überprüfung der Hypothesen, fortgefahren werden.

5.4 Ergebnisse

Aufgrund eines positiven Gesamteindrucks aller Gütekriterien lassen sich die zu Anfang aufgestellten drei Hypothesen zum Human Resource Management konfirmatorisch überprüfen.

Diese Überprüfung kommt zu dem Ergebnis, dass sowohl die Mitarbeiterzufriedenheit und die Mitarbeiterkompetenz als auch die Humankapitalentwicklung die Güte des Human Resource Managements positiv beeinflussen. Die Hypothesen H1 bis H3 können demnach nicht abgelehnt werden. Die Humankapitalentwicklung hat den größten positiven Einfluss auf die Güte des Human Resource Managements. Sie stellt die entscheidende Voraussetzung für eine hohe Mitarbeiterzufriedenheit dar. Diese wiederum führt zu motivierten Mitarbeitern, die kontinuierlich ihre Fähigkeiten und Fertigkeiten weiterentwickeln und somit zu immer kompetenteren Partnern für die Kunden werden.

Tab. III-30: Überprüfung der Hypothesen

	Struktur-koeffizient	Prognostizierte Wirkungsrichtung/ Hypothesenbewertung	
Mitarbeiterzufriedenheit → „Güte" des Human Resource Managements	0,279*	+	nicht ablehnen
Mitarbeiterkompetenz → „Güte" des Human Resource Managements	0,231*	+	nicht ablehnen
Humankapitalentwicklung → „Güte" des Human Resource Managements	0,328**	+	nicht ablehnen
** = signifikant auf 0,01-Niveau; * = signifikant auf 0,05-Niveau			

Die abschließend vorgestellten Benchmarks zeigen, wie ein exzellentes Human Resource Management in Dienstleistungsnetzwerken umgesetzt werden kann und welchen Einfluss ein solches auf den (wirtschaftlichen) Erfolg der Dienstleister haben kann.

5.5 Die Benchmarks

5.5.1 Kaffee und mehr: Tchibo Frisch-Röst-Kaffee GmbH[90]

5.5.1.1 Allgemeine Informationen

1949 von Max Herz gegründet, ist die Tchibo Frisch-Röst-Kaffee GmbH heute weltweit in deutlich mehr Geschäftsbereichen tätig als dem traditionellen Vertrieb von Kaffee. Der Vorstand der Tchibo Frisch-Röst-Kaffee GmbH führt die gemeinsamen Geschäfte von Tchibo und der 1997 erworbenen Eduscho GmbH im In- und Ausland.

Führungsgesellschaft der Tchibo Frisch-Röst-Kaffee GmbH ist die Tchibo Holding AG. Zu dieser Holding gehören weiterhin die Reemtsma Cigarettenfabriken GmbH sowie eine Finanzbeteiligung an der Beiersdorf AG in Höhe von 30 %.

Den Sprung vom national zum international erfolgreichen Unternehmen hat Tchibo innerhalb weniger Jahre vollzogen. Ausgangspunkte der Internationalisierung waren Österreich und Großbritannien. Die Rolle als führender internationaler Kaffeeanbieter erreichte Tchibo Anfang der 90er-Jahre durch die Expansion in Zentral- und Osteuropa. Heute hat Tchibo nicht nur in Deutschland, sondern auch

---

[90] Alle Angaben beruhen auf Gesprächen mit Dr. Rainer Kutzner, Vorstand Personal bei Tchibo sowie seinem Vortrag auf dem Kongress „HIS 2002 – Exzellenz im Handel, Erfolgsfaktoren im 21. Jahrhundert" am 27. und 28. Mai 2002 in Münster.

in Ungarn, Tschechien und Österreich die führende Position. Neben einer internationalen Präsenz durch Tochtergesellschaften in Polen, Ungarn, Tschechien, Slowakei, Russland, Österreich und Großbritannien ist Tchibo über Exportaktivitäten weltweit tätig. Der internationale Geschäftsausbau wird in Zukunft weiter vorangetrieben.

Der Tchibo Konzern ist – nach der Henkel-Gruppe – das zweitgrößte Unternehmen der Konsumgüterindustrie in Deutschland. Folgende Tabelle liefert einen Überblick über Umsätze und Erträge, die die Tchibo Holding AG mit etwa 20.000 Mitarbeitern erwirtschaftete.

Tab. III-31: Umsatz- und Gewinnentwicklung Tchibo Holding

	Umsatz[91] (in Mrd. €)	Ertrag (in Mio. €)
2001	9,956	687
2000	10,066	392
1999	9,556	320
1998	9,318	244
1997	8,984	191

Von den etwa 10 Milliarden Euro Umsatz erzielte die Tchibo Frisch-Röst-Kaffee GmbH mit 9.521 Mitarbeitern etwa 50 % (2.829 Mio. Euro) des Netto-Gesamtumsatzes und mit etwa 121 Millionen Euro knapp ein Drittel des Gesamtüberschusses.

5.5.1.2 Wettbewerbsumfeld

Der Haushaltsmarkt für Röstkaffee, auf welchem die Tchibo Frisch-Röst-Kaffee GmbH agiert, wurde mit einigen Schwierigkeiten konfrontiert. Zunächst einmal ist die Abhängigkeit vom Dollarkurs ein Risikofaktor auf dem Beschaffungsmarkt. Dieses muss mit Währungstermingeschäften abgesichert werden. Darüber hinaus führt der stärker werdende Wettbewerb insbesondere auf dem deutschen Markt zu sinkenden Preisen für die Endverbraucher. Um diesem erhöhten Wettbewerbsdruck standzuhalten, wurde insbesondere die Vertriebsstruktur von Tchibo optimiert. Neue Ladeneinrichtungen und das Konzept der „Coffee Bar" kommen bei den Kunden offenbar gut an.

---

[91] Es wird vielfach auch der Nettoumsatz angegeben, d. h. nach Abzug der Tabaksteuer. Dieser beläuft sich im Jahr 2000 auf 5,39 Mrd. Euro. Die Umsatzrendite liegt dann bei 7,3 %.

5.5.1.3 Kernfähigkeit: Mitarbeiterbeteiligung

Der Entwicklung der Ressource Humankapital wird bei Tchibo hohe Aufmerksamkeit gewidmet. Die von Tchibo verfolgte Human-Resource-Strategie fußt auf den folgenden zehn Grundüberzeugungen:[92]

1. Wir sind stolz darauf, in einem Unternehmen zu arbeiten, das Produkte verkauft, die die Menschen brauchen, verwenden und genießen.

2. Die Nähe zu unseren Kunden stellt hohe Ansprüche an unsere Schnelligkeit, Flexibilität und Entscheidungsfreudigkeit.

3. Flache Hierarchien ermöglichen uns eine schnelle Kommunikation und sind motivierend durch hohe Delegation von Verantwortung.

4. Wir verwenden keine Statussymbole. Alle Einrichtungen werden von den Mitarbeitern gemeinsam genutzt.

5. Wir werden nach Anforderung und Leistung bezahlt.

6. Die individuellen Jahresziele sind aus der Unternehmensstrategie abgeleitet. Sie prägen unseren Arbeitsstil und fördern unternehmerisches Denken.

7. Die erforderlichen Kernkompetenzen für Führungskräfte und Mitarbeiter sind allen bekannt und stehen im Mittelpunkt unserer persönlichen und beruflichen Entwicklung.

8. Durch regelmäßige Leistungsbeurteilungen und Potenzialerfassung haben wir ein klares Bild über Anforderungen, Leistungsstand, Verbesserungspotenziale und Karrierechancen.

9. Unser Weiterbildungsangebot ist auf die Entwicklung der Kernkompetenzen ausgerichtet; es wird individuell und zielgerichtet zusammengestellt.

10. Ein unternehmensweites, internationales Rotationsmodell macht Entwicklungsmöglichkeiten planbar und transparent.

Diese zehn Grundsätze werden vom Management konsequent umgesetzt. Auch bei Tchibo bilden Weiterbildungsmaßnahmen die Grundlage des Human Resource Managements. Die spezifischen Ansprüche der Mitarbeiter und die Anforderungen des Unternehmens werden in den regelmäßig stattfindenden Gesprächen erörtert. Die Ergebnisse davon werden durch eine leistungsorientierte Entlohnung flankiert.

---

[92] So formuliert von Dr. Kutzner; vgl. Tagungsordner zur Tagung „HIS 2002 – Exzellenz im Handel, Erfolgsfaktoren im 21. Jahrhundert" am 27. und 28. Mai 2002 in Münster.

5.5.2 The HP-Lab: Mitarbeiterführung durch „Company Spirit"[93]

5.5.2.1 *Allgemeine Informationen*

Hewlett-Packard wurde 1939 von William R. Hewlett und David Packard, beide Absolventen der Stanford University, im kalifornischen Palo Alto gegründet. Damals machte HP mit seinen beiden Mitarbeitern einen Umsatz von 5.369 US-Dollar. Der Aufstieg des Unternehmens aus den Anfängen in einer Garage zum weltumspannenden Konzern ist zum Symbol für Pioniergeist und Unternehmertum der Computer- und Elektronikbranche geworden.

1959 eröffnete in Böblingen die erste HP-Produktionsstätte außerhalb Kaliforniens. Bill Hewlett besuchte Deutschland nach dem Krieg und nahm Süddeutschland wegen der arbeitsamen Schwaben in die engere Wahl. So begannen im Hinterhaus einer Böblinger Strickwarenfabrik 18 Mitarbeiter mit der Produktion nach Plänen der amerikanischen Muttergesellschaft.

Heute ist HP ein führendes Unternehmen im IT-Markt und sieht seine Aufgabe darin, Geschäfts- wie Privatkunden mit intelligenten IT-Lösungen auszustatten und ihnen neue Möglichkeiten der Kommunikation und Wertschöpfung zugänglich zu machen. HP möchte eine vernetzte Welt realisieren, in der jeder mit jedem jederzeit einfach kommunizieren kann. Die strategischen Weichen zur Umsetzung der HP-Vision sind gestellt. HP konzentriert das Lösungsangebot für Geschäftskunden künftig auf die drei Schlüsselbereiche des Internets: internetfähige Produkte (Appliances), Infrastrukturlösungen und Lösungen für elektronische Dienstleistungen (E-services). Als einziges Computerunternehmen verfügt HP über Kompetenzen in allen drei Bereichen. Auch im privaten Umfeld profitiert der Mensch immer stärker von den neuen technischen Möglichkeiten. HP ist bei Produkten für Privat- und Small-Business-Kunden führend und baut die Marktposition permanent weiter aus.

Die Produkte des weltweit zweitgrößten Computerunternehmens sind wegen ihrer hohen Qualität und des exzellenten Supports international anerkannt. Im Geschäftsjahr 2001 verzeichnete HP Umsatzerlöse von 45,2 Milliarden US-Dollar und beschäftigte weltweit etwa 86.000 Mitarbeiter. Rund um den Globus sind über 600 HP-Geschäftsstellen sowie autorisierte Vertriebspartner für Verkauf und Kundendienst in über 120 Ländern tätig. Mehr als 140 Geschäftsstellen in 27 Ländern, davon neun in Deutschland, umfasst das europäische Vertriebsnetz.

Im Jahr 2002 kam es zur bisher größten Fusion (Wert: etwa 20 Milliarden US-Dollar) in der Computerindustrie. HP fusionierte mit dem texanischen Hersteller

---

[93] Alle Angaben beruhen auf Gesprächen mit Dr. Rajiv Gupta, General Manager E-speak Operation, Hewlett-Packard Company sowie veröffentlichten und vertraulichen Angaben der HP-Zentrale in Cupertino, USA.

Compaq. Allein aus diesem Grund wird sich der Umsatz im Jahr 2002 voraussichtlich fast verdoppeln.

Tab. III-32: Umsatz- und Gewinnentwicklung von Hewlett-Packard

	Umsatz (in Mrd. US-$)	Ertrag (in Mrd. US-$)
2001	45,2	1,4
2000	48,8	4,0
1999	42,3	3,8
1998	39,3	3,4
1997	35,3	3,4

5.5.2.2 Wettbewerbsumfeld

Der Markt für PC und Computerausstattung zeichnet sich durch eine enorme Dynamik aus. Zahlreiche Marktein- und -austritte waren während der letzten Jahre zu beobachten.

Tab. III-33: Der Markt für PCs und Computerausstattung (Ausschnitt)

Hersteller	Händler
Maxdata, Gericom	Akzent, Atelco, Ibex, PC-Spezialist, Vobis, Red Zac
NEC, MMC Networks, Toshiba	
Fujitsu-Siemens	
Acer	
Apple, Compaq, Dell, Digital Lightwave, EMC, Gateway, Hewlett-Packard, IBM, Lexmark International, Micron Electronics, NCR, Seagate Technology, Sun Microsystems, Texas Instruments	Anicom, Babbage's Etc., Beyond.com, CDW Computer Centers, CHS Electronics, Comark, CompuCom Systems, CompUSA, Comtech, Datalink Corporation, Egghead.com, Fry's Electronic, Ingram Micro, Insigt Enterprises, Micro Age, Micro Electronics, Micro Warehouse, Merisel, PC Connection, PC Warehouse, Tech Data Corporation

Diese Tabelle bietet einen Überblick über die momentane Lage am PC-Markt. Durch die Fusion von HP und Compaq hat sich der Druck für die anderen Anbieter weiter erhöht. Marktbeobachter erwarten einen baldigen Bereinigungsprozess dieses Marktes.

5.5.2.3 Kernfähigkeit: Der „HP-Spirit"

Um in dem wettbewerbsintensiven Umfeld bestehen zu können, müssen insbesondere die Hersteller von PCs ihre Kernkompetenzen verstärken. Dell tut dies beispielsweise dadurch, dass der Kunde stärker integriert wird.[94] Hewlett-Packard beschreitet einen anderen Weg. Das Unternehmen besinnt sich auf seine Ursprünge als Innovator der Computerindustrie. Bereits 1966 wurde mit dem HP 2116A der erste Computer des Unternehmens vorgestellt. 1968 folgte mit dem HP 9100A der erste Desktop-Computer der Welt. In den folgenden Jahren wurden ein Taschenrechner, der Touch-Screen, der erste „Personal Computer" sowie die ersten Farb- und Laserdrucker entwickelt.

Diese Innovationskraft von HP resultiert im Wesentlichen von den Mitarbeitern. Diese leben das, was „The HP-Spirit" genannt wird. Damit ist die einzigartige Unternehmenskultur gemeint, die immer ausreichend Freiraum für kreative Entwickler bereitstellt. Kern dieser Kultur bildet die „Garage", also die Hinterhofgarage, in der die Firmengründer die ersten Produkte entwickelt haben. Diese wurde zu einer wahren Kultstätte für die Mitarbeiter ausgebaut und repräsentiert die Tugenden, für die HP steht: Innovationskraft, unkonventionelle Lösungen und Kreativität.

Die Humankapitalentwicklung bei HP ist daher durch Freiraum auf der einen Seite und festgelegte Trainingsprogramme auf der anderen Seite gekennzeichnet. Den Mitarbeitern werden vielfältige Weiterbildungsangebote geboten, von denen diese eine gewisse Anzahl auswählen müssen. Ebenso wird der Austausch zwischen den einzelnen Bereichen des Unternehmens vorangetrieben, was das Verständnis zwischen den verschiedenen Abteilungen erhöht. Dieses Human Resource Management stellt die entscheidende Voraussetzung für eine hohe Mitarbeiterzufriedenheit dar. Diese wurde auch von unabhängiger Seite bestätigt. Genannt sei z. B. ein dritter Rang unter den „35 Best Companies to Work for in Canada". Diese hohe Mitarbeiterzufriedenheit führt dazu, dass auch die Endkunden durch kompetenten Service zufriedengestellt werden. Ausdruck dessen ist z. B. der erste Rang bezüglich der Kundenzufriedenheit im „TBR Report Customer Satisfaction Study".

5.5.3 Kurzportrait von AEXIS[95] und Umanis[96]: It's People's Business

Der IT-Dienstleister **Aexis** ist seit 20 Jahren auf dem französischen Markt tätig und somit einer der Pioniere dieses Sektors in Frankreich. Das Unternehmen war der erste Anbieter von sogenannten OLAP-Services („Online Analytic Proces-

---

[94] Vgl. Kapitel 2.5.3.
[95] Angaben basieren auf Aussagen von Arnaud Paquet, Responsible Service Clients von Aexis, Paris.
[96] Angaben basieren auf Aussagen von Jocelyne Gauthier, Directeur Commercial International und David Matos, Account Manager von Umanis, Paris.

sing"). Der Hauptsitz befindet sich in Belgien. Es existieren weitere Niederlassungen in Luxemburg, Holland und Frankreich. Aexis bietet seine Dienste insgesamt etwa 250 Geschäftskunden an. Die Dienstleistung, welche Aexis seinen Kunden bietet, ist die Implementierung eines IT-Systems, das die tägliche Geschäftstätigkeit managt und damit einen Mehrwert schafft. Ziel ist es, dem Kunden eine komplette IT-Lösung aus einer Hand anbieten zu können. Der Kunde soll damit in die Lage versetzt werden, seine Effizienz und Rentabilität zu steigern. Aexis verfolgt dabei die Strategie, dem Kunden einen Service mit hoher Qualität zu einem etwas höheren Preis als der Branchendurchschnitt anzubieten. Der IT-Servicemarkt in Frankreich durchläuft momentan eine Phase der Stagnation. Besonders die großen IT-Servicefirmen haben mit dieser Marktsituation Probleme, während die mittelständischen Anbieter aufgrund ihrer höheren Flexibilität sogar noch Marktanteile hinzugewinnen können. Aexis gehört mit etwa 10 % Marktanteil zu den mittelgroßen Anbietern. Als stärkste Wettbewerber lassen sich Univers Informatique und Cap Gemini identifizieren. Darüber hinaus sind ebenfalls Business Decision, Decisionelle und Umanisme als Nischenanbieter zu finden. Die Stärke von Aexis ist es, dem Kunden eine komplette Leistungs- und Produktpalette bieten zu können. Das Spektrum umfasst dabei Software, Service, Kundenunterstützung durch Call-Center-Anwendungen und ein breites Schulungsangebot für die unterschiedlichen IT-Lösungen. Schwäche des Unternehmens ist, dass man zwischen Hersteller und Kunde steht. Viele (potenzielle) Kunden fragen die gewünschte Leistung zunächst direkt beim Softwarehersteller an und nicht etwa bei Aexis. Chancen bieten sich dem Unternehmen auf dem Markt für Busines-Intelligence (BI). Die Kernressourcen von Aexis sind seine Mitarbeiter, also die Humanressourcen. Dabei sind vor allem die Management-Ressourcen wertvoll. Diese sind integraler Teil eines Netzwerks, welches sich zur Lösung bestehender Kundenprobleme zusammenschließt. Netwerkpartner sind Firmen, wie IBM, Microsoft, Accenture und eine Vielzahl von kleineren Anbietern. Ziel der Netzwerkbildung aus der Sicht von Aexis ist es, vom Bekanntheitsgrad und Markenimage der Partner zu profitieren, um so neue Kunden akquirieren und alte Kunden besser binden zu können. Schwäche bei derartigen Netzwerken ist es allerdings, dass sehr viele Anbieter – gerade auch die stärksten Wettbewerber – ebenfalls in diesen Netzwerken sind. Es mangelt somit an Exklusivität des Netzwerks. Diesem kooperativen Netzwerk liegen meist langfristige Verträge zugrunde. Insgesamt versteht sich Aexis als Anbieter einer wissensintensiven Dienstleistung. Die Fähigkeiten der Mitarbeiter lassen das Unternehmen auch in wirtschaftlich schwierigen Zeiten erfolgreich sein.

Die Firma **Umanis** wurde 1990 in Frankreich unter dem Namen „Europstat" gegründet. 2001 fand ein Namenswechsel zu Umanis statt, da sich das Tätigkeitsfeld der Firma grundlegend geändert hatte und der alte Name nicht mehr der Positionierung des Unternehmens entsprach. Das Wort Umanis steht für die strategische Positionierung des Unternehmens: Wandel von der herkömmlichen produktorientierten Wirtschaft zur kundenorientierten „New Economy", und für die grundlegenden Werte der Unternehmenskultur von Umanis, nämlich Zugehörigkeitsgefühl, Einsatzbereitschaft, Zielstrebigkeit, Kreativität, Reaktivität, Teamgeist und Respekt. Die Strategie von Umanis wird mit den drei Begriffen „Linie, Strategie und Taktik" beschrieben. Ziel des Unternehmens ist es, innerhalb von wenigen Jahren zu einem der größten Serviceunternehmen für Geschäftskunden in Frankreich zu werden. Die Strategie besteht darin, in seinem Servicepaket sämtliche Dienstleistungen zur Umstellung von herkömmlich ausgerichteten Kundenunternehmen auf die Bedürfnisse der „New Economy" anzubieten. Die Taktik von Umanis ist es, das Unternehmen in einigen speziellen Kompetenzbereichen zu verstärken, die dazu notwendig sein könnten, besser als die Konkurrenz ausgestattet zu sein. Im Bereich der Entwicklung neuer Lösungen verfolgt Umanis die Strategie des Innovators, während im Bereich bewährter Produkte eher die Strategie des Low-Cost-Defenders verfolgt wird. Umanis stuft sich mit 10 % Marktanteil als Marktführer auf dem französischen CRM-Markt ein. Die Hauptwettbewerber von Umanis sind Cap Gemini, Accenture, Steria und Valloris. Die Stärke des Unternehmens ist darin zu sehen, dass es in der Lage ist, flexibel auf Marktänderungen zu reagieren. Darüber hinaus bietet das Unternehmen seinen Kunden eine komplette Lösung aus einer Hand. Die Kernressourcen von Umanis sind wie bei Aexis die Mitarbeiter. Als besonders wertvoll werden dabei die Vertriebsmitarbeiter eingeschätzt, da diese für die Umsatzgenerierung zwingend notwendig sind. Umanis besitzt in der Zielgruppe eine hohen Bekanntheitsgrad und arbeitet mit untschiedlichen Softwareherstellern, wie z. B. Business Objects, Cognos, Hyperion und Cibell, in einem Netzwerk zusammen. Koordiniert wird die Zusammenarbeit entweder rein marktlich oder durch kurz- bis mittelfristige Verträge. Ziel dieser kooperativen Zusammenarbeit ist es, vom Bekanntheitsgrad und Ruf der Partner zu profitieren. Bei den beiden vorgestellten Unternehmen handelt es sich um Dienstleistungsnetzwerke der New Economy. Ähnlich wie die beiden deutschen Marktteilnehmer Pixelpark und Intershop stehen sie in einem sich rasch verändernden Wettbewerbsumfeld, welches in weiten Teilen von Erwartungen bestimmt ist. Trotzdem haben sie erkannt, dass die Summe der Mitarbeiter den Erfolg des Unternehmens bestimmt. Ob sie es allerdings schaffen, die besten Köpfe in den eigenen Reihen zu halten, wird die Zukunft zeigen.

5.6 Diskussion

Der Faktor „Humankapital" ist nach einhelliger Meinung aller befragten Experten den Kernerfolgsfaktor für Dienstleistungsnetzwerke. Das Human Resource Management bildet die organisatorische Verankerung dieser Einsicht. Es ist für die Fort- und Weiterbildung der Mitarbeiter ebenso verantwortlich wie für die Schaffung einer positiven Unternehmenskultur. Die Unternehmensstruktur sollte so aufgebaut werden, dass sie gezielt die Potenziale jedes Einzelnen nutzt und sich an den menschlichen Interessen, Neigungen und Eigenschaften der Mitarbeiter orientiert. Das Dienstleistungsnetzwerk sollte Motivation, Zufriedenheit durch Vertrauen und Freiräume für eigenverantwortliches Handeln und Kommunikation schaffen können. Das Human Resource Management muss großen Wert auf die Verschiedenheit der einzelnen Mitarbeiterfähigkeiten legen, um im Ganzen ein optimales Ergebnis erzielen zu können. Sie bietet als Gestaltungsraum eine Basis für die Nutzung der Potenziale der Mitarbeiter, wie Eigeninitiative, Erfindergeist, Kreativität und Spaß an der Arbeit. Kurz gesagt, die Fähigkeit des Ausnutzens menschlicher Stärken verschafft dem Unternehmen eine Flexibilität, die es ermöglicht, sich schnell an wechselnde Wettbewerbsbedingungen anzupassen.

Um also den entscheidenden Erfolgsfaktor „Humankapital" optimal zu nutzen, sei auf folgende Punkte hingewiesen:

1. Die Förderung und Ausbildung spezifischer Kompetenzen bei den Mitarbeitern bildet die Ausgangsbasis des Erfolgs.

2. Die Mitarbeiterzufriedenheit ist ein Indikator für die Güte des Managements. Ist sie dauerhaft niedrig, wird dies Konsequenzen für den wirtschaftlichen Erfolg des Dienstleistungsnetzwerks haben.

3. Kundenzufriedenheit wird entscheidend von der Mitarbeiterzufriedenheit beeinflusst. Die Mitarbeiterzufriedenheit ihrerseits wird von einer angemessenen Unternehmenskultur beeinflusst.

In Dienstleistungsnetzwerken muss vom Management ein selbstständig agierender und unternehmerisch denkender Mitarbeiter gefördert werden. Wenn dieser im direkten Kundenkontakt freundlich und kompetent auftritt, wird auch der wirtschaftliche Erfolg des Netzwerks als Ganzes möglich.

6 Der Erfolgsfaktor Leistungsqualität

6.1 Qualität als Ziel für Dienstleistungsnetzwerke

Der Erfolgsfaktor „Leistungsqualität", das haben die deskriptiven Auswertungen gezeigt, wird mit einem durchschnittlichen Wert von 4,49 (von maximal „5") in der Wichtigkeit für den Erfolg eines Dienstleistungsnetzwerks bewertet. Dieser vergleichsweise hohe Wert wird dadurch validiert, dass bei der indirekten Bewertung des Faktors über die Messitems ein (signifikanter) Pfadkoeffizient von 0,224 vorgefunden wurde. Leistungsqualität gehört damit zu den „erkannten Erfolgsfaktoren".

Qualität bzw. die Qualitätswahrnehmung wird aus Kundensicht definiert. Wie Parasuraman, Zeithaml und Berry gezeigt haben, hängt diese Qualitätsbewertung von wenigen Faktoren ab, welche sie durch die Messskala SERVQUAL operationalisiert haben.[97] Aus Unternehmenssicht gilt es, diese Kundenansprüche zu erfüllen, d. h. das Unternehmen so aufzustellen, dass die Leistungsqualität im Zentrum der unternehmerischen Anstrengungen steht, denn: Erfolg wird als Ergebnis einer positiven Qualitätsbewertung der Kunden angesehen. Es kann eine Wirkungskette von Qualität über Zufriedenheit und Bindung bis hin zum ökonomischen Erfolg angenommen werden.[98] Chang und Chen[99] beispielsweise weisen den direkten Einfluss der Leistungsqualität auf die Profitabilität bei Vergnügungsdienstleistern nach, Buzzell und Gale den Einfluss der (Produkt-)Qualität auf die Wettbewerbsfähigkeit.[100]

Im Folgenden sollen zwei Sichtweisen eingenommen werden, aus welcher die Leistungsqualität betrachtet wird:

- die Konsumentensicht und
- die Unternehmenssicht.

Erstere stellt eine Anspruchsdimension dar, die durch geeignete Maßnahmen des Dienstleistungsnetzwerks (bzw. dessen Managements) befriedigt werden muss, d. h. aus den Kundenansprüchen leiten sich Unternehmensaufgaben ab. Davon ausgehend werden Hypothesen generiert, mit denen der Zusammenhang zwischen diesen Aufgaben bzw. deren Umsetzung und der Bewertung der gebotenen Leistungsqualität überprüft werden können. Diese werden anhand des empirischen Datensatzes getestet, um schließlich Handlungsempfehlungen abzuleiten. Eben-

---

[97] Vgl. Parasuraman/Zeithaml/Berry, 1984.
[98] Vgl. Parasuraman/Zeithaml/Berry, 1984; Rust/Zahorik/Keiningham, 1995; Hallowell, 1996; Biermann, 1997; Homburg/Bruhn, 2000; Bruhn/Murmann, 2000.
[99] Vgl. Chang/Chen, 1998.
[100] Vgl. Buzzell/Gale, 1987.

falls werden die „Best Practices" der Umsetzung einer qualitätsorientierten Unternehmensstrategie vorgestellt.

6.2 Theoretische Grundlagen

6.2.1 Dienstleistungsqualität aus Konsumentensicht

6.2.1.1 Definitorische Grundlegung

Dienstleistungsqualität ist die Summe der Eigenschaften bzw. Merkmale einer Dienstleistung, bestimmten Anforderungen gerecht zu werden. Das Anforderungsniveau wird dabei durch die Erwartungen der Dienstleistungsempfänger bestimmt.[101]

Neben der produktorientierten Sichtweise in Bezug auf konkrete Eigenschaften der Dienstleistung liegt das Gewicht dieser Definition auf der kundenorientierten Perspektive, da die Anforderungen an die Dienstleistung aus Sicht des Kunden festgelegt werden.[102] Hier soll der Auffassung Trommsdorffs gefolgt werden, der einen subjektiven Qualitätsbegriff für das Marketing als am besten geeignet hält, da er die relevanten Merkmale und deren Ausprägungen erfasst.[103] Es handelt sich also um die vom Kunden wahrgenommene Dienstleistungsqualität.

Die Abgrenzung der Dienstleistungsqualität von der Zufriedenheit bereitet Probleme. In der Literatur besteht Einigkeit in der Tatsache, dass es sich zwar um ähnliche, aber klar unterscheidbare Konstrukte handelt.[104] Beide werden im Allgemeinen mithilfe des Confirmation/Disconfirmation-Para-digmas operationalisiert.[105] Danach ist die Dienstleistungsqualität bzw. die Zufriedenheit das Ergebnis eines Soll-Ist-Vergleichs der tatsächlichen Erfahrung bei der Inanspruchnahme einer Leistung mit der Erwartung des Leistungsempfängers. Entspricht der Ist-Zustand dem Soll-Zustand, wird von Konfirmation gesprochen, woraus Zufriedenheit resultiert. Übertrifft die Ist-Komponente die Soll-Komponente, entsteht Zufriedenheit auf einem höheren Niveau (positive Diskonfirmation). Unterschreitet das wahrgenommene das erwartete Niveau, tritt Unzufriedenheit auf (negative Diskonfirmation).[106]

---

[101] Vgl. Bruhn, 2000, S. 29.
[102] Vgl. Meffert/Bruhn, 2000, S. 212.
[103] Vgl. Trommsdorff, 1998, S. 165.
[104] Vgl. Stauss, 1999, S. 12.
[105] Vgl. Grönroos, 2000, S. 73: Grönroos nennt hier die Anwendung des C/D-Paradigmas für die Dienstleistungsqualität.
[106] Vgl. Homburg/Stock, 2001, S. 20.

Schlüter setzt die wahrgenommene Qualität mit dem Ergebnis des Soll-Ist-Vergleichs gleich, wogegen die Zufriedenheit das Ergebnis eines zweistufigen Evaluierungsprozesses ist. Zusätzlich zum kognitiv geprägten Vergleichsprozess beinhaltet die Zufriedenheit eine affektive Komponente, die als Bewertung zum Ausdruck kommt.[107]

Haller stellt darauf ab, dass sich Zufriedenheit immer auf eine bestimmte Transaktion bezieht. Ein Qualitätsurteil kann sich dagegen transaktionsunabhängig bilden.[108] Weiterhin bezieht sich die Zufriedenheit mehr auf die Zweckeignung bezüglich der konkreten Bedürfnisbefriedigung und entsteht durch die Bildung eines Preis-Leistungs-Verhältnisses, indem die Qualität in Relation zum Preis gesetzt wird.[109]

Die Autoren folgen der Auffassung von Zeithaml und Bitner, die Dienstleistungsqualität als Einflussfaktor auf die Zufriedenheit ansehen – und diese letztlich ökonomische Ergebnisgrößen beeinflusst. Dabei konzentriert sich die Dienstleistungsqualität auf die spezifischen Dimensionen der Dienstleistung, wogegen die Zufriedenheit zusätzlich durch die Produktqualität, den Preis sowie situative und persönliche Faktoren beeinflusst wird.[110]

Bevor relevante Faktoren der Dienstleistungsqualität, die im Einflussbereich des Managements liegen, zur Operationalisierung der Güte der durchgeführten Qualitätsstrategie herangezogen werden, seinen zunächst verschiedene Modelle der Dienstleistungsqualität vorgestellt. Sie schärfen den Blick auf die unterschiedlichen Ansatzpunkte zur Beeinflussung der vom Kunden wahrgenommenen Qualität.

6.2.1.2 Modelle der Dienstleistungsqualität

Donadebian hat bereits 1966 ein Modell der Dienstleistungsqualität anhand medizinischer Leistungen vorgestellt und dieses 1980 präzisiert. Danach lässt sich die Qualität in drei Teilqualitäten aufteilen:[111]

Die Strukturkomponente umfasst die strukturellen Voraussetzungen, die notwendig sind, um die Dienstleistung zu erbringen. Diese Faktoren sind in Abbildung III-9 aufgeführt. In der Literatur wird die Strukturdimension auch als Potenzialdimension bezeichnet.[112]

In der Prozesskomponente werden sämtliche Tätigkeiten während der Erstellung der Dienstleistung zusammengefasst.

---

[107] Vgl. Schlüter, 2001, S. 92 f.
[108] Vgl. Haller, 2001, S. 34; Zeithaml/Bitner, 1996, S. 124.
[109] Vgl. Haller, 2001, S. 35.
[110] Vgl. Zeithaml/Bitner, 1996, S.123.
[111] Vgl. Donabedian, 1980, S.81 ff.
[112] Vgl. Bieberstein, 2001, S. 29 ff.

Die Ergebniskomponente ist definiert als Änderung des gegenwärtigen oder zukünftigen Gesundheitszustands des Patienten aufgrund der erstellten Dienstleistung.

Aus Abbildung III-9 wird ersichtlich, dass zwischen den einzelnen Phasen Linearität unterstellt wird.[113] Den wichtigsten Einzelfaktor mit direkter Wirkung auf das Gesamturteil stellt die Prozessqualität dar[114], wobei der Wirkungszusammenhang zwischen Struktur- und Prozessqualität nicht bekannt ist.[115]

Struktur	Prozess	Ergebnis
Qualifikation Ausrüstung Personal organisatorische Bedingungen Zugangs- und Nutzungsmöglichkeiten durch Nachfrager	Gesamtheit aller Aktivitäten während der Dienstleistungserstellung	Änderung des Gesundheitszustandes der Patienten

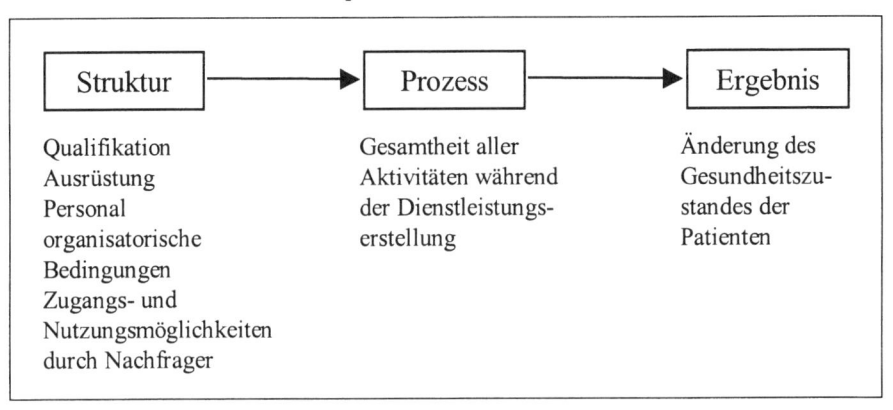

Abb. III-9: Dienstleistungsqualitätsmodell nach Donabedian
(Quelle: Donabedian, 1980, zitiert nach Meyer/Mattmüller, 1987, S. 190)

Die Grundlage für das Qualitätsmodell von **Grönroos** bildet das Confirmation/Dis-confirmation-Paradigma, nach dem die wahrgenommene Qualität Ergebnis des Vergleichs ist, den Konsumenten anhand ihrer Erwartungen und der gebotenen Leistung durchführen.[116] Die erlebte Dienstleistungsqualität wird bestimmt durch zwei Qualitätsdimensionen, die technische und die funktionale Qualität:

- Die technische Dimension bezieht sich auf das materielle Ergebnis, das der Dienstleistungsempfänger vom Anbieter erhält. Als Beispiel führt Grönroos u. a. das Bett und Hotelzimmer eines Hotelgastes, die Mahlzeit eines Restaurantbesuchers und den neuen Organisationsplan, den der Kunde eines Unternehmensberaters erhält.[117] Die technische Dimension kann aufgrund ihres Problemlösungscharakters anhand objektiver Kriterien gemessen werden.[118]

- Unter der funktionalen Dimension wird die Art und Weise verstanden, in der die technische Qualität dem Konsumenten während des Prozesses der Dienst-

---

[113] Vgl. Meyer/Mattmüller, 1987, S. 190.
[114] Vgl. Hafner, 2001, S. 35.
[115] Vgl. Donabedian, 1980, S. 82.
[116] Vgl. Deppisch, 1997, S. 55.
[117] Vgl. Grönroos, 2000, S. 63.
[118] Vgl. Grönroos, 2000, S. 63.

leistungserstellung dargeboten wird. Es handelt sich um subjektiv wahrgenommene Merkmale, die einer objektiven Messung meist nicht zugänglich sind.[119] Deutlich wird auch, dass die technische Qualität die Grundlage für die wahrgenommene Dienstleistungsqualität bildet, die funktionale Qualität letztlich aber das entscheidende Kriterium für das Qualitätsurteil ist.[120]

Die beiden Dimensionen werden durch die Filterfunktion, die das Image[121] des Leistungsanbieters beim Leistungsempfänger ausübt, beeinflusst. Je nach Ausprägung des Images werden wahrgenommene Merkmalsausprägungen positiv oder negativ verstärkt.[122] Umgekehrt wird auch das Image durch das Qualitätsurteil determiniert.[123] Die Erwartung des Konsumenten bezüglich der Qualität wird durch traditionelle Marketingaktivitäten sowie externe Faktoren, wie Mundpropaganda, Konsumentenbedürfnisse o. Ä. beeinflusst. Einen bedeutenden Stellenwert hat auch hier das Image.[124] Abbildung III-10 fasst abschließend die Wirkungszusammenhänge des Qualitätsmodells übersichtlich zusammen.

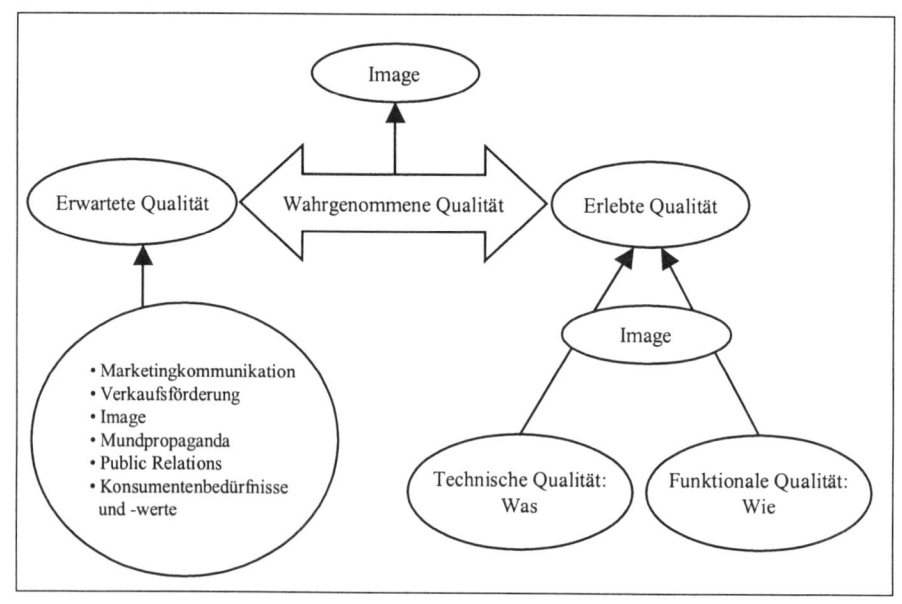

Abb. III-10: Qualitätsmodell nach Grönroos
(Quelle: Grönroos, 2000, S. 67)

---

[119] Vgl. Grönroos, 2000, S. 64.
[120] Vgl. Büker, 1991, S. 48.
[121] Unter Image wird in der Literatur die Summe der Einstellungwerte einer Person gegenüber einem Gegenstand verstanden. Vgl. Kroeber-Riel/Weinberg, 1999, S. 196.
[122] Vgl. Grönroos, 2000, S. 64.
[123] Vgl. Deppisch, 1997, S. 56.
[124] Vgl. Scharitzer, 1994, S. 93; Grönroos, 2000, S. 67.

Ausgehend von den drei konstitutiven Merkmalen einer Dienstleistung, dem uno-actu-Prinzip, der Immaterialität und der Integration eines externen Faktors, stellen Meyer und Mattmüller in ihrem Modell einerseits dar, wie sich die Qualität als komplexes Ganzes während des gesamten Dienstleistungsprozesses konkretisiert. Andererseits zeigen sie auf, wo diese in vier Gestaltungsräume, so genannte Subqualitäten, aufgespalten werden kann. Diesen wird eine prinzipielle, kausale Verknüpfung unterstellt.[125]

Alle Subqualitäten haben einen zweigeteilten Kern, der eine „Was"-Komponente und eine „Wie"-Komponente enthält. Die „Was"-Komponente ist gleichbedeutend mit der technischen Qualität nach Grönroos, die „Wie"-Komponente mit der funktionalen Qualität.

Meyer und Mattmüller legen ihrem Modell eine Einteilung in drei Phasen (in Anlehnung an Donadebian) zugrunde, teilen die Potenzialdimension aber in eine anbieterseitige und eine nachfragerseitige Komponente auf.[126] Die Potenzialqualität des Anbieters unterteilt sich in Spezifizierungspotenziale und in Kontaktpotenziale. Erstere umfassen den Grad an Spezifizierung der bereitgehaltenen internen Fähigkeiten, letztere stellen die Einflüsse der internen Kontaktsubjekte und -objekte dar.[127] Auf der Nachfragerseite bilden die Integrationspotenziale und die Interaktivitätspotenziale die Potenzialqualität der Dienstleistungsempfänger. Als Integrationspotenziale werden die beim Kunden vorhandenen Grundeinstellungen bezüglich seiner physischen, intellektuellen oder emotionalen Mitwirkung bezeichnet. Unter den Interaktivitätspotenzialen verstehen die Autoren die Auswirkungen auf die Dienstleistungsqualität, die auf Kontakten und Interaktivitäten zwischen mehreren Nachfragern beruhen.[128]

Im Verlauf der Dienstleistungserstellung beeinflusst das Verhalten der Prozessbeteiligten die Prozessqualität, indem die vorhandenen Potenziale realisiert werden. Die Qualität des Prozesses ist somit als Ergebnis zahlreicher Wechselwirkungen zwischen Dienstleister und Kunde zu interpretieren und besitzt einen prägenden Einfluss auf die Gesamtqualität.[129]

Am Ende des Erstellungsprozesses steht die Ergebnisqualität, die wiederum in zwei Qualitätsbereiche aufgeteilt werden kann. Das prozessuale Endergebnis bezieht sich auf das konkrete Dienstleistungsergebnis und hat kurzfristigen Charakter. Die Folgequalität bezeichnet die langfristigen Folgen, die durch die Dienstleistung entstehen.[130]

---

[125] Vgl. Meyer/Mattmüller, 1987, S. 191 ff.
[126] Vgl. Meyer/Mattmüller, 1987, S. 192 f.
[127] Vgl. Meyer/Mattmüller, 1987, S. 192 f.
[128] Vgl. Meyer/Mattmüller, 1987, S. 193.
[129] Vgl. Meyer/Mattmüller, 1987, S. 193.
[130] Vgl. Meyer/Mattmüller, 1987, S. 193 f.

Abbildung III-11 stellt abschließend die Wirkungszusammenhänge übersichtlich dar.

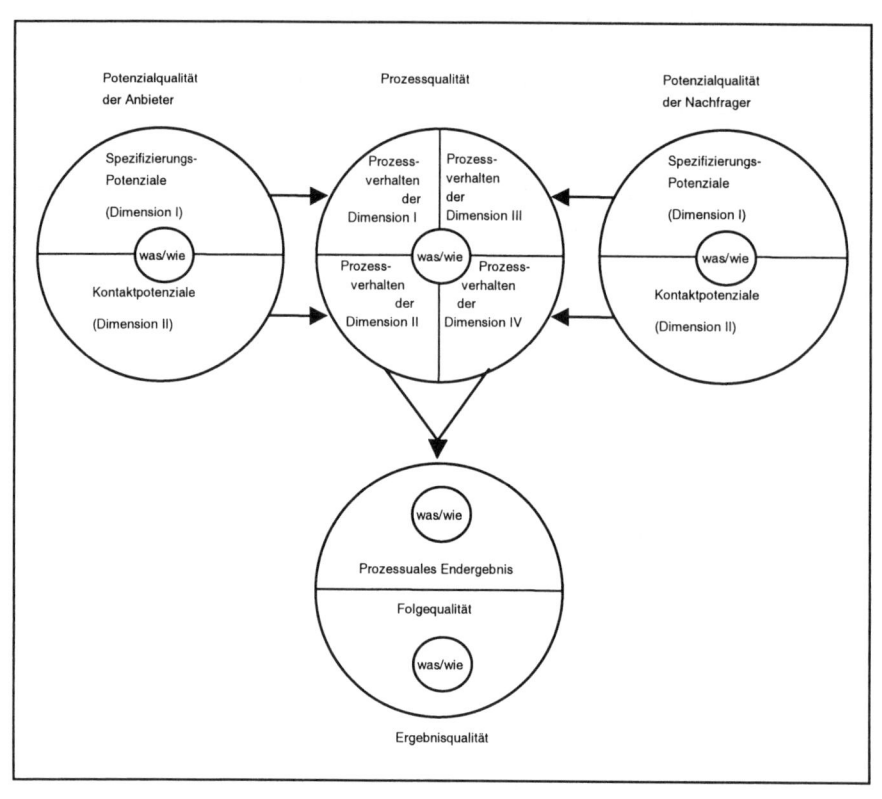

Abb. III-11: Dienstleistungsqualitätsmodell nach Meyer/Mattmüller
(Quelle: Meyer/Mattmüller, 1987, S. 192)

Einen anderen Ansatz zur Erklärung der Dienstleistungsqualität wird von **Zeithaml, Parasuraman** und **Berry** verfolgt. Abbildung III-12 stellt das von ihnen entwickelte „Gap-Modell der Dienstleistungsqualität" dar. Dieses Modell der Dienstleistungsqualität basiert auf den Ergebnissen umfangreicher explorativer Untersuchungen aus vier Dienstleistungsteilbranchen, nämlich Banken, Kreditkartenunternehmen, Wertpapiermakler und Reparaturwerkstätten. Die drei Autoren gehen soweit, dass sie ihr Modell als allgemein gültig für alle Arten von Dienstleistungen betrachtet.[131]

---

[131] Vgl. Zeithaml/Parasuraman/Berry, 1985 und 1985a, S. 43; Zeithaml/Parasuraman/Berry, 1992, S. 30.

Nach eigenen Angaben gingen die Autoren bei der Modellbildung nach anerkannten Richtlinien zur Theorieentwicklung im Marketing vor.[132] Dies wird zum Beispiel von Hentschel bestätigt.[133]

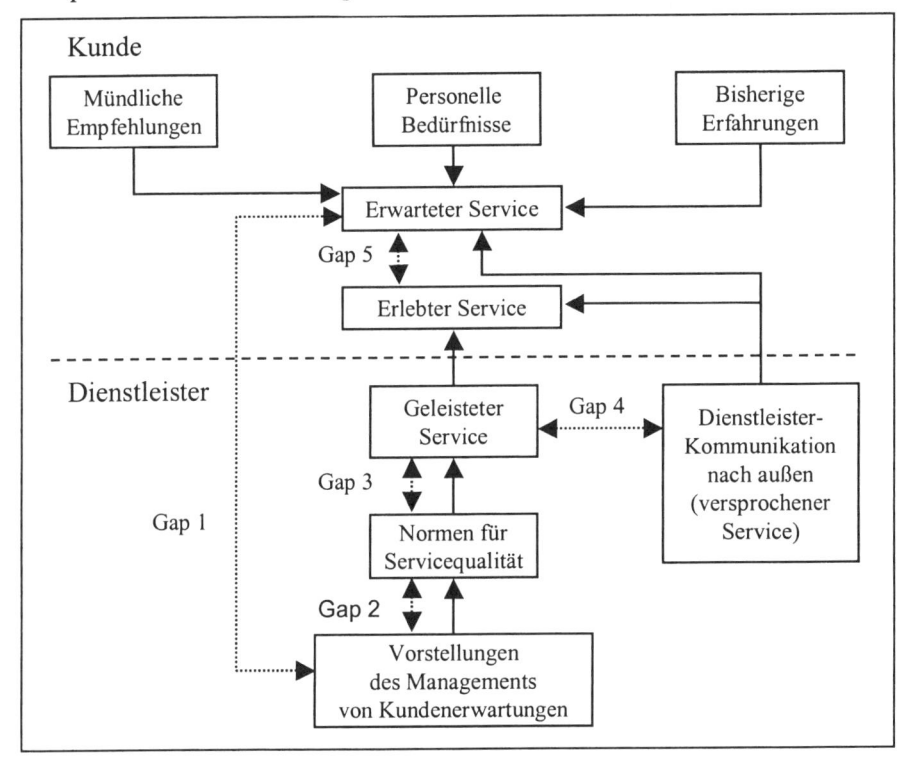

Abb. III-12: Gap-Modell nach Zeithaml, Parasuraman und Berry
(Quelle: Zeithaml/Parasuraman/Berry, 1985a, S. 44 f.)

Die „Lücken" können jeweils als Diskrepanz aufgefasst werden, aus denen sich schließlich die Dienstleistungsqualität ergibt. Auf der Anbieterseite konnten vier qualitätsrelevante Gaps identifiziert werden:

Gap 1 wird gebildet durch die Abweichungen der Kundenerwartungen von deren Wahrnehmung durch das Management des Anbieters. Die unterschiedlichen Einschätzungen können sowohl die Relevanz bestimmter Kriterien als auch deren Ausprägungen betreffen.[134]

---

[132] Vgl. Zeithaml/Parasuraman/Berry, 1985, S. 43.
[133] Vgl. Hentschel, 1990, S. 238: Hentschel bezieht seine Aussage auf das auf dem Gap-Modell aufbauende Servqual-Messinstrument.
[134] Vgl. Zeithaml/Parasuraman/Berry, 1985a, S. 44 f.

Gap 2 entsteht durch Probleme bei der Umsetzung der vom Management wahrgenommenen Kundenerwartungen in konkrete Dienstleistungsspezifikationen. Gründe hierfür können Kapazitätsbeschränkungen, Marktbedingungen oder die Unentschlossenheit des Managements bezüglich der Qualitätsidee sein.[135]

Gap 3 gibt das Ausmaß an, in dem vorhandene Richtlinien durch das Personal nicht eingehalten werden. Minderwertige Dienstleistungsqualität kann durch die unterschiedlichen persönlichen Fähigkeiten und Charaktereigenschaften des Kundenkontaktpersonals bedingt sein.[136]

Gap 4 ist definiert als Abweichung zwischen dem tatsächlich geleisteten Service und den Versprechungen des Unternehmens. Hier spielt vor allem die externe Kommunikation und deren Abstimmung mit den anderen Unternehmensbereichen eine große Rolle.[137]

Die entscheidende Lücke des Ansatzes stellt Gap 5 als die wahrgenommene Servicequalität aus Konsumentensicht dar. Sie wird mithilfe des Confirmation/Disconfirmation-Paradigmas operationalisiert. Weiterhin unterstellen die Autoren einen funktionellen Zusammenhang:[138]

$$Gap\ 5 = f\ (Gap\ 1,\ Gap\ 2,\ Gap\ 3,\ Gap\ 4)$$

Die wahrgenommene Qualität wird also durch die Lücken eins bis vier in ihrem Ausmaß beeinflusst.

6.2.1.3 Zusammenfassende Würdigung der vorgestellten Ansätze

Die vorgestellten Ansätze stellen theoretische Modelle der Dienstleistungsqualität dar. Mit Ausnahme des Gap-Modells fehlt eine ausreichende empirische Überprüfung. Daher ist das Gap-Modell gut geeignet, um Anforderungen zu formulieren, die ein Dienstleistungsnetzwerk, welches erfolgreich eine qualitätsorientierte Strategie umsetzen möchte, zu beachten hat und wird daher im Folgenden zur Herleitung der Anforderungen verwendet. Diese müssen die Kundenanforderungen an das tangible Umfeld, die Zuverlässigkeit der Leistungserstellung sowie das Engagement der Mitarbeiter beachten.[139]

6.2.2 Dienstleistungsqualität aus Unternehmenssicht

Der vorhergehende Absatz beschreibt die Anforderungen, die erfüllt sein müssen, damit ein Kunde einen positiven Qualitätseindruck gewinnen kann. Bisher wurden

---

[135] Vgl. Zeithaml/Parasuraman/Berry, 1985a, S. 45.
[136] Vgl. Zeithaml/Parasuraman/Berry, 1985a, S. 45.
[137] Vgl. Zeithaml/Parasuraman/Berry, 1985a, S. 45 f.
[138] Vgl. Zeithaml/Parasuraman/Berry, 1985a, S. 46.
[139] Vgl. zum Drei- bzw. Fünf-Faktoren Modell Zeithaml/Parasuraman/Berry, 1988.

in der Mehrzahl aller empirischen Studien[140] nur die Kundenanforderungen festgestellt. Aus Sicht eines Dienstleistungsanbieters stellt sich die Frage, welche (organisatorischen) Faktoren im Unternehmen beachtet werden müssen, um diese Kundenanforderungen zu erfüllen. Gesucht werden also die Einflussfaktoren auf die Umsetzung eines qualitätsorientierten Leistungsangebots.

Um dem Kunden nach außen zu signalisieren, dass das eigene Dienstleistungsnetzwerk ein seriöser, qualitätsorientierter Anbieter ist, sollte auf ein einheitliches, der Leistung angemessenes Auftreten des Kundenkontaktpersonals geachtet werden. Dies, in Kombination mit der Fähigkeit, die Kunden im Rahmen der Informations- und Kommunikationspolitik umfassend zu informieren und auf deren Wünsche einzugehen, resultiert in einer hohen Kundenorientierung des Dienstleistungsnetzwerks.

H1:   Je angemessener das (empfundene) tangible Umfeld eines Dienstleistungsnetzwerks gestaltet ist, desto besser ist die Bewertung der Leistungsqualität.

Die Dienstleistungsqualität wird neben dem Eindruck des physischen (tangiblen) Umfelds insbesondere von den Mitarbeitern des Dienstleistungsnetzwerks bestimmt. Da Dienstleistungen i. d. R. in direkter Interaktion mit dem Kunden erstellt werden, ist das Engagement und das Einfühlungsvermögen des jeweiligen Mitarbeiters von entscheidender Bedeutung für das Qualitätsempfinden des Kunden. Folglich soll gelten:

H2:   Je höher das (empfundene) Engagement („Customer Care") der Mitarbeiter des Dienstleistungsnetzwerks am Markt ist, desto besser ist die Bewertung der Leistungsqualität.

Eine Bewertung der Qualität von Dienstleistungen lässt sich kaum anhand fassbarer, „objektiver" Kriterien festmachen. Vielmehr ist es wichtig, dass der Kunde den Eindruck gewinnt, dass seine Probleme umfassend gelöst werden. Er erwartet die zuverlässige Erfüllung seiner Wünsche. Daher sei nachfolgende Hypothese überprüft:

---

[140] Vgl. dazu die in 6.2.1 aufgeführten Ansätze.

H3: Je höher die (empfundene) Zuverlässigkeit („Reliability") des Dienstleistungsnetzwerks während des gesamten Prozesses der Leistungserstellung ist, desto besser ist die Bewertung der Leistungsqualität.

Die drei Hypothesen, die sich mit den Voraussetzungen für eine hohe Dienstleistungsqualität aus Sicht des Dienstleisters beschäftigen, werden im folgenden Modell empirisch überprüft.

6.3 Modell

Bei der Leistungsqualität handelt es sich um ein dreifaktorielles Konstrukt, das sich daraus zusammensetzt, wie ein Kunde das tangible Umfeld, das Einfühlungsvermögen sowie die Zuverlässigkeit des Dienstleisters empfindet.

(Leistungs-) Qualität	Tangibles Umfeld	4 Indikatoren
	Customer Care	3 Indikatoren
	Reliability	3 Indikatoren

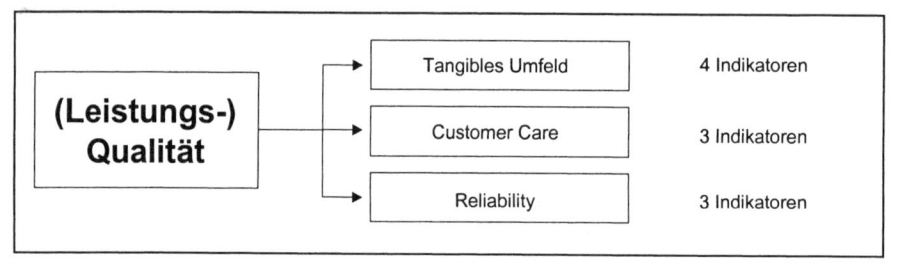

Abb. III-13: Konzeptualisierung der Leistungsqualität

Das sich aus dieser Konzeptualisierung ergebende Modell soll anhand globaler Anpassungskriterien[141] überprüft werden.

Tab. III-34: Gütekriterien des Gesamtmodells

	RMR	GFI	AGFI	NFI
Leistungsqualität	0,045	0,979	0,965	0,960

Alle betrachteten Gütekriterien inklusive eines relativen Chi-Quadrat-Index von etwa 2 (Chi-Quadrat/df = 2,129) führen dazu, dass das Modell nicht grundsätzlich abgelehnt werden kann.

Zur Validierung[142] des Konstruktes „Leistungsqualität" muss dessen interne Konsistenz überprüft werden. Dabei gilt es zunächst durch eine explorative Faktorenanalyse zu testen, ob die drei der Konzeptualisierung angenommenen Faktoren wiedergefunden werden können. Nur wenn dies möglich ist, kann das Modell als „unidimensional" angenommen werden, d. h. die Items spiegeln genau das zu-

---

[141] Vgl. z. B. Homburg/Giering, 1996.
[142] Zum Vorgehen der Konstrukt-Validierung vgl. Venkatraman/Grant, 1986, S. 79.

grunde gelegte Konstrukt wider. Die explorative Faktorenanalyse findet bei einer erklärten Varianz von etwa 66 % und einem KMO von 0,794 drei Faktoren. Ein Indikator des Faktors „Customer Care" lässt sich nicht eindeutig zuordnen. Darüber hinaus liegen zwischen den drei Faktoren relativ hohe Korrelationen von bis zu 0,901 vor.

Tab. III-35: Untersuchung der Diskriminanzvalidität

	Tangibles Umfeld	Customer Care	Reliability
Tangibles Umfeld	1		
Customer Care	0,879	1	
Reliability	0,703	0,901	1

Insofern ist die Diskriminanzvalidität nur eingeschränkt gegeben.

Bezüglich der Konvergenzvalidität lassen sich auch eher mäßige Werte insbesondere bei der durchschnittlichen erklärten Varianz, also der Erklärungsgüte des jeweiligen Faktors, feststellen.

Tab. III-36: Untersuchung der Konvergenzvalidität

	Faktorreliabilität	DEV
Tangibles Umfeld	0,71	0,38
Customer Care	0,62	0,36
Reliability	0,78	0,55

Bei der Überprüfung der Reliabilität der Messskalen fällt auf, dass das Cronbach'sche Alpha beim Faktor „Customer Care" unter dem geforderten Wert von 0,7 liegt. Offenbar ist die hypothetisch angenommene Faktorenstruktur nur mäßig gut geeignet, die empirische Datenstruktur widerzuspiegeln.

Tab. III-37: Überprüfung der Reliabilität der Messskalen

	Indikator	Indikatorreliabilität	Item-to-Total	Cronbach's Alpha
Tangibles Umfeld	1	0,29	0,4850	0,6970
	2	0,50	0,6167	
	3	0,45	0,4731	
	4	0,29	0,4039	
Customer Care	5	0,55	0,4353	0,5980
	6	0,32	0,4298	
	7	0,22	0,3802	
Reliability	8	0,37	0,7065	0,7995
	9	0,48	0,7045	
	10	0,81	0,5374	

Insgesamt kann festgehalten werden, dass sich das Konstrukt „Leistungsqualität" mäßig gut zur Überprüfung der zu Anfang aufgestellten Hypothesen eignet. Da im Rahmen dieser Erhebung keine zweite Erhebung durchgeführt werden konnte, um die Messskalen zu verbessern[143], sollen trotzdem die aufgestellten Hypothesen überprüft werden. Letztlich gilt auch hier der Gesamteindruck aller Gütekriterien. Wichtiger als die „mathematisch" richtig errechnete Faktorenstruktur ist die theoriebasierte Herleitung selbiger.

6.4 Ergebnisse

Die nachfolgende Tabelle zeigt die Strukturkoeffizienten des Modells sowie die erklärte Gesamtvarianz.

Tab. III-38: Überprüfung der Hypothesen

	Struktur-koeffizient	Prognostizierte Wirkungsrichtung/ Hypothesenbewertung	
Tangibles Umfeld → Leistungsqualität	0,187*	+	nicht ablehnen
Customer Care → Leistungsqualität	0,378**	+	nicht ablehnen
Zuverlässigkeit → Leistungsqualität	-0,012	-	ablehnen
** = signifikant auf 0,01-Niveau; * = signifikant auf 0,05-Niveau			

Die Vorzeichen der Strukturkoeffizienten stimmen in zwei Fällen, nämlich bei dem tangiblen Umfeld und der Customer Care, mit den hypothetisch angenommenen Wirkungsrichtungen überein. Die Wirkstärke liegt bei Hypothese H2 über 0,2 (signifikant auf 0,01-Niveau). H1 liegt bzgl. seiner Wirkstärke knapp unter dem vorgeschlagenen Mindestwert. Da der Strukturkoeffizient jedoch signifikant auf 0,05-Niveau ist, kann auch H1 nicht abgelehnt werden.

Bei Hypothese H3 stimmt angenommene und empirisch vorgefundene Wirkungsrichtung nicht überein. Daher soll bereits an dieser Stelle H3 abgelehnt werden.

Trotz der offensichtlichen Schwächen des vorliegenden empirischen Modells besteht an der grundsätzlichen Wichtigkeit des Faktors „Leistungsqualität" kein Zweifel. Im Folgenden soll daher auch hier gezeigt werden, wie Leistungsqualität bei einigen vorbildlichen Dienstleistungsnetzwerken durchgesetzt wird.

---

[143] Z. B. durch eine Faktorenstruktur, die aus der explorativen Faktorenanalyse extrahiert wurde.

6.5 Die Benchmarks

6.5.1 Qualität im System: The Body Shop[144]

6.5.1.1 *Allgemeine Informationen*

Das Unternehmen The Body Shop wurde 1976 von Anita Roddick in Brighton, England, gegründet. Heute gehören in 50 Ländern mehr als 1.900 vorwiegend als Franchisen geführte Läden (der Rest als von der Systemzentrale geführte Filialen) dem System an. The Body Shop stellt Pflegeprodukte für Haut und Haar auf natürlicher Basis her und verkauft diese in einfachen Behältern, von denen die Mehrzahl nachgefüllt werden kann. Von Anfang an gehörte es zu den Prinzipien des Unternehmens, sich aktiv gegen Tierversuche in der kosmetischen Industrie einzusetzen.

The Body Shop ist der Meinung, dass diese aktive, auch auf Zulieferfirmen ausgedehnte Politik mit dazu beiträgt, den Anteil an Tierversuchen in der Kosmetikindustrie zu reduzieren. Ein Eckpfeiler des Unternehmens ist seine umweltorientierte Unternehmensführung. Diese manifestiert sich in den fünf zentralen Unternehmenswerten, nämlich „Hilfe durch Handel, Tierschutz, Umweltschutz, Selbstachtung und Menschenrechte". Im Mai 1992 war The Body Shop das erste britische Unternehmen, das freiwillig eine Umwelterklärung gemäß den EG-Prüfungsrichtlinien abgegeben hat. Inzwischen ist bereits die vierte Ökobilanz, das „Environmental Statement" erschienen. Die Beteiligung am Betrieb einer Windfarm in England gehört ebenso zur umweltorientierten Unternehmensführung wie umfangreiche Schulungen und die Sensibilisierung der Mitarbeiter für ökologische Probleme. In den vergangenen Jahren hat The Body Shop zahlreiche Umweltpreise erhalten.

Seit kurzem verkauft The Body Shop als erstes Kosmetikunternehmen FSC (Forest Stewadship Council) zertifizierte Holzprodukte, wie zum Beispiel Haarbürsten. Darüber hinaus setzt es sich als Mitglied der Gruppe '98 für die FSC Zertifizierung von Holz ein. 1999 machte sich das Unternehmen mit der Kampagne „Hemp is hope not dope" für Hanf stark. So hat The Body Shop die Verwendungsarten von Hanf aufgestockt und mehrere innovative Produkte auf der Basis von Hanföl entwickelt.

In den letzten fünf Jahren hat der Gesamtkonzern die folgenden Ergebnisse erzielt:

---

[144] Alle Angaben beruhen auf Aussagen von Elisabeth Weyermann, The Body Shop Deutschland, und ihrem Vortrag auf der Tagung „Handelsinformationssysteme HIS 2002" am 27. und 28. Mai 2002 in Münster.

Tab. III-39: Umsatz- und Gewinnentwicklung von The Body Shop

	Umsatz (in Mio. Pfund)	Ertrag (in Mio. Pfund)
2001	374,1	29,8
2000	330,1	33,0
1999	303,7	24,6
1998	293,1	38,1
1997	270,8	31,9

6.5.1.2 Kernfähigkeit: Systemweite Qualitätssicherung

The Body Shop ist ein international operierendes Franchiseunternehmen mit weltweit etwa 1.900 Shops (davon 99 Franchisepartner und 54 Filialen in Deutschland). Die Systemzentrale hat ihren Sitz in Südengland, dort, wo das System gegründet wurde. Die Systemzentrale versteht sich als Dienstleister für ihre Franchisenehmer. Sie erbringt Aufgaben, wie Produktentwicklung und auch Qualitätssicherung. Dies ist eine sehr komplexe Aufgabe, da das Franchisesystem in 50 Ländern mit 29 Sprachen agiert. Erschwerend für die Durchsetzung und Sicherstellung höchster Qualität ist auch die Organisationsform: ein mehrstufiges Franchisesystem. Somit sind „Dienstanweisungen", wie etwa in Filialsystemen, nicht möglich, da es sich bei den Franchisenehmern um rechtlich selbstständige Unternehmer handelt.

Vor dem Hintergrund dieser Problematik versucht The Body Shop eine einheitlich hohe Leistungsqualität sicherzustellen:

Das System setzt auf eine weltweit einheitliche Corporate Identity (CI). Diese soll erreichen, dass der Kunde sich sofort wohl fühlt und es klar ist, dass er bei The Body Shop ist. Ebenso wird besonders darauf geachtet, dass die Unternehmensphilosophie mit ihren fünf zentralen Werten im gesamten Netzwerk implementiert wird. Dies beginnt mit der Auswahl der Franchisepartner. Gesucht werden ganz bestimmte Persönlichkeiten, die bereit sind, das Unternehmen mit seiner gesamten Philosophie zu tragen. Dazu existiert ein ganzer Katalog von Auswahlkriterien, die potenzielle Franchisenehmer erfüllen müssen. Den neuen und auch den etablierten Franchisenehmern werden permanent Schulungen zu neuen Produkten und Abläufen angeboten. So soll sichergestellt werden, dass der Kunde einen kompetenten Ansprechpartner vor sich hat.

Im System von The Body Shop wird die Kommunikation der Partner gepflegt. Es gibt z. B. die „Fokusgruppen" (die in anderen Systemen „Franchisebeiräte" genannt werden) aus gewählten Vertretern, die sowohl mit England als auch mit der jeweiligen Landeszentrale regelmäßig kommunizieren. Kern dieser Gespräche ist die Weiterentwicklung des Systems. Wie kann die CI wirklich stringent durchgesetzt werden, inwieweit werden Regelverstöße geahndet oder wie kann das Wissen der einzelnen Franchisenehmer vor Ort dem Gesamtsystem zunutze gemacht werden? Den einzelnen Franchisenehmern stehen für alle Fragen Ansprechpartner in der Systemzentrale bzw. den Landeszentralen zur Verfügung.

Neben diesen eher nach innen gerichteten Aktivitäten, die versuchen, systemintern den Qualitätsgedanken zu verankern, integriert The Body Shop auch seine Kunden. Diesen werden zahlreiche Produktinformationen mitgeteilt. Interessierte können sich in Mailinglisten eintragen oder einem Kundenclub beitreten. Darüber hinaus gibt es eine 24-Stunden-Hotline, die zu allen Kundenanfragen Rede und Antwort steht.

Um die Leistungsqualität auch zu kontrollieren, werden regelmäßig Mystery-Shopper eingesetzt. Ebenso werden Audits (z. B. Öko-Audits) veranstaltet und auch turnusmäßig die Kunden zu ihrer Zufriedenheit mit der gebotenen Qualität befragt. Durch diese Maßnahmen schafft es The Body Shop, im gesamten System einheitliche Qualitätsstandards zu implementieren.

6.5.2 Beratungsqualität beim „Chief Executive Search": Heidrick & Struggles[145]

6.5.2.1 Allgemeine Informationen

Heidrick & Struggles (H&S) ist die weltgrößte Suchagentur für Führungskräfte (der obersten Führungsebene). Gegründet 1955, operiert Heidrick & Struggles vorwiegend in Nord- und Südamerika sowie in Europa und Asien. Insgesamt ist H&S ein Netzwerk von 69 Niederlassungen in 33 Ländern. Die Hauptvertretung für Deutschland liegt in Düsseldorf.

Dabei treten sowohl internationale Konzerne und mittelständische Firmen als auch gemeinnützige Vereine und staatliche Organisationen als Kunden von H&S auf. Den größten Kundenkreis bilden Finanzdienstleister mit etwa 28 % und Technologiefirmen mit etwa 25 % Anteil am Gesamtumsatz. Neben diesem Kerngeschäft hat Heidrick & Struggles sein Angebot um weitere Dienstleistungen, wie z. B. die Bereitstellung von Interimskräften, erweitert.

Folgende Umsätze und Erträge hat das Dienstleistungsnetzwerk in den letzten Jahren erwirtschaftet.

---

[145] Angaben basieren auf Aussagen von Dr. Wolfgang Walter, Partner von Heidrick & Struggles – Mülder & Partner, Düsseldorf.

Tab. III-40: Umsatz- und Gewinnentwicklung von Heidrick & Struggles

	Umsatz (in Mio. US-$)	Ertrag (in Mio. US-$)
2001	455,53	-57,89
2000	594,39	32,64
1999	435,85	19,59
1998	216,84	-11,34
1997	193,05	12,84

Auf den – durch die schlechte ökonomische Gesamtlage begründeten – Umsatzrückgang reagierte Heidrick & Struggles mit der Entlassung von fast einem Viertel der Mitarbeiter (primär aus kundenfernen Stellen) und der Schließung von unrentablen Niederlassungen.

6.5.2.2 Wettbewerbsumfeld

Auf dem Gebiet der Suchagenturen für Führungskräfte herrscht ein harter Wettbewerb. Die größte Konkurrenz für Heidrick & Struggels stellen etablierte Firmen, wie z. B. Korn/Ferry, Spencer Stuart & Associates oder Egon Zehnder International, dar. Außerdem gibt es viele kleine Anbieter, die sich auf bestimmte Märkte oder Regionen spezialisiert haben. Schließlich besteht die Gefahr, dass große Unternehmen dazu übergehen, sich selbst die Führungskräfte zu suchen.

Trotzdem wächst der Gesamtmarkt für Personalvermittlung um geschätzte 10 % jährlich. Heidrick & Struggles rechnet alleine in den USA im Zeitraum von 1998 – 2008 mit 421.000 neu zu besetzenden Stellen.

Die größte Gefahr droht den etablierten Personalberatern durch die neuen internetbasierten Vermittlungsagenturen. Diese werden in den nächsten Jahren weite Teile des Segments „Vermittlung bis zum mittleren Management" beherrschen. Per Internet pflegen potenzielle Kandidaten ihre eigenen Profile und stellen diese auf eine Quasi-Auktionsplattform, auf welcher sich interessierte Unternehmen die nötigen Kandidatenprofile gegen Entgelt herunterladen können.

In diesem Massenmarkt werden Heidrick & Struggles, aber auch die eher aus dem Top-Segment kommenden Personalberater, entweder verdrängt oder aber sie engagieren sich mit eigenen Internetablegern. Heidrick & Struggles hat dies mit LeadersOnline getan. Ob diese Strategie langfristig erfolgreich sein wird, ist noch nicht abzusehen.

6.5.2.3 Kernfähigkeit: Qualität durch individuelle Beratung von erfahrenen Mitarbeitern

Die Qualität der erbrachten Leistung, also eine für beide Seiten erfolgreiche Vermittlung, ist untrennbar mit den Fähigkeiten des einzelnen Beraters verbunden. Zwar wird das „Wissen" des Dienstleistungsnetzwerks Heidrick & Struggles in einer ständig aktualisierten Datenbank gesammelt. In dieser liegen z. B. detaillierte Profile von etwa 1 Million Kandidaten und von 33.000 Klienten. Doch gilt auch für diese Datenbank, dass sie nur so gut ist, wie die Personen, die sie pflegen. Bei den Einträgen („Reports") in eine Datenbank handelt es sich nur um „kodifiziertes" Wissen.

Letztlich ist der Kernerfolgsfaktor von Heidrick & Struggles jeder einzelne Berater und dessen implizites Wissen. Der persönliche Berater alleine weiß um die Vorlieben seiner Klienten: Hat er Interesse, den Arbeitgeber zu wechseln, möchte er in eine andere Stadt, lässt seine persönliche Situation einen Wechsel zu? Nur der individuelle Kontakt zu Führungspersönlichkeiten, kombiniert mit dem Gespür, den richtigen Kandidaten an die richtige Position zu vermitteln, machen jeden einzelnen Berater – und somit das Netzwerk – erfolgreich.

Es ist verständlich, dass auf die Auswahl der Berater bei Heidrick & Struggles allerhöchster Wert gelegt wird. Grundvoraussetzung, um als Mitarbeiter einzusteigen, ist (mindestens) eine Doppelausbildung, also beispielsweise ein Abschluss in Wirtschaftswissenschaft und in einer Geisteswissenschaft. So wird versucht, vielseitig interessierte, gebildete und motivierte Berater zu finden. Offensichtlich sind diese harten Auswahlkriterien der wesentliche Wachstumshemmer der gesamten Branche. Ein „Kampf um die besten Köpfe" ist in keiner Branche so hart, wie bei dieser Art von Personalberatung. Dies zeigt die enorme Wichtigkeit der Ressource „Mensch". Der einzelne Berater mit seinem spezifischen Wissen ist der wesentliche Garant für eine erfolgreiche Vermittlung, also für die exzellente, individuell erbrachte Leistungsqualität.

6.6 Diskussion

Die Qualität der Leistung ist für erfolgreiche Dienstleistungsnetzwerke eine Minimalanforderung. Wer es nicht schafft, in den Augen der Kunden einwandfreie Qualität zu bieten, wird nicht überlebensfähig sein.

Es ist dabei jedoch zu bedenken, dass sich die Zufriedenheit der Kunden in einem Vergleichsprozess[146] bildet: Was erwarte ich von der Dienstleistung und was wird mir tatsächlich geboten? Somit ergeben sich für Dienstleistungsnetzwerke zwei Ansatzpunkte, die Kundenzufriedenheit mit der Leistungsqualität zu erhöhen.

---

[146] Vgl. dazu Gap 5 aus dem Modell von Zeithaml/Parasuraman/Berry, 1985, S. 44.

1. Einerseits sollen die Ansprüche (die von mündlichen Empfehlungen, persönlichen Bedürfnissen und den bisherigen Erfahrungen beeinflusst werde bzw. wurden) auf einem erfüllbaren Niveau gehalten werden. Dies ist eine wesentliche Aufgabe der Kommunikationspolitik.
2. Andererseits müssen die internen Prozesse so gestaltet werden, dass das Leistungsversprechen erfüllt wird. Dies ist Aufgabe des Managements.

Um die Qualität der eigenen Performance zu prüfen, bietet sich die ständige Messung der Kundenzufriedenheit als Qualitätsindikator an. Sollten sich dabei signifikante Veränderungen ergeben, muss (unter Beachtung der entstehenden Gaps) an einer der beiden Stellgrößen etwas geändert werden.

7 Zusammenfassung der Ergebnisse

Die Ausführungen im zweiten Teil dieses Buches haben gezeigt, dass insbesondere die fünf Erfolgsfaktoren „Netzwerkmanagement", „Markenmanagement", „Innovationsmanagement", „Human Resource Management" sowie „Leistungsqualität" einen signifikanten Einfluss auf den Erfolg eines Dienstleistungsnetzwerks haben. Jeder Faktor erklärt dabei einen gewissen Anteil am Gesamterfolg. Es ist offensichtlich, dass die Erfolgsfaktoren isoliert noch kein Garant für den Erfolg von Dienstleistungsnetzwerken darstellen. Das hat die Analyse der „Best Practices" gezeigt: Exzellenz liegt in der Kombination von Stärken aus dem Bereich der Erfolgsfaktoren. Was nützen die technisch komplexesten Innovationen, wenn sie beim Kunden keinen Nutzen stiften? Was nützen ambitionierte Expansionsstrategien durch Netzwerkbildung, wenn das geeignete Personal fehlt? Erfolg ist wie ein Puzzle, das aus vielen Einzelteilen zusammengesetzt ist. Nur beim Ineinandergreifen der verschiedenen Erfolgsfaktoren lässt sich Exzellenz feststellen.

Es gibt jedoch verschiedene Arten von Erfolgsfaktoren:

- Basiserfolgsfaktoren und
- Differenzierungserfolgsfaktoren.

Dienstleistungsnetzwerke müssen eine hohe Leistungsqualität (Prozess, Preis, Beziehung) bieten. Diese wird – das ist charakteristisch für Dienstleistungen – von Menschen in enger Abstimmung mit dem Kunden (z. T. sogar am Kunden) erstellt. Offensichtlich ist der Faktor Humankapital dabei besonders wichtig. Ebenso ist klar, dass nur durch den intensiven Austausch zwischen dem Outlet und der Zentrale ein innovatives Leistungsangebot erstellt werden kann; flankierend wirken dabei Informationsaustausch und insbesondere ein Netzwerkmanagement, das die Qualität der erstellten Leistung sicherstellen muss und die Outlets koordiniert und unterstützt.

Um es „klassisch" auszudrücken: Erfolgsfaktoren sind die „Produktionsfaktoren" des Erfolgs. Die Basis für ein erfolgreiches Ineinandergreifen dieser Produktionsfaktoren ist eine Leistung, für die ein Kunde bereit ist, Geld auszugeben. Somit ist eine innovative, qualitativ hochwertige Dienstleistung „Basiserfolgsfaktor". Anschließend gilt es, Zugang zu finanziellen Ressourcen zu erlangen. Das hat, wie man in der New Economy sehen konnte, über Wagniskapitalgeber zunächst gut funktioniert. Weniger gut funktioniert die Beschaffung frischen Kapitals mitunter bei Franchisenehmern. Für viele Franchisesysteme stellt gerade die Finanzierung einen wesentlichen Hinderungsgrund für die Systemexpansion und somit den Erfolg dar.

Einen „Differenzierungserfolgsfaktor" stellt das Humankapital dar. Differenzieren können sich gerade Dienstleistungsnetzwerke durch ihre Mitarbeiter. Es ist eine

Binsenweisheit, dass freundliche und kompetente Mitarbeiter den Erfolg maßgeblich beeinflussen.

Letztlich – und das ist die Überzeugung der Autoren – kann sich ein Dienstleistungsnetzwerk nur über seine Marke differenzieren. Dieses „Bild im Kopf des Konsumenten" ist das wichtigste Asset. Das zu erkennen, ist Aufgabe des Managements bzw. des Netzwerkmanagements, das das Ineinandergreifen der Erfolgsfaktoren im Zeitablauf steuert.

Die folgende Abbildung stellt den Zusammenhang der Erfolgsfaktoren dar. Dabei wird ein idealtypischer „Lebenszyklus" eines Dienstleistungsnetzwerks unterstellt.

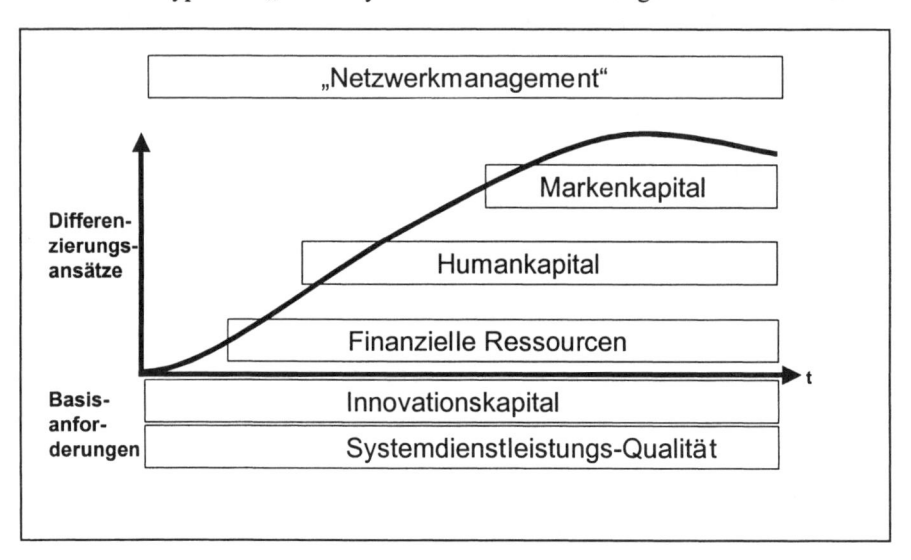

Abb. III-14: Die Erfolgsfaktoren im Zeitablauf

Die vorgestellten Benchmarks zeigen exemplarisch, wie verschiedene Erfolgsfaktoren ineinander greifen. *Roche Diagnostics* entwickelt sich vom Produzenten zum Dienstleister. Hoch komplexe medizinische Anlagen werden als Teil eines „Problemlösungspakets" primär an Krankenhäuser verkauft. Höchste Qualität wird durch ein Netzwerk von Vertriebsdienstleistern gewährleistet. Die *Garant Schuh + Mode AG* ist durch ein innovatives Netzwerkmanagement, das die Balance zwischen Zentralität und Dezentralität hält, in der Lage, schnell zu europäisieren und somit eine führende Rolle in der Branche aufzubauen. *Dell* ist der Meister des Direktverkaufs. Es besitzt enorme Datenmengen, sodass dieses Unternehmen scheinbar besser weiß, was sein Kunde möchte als dieser selbst. Dell steuert ein weit verzweigtes Netzwerk von Zulieferern und sonstigen Dienstleistern – und der Kunde merkt davon nichts, außer, dass die Computer günstig sind, individuell zu konfigurieren sind und schnell geliefert werden. *McDonald's* hat es geschafft, zum Synonym für „Fast-Food" zu werden. Das Franchisesystem verbindet die bekannteste Marke in diesem Segment mit einer weltweit einheitlichen Leistungsqualität.

Bei *Red Zac* wird deutlich, wie eine neue Marke ein im Grunde altes Produkt für eine neue Zielgruppe attraktiv macht. *Cisco* wird von einigen als „Netzwerk innovativer Kleinunternehmen" bezeichnet. Innovationen werden durch Akquisitionen einfach „integriert". Mittlerweile versuchen viele Start-ups von Anfang an, den „Cisco Way" zu kopieren, um anschließend übernommen zu werden. Die Marke *IBM* steht für viele Experten als Synonym für Innovationskraft. Nach großen Schwierigkeiten beim Übergang von Großrechnern zum PC hat sich IBM mit „e-business solutions" selbst neu erfunden und als „Lösungsanbieter" positioniert. *Hewlett-Packard* pflegt einen wahren Kult um die „Garage". Alle Mitarbeiter leben diese Vision. Hier stehen Marke bzw. Mythos in enger, fast religiöser Verbindung zu den Mitarbeitern. Der traditionelle Kaffeehändler *Tchibo* hat in der Kombination von motivierten Mitarbeitern mit neuen Servicekonzepten geschafft, erfolgreich zu werden. *The Body Shop* erreicht durch die Etablierung einer eigenen Unternehmensphilosophie eine neue Qualität der erbrachten Leistung. Diese wird im gesamten System einheitlich umgesetzt. *Heidrick & Struggles*, der weltweit operierende „Head-Hunter", arbeitet mit einem Netzwerk von Beratern, die – aufbauend auf einer enormen Datenbasis – Führungspositionen vieler Top-Unternehmen besetzen. Die Sicherstellung höchster Beratungsqualität stellt für diese wissensintensive Dienstleistung den wesentlichen Erfolgsfaktor dar.

Wichtig – und das sei abschließend festgehalten – ist die Kombination der Erfolgsfaktoren. Diese Kombinationsleistung ist Kernaufgabe des dispositiven Faktors, also des Managements.

**Teil IV
Franchising und Cooperation
im tertiären Sektor: Prototypen
exzellenter Dienstleistungsnetzwerke?**

1 F&C-Netzwerke im Dienstleistungssektor

Den größten Bedeutungsgewinn erlangen Dienstleistungen, wenn sie nicht von „Einzelkämpfern", sondern im Systemverbund, also von Netzwerken erstellt und vermarktet werden. Die systematische, arbeitsteilige Produktion von Dienstleistungen führt zu effizienten Angeboten. In diesem Zusammenhang wird auch von „Systemdienstleistungen" gesprochen.

Franchisesysteme und ähnliche Formen der Systemkooperation – die so genannten F&C-Netzwerke[1] – sind damit *Prototypen* für potenziell exzellente Dienstleistungsnetzwerke. In den folgenden Kapiteln wird sich mit dieser Koordinationsform zur Erstellung von Systemdienstleistungen näher beschäftigt. Es geht auch hier um die Herausarbeitung einiger Schlüsselfaktoren des nachhaltigen Erfolgs. Selbstverständlich gelten die in Teil II, Kapitel 3 hergeleiteten Erfolgsfaktoren auch für F&C-Netzwerke. Bei diesen Prototypen (potenziell) exzellenter Dienstleistungsnetzwerke wird der besondere Fokus auf das wertorientierte Management, F&C spezifische Controllingkonzepte sowie innovatives Kundenbeziehungsmanagement gelegt. Zunächst wird jedoch das Phänomen „Franchising" im internationalen Kontext näher beleuchtet.

1.1 Franchising und Systemkooperation als Chance im tertiären Sektor

Franchising kann als eine wesentliche Chance für Wachstum im tertiären Sektor gewertet werden. Dienstleistungen sind prädestiniert, „im System" angeboten zu werden, da diese Organisationsform Kundennähe mit einem starken und effizienten Hintergrundsystem verbinden kann. So können die Kundenbedürfnisse nach „Nähe und Individualität" sowie „Preiswürdigkeit" gemeinsam erfüllt werden. Ebenso bietet Franchising die Möglichkeit, die Beschäftigungszahlen deutlich zu erhöhen. Dies zeigt ein Blick in die Beschäftigungsbilanz von Franchisesystemen in den Mitgliedsländern der European Franchise Federation (EFF). Im Jahr 1997 stieg die Anzahl der durch Franchising Beschäftigten in Europa auf knapp 1,3 Mio. Neben Schweden[2] zählt Deutschland zu den wachstumsstärksten Ländern Europas im Hinblick auf die Beschäftigungssituation durch Franchisesysteme. Die Franchisewirtschaft leistet damit nicht nur einen wachsenden Beitrag zum Sozialprodukt in den einzelnen Ländern, sie schafft auch Arbeitsplätze[3].

---

[1] Dieser Term wurde vom Internationalen Centrum für Franchising und Cooperation, Münster, geprägt. Vgl. Ahlert, 2001, S. 13 f.
[2] Die besondere Stellung Schwedens dürfte auf eine Umstellung zahlreicher Kooperationssysteme auf Franchising zurückzuführen sein.
[3] Daten aus: European Franchise Survey Supplement, 1998.

Deutschland zählt in Europa die meisten Franchisegeber und -nehmer, was nicht weiter verwunderlich ist, da Deutschland das bevölkerungsreichste Land der Europäischen Union ist. Außerhalb Europas gibt es eine Reihe von Ländern, auch bevölkerungsmäßig sehr viel kleinere Länder, die bezüglich der Verbreitung des Franchising auch Frankreich als „Spitzenreiter" bei der relativen Anzahl von Franchisesystemen noch hinter sich lassen. Die Spitze halten dabei die Vereinigten Staaten von Amerika.

1.2 F&C-Netzwerke im internationalen Vergleich[4]

Das Phänomen des Franchising ist offenbar in den verschiedenen Ländern unterschiedlich ausgeprägt. Die Ausführungen zur Verbreitung des Franchising in der Welt beruhen auf sekundären Quellen. Vorsicht ist bei dieser Interpretation der „Fakten" geboten: Es gibt keine für alle genannten Länder gleichermaßen zuverlässigen Vergleichszahlen, die aufgrund gleicher oder gleichwertiger Methoden ermittelt worden sind.

Es muss vielmehr davon ausgegangen werden, dass die veröffentlichten Zahlen zu einem großen Teil auf Schätzungen beruhen. Die nationalen Franchiseverbände in den verschiedenen Ländern, die naturgemäß eine wesentliche Quelle darstellen, erfassen über ihren Mitgliederbestand immer nur einen – häufig nur kleinen – Teil der im jeweiligen Land aktiven Franchisesysteme. Auch diese beteiligen sich nur zu einem Teil an Verbandsstatistiken, sodass ermittelte echte Teilwerte zu vermuteten Gesamtwerten hochgerechnet werden. Es ist nicht anzunehmen, dass derartige Hochrechnungen zum Nachteil des Franchising ausfallen. Die Vergleichbarkeit der Zahlen krankt auch daran, dass der Begriff „Franchising" in den verschiedenen Ländern bzw. Erdteilen unterschiedlich besetzt wird. Ein Land, das – wie die USA – den Begriff großzügig auslegt, kann naturgemäß eine größere Anzahl von Franchisesystemen benennen als ein Land, in dem der Begriff eher puristisch verstanden wird. Dennoch sei das Nebeneinanderstellen bzw. das Wiedergeben von veröffentlichten Zahlen gewagt, weil sich daraus Größenordnungen ergeben und Entwicklungstendenzen sowie gewisse Schlussfolgerungen ableiten lassen.

1.2.1 Die betrachteten Länder: ein Überblick

1.2.1.1 Europa

Europa als eigenständige geografische Region[5] kann bezüglich der Organisationsform „Franchising" auf eine lange Tradition zurückblicken. Trotzdem herrschen heute erhebliche Differenzen in der Durchsetzung des Franchising in den einzel-

---

[4] Vgl. Interantional Franchise Association IFA; http://www.franchise.org/intl/cprof1, Stand: Juli 2002.
[5] Hier soll Europa nicht als „EU" verstanden werden, sondern als ganzer Kontinent.

nen Ländern. Dies ist zum einen durch deren unterschiedlichen Entwicklungsgrad (hier als Grad der wirtschaftlichen Entwicklung) zu erklären. So liegt beispielsweise das Bruttoinlandsprodukt pro Kopf in der Schweiz mit etwa 36.000 US-$ fast 45-mal höher als in der Ukraine.

Auf der anderen Seite lässt sich feststellen, dass Franchisesysteme in den verschiedenen europäischen Ländern in verschiedenen Teilbranchen des Dienstleistungssektors anzutreffen sind. So herrscht beispielsweise ein großer Unterschied zwischen Deutschland, in dem Systeme aus dem Bereich Fotohandel, Tourismus und Schnellimbiss dominieren, während in Frankreich die bedeutenden Hotelkonzerne und darüber hinaus auch viele Handelskonzerne als Franchisesysteme organisiert sind. Ein ähnlich heterogenes Bild ergibt sich bei der Betrachtung der Anzahl der Franchisesysteme und damit der Anzahl der Franchisenehmer und -geber sowie die Umsätze der gesamten Franchisewirtschaft. Es fällt wie bereits erwähnt auf, dass insbesondere Frankreich mit einem Gesamtumsatz aller Franchisesysteme eine Spitzenposition in Europa einnimmt.

Tab. IV-1: Europa im Überblick
(Quelle: International Franchise Association IFA)

Land	Einwohner [in Mio.]	Bruttoinlandsprodukt pro Kopf [US-$]
Belgien	10,2	25576
Bulgarien	8,3	1120
Dänemark	53	32000
Deutschland	82	25000
Finnland	5,1	16000
Frankreich	58	23000
Griechenland	11,5	11305
Großbritannien	59,1	24300
Irland	3,7	21887
Italien	56,9	20000
Niederlande	15,7	25695
Norwegen	4,4	33300
Österreich	8,1	25655
Portugal	9,9	10901
Rumänien	22,5	1328
Russland	145,5	1241
Schweden	8,8	30375
Schweiz	7,1	35614
Spanien	40	13200
Tschechische Rep.	10,5	5454
Ukraine	50	840
Ungarn	10,1	4500

Folgende Tabelle gibt einen Überblick über alle relevanten Daten zu den Franchisesystemen in Europa. Es sei angemerkt, dass die Erhebung dieser Daten z. T. auf Schätzungen der jeweiligen Franchiseverbände beruht und somit alle diesbezüglichen Analysen immer vor diesem Hintergrund betrachtet werden müssen.

Tab. IV-2: Franchisenehmer und -geber
(Quelle: International Franchise Association IFA)

Land	Anzahl Franchisegeber	Anzahl Franchisenehmer	Jahresumsatz aller Franchisesysteme [Mrd. US-$]	Arbeitsplätze
Belgien	170	3500	2,4	30000
Bulgarien	18	K. A.	K. A.	K. A.
Dänemark	112	3056	4,25	18000
Deutschland[6]	810	37100	20	346500
Finnland	140	3000	2,7	35000
Frankreich	151	31781	30	K. A.
Griechenland	K. A.	K. A.	K. A.	K. A.
Großbritannien	642	35200	13	316900
Irland	113	864	0,363	7453
Italien	536	22000	12	50000
Niederlande	395	14250	10	150500
Norwegen	60	400	K. A.	K. A.
Österreich	305	4200	2,4	54500
Portugal	357	2000	1,1	35000
Rumänien	K. A.	K. A.	K. A.	K. A.
Russland	50	300	K. A.	2000
Schweden	250	20000	K. A.	K. A.
Schweiz	150	K. A.	K. A.	K. A.
Spanien	485	40484	7,5	100000
Tschechische Rep.	K. A.	K. A.	K. A.	K. A.
Ukraine	K. A.	K. A.	K. A.	K. A.
Ungarn	250	5000	K. A.	100000

---

[6] Nach den neusten Zahlen des Deutschen Franchiseverbandes gibt es in Deutschland 2001 950 FG und 49.000 FN, es wird ein Gesamtumsatz von 31,7 Mrd. € erwirtschaftet. Zur besseren Vergleichbarkeit liegen den weiteren Rechnungen jedoch die Zahlen der IFA zugrunde.

Die Durchsetzung des Franchising als eigenständige Form der Organisation dezentraler Aufgaben lässt sich anhand der Größen

- Angebotssituation (Franchisesysteme pro Einwohner) und
- Nachfragesituation (Einwohner pro Franchisesystem)

festmachen.

Tabelle IV-3 zeigt die entsprechenden Werte für die europäischen Länder. Dabei werden sowohl die Werte für Franchisesysteme als auch für Franchiseoutlets bestimmt.

Tab. IV-3: Durchsetzungsdichte an Franchisesystemen

Land	Outlets pro 1 Mio. Einwohner	Franchisesysteme pro 1 Mio. Einwohner	Einwohner pro Franchisesystem	Einwohner pro Outlet
Schweden	2273	28	35200	440
Spanien	1012	12	82474	988
Niederlande	908	25	39747	1102
Großbritannien	596	11	92056	1679
Finnland	588	27	36429	1700
Frankreich	548	3	384106	1825
Österreich	519	38	26557	1929
Ungarn	495	25	40400	2020
Deutschland	452	10	101235	2210
Italien	387	9	106157	2586
Belgien	343	17	60000	2914
Irland	234	31	32743	4282
Portugal	202	36	27731	4950
Norwegen	91	14	73333	11000
Dänemark	58	2	473214	17343
Russland	2	< 1	2910000	485000
Bulgarien	K. A.	2	461111	K. A.
Griechenland	K. A.	K. A.	K. A.	K. A.
Rumänien	K. A.	K. A.	K. A.	K. A.
Schweiz	K. A.	21	47333	
Tschech. Rep.	K. A.	K. A.	K. A.	K. A.

Die mit Abstand meisten Outlets relativ zur Einwohnerzahl besitzt mit 2.273 Schweden. Hier hat Franchising aus Sicht der Kunden bereits eine sehr hohe Bedeutung. Mit einigem Abstand folgen Spanien und die Niederlande mit etwa deutung. Mit einigem Abstand folgen Spanien und die Niederlande mit etwa 1.000 Outlets pro 1 Million Einwohner.

Auffällig ist, dass es insbesondere in Frankreich, trotz einer recht hohen Anzahl von Outlets pro Einwohner, weniger als drei (genau: 2,6) Franchisesysteme pro 1 Million Einwohner gibt. Dies kann als Indikator dafür herhalten, wie groß ein durchschnittliches Franchisesystem ist. Um genau diese „Größe" eines durchschnittlichen Franchisesystems weiter zu überprüfen, soll der Umsatz pro System bestimmt werden.

Tab. IV-4: Bedeutung des Franchising aus gesamtwirtschaftlicher Sicht

Land	Umsatz pro Franchisesystem [in Mio. US-$ p. a.]	Umsatz pro Arbeitsplatz in einem Outlet [in US-$ p. a.]	Umsätze aller Franchisesysteme als Anteil des BIP [in %]
Frankreich	198,68	K. A.	2,25
Dänemark	37,95	236000	0,25
Niederlande	25,32	66500	2,48
Deutschland	24,69	57720	0,98
Italien	22,39	240000	1,05
Großbritannien	20,25	41000	0,91
Finnland	19,29	77100	3,31
Spanien	15,46	75000	1,42
Belgien	14,12	80000	0,92
Österreich	7,87	44000	1,15
Irland	3,21	48700	0,45
Portugal	3,08	31400	1,02
Bulgarien	K. A.	K. A.	K. A.
Griechenland	K. A.	K. A.	K. A.
Norwegen	K. A.	K. A.	K. A.
Rumänien	K. A.	K. A.	K. A.
Russland	K. A.	K. A.	K. A.
Schweden	K. A.	K. A.	K. A.
Schweiz	K. A.	K. A.	K. A.
Tschech. Rep.	K. A.	K. A.	K. A.
Ukraine	K. A.	K. A.	K. A.
Ungarn	K. A.	K. A.	K. A.

Mit deutlichem Abstand weist Frankreich mit fast 200 Millionen US-$ pro Jahr den höchsten Umsatz je System in Europa auf. Mit weitem Abstand folgt Dänemark, das allerdings gemeinsam mit Italien den höchsten Umsatz pro Arbeitsplatz (und Jahr) erwirtschaftet. Auffällig ist, dass gerade in Deutschland die Produktivität eines durchschnittlichen Arbeitsplatzes in einem Franchisesystem bei nur knapp über 50.000 US-$ liegt. Dies könnte ein Anzeichen dafür sein, dass gerade Franchisesysteme hierzulande in (relativ) unproduktiven Branchen angesiedelt sind.

Der relative Anteil der Umsätze aller Franchisesysteme am Bruttoinlandsprodukt kann als ein weiterer Indikator dafür verwendet werden, welche gesamtwirtschaftliche Bedeutung dem Franchising beigemessen wird. Hier wird deutlich, dass gerade in Finnland die Franchisewirtschaft für über 3 % des BIP verantwortlich ist. Mit deutlichem Abstand folgen die Niederlande und Frankreich. Deutschland nimmt in dieser Kategorie eine eher untergeordnete Rolle ein. Nur etwa 1 % des BIP wird von Franchisesystemen erwirtschaftet.

1.2.1.2 Nordamerika

Die Betrachtung der Zahlen für Nordamerika zeigen, dass die USA für das Franchising das bei weitem bedeutendste Land darstellt. Mit 350.000 Franchisenehmern werden 1.000 Mrd. US-$ Umsatz generiert. Die übrigen Länder fallen vergleichsweise ab. Folgende Übersichten zeigen die verschiedenen Länder Nordamerikas im Überblick:

Tab. IV-5: Nordamerika
(Quelle: International Franchise Association IFA)

Land	Einwohner [in Mio.]	Bruttoinlandsprodukt pro Kopf [US-$]
Canada	31	21768
Dominican Republic	8,4	1840
Mexico	97,3	5223
United States	285,5	31910

Tab. IV-6: Franchisenehmer und -geber
(Quelle: International Franchise Association IFA)

Land	Anzahl Franchisegeber	Anzahl Franchisenehmer	Jahresumsatz aller Franchisesysteme [Mrd. US-$]	Arbeitsplätze
Canada	1327	63642	90	K. A.
Dominican Republic	180	800	K. A.	5000
Mexico	500	25000	8	K. A.
United States	1500	350000	1000	K. A.

Relativ zur Größe der Volkswirtschaft kommt Kanada eine herausragende Rolle beim Franchising zu. Mit über 2.000 Outlets pro 1 Million Einwohner ist hier eine hohe „Versorgungsdichte" festzustellen.

Tab. IV-7: Durchsetzungsdichte an Franchisesystemen

Land	Outlets pro 1 Mio. Einwohner	Franchisesysteme pro 1 Mio. Einwohner	Einwohner pro Outlet	Einwohner pro Franchisesystem
Canada	2053	43	487	23361
United States	1226	5	816	190333
Mexico	257	5	3892	194600
Dominican Republic	95	21	10500	46667

In den Vereinigten Staaten von Amerika erwirtschaftet ein durchschnittliches Franchisesystem mit fast 700 Millionen US-$ pro Jahr auch im weltweiten Vergleich die höchste Summe. Offenbar existieren hier große und ertragreiche Systeme.

Tab. IV-8: Bedeutung des Franchising aus gesamtwirtschaftlicher Sicht

Land	Umsatz pro Franchisesystem [in Mio. US-$ p. a.]	Umsätze aller Franchisesysteme als Anteil des BIP [in %]
United States	666,67	10,98
Canada	67,82	13,34
Mexico	16	1,57
Dominican Republic	K. A.	K. A.

Die überragende Bedeutung des Franchising wird ebenso an dem Anteil der Umsätze aller Franchisesysteme am BIP deutlich. Hier bilden Kanada mit über 13 % und die USA mit fast 11 % auch im internationalen Vergleich die für das Franchising wichtigsten Volkswirtschaften (gemeinsam mit Australien, das später noch erwähnt wird).

1.2.1.3 Südamerika

Tab. IV-9: Südamerika
(Quelle: International Franchise Association IFA)

Land	Einwohner [in Mio.]	Bruttoinlandsprodukt pro Kopf [US-$]
Argentina	37	7700
Brazil	170	3500
Chile	15,2	4600
Colombia	42,8	1951
Ecuador	12,7	1100
Peru	27,7	2101
Uruguay	3,3	6350
Venezuela	23,5	4500

Südamerika gehört zu den schwächer entwickelten Regionen der Erde. Bei den großen Ländern, insbesondere Brasilien, handelt es sich um Schwellenländer. Franchising spielt insgesamt noch keine herausragende Rolle in dieser Region. Die folgende Übersicht zeigt, dass einzig Brasilien mit 12 Mrd. US-$ über eine mäßig entwickelte Franchisebranche verfügt.

Tab. IV-10: Franchisenehmer und -geber
(Quelle: International Franchise Association IFA)

Land	Anzahl Franchisegeber	Anzahl Franchisenehmer	Jahresumsatz aller Franchisesysteme [Mrd. US-$]	Arbeitsplätze
Argentina	150	1500	1,1	K. A.
Brazil	894	46534	12	226334
Chile	50	350	0,25	K. A.
Colombia	80	600	K. A.	11000
Ecuador	K. A.	K. A.	K. A.	K. A.
Peru	59	440	0,38	3250
Uruguay	148	340	0,36	3600
Venezuela	K. A.	K. A.	K. A.	K. A.

Deutlich wird die eher untergeordnete Rolle des Franchising in diesem Erdteil anhand der folgenden Tabelle.

Tab. IV-11: Bedeutung des Franchising im Überblick

Land	Einwohner pro Franchisesystem	Einwohner pro Outlet	Umsatz pro Franchisesystem [in Mio. US-$]	Umsatz pro Arbeitsplatz in einem Outlet [in US-$]	Umsätze aller Franchisesysteme als Anteil des BIP [in %]
Argentina	246667	24667	7,33	K. A.	0,39
Brazil	190157	3653	13,42	53019	2,02
Chile	304000	43429	5	K. A.	0,36
Colombia	535000	71333	K. A.	K. A.	K. A.
Ecuador	K. A.	K. A.	K. A.	K. A.	K. A.
Peru	469492	62955	6,44	116923	0,65
Uruguay	22297	9706	2,43	100000	1,72
Venezuela	K. A.	K. A.	K. A.	K. A.	K. A.

Einzig Brasilien und mit Abstand Uruguay haben eine Franchisewirtschaft, die einen substanziellen Anteil am BIP ausmacht. Ein durchschnittliches Franchisesystem erwirtschaftet nur in Brasilien mehr als 8 Millionen US-$ im Jahr. Offenbar existieren hier eher kleine Systeme am Markt.

1.2.1.4 Asien

Asien vereinigt mit über 3 Mrd. Menschen etwa die Hälfte der Weltbevölkerung auf seinem Territorium. Auf diesem Kontinent liegt das bevölkerungsreichste Land der Erde, China, ebenso wie eine der stärksten Wirtschaftsnationen, Japan.

Tab. IV-12: Asien
(Quelle: International Franchise Association IFA)

Land	Einwohner [in Mio.]	Bruttoinlandsprodukt pro Kopf [US-$]
China	1251	7824
Hong Kong	6,78	23068
India	1000	420
Indonesia	201	684
Japan	126	30100
South Korea	46,9	8581
Malaysia	22,7	3238
Philippines	75	1017
Russia	145,5	1241
Singapore	4,02	28600
Taiwan	22,2	13248
Thailand	62	1996
Turkey	65,5	3200

Da aus dieser Region wenig verlässliche Datenquellen vorliegen, sei hier nur angemerkt, dass die hoch entwickelten Länder Japan, Hongkong und Singapore auch die Franchisebranche dominieren.

Tab. IV-13: Franchisenehmer und -geber
(Quelle: International Franchise Association IFA)

Land	Anzahl Franchisegeber	Anzahl Franchisenehmer	Jahresumsatz aller Franchisesysteme [Mrd. US-$]	Arbeitsplätze
China	368	3000	K. A.	K. A.
Hong Kong	124	2000	K. A.	K. A.
India	K. A.	K. A.	K. A.	K. A.
Indonesia	261	2000	K. A.	K. A.
Japan	198	198328	142	K. A.
South Korea	1300	120000	27	530000
Malaysia	225	6000	5	80000
Philippines	500	4000	0,11	100000
Russia	50	300	K. A.	2000

Singapore	K. A.	K. A.	K. A.	K. A.
Taiwan	343	38433	K. A.	40000
Thailand	150	3000	1,3	15000
Turkey	K. A.	K. A.	K. A.	K. A.

Aufgrund der fehlenden verlässlichen Daten sei an dieser Stelle auf die Analyse der Durchsetzung des Franchising und dessen gesamtwirtschaftlicher Bedeutung verzichtet.

1.2.1.5 Ozeanien

Australien und Neuseeland haben insgesamt eine gut entwickelte Franchisebranche.

Tab. IV-14: Ozeanien
(Quelle: International Franchise Association IFA)

Land	Einwohner [in Mio.]	Bruttoinlandsprodukt pro Kopf [US-$]
Australia	19,1	21971
New Zealand	3,83	14008

Insbesondere in Australien gehören Franchisesysteme mit etwa 650.000 gestellten Arbeitsplätzen und einem Gesamtumsatz von 76,5 Mrd. US-$ zu den wichtigen Wirtschaftsbereichen.

Tab. IV-15: Franchisenehmer und -geber
(Quelle: International Franchise Association IFA)

Land	Anzahl Franchisegeber	Anzahl Franchisenehmer	Jahresumsatz aller Franchisesysteme [Mrd. US-$]	Arbeitsplätze
Australia	747	49400	76,5	651900
New Zealand	K. A.	K. A.	K. A.	K. A.

Auch bzgl. des Anteils des Franchising am BIP von über 18 % belegt Australien einen Spitzenplatz in der Welt. Für Neuseeland fehlen franchisebezogene Daten vollständig. Daher können an dieser Stelle keine weiteren Aussagen über die Bedeutung des Franchising getroffen werden.

1.2.1.6 Afrika

Zahlen zu der Entwicklung der Franchiseszene in Afrika sind kaum erhältlich. Daher seien hier nur die Länder Ägypten, Südafrika und Zimbabwe erwähnt. Bei diesen existieren zumindest rudimentäre Statistiken zum Franchising.

Tab. IV-16: Afrika
(Quelle: International Franchise Association IFA)

Land	Einwohner [in Mio.]	Bruttoinlandsprodukt pro Kopf [US-$]
Egypt	68,5	3000
South Africa	43,5	2900
Zimbabwe	11,2	2400

Aufgrund der fehlenden verlässlichen Daten sei auch an dieser Stelle auf die Analyse der Durchsetzung des Franchising und dessen gesamtwirtschaftlicher Bedeutung verzichtet.

Tab. IV-17: Franchisenehmer und -geber
(Quelle: International Franchise Association IFA)

Land	Anzahl Franchisegeber	Anzahl Franchisenehmer	Jahresumsatz aller Franchisesysteme [Mrd. US-$]	Arbeitsplätze
Egypt	K. A.	K. A.	K. A.	K. A.
South Africa	430	23625	6,5	293500
Zimbabwe	K. A.	K. A.	K. A.	K. A.

1.2.2 Detaillierte Betrachtung der Entwicklungen in Europa

1.2.2.1 Deutschland

Seit Jahren verbreiten sich die Franchisesysteme in Deutschland mit steigenden Zuwachsraten. Dies gilt sowohl für die Zahl der Franchisegeber und Franchisenehmer als auch für die Umsatzentwicklung der Franchisesysteme im Ganzen. Auch der Anteil des Umsatzes von Franchisesystemen am Bruttoinlandsprodukt steigt kontinuierlich an.

Eine Expertenbefragung des Internationalen Centrums für Franchising und Cooperation (F&C) kam zu dem Ergebnis, dass die Zahl der Franchisegeber bis zum Jahr 2005 auf mindestens 1.200 ansteigen wird und auch in den Jahren danach ähnliche Wachstumsraten erwartet werden.[7]

Ähnlich wie die Zahl der Franchisegeber wird sich auch die Zahl der Franchisenehmer entwickeln: von heute[8] etwa 49.000 auf über 55.000 bis zum Jahr 2005.

Multipliziert man die Zahl der Franchisenehmer mit der Anzahl der im Durchschnitt durch eine neue Franchise geschaffenen Arbeitsplätze[9], so lässt sich er-

---

[7] Vgl. Ahlert, 2000, S. 14 f.
[8] Jahr 2001.

rechnen, dass in 2005 weit über 0,5 Million Beschäftigungsverhältnisse von Franchisesystemen gestellt werden. Anders ausgedrückt: Ausgehend von den konservativen Schätzungen der Franchiseexperten werden bis 2005 etwa 60.000 neue Arbeitsplätze durch Neugründungen von Franchiseoutlets geschaffen.[10]

Anzahl Franchisegeber

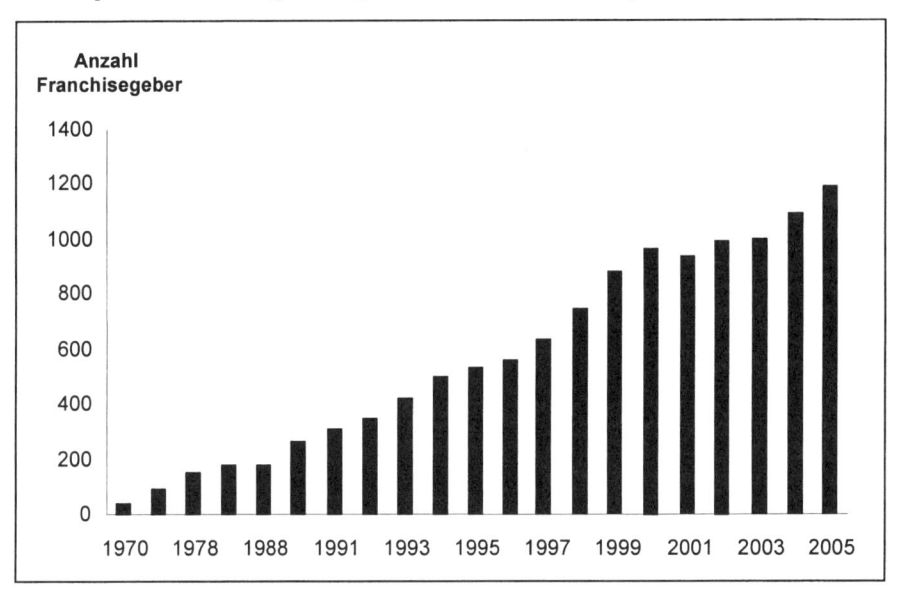

Abb. IV-1: Zahl der Franchisegeber in Deutschland 1975-2005 (konservative Schätzung des F&C-Centrums)

Neben der positiven Auswirkung auf Beschäftigung werden Franchisesysteme auch gemäß ihres Umsatzes deutlich zugewinnen. Bis 2005 wird der Gesamtumsatz aller Franchisesysteme in Deutschland etwa 35 Milliarden. Euro (etwa 70 Milliarden DM) übersteigen. Dies entspricht einer Steigerung vom Jahr 2000 bis 2005 um etwa 5 Milliarden. Euro.[11]

Trotz dieser Steigerungsraten bleibt die Entwicklung der systemkopfgesteuerten Netzwerke des tertiären Sektors hinter den Erwartungen zurück. Im internationalen Vergleich werden die quantitative Bedeutung des tertiären Sektors in Deutschland, d. h. der Dienstleistungsanteil an der Gesamtbeschäftigung, den Gesamtexporten sowie die Wachstumsraten, aber auch die gesellschaftliche Anerkennung

---

[9] Nimmt man das Jahr 2000 als Basis und beruft sich auf die Daten der International Franchise Association (IFA), so schafft jede neue Franchise in Deutschland im Durchschnitt (364.500/37.100 = 9,82) etwa zehn neue Arbeitsplätze.

[10] Basisjahr: 2000, Daten der International Franchise Association (IFA). Bei einer Steigerung um 17.900 Franchiseoutlets ergibt sich eine Beschäftigungswirkung von (17.900 x 9,82) etwa 180.000 neuen Stellen.

[11] Basisjahr 2000, Daten der International Franchise Association (IFA) und des F&C.

des Dienstleistungsbereiches, als besonders rückständig eingestuft.[12] In Bezug auf Freundlichkeit und Servicebereitschaft wird häufig von der „Servicewüste Deutschland" gesprochen.

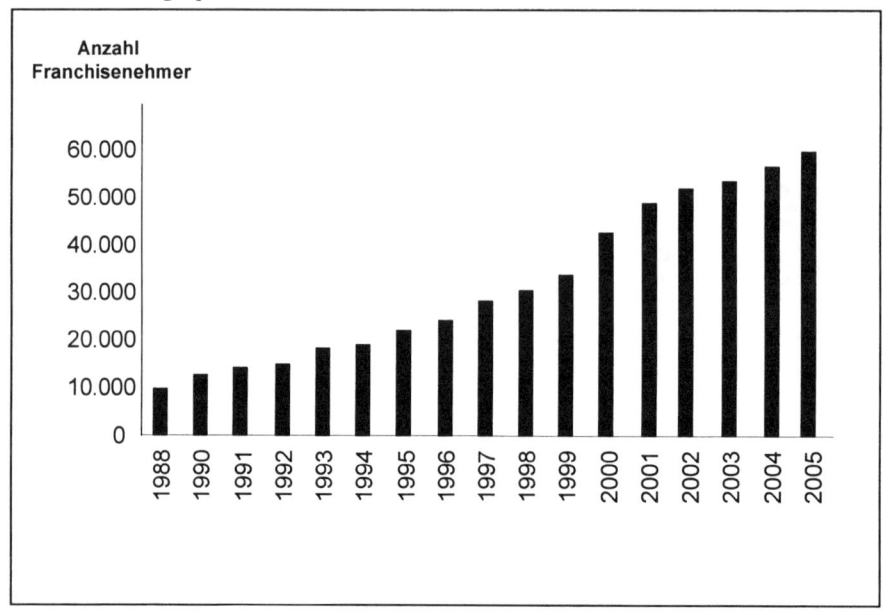

Abb. IV-2: Entwicklung der Zahl der Franchisenehmer in Deutschland 1988-2005 (konservative Schätzung des F&C-Centrums)

Dies geht einher mit **einem relativ geringen Franchisierungsgrad in Deutschland**. Die Steigerung der bislang eher mäßigen Verbrauchernachfrage nach Dienstleistungen und damit die Schaffung neuer Arbeitsplätze durch Existenzgründungen in diesem weltweit am stärksten wachsenden Wirtschaftsbereich erfordern das Engineering innovativer, marktadäquater Systemdienstleistungen und deren Vermarktung durch effiziente, kundennahe Netzwerke.

Die folgenden Statistiken stammen vom Deutschen Franchiseverband e.V. (DFV). Die Zahlen basieren auf einer jährlich durchgeführten Mitgliederbefragung, wobei die immer nur von einem Teil der Franchisegebermitglieder eingehenden Antworten aufgrund der langjährigen Erfahrungen auf Gesamtwerte hochgerechnet werden. Je nach den im Verband und in der Franchisewirtschaft vorherrschenden politischen Tendenzen fielen diese Hochrechnungen dann mehr oder weniger großzügig aus. Dennoch gibt es zu den vom DFV jährlich übermittelten Zahlen noch keine gleichwertigen Alternativen.

---

[12] Vgl. Statistisches Bundesamt, 2001.

F&C-Netzwerke im Dienstleistungssektor 287

Für das Jahr 2001[13] hat der DFV eine Zahl von 950 im Markt tätigen Franchisegebern beziffert, was gegenüber dem Vorjahr einem Rückgang von 5 % entspricht. Mit ca. 49.000 Franchisenehmern (2000: ca. 44.100) erwirtschaftete die Franchisewirtschaft einen Umsatz von ca. 31,7 Milliarden Euro (Vorjahr: ca. 30 Milliarden Euro). Franchisegeber und Franchisenehmer zusammen boten Arbeitsplätze für ca. 330.000 Beschäftigte.

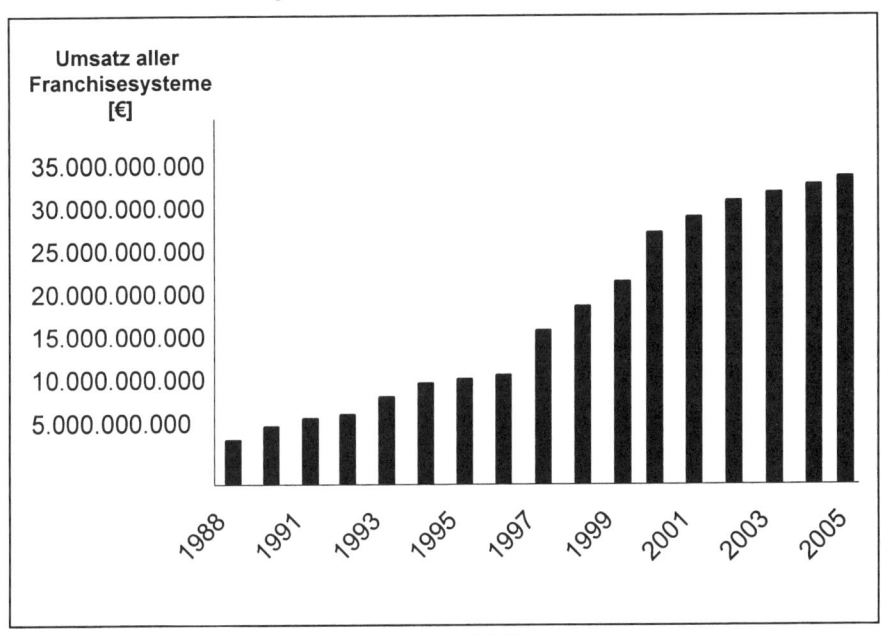

Abb. IV-3: Umsatzentwicklung im Franchising 1988-2005
(konservative Schätzung des F&C-Centrums)

Die unterschiedlichen Sektoren waren wie folgt repräsentiert:

- Handel 39,1 % (+ 37,2 %-Punkte),
- Dienstleistungen 31,8 % (+ 38,0 %-Punkte),
- Gastronomie/Touristik/Freizeit 18,3 % (+ 15,1 %-Punkte).

Zur Abrundung des Bildes sei eine Auflistung[14] der zehn – nach Zahl der Franchisenehmer – größten Franchisesysteme in Deutschland angefügt, welche das besondere Gewicht des Dienstleistungssektors unterstreicht:

---

[13] Angaben: Franchise-Telex 2002 des DFV.
[14] Angaben des Deutschen Franchise Verbands (DFV).

Tab. IV-18: Die zehn größten Franchisesysteme Deutschlands
(Quelle: Deutscher Franchise Verband DFV)

	Franchisesystem	Branche	Betriebe
1	Photo Porst[15]	Fotohandel	2.050
2	Foto Quelle	Fotohandel	1.380
3	TUI/First	Reisebüros	700
4	Schülerhilfe	Nachhilfe	680
5	McDonald's	Schnellimbiss	590
6	Quick-Schuh	Schuhhandel	500
7	Ad-Auto-Dienst	Autoreparatur	500
8	Fröhlich	Musikpädagogik	500
9	Minit	Dienstleistungen	480
10	Sunpoint	Sonnenstudios	470

Trotz des generellen Aufwärtstrends fiel die Zunahme an Franchisenehmern geringer aus als in den Vorjahren. Dies dürfte zum einen auf die Verunsicherung bei Franchisegebern und Franchisenehmern durch die virulente und teilweise unsinnige Diskussion um die Scheinselbstständigkeit im Jahre 1999 zurückzuführen sein, zum anderen aber auch auf eine Umorientierung und Umschichtung in der Franchisewirtschaft selbst. Der Informationsstand potenzieller Franchisenehmer wird zunehmend besser. Deren Anforderungen an die Leistungen der Franchisegeber und insbesondere an die Erfüllung versprochener Leistungen wachsen. Diesem steigenden Anspruchsniveau sind kleinere und schwächere Franchisesysteme nicht mehr gewachsen. Gleichzeitig interessieren sich Industrien und Unternehmen für die Organisationsform Franchising, welche ihr bisher sehr fern standen. Bevor solches Interesse zu einem tatsächlichen Markteintritt führt, braucht es aber einige Zeit. Es kann deshalb noch nicht mit Sicherheit vorausgesagt werden, ob die für das Jahr 1999 festzustellende Umbruchphase in eine neue und deutliche Expansionsphase münden wird.

Positiv für eine Ausdehnung des Franchising auf neue Sektoren und Branchen wird die seit dem 1. Juni 2000 geltende neue EG-Gruppenfreistellungsverordnung für vertikale Vertriebsvereinbarungen (die „Vertikal-GVO") wirken. Unternehmen werden von den Vorteilen der Vertikal-GVO profitieren, ohne die präzisen, jedoch einengenden Bedingungen der alten Franchise-GVO erfüllen zu müssen. Und Unternehmen werden „Franchising" praktizieren und sich dazu bekennen können, auch wenn sie nicht alle Kriterien der herkömmlichen GVO-Definition erfüllen (die allein auf das „business format franchising" abgestellt war).

---

[15] Das System ist insolvent.

1.2.2.2 Schweiz und Österreich[16]

Österreich und Schweiz sind für einen Vergleich mit Deutschland, aber auch untereinander, geeignet. Nicht nur die sprachliche und kulturelle Nachbarschaft gibt dazu Anlass, sondern auch die Vergleichbarkeit des Pro-Kopf-Einkommens. Es lässt sich feststellen, dass sich die Franchisewirtschaft in beiden Ländern sehr viel langsamer als in Deutschland entwickelt hat, dass aber auch zwischen den beiden Ländern beträchtliche Unterschiede bestehen. Österreich besitzt zwar fast doppelt so viele Franchisesysteme wie die Schweiz, die Zahl der Franchisenehmer ist in der Schweiz aber etwa viermal höher. Mit durchschnittlich 100 Franchisenehmern pro System nehmen die Schweizer die Spitzenposition in Europa ein. Dagegen hat ein durchschnittliches Franchisesystem in Österreich nur 13 Franchisenehmer. Nur in Irland liegt die vergleichbare Quote noch niedriger. Zum Vergleich liegt in Deutschland die Durchschnittszahl bei 50 Franchisenehmern pro System.

Woher kommen diese Unterschiede? Die Vermutung liegt nahe, dass es in der Schweiz relativ viele kleine Franchisenehmereinheiten gibt. Und in der Tat, ein Blick auf die Branchenstruktur bestätigt dies. So werden in der Schweiz Zeitungen und Zeitschriften häufig über sehr kleine Franchiseeinheiten vertrieben, ebenso Arzneimittel. Im Ergebnis bedeutet dies: viele Franchisenehmer mit vergleichsweise sehr geringen Umsätzen. Auf der anderen Seite gibt es aber Systeme mit umsatzstarken Einheiten, insbesondere in der Hotellerie. Hierzu gehören auch die Partner US-amerikanischer Systeme; sie stellen zwar nur ca. 1,3 % aller Franchisenehmereinheiten dar, aber fast 13 % der Gesamtumsätze. Im Ergebnis liegen die Schweizer Systeme beim erwirtschafteten Umsatz im europäischen Mittelfeld.

Tab. IV-19: Die zehn größten Franchisesysteme Österreichs
(Quelle: Österreichischer Franchise Verband ÖFV)

	Franchisesystem	Branche	Betriebe ca. Angaben
1	Palmers Textil AG	Textilhandel	184
2	Foto Quelle GmbH	Fotohandel	158
3	Quelle AG	Handel	149
4	Olymp Vertrieb & Service	Handwerk	110
5	Skiny Bodywear	Textilhandel	100
6	Snowell International AG	Dienstleistungen	90
7	Street One	Textilhandel	85
8	Skribo Zentrale	Handel	73
9	Actual	Handwerk	70
10	McDonald's	Schnellimbiss	66

---

[16] Zahlen – soweit nicht anders erwähnt – aus: Consolidated Profile of Selected European Franchise Markets, U.S. Department of Commerce, 1999; z. T. zitiert nach: Schulze, 2001.

Die Studie des US Department of Commerce aus dem Jahr 1999 weist für den Franchisesektor ein großes Potenzial aus, was durch die Zahlen der letzten Jahre bestätigt wird. Allerdings war und ist der Nachholbedarf der gesamten Franchisewirtschaft enorm. Zwar gibt es mit 270 Systemen im Vergleich zu ähnlich großen europäischen Staaten relativ viele Systeme, deren Ausbreitung und die Umsätze pro System und pro Franchisenehmer sind bisher aber eher bescheiden.

Fehlende Sprachbarrieren und kulturelle Ähnlichkeiten bieten deutschen Systemen gute Voraussetzungen für eine Expansion in die südlichen Nachbarländer. In Österreich war und ist Deutschland die führende ausländische Franchisenation: In 1995 mit ca. 35 Systemen, in 1998 mit ca. 70 Systemen, wobei nicht übersehen werden darf, dass in Österreich über die Hälfte aller Systeme ausländischen Ursprungs sind.[17] Der Bereich des Handels stellt etwa die Hälfte aller Franchisenehmerbetriebe, was sich auch in einer Aufstellung der nach Franchisenehmerzahl zehn größten Franchisesysteme widerspiegelt.

Die meisten Ableger deutscher Systeme befinden sich erst in der Aufbauphase, der österreichische Verbraucher ist anspruchsvoll, und nur erprobte und marktgängige Ideen können von engagierten Unternehmern erfolgreich auf Dauer im Markt etabliert werden. In der Schweiz sind sehr viel weniger deutsche Franchisesysteme aktiv, deren Ausbreitung beschränkt sich zudem meist auf den deutschen Sprachraum. Dieser ebenfalls anspruchsvolle Markt bietet deutschen Franchisegebern aber mindestens ebenso gute Entwicklungsmöglichkeiten.

1.2.2.3 Frankreich

Wenn auch nicht nach der Zahl der Franchisesysteme, so doch nach dem gesamten Geschäftsvolumen ist Frankreich die bedeutendste europäische Franchisenation. Dort erwirtschaftete die Franchisewirtschaft 1998 mit einem Umsatz von 30 Milliarden US-$ deutlich mehr als in allen anderen Staaten Europas. Trotz geringerer Bevölkerungszahl, niedrigerer Wirtschaftskraft und rund 10 % weniger Franchisenehmern lag die französische Franchisewirtschaft klar vor der deutschen und erreichte das dreifache Umsatzvolumen der Franchisewirtschaft in Großbritannien und Italien; Ländern mit fast gleicher Bevölkerungszahl und Wirtschaftskraft. Dies erklärt sich zum Teil mit der langen Tradition des Franchising in Frankreich, hauptsächlich aber mit der starken Verbreitung der Organisationsform Franchising bei Supermarktketten, aber auch im Hotelgewerbe. In Deutschland ist im Bereich Supermärkte und Lebensmitteleinzelhandel (noch) das traditionelle Filialsystem vorherrschend, im Hotelgewerbe gibt es keine bedeutenden nationalen Franchisesysteme.

Die Stärke der französischen Franchisewirtschaft zeigt sich auch in ihrer Exporttätigkeit, was bestätigt, dass beim Schritt über die eigenen Landesgrenzen langfristig nur der Erfolg haben kann, der auf dem Heimatmarkt stark und erfolgreich ist. Bei

---

[17] Angaben des Österreichischen Franchiseverbandes.

den direkten Nachbarn Schweiz und Belgien erleichtert die teilweise gemeinsame Sprache französischen Systemen die grenzüberschreitende Expansion. Doch sind französische Systeme fast überall in Europa stark vertreten. Neben den USA ist Frankreich das häufigste Herkunftsland von importierten Systemen. Dies gilt insbesondere für Spanien, Italien, Portugal und Deutschland.

1.2.2.4 Großbritannien

Neben Frankreich und Deutschland zählen Großbritannien und Italien zu den wichtigsten Franchisenationen in Europa. Großbritannien lag 1998 mit 568 Franchisesystemen und 29.100 Franchisenehmern[18] zahlenmäßig sogar noch vor Frankreich. Beim Umsatz erreichten die Briten allerdings nicht einmal 40 % des französischen Niveaus.[19] Hier wirkt sich eine britische Besonderheit aus. Während die Kontinentaleuropäer ihren Milchbedarf in Supermärkten und im Lebensmitteleinzelhandel decken, kommt in Großbritannien immer noch der Milchmann an die Tür. Und die Milchmänner sind in aller Regel als Franchisenehmer tätig. Dies drückt sich in einer hohen Zahl von Franchisenehmern, jedoch in einem niedrigen Durchschnittsumsatz pro Einheit aus.

Der britische Franchisemarkt ist zu weit über 50 % vom Servicebereich geprägt und auch von der stärksten Präsenz US-amerikanischer Systeme in Europa, die ca. 15 % aller Franchisebetriebe stellen. Für eine große Zahl der amerikanischen Systeme ist Großbritannien das natürliche Einfallstor nach Europa. Aber auch die englischen Franchisesysteme sind international sehr aktiv (165 in 1999, d. h. über ein Viertel), wobei hier keine Kategorie als besonders vorherrschend auffällt.

1.2.2.5 Italien

Der italienische Franchisemarkt ist zu etwa zwei Dritteln vom (gesamten) Handelsbereich geprägt, obwohl die italienische Handelsstruktur für Franchiseunternehmen an sich eine schwierige Ausgangssituation darstellt, da sich im Vergleich zu Deutschland oder Frankreich noch eine sehr große Zahl von Einzelhandelsgeschäften im Familienbesitz befinden. Ein knappes Drittel der Franchisewirtschaft rekrutiert sich aus allgemeinen Servicebereichen, wogegen der Restaurant- und Hotelsektor fast keine Rolle spielen. Italienische Systeme, die erfolgreich im Ausland tätig sind, kommen überwiegend aus dem Modesektor.

---

[18] 1999 sogar 642 Franchisesysteme mit ca. 35.200 Franchisenehmern laut Franchise Survey 2000 der British Franchise Association.

[19] Bei Erfassung aller franchiseähnlichen Systeme ergibt sich laut Franchise Survey 2000 der British Franchise Association allerdings ein Umsatz von £ 57,9 Mrd., der ca. 29 % aller Verkäufe an Endverbraucher darstellt.

1.2.2.6 Skandinavien

In einigen kleineren Ländern im nördlichen Teil Europas hat sich die Franchisewirtschaft überdurchschnittlich gut entwickelt. Vor allem Norwegen, Finnland, aber auch Dänemark und Schweden zeigen vergleichsweise hohe bis sehr hohe Umsätze pro Franchisenehmer.

Am beeindruckendsten fallen die Gesamtzahlen für Norwegen aus. 182 Systeme mit etwa 7.000 Franchisenehmern erwirtschafteten 1998 einen Umsatz von 9,5 Milliarden. US-$. Ein Vergleich mit Deutschland, dessen Einwohnerzahl etwa 18-mal höher ist, offenbart die relative Stärke der norwegischen Franchisewirtschaft. Während die Zahl der Franchisenehmer und -geber in Deutschland etwa viermal so hoch ist, liegt der erwirtschaftete Gesamtumsatz in Norwegen bei der Hälfte des deutschen Vergleichswertes. Auch hier macht sich – wie in Frankreich – der umsatzstarke Einzelhandel bemerkbar. Mit 125 Systemen sind fast 70 % aller Franchisegeber in Norwegen dieser Kategorie zuzurechnen.

Eine ähnliche Tendenz, wenngleich weniger ausgeprägt, ist in Schweden zu beobachten, und auch in Finnland zählen fast die Hälfte der Franchisenehmereinheiten zum Einzelhandel.

In Dänemark stellt diese Kategorie allerdings nicht einmal ein Viertel dar.

1.2.2.7 Die Bedeutung des Franchising in Europa im Überblick

Tabelle IV-20 bietet einen Überblick über die gesamtwirtschaftliche Bedeutung des Konzepts „Franchising" in Europa. Dies sei anhand der folgenden Kriterien dargestellt:

- Umsatz pro Franchisesystem.

- Umsatz, den jeder einzelne Arbeitsplatz in einem Franchisesystem erwirtschaftet.

- Konsumentensicht: Anzahl der Franchise-Outlets bzw. der Franchisesysteme, die eine Million Einwohner (als Bezugsquelle für Leistungen) zur Verfügung stehen.

- Unternehmenssicht: Einwohner, die jedem Outlet bzw. jedem Franchisesystem (als potenzielle Kunden) zur Verfügung stehen.

- Umsätze der gesamten Franchisewirtschaft als Anteil des Bruttoinlandsproduktes.

Tab. IV-20: Franchising in Europa im Überblick

Land	Umsatz pro Franchisesystem [in Mio. US $]	Umsatz pro Arbeitsplatz in einem Outlet [in US $]	Konsumentensicht		Unternehmenssicht		Umsätze aller Franchisesysteme als Anteil des BIP [in %]
			Outlets pro 1 Mio. Einwohner	Franchisesysteme pro 1 Mio. Einwohner	Einwohner pro Outlet	Einwohner pro Franchisesystem	
Belgien	14,12	80000	343	17	2914	60000	0,92
Bulgarien	K. A.	K. A.	K. A.	2	K. A.	461111	K. A.
Dänemark	37,95	236111	58	2	17343	473214	0,25
Deutschland	24,69	57720	452	10	2210	101235	0,98
Finnland	19,29	77143	588	27	1700	36429	3,31
Frankreich	198,68	K. A.	548	3	1825	384106	2,25
Griechenland	K. A.	K. A.	K. A.	K. A.	K. A.	K. A.	K. A.
Großbritannien	20,25	41022	596	11	1679	92056	0,91
Irland	3,21	48705	234	31	4282	32743	0,45
Italien	22,39	240000	387	9	2586	106157	1,05
Niederlande	25,32	66445	908	25	1102	39747	2,48
Norwegen	K. A.	K. A.	91	14	11000	73333	K. A.
Österreich	7,87	44037	519	38	1929	26557	1,15
Portugal	3,08	31429	202	36	4950	27731	1,02
Rumänien	K. A.	K. A.	K. A.	K. A.	K. A.	K. A.	K. A.
Russland	K. A.	K. A.	2	0,34	485000	2910000	K. A.
Schweden	K. A.	K. A.	2273	28	440	35200	K. A.
Schweiz	K. A.	K. A.	K. A.	21	K. A.	47333	K. A.
Spanien	15,46	75000	1012	12	988	82474	1,42
Tschechische Rep.	K. A.	K. A.	K. A.	K. A.	K. A.	K. A.	K. A.
Ukraine	K. A.	K. A.	K. A.	K. A.	K. A.	K. A.	K. A.
Ungarn	K. A.	K. A.	495	25	2020	40400	K. A.

1.2.3 Weltweite Beobachtungen

Auch ein weltweiter Vergleich der Franchisewirtschaft ist nur sehr begrenzt möglich. Einheitliche Daten sind kaum vorhanden, nationale Statistiken können nicht verglichen werden, da ihre jeweilige Zuverlässigkeit nicht eingeschätzt werden kann und da sie vor allem mit unterschiedlichen Franchisebegriffen arbeiten. Ein internationaler Vergleich annehmbarer Qualität stammt aus dem Jahr 1995. Die daraus stammende Auflistung soll einen Eindruck über die Größenordnungen vermitteln.[20]

In einer US-amerikanischen Aufstellung von 1998 wird von ca. 2.500 aktiven Franchisesystemen gesprochen[21] und eine Veröffentlichung des amerikanischen Franchiseverbandes IFA spricht von geschätzten 1.500 in den USA aktiven Franchisesystemen.[22] Trotz dieser Zweifel nimmt die nordamerikanische Franchisewirtschaft erwartungsgemäß auf allen Gebieten die führende Position ein.

Die Zahl der Fast-Food-Ketten, Pizzerien und Restaurants ist dabei besonders hoch. Allein im „Fast-Food/Take-away"-Bereich gibt es auf dem amerikanischen Markt mehr Franchisenehmer als in der gesamten europäischen Franchisewirtschaft zusammen: 1997 waren es 96.200 Einheiten[23], und in dieser Kategorie waren Coffee-, Donuts- und „Pretzel-Shops" nicht einmal enthalten.

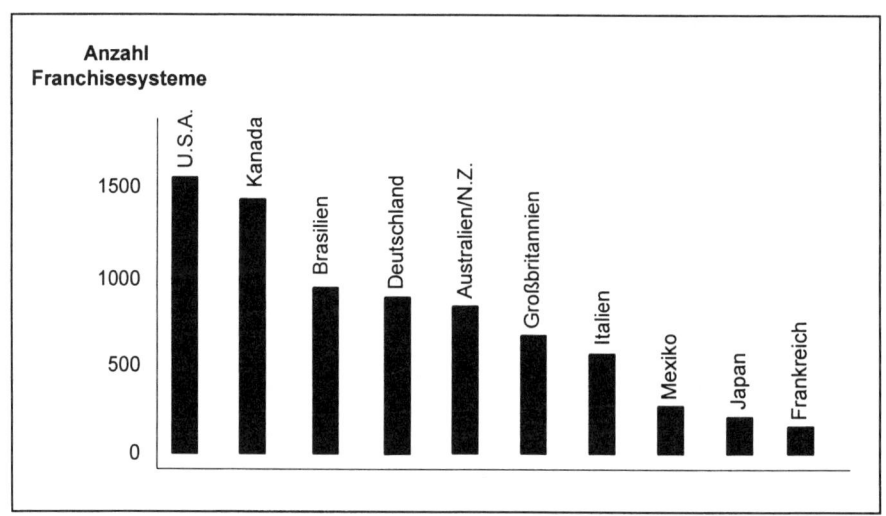

Abb. IV-4: Franchising in der Welt
(Quelle: International Franchise Association IFA)

---

[20] Genaueres lässt sich den Aufstellungen in Kapitel 2 entnehmen.
[21] Bond's Franchise Guide 1998, S. 9.
[22] Franchise Bytes, International Franchise Association, Revised 12/99.
[23] Bond's Franchise Guide 1998, S. 15.

Das besondere Gewicht der Schnellrestaurant- und Imbissketten wird durch die folgende Aufstellung der nach Franchisenehmerzahl zehn größten US-amerikanischen Systeme illustriert (wobei die Zahlen zum Teil weltweit sind).[24]

Tab. IV-21: Die zehn größten Franchisesysteme in den USA
(Quelle: Time Magazine 10/2000)

	Franchisesystem	Branche	Betriebe ca. Angaben
1	McDonald's	Schnellimbiss	26.588
2	7-Eleven Food Stores	Einzelhandel	19.478
3	Subway Restaurants	Schnellimbiss	14.162
4	Pizza Hut	Schnellimbiss	12.045
5	Burger King	Schnellimbiss	10.850
6	H&R Block	Finanzdienstleistungen	10.586
7	KFC	Schnellimbiss	10.208
8	Jani-King International	Dienstleistungen	7.324
9	Blockbuster International	Einzelhandel	7.153
10	Taco Bell	Schnellimbiss	7.111

In fast allen europäischen Ländern spielen amerikanische Systeme eine bedeutende Rolle. So auch in Deutschland. Mit rund 6 % aller Franchisenehmer haben amerikanische Systeme nach den einheimischen den zweiten Platz inne.[25]

Die meisten Franchisesysteme bewegen sich innerhalb ihrer Landesgrenzen, möglicherweise noch in einigen (häufig) gleichsprachigen Nachbarländern. Globale Franchisemarken gibt es bisher erst wenige. Sie kommen bis auf wenige Ausnahmen aus den USA. Neben den großen Schnellrestaurantketten McDonald's, Burger King, Pizza Hut und KFC sind es Autovermieter, wie AVIS, Hertz und Budget, oder die großen Hotelketten, wie Holiday Inn, Hilton, Radison, Marriott/Ramada, Sheraton, die sich weltweit etabliert haben. Eine andere Form des Franchising mit überragender und weltweiter Präsenz betreiben Coca Cola und Pepsi Cola. Aber auch in Deutschland weniger bekannte oder erfolgreiche Systeme haben große Verbreitung und einen hohen Bekanntheitsgrad erreicht: Subway Restaurants, Taco Bell, Domino's Pizza, Baskin-Robbins, Dunkin' Donuts oder auch Levi Strauss, Mail Boxes oder 7-Eleven Food Stores, Century 21 und RE/MAX, Jani-King oder Blockbuster.

Als europäische Systeme mit großem Verbreitungsgrad können eigentlich nur The Body Shop aus England und die ACCOR-Gruppe mit IBIS/Mercure und weiteren Hotels aus Frankreich genannt werden.

---

[24] Rangfolge nach Aufstellung „TOP 200" in Franchise, Time Magazine 10/2000.
[25] Consolidated Profile of Selected European Markets, S. 27.

1.3 Herausforderungen für das Franchising

Der internationale Vergleich der Verbreitung des Franchising als Organisationsform verteilter Aktivitäten im tertiären Sektor hat gezeigt, dass insbesondere in den Vereinigten Staaten von Amerika und in Frankreich Franchising von hoher Bedeutung für Wachstum und Beschäftigung ist. Auch in Deutschland – das zeigen die weiter vorne vorgestellten Daten zur Entwicklung des Franchising – spielt Franchising eine immer stärkere Rolle.

Beim internationalen Handel mit Dienstleistungen lässt sich feststellen, dass Deutschland im Vergleich zu anderen Ländern der Europäischen Union und den USA mit einem geringeren relativen Anteil von Dienstleistungen am Gesamtexport etwas schlechter positioniert ist. Wie aber bereits in Teil I, Kapitel 2.1 dargelegt, ist diese Schwäche Deutschlands beim Dienstleistungsexport eher als Stärke beim Warenexport zu interpretieren. Insgesamt ist Deutschland ähnlich stark am Handel mit Dienstleistungen vertreten, wie vergleichbar entwickelte Länder (z. B. der EU).

Trotzdem zählt Deutschland nicht zu den Exportweltmeistern bei Systemdienstleistungen, denen die besten Chancen für die Zukunft eingeräumt werden. Die Autoren stimmen mit Meffert in der Einschätzung überein, dass „Wachstum von Dienstleistungsunternehmen sich zukünftig verstärkt über die Multiplikation erfolgreicher Leistungskonzepte [...]" vollziehen wird. Denn so wird dem „[...] Spannungsfeld von globaler Standardisierung und lokaler Differenzierung" Rechnung getragen.[26]

In Feld der Systemdienstleistungen ist die Dominanz der USA unübersehbar. Die wenigen international bekannten „Dienstleistungsmarken" (allen voran die Fast-Food Kette McDonald's) sind mit Ausnahme einiger französischer Hotelketten amerikanischen Ursprungs. Dies erstaunt, da gerade die Etablierung von Systemzentralen und von innovativen Leistungsangeboten (z. B. Franchisegebern) eine komplexe Aufgabe darstellt, die insbesondere in Hochlohnländern wie der Bundesrepublik angesiedelt werden sollte. Innovative Konzepte könnten dann den Ausgangspunkt zur Internationalisierung bilden.

Bevor allerdings innovative Konzepte international multipliziert werden können, darf nicht vergessen werden, dass eine starke Position am Heimatmarkt die Grundvoraussetzung dafür ist, international erfolgreich zu sein. Dies zu gewährleisten ist die Aufgabe des Management. Daher wird in den folgenden Kapiteln näher auf diese Thematik eingegangen und zunächst das „wertorientierte Management" als ein zukunftsweisender Managementansatz vorgestellt, der die Suboptimalitäten insbesondere der Gebührenstruktur in Franchisesystemen beheben soll. Die sich anschließende Diskussion spezifischer Controllingkonzepte für Dienstleistungsnetzwerke zeigt wie wichtig die ständige Unterstützung des Manage-

---

[26] Vgl. Meffert, 2000a, S. 518.

ments durch die Contollingfunktion insbesondere für Franchisesysteme ist. Sodann werden Konzepte vorgestellt, wie in mehrstufigen Systemen Kundenbindungsmanagement betrieben werden kann und mit welchen Problemen zu rechnen ist.

Das abschließende Kapitel fasst die weiter oben angedeuteten Herausforderungen für das Management erneut auf und gibt erste Lösungsansätze zur Frage, warum sich systemkopfgesteuerte Dienstleistungsnetzwerke trotz ihrer ökonomischen Überlegenheit noch nicht massenhaft am Weltmarkt durchgesetzt haben.

2 Zukunftsweisende Ansätze des Managements von F&C-Netzwerken[27]

2.1 Der wertorientierte Managementansatz

Netzwerke der Systemkooperation und des Franchising – kurz: F&C-Netzwerke – bieten für Wissenschaftler und Berater „Alles unter einem Dach" an, was in der modernen Managementlehre an Fragestellungen und Lösungskonzepten einschlägig bekannt ist und überdies zahlreiche spezifische Problemfelder, für die es geeignete Lösungswege erst zu erforschen gilt. Dies zu tun, erscheint lohnenswert, da den Unternehmernetzwerken die Zukunft gehört. Wenn man bedenkt, dass die Allgemeine Betriebswirtschaftslehre – stark verkürzt – als eine Lehre von der Koordination dezentraler Entscheidungen interpretiert werden kann[28], dann bilden Unternehmernetzwerke das zukünftig wohl ergiebigste und spannendste Forschungsfeld dieser wissenschaftlichen Disziplin.

Der **wertorientierte Managementansatz** gilt gegenwärtig als das allgemein anerkannte, zentrale Konzept für die marktorientierte Unternehmensführung. Diesem Konzept können alle neueren Konstrukte der Managementwissenschaften untergeordnet werden:

Zu denken ist auf der einen Seite an die integrierte Markenführung (Brand Management), das Kundenwertmanagement (Customer Value Management), das Management des Kundenvertrauens (Customer Trust Management), das Management der Kundenzufriedenheit (Customer Satisfaction Management) und das Management der Kundenbindung (Customer Relationship Management). Gemeinsames Merkmal dieser Konstrukte ist die Erkenntnis, dass der Unternehmenswert letztlich aus den *Geschäftsbeziehungen mit dem Kunden* resultiert.

Auf der anderen Seite ist auf neue Managementtechnologien zu verweisen, wie etwa die prozessorientierte Restrukturierung (Business Process Reengineering), die strategische Steuerung mithilfe der Balanced Scorecard, das vorbildorientierte Innovationsmanagement und Benchmarking sowie die ganzheitliche Managementunterstützung durch Information und Koordination (Management-Informations-Systeme, Controlling). Der Einsatz dieser *neuen Managementtechnologien* bildet die Basis für die Steigerung des Unternehmenswertes.

Diese Konstrukte des wertorientierten Managements haben sich bei der Anwendung auf einzelne Unternehmungen längst bewährt, für Unternehmenskooperationen stellen sie überwiegend noch Neuland dar. Hier ist eine Reihe vorgelagerter

---

[27] Diesem Kapitel lehnt sich an den Beitrag Ahlert, 2001, S. 13-64 an. Mit freundlicher Genehmigung des Luchterhand Verlags.
[28] Vgl. Adam, 2001.

Grundsatzentscheidungen zu treffen, und die Konstrukte sind entsprechend zu modifizieren oder gänzlich neu zu konzeptionieren:

- Wer sind in F&C-Netzwerken überhaupt die Kunden: die Partner und/oder die Endabnehmer?
- Aus wessen Perspektive wird der „Unternehmenswert" optimiert: aus der Sicht des Netzwerkführers (Managementzentrale), der Partnerunternehmungen oder des Netzwerks als Ganzes?
- Wie ist das Netzwerk zu konfigurieren (Struktur, Spielregeln, Organisation, vertragliche Konstitution), um die neuen Managementinstrumente effizient und effektiv einsetzen zu können?

Ein neues Paradigma ist das wertorientierte Management für einzelne Unternehmungen längst nicht mehr, für Unternehmenskooperationen aber sehr wohl. Auf den Praktiker mögen die vorstehend aufgezählten Begrifflichkeiten abschreckend wirken, gleichwohl hat jeder Netzwerkmanager mit all diesen Phänomenen fast täglich zu tun, wenn auch möglicherweise unter anderen Bezeichnungen.

Die Elemente einer ganzheitlichen Managementkonzeption für F&C-Netzwerke sind in Abbildung IV-5 in einer pyramidenartigen Hierarchie dargestellt.

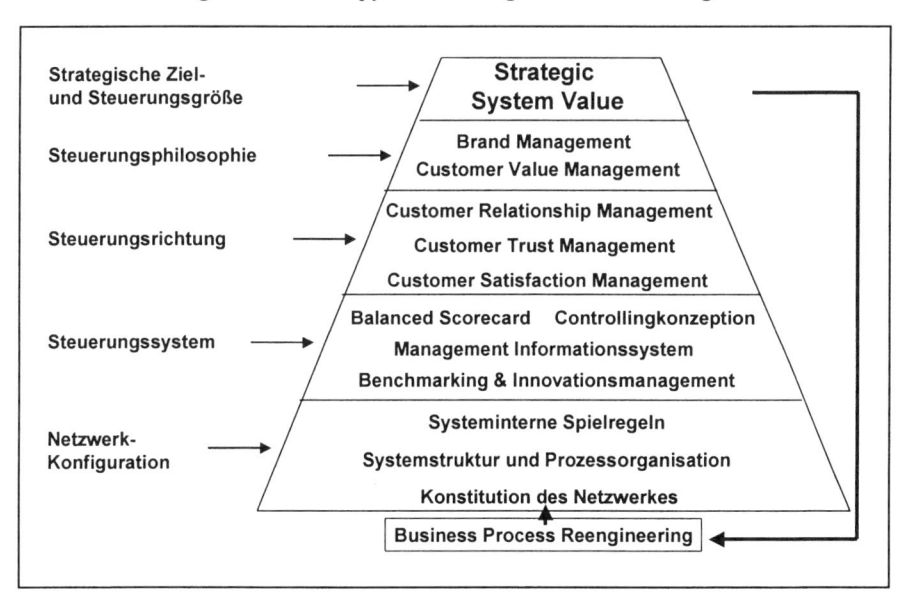

Abb. IV-5: Wertorientiertes Management von F&C-Netzwerken

2.2 F&C-Netzwerke im Systemwettbewerb

F&C-Netzwerke verkörpern ein spezifisches Organisationsmodell für die Koordination verteilter Aktivitäten bei der Erstellung und Vermarktung eines Leistungsangebots für die Nachfrager: Sie verbinden das Prinzip der Kooperation zwischen eigenständig handelnden Netzakteuren mit der systematischen Steuerung der Aktivitäten durch eine Managementzentrale. Es handelt sich um Unternehmenskooperationen mit Systemkopf.

2.2.1 Das Alternativenspektrum des Systemwettbewerbs

Als Organisationsmodell stehen F&C-Netzwerke nicht nur untereinander, sondern auch mit alternativen Koordinationsformen im Systemwettbewerb um die Gunst des Verbrauchers. Die alternativen Koordinationsformen, die aus der Perspektive des Verbrauchers zu differenten, komplexen Angebotssystemen führen, lassen sich in drei Typen einteilen:

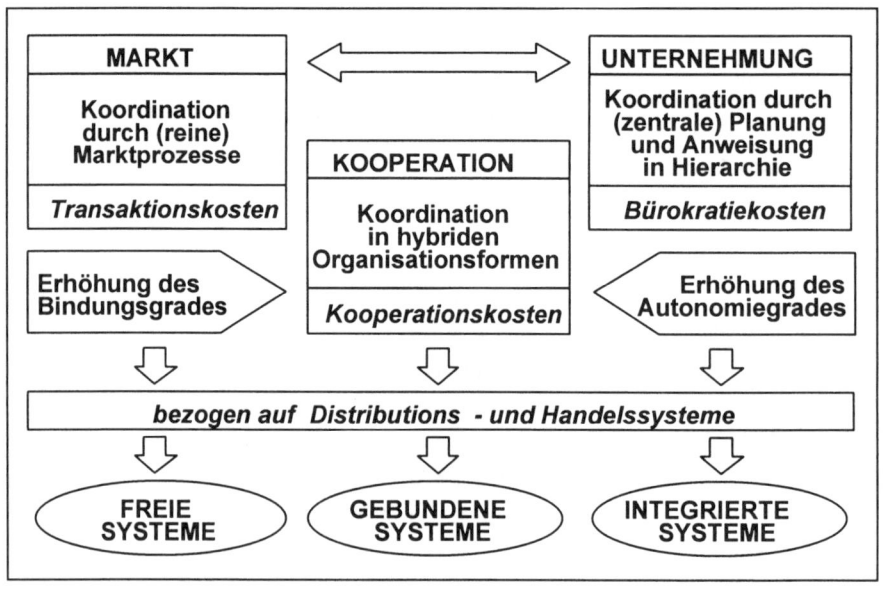

Abb. IV-6: Alternative Koordinationsformen

In **freien Systemen** vollzieht sich die Koordination durch (reine) Marktprozesse. Den Gegensatz dazu bilden **integrierte Systeme**, die sich durch eine hierarchische Koordination kennzeichnen. Zwischen beiden rangieren **gebundene Systeme**, in denen die Akteure mehr oder weniger eng kooperieren.[29]

---

[29] Vgl. Ahlert, 1994, S. 3 ff.

Geht man davon aus, dass die Aufgabe der Wirtschaft in der optimalen Versorgung der Verbraucher (nicht aber in der maximalen Befriedigung von Arbeitnehmer- oder Kapitalinteressen) besteht, so muss es das Ziel der Wirtschafts- und Wettbewerbspolitik (und damit auch der Rechtsordnung) sein, funktionsfähigen Wettbewerb dieser alternativen Organisationsmodelle untereinander und miteinander zu gewährleisten.

Dazu gibt es eine einfache Regel: Die Wettbewerbsprozesse funktionieren in der gewünschten Weise, wenn den Verbrauchern möglichst vielfältige Wahl- und Ausweichmöglichkeiten zur Verfügung stehen. Dies ist durch lebhafte Innovationsprozesse sicherzustellen. Weiterhin müssen auch die Selektionsprozesse (aufseiten der Verbraucher) und die Imitationsprozesse (aufseiten der Anbieter) mängelfrei ablaufen.[30]

Fehlen also Marktzutrittsbarrieren und Prozessstörungen, so wird sich jeweils diejenige Koordinationsform unter Wettbewerb durchsetzen, die aus der Perspektive des Verbrauchers optimal ist. Da es *den* Verbraucher nicht gibt, wird der Wettbewerb als Entdeckungsverfahren mehrere optimale Angebotssysteme für differente Verbrauchergruppen begünstigen.

In der Frage der Bewertung der Funktionsfähigkeit des Systemwettbewerbs wie auch in der Gestaltung der unternehmerischen Wettbewerbshandlungen treffen sich Betriebswirtschaftslehre, Volkswirtschaftslehre und Rechtswissenschaften also letztlich bei einem gemeinsamen Ausgangspunkt: dem Verbraucher. Betrachtet man die **„Angebotslandschaft" aus dem Blickwinkel des Verbrauchers**, so kann gegenwärtig für die meisten Wirtschaftsbranchen eine – zumindest aus wettbewerbspolitischer Sicht – erfreuliche Situation konstatiert werden: Der Verbraucher kann unter vielfältigen Leistungsanbietern auf der primären, d. h. direkt mit ihm in Kontakt stehenden Marktstufe auswählen. Das Spektrum reicht von solitären Einkaufsstätten des stationären Einzelhandels über Dienstleistungs- und Handwerksbetriebe bis hin zu direkt vertreibenden Produzenten, dem Versandhandel oder auch der Electronic Mall. Ebenso ist der Versorgungshintergrund auf der sekundären Marktstufe durch vielfältige Auswahl- und Ausweichmöglichkeiten gekennzeichnet: Hersteller, Importeure, Großhändler, Systemzentralen, aber auch unzählige spezialisierte Distributionsdienstleister bieten mannigfaltige Angebotsalternativen.

Die isolierte Betrachtung dieser einzelnen Akteure greift unter dem Aspekt des Systemwettbewerbs zu kurz: Von reichhaltigen Auswahl- und Ausweichmöglichkeiten des Verbrauchers ist vor allem deswegen zu sprechen, weil die unterschiedlichsten Formen der (horizontalen und vertikalen) Koordination zwischen den Akteuren der primären und sekundären Marktstufe miteinander und untereinander um die Gunst des Verbrauchers kämpfen.

---

[30] Vgl. Grossekettler, 1981, S. 266 ff.

2.2.2 F&C-Netzwerke als spezifische Form der vertikalen Koordination

Der Abbildung IV-7 liegt als Ordnungsraster der Raum der Koordinationsmethoden zugrunde, der nach zwei Kriterien aufgespannt ist:[31]

Der **Bindungsgrad** gibt Auskunft darüber, ob und in welchem Ausmaß die an der Distribution teilnehmenden Parteien ihr Verhalten (vertraglich) abstimmen und festlegen. Eine extrem hohe Bindung im Netz liegt vor, wenn sich die Akteure langfristig, in Bezug auf die meisten der denkbaren Aktivitätsbereiche und mit sehr stringenten Vorgaben abstimmen.

Der **Autonomiegrad** beschreibt die Freiheitsgrade, über welche die Akteure in dem abgestimmten Aktivitätsbereich verfügen.

F&C-Netzwerke decken den Raum der Koordinationsmethoden mit dem in Abbildung IV-7 eingezeichneten Rechteck ab. Das gemeinsame Merkmal dieser Unternehmenskooperationen ist – wie gesagt – die Steuerung durch einen Systemkopf. Das Rechteck lässt sich in vier Felder einteilen:

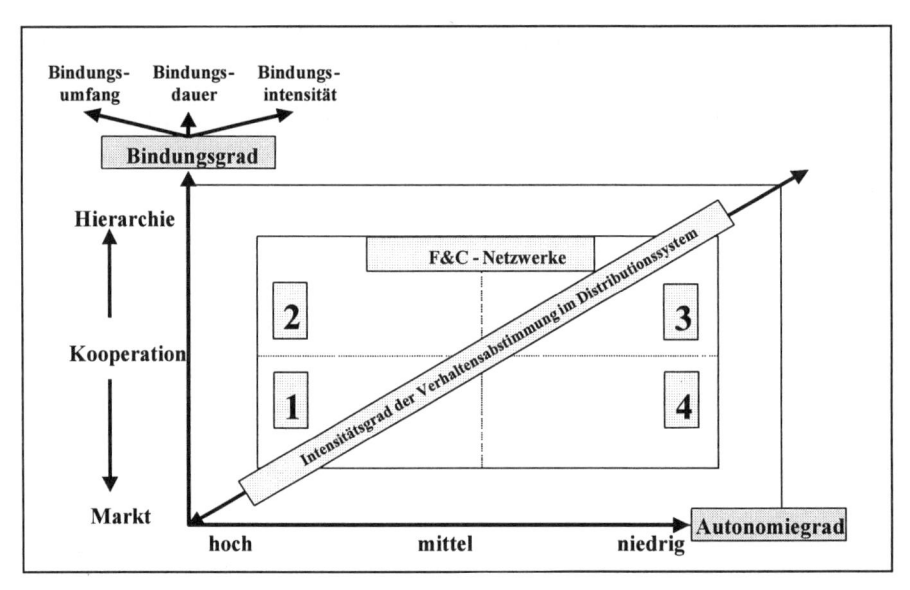

Abb. IV-7: Koordinationsmethoden

Feld (1) umfasst die Distributionsnetze mit dem geringsten Intensitätsgrad der durch eine zentrale Instanz gesteuerten Verhaltensabstimmung. Hier können auch Efficient Consumer Response-Partnerschaften zwischen Industrie und Handel eingeordnet werden: von diesen allerdings nur solche, die über einen Systemkopf verfügen.

---

[31] Vgl. Grossekettler, 1978, S. 325 ff.

In Feld (3) sind die Distributionsnetze mit dem höchsten Intensitätsgrad einer vertikalen Koordination angesiedelt. Hierzu zählen auch die Fälle, in denen Handelssysteme die Produktionsstufe steuern (z. B. Produktion von Handelsmarken oder im Textilbereich die passive Lohnveredlung) oder umgekehrt Hersteller in die Handelsstufe hinein dirigieren (z. B. Vertragshändlersysteme). In einigen Literaturquellen werden bereits diese Unternehmenskooperationen zu den „integrierten" Systemen gerechnet, es wird von Formen der „Vorwärts- bzw. Rückwärtsintegration" gesprochen; einige Autoren wählen den Ausdruck „Quasi-Filialsysteme". Auf jeden Fall kennzeichnen sich die hier eingeordneten kooperativen Netzwerke, zu denen zahlreiche Franchisesysteme zu rechnen sind, durch einen hohen Grad der Vertikalisierung.

Die Distributionsnetze in Feld (2) unterscheiden sich von den vorstehend genannten dadurch, dass auf hohe Autonomie der Akteure und partizipative Netzführung Wert gelegt wird, obwohl sich die Partner auf ein dauerhaftes, weitreichendes, vertragliches Beziehungsgeflecht einlassen. Die Koexistenz von Kooperation und Wettbewerb, auch Coopetition genannt, ist wesensbestimmend für diese Distributionsnetze mit hohem Bindungs- und Autonomiegrad. In den älteren, reiferen Franchisesystemen mit langer Zugehörigkeitsdauer der Franchisenehmer ist, insbesondere bei Fortfall des Gebietsschutzes, eine Entwicklung in diese Richtung zu beobachten; ebenso in gewerblichen Verbundgruppen, die sich auf die Zweckmäßigkeit einer Systemkopfführung besinnen, ohne die Autonomie der Mitgliedsbetriebe zu stark einschränken zu wollen.

Feld (4) umfasst die überwiegend jüngeren Netzkooperationen. Wenn heute von virtuellen Unternehmensnetzen gesprochen wird, dann sind (vermutlich) diese Fälle gemeint; der Sprachgebrauch ist hier allerdings noch nicht gefestigt.

Virtuelle Netze kennzeichnen sich dadurch aus, dass viele Unternehmungen in einem losen Verbund zueinander stehen, im Falle eines Auftrages jedoch einander zur Verfügung stehen und sich dann dem Diktat des Netzführers (vorübergehend) unterwerfen. Dies ist erforderlich, um schnell und mit gesicherter Qualität das Problemlösungspaket für den Auftraggeber anbieten zu können.

Sofern mehrere Unternehmungen auf diese Weise zusammenarbeiten, gegenüber Dritten jedoch auftreten, als wären sie eine einzige Unternehmung, wird neuerdings auch von der virtuellen Unternehmung gesprochen. Bei wechselnden Partnern hat dieses Gebilde dann auch auf Dauer Bestand und kann seine Leistungen markieren (Netzgeführte Marke).[32]

Virtuellen Netzen bzw. Unternehmungen ist gemeinsam, dass jeder Akteur nur die Aufgaben übernimmt, die er am besten beherrscht bzw. zu deren Erfüllung er gerade Kapazitäten frei hat. Konzentration auf die Kernkompetenzen des einzelnen Partners, Verteilung der Risiken auf viele Schultern und Aufweichung aller

---

[32] Vgl. Ahlert/Kenning/Schneider, 2000, S. 193 ff.

Grenzen innerhalb der einzelnen Unternehmung, aber auch über die Wirtschaftsstufen hinweg, sind die wesentlichen Merkmale dieser Distributionsnetze.[33]

Das Rechteck in Abbildung IV-6 systematisiert die reinen Typen systemkopfgesteuerter Unternehmenskooperationen. Daneben gibt es vielfältige Mischsysteme, die in der Literatur auch hybride Koordinationsformen genannt werden:

Ein Beispiel sind Franchisesysteme, die nicht nur Franchise-, sondern auch Regiebetriebe umfassen. Damit ist nicht der regelmäßig anzutreffende Fall gemeint, dass *ein* Musterbetrieb bzw. Pilotbetrieb in Eigenregie geführt wird, um das Systempaket des Franchisegebers zu testen. Mischsysteme kennzeichnen sich dadurch, dass eine *erhebliche Anzahl* von Outlets in Eigenregie geführt wird. Mitunter ist das Verhalten zu beobachten, die Franchisebetriebe an attraktiven Standorten in Regiebetriebe und Filialen in weniger attraktiven Verkaufsbezirken in Franchisebetriebe umzuwandeln.

Weitere Beispiele für Mischsysteme sind Filialsysteme, die einen Teil ihrer Outlets in Franchisebetriebe umwandeln oder Verbundgruppen (Unternehmenskooperationen ohne Systemkopf), die für Teilbereiche ihrer Aktivitäten Franchisesysteme einführen.

2.2.3 Das Managementdilemma in F&C-Netzwerken

2.2.3.1 Die Netzwerkgestaltung im Spannungsfeld zwischen Transaktions-, Bürokratie- und Kooperationskosten

Unter effizient funktionierendem Systemwettbewerb können es sich F&C-Netzwerke nicht erlauben, Gewinnchancen auszulassen. Um Spitzenpositionen zu erobern, muss es ihnen gelingen, die Vorteile integrierter Systeme mit denen autonom agierender Unternehmer vor Ort zu kombinieren, ohne deren Nachteile in Kauf zu nehmen.

Die **integrierten Filialsysteme** weisen im Bereich des Kostenmanagements und der Nutzung der neueren Informations- und Kommunikationstechnologien wesentliche *Vorteile* (Erfolgspotenziale) auf. Sie können gewissermaßen per Dienstanweisung festlegen, dass jeder Akteur *die* Aufgaben übernimmt, die er am besten beherrscht und dass Doppelarbeiten vermieden werden.

Die Koordination durch Hierarchie verursacht allerdings hohe Organisations- bzw. Bürokratiekosten im Zusammenhang mit

- dem Aufbau des integrierten Systems,
- der zentralen Planung der Geschäftstätigkeit,
- der Koordination zwischen den Abteilungen bzw. Filialen,

---

[33] Vgl. BBE, 1999, S. 142.

- der Motivation der Mitarbeiter,
- der Kontrolle des zielkonformen Verhaltens,
- der Anpassung des (schwerfälligen) Apparates an Veränderungen.

Diese Bürokratiekosten sind umso höher, je

- größer der Apparat wird,
- instabiler und unberechenbarer die Kontextsituation ist,
- differenzierter vor Ort agiert und reagiert werden muss.

Der größte *Nachteil* integrierter Systeme besteht in der Schwierigkeit, das Koordinationsprinzip „Markt" in den hierarchisch organisierten Apparat hineinzutragen. Um die Bürokratiekosten zu senken, gilt es „Unternehmersinn vor Ort" in den dezentralen Organisationseinheiten zu verankern, die Anzahl der Hierarchiestufen zu verringern und die Filialen als eigenständige Profitcenter oder im Extremfall als weitgehend autonom operierende Gebilde zu führen.

Die Koordination durch reine Marktprozesse in **freien Distributionssystemen** hat den *Nachteil*, dass überdurchschnittlich hohe Transaktionskosten auftreten, und zwar im Zusammenhang mit

- der Geschäftsanbahnung mit immer wieder neuen Transaktionspartnern (vor allem Informationskosten),
- der Vertragsformulierung und Einigung (Vereinbarungskosten),
- der Überwachung der Vertragseinhaltung (Kontrollkosten),
- der Anpassung an Veränderungen (Anpassungskosten).

Diese Transaktionskosten sind umso höher, je

- größer die Unsicherheit ist (Informationsmängel),
- spezifischer sich die Akteure aufeinander einstellen und investieren müssen (Ausbeutungsrisiken),
- häufiger mit Transaktionspartnern kontrahiert werden muss.

Gebundene Systeme in der Form von Unternehmenskooperationen haben zwar ihren Ausgangspunkt in der reinen Marktlösung. Es wird jedoch versucht, durch Erhöhung des Bindungsgrades Ineffizienzen zu vermeiden, die als Folge opportunistischer Verhaltensweisen der Akteure, mangelnder Verhaltensabstimmung und unzweckmäßiger Arbeitsteilungsstrukturen auftreten. Dadurch können die Transaktionskosten gesenkt werden, es treten aber zusätzlich Kooperationskosten auf. Diese resultieren zum einen – ähnlich wie die o. g. Bürokratiekosten – aus dem Aufbau des kooperativen Systems, der Einrichtung einer Managementzentrale, der Entwicklung der gemeinsamen Systemdienstleistungskonzeption, dem Management der Netzgeführten Marke und dergleichen. Zum anderen verbinden sie sich mit der Notwendigkeit, spezifische Probleme der Kooperation zu bewältigen:

- Management der Ziel- und Verteilungskonflikte,

- Bewältigung der asymmetrischen Informationsverteilung durch ein zentrales Knowledge- und Vertrauensmanagement,

- Abwendung von Beeinträchtigungen der stabilitätsorientierten Organisation, d. h. Lösung der aus der allgemeinen Kooperationstheorie bekannten Außenseiter-, Ausreißer-, Trittbrettfahrer-, Erpresser- und Sabotageprobleme.[34]

Als „Sieger im Wettbewerb der Systeme" ist das Koordinationsmodell prädestiniert, das ceteris paribus die kleinste Summe aus Bürokratie-, Transaktions- und Kooperationskosten aufweist.[35] In dieser Hinsicht befinden sich F&C-Netzwerke in einer dilemmatischen Situation: Als kooperative Unternehmensnetzwerke mit Systemkopf geraten sie in die Gefahr, die Nachteile integrierter Systeme (hohe Bürokratiekosten durch zentrale Steuerung) mit den Transaktionskostennachteilen einzeln handelnder, vertikal nicht gebundener Akteure zu verknüpfen und zusätzlich noch Kooperationskosten zu verursachen. Die Gefahr hoher Bürokratiekosten steigt in dem Maße, in dem der Zuständigkeitsbereich der Managementzentrale auf immer weitere Aktivitätsfelder der Kooperateure ausgeweitet wird. Es besteht offenbar ein schmaler Grat zwischen hohen Effizienzeinbußen sowie Stabilitätsgefährdungen als Folge einer nicht genügend weitreichenden zentralen Koordination (Laisser-faire-Prinzip) auf der einen Seite und einer bürokratischen Übersteuerung auf der anderen Seite.

2.2.3.2 Die Grenzen einer ganzheitlichen Optimierung des Netzwerks

Das Managementdilemma in F&C-Netzwerken kann nun wie folgt beschrieben werden:

Die bei funktionierendem Systemwettbewerb zwingend notwendige Ausschöpfung aller Gewinnchancen ist gleichbedeutend mit der **Maximierung des Totalgewinns des Netzwerks als Ganzes**. Zu diesem Zweck müssten alle Netzakteure – in Franchisesystemen also der Franchisegeber und sämtliche Franchisenehmer – sich so verhalten bzw. in ihrem Verhalten derart gesteuert werden, als wären sie Organisationseinheiten einer einheitlichen Unternehmung.

Die Managementzentrale müsste in sämtlichen Entscheidungsbereichen die jeweils optimale Lösungsalternative kennen, um die Maßnahmen in Richtung dieses Optimums anweisen zu können. Dass dies nicht praktikabel ist, ist spätestens seit dem Niedergang der Zentralplanwirtschaften evident. Die Zentrale wäre einerseits in methodischer Hinsicht maßlos überfordert. Andererseits würde es ihr an den

---

[34] Vgl. Näheres dazu bei Ahlert, 1994, S. 44 ff.
[35] Vgl. Williamson, 1985; Picot/Wolff, 1995, S. 229 ff.

relevanten Informationen fehlen, die (wenn überhaupt) nur den Netzwerkakteuren vor Ort zur Verfügung stehen. Gegenüber zentralplanwirtschaftlichen Steuerungssystemen hat sich der Markt als Koordinations- und Informationsversorgungsmechanismus als überlegen erwiesen. Auch die erforderliche Schnelligkeit, mit der vor Ort Entscheidungen getroffen und umgesetzt werden müssen, spricht gegen zentralistische Steuerungssysteme, vor allem aber auch der Motivationsaspekt. Werden die Entscheidungen nun aber dezentralisiert, d. h. selbstständigen Unternehmern mit eigenen Zielen übertragen, kann das (nur theoretisch denkbare) Maximum des Totalgewinns niemals erreicht werden.

Durch eine **geeignete Systemkonfiguration** kann versucht werden, dem (theoretischen) Maximum nahe zu kommen. Die Systemkonfiguration umfasst die Konstitution, Struktur und Organisation des Netzwerks sowie die systeminternen Spielregeln. Wesentliche Komponenten der Strukturgestaltung sind die Selektions- und Expansionsstrategien sowie die Verkaufsgebietsabgrenzung, Beispiele für „Spielregeln" sind die Verrechnungspreissysteme für die internen Leistungen und Gegenleistungen, also insbes. die Gebührenordnung. Betrachten wir exemplarisch die Spielregeln etwas näher:

Je „besser" sie in der Hinsicht sind, dass alle Akteure auf die Steigerung des Totalen Systemgewinns ausgerichtet werden, desto komplizierter müssen sie sein; ihre Einhaltung und Überwachung verursacht hohe Bürokratiekosten. Je einfacher sie sind, desto näher kommt die Steuerung der rein marktlichen Koordination mit der Konsequenz hoher Transaktionskosten. Spielregeln bilden daher zwangsläufig Kompromisse, die i. d. R. nicht als grundsätzlich richtig oder falsch, sondern höchstens als mehr oder weniger zweckmäßig bewertet werden können. Ähnliches gilt für die weiteren Komponenten der Netzwerkkonfiguration.

2.2.3.3 Zur Problematik der umsatzabhängigen Franchisegebühr

Die hohe Kunst des Netzwerkmanagements besteht darin, den **geeigneten Steuerungskompromiss** zu finden. Zur Verdeutlichung sei die in Theorie und Praxis umstrittene Usance der umsatzabhängigen Franchisegebühr betrachtet:

Ist diese systeminterne Spielregel konstituiert, sind Zielkonflikte zwischen dem Franchisegeber (im Folgenden kurz: FG), den Franchisenehmern (im Folgenden kurz: FN) und dem Netzwerk als Ganzes vorprogrammiert.[36] Der *FG* erreicht sein Gewinnmaximum, wenn das Umsatzpotenzial im Gesamtmarkt des Franchisesystems maximal ausgeschöpft wird. Der *FN* erreicht sein Gewinnmaximum bei einer deutlich geringeren Leistungsmenge, da er eine Differenzgröße maximiert:

---

[36] Vgl. Abbildung IV-8.

$$G_{FN(x)} = U_{FN(x)} \cdot (1 - F) - K_{FN(x)}$$

$G_{FN(x)}$ Periodengewinn des FN in Abhängigkeit von der Leistungsmenge x

$U_{FN(x)}$ Umsatz des FN in Abhängigkeit von x

F   Umsatzabhängige Franchisegebühr (in %)

$K_{FN(x)}$ Kosten des FN in Abhängigkeit von x

Beide Extrempunkte sind aus der Perspektive des Netzwerks als Ganzes suboptimal: Dieses erreicht sein totales Gewinnmaximum dort, wo über den gesamten Lebenszyklus des Netzwerks die Differenz aus Gesamtumsatz des Systems und den leistungsabhängigen Kosten (wobei jeder Akteur *die* Funktionen übernimmt, die er relativ am kostengünstigsten erfüllen kann) maximal wird. Theoretisch zweckmäßig wäre eine Systemkonfiguration, bei der alle drei Optima in einem Punkt zusammenfallen.

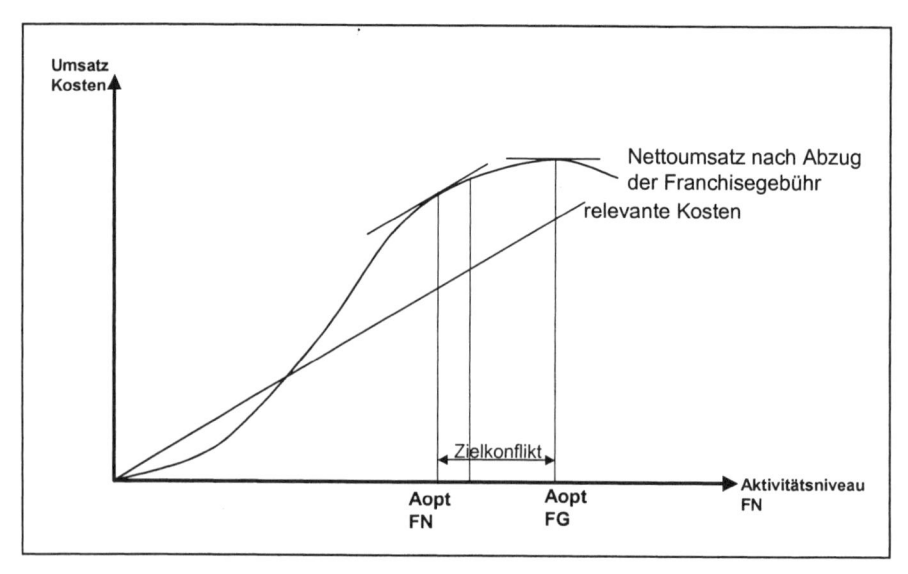

Abb. IV-8: Zielkonflikt zwischen Franchisegeber und Franchisenehmer bei umsatzabhängiger Provision

Es fragt sich, warum sich diese umstrittene Usance der umsatzabhängigen Franchisegebühr gleichwohl – gewissermaßen sozialdarwinistisch – durchgesetzt hat. Der Grund dafür kann nur vermutet werden: Die „Spielregel" ist einfach, transparent und damit (bürokratie-)kostensparend. Dies bedeutet allerdings nicht, dass es nicht sinnvoll wäre, über eine bessere Kompromissregel nachzudenken.

Die fehlsteuernde Wirkung der umsatzabhängigen Franchisegebühr ist umso gravierender, d. h. die drei o. g. Optima liegen umso weiter auseinander, je höher der Prozentsatz ist. Der Verminderung dieses Verrechnungssatzes steht jedoch der Finanzbedarf des FG entgegen, der aus den für das Netzwerk als Ganzes (und damit auch die einzelnen FN) zwingend erforderlichen Investitionen, insbesondere in die permanente Verbesserung des Systemdienstleistungspakets, resultiert.

Die Verminderung des Prozentsatzes der laufenden Franchisegebühr bei gleichzeitiger **Erhöhung der Eintrittsgebühr** verlagert den Zielkonflikt auf eine andere Ebene: Abgesehen davon, dass dadurch die Rekrutierung neuer FN erschwert würde (nicht zuletzt wegen der engen Grenzen der Existenzgründungsfinanzierung), würde mit steigender Zugehörigkeitsdauer des FN sein Gesamtbeitrag, auf das Jahr umgerechnet, kleiner.

Der FG könnte sich dazu verleiten lassen, die älteren durch neue Franchisebetriebe (oder durch Regiebetriebe) zu substituieren, das Netzwerk als Ganzes würde sein Optimum verfehlen. Damit wird eine wichtige Anforderung an Steuerungssysteme deutlich: Sie sollten nicht nur die zu steuernden Organisationseinheiten, sondern auch die steuernde Instanz zu einem ganzheitlich optimalen Verhalten veranlassen. Insbesondere in einer multipersonal, arbeitsteilig strukturierten Managementzentrale sollten die Anreize in Richtung einer systemkonformen Selbstverpflichtung gestaltet sein.

Als Ausweg wird mitunter vorgeschlagen, die laufende Franchisegebühr an den **Deckungsbeitrag des FN** (Umsatz – variable Kosten) zu koppeln. Der Vorteil eines Zusammenrückens der drei Optima würde allerdings durch drei Nachteile „erkauft":

- Der Prozentsatz müsste deutlich erhöht werden, um denselben Nettoerlös wie bei der umsatzabhängigen Gebühr zu erlangen, eine schon aus psychologischen Gründen kaum realisierbare Variante.
- Effizienter arbeitende FN würden „bestraft", da sie einen höheren Beitrag zur Finanzierung des Systems zu leisten hätten als die weniger kostengünstig arbeitenden Betriebe. Die besten Betriebe sehen sich veranlasst, das Netzwerk möglichst bald zu verlassen, bei gleichbleibender Finanzierungslast müssten daraufhin die Prozentsätze ständig angehoben werden.
- Die FN werden angereizt, eine betriebswirtschaftlich falsche Kostenstruktur zu wählen, indem sie ihre Fixkosten „mit Gewalt" variabilisieren.

Noch gravierender wären diese Fehlentwicklungen, wenn die Franchisegebühren an den **Periodengewinn der FN** gekoppelt würden. Anstelle der Variabilisierung von Fixkosten würde hier der Versuch treten, „sich arm zu rechnen" (z. B. durch hohe Geschäftsführergehälter).

Aufgrund der nun sehr schmalen Bemessungsgrundlage würden die Prozentsätze in demotivierende Höhen steigen, die überdurchschnittlich rentablen Betriebe würden erst recht zur Fluktuation neigen. Vor allem bestünde die Gefahr, dass im Franchisesystem nur das (kurzfristige) Gewinnmaximum angestrebt würde, Investitionen in immaterielle Erfolgspotenziale würden unterbleiben.

Bedenkenswert erscheint die Einführung eines **gestaffelten Margensystems**, das die Höhe der umsatzabhängigen Franchisegebühr an den Grad der Ausschöpfung des Umsatzpotenzials koppelt. Werden die Prozentsätze im Feld des Zielkonfliktes deutlich abgesenkt, könnte der FN zu einem höheren Aktivitätsniveau angereizt werden. In die gleichen Richtungen wirken Rückerstattungen in Form eines Bonussystems.

*Konsequent weitergedacht wäre es zweckmäßig, den Gebührensatz für die **Potenzialausschöpfung** auf null zu senken und **die laufende Franchisegebühr ausschließlich an die Höhe des zugewiesenen Umsatzpotenzials zu koppeln**. Dadurch wäre auch die Franchisezentrale angereizt, verstärkt Anstrengungen in Richtung einer Vergrößerung der Umsatzpotenziale zu unternehmen. Diese Gebührenordnung ist an zwei Voraussetzungen geknüpft:*

- *Die Verkaufsbezirke müssten eindeutig abgrenzbar sein.*

- *Das Umsatzpotenzial (eine fiktive Größe) müsste objektiv (und einvernehmlich) operationalisierbar sein.*

2.2.3.4 Steuerungskompromisse für F&C-Netzwerke im Spannungsfeld zwischen theoretischem Anspruch und praktischer Umsetzbarkeit

Die vorstehenden Ausführungen dürften deutlich gemacht haben, dass die Optimierung der Netzwerkkonfiguration eine der entscheidenden Voraussetzungen für die Überlebensfähigkeit von F&C-Netzwerken im Systemwettbewerb darstellt. Tröstlich mag sein, dass auch in den alternativen Koordinationssystemen die Maximierung des Totalgewinns nicht gelingen kann und Steuerungskompromisse gefunden werden müssen.

Das Managementdilemma in F&C-Netzwerken kulminiert in dem Tatbestand, dass auch die Optimierung der Systemkonfiguration, also das Finden des optimalen Kompromisses, wiederum Informationen (und Informationsverarbeitungsmethoden) voraussetzt, die einer zentralplanwirtschaftlichen Hellseherei gleichkommen. Man wird sich mit (einigermaßen) zufrieden stellenden Lösungen dieses Problems begnügen müssen. Um jedoch die Qualität dieser Lösungen abschätzen zu können, erscheint es hilfreich, als Vergleichsmaßstab und Orientierungsgröße ein Steuerungssystem für kooperative Unternehmensnetze zu entwerfen, das optimal wäre, wenn die aus seiner Komplexität resultierenden Bürokratiekosten vernachlässigt werden könnten. Dieses Steuerungskonzept ist Gegenstand der nachfolgenden Ausführungen.

2.3 Konzeptionelle Grundlage des wertorientierten Managements von F&C-Netzwerken

Die wertorientierte Unternehmensführung konkretisiert das strategische Management, indem der Unternehmenswert in das Zielsystem einer Unternehmung integriert wird. Erste Überlegungen hierzu kamen Anfang der 80er-Jahre in den USA auf. Erkenntnisse aus der Finanzierungs- und Kapitalmarkttheorie wurden auf die Unternehmensführung übertragen und führten zum Shareholder-Value-Ansatz:[37]

Im Rahmen dieses Ansatzes wird der Wert einer Unternehmung als Kapitalwert derjenigen für die Zukunft prognostizierten Zahlungsüberschüsse ermittelt, die nicht für die Investitionen in das Anlage- oder Netto-Umlaufvermögen verwendet werden müssen und somit als so genannter Free Cashflow an die Eigentümer ausgeschüttet werden können. Der Shareholder-Value-Ansatz orientiert sich ausschließlich an den Interessen der Aktionäre und propagiert daher den Shareholder Value als dominierende Zielgröße.

In Anbetracht der jüngsten Aktienkursentwicklungen werden die Nachteile dieser Konzeption deutlich: Der Sharehoder Value als Marktwert des Eigenkapitals ist in börsennotierten Unternehmungen von den Zufälligkeiten des Kapitalmarkts und den (Fehl-)Einschätzungen und z. T. auch interessenbedingten Verhaltensweisen von Analysten (z. B. der Aktienfonds und Investmentbanken) abhängig, von Gerüchten und Phantasien beflügelt und weit davon entfernt, eine geeignete Steuerungsgröße für strategische Entscheidungen zu sein. Daher kann der Auffassung von Schneider nicht gefolgt werden, wonach „das beste Bewertungsinstrument [...] ein effizienter Kapitalmarkt [ist], weil er jenes Wissen verwendet, das der einzelne praktisch nicht haben kann, aber über das die Gesamtheit aller Kapitalmarktteilnehmer verfügt."[38]

Selbst wenn die Auffassung Schneiders zuträfe, wäre damit für F&C-Netzwerke, die überwiegend nicht börsennotiert sind, nichts gewonnen. Es gilt einen systemintern zu berechnenden Maßstab zu finden, der als Ziel- und Steuerungsgröße für das Management von F&C-Netzwerken geeignet ist, und als solcher wird hier der Strategic System Value (SSV) vorgeschlagen.

2.3.1 Die Betrachtungsperspektive

Ausschlaggebende Bedeutung für den Entwurf eines geeigneten Managementkonzepts für die Konfiguration und Steuerung eines kooperativen Unternehmensnetzwerks hat die Perspektivenwahl. Soll das Netzwerk aus der Perspektive der Managementzentrale (z. B. des FG) oder der Partnerunternehmungen (im Beispiel FN) oder Dritter (z. B. der Shareholder) gestaltet werden?

---

[37] Vgl. Rappaport, 1986; Copeland/Koller/Murrin, 1998.
[38] Vgl. Schneider, 1992, S. 520.

Agencytheoretisch geht es um die Frage, wer Prinzipal und wer Agent ist.[39] Gewerbliche Verbundgruppen (z. B. Einkaufsgenossenschaften) kennzeichnen sich dadurch, dass die Gesamtheit der Mitgliedsbetriebe letztlich die Gestaltungshoheit hat, während in F&C-Netzwerken – und das ist der entscheidende Unterschied – der Managementzentrale als Netzwerkführer die Rolle des Prinzipals zufällt.

In Netzwerken mit partizipativer oder gar konföderativer Konstitution muss diese Aussage differenziert werden, und zwar nach den beiden Phasen der Willensbildung und der Willlensdurchsetzung. In diesen Netzwerken ist der Netzführer nicht die alles bestimmende Instanz; es bestehen Mitsprache- und Mitentscheidungsrechte der Partner im Rahmen der Willensbildung (z. B. in Form von Beiräten), die so weit gehen können, dass der Systemkopf vonseiten der Netzunternehmer gewählt und kontrolliert wird (z. B. im Rahmen der Kapitalbeteiligung). In dieser Phase ist die Zentrale Agent, die Gemeinschaft der Partner Prinzipal. Jedoch ist das Wesen des F&C-Netzwerks, dass sich mindestens in der Phase der Willensdurchsetzung jede einzelne Partnerunternehmung dem Diktat des autorisierten Systemkopfes unterwirft (so auch in virtuellen Netzwerken) und sich damit auf die Rolle des Agenten einlässt. Dies wurzelt in der Überzeugung der Netzakteure, dass nur auf diese Weise die Überlebensfähigkeit der kooperativen Gruppe als Schicksalsgemeinschaft im Wettbewerb mit hierarchisch geführten Filialsystemen sichergestellt werden kann: Verhaltensdisziplin, Schnelligkeit und Flexibilität der Entscheidungen, Total Quality Management und ggf. auch ein schlagkräftiges Management der netzgeführten Marke sind die Erfolgsfaktoren für modernes Distributionsmanagement.

Damit ist die Perspektivenwahl für die folgenden Ausführungen eindeutig zugunsten des Systemkopfes getroffen. Zur Vereinfachung der Darstellung sei im Folgenden, stellvertretend für alle F&C-Netzwerke, das Franchisesystem näher betrachtet, und es sei unterstellt, dass der FG zugleich Shareholder „seines" Systems ist. Damit können Bewertungsdifferenzen zwischen internen und externen Personen aus der Betrachtung ausgeklammert werden.

2.3.2 Der Strategic System Value (SSV) als Ziel- und Steuerungsgröße des wertorientierten Managements

Besteht das oberste finanzielle Ziel des FG in der nachhaltigen Maximierung seines Vermögens bzw. in einer möglichst hohen Verzinsung des Eigenkapitals, das er in das Franchisesystem investiert (hat), so ist der Totalgewinn über dem gesamten Planungshorizont die geeignete Steuerungsgröße. Wir wollen sie Strategic System Value (SSV) nennen. Anstelle kurzfristig orientierter Kennzahlen (etwa Umsatz, Deckungsbeitrag oder Jahresgewinn) fördert diese Steuerungsgröße lang-

---

[39] Vgl. Brickley/Dark/Weisbach, 1991; Kunkel, 1994, S. 135 ff.; Picot/Wolff, 1995, S. 231 ff.

fristiges, strategisches Denken, Folgewirkungen heute getroffener Entscheidungen werden berücksichtigt.

Dreh- und Angelpunkt der SSV-Philosophie ist das Customer Value Management (CVM), das die Geschäftsbeziehung mit einem Kunden als Investition begreift. Investitionstheoretisch betrachtet, ist der strategische Kundenwert (Customer Value) der Kapitalwert (Summe der abdiskontierten Zahlungsüberschüsse), den ein Anbieter im Verlauf der Geschäftsbeziehung mit einem Kunden realisiert.[40]

Die vorstehenden Feststellungen sind trivial. Kompliziert wird das wertorientierte Management von und in Franchisesystemen dadurch, dass es zwei Typen von Kunden gibt: die FN als unmittelbare Kunden des FG und die Endabnehmer als Kunden der FN. Um beide Sichtweisen sprachlich zu differenzieren, bietet es sich an, die strategischen Werte der Endabnehmer als External Customer Values und die der FN als Partner Values (internal Customer Values) zu bezeichnen.

Der SSV[41] des Franchisesystems – aus der Perspektive des FG berechnet – setzt sich aus folgenden Teilwerten zusammen:

$$SSV_{FG} = \sum \text{Partner Values}$$

Neutral Value (NV)
- Investitionsauszahlungen für den Aufbau des Systems
- Kapitalwert der laufenden Auszahlungen
  • für den Geschäftsbetrieb der Zentrale
  • für endabnehmergerichtetes Marketing
} NV des Franchising

+/- Kapitalwert der Zahlungsüberschüsse aus Aktivitätsfeldern außerhalb des Franchising

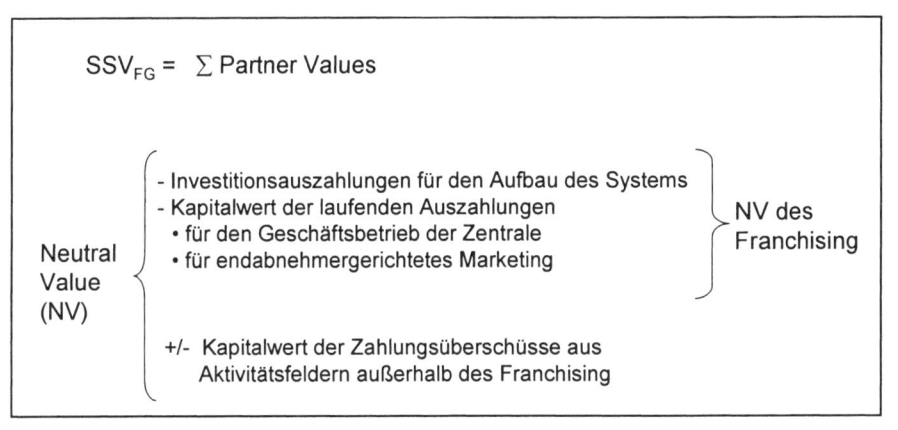

Abb. IV-9: Komponenten des SSV aus FG-Perspektive

Die wichtigste Größe ist die Summe der Partner Values, d. h. die Summe der (abdiskontierten) Zahlungsüberschüsse, die im Lebenszyklus des Franchisesystems mit der Summe der FN erwirtschaftet wird. Die Partner Values werden wiederum determiniert durch die auf jeden einzelnen FN entfallenden External Customer Values, also der Zahlungsströme, die im Geschäftsverkehr zwischen dem FN und dem Endabnehmer realisiert werden. Die Koppelung des Partner Values an die External Customer Values erfolgt über die systeminterne Gebührenordnung. Ist beispielsweise eine umsatzabhängige Franchisegebühr vereinbart oder finanziert sich der FG über die Handelsspanne auf die von ihm gelieferten Waren, so resul-

---

[40] Vgl. Cornelsen, 2000, S. 37 ff.
[41] Vgl. dazu Teil IV, Kapitel 4.3.1.1.

tiert aus dem Erlösstrom des Partners ein entsprechender Erlösstrom für die Zentrale.

Nimmt der Partner separat abgerechnete Leistungen des FG (z. B. kostenpflichtige Schulungsveranstaltungen) in Anspruch, so wird der Partner Value durch die hier entstehenden (positiven oder negativen) Deckungsbeiträge verändert.

Eine bedeutsame Determinante des Partner Values ist die Eintrittsgebühr, die nach Abzug der direkt zurechenbaren Auszahlungen für die Akquisition, Selektion und Einbindung des neuen Partners in das Netzwerk i. d. R. zu positiven Zahlungsüberschüssen führt. Direkt dem Partner zurechenbare Auszahlungen des FG resultieren aus der laufenden Betreuung des FN sowie z. B. auch aus Verkaufsförderungsmaßnahmen im Verkaufsgebiet des Partners.

Die weiteren Komponenten des SSV sollen unter dem Begriff Neutral Value zusammengefasst werden. Die hier gemeinten Zahlungsströme sind dem einzelnen Partner *nicht* direkt zurechenbar: Sie entstehen entweder in anderweitigen Aktivitätsfeldern der Zentrale, die in keinerlei Zusammenhang mit dem Franchising stehen (diese sollen im Weiteren vernachlässigt werden), oder sie sind zwar dem Franchising zuzurechnen, hier aber der „Franchisenehmerschaft als Ganzes":

- Investitionsauszahlungen im Zusammenhang mit dem Aufbau der Zentrale und der Netzwerkkonfiguration;

- Auszahlungen für die Entwicklung und die laufende Perfektionierung bzw. Neugestaltung des Systemdienstleistungspakets;

- laufende Auszahlungen im Zusammenhang mit den fixen Kosten der Zentrale;

- Auszahlungen für Marketingmaßnahmen gegenüber der Endabnehmerstufe (Markenpolitik, Sprungakquisition).

Abschließend sei darauf hingewiesen, dass aus der Perspektive jedes einzelnen FN ebenfalls ein strategischer Unternehmenswert als eigene Ziel- und Steuergröße ermittelt werden kann, dessen Berechnung in ähnlicher Form erfolgen kann. Dabei gehen einige der o. g. Zahlungen (z. B. die Abschluss- und laufenden Franchisegebühren) mit umgekehrten Vorzeichen in die Wertermittlung ein.

Wenn hier die Perspektive des FG gewählt wird, kann das nicht bedeuten, dass er die Ziel- und Steuerungsgrößen seiner Partner ignorieren darf. Denn letztlich hängt sein SSV vom Wohlergehen der im System befindlichen Partner sowie insbesondere auch der diesbezüglichen Antizipationen seitens der zu gewinnenden neuen Partner ab. Strategisch betrachtet kommt es darauf an, ein Steuerungskonzept zu realisieren, das (wenigstens annähernd) die an den eigenen Zielgrößen ausgerichteten Verhaltensweisen *aller* Netzakteure gleichrichtet. Unternehmenswertsteigerungen des FG zu Lasten der strategischen Unternehmenswerte der FN, welche per saldo den Gesamtwert des Franchisesystems mindern, entfalten im

Hinblick auf die Durchsetzungskraft der Unternehmenskooperation im Systemwettbewerb kontraproduktive Wirkungen.

2.3.3 Customer Value Management bei gegebener Netzwerkkonfiguration

Welche Möglichkeiten zur Steigerung des SSV verbleiben der Managementzentrale, wenn alle Grundsatzentscheidungen über die Konfiguration des Netzwerks unverrückbar getroffen und umgesetzt sind?

Im Einzelnen bedeutet dies, dass die Größe und Zusammensetzung des Netzwerks (im Folgenden wird weiterhin exemplarisch das Franchisesystem betrachtet), also auch das Verhältnis zwischen den in Eigenregie und den als Franchisebetriebe geführten Outlets, ggf. auch die Einteilung der Verkaufsbezirke, die Organisation des Wertschöpfungsprozesses, die Konstitution (z. B. die Vertragskonzeption) und die systeminternen Spielregeln (insbes. das Verrechnungspreissystem und die Gebührenordnung) festliegen. Dieser Ausgangspunkt mag fiktiv anmuten, da für Franchisesysteme eher der Wandel (Fluktuation, Expansion) typisch ist. Gleichwohl erscheint es zweckmäßig, das wertorientierte Management bei gegebener Konfiguration und die wertorientierte Neugestaltung des Netzwerks (vgl. das folgende Kapitel) trotz der engen Interdependenzen gedanklich zu trennen, zumal nach den Erfahrungen des Verfassers die meisten Franchisesysteme gegenwärtig zu einer radikalen Restrukturierung ihrer Konstruktionsprinzipien (noch) nicht bereit sind.

Unter diesen Annahmen kann das Netzwerk wie ein in sich geschlossenes, hierarchisches Organisationssystem betrachtet werden. Das Hauptaugenmerk ist auf die **External Customer Values** zu richten. Unter der Annahme einer festliegenden umsatzabhängigen Franchisegebühr – eine festgelegte Handelsspanne für die gelieferten Waren wirkt in die gleiche Richtung – sind die Nettoerlöse der Zentrale von zwei Faktoren abhängig:

- der Größe des in den verschiedenen Verkaufsbezirken aufgebauten Umsatzpotenzials und
- dem Grad der Ausschöpfung des Umsatzpotenzials durch die FN.

Eintrittsgebühren sind unter der Prämisse einer konstanten Zusammensetzung des Netzwerks nicht relevant, da sie schon vereinnahmt sind.

Dem FG stehen zwei (miteinander kombinierbare) Einflussrichtungen zur Steigerung des SSV zur Verfügung, ähnlich wie der Zentrale eines hierarchischen Systems:

(1) Konventionelles Customer Value Management gegenüber den Endabnehmern (Pullstrategie);

(2) Partnergerichtete Maßnahmen einer Qualifizierung und Motivation (Pushstrategie).

(1): In diesem Bereich sind alle Register des klassischen Marketings zu ziehen. Durch „Sprungakquisition" tritt der FG unmittelbar in den kommunikativen Kontakt zu

- den aktuellen Kunden des Systems und zu
- den potenziellen Kunden.

Dabei ist insbesondere die Frage wichtig, welcher Anteil des (stets knappen) Marketingbudgets auf die Altkundenbindung und Neukundengewinnung entfallen soll. Die SSV-Philosophie gebietet es, periodenübergreifend in das so genannte akquisitorische Potenzial zu investieren, also ein Customer Relationship Management zu praktizieren, das die Zufriedenheit und Begeisterung der Endkunden und ihre Bindung an die Leistungen des Systems im Fokus hat. Ohne an dieser Stelle im Einzelnen auf das konventionelle CVM näher eingehen zu können,[42] sei darauf hingewiesen, dass für Franchisesysteme zwei Aspekte von besonderer Bedeutung sind:

- Permanente Verbesserung des Systemdienstleistungspakets im Hinblick auf den Endkundennutzen (Innovationsmanagement);
- integriertes Management der netzgeführten Marke, (d. h. Customer Trust Management und Brand Management).

(2): Durch die vorgenannten Aktivitäten kann der FG in erster Linie nur das Umsatzpotenzial beeinflussen; dessen Ausschöpfung liegt (weitgehend) in den Händen des FN. Eine aus der Perspektive des FG unbefriedigende Potenzialausschöpfung hat im Wesentlichen zwei Ursachen:

(a) Dem FN mangelt es an den erforderlichen Fähigkeiten: Er verfehlt sein eigenes Optimum.

(b) Dem FN mangelt es an der Bereitschaft zur weitergehenden Ausschöpfung (und auch zur Mitwirkung am Aufbau) des Umsatzpotenzials, da er sein Optimum schon erreicht hat.

(2 a): Das erstgenannte Defizit zu beseitigen, gehört zu den klassischen Aufgaben der Franchisezentrale: Die Schulung, Betreuung, Qualifizierung der Unternehmer im Netzwerk, ihre Entlastung durch Übernahme von Teilfunktionen durch den FG sowie die gemeinsame Durchführung standortspezifischer Marketingmaßnahmen (z. B. Events) sind in Abhängigkeit von dem im Laufe der Systemzugehörigkeit des Partners sich wandelnden Unterstützungsbedarf so zu dimensionieren, dass der Partnervalue sein Maximum erreicht.

Z. T. werden die hier angebotenen Leistungen der Zentrale separat von der laufenden Franchisegebühr abgerechnet (z. B. kostenpflichtige Schulungsveranstaltungen). Unter den genannten Ausgangsbedingungen sieht sich der FG diesbezüglich

---

[42] Vgl. Krüger, 1997; Cornelsen, 2000.

in einer ambivalenten Situation: Er könnte seine eigenen Kosten auf ein Minimum reduzieren, um zusätzliche Deckungsbeiträge zu erwirtschaften; er könnte aber auch planmäßig negative Deckungsbeiträge in Kauf nehmen, um über eine verbesserte Potenzialausschöpfung den Partnervalue zu steigern. Die optimale Verteilung der knappen Ressourcen auf die Bereiche der Pull- und Pushaktivitäten stellt ein höchst komplexes betriebswirtschaftliches Entscheidungsproblem dar, welches an dieser Stelle lediglich strukturiert, nicht aber gelöst werden kann.

(2 b): Die Einwirkung auf den FN in der Weise, dass er bereit ist, über sein Optimum hinaus Anstrengungen (und damit Kosten) einzusetzen, gehört in den Bereich der hohen Kunst des Incentive-(Un-)Wesens. Die FG sind hier bekanntlich besonders kreativ. Aus betriebswirtschaftlicher Sicht erscheint es besser, die Konfiguration des Netzwerks derart zu verändern, dass der FN im eigenen Interesse, also in Verfolgung seiner eigenen Unternehmensziele, sein Anstrengungsniveau erhöht, um zum Aufbau und zur besseren Ausschöpfung des Umsatzpotenzials in seinem Einzugsgebiet beizutragen. Dies ist Gegenstand des folgenden Kapitels.

2.3.4 Wertorientierte Strukturentscheidungen im Lichte des Partner Value Managements

Die vorstehend unterstellte Bedingungskonstellation ist unrealistisch, da für die meisten Franchisesysteme eine permanente Fluktuation, die Substitution von Franchisebetrieben durch Regiebetriebe (und umgekehrt) sowie insbesondere die Expansion im Wege der Rekrutierung neuer Franchisebetriebe kennzeichnend sind. Dadurch verändern sich die Einzugsgebiete der alten FN; Verkaufsbezirke – sofern sie überhaupt zugewiesen werden (dürfen) – sind keine Domänen.

Um diesen Strukturwandel gemäß der zentralen Zielsetzung (SSV) zu gestalten, hat das Partner Value Management nicht nur die Zufriedenheit der bisherigen FN zu optimieren. Auch die Ziele der als neue Partner zu rekrutierenden Unternehmer im Netzwerk sind proaktiv zu berücksichtigen. Das bloße „Abgreifen von Zahlungsbereitschaften" aus dem vorhandenen FN-Kreis erweist sich im Rahmen von Selektions- und Expansionsstrategien als kontraproduktiv.

2.3.4.1 *Zielkonflikte als Ausgangspunkt des Partner Value Managements*

Die Zielkonflikte zwischen FG und FN werden sichtbar, wenn deren kumulierte Zahlungsströme im Zeitablauf einander gegenübergestellt werden.

Die Rekrutierungsphase ist mit Auszahlungen sowohl aufseiten des FG (a) als auch aufseiten des neuen FN (b) verbunden.

Die Eintrittsgebühr im Zeitpunkt t_1 (EG) bedeutet für den FG einerseits die Rückerstattung seiner spezifischen Rekrutierungskosten sowie andererseits einen Beitrag zur Finanzierung der Zentrale und des Franchisepakets (c). Dabei wird davon ausgegangen, dass in der Anfangsphase der Geschäftsbeziehungen $t_1 - t_2$ die Betreuungskosten des FG die laufend vereinnahmten Franchisegebühren noch überschreiten. Im Anschluss daran erwirtschaftet der FG steigende kumulierte Zahlungsüberschüsse mit dem betrachteten FN.

Aus der Perspektive des FN schlägt die Eintrittsgebühr (EG) negativ zu Buche; außer seinen Auszahlungen in der Rekrutierungsphase (b) sind zusätzlich die Investitionsauszahlungen für den Aufbau des FN-Betriebes (d) zu leisten, sodass die (überwiegend spezifischen) Anfangsauszahlungen insgesamt zu dem Gesamtbetrag auflaufen, bevor die ersten Zahlungsüberschüsse aus dem laufenden Geschäftsbetrieb eintreffen. Werden die Zinsen und Zinseszinsen in den Zahlungsstrom eingerechnet, amortisiert sich die Gesamtinvestition des FN im Zeitpunkt t_a. Die danach auftretenden Zahlungsüberschüsse sind der (monetäre) Lohn für den Eintritt in das Franchisesystem.

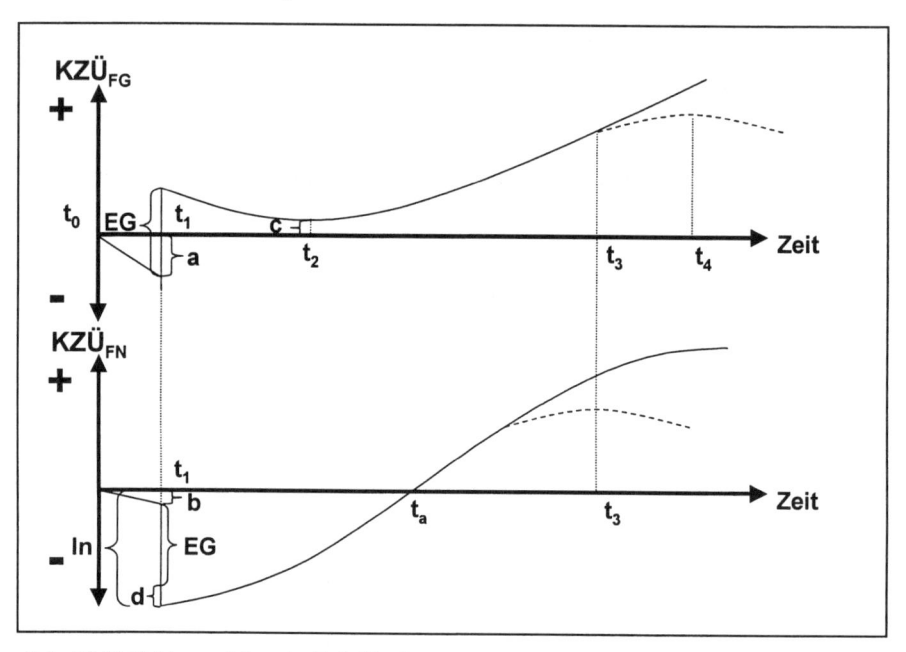

Abb. IV-10: Zahlungsströme im Zeitablauf

Es ist unschwer zu erkennen, dass die Erhöhung der Eintrittsgebühr (zwecks Senkung der laufenden Franchisegebühren) den Amortisationszeitpunkt in die Zukunft verschiebt, was unter Unsicherheit potenzielle FN abschrecken kann. Werden die laufenden Gebühren dagegen erhöht, um eine geringere Eintrittsgebühr zu ermöglichen, liegt zwar der Amortisationszeitpunkt in der näheren Zukunft, der Totalgewinn des FN dürfte aber (im Zweifel) kleiner ausfallen. Unter risikotheoretischen Aspekten steigt im ersten Fall das Risiko (in Verbindung mit erhöhten Gewinnchancen) beim FN, im zweiten Fall beim FG. Im Rahmen der Restrukturierung der Netzwerkkonfiguration kommt es darauf an, dass derjenige Unternehmer (zusätzliche) Risiken übernimmt, der vergleichsweise besser damit umgehen kann.[43]

Die der SSV-Philosophie immanente, dynamische Betrachtungsweise erfordert es, Szenarien zu berücksichtigen, in denen keine ständig progressiv steigenden Funktionen der kumulierten Zahlungsüberschüsse bei FG und FN eintreten (vgl. den gestrichelten Funktionsverlauf im unteren Teil der Abbildung IV-10). Dafür kann es in der Reifephase der Geschäftsbeziehung viele Gründe geben. Als Beispiel sei lediglich die Möglichkeit erwähnt, dass der FN inzwischen über bessere Alternativen verfügt. Werden die ihm im Falle des Verbleibs im Franchisesystem entgehenden Einzahlungsüberschüsse der anderweitigen Alternativen als Quasiauszahlungen (Opportunitätskalkül) in die Funktion der kumulierten Zahlungsüberschüsse eingerechnet, wäre für den FN die Fluktuation im Zeitpunkt t_3 erwägenswert.

Die Geschäftsbeziehung erlebt einen Wendepunkt. Der FG könnte versuchen, unter Inkaufnahme degressiv verlaufender, kumulierter Zahlungsüberschüsse erhebliche Anstrengungen zu unternehmen, um den (erfahrenen, nun aber widerspenstigen) FN im System zu halten. Er könnte aber auch die Substitution durch einen neuen FN in Betracht ziehen, was ihm einen neuerlichen einmaligen Zahlungsüberschuss (c) in Verbindung mit zunächst wiederum langsam ansteigenden laufenden Nettoerlösen beschert. Spätestens im Zeitpunkt t_4 wäre diese Substitutionsentscheidung fällig, falls bis dahin der FN nicht ohnehin schon ausgeschieden ist. Wird die Umwandlung in einen Regiebetrieb erwogen, so sind entsprechend anders strukturierte Zahlungsströme zu antizipieren.

2.3.4.2 Die Optimierung der Selektions- und Expansionsstrategien in F&C-Netzwerken

Wie sind in Anbetracht dieser natürlichen Zielkonflikte die Größe und Zusammensetzung des Franchisesystems zu konfigurieren?

Wird nach der optimalen Expansionsstrategie gefragt, so muss die bilaterale Betrachtung durch eine multilaterale Analyse ersetzt werden: Die kumulierten Zahlungsüberschüsse des FG resultieren aus der Summe der Geschäftsbeziehungen mit sämtlichen FN. Die Expansion durch Aufnahme weiterer FN erhöht die Anzahl der vereinnahmten Netto-Eintrittsbeiträge (c) sowie die aggregierten Zahlungsüberschüsse aufgrund der insgesamt besseren Ausschöpfung des Umsatzpotenzials. Für den einzelnen FN resultiert daraus prima facie ein flacherer Verlauf seiner kumulierten Zahlungsüberschüsse, da sich das auf ihn entfallende Umsatzpotenzial vermindert. Der Amortisationszeitpunkt verschiebt sich in die Zukunft, die Zufriedenheit lässt nach, eine frühere Fluktuation wird wahrscheinlich, potenzielle FN werden abgeschreckt. War der FN beim Eintritt in das System von anderen Geschäftsbedingungen ausgegangen, wird die Struktur also erst nach seinem Eintritt zu seinen Ungunsten verändert, kann dies einem subjektiv empfundenen

---

[43] Vgl. Grob, 2001; Adam, 1996.

Vertrauensbruch gleichkommen, der sich erst recht im Kreise der potenziellen Partner herumsprechen kann.

In diesem Zusammenhang ist darauf hinzuweisen, dass außer den bisher dargestellten monetären Größen zahlreiche nicht monetäre Determinanten des Partner Values zu berücksichtigen sind. Sie sind vornehmlich informationeller Art: In Beiräten und Gremien findet ein intensiver Informationsaustausch nicht nur im Hinblick auf eine Weiterentwicklung des Systempakets zwischen FG und FN statt. Die FN tauschen auch untereinander Informationen aus und partizipieren an den Erfahrungen der anderen FN. Bei multilateraler Betrachtung müssen diese aus den nicht monetären Determinanten und Verbundeffekten resultierenden Wertbeiträge (soweit eben quantifizierbar) in die Berechnung des Partner Values einbezogen werden.

Expansionsstrategien können allerdings aus FN-Sicht auch auf positive Resonanz stoßen. Die zügige Besetzung aller relevanten Standorte bietet einem innovativen Dienstleistungskonzept einen gewissen Imitationsschutz (Entmutigung potenzieller Konkurrenten), der um so wichtiger ist, als gewerbliche Schutzrechte für Vertriebsinnovationen (abgesehen vom Kennzeichenschutz) nicht angemeldet werden können[44]. Die finanzielle Basis für den FG verbessert sich (kritische Masse-Phänomen), sodass er verstärkt in das akquisitorische Potenzial investieren und professionelle Unterstützung bei der Perfektionierung des Systempakets in Anspruch nehmen kann. Die Lernoberfläche vergrößert sich, eine verbesserte Grundlage für die experimentelle Optimierung (internes Benchmarking) wird geschaffen. Degressions- und Synergieeffekte können ausgeschöpft werden, die steigende Nachfragemacht gegenüber den Vorlieferanten kann die Beschaffungskonditionen verbessern. Bei Verkaufsgebietsüberschneidungen können sog. Agglomerationseffekte wirksam werden. Vor allem ist auf den Wert der netzgeführten Marke zu verweisen, der erst ab einem bestimmten Bekanntheitsgrad überproportional ansteigt (Türschwelleneffekt); die Chance, eine berühmte Marke zu werden, haben nur Netzwerke mit einer überregional hohen Penetration (z. B. McDonald's, Burger King).

In der Konsequenz können das gesamte Umsatzpotenzial des Netzwerks in einem Maße ausgedehnt und die auf den FN umgelegten Kostenbeiträge gesenkt werden, sodass trotz vergrößerter Partnerzahl der Gewinn je FN steigt.

Ab einer bestimmten Besetzungsdichte werden die Erfolgspotenziale der alten FN jedoch durch den Eintritt weiterer Partner geschmälert, während der SSV aus FG-Sicht noch steigt. Die hohe Kunst des wertorientierten Managements besteht in dieser Expansionsphase darin, die Partner von der Notwendigkeit des Wachstums zur langfristigen Existenzsicherung des Netzwerks im Systemwettbewerb zu überzeugen. Die Expansionsstrategie erreicht eine natürliche Grenze, wenn dies nicht

---

[44] Vgl. Ahlert/Schröder, 1996, S. 100 ff.

mehr gelingt und (daraufhin) auch keine neuen Partner mehr rekrutiert werden können.

In dieser Phase ist eine Änderung der Konstitution des Netzwerks zu erwägen, indem z. B. durch Beteiligungsmodelle die natürliche Wachstumsgrenze hinaus geschoben wird. Die Erträge aus der Kapital- und Überschussbeteiligung kompensieren die rückläufigen Erträge der bisherigen FN, die Aussichten auf zusätzliche Kapitalerträge und die Beteiligung am Firmenwert der Franchisezentrale können neue Partner („High Potentials") anlocken.

2.3.4.3 Grundzüge einer strukturoptimierenden Gebührenordnung für F&C-Netzwerke

Anknüpfend an die dargelegte Problematik der (umstrittenen) umsatzabhängigen Franchisegebühr, können nunmehr erste Hinweise für die Optimierung der systeminternen Spielregeln in F&C-Netzwerken gegeben werden. Die fehlsteuernden Wirkungen der herkömmlichen Abrechnungssysteme sind (vermutlich) darauf zurückzuführen, dass nicht konsequent zwischen den folgenden drei Steuerungsbereichen unterschieden wird:

- der strukturoptimierenden Gebührenordnung,
- der prozessoptimierenden Leistungsverrechnung und
- dem innovationsorientierten Konzept von Zwangsbeiträgen zur Realisation von Gemeinschaftsaufgaben.

Die prozessoptimierende Leistungsverrechnung kann dem operativen Netzwerkmanagement bei festgefügten Strukturen zugeordnet werden und erstreckt sich auf die den einzelnen Netzakteuren direkt zurechenbaren (Prozess-)Leistungen, welche zwischen den kooperierenden Unternehmungen ausgetauscht werden. Strategische Bedeutung hat dieser Bereich insofern, als hier auftretende Defizite die Zufriedenheit der aktuellen und die Attraktivität des Netzwerks für neue Partner mindern können. Dies ist insbesondere dann der Fall, wenn gegen eine wichtige Grundregel verstoßen wird:

Die monetären Verrechnungsregeln sollten leistungsorientiert ausgestaltet sein; die pauschale Abgeltung des individualisierbaren Leistungsaustausches durch unspezifische Gebühren sollte weitestgehend unterbleiben; Quersubventionierungen zwischen leistungsstarken und leistungsschwachen Partnern sind mit Effizienz- und Attraktivitätsverlusten verbunden. Wir wollen diese Grundregel „Individualisierungsregel" nennen.

Auch bei den Abrechnungssystemen für Gemeinschaftsaufgaben wird die Netzwerkstruktur als gegeben angenommen, es sind jedoch Investitionen in die Infrastruktur des Netzwerks zu tätigen, die den üblichen, durch die Franchisegebühren abgedeckten Rahmen sprengen. Alle Akteure sind zu monetären und nicht monetären Beiträgen zu veranlassen, die von dem Netzwerk als Ganzes in Erfolgspotenziale transformiert werden und dann wiederum jedem Einzelnen als Anreize zugute kommen. Anreize und Beiträge sind einander nicht direkt zurechenbar, die Gemeinschaft der Unternehmer hat jedoch ein großes Interesse daran, dass diese Investitionen in innovative Technologien erfolgen und jeder Akteur zu einer Beteiligung gezwungen wird. Dieser Aufgabenkomplex ist im Mittelfeld zwischen dem operativen und dem strategischen Netzwerkmanagement angesiedelt.

Die strukturoptimierende Gebührenordnung ist Gegenstand des strategischen Netzwerkmanagements. Sie sollte sich ausschließlich auf Leistungen erstrecken, welche die Konfiguration des Netzwerks als Ganzes betreffen. Dabei hat sich die Aufspaltung in eine einmalige Eintrittsgebühr und eine laufende Franchisegebühr bewährt. Für die Höhe der Gebühren und die Relation zwischen den beiden Komponenten gibt es keine anderen Determinanten als die Akzeptanz auf dem Markt für potenzielle Franchisenehmer. Die Höhe der Eintrittsgebühr an die schon getätigten Vorleistungen des FG zu koppeln, die laufenden Gebühren dagegen an die Folgeleistungen des FG, erweckt zwar den Anschein einer begründbaren Plausibilität, ist jedoch nicht zwingend. Dies schon deswegen, weil die in der Vergangenheit getätigten Investitionsauszahlungen den Charakter sog. „sunk costs" haben und für zukunftsbezogene Gebührenentscheidungen irrelevant sind. Ebenso wenig lässt sich zwingend begründen, dass die Eintrittsgebühr für alle FN einheitlich sein muss. Sollte aus Gründen der Verhandlungsökonomie der Einheitlichkeit der Eintrittsgebühr der Vorzug gegeben werden, ist es unerlässlich, die Höhe der laufenden Franchisegebühr zu differenzieren. Ebenfalls aus Gründen der Verhandlungsökonomie kann es zweckmäßig sein, den Prozentsatz der laufenden Gebühr wiederum einheitlich festzulegen; die Differenzierung erfolgt dann auf der Ebene der Bemessungsgrundlage.

Wie lässt sich nun überhaupt die Forderung nach (einmaligen und laufenden) Franchisegebühren begründen; genauer: Was kann den potenziellen FN dazu veranlassen, sich auf die Zahlung solcher Gebühren einzulassen?

Der Aufbau und die Konstitution des Netzwerks, die Entwicklung und fortlaufende Perfektionierung des (innovativen) Systemdienstleistungspakets, die Marketingmaßnahmen auf der Stufe der Endabnehmer, die Geschäftsbeziehungen zu wichtigen Lieferanten, all diese und weitere Aktivitäten des FG, führen zu einem immateriellen Gesamtwert des Netzwerks, an dem der neu hinzutretende Partner partizipiert. Aus der Perspektive des (potenziellen) FN kann der ihm durch die Franchise verfügbar gemachte Wert in zwei Komponenten aufgegliedert werden.[45]

1. Die Übernahme eines bewährten Geschäftsmodells ersetzt die eigenen Professionalisierungs- und Qualifizierungsanstrengungen des FN im Rahmen der Neugründung. Es wird gelegentlich auch von der „schlüsselfertigen Existenz" gesprochen.

---

[45] Vgl. Meyer/Pogoda, 1997.

2. Das Franchisesystem kann sich bereits zu einer (berühmten) Marke im Vorstellungsbild der Verbraucher entwickelt haben.[46] Mit dem Eintritt in ein System, wie beispielsweise Mc Donald's oder OBI, verfügt der neue Partner schlagartig über vorhandene Kundschaft, die er nicht erst durch eigene Marketinganstrengungen vor Ort in einem längeren Prozess gewinnen muss. Insofern bezeichnen Meyer und Pogoda[47] Franchising auch als „Lizenz zur Kundschaft".

Es dürfte nicht schwer fallen, gegenüber dem potenziellen FN plausibel zu begründen, dass für den Teilwert (1) eine adäquate Eintrittsgebühr fällig ist. Im Hinblick auf die o. g. Individualisierungsregel kann es sich allerdings als problematisch erweisen, spezifische, dem einzelnen Aspiranten individuell zurechenbare und für ihn nützliche Einstiegsleistungen pauschal in die Gebühr einzurechnen. Dies könnte jene (besonders begehrten) Partner abschrecken, welche die spezifischen Rekrutierungs- und Professionalisierungsleistungen in einem geringeren Umfang benötigen als andere (Quersubventionierungsverdacht). Die (einheitliche) Eintrittsgebühr ist daher von allen individualisierbaren Bestandteilen zu befreien.

Der Teilwert (2) konkretisiert sich für den FN in dem Recht, ein bereits aufgebautes Umsatzpotenzial (exklusiv) auszuschöpfen. Die Größe dieses Potenzials hängt von den Besonderheiten des Standortes und dem zugewiesenen Einzugsgebiet ab. In welchem Umfang der FN das Umsatzpotenzial ausschöpft, liegt in seinem Einflussbereich. Es erscheint daher zweckmäßig, die laufende Franchisegebühr an die *Möglichkeit* zur Inanspruchnahme des Potenzials zu koppeln, nicht aber an das tatsächliche Ausmaß der Ausschöpfung (Umsatz).

Zur Stabilisierung und Vergrößerung des Umsatzpotenzials unternimmt der FG fortlaufend Anstrengungen (z. B. verbrauchergerichtetes Marketing), zu denen er in dem Maße angereizt wird, in dem er den Return on Investment über die potenzialabhängige Franchisegebühr realisieren kann.

Sollte es auf der anderen Seite dem FN gelingen, durch überdurchschnittlich große Anstrengungen das Umsatzpotenzial in seinem Einzugsgebiet auszuweiten, kann dies bei der Festlegung der gebührenpflichtigen Bemessungsgrundlage (Umsatzpotenzial) berücksichtigt werden. Leistet der FN in nachvollziehbarer Weise Beiträge zur Steigerung des Umsatzpotenzials auch außerhalb seines Einzugsgebietes, so ist dies über adäquate (Rück-)Vergütungen abzugelten. Im Einzelfall mag dies auf erhebliche Operationalisierungsprobleme stoßen, es sollte aber zumindest im Grundsatz in der Gebührenordnung angelegt sein. Einvernehmen kann hier nur auf dem Verhandlungswege, z. B. im Zusammenhang mit der strategischen Steuerung mithilfe der Balanced Scorecard, erzielt werden.

---

[46] Vgl. Ahlert/Kenning/Schneider, 2000, S. 166 ff.
[47] Vgl. Meyer/Pogoda, 1997, S. 151.

Eine strukturoptimierende Gebührenordnung für F&C-Netzwerke kennzeichnet sich zusammenfassend durch folgende Merkmale:

1. Die pauschal abgerechneten Gebühren sind von allen Komponenten befreit, die individualisierbar sind.

2. Mit der Festlegung der Gebührensätze und der Aufteilung in einmalige und laufende Bestandteile konkurriert der FG am Markt für Unternehmer im Netzwerk. Die Gebührensätze sind daher nicht kostenorientiert (oder in diffuser Form gerechtigkeitsorientiert), sondern marktorientiert bestimmt. Die aktuelle und zukünftige Marktkonstellation ist dabei derart berücksichtigt, dass die Selektions- und Expansionsstrategie den SSV aus FG-Sicht optimiert.

3. Die Bemessungsgrundlage der laufenden Franchisegebühr ist nicht der Umsatz (Ausschöpfung des Umsatzpotenzials), sondern die Höhe des bereitgestellten Umsatzpotenzials. Die Verkaufsbezirkszuweisung kann auf drei Wegen geschehen:
    a. Zuteilung eines klar und eindeutig abgegrenzten Verkaufsbezirks an jeweils einen FN.
    b. Zuteilung eines Verkaufsbezirks an mehrere FN, die gemeinsam die potenzialabhängige Franchisegebühr aufbringen, entweder zu gleichen Teilen oder zu untereinander auszuhandelnden Anteilen. Es ist denkbar, dass sich die Verhandlungspartner auf den realisierten Umsatz (oder andere Größen) als Verrechnungsgrundlage einigen.
    c. Einrichtung eines internen Marktes, auf dem die aktuellen und potenziellen FN als Nachfrager nach (Teil-)Bezirken auftreten. Der zu zahlende „Preis" ist die potenzialabhängige Franchisegebühr; der Meistbietende erhält den Zuschlag.

4 Soweit die Gewährung von Gebietsschutz rechtlich nicht zulässig ist, besteht die Gefahr des „Wilderns" in fremden Domänen (Rosinengeschäfte in Nachbarbezirken), was ein hohes Konfliktpotenzial in sich birgt. Dieses Verhalten muss nicht notwendigerweise seitens des FG unterbunden werden. Da das „Wildern" auf Gegenseitigkeit beruhen kann, werden die FN untereinander eine marktadäquate Lösung (z. B. in Form von Ausgleichszahlungen) finden; sie können sich aber auch darauf verständigen, die Hilfestellung des FG bei der Regulierung entgeltlich in Anspruch zu nehmen. Desgleichen kann der FG Unterstützungsleistungen bei der Aushandlung der Gebührenanteile im Falle (3 b) anbieten.

5. Die Ermittlung der Bemessungsgrundlage (Umsatzpotenzial) ist weitestgehend durch objektive (intersubjektiv überprüfbare) Ergebnisse der Markt- und Standortforschung zu fundieren.[48] Realisierte Umsätze in den Gebieten bieten einen Anhaltspunkt. In Zweifelsfällen ist der Konsens auf dem Verhandlungswege herbeizuführen. In der Variante (3

---

[48] Vgl. Huff, 1964; Müller-Hagedorn, 1998.

auf dem Verhandlungswege herbeizuführen. In der Variante (3 c) löst sich das Problem über den (internen) Marktmechanismus.

6. Marktkonstellation und Expansionsziele können Beteiligungsmodelle für FN erforderlich machen, um die Wachstumsgrenzen hinauszuschieben. Die Gebührenordnung wird dabei in den Verhandlungsprozess mit den potenziellen Anteilseignern einbezogen.

Der Haupteinwand gegen diese Gebührenordnung dürfte sich auf die **Substitution der umsatz- durch die potenzialabhängige Bemessungsgrundlage** der laufenden Franchisegebühr beziehen. Sollte die umsatzabhängige Gebühr bereits kodifiziert sein bzw. sich als robuste Abrechnungsregel „bewährt" haben, bietet sich eine einfache Lösung an: Die umsatzabhängigen Franchisegebühren werden beibehalten und als Abschlagszahlungen auf die potenzialabhängigen Beiträge angerechnet, d. h. das „Feintuning" der monetären Steuerung richtet sich nach dem vorstehend skizzierten Abrechnungsmodus. Dies erscheint schon deswegen zweckmäßig, weil die Fehlsteuerungsgefahr nur in dem Zielkonfliktbereich besteht. Wichtig ist aber, dass allen Akteuren die Neuregelung transparent gemacht wird, damit die Verhaltenssteuerung im Sinne der Netzwerkziele greift. Um Irritationen zu vermeiden, kommt es darauf an, die Partner von der Zweckmäßigkeit einer modernen Gebührenordnung zwecks nachhaltiger Überlebenssicherung im Systemwettbewerb zu überzeugen. Dies wird im Zuge der nachfolgend darzustellenden Restrukturierung der prozessoptimierenden Leistungsverrechnung ohnehin geschehen müssen.

2.3.5 Wertorientiertes Prozessmanagement in F&C-Netzwerken

Die Entscheidungen über eine geeignete Organisation des Netzwerks und ein fortschrittliches Konzept der systeminternen Leistungsverrechnung sind in hohem Maße interdependent. Defizite im Organisationsbereich können nur sehr bedingt durch ein leistungsorientiertes Verrechnungspreissystem „ausgebügelt" werden. Die meisten Probleme einer Fehlsteuerung des Netzwerks lösen sich von selbst auf, wenn die organisatorische Konfiguration nach den Regeln der Managementkunst gestaltet wird: Der Restrukturierung des Leistungsverrechnungssystems sollte daher die Restrukturierung der Organisation vorausgehen.

2.3.5.1 *Die kundenorientierte Organisation des Wertschöpfungsprozesses*

Es kann heute als unbestritten gelten, dass sich die Prozessorganisation für Unternehmungen mit dezentral agierenden Organisationseinheiten (und damit erst recht für Unternehmensnetzwerke) als das überlegene Konzept erwiesen hat. Die Einteilung in einen „produktiven" (wertschöpfenden) Bereich und in einen „unproduktiven" (nicht wertschöpfenden) Gemeinkostenbereich, wie etwa Buchhaltung, Administration, hat sich überholt: „Das gesamte Unternehmen wird stattdessen als ein *Netzwerk von wertschöpfenden Prozessen* verstanden, die wie Kunden und Lieferanten innerbetriebliche Leistungen (Prozessleistungen) austauschen. Alle diese Leistungen dienen dazu, den Kunden des Unternehmens bestimmte Endleistungen anzubieten und letztendlich eine Wertschöpfung zu erzielen. Die Fertigung erstellt hierzu Leistungen in Form von Produkten und die administrativen Prozesse erbringen Dienstleistungen für innerbetriebliche oder externe Abnehmer".[49]

In Franchisesystemen ist die Prozessorganisation einerseits innerhalb der kooperierenden Unternehmungen (FG und FN) und andererseits in dem Beziehungsfeld *zwischen* den Partnern umzusetzen. In dem hier gebotenen Rahmen ist es nicht möglich, das Business Process Reengineering in Distributionsnetzen ausführlicher darzulegen.[50]

Für den **internen Bereich der Franchiseunternehmungen** soll daher im Weiteren unterstellt werden, dass bereits eine Prozessorganisation verwirklicht ist, die durch die folgenden Merkmale gekennzeichnet ist:[51]

- Alle Aufgaben der Netzakteure leiten sich unmittelbar aus der Nutzenstiftung beim Endkunden ab.

- Die Arbeitsweise in den FN-Unternehmungen (und in der Zentrale) ist nach dem Vorbild natürlicher Prozesse gestaltet, d. h. unnötige Schnittstellen zwischen Ressorts („Ressortpartikularismus") wurden eliminiert.

- Innerhalb der Unternehmungen wird nach dem Prinzip des Lean Managements gearbeitet: flache Hierarchien, keine willkürliche Trennung zwischen Planung, Entscheidung, Umsetzung und Kontrolle (Prozessverantwortung in einer Hand).

- Die Potenziale der neuen Informations- und Kommunikationstechnologien werden konsequent und kreativ ausgeschöpft.

Die vorstehend skizzierten Merkmale (abgesehen vielleicht von dem letzten Punkt) dürften für die meisten FN-Unternehmungen (und in der Regel auch für die Zentralen) eine Selbstverständlichkeit sein: Ein Restrukturierungsbedarf, etwa als Folge eines Zuviels an Bürokratie oder einer kundenfernen funktionalen Fragmentierung der Aufgaben, ist in unternehmergeführten, marktnah agierenden Franchiseunternehmungen i. d. R. nicht gegeben.

Angesichts dieser in Franchisesystemen regelmäßig günstigen, organisatorischen Ausgangslage fragt es sich nun, ob die **Verhältnisse zwischen den Stufen des vertikalen Systems** den Regeln einer modernen Prozessorganisation entsprechen. Dies ist der Fall, wenn folgende Merkmale vorliegen:

---

[49] Vgl. Battenfeld, 1997, S. 18 und die dort angegebene Literatur.
[50] Vgl. dazu Ahlert/Borchert, 2000, S. 23 ff.
[51] Vgl. Hammer/Champy, 1995.

- Die Arbeitsteilung zwischen den Netzakteuren ist derart gestaltet, dass jeder das tut, was er vergleichsweise am besten kann (vgl. dazu auch Kapitel 4.3). Die Funktionsaufteilung wird durch einen systeminternen Markt gesteuert.

- Die Funktionszuweisung erfolgt nachfrageorientiert, d. h. retrograd vom Endkunden ausgehend, über die Unternehmungen mit direktem Kundenkontakt (FN) bis hin zur Managementzentrale (FG) und ggf. noch in die Stufe der Vorlieferanten hinein. Die Prozessteams in den FN-Unternehmungen entscheiden im Rahmen von make-or-buy-Kalkülen, welche Aktivitäten in der Geschäftsbeziehung zum Kunden zweckmäßig sind, welche dieser Aktivitäten sie selbst durchführen und welche sie an andere Leistungsträger auslagern wollen. Um die Übernahme dieser auszulagernden Funktionen bewerben sich dritte Dienstleister und die Franchisezentrale. Soweit wie eben möglich ist also Wettbewerb auf der Ebene der Hintergrundsysteme zugelassen. So ist es z. B. nicht zwingend sinnvoll, dass Schulungsveranstaltungen ausschließlich seitens des FG durchgeführt werden; vielmehr sollten sich Schulungseinrichtungen des FG im Wettbewerb mit externen Dienstleistern bewähren. Dies schließt die Möglichkeit ein, ihre Leistungen auch außerhalb des Franchisesystems anzubieten.

- Dem FG obliegt es aber, dafür Sorge zu tragen, *dass* die Qualifizierung der FN nach definierten Standards erfolgt, um die Qualität des Marktauftritts aller Netzakteure sicherzustellen (Total Quality Management). Das Argument, der FG käme bzgl. spezifischer Schulungsprogramme nicht auf seine Kosten, lässt sich leicht widerlegen: Die Grundleistung des FG wird über die einmalige und laufende Franchisegebühr abgegolten. Würden die FN darüber hinaus gezwungen, unvorteilhafte Leistungen in Anspruch zu nehmen, ergäben sich Effizienzverluste (z. B. auch Quersubventionierungen zwischen starken und schwachen FN), die sich das Netzwerk als Ganzes unter funktionierendem Systemwettbewerb nicht erlauben kann.

- Das Motto „Wettbewerb belebt das Geschäft" gilt auch für die Stufe der FN. Bei der Erfüllung von Funktionen, die der FG auslagern möchte (z. B. die Gewinnung von Marktinformationen), stehen sie im Wettbewerb untereinander und mit dritten Dienstleistern. Auf der Endkundenstufe stehen die FN per se im Wettbewerb mit dritten Anbietern.

- Von dem vorstehend formulierten Wettbewerbsgebot werden neu eingetretene Partner so lange ausgenommen, bis sie die Qualifikation erlangt haben, sich im internen Wettbewerb zu behaupten. Dauerhafte hohe Schutzzäune für schwache FN führen jedoch zu Effizienzverlusten, nicht zuletzt dadurch, dass starke Partner das System verlassen oder gar nicht eintreten wollen.

- Die Schnittstellenoptimierung zwischen den Stufen erfolgt durch stufenübergreifend eingesetzte Prozessteams, wie es in modern geführten Filialsystemen und auch in einigen Partnerschaften des Efficient Consumer Response vorexerziert wird.[52]

2.3.5.2 Grundzüge eines prozessoptimierenden Konzepts der systeminternen Leistungsverrechnung

Verfügt das Netzwerk über eine kundenorientierte Prozessorganisation, liegen die Anforderungen an das Verrechnungspreissystem für den netzwerkinternen Leistungsaustausch auf der Hand. Für die Marktorientierung innerhalb des Netzwerks und die Sicherstellung des marktorientierten Verhaltens aller Mitarbeiter „bietet sich ein Verrechnungspreissystem an, das dem Anbieter einer innerbetrieblichen Dienstleistung einen Anreiz bietet, sich um Zeit, Kosten und Qualität in seinem Produktionsprozess zur Herstellung von internen Dienstleistungen zu bemühen. Verrechnungspreise stellen dann den abrechnungstechnischen Gegenwert einer solchen Leistung dar und honorieren den Nutzen, den der Anbieter bei dem Abnehmer einer Leistung stiftet. Indem Verrechnungspreise von der Qualität gelieferter Dienstleistungen abhängen, wird die Qualität als Determinante des Nutzens beim Abnehmer der Dienstleistungen berücksichtigt. Das Verrechnungspreissystem kann somit als ein System von Spielregeln, das Ziele, aber nicht die Wege zu ihrer Realisierung vorgibt, aufgefasst werden. Es schafft geeignete Rahmenbedingungen für eine Selbstorganisation und sorgt für eine interne Marktorientierung. Die Verrechnungspreise beruhen (...) auf externen Marktpreisen, dem Verhandlungsprinzip oder auf Zielkosten, die durch ein externes *Benchmarking* bestimmt werden können".[53]

Im Einzelnen sind die folgenden Grundsätze zu beachten:

1. Die schon erwähnte Individualisierungsregel ist streng einzuhalten: Sämtliche spezifisch dem einzelnen FN zurechenbaren Leistungen sind separat abzurechnen und nicht über die Franchisegebühr pauschal abzugelten.

2. Grundsätzlich sind nicht nur die Leistungen der Franchisezentrale, sondern auch diejenigen, die der einzelne FN für die Zentrale (für das System als Ganzes) sowie für andere FN erbringt, in den Abrechnungsmodus einzubeziehen.

3. Das Verrechnungspreissystem sollte nicht nur für die FN, sondern auch für den FG (und seine Mitarbeiter) Leistungsanreize bereithalten, sich im Sinne der langfristigen Ziele des Netzwerks als Ganzes (SSV) zu verhalten. Damit kann dem latenten Vorwurf, der FG läge „auf der faulen Haut", wirkungsvoll begegnet werden.

4. Die Leistungsverrechnung soll nicht nur die Menge der ausgetauschten Leistungen, sondern auch deren Qualität steuern. Dabei ist sicherzustellen, dass in

---

[52] Vgl. Battenfeld, 1997, S. 8 ff.; Ahlert/Borchert, 2000, S. 16 ff.
[53] Vgl. Battenfeld, 1997, S. 3.

den Anforderungsprofilen an eine Prozessleistung nur Qualitätsmerkmale aufgenommen werden, die für den Abnehmer dieser Prozessleistung relevant sind. Welche Niveaus für die qualitativen Leistungsmerkmale optimal sind, kann häufig nur im Rahmen prozessübergreifender Analysen geklärt werden. Der FG kann z. B. bei gegebener Kapazität nur dann einen bestimmten Liefertermin zusagen, wenn seine Abteilung Warenausgang die Leistungsvereinbarungen bzgl. des Qualitätsmerkmals „Zeit" auch einhalten kann. Dies hängt von der Beschäftigungslage im Geschäftsverkehr mit den anderen FN ab. Eine verspätete Lieferung führt ggf. zu Erlösschmälerungen durch unzufriedene Kunden. Pünktliche Lieferungen bzw. kurze Lieferzeitzusagen verursachen also beim Abnehmer einen Nutzen, beim Lieferanten zusätzliche Kosten (Kapazitätsausweitung, Opportunitätskosten im Geschäftsverkehr mit den übrigen Abnehmern), was in der Höhe des Verrechnungspreises zu berücksichtigen ist. Soweit sich prozessübergreifende Verbesserungen auf Prozesse mehrerer Unternehmungen beziehen, bedarf es eines *Prozessleistungscontrollings*, das nur auf der Ebene der Zentrale effizient durchgeführt werden kann. Dem *Prozessdesigncontrolling* obliegt es, die Qualität der Prozesse selbst zu überprüfen.[54]

5. Leistungsorientierte Verrechnungspreise dürfen nicht als ein Mittel zur Weiterwälzung von Kosten verstanden werden. Alle denkbaren Formen kostenorientierter Verrechnungspreise, seien es Voll- oder Teilkosten, haben sich als fehlsteuernd erwiesen.[55]

6. Nur marktorientierte Verrechnungspreise erfüllen die Voraussetzungen des wertorientierten Managements in Netzwerken. Während es in hierarchisch strukturierten Unternehmungen häufig Schwierigkeiten bereitet, den Marktmechanismus auf den internen Leistungsaustausch anzuwenden, besteht der große Vorteil von Unternehmenskooperationen gerade darin, dass zwischen den Akteuren bereits ex definitione Märkte existieren. Hier ist darauf zu achten, dass der Marktmechanismus nicht unnötig außer Kraft gesetzt wird, etwa durch systemintern auferlegte Kontrahierungszwänge oder Quersubventionierungen durch Verrechnungspauschalen.

7. Bei *netzwerkunspezifischen Leistungen* bilden die Marktpreise externer Dienstleister den Orientierungsmaßstab. Die Verwendung eines (externen) Marktpreises für systeminterne Leistungen unterliegt jedoch den folgenden Einschränkungen:

8. Es muss einen externen Markt geben, der die systeminternen Leistungen voll substituieren kann.

---

[54] Vgl. Näheres zum Prozessmanagement bei Battenfeld, 1997, S. 18 ff.
[55] Vgl. zur Beweisführung Battenfeld, 1997, S. 56 ff.

9. Auf diesem Markt gibt es einen stabilen Marktpreis, der nicht durch Preiskämpfe beeinflusst wird.

10. Der externe Markt muss für die liefernden und abnehmenden Akteure auch im Konfliktfall zugänglich sein.

2.3.6 Wertorientiertes Innovations- und Technologiemanagement in F&C-Netzwerken

2.3.6.1 Zur Frage der Existenzberechtigung eines Systemkopfes in Unternehmenskooperationen

Die vorstehend vorgetragenen Anforderungen an das System der Leistungsverrechnung kulminieren in der Aussage:

"Es erfolgen keine Eingriffe durch eine zentrale Instanz".

Für hierarchische Organisationen hat dies folgende Konsequenzen:

„Hat das Top-Management sich im Rahmen einer politischen Grundsatzentscheidung für die kundenorientierte Prozessorganisation entschieden, muss es sich mit gravierenden Änderungen der eigenen Aufgaben und Zuständigkeiten abfinden. Nicht mehr die Anweisung, sondern die *Strategie-Moderation und ein Coaching der selbstständig agierenden Prozessteams* bilden den Schwerpunkt. Das eigentliche Management der Prozessaktivitäten im Sinne von Planung/Entscheidung, Umsetzung und Kontrolle obliegt den Prozessteams selbst".[56]

Es hat den Anschein, dass diese Forderung mit dem wiederholt vorgetragenen Plädoyer für die Einrichtung eines Systemkopfes zur Steuerung von Unternehmensnetzwerken in einem diametralen Widerspruch steht. Dieser Widerspruch löst sich auf, wenn noch einmal auf den ambivalenten Charakter von F&C-Netzwerken hingewiesen wird. Ihr Vorzug besteht darin, dass sie marktliche mit hierarchischen Steuerungskomponenten sinnvoll verknüpfen.

Die Ausführungen des letzten Teils bezogen sich auf den marktlichen Koordinationsmechanismus im Rahmen des operativen Netzwerkmanagements und münden in die Forderung: „So viel marktlich individualisierte Steuerung des Leistungsaustausches wie eben möglich".

Die Ausführungen zum strategischen Netzwerkmanagement haben aber auch deutlich werden lassen, worin die Vorteile eines zentral gesteuerten Systemhintergrunds bestehen: Das auf Dauer angelegte, festgefügte Netzwerk kann (innovative) Leistungen hervorbringen, zu denen der einzelne Akteur nicht in der Lage bzw. (aufgrund mangelnder Anreize) nicht willens ist. Zu erinnern ist noch einmal

---

[56] Vgl. Ahlert, 1996, S. 39.

exemplarisch an die Konzeption und laufende Fortentwicklung des Systemdienstleistungspakets (schlüsselfertige Existenzen) oder an den Aufbau einer (berühmten) Marke (Lizenz zur Kundschaft).

Damit wird der „schmale Grat" zwischen hohen Effizienzeinbußen und Stabilitätsgefährdungen bei fehlender zentraler Koordination (hohe Transaktionskosten) und der bürokratischen Übersteuerung (hohe Bürokratiekosten) deutlich.

Zwischen dem strategischen Steuerungsbereich (Netzwerkkonfiguration, Strukturoptimierung) und der operativen Prozesssteuerung sind zahlreiche Infrastrukturaufgaben angesiedelt, die die Existenzberechtigung eines Systemkopfes zusätzlich begründen. Ohne Anspruch auf Vollständigkeit seien die folgenden genannt:

(1) Einführung innovativer Technologien (z. B. Computergestützte Warenwirtschaftssysteme, digitale Kommunikations- und Informationssysteme);

(2) Einbindung des Netzwerks in Efficient Consumer Response (ECR)-Partnerschaften mit den Vorstufenlieferanten;

(3) Einstieg in die Welt des E-Commerce;

(4) Organisation des Informationsaustausches in wissensintensiven Netzwerken durch Knowledge-Management und Benchmarking;

(5) Entwicklung und Umsetzung einer unternehmensübergreifenden Controllingkonzeption;

(6) Entwicklung grenzüberschreitender Geschäftsmodelle, Globalisierung und Internationalisierung des Netzwerkes.

Das Gemeinsame dieser Aufgabenbereiche besteht darin, dass Erfolge nur erzielt werden können, wenn die Netzakteure die Aktivitäten der Zentrale nicht nur tolerieren, sondern auch bereit sind, aktiv mitzuwirken. Für den einzelnen Unternehmer bedeutet dies eine riskante Vorleistung, da hohe Kosten auftreten, der Nutzen aber erst später realisierbar ist, wenn möglichst viele Partner sich beteiligen. Es sind kritische-Masse-Probleme und Opportunismus-Probleme zu lösen. Da die vonseiten der Zentrale und der Netzakteure zu erbringenden Leistungen nicht individualisierbar sind, versagen die prozessoptimierenden Leistungsverrechnungssysteme: Das erzielte Leistungsergebnis kann innerhalb des Netzwerks als „öffentliches Gut" charakterisiert werden, so dass Trittbrettfahrereffekte nach dem Motto „es gibt viel zu tun, fangt schon mal an" auftreten können.

2.3.6.2 Grundzüge eines innovationsorientierten Konzepts von Zwangsbeiträgen zur Realisation von Gemeinschaftsaufgaben

Der Gordische Knoten kann nur durch das Machtwort eines Systemkopfes durchschlagen werden, d. h. Zwangsmaßnahmen sind notwendig. Dies gilt für alle unter (1) bis (6) aufgeführten Koordinationsaufgaben. Das Machtwort erstreckt sich auf folgende Bereiche:

- Verpflichtung zur Aufrüstung *aller* Akteure nach einem festgelegten Zeitplan (Investitionszwang);
- Beteiligung an der Investition in die notwendigen zentralen Einrichtungen (Zwangsabgabe über die Franchisegebühren hinaus);
- Verpflichtung zur Erbringung der notwendigen Leistungen (z. B. Abgabe von Wissen), die z. T. als „riskante Vorleistungen" bei zeitlich versetztem Nutzenempfang charakterisiert werden können.

Die vorstehenden Ausführungen haben einmal mehr deutlich werden lassen, dass Unternehmenskooperationen, die von einem Systemkopf geführt werden, bessere Überlebenschancen im Systemwettbewerb haben. Die Probleme, einen geeigneten Abrechnungsmodus zu finden und die Qualität der erbrachten Leistungen zu kontrollieren, treten in den vorstehend aufgeführten Koordinationsfeldern in einem gesteigerten Maße in Erscheinung: So besteht z. B. im Bereich des unternehmensübergreifenden Wissensmanagements die Tendenz, „hinter dem Berg zu halten" und Qualität der Informationen durch Quantität zu „erschlagen". Zwang und Konsens sind keine Gegensätze, sondern in F&C-Netzwerken miteinander zu verbinden.

Im Rahmen der Willensbildung ist Konsens notwendig (partizipative Entscheidungsfindung), im Rahmen der Willensdurchsetzung seitens des dazu von allen Akteuren autorisierten Systemkopfes ist Zwang, also etwa auch die Disziplinierung der potenziellen Trittbrettfahrer, unumgänglich. Es ist das Wesen des F&C-Netzwerks, dass die effizienzorientierte Steuerung durch die Managementzentrale nicht nur toleriert wird, sondern geradezu erwünscht ist.

2.4 F&C-Netzwerke im Aufbruch aus dem Managementdilemma

Das vorstehend dargelegte Konzept des wertorientierten Managements stellt hohe Anforderungen an den Netzwerkführer und die Netzakteure: Der Aufbau eines komparativen Konkurrenzvorteils auf dem Markt für Netzwerkunternehmer zwecks Umsetzung der intendierten Expansionsstrategie erfordert nicht nur eine attraktive Gebührenordnung im Spannungsfeld zwischen abschreckend hohen Gebührensätzen und einer unzureichenden finanziellen Basis für die laufende Perfektionierung des Systempakets. Es kommt auch darauf an, die strukturoptimierende Gebührenordnung glaubwürdig zu verkaufen. Die Diskrepanz zwischen der zwingend strategisch, periodenübergreifend auszurichtenden Philosophie des Netzwerkmanagements und der weit verbreiteten Kurzfristdenkweise von Jungunternehmern erschwert den Implementierungsprozess.

Die Einführung einer modernen Prozessorganisation mit leistungsorientierten Verrechnungspreissystemen und die Etablierung interner Märkte für den individualisierbaren Leistungsaustausch kann leicht zu einer Überforderung der unerfahrenen Unternehmer führen; sie müssen sich nicht nur auf dem Markt der Endkunden, sondern zusätzlich noch auf internen Märkten behaupten.

Der Zwang, sich mit hohem Geld- und Zeitaufwand an innovativen Gemeinschaftsaufgaben zu beteiligen, birgt ein hohes Konfliktpotenzial, genährt von dem (latenten) Verdacht, dass diese Leistungen den anderen Partnern größeren Nutzen stiften als der eigenen Unternehmung. Wenn die Bewältigung all dieser Herausforderungen übermäßig aufwändig ist, kann die Gefahr eintreten, dass die Transaktions- und Bürokratiekostenvorteile von Unternehmenskooperationen durch unangemessen hohe Kooperationskosten überkompensiert werden und das Netzwerk seine Existenzberechtigung im Systemwettbewerb verliert. Der Ausweg aus dem Managementdilemma kann nur darin bestehen, die theoretisch perfekten Steuerungsprinzipien zwar als Orientierungshilfen zu begreifen, jedoch nach einfachen, praktikablen Steuerungskompromissen zu suchen, und zwar auf dem Verhandlungsweg.

In einer repräsentativen empirischen Erhebung gelangt Meurer zu dem Ergebnis, dass der partnerschaftlich-interaktive Führungstyp für Franchisesysteme mit Abstand die größte Erfolgswirksamkeit aufweist:[57]

„Bei einer durchschnittlich ausgeprägten Autonomiegewährung lässt sich in den Systemen dieses [Führungs-] Typs der mit Abstand höchste Partizipationsgrad nachweisen.... Die Franchisenehmer [werden] umfassend in operative Entscheidungen einbezogen und besitzen auch im Bereich der strategischen Systementwicklung Vorschlags- und Mitsprachekompetenzen.... Gleichzeitig werden Entscheidungen nur in Ausnahmefällen gegen das kollektive Votum der Franchisenehmer durchgesetzt".[58]

Es kann heute als unbestritten gelten, dass Verhandlungsprozesse ein unverzichtbares Element von F&C-Netzwerken darstellen. Dafür spricht auch ein weiterer Sachverhalt: Bei der Konstitution des Unternehmensnetzwerks bleibt es nicht aus, dass Regelungslücken in der Vertragskonzeption auftreten. Ein Vertragswerk, das alle Eventualitäten der dynamischen Wirtschaft antizipieren wollte (wer hat vor fünf Jahren schon an „Internet & Co" gedacht?), wäre in einem für die Gewinnung neuer Partner abschreckendem Maße aufgebläht. Ein Wesensmerkmal von F&C-Netzwerken ist daher das Prinzip der „unvollständigen Verträge".[59] Dies hat die Konsequenz, dass die Verträge ständig auf dem Verhandlungsweg spezifiziert, angepasst und nachgebessert werden müssen.

Es erscheint daher nahe liegend, auch die Steuerungskompromisse in F&C-Netzwerken als Verhandlungssache zu begreifen. Die Optimierung des Steuerungssystems ist ohnehin kein punktueller Vorgang, sondern bildet eine „ewige

---

[57] Vgl. Meurer, 1997, S. 290 und 306.
[58] Vgl. Meurer, 1997, S. 122.
[59] Vgl. Altmann, 1996, S. 44 ff.; Posselt, 1999, S. 351 ff.

Baustelle". Allerdings müssen auch Verhandlungsprozesse effizienzorientiert ablaufen. Ziehen sie sich endlos hin, büßt das Netzwerk seine Schlagkraft im Wettbewerb ein. Auch in dieser Hinsicht gibt es einen schmalen Grat zwischen der gewünschten partizipativen Konsensbildung und dem notwendigen Machtwort des von der Mehrheit der Partner autorisierten Systemkopfes. Während die *strategische* (Neu-)Ausrichtung und Steuerung des Netzwerks einschließlich der Netzwerkkonfiguration ohne breiten Konsens zum Scheitern verurteilt sein dürfte, ist im Rahmen der *operativen* Umsetzung das Diktat der Managementzentrale gefordert.

Für die Konsensbildung im Rahmen der strategischen Netzwerksteuerung hat sich das Instrument der Balanced Scorecard bewährt.[60] Das Arbeiten mit der Balanced Scorecard erfüllt eine wichtige Effizienzvoraussetzung für systeminterne Verhandlungsprozesse: Sie dürfen nicht unproduktiv sein, indem sie die Akteure von ihrer wichtigen Arbeit (Geschäftsverkehr mit den Kunden) abhalten. Als Beispiel für unproduktive Verhandlungsprozesse können endlose Schlüsseldiskussionen gelten. Wird im Zuge der Konsensbildung jedoch inhaltlich, substanziell gearbeitet, und zwar an schlagkräftigen Strategien und Verhaltensplänen, treten Lerneffekte auf. Erweist sich die kooperative Strategiearbeit zudem noch als Qualifizierungsinstrument für Netzwerkunternehmer, so können die hierbei stattfindenden Verhandlungsprozesse als produktiv gewertet werden. Steuerungskompromisse sind dann eine wichtige Begleiterscheinung ohnehin sinnvoller Vorgänge der partnerschaftlichen Interaktion.

---

[60] Vgl. näheres zur BSC in Teil II, Kapitel 4.4.

3 Controllingkonzeptionen in F&C-Netzwerken des tertiären Sektors[61]

3.1 Die besonderen Problembereiche des Controllings im Franchising

Franchisesysteme stellen ein idealtypisches F&C-Netzwerk des tertiären Sektors dar. Die folgenden Ausführungen beziehen sich auf Franchisesysteme, sind aber auf andere Netzwerke übertragbar.

Bei allen Unterschiedlichkeiten der in Literatur und Praxis gebräuchlichen Controllingbegriffe erscheint die folgende Minimaldefinition konsensfähig:

Controlling ist Managementunterstützung durch Information und Koordination.

3.1.1 Controlling und Controller in Franchisesystemen

In zahlreichen Franchisesystemen ist das Controlling heute (noch) nicht institutionalisiert, d. h. es sind keine Controllerstellen eingerichtet worden. Auch mag das Wort Controlling nicht immer geläufig sein. Und trotzdem ist es nicht vorstellbar, dass es Franchisesysteme gibt, in denen Controlling nicht stattfindet.

Controllingaufgaben können – unter diesem Terminus oder unter einer anderen Bezeichnung – von unterschiedlichen Funktionsträgern innerhalb und außerhalb des Franchisesystems durchgeführt werden: von den Linienmanagern (in Form des so genannten Selbstcontrollings), von Stäben, von Managementserviceabteilungen und vielen anderen Organisationseinheiten in der Franchisegeberzentrale und in den Franchisenehmerbetrieben, aber auch von externen Dienstleistern (z. B. Systemberatern). Und es ist ebenso denkbar, dafür eigens so genannte Controllerstellen bzw. Controllingabteilungen einzurichten. Dies ist erwägenswert, jedoch keineswegs zwingend.

Ob dies geschehen soll und, wenn ja, welche Aufgaben diesen speziellen Controllinginstitutionen übertragen werden sollen und wie die Zusammenarbeit mit den weiteren an Controllingaufgaben beteiligten Organisationseinheiten zu regeln ist, alle diese und viele weitere Fragen können nicht allgemein gültig beantwortet werden: Sie sind von Fall zu Fall, individuell für die einzelne Unternehmung oder – wie im Fall des Franchisesystems – für das gesamte Unternehmensnetzwerk zu entscheiden.

---

[61] Dieses Kapitel wurde von Martin Ahlert verfasst. Vgl. Ahlert, 2001a, S. 185-212. Mit freundlicher Genehmigung der Luchterhand Verlags.

Das Ergebnis dieser Grundsatzentscheidungen, die auf der Ebene des Topmanagements zu fällen sind, soll im Folgenden *„Controllingkonzeption"* genannt werden.

Die Gestaltung der Controllingkonzeption ist ein fallspezifisches Optimierungsproblem, das nicht unabhängig von den weiteren Entscheidungen über das Management-Gesamt-Konzept (z. B. Führungs- und Steuerungskonzept, Systemstruktur und Prozessorganisation) gelöst werden kann.

Führt man zwecks Evaluation eines Franchisesystems einen Systemcheck durch, so wird man das Hauptaugenmerk auf die Performance der Managementinstrumente und hier insbesondere der Controllingkonzeption richten. Nicht die Tatsache, dass es keine Controllerstellen gibt, würde dabei Anlass zur Beanstandung geben, sondern das Fehlen einer schlüssigen Controllingkonzeption, in welcher der Verzicht auf diese nahe liegende Institutionalisierungsform explizit begründet und eine andere Lösungsalternative festgelegt ist.

Ein exzellentes Franchisesystem ohne Controller ist vorstellbar, ein solches ohne überzeugende Controllingkonzeption dagegen nicht.

Umso mehr verwundert es, dass es wenig Literatur zum Prozess der Gestaltung einer den unternehmungsindividuellen Verhältnissen adäquaten Controllingkonzeption gibt.

Wie eine *für Unternehmensnetzwerke (z. B. Franchisesysteme) spezifisch geeignete Controllingkonzeption* aussehen könnte, ob überhaupt eine bestimmte oder ob nicht besser mehrere unterschiedliche, von Netzwerktyp zu Netzwerktyp, von Situation zu Situation differierende Controllingkonzeptionen zu kreieren sind, ist noch nicht umfassend wissenschaftlich bearbeitet worden.

3.1.2 Eine konsensfähige Controllingdefinition für Franchisesysteme

Fast jede Publikation zum Controlling beginnt mit einem Lamento über die heillose Begriffsverwirrung in diesem Bereich und bemüht sich um eine konsensfähige Festlegung der Controllingaufgaben, ohne zu berücksichtigen, dass es keine allgemein gültigen Aufgabenspektren des Controllings geben kann, da diese ein unternehmungsindividuelles Gestaltungsproblem sind.

Die Hauptursachen der Begriffsverwirrung können darin vermutet werden, dass

1. Controlling lange Zeit mit dem Aufgabenbereich von Controllern verwechselt wurde,
2. Controlling auch heute noch vielfach mit dem Aufgabenbereich von Managern gleichgesetzt wird,
3. seit eh und je versucht wird, einen allgemein einheitlichen Aufgabenkomplex mit dem Terminus Controlling zu bezeichnen.

Die *erste* Fehleinschätzung (controlling is what controllers do) gehört heute offenbar (endlich) der Vergangenheit an. Die Zweckmäßigkeit einer Trennung zwischen Controllingfunktion und Controllerinstitution ist inzwischen allgemein anerkannt. Denn, wie oben schon erwähnt:

- Nicht alle Controllingaufgaben werden von Controllern durchgeführt.

- Es existieren zahlreiche Unternehmungen (so auch Franchisesysteme), in denen keine Controller, wohl aber Controllingaufgaben anzutreffen sind.

- Zahlreiche Controller erfüllen auch Aufgaben, die nicht zum Controlling gehören.

Die *zweite* Fehleinschätzung (Controlling = Management) ist schwerer auszurotten. Die Gleichsetzung des Controllings mit ureigenen Aufgaben des Linienmanagements (z. B. Kontrolle, Steuerung, Führung) mag zwar längst der einhelligen Überzeugung gewichen sein, dass Controlling nicht Management, sondern *Managementunterstützung* bedeutet. In jüngster Zeit macht sich jedoch der koordinationsorientierte Controllingansatz breit,[62] der – verkürzt dargestellt – dem Management die Primärkoordination der Ausführungsaufgaben und dem Controlling die Sekundärkoordination der Managementaufgaben zuweist. Das klingt nett. Allerdings hat schon Erich Gutenberg festgestellt, dass die Abstimmung zwischen den (großen) Managementbereichen – also die Sekundärkoordination – eine ureigene Aufgabe des (Top-)Managements ist.[63] Will man einen Rückfall in die o.g. Fehleinschätzung (Controlling = Management) vermeiden, ist exakter zu formulieren:

Controlling unterstützt das Management bei der Sekundärkoordination.

Da kein Zweifel daran bestehen kann, dass Controlling auch die Primärkoordination unterstützt, ist mit dieser Unterscheidung nicht viel mehr gewonnen als die Einsicht, dass neben der Information die Koordination Dreh- und Angelpunkt des Controllings ist.

In dem *dritten* Punkt kann die Hauptursache der heute noch verbreiteten Begriffsverwirrung gesehen werden: Es ist nicht nur nicht möglich, einen in allen praktischen Anwendungen einheitlichen Aufgabenbereich des Controllings zu identifizieren, es ist auch nicht sinnvoll. Jede in Einzelunternehmungen und Unternehmensnetzwerken realisierte Controllingkonzeption ist als ein individuelles „Bauwerk der Praxis" zu begreifen. Vermutlich gibt es keine zwei völlig identischen Controllingkonzeptionen. Die Kunst des (Top-)Managements besteht darin, die optimale Kombination der Controllingbausteine zu entwerfen, umzusetzen und ständig an die gewandelten Anforderungen des spezifischen Einzelfalls anzupassen. Eine konsensfähige Controllingdefinition ist daher zwingend anwendungs-*un*spezifisch zu formulieren. Sie muss für solitäre Unternehmungen ebenso gelten

---

[62] Vgl. Horváth, 1998; Küpper, 1997; Weber, 1999.
[63] Vgl. Gutenberg, 1951, S. 139 bzw. Gutenberg, 1983, S. 140.

wie für größere Unternehmensnetzwerke oder Unternehmensteilbereiche. Sie darf keine abschließende Festlegung eines konkreten Aufgabenkomplexes beinhalten, da dieser nur im einzelnen Anwendungsfall dem Controlling zugewiesen werden kann, und zwar im Rahmen der Gestaltung der Controllingkonzeption.

Wie im Verlaufe dieses Beitrags noch nachvollziehbar werden sollte, kennzeichnet die eingangs bereits formulierte Minimaldefinition zugleich den hier präferierten endgültigen Controllingbegriff:

Controlling ist Managementunterstützung durch Information und Koordination.

3.1.3 Die offenen Fragestellungen

Die Frage, welche Besonderheiten bei der Gestaltung einer **Controllingkonzeption im Anwendungsfeld der Franchisesysteme** zu beachten sind, bildet den Gegenstand des vorliegenden Beitrags. Daraus leiten sich die folgenden Problembereiche ab:

1. Wenn Controllingkonzeptionen nicht allgemein gültig entworfen werden können, dann bedeutet dies, dass sie nicht ohne Weiteres von einem Anwendungsfeld, in dem sie sich möglicherweise bewährt haben, z. B. einem Filialsystem des Handels, auf ein anderes Anwendungsfeld, hier ein Franchisesystem, im Wege der 1-zu-1-Kopie übertragen werden können. Es entsteht damit die Frage, ob und inwieweit *Benchmarking bei der Entwicklung einer Controllingkonzeption* angewendet werden kann.
Fraglich ist auch, ob in Mischsystemen, die durch Erweiterung des bisherigen Filialnetzes durch Franchisebetriebe oder durch Substitution von Franchisebetrieben durch eigene Regiebetriebe entstehen, das bisherige Controllingkonzept einheitlich beibehalten werden kann oder ob *unterschiedliche Controllingkonzeptionen für die unterschiedlichen Systembereiche* zu implementieren sind.

2. Ist davon auszugehen, dass in der anwendungsindividuellen Konzeption des Controllings ein Optimierungsproblem besteht, so kann dies nicht für Franchising generell gelöst werden: Angesichts der Heterogenität von Franchisesystemen lassen sich *unterschiedliche Gestaltungsformen des Controllings für unterschiedliche Typen des Franchising* empfehlen, die dann noch an die Besonderheiten des Einzelfalls individuell anzupassen sind.
Dabei ist zu fragen, nach welchen Kriterien Franchisesysteme zum Zweck einer solchen Differenzierung typologisiert werden können: Ist es die Art der Führungsorganisation im System oder sind es die Machtverhältnisse zwischen Franchisegeber und Franchisenehmer, ist es die Größe des Systems, gemessen an der Anzahl der Franchisebetriebe und/oder der durchschnittlichen Größe des Franchisebetriebes oder ist es das Entwicklungsstadium, in dem sich das Franchisesystem befindet, welches jeweils auf spezifische Herausforderungen an das Controlling hindeutet?

3. Selbst innerhalb eines bestimmten Franchisesystems kann es zweckmäßig sein, die Controllingaufgaben zu differenzieren, z. B. nach Segmenten innerhalb des Franchisenehmerkreises. Auch hier stellt sich die Frage nach geeigneten Segmentierungskriterien: Ist z. B. die Lebenszyklusphase, in der sich die bilaterale Franchisegeber-Franchisenehmer-Beziehung befindet, maßgeblich für das *segmentspezifische Aufgabenprogramm des Controllings?*

4. Im Rahmen dieser Differenzierung der Controllingkonzeption zwischen unterschiedlichen Franchisesystemen oder gar innerhalb eines und desselben Franchisesystems geht es nicht nur um Unterschiede in den zu erfüllenden Controllingaufgaben. Auch die *Organisation der Aufgabenerfüllung ist anwendungsspezifisch zu gestalten*, etwa die Festlegung des Verhältnisses zwischen Fremd- und Selbstcontrolling, zwischen internen und externen Controllingträgern, zwischen zentraler und dezentraler Aufgabenerfüllung, zwischen funktionaler oder prozessorientierter Ausgestaltung des Controllings.

5. Sucht man in der umfangreichen Franchisingliteratur nach Antworten auf die oben gestellten Fragen, dann geht man weitgehend leer aus. Gegenüber der Problemstellung, wie das Management von Franchisesystemen spezifisch zu gestalten und welche betriebswirtschaftlichen Instrumente zweckmäßigerweise einzusetzen sind, überwiegt in den jüngeren Publikationen zur Theorie des Franchising der Versuch, *zu verstehen und zu erklären*, warum es überhaupt Franchising gibt.[64] Auch die Erklärung der Stabilität vertraglicher Kooperationsverhältnisse im Franchising bildet einen Schwerpunkt dieser Untersuchungen.
Fraglich ist, wie der Bezug zum Controlling hergestellt werden kann: Einerseits könnte Controlling als ein Instrument zur Stabilisierung von Franchisesystemen interpretiert werden. Andererseits bilden Controllingkosten einen wesentlichen Teil der Transaktionskosten. Sollten die Controllingkosten in Franchisesystemen signifikant niedriger sein als in Filialsystemen, wäre mit dieser Feststellung ein Beitrag zur Erklärung der Existenz von Franchisesystemen geleistet.

6. Ausgangspunkt der institutionenökonomisch ausgerichteten Publikationen zum Franchising ist die Erkenntnis, dass Franchising die Vorzüge zweier unterschiedlicher Koordinationsprinzipien sinnvoll miteinander verbindet: Die dezentrale Managementverantwortung seiner Akteure, die im unmittelbaren Kontakt mit den Kunden stehen, und die zentralistische, effizienzorientierte Steuerung des Systemhintergrundes.
Gerade für verzweigte Netzwerke im Dienstleistungssektor, im Handel, aber auch im Handwerk bildet Franchising möglicherweise deswegen die weltweit am stärksten wachsende Organisationsform, weil hier

---

[64] Vgl. Altmann, 1996; Kunkel, 1994.

- flexibles, kundennahes Agieren und (in gewissen Grenzen) autonomes Entscheiden des Kundenkontaktpersonals auf der Basis standortspezifischen Wissens vorteilhaft sind, und zugleich
- effizientes Kosten- und Leistungsmanagement, die Entwicklung und permanente Verbesserung der Systemdienstleistungs- bzw. Vermarktungskonzeption, die Bündelung der Nachfragemacht gegenüber Lieferanten und die Nutzung moderner Technologien besser durch eine zentrale, hochspezialisierte Organisationseinheit erreicht werden können.

Nun ist die Kombination von „Unternehmertum vor Ort" mit der Entlastung durch die zentrale Erfüllung von Hintergrundfunktionen einerseits auch in hierarchischen Systemen, z. B. Filialsystemen des Handels, denkbar, indem beispielsweise durch Übergang zu einer Prozessorganisation und/oder Einführung des Profitcenter-Konzepts der Autonomiegrad der Filialen erhöht wird. Denkbar ist diese Kombination andererseits auch in gewerblichen Verbundgruppen, die nicht durch einen Systemkopf gesteuert werden.

Unter welchen Umständen sich unter diesen Alternativen nun das Franchising als die überlegene Organisationsform für verzweigte Netzwerke durchsetzen kann, wird mit unterschiedlichen Ansätzen der Neuen Institutionenökonomik untersucht. Dabei lassen sich Aussagen aus der Theorie unvollständiger Verträge, der Principal-Agent-Theorie und der Transaktionskostentheorie zu einem Aussagensystem verbinden, mit dem in Abhängigkeit von zentralen Einflussfaktoren, wie Spezifität der Investitionen, Unsicherheit und Häufigkeit der Transaktionen, versucht wird, den Bedeutungsgewinn des Franchising zu begründen.

Im Hinblick auf das Thema dieses Kapitels ist dem *Einflussfaktor Unsicherheit* besondere Bedeutung beizumessen. Gemeint sind damit einerseits die Unberechenbarkeit und Dynamik der Marktverhältnisse und andererseits Informationsasymmetrien zwischen Franchisegeber und Franchisenehmer.

Unberechenbarkeit und Dynamik, also die *mangelnde Planbarkeit zukünftiger Entwicklungen,* lassen das Institut unvollständiger Verträge, die für das Franchising typisch sind, gegenüber der „Unternehmung als Netz vollständiger Verträge"[65] vorteilhaft erscheinen. Nach Martinek bildet das Franchise-Abkommen einen Rahmenvertrag, innerhalb dessen sich die späteren Austauschverhältnisse der Partner und ihr künftiges Geschäftsverhalten im Wettbewerb mit Dritten bewegen.[66] Die inhaltliche Konkretisierung des Leistungsaustausches muss vage bleiben. Das Leistungsversprechen des Franchisegebers erstreckt sich z. B. auf die marktadäquate Weiterentwicklung des Systemkonzepts, das des Franchisenehmers darauf, die vom Systemkopf immer wieder neu entwickelten Qualitätsstandards einzuhalten, seine gesamte Arbeitskraft einzubringen usw. Was hat dies alles mit Controlling zu tun? Unvollständige Verträge erfordern ein *System von Infomati-*

---

[65] Vgl. Fischer, 1993, S. 56.
[66] Vgl. Martinek, 1987, S. 258 f.; Altmann, 1996, S. 45.

onsbeziehungen zwischen den Vertragspartnern, die (zumindest teilweise) in den *Zuständigkeitsbereich des Controllings* fallen. Dies gilt ebenfalls für *Informationsasymmetrien*, die den zentralen Untersuchungsgegenstand der Principal-Agent-Theorie bilden. *Principal-Agent-Probleme* spielen eine wichtige Rolle bei der Gestaltung der für ein Franchisesystem geeigneten Controllingkonzeption. Die Frage lautet, welche spezifischen Aufgaben dem Controlling zur Unterstützung des Managements bei unvollständigen Verträgen und der Existenz von Principal-Agent-Problemen in differenten Typen des Franchising zukommen können.

3.2 Controllingkonzeptionen aus der Perspektive des Franchising

3.2.1 Systemtheoretische Grundlagen der Gestaltung einer Controllingkonzeption

Die systemtheoretische Betrachtung von Unternehmungen führt zu einer Unterteilung in das *Führungssystem* (bestehend aus mehreren Führungsteilsystemen) einerseits und das *Leistungs- bzw. Ausführungssystem* (als eigentlichem Ort der betrieblichen Real- und Nominalgüterprozesse) andererseits.

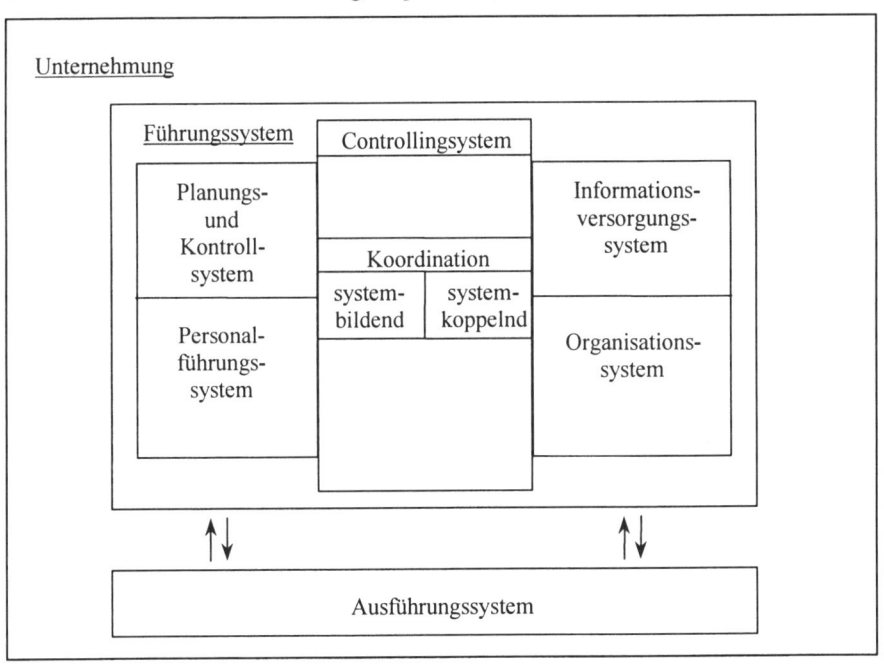

Abb. IV-11: Das System „Unternehmung" mit seinen Subsystemen nach Horváth und Küpper (Quelle: Ossadnik, 1996, S. 20)

Das Führungssystem hat die Aufgabe, Unternehmensziele zu formulieren und das Leistungssystem an diesen auszurichten. Dabei wird die *technokratische* Koordination von der *personenorientierten* Koordination unterschieden. Im ersten Fall werden die Koordinationsaktivitäten von vornherein „programmgemäß", z. B. durch explizite Verhaltensnormen, festgelegt. Die personenorientierte Koordination erscheint i. d. R. geeigneter, da sich eine Unternehmung ständig flexibel an geänderte Rahmenbedingungen anpassen können muss; hier werden nur die Ziele vorgegeben, der Erfüllungsprozess selbst wird nicht reglementiert.[67] Die personenorientierte Koordination vollzieht sich durch persönliche Weisungen (vertikal) oder durch Selbstabstimmung von Gruppen (horizontal).

Die das Leistungssystem betreffende Koordination durch das Management wird als *Primärkoordination*, die Abstimmung der einzelnen Führungsteilsysteme im Hinblick auf das übergeordnete Unternehmensziel als *Sekundärkoordination* bezeichnet.

Wie oben schon dargelegt, besteht in beiden Koordinationsbereichen Unterstützungsbedarf durch das Controlling. Die in komplexer werdenden Konstellationen wachsenden Schwierigkeiten der Sekundärkoordination begründen den in jüngster Zeit populär gewordenen koordinationsorientierten Controllingansatz, nach dem das Hauptbetätigungsfeld des Controlling im Bereich der (Sekundär-)Koordination der Führungsteilsysteme liegt.

Aus systemtheoretischer Sicht sind die systembildende und die systemkoppelnde Koordination voneinander zu unterscheiden. Die *systembildende Koordination* umfasst die Schaffung einer Gebilde- und Prozessstruktur innerhalb des Gesamtsystems „Unternehmung", welche die Abstimmung zwischen den Teilsystemen der Führung zu gewährleisten hat. Diese Systembildung ist einerseits notwendig, um eine effiziente Primär- und Sekundärkoordination zu gewährleisten, andererseits erzeugt sie wiederum Koordinationsbedarf. Nach Horváth bedarf die Lösung dieses Problems der *systemkoppelnden Koordination*: Diese umfasst alle Abstimmungsaktivitäten zwischen den bestehenden oder im Zuge der systembildenden Koordination einzurichtenden Teilsystemen des Führungssystems einer Unternehmung.[68]

Bei statischen Umweltbedingungen reicht die Systembildung aus, in einem dynamischen Umfeld, wie es im Franchising überwiegend der Fall ist, treten verstärkt systemkoppelnde Aktivitäten in den Vordergrund.[69]

---

[67] Vgl. Ossadnik, 1996, S. 18.
[68] Vgl. Horváth, 1998, S. 120.
[69] Vgl. Ossadnik, 1996, S. 19.

3.2.2 Die Gestaltungsebenen der Controllingkonzeption im Überblick

Die Dimensionen einer Controllingkonzeption hat Müller-Hagedorn aus unterschiedlichen Begriffsfassungen des Controllings extrahiert.[70]

Dimension	Ausprägungen
Zu unterstützende Phase im Managementzyklus	Kontrolle, Planung und weitere Phasen, wie z. B. die Problemerkenntnis
Quelle der bereitzustellenden Informationen	Rechnungswesendaten Daten aus dem zwischenbetrieblichen Betriebsvergleich Marktforschungsdaten
Art der Unterstützung	Bereitstellung von Informationen Bewertung von Alternativen Durchsetzung von Maßnahmen, Kontrolle
(Ziel)	Informationen bereitstellen Maßnahmen/Entscheidungen vorbereiten Koordination
Institutionalisierung	Als eigene Institution Als Funktion

Abb. IV-12: Dimensionen des Controllingbegriffs
(Quelle: Müller-Hagedorn, 1998, S. 590)

Jede Dimension bildet ein Kontinuum möglicher Ausprägungen, die das Controlling in einer Unternehmung oder einem Unternehmensnetzwerk aufweisen kann. Die aufgelisteten Skalen können durch das Management eines Franchisesystems herangezogen werden, um individuell die gewünschten Ausprägungen innerhalb der einzelnen Dimensionen für ihr Controlling festzulegen. Eine Controllingkonzeption umfasst Aussagen über die funktionale, instrumentale und institutionale Gestaltung des Controllings.

Im Folgenden soll ein Profil additiver und alternativer Ausprägungen der relevanten Dimensionen als Grundlage für die anwendungsspezifische Controllingkonzeption entworfen werden. Die isolierte Darstellung der einzelnen Dimensionen dient der Veranschaulichung der grundsätzlichen Ausgestaltungs*möglichkeiten* des Controllings. Es darf nicht übersehen werden, dass die Dimensionen in einer interdependenten Beziehung zueinander stehen. Die wechselseitigen Einflüsse bei der Festlegung einer Dimension zu anderen Dimensionen sind daher zu beachten.

---

[70] Vgl. Müller-Hagedorn, 1998, S. 590.

3.2.3 Die zu unterstützende Phase im Managementzyklus des Franchisesystems

```
                    Die zu unterstützende Phase im Managementzyklus
Phase im Managementprozess

Kontrolle                       Willensbildung                              Willensdurchsetzung

Kontrollmanagement:             Planungsmanagement:                         Organisations- und
Bereitstellung von              -Zielbildung,                               Führungsmanagement:
Abweichungsinformationen        -Problemerkenntnis,                         -Realisation,
                                -Planung (Alternativensuche, Prognose,      -Steuerung,
                                 Bewertung),                                -Führung
                                -Entscheidung

◄────────────────O────────────────────────────O───────────────────────O────────►
```

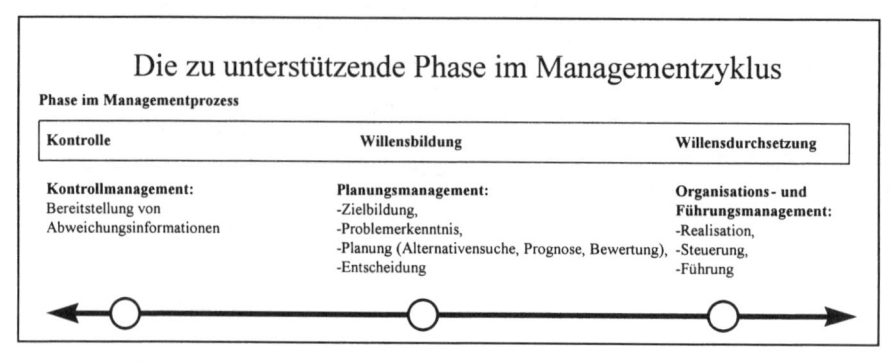

Abb. IV-13: Die zu unterstützende Phase im Managementzyklus

Planung, Realisation und Kontrolle sind zentrale Managementaufgaben. Wegen der hohen Komplexität bedürfen sie einer spezifischen „Betreuung", die das Controlling übernehmen könnte. Je nach der betrachteten, durch das Controlling zu unterstützenden Phase sind die Anforderungen des Managements z. B. an die Art und den Umfang der benötigten *Informationen* unterschiedlich. Die Controllingfunktion ist in vielen Unternehmungen aus der Informationsversorgungsaufgabe entstanden.[71] Handelt es sich beispielsweise um die *Unterstützung des Kontrollmanagements*, sind lediglich die anhand der definierten Zielgrößen operationalisierten Plan- und Istwerte durch das Controlling laufend zu erheben und der verantwortlichen Managementinstanz der Unternehmung zur Verfügung zu stellen. Sollen auch andere Phasen des Managementzyklus durch das Controlling unterstützt werden, sind jeweils unterschiedliche Informationen zu erheben, die so zu transformieren bzw. zu „veredeln" sind, dass sie das Management zweckgerecht bei der Lösung eines Managementproblems unterstützen. Für die Unterstützung des *Planungsmanagements* können z. B. Prognoseinformationen notwendig sein.

In einem Franchisesystem ist dieser Unterstützungsbedarf sowohl in der Zentrale des Franchisegebers als auch in den Franchisenehmerbetrieben gegeben. Da die besonders wichtigen Grundsatzentscheidungen in der Zentrale gefällt werden, während in den Mitgliedsbetrieben die operativen Handlungen überwiegen, und da im Gegensatz zu gewerblichen Verbundgruppen die Kontrolle der Franchisenehmer durch die Zentrale im Vordergrund steht, ist der Unterstützungsbedarf der Franchisezentrale dominierend. Controlling erstreckt sich folglich überwiegend auf Informationen, die von Managern in der Zentrale genutzt werden und die von diesen in adäquater Form an die Franchisenehmerbetriebe weitergeleitet werden. In jedem Fall sind die relevanten Informationen stets zweckgerecht zu erheben, bereitzustellen und zu speichern. Das Management soll durch Controlling entlastet

---

[71] Vgl. Horváth, 1998.

werden. In welchen Phasen des Managementzyklus eine Entlastung gewünscht wird, kann in dieser Phase der Gestaltung der Controllingkonzeption festgelegt werden.

3.2.4 Die Quellen der bereitzustellenden Informationen im Franchisesystem

Die Quellen der bereitzustellenden Informationen				
internes Rechnungswesen, externes Rechnungswesen (Finanzbuchhaltung)	Betriebsvergleich (zwischenbetrieblich, innerbetrieblich)	Marktforschungsdaten	Kunden- und Mitarbeiterzufriedenheitsumfragen	Balanced Scorecard EFQM
quantitative Daten Ist-Größen, Feed-back, operativ		zeitlicher und inhaltlicher Bezug der Daten		qualitative Daten Plan-Größen, Feed-forward, Früherkennung, strategisch
		Zweck der Informationen		
Berichts- und Kontrollinformationen		Steuerung- und Führungsinformationen		Planungs- und Entscheidungsinformationen

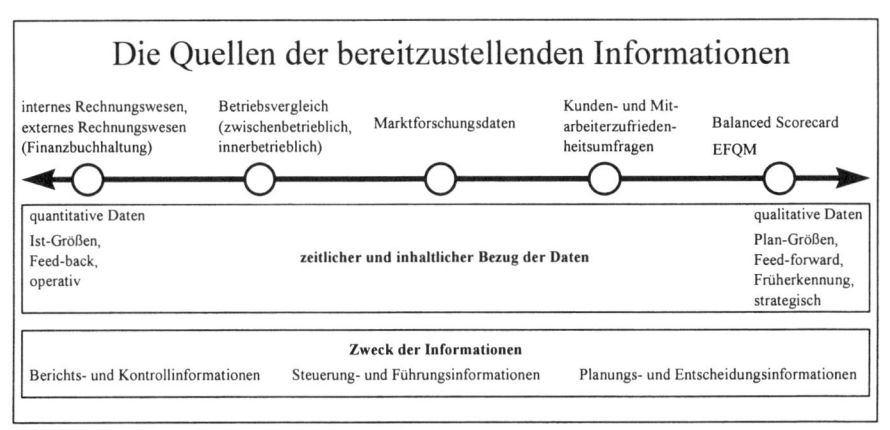

Abb. IV-14: Die Quellen der bereitzustellenden Informationen

Das Informationsversorgungssystem[72] umfasst alle Aktivitäten, die auf eine Verbesserung des Informationsstandes ausgerichtet sind. Dies kann neben der Versorgung mit Informationen auch die Modell- und Methodenversorgung umfassen. Planung, Kontrolle, Organisation und Personalführung (je nach Festlegung der Konzeption) bedürfen der Informationsversorgung. Die relevanten Informationen sind mit dem notwendigen Genauigkeits- und Verdichtungsgrad am richtigen Ort und zum richtigen Zeitpunkt bereitzustellen. Für das operative Controlling sind insbesondere quantitative Feed-back-Größen aus dem Rechnungswesen relevant, für das strategische (und somit auch für das Risiko-)Controlling auch qualitative, Feed-forward-Informationen. Für das Risikocontrolling sind alle Informationen, die für die Sicherung des Fortbestehens der Unternehmung von Bedeutung sind, dem Management zur Verfügung zu stellen. Voraussetzung für die Verwendbarkeit der Informationen seitens des Managements ist die zweckgerechte Aufbereitung der Daten. Insofern wird Information hier als „zweckorientiertes Wissen" verstanden.

Die relevanten Daten bzw. Informationen in Franchisesystemen können wie folgt untergliedert werden:

---

[72] Vgl. Horváth, 1998.

- Quantitative („hard-facts") oder qualitative Daten („soft-facts") aus den Bereichen der Franchisezentrale, der Franchisenehmerbetriebe und dem Umfeld des Franchisesystems (Informationsgehalt),[73]

- Informationen aus der Systemvergangenheit oder Prognoseinformationen im Zentralbereich sowie auf der Ebene der Franchisenehmer (Zeitbezug),

- Feed-back-Informationen (ermöglichen die zielorientierte Reaktion auf Umweltveränderungen und die Initiierung notwendiger *Anpassungen*) oder Feeforward-Informationen (ermöglichen die Initiierung von *Innovationen*),[74]

- Berichts- und Kontrollinformationen, Planungs- und Entscheidungsinformationen oder Steuerungs- und Führungsinformationen auf Zentralebene und der Ebene der Franchisenehmer (Zweckbezug).

Die Festlegung der Ausprägungen der übrigen Dimensionen der Konzeption legen die Art und den Umfang der zu erhebenden Informationen fest. Nach der Ermittlung des Informationsbedarfs hat das Controlling die entsprechenden Informationsquellen abzufragen (*systemkoppelnde* Aufgabe des Controllings im Rahmen der Informationsversorgung). Für die Bereitstellung von Informationen sind geeignete Informationssysteme, z. B. das Instrument des Betriebsvergleichs, zu entwickeln (*systembildende* Aufgabe des Controllings) oder eine externe Institution mit der Entwicklung bzw. Durchführung zu beauftragen.

3.2.5 Die Art der Managementunterstützung im Franchisesystem

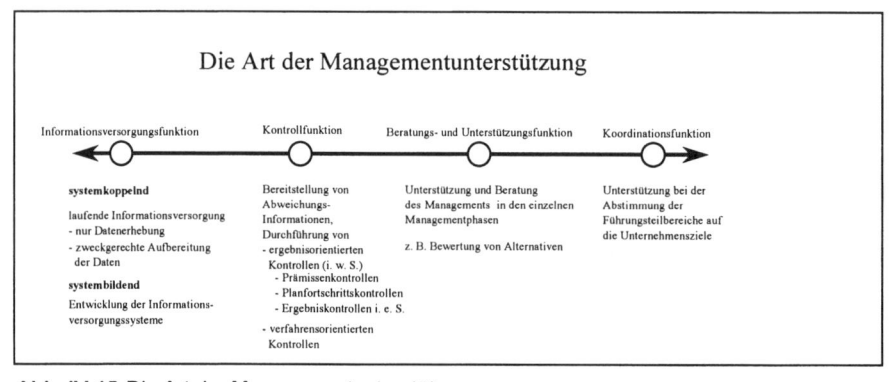

Abb. IV-15: Die Art der Managementunterstützung

Die Möglichkeiten der Unterstützung des Managements durch das Controlling reichen von der Versorgung mit Informationen bis hin zur Durchsetzung von Maßnahmen zur Abstimmung der Führungsteilsysteme auf die übergeordneten

---

[73] Vgl. Horváth, 1998, S. 337.
[74] Vgl. Ossadnik, 1996, S. 26.

Unternehmensziele.[75] Das Controlling kann Servicefunktionen (Entscheidungsunterstützung und Informationsversorgung) sowie Koordinations(unterstützungs-)funktionen (Abstimmung innerhalb und zwischen den Führungsteilsystemen) wahrnehmen.

Zur Frage, ob die oben aufgezeigten Ausprägungen als Auswahlalternativen für das Franchisesystem infrage kommen, lässt sich Folgendes feststellen: Die zweckgerechte Informationsversorgung der *Systemzentrale* ist stets durch das Controlling sicherzustellen. Zu entscheiden ist jedoch, ob Controlling auch die Informationsversorgung der *Franchisenehmerbetriebe* übernehmen soll. Zusätzlich besteht die Möglichkeit der Übertragung weiterer Servicefunktionen an das Controlling, etwa der Beratung und der Entscheidungsunterstützung von Zentrale (und Franchisenehmern). Wird dem Controlling schließlich auch die Koordinationsunterstützung übertragen, so werden eine Vielzahl von Aufgaben relevant, deren erfolgreiche Lösung entscheidend von der Qualifikation der Controllingträger und deren Ausstattung mit Kompetenzen abhängt.

3.2.6 Die Controllingziele im Franchisesystem

Controllingziele

Informationsziel	Qualifizierungsziel	Entlastungsziel	Sicherungsziel	Entwicklungsziel
Verbesserung des Informationsstandes durch Abstimmung der Informationsversorgung auf den Informationsbedarf	Bereitstellung von Methoden und Modellen und Training des Managements auf den Umgang mit diesen Instrumenten	Effizienzsteigerung durch Entlastung des Managements von delegierbaren Funktionen	Unterstützung des Risikomanagements und Existenzsicherung durch Überwachungs- und Früherkennungssysteme	Schaffung und Erhaltung der Reaktions-, Anpassungs- und Fortentwicklungsfähigkeit

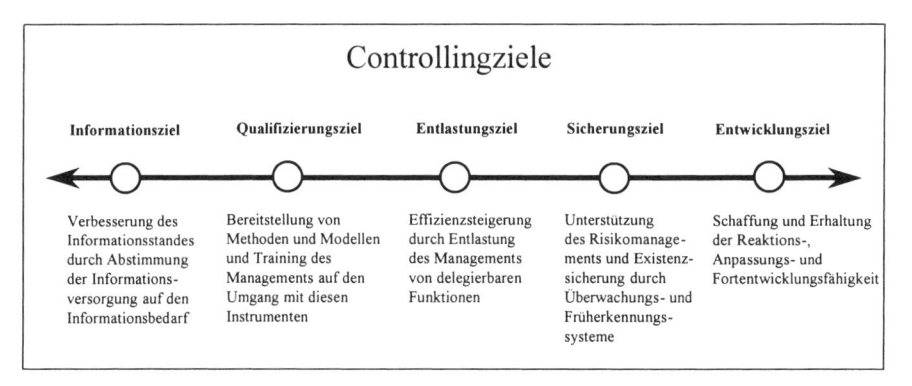

Abb. IV-16: Controllingziele

Das Controlling verfolgt als Hauptziel die „[...] Schaffung und Erhaltung bzw. Verbesserung der Koordinations-, Reaktions- und Anpassungsfähigkeit der gesamten Unternehmensführung [...]".[76] Hierfür müssen gerade die für das Franchising typischen Risikofaktoren erkannt, laufend die Entwicklung der Zielgrößen im System beobachtet und überwacht bzw. antizipiert (prognostiziert) werden. Im Fall von sich abzeichnenden Zielabweichungen sind frühzeitig Maßnahmen für eine Gegensteuerung einzuleiten, und zwar auf Zentral- wie Franchisenehmerebene. Damit leistet das Controlling *indirekt* einen Beitrag zur Erfüllung der Systemziele, die quantitativer (Umsatz, Rendite, Marktanteil usw.)

---

[75] Vgl. Müller-Hagedorn, 1998, S. 590.
[76] Schweitzer/Friedl 1992, S. 147.

ziele, die quantitativer (Umsatz, Rendite, Marktanteil usw.) und qualitativer Natur (Image, Kunden- und Mitarbeiterzufriedenheit usw.) sein können.[77]

Die *direkten* Ziele des Controllings reichen von der Verbesserung des Informationsstands und der Qualifizierung der Systemmanager im Umgang mit betriebswirtschaftlichen Methoden und Modellen über die Entlastung der Manager von Aufgaben, die Controller effizienter erfüllen können, bis hin zu Sicherungs- und Entwicklungszielen. Von zentraler Bedeutung sind hier das Risikomanagement und die Gestaltung der notwendigen Früherkennungs- und Überwachungssysteme, um ein langfristiges Bestehen des Franchisesystems (going concern) zu gewährleisten. Die Errichtung und Erhaltung der *Reaktionsfähigkeit, der Anpassungs- und Koordinationsfähigkeit sowie der Fortentwicklungsfähigkeit* des Franchisesystems kann als Kernzielsetzung des Controllings aufgefasst werden. Letztlich ist es jedoch den Entscheidungsträgern im Franchisesystem freigestellt, welchen der aufgeführten Zielsetzungen sie Priorität einräumen und wie sie das Zielsystem des Controllings gestalten wollen.

3.2.7 Die Institutionalisierung der Controllingfunktionen im Franchisesystem

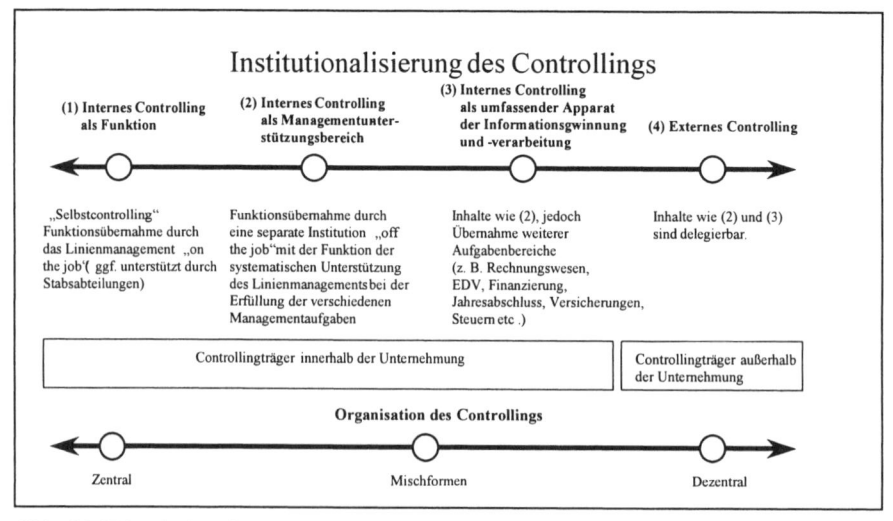

Abb. IV-17: Institutionalisierung des Controllings

Die Art der Institutionalisierung des Controlling richtet sich nach den im Franchisesystem zur Verfügung stehenden Ressourcen und Potenzialen: Ein effizientes Controlling erfordert einerseits das entsprechende Know-how des Controlling-Trägers, andererseits die entsprechenden Kompetenzen, die u.a. von dessen hierarchischer Einordnung abhängen. Zahlreiche Faktoren bestimmen die Entschei-

---

[77] Vgl. Schweitzer/Friedl, 1992, S. 147 ff.

dung, das Controlling entweder einer systeminternen Controllingabteilung oder dem Linienmanagement selbst oder aber einer externen Institution (z. B. einem Systemberater) zu übertragen.[78] Relevant wird in diesem Zusammenhang die Frage nach der Organisation des Controllings: Soll das Controlling zentral oder dezentral organisiert werden? Dies hängt u. a. von der Organisation des Franchisesystems und vom Führungstyp ab. Da Franchisesysteme Netzwerke verzweigter Outlets darstellen, bietet sich die Kombination eines zentralen Controllings mit dezentralen Controllingstellen an.

3.2.8 Operatives vs. strategisches Controlling im Franchisesystem

Operatives oder strategisches Controlling

Operatives Controlling	Strategisches Controlling
- gewinnorientierte Steuerung	- nachhaltige Existenzsicherung durch Schaffung und Erweiterung von Erfolgspotenzialen
- v. a. unternehmensinterne Ausrichtung	- Einbeziehung der Umwelt
- harte Daten	- weiche Daten
- kurz- bis mittelfristige Planung	- offener zeitlicher Horizont
- quantitative Größen	- v. a. qualitative Faktoren
- wohldefinierte Probleme	- schlecht definierte Probleme
- Schwerpunkt auf Feed-back-Orientierung	- stärkere Relevanz eines Feed-forward-Denkens

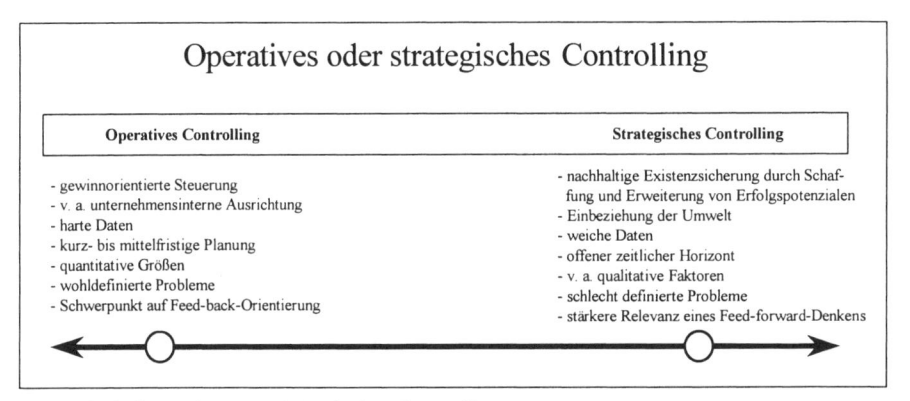

Abb. IV-18: Operatives vs. strategisches Controlling

Das operative Controlling unterstützt die laufende Systemführung (je nach Konzeption) durch Information, Beratung und/oder Koordination. Dabei steht die *Erreichung von Erfolgszielen* innerhalb eines kurzfristigen Planungshorizonts im Vordergrund.

Die Erhöhung der Umweltkomplexität und -dynamik erfordert strategisches Management. Hier geht es um *den Aufbau und die Stabilisierung von Erfolgspotenzialen*. Erfolgspotenziale werden durch Erfolgsfaktoren vorgesteuert.[79] Soll das strategische Management durch Controlling unterstützt werden, und das dürfte in Franchisesystemen in aller Regel eine Forderung des Zentralmanagements sein, besteht die Zielsetzung „[...] in der Errichtung und Erhaltung der Reaktionsfähigkeit, der Anpassungsfähigkeit sowie der Koordinationsfähigkeit des Unternehmens".[80]

Bezüglich der Informationsversorgung rücken bei der Erweiterung auf die Unterstützung des strategischen Managements insbesondere qualitative, „weiche" Daten

---

[78] Vgl. Ahlert, 1998, S. 10.
[79] Vgl. Ossadnik, 1996, S. 257.
[80] Lück 1999, S. 29.

in den Vordergrund. Durch die Festlegung in den vorherigen Dimensionen wird bereits implizit die Ausrichtung der Controllingkonzeption als mehr strategisch oder mehr operativ festgelegt.

3.2.9 Die Gestaltung der Controllingkonzeption als Kombinationsaufgabe

Abbildung IV-19 zeigt zusammenfassend das Profil der Controllingdimensionen. Mithilfe dieses Profils kann das Management des Franchisesystems individuell die für das System optimale Controllingkonzeption festlegen. Dabei geht es in den einzelnen Dimensionen zumeist nicht um die Auswahl jeweils einer einzigen Ausprägung, sondern es können mehrere Ausprägungen additiv gewählt werden. Nicht alle Ausprägungen in den einzelnen und zwischen den Dimensionen passen zueinander. Gleichwohl hat der Franchisemanager viele Freiheitsgrade: Der Entwurf der Konzeption ist ein kreativer Akt.

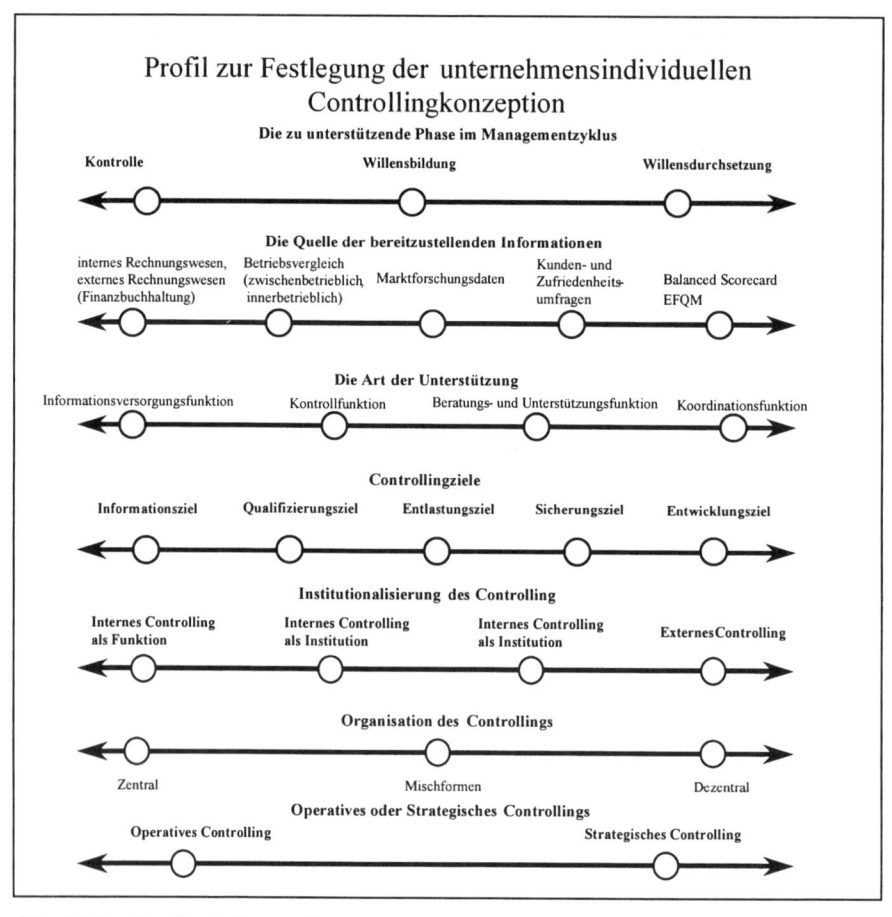

Abb. IV-19: Das Controllingprofil

Den Basisbereich einer jeden Controllingkonzeption bildet die *Informationsversorgung*, so auch im Franchisesystem. Auf dieser Basis können unterschiedliche Erweiterungen der Controllingaufgaben gewählt werden. Nahe liegend erscheint es, die bereitgestellten Informationen zu interpretieren und Handlungsempfehlungen anzubieten. In diesem Sinne kann von *Managementberatung* gesprochen werden. Auch kommt es häufig vor, bei Kapazitätsengpässen im Linienmanagement bestimmte, delegierbare Managementtätigkeiten vorübergehend oder auch dauerhaft den Controllern zu überantworten. Dies hat z. B. dazu geführt, dass die Controller in einigen Unternehmungen auch einen Teil der Kontrollaufgaben durchführen. In diesem Sinne kann von *Managementergänzung* gesprochen werden. Übernehmen Controller jedoch, was nicht selten vorkommt, auch Teile des externen Rechnungswesens, des Steuer- und Finanzwesens und dergleichen, dann bedeutet dies nicht, dass diese Aufgaben unter den Begriff des Controllings fallen. Ferner kann es, wie in jeder Stabsabteilung, so auch in der Controllingabteilung vorkommen, dass hier ureigene, eigentlich nicht delegierbare Managementaufgaben faktisch trotzdem ausgeübt werden (z. B. die Abstimmung zwischen den Managementaufgaben unterschiedlicher Instanzen); insoweit wird auch vom Controller als „Grauer Eminenz" gesprochen. Dies ist jedoch eher als Fehlentwicklung zu bewerten und sollte keinesfalls dazu verleiten, den Controllingbegriff auszuweiten: Controlling ist Managementunterstützung (einschließlich der fallweisen Managementergänzung), nicht aber Management.

3.3 Franchisesysteme aus der Perspektive des Controllings

Franchising ist ein vielschichtiges, facettenreiches Phänomen, das mit Anspruch auf Vollständigkeit darzustellen den hier gebotenen Rahmen sprengen würde. Daher sollen sich die Ausführungen ohne Controllingbezug im Folgenden nur auf einige Aspekte der Franchiseidee beschränken. Die Typologie der Franchisesysteme sowie die Darstellung der Entwicklungsstadien sollen dagegen nach Kriterien vorgenommen werden, die aus der spezifischen Aufgabenstellung dieses Kapitels abzuleiten sind.

3.3.1 Idee und konstituierende Merkmale des Franchising

Die Franchisingidee beinhaltet folgende zentrale Überlegungen:[81]

1. Es handelt sich um ein *intelligentes Expansionssystem*, bei dem eine erprobte und standardisierte Geschäftsidee mit einer Vielzahl selbstständiger Partner auf lokalen Märkten multipliziert wird.

2. Durch *Vertrauen in die gegenseitige Partnerschaft* – in die Kompetenz des anderen und in die Idee „Franchising" – soll das Franchisekonzept für alle Be-

---

[81] Vgl. Alznauer-Lesaar, 1995, S. 64 ff.

teiligten einen höheren Gewinn bei mehr Sicherheit bieten als eine „normale" Selbstständigkeit.[82] Dies erfordert eine positive Grundeinstellung und die Überzeugung, gemeinsam stärker zu sein als die Konkurrenten. *Dezentrale Managementverantwortung* sowie das Motivationspotenzial des „Unternehmers vor Ort" liegen in der Natur des Franchising. Das Weisungs- und Kontrollsystem der Franchisezentrale regeln jedoch ein systemkonformes Verhalten.[83]

3. Ein grundlegender Vorteil des Franchising ist in der *Aufgabenteilung*, insbesondere in der Trennung von operativer und strategischer Arbeit, zu sehen. Bei vielen Unternehmungen geht gerade die strategische Arbeit im Tagesgeschäft unter. Diesem Aspekt wird hier durch die *zentralistisch-effizienzorientierte Steuerung des Systemhintergrundes* Rechnung getragen. Die strategische Arbeit erstreckt sich v.a. auf die Entwicklung und permanente Verbesserung der Systemdienstleistungskonzeption.

4. Im Vergleich mit anderen kooperativen Gruppen kann das Franchisesystem als die straffste Form eines Unternehmensnetzwerkes charakterisiert werden, deren Kern ein Know-how-Paket sowie die straffe Steuerung durch den Systemkopf darstellen. Beides verhilft dem Franchisenehmer dazu, einen Wettbewerbsvorsprung im Markt zu erlangen und zu sichern, der wiederum den Erfolg des Franchisesystems als Ganzes begründet.[84]

Die konstitutiven Merkmale des Franchising hat Meurer[85] auf die in Abbildung IV-20 aufgeführten fünf Merkmalsklassen verdichtet.

---

[82] Eine Erhebung des deutschen Franchise Verbandes stellt fest, dass im Jahre 1993 nur 4,2 % der Franchisenehmerbetriebe aus wirtschaftlichen Gründen aufgeben mussten. Dieser Zahl kann man folgende gegenüberstellen: mehr als 60 % der freien Existenzgründer sind in den ersten 18 Monaten zur Aufgabe gezwungen. Vgl. Alznauer-Lesaar, 1995, S. 76.
[83] Vgl. Maas, 1990, S. 13.
[84] Vgl. Tietz, 1991, S. 18 f.
[85] Vgl. Meurer, 1997, S. 9.

Controllingkonzeptionen in F&C-Netzwerken des tertiären Sektors

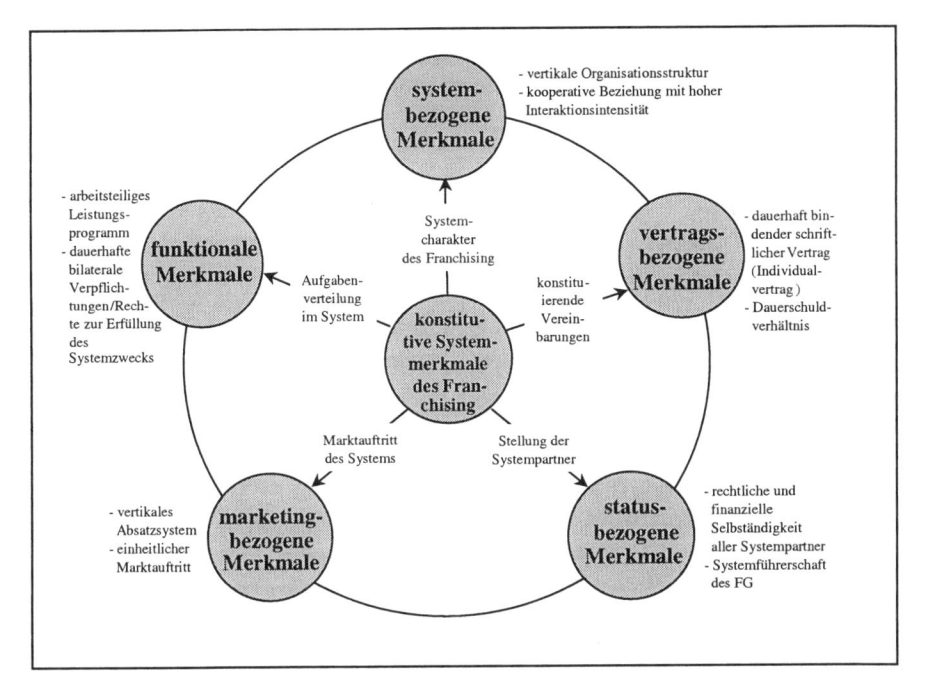

Abb. IV-20: Konstitutive Systemmerkmale des Franchising
(Quelle: Meurer, 1997, S. 9)

3.3.2 Die Typologie der Franchisesysteme als Grundlage einer Konzeption des Controllings

Unter den vielfältigen Einteilungsmöglichkeiten des Franchising, die in der Literatur vorgeschlagen werden,[86] wird im Hinblick auf ihre Controllingrelevanz eine Auswahl getroffen, die in Abbildung IV-21 zusammengefasst ist. Die Typologie erstreckt sich ausschließlich auf das so genannte Leistungsprogrammfranchising, das auch als „Business Format Franchising" bezeichnet wird. Im Gegensatz zum „Straight Product Franchising" oder zum reinen „Manufacturing Franchising", die zwar in den USA, nicht aber in Deutschland zum Franchising gerechnet werden, erstreckt sich das Leistungsprogrammfranchising auf umfassende Geschäftskonzeptionen für die Franchisenehmer.[87] In Abbildung IV-21 sind jene Typen von Franchisesystemen markiert, auf die sich die weitere Analyse konzentrieren wird.

---

[86] Vgl. die unterschiedlichen Ansätze bei Meurer, 1997, S. 11-14; Altmann, 1996, S. 5-10; Kunkel, 1994, S. 7-10; Reuss, 1993, S. 53 f.; Hanrieder, 1991, S. 11 f.; Tietz, 1991, S. 29-58; Maas, 1990, S. 16.

[87] Vgl. Altmann, 1996, S. 6 ff.

Bezüglich der **Systemstruktur** ist zunächst nach der *Durchgängigkeit der Franchisierung* zwischen reinen und gemischten Systemen zu unterscheiden. Letztere liegen vor, wenn die Systemzentrale einen Teil der Outlets als Filialen in Eigenregie führt. Für das Controlling stellt sich die Frage, ob ein und dieselbe Konzeption für beide Geschäftsbereiche angewendet werden kann. Ausschlaggebend dafür ist, ob die Regiebetriebe – wie es z. B. bei OBI der Fall ist – genauso geführt werden wie die Franchisebetriebe oder ob erhebliche Unterschiede bestehen.

Bei der *vertikalen Konfiguration* geht es um die Art und institutionelle Zuordnung der Systempartner zu verschiedenen Wirtschaftsbereichen und -stufen. Die weiteren Ausführungen werden auf das *Handelsfranchising* begrenzt. Franchisenehmer sind stationäre Einzelhandelsbetriebe, als Franchisegeber können jedoch Hersteller, Großhändler oder Dritte fungieren. Für die Gestaltung der Controllingkonzeption ist diesbezüglich kein Unterschied zu erkennen.

Auf der *Franchisenehmerebene* ist eine Unterscheidung nach der *Betriebsgröße* (Groß- und Kleinbetriebsfranchising) einerseits und nach dem *Umfang franchisierter Betriebsteile* andererseits möglich. Wird die Anzahl der Franchisenehmer als weiteres Größenmerkmal hinzugenommen, so wird insbesondere die Institutionalisierung des Controllings von dieser Klassifikation berührt. Ein technologisch „hoch gerüsteter" Controllingapparat mit mehreren, hoch qualifizierten Controllern dürfte sich nur in sehr großen Franchisesystemen lohnen, während in der überwiegenden Zahl der kleineren Systeme Selbstcontrolling und/oder die Externalisierung von Controllingaufgaben zu erwägen sind und die Grundfunktionen des zentralen Controllings von der Geschäftsführung in der Franchisezentrale mit erfüllt werden müssen.

Controllingkonzeptionen in F&C-Netzwerken des tertiären Sektors 355

Die Typologie des Business Format Franchising

Systemstruktur

Gesamtsystemebene — Franchisenehmerebene

Durchgängigkeit — *Betriebsgröße*
reines System ←⊗————○→ gemischtes System   Kleinbetriebsfranchising ←○————⊗→ Großbetriebsfranchising

vertikale Konfiguration — *Umfang franchisierter Betriebsteile*
Handelsfranchising ←⊗————○→ sonstige Systeme   Betriebsfranchising ←⊗————○→ Abteilungsfranchising

Systemleistung

Produktfranchising   Vertriebsfranchising   Dienstleistungsfranchising
←○————⊗————○→

Systemgenese

Art der Entstehung — *Lebenszyklus-Phase*
originär ←⊗————○→ derivativ   alle Phasen sind zu betrachten

Dominanz im System

Subordinationsfranchising (rigide-hierarchisch) ←⊗————————⊗→ Partnerschaftsfranchising (partizipativ)

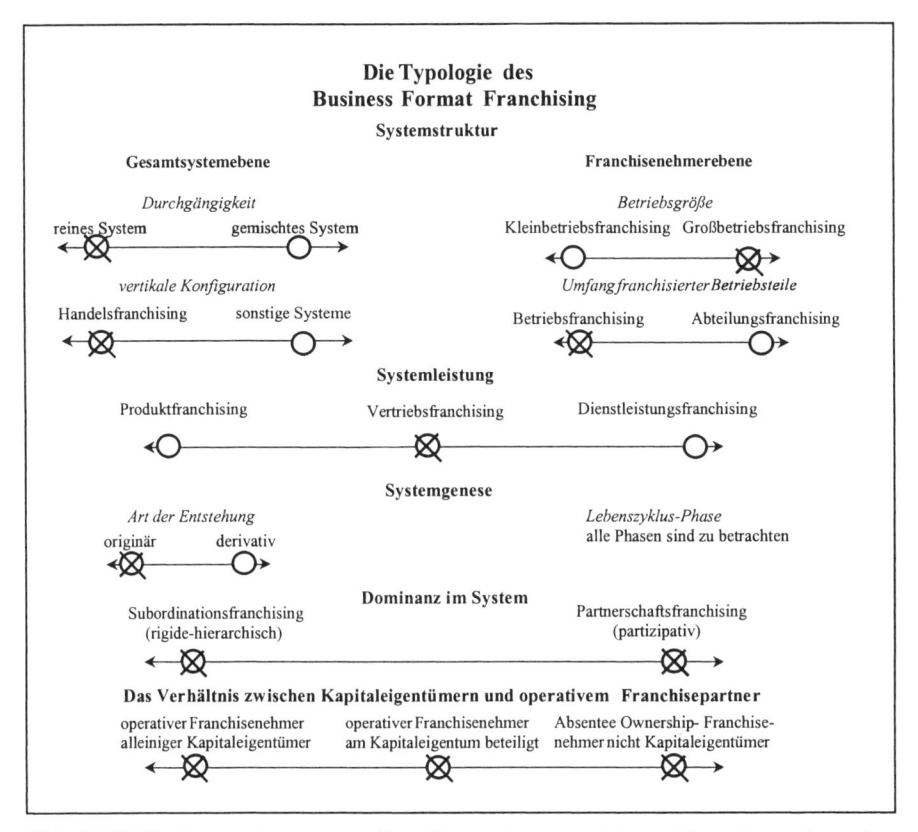

Das Verhältnis zwischen Kapitaleigentümern und operativem Franchisepartner

operativer Franchisenehmer alleiniger Kapitaleigentümer   operativer Franchisenehmer am Kapitaleigentum beteiligt   Absentee Ownership- Franchisenehmer nicht Kapitaleigentümer
←⊗————⊗————⊗→

Abb. IV-21: Die Typologisierung von Franchisesystemen und Auswahl der im vorliegenden Kapitel betrachteten Typen

Bezüglich der **Systemleistung** wird Seidel gefolgt, der drei Typen unterscheidet:[88]

1. *Produkt- oder Produktionsfranchising:* Der Franchisenehmer erhält vom Franchisegeber das Recht und das Know-how, Waren zu produzieren bzw. weiterzuverarbeiten und zu verkaufen (z. B. Coca Cola).[89] Aufgrund der Notwendigkeit, die Einhaltung der Qualitätsstandards sicherzustellen, liegt in diesen Systemen ein besonders hoher Controllingbedarf vor.

2. *Vertriebsfranchising:* Die Geschäftstätigkeit des Franchisenehmers besteht in dem Vertrieb von Waren, die er nicht selbst hergestellt hat. Hier kann weiter danach unterschieden werden, ob die Waren unter dem Namen des Franchisegebers von einem Zulieferer produziert werden oder der Franchisegeber Waren von Dritten bezieht, die nicht unter seinem Namen verkauft werden. Als Bei-

---

[88] Diese Einteilung wurde auch vom Europäischen Gerichtshof im Fall „Pronuptia" bestätigt. Vgl. Seidel, 1997, S. 28 f.
[89] Vgl. Tietz, 1991, S. 30 f.

spiele für den erstgenannten Fall können „Der Teeladen", für den zweiten Fall „OBI" und „Ihr Platz" angeführt werden.

3. *Dienstleistungsfranchising:* Der Franchisenehmer verkauft nicht oder nur in geringfügigem Umfang Ware, sondern erstellt vom Franchisegeber entwickelte Dienstleistungen (z. B. Sun Point, Holiday Inn).[90]

Die **Systemgenese** betrifft einerseits die *Art der Entstehung* des Systems:[91] Findet eine Systemexpansion durch Neugründung franchisierter Betriebe statt, spricht man von originärem Franchising. Derivative Systeme entstehen durch eine Umwandlung von Filialsystemen oder gewerblichen Verbundgruppen in Franchisesysteme. Für die Gestaltung der Controllingkonzeption macht es einen erheblichen Unterschied, ob ein schon vorhandenes Konzept im Hinblick auf die Steuerung von Franchisebetrieben zu restrukturieren oder ob ein neues Konzept zu implementieren ist.

Der Differenzierung nach der **Dominanz im Franchisesystem** liegen die Machtverhältnisse zugrunde.[92] Von *Subordinationsfranchising* wird gesprochen, wenn der Systemgeber das System dominiert. Je mehr Informationen der Systemkopf über den Konsumentenmarkt hat, desto eher wird diese Lösung tragfähig sein. Je stärker die lokalen Besonderheiten des Absatzmarkts und somit die Anforderungen an lokal differenzierte Informationen sind, desto mehr Entscheidungsfreiräume sind den Franchisepartnern zu gewähren. In diesem Fall ist das *Partnerschaftsfranchising* vorzuziehen. Ebenso erscheint eine Dreiteilung in systemkopfdominante, systempartnerdominante und ausgewogene Gruppen tragfähig.[93] Die Differenzierung von Franchisesystemen nach dem Dominanzprinzip beinhaltet wichtige Implikationen für die zu lösenden Informations- und Controllingprobleme. So ist z. B. zu berücksichtigen, dass im Fall des Partnerschaftsfranchising mehr auf dem Verständnisweg operiert werden muss: Das Motto lautet dann „überzeugen statt führen". Allerdings liegen letztlich die zentralen Machtbefugnisse, angefangen von der legitimierten Macht über die Belohnungs- und Bestrafungsmacht bis hin zur Identitäts- und Expertenmacht, beim Franchisegeber; denn dieser besitzt das Know-how und die Markenrechte.[94]

Gerade für die Gestaltung der Controllingkonzeption ist das **Verhältnis zwischen Kapitaleigentümern und operativen Franchisepartnern** von größter Bedeutung.[95] Soweit der Kapitaleigentümer mit dem Leiter des Franchisenehmerbetriebes identisch ist, treten erheblich geringere Motivations- und Informationsprobleme auf als im Fall des „Absentee Ownership", in dem der Franchisenehmer die

---

[90] Vgl. Seidel, 1997, S. 29.
[91] Vgl. Meurer, 1997, S. 14.
[92] Vgl. Martinek, 1987, S. 159 f.
[93] Vgl. Tietz, 1991, S. 34.
[94] Vgl. Seidel, 1997, S. 30.
[95] Vgl. Tietz, 1991, S. 49 f.

Betriebsführung auf andere überträgt. Hier kommt es zu komplexen Dreiecksverhältnissen zwischen dem Franchisegeber, dem Franchisenehmer (als Eigentümer des Franchisebetriebes) und dem Betriebs- bzw. Marktleiter.

3.3.3 Die Entwicklungsstadien des Franchisesystems mit unterschiedlichen Ansprüchen an die Controllingkonzeption

Sowohl das Verhalten der Franchisenehmer als auch die einem Lebenszyklus unterliegende Marketingkonzeption des Franchisegebers sind wichtige Einflussgrößen eines stetigen Entwicklungsprozesses in Franchisesystemen.[96] Innerhalb des Führungs- und Steuerungsprozesses kommt der Berücksichtigung dieser Faktoren daher eine zentrale Bedeutung zu. Es werden nachfolgend zwei Phasenmodelle vorgestellt und zu einem Raster zusammengefügt, das Anhaltspunkte für die Führung und Steuerung und somit für den entstehenden Informations- und Koordinationsbedarf im Managementprozess des Franchisesystems liefert.

Bei dem ersten Modell handelt es sich um das *Lebenszyklusmodell des Franchisesystems* als Ganzes („Makrosichtweise"). Dieses Modell ist angelehnt an das Modell des Produktlebenszyklus. Danach unterliegen Bezugsobjekte, wie Produkte, Marken, Branchen oder hier Franchisesysteme, dem Gesetz des „Werdens und Vergehens"; sie werden „geboren, wachsen, werden alt und sterben".[97] Während dieses Prozesses durchlaufen sie mehrere typische Phasen, in denen jeweils spezifische Controllingprobleme zu lösen sind: die Einführungs-, die Wachstums-, die Reife-, die Sättigungs- und die Degenerationsphase.

Das zweite Modell bildet den *Franchisenehmerlebenszyklus* ab, und zwar in Anlehnung an das Konzept des Familienlebenszyklus. Dieses kann der zielgruppengerichteten Entwicklung einer umfassenden Betreuungskonzeption für die Franchisenehmer durch den Franchisegeber zugrunde gelegt werden, mit entsprechenden Implikationen für das Controlling.[98] Danach wird die Zeitspanne der Zugehörigkeit des Franchisenehmers zu einem System in verschiedene Abschnitte unterteilt, denen bestimmte Verhaltensmuster zugeordnet werden können.

Der Nachteil beider Modelle ist in der mangelnden Eindeutigkeit der jeweiligen Merkmale in den Übergangsphasen zu sehen – wie beim Produkt-Lebenszyklus-Modell gehen auch hier die Phasen fließend ineinander über. Dem steht jedoch der bedeutende Vorteil gegenüber, dass Probleme aus der Entwicklung der Franchisenehmer-Franchisegeber-Beziehung in Verbindung mit dem jeweiligen Entwicklungsstand des Gesamtsystems frühzeitig antizipiert und entsprechende Maßnahmen ergriffen werden können.[99] Es handelt sich folglich um eine Analysegrundla-

---

[96] Vgl. Reuss, 1993, S. 56 ff.; Alznauer-Lesaar, 1995, S. 92 ff.
[97] Meffert 2000, S. 338.
[98] Zum Familienlebenszykluskonzept vgl. z. B. Müller-Hagedorn, 1998, S. 321 f.
[99] Vgl. Reuss, 1993, S. 58 f.

ge, mit deren Hilfe das Controlling über die reine „Heckwasserbetrachtung" hinauszugehen vermag. Anhand dieser Modelle werden im Folgenden der besondere Controllingbedarf im Franchisesystem und die Lösungsmöglichkeiten aufgezeigt.

3.3.3.1 Controlling im Lebenszyklus des Franchisesystems als Ganzes

Das *Lebenszyklusmodell* kann zunächst auf die *„Vermarktungskonzeption"* der Franchiseidee (als Menge aller absatzpolitischen und verkaufsfördernden Maßnahmen) in Abhängigkeit von der Marktentwicklung bezogen werden.[100] Hauptaufgabe der Marketingkonzeption ist die marktgerechte Profilierung des Gesamtsystems. Zu diesem Zweck sind die Bedürfnisse und die marktspezifischen Erfolgskriterien der relevanten Zielmärkte zu eruieren und diese in koordinierte marktspezifische Konzepte zu überführen. Sowohl Markt- als auch Wettbewerbsveränderungen lassen die Wirksamkeit der eingesetzten Maßnahmen mit der Zeit erodieren. Eine Anpassung oder Veränderung (z. B. Relaunch der Marketingmethoden) der Konzeption wird notwendig.

Die „Sicherstellung der Marktadäquanz" erfordert eine umfassende Unterstützung durch das Controlling, bei der zukunftsbezogene (Früherkennungs-)Informationen über Kunden und potenzielle Käufer sowie Marketingkonzeptionen und -pläne der aktuellen und potenziellen Konkurrenten im Mittelpunkt stehen. Aber auch die eigenen Stärken und Schwächen sind Gegenstand der Analyse und Antizipation.

Die Sicherstellung der Marktadäquanz geht mit *der organisationalen Entwicklung des Gesamtsystems* einher. Für die durch das Controlling zu lösenden Informationsprobleme – insbesondere im Hinblick auf die Principal-Agent-Problematik – stehen im Folgenden die organisatorischen Entwicklungsphasen des Franchisesystems im Vordergrund: Einerseits erfolgt eine Unterteilung nach dem organisationalen Entwicklungsstand des Franchisesystems, andererseits nach der klassischen Phaseneinteilung der zunächst steigenden und dann sinkenden Grenzumsätze.[101] Beide Einteilungen werden miteinander verknüpft und bilden die Analysegrundlage für die Früherkennung und Bewältigung von Konflikten in Franchisesystemen.

Mit jeder Entwicklungsphase im *Lebenszyklus des Gesamtsystems* ist ein Schlüsselproblem verbunden, da das Entwicklungsstadium eines Franchisesystems zentral das Anforderungsprofil an die Franchisepartner beeinflusst. Aus dem Entwicklungsstand kann man ableiten, an welchen Problemen die Unternehmung zur Zeit wahrscheinlich gerade arbeitet bzw. welche Anforderungen gerade an die Partner gestellt werden. Franchisesysteme lassen sich nach den folgenden Entwicklungsphasen unterscheiden:[102]

---

[100] Vgl. Reuss, 1993, S. 58 f.
[101] Vgl. Meffert, 2000, S. 339 f.
[102] Vgl. Alznauer-Lesaar, 1995, S. 92 ff.

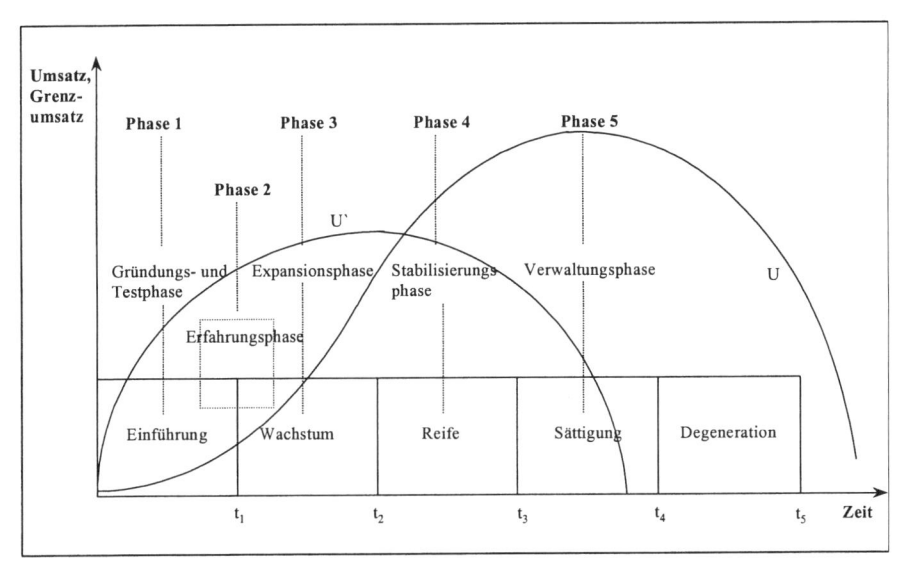

Abb. IV-22: Das Lebenszyklusmodell des Franchisesystems und seine Entwicklungsphasen

Phase I: Gründungs- und Testphase: Die Schlüsselfrage lautet hier, ob das System lebensfähig ist. Aufgrund der geringen Erfahrung mit lediglich einem oder wenigen Pilotbetrieb(en) des Franchisegebers sind die Anforderungen an die Franchisenehmer in der erhöhten Risikobereitschaft und in der höheren Selbstständigkeit – es existiert noch kein standardisiertes Betreuungssystem – zu sehen. Sofern gute Erfolge erzielt werden, ist das Management bemüht, die Marktpräsenz schnell auszubauen. Daher stehen Aktivitäten, wie Partnersuche, Ausbau von Organisation und Logistik, Entwicklung eines Betreuungskonzepts usw., im Vordergrund. Das Management ist allen Fragen gegenüber aufgeschlossen und reagiert flexibel auf Veränderungen. Aufgrund der geringen Franchisenehmerzahl überwiegen persönliche Kontakte, die Machtorientierung im System ist gering.

Die Controllingkonzeption ist in diesem Stadium ebenso wie alle weiteren Konzeptbestandteile in der Experimentierphase. Der Aufgabenumfang des Controllings ist noch nicht so groß, dass sich bereits der Aufbau eines separaten Controllerapparates lohnte. In der Regel übernimmt das Management die Controllingfunktionen selbst. Die endgültige Festlegung auf eine geeignete Controllingkonzeption ist erst in einer späteren Entwicklungsphase zweckmäßig.

Phase II: Erfahrungsphase: Die vom Controlling zu klärende Schlüsselfrage lautet hier, ob sich das System über unvermeidbare Startprobleme hinweg bewähren kann. Die besonderen Anforderungen an die Franchisepartner in dieser Phase sind: Erstens eine hohe kooperative Kompetenz, weil im gesamten System Engpässe auftreten, zweitens die Bereitschaft zu einem systematischen und intensiven Austausch von Informationen, damit Fehler nur einmal gemacht werden. Lösungen sollten gleich allen zur Verfügung stehen. Drittens ist hier das Teamdenken wichtig.

In dieser Phase kann sich ein institutionalisiertes Controlling herausbilden. Ihm kommt die Rolle des Moderators im Rahmen des Projektmanagements zu. Außerdem ist es Aufgabe des Controllings, die Systementwicklung als ein „natürliches Marktexperiment" zu begreifen und den Prozess der experimentellen Optimierung fortlaufend mit Feed-back- und Feed-forward-Informationen zu speisen. Es gilt, ein systematisches Lernkonzept zu etablieren und die Erfahrungsinformationen in intersubjektiv überprüfbarer Form zu speichern. Die Abbildung des Entscheidungsfeldes und die Generierung theoretischen Wissens über die Ursache-Wirkungszusammenhänge stehen im Vordergrund.

Phase III: Expansionsphase: Die Schlüsselfrage lautet, wie das System erfolgreich zu vervielfältigen ist. Das Ziel ist flächendeckende Multiplizierung des Systems durch den Ausbau der bisher erreichten Marktposition, um möglichst rasch die wichtigsten Standorte zu besetzen und Nachahmer abzuschrecken. Gleichwohl wird hier verstärkt Wettbewerb auftreten. Die besonderen Anforderungen an die Partner sind nun erstens eine hohe Selbstständigkeit, weil die Akquisition vieler neuer Franchisenehmer durch die Systemzentrale im Vordergrund steht und die Betreuungs- und Entwicklungsarbeit vernachlässigt werden muss. Zweitens benötigen die Franchisenehmer viel Geduld, weil die Kontakthäufigkeit aufgrund mangelnder personeller Ressourcen zwangsläufig sinkt. Es findet nur noch eine Kontrolle der „Systemtreue" statt. Der Teamgeist – sollte er verloren gegangen sein – muss mühsam wieder aufgebaut werden.

Vom Controlling wird die Unterstützung der „Hochgeschwindigkeitsexpansion" durch vielfältige Informationen erwartet, die sich auf Tatbestände außerhalb des Systems erstrecken. Standortanalysen und die Evaluation potenzieller Franchisenehmer bilden einen Aufgabenschwerpunkt. Aufgrund der Kapazitätsengpässe im Bereich der personellen Ressourcen einschließlich der Informations- und Kontrollsysteme sind die Entwicklung und Implementierung einer partizipativen Führungsorganisation mit geeigneten Anreizsystemen zweckmäßig. Dadurch kann Kontrolle weitgehend durch Vertrauen ersetzt werden. In diesem Stadium gewinnt der Grundsatz an Bedeutung: „So viel Selbstcontrolling wie möglich, so viel Fremdcontrolling wie nötig."

Phase IV: Stabilisierungsphase: Die Schlüsselfrage lautet, ob das System sein Wachstum in den Griff bekommen kann. Die besonderen Anforderungen an die Partner sind erstens die Flexibilität, weil das Wachstum organisatorische und konzeptionelle Anpassungen erfordert. Zweitens ist eine hohe Konfliktfähigkeit wichtig, da Veränderungen zu Konflikten führen, insbesondere wenn die Franchisenehmer nicht an Entscheidungen beteiligt werden.

Mit dem in den Vordergrund rückenden Problem der Konfliktbewältigung wurde der Informationsversorgungsfunktion des Controllings ein völlig neues Anwendungsfeld zugewiesen. Aus differenten (direkten und indirekten) Quellen sind (Früherkennungs-)Informationen über sich abzeichnende Konfliktherde innerhalb des Systems zu gewinnen. Hier erlangt das Problem der Informationsasymmetrie im Zusammenhang mit dem opportunistischen Verhalten und dem Misstrauen der Systempartner besondere Bedeutung.

Phase V: Verwaltungsphase: Die Schlüsselfrage lautet, ob es dem System gelingen kann, innovativ und schwungvoll zu bleiben. Die besonderen Anforderungen an die Franchisepartner sind erstens Kreativität: Innovative Anregungen der Franchisenehmer sind von der Zentrale aufzunehmen, bis zur Marktreife weiterzuentwicklen und schließlich umzusetzen. Zweitens ist die Beharrlichkeit, insbesondere wenn es um die Durchsetzung von Ideen geht, wichtig; die Unternehmensgröße korreliert auch in Franchisesystemen negativ mit der Flexibilität. Drittens ist die Veränderungsbereitschaft von Bedeutung: Das Franchisesystem soll „leben", die Franchisenehmer sind daher organisatorisch weiterzuentwickeln.

In dieser Phase übernimmt Controlling u. a. die Funktion des internen und externen Benchmarking. Exzellente Konzepte innerhalb des eigenen Franchisesystems und viel versprechende Konzepte außerhalb des Systems sind aufzuspüren und experimentell zu überprüfen. Davon abgesehen ist in der Verwaltungsphase, wie in allen anderen Phasen auch, das Routineprogramm der Informationsversorgung effizient zu gewährleisten.

Eine bislang nicht erwähnte Aufgabe des Controllings besteht in der Identifikation der gegenwärtigen Lebenszyklusphase, in der sich das Franchisesystem befindet sowie in der Gewinnung von Anhaltspunkten darüber, wann die nächste Phase erreicht werden dürfte. Dies ist vor allem von der Entwicklung der eigenen Wettbewerbsvorteile in Relation zu denen der konkurrierenden Anbieter abhängig. Die Empfehlung eines phasenspezifischen Maßnahmenprogramms zur rechtzeitigen Gegensteuerung bei Sättigungs- und Degenerationserscheinungen kann ebenfalls vom Controlling übernommen werden.

Nachdem die Entwicklungsphasen des Franchisesystems als Ganzes dargestellt worden sind, ist nun die folgende Überlegung anzustellen: Von großer Bedeutung ist, dass auch ein Franchisesystem, das schon lange existiert und folglich in der „Makro"-Sichtweise bereits einer fortgeschrittenen Entwicklungsstufe zuzurechnen ist, „neue" und „alte" Franchisenehmer beherbergen kann. Die damit notwendige „Mikro"-Betrachtung bietet wichtige Hinweise für die differenzierte Ausgestaltung des Controllings und ist Gegenstand des folgenden Kapitels.

3.3.3.2 *Spezifische Controllingaufgaben im Lebenszyklus des Franchisenehmerbetriebes*

Der *Franchisenehmerlebenszyklus* kann auch als *Franchisenehmer-Verhaltensmodell* bezeichnet werden.[103] Im Mittelpunkt steht die Betrachtung der Franchisegeber-Franchisenehmer-Beziehung. Für die erfolgreiche Führung eines Franchisesystems hat das Management den Verhaltenswandel des Franchisenehmers im

---

[103] Vgl. Kuhn, 1980, S. 115-142.

Verlauf seiner Systemzugehörigkeit zu berücksichtigen. Dieser kann zunächst in einem Drei-Phasen-Verhaltensmodell[104] abgebildet werden, das Aufschluss über die typischen Verhaltensweisen der Franchisenehmer in der jeweiligen Phase liefert.[105]

Phase I: Einstieg: Der Franchisenehmer ist noch unerfahren und kennt i. d. R. nur seine Pflichten bzw. die an ihn gestellten Anforderungen zur Erfüllung von Aufgaben. Der Vertrag dient ihm dabei als Richtlinie. Eine straffe Form der Führung und Kontrolle wird in dieser Phase hingenommen, sofern die Gewinn- bzw. Einkommenserwartungen erfüllt werden.

Phase II: Know-how-Entwicklung: Der Franchisenehmer hat die notwendigen Kenntnisse zur Führung seines Betriebs erworben. Seine Verhaltensweise gegenüber dem Systemgeber ändert sich dahingehend, dass er aufgrund der nun selbst erlangten unternehmerischen Qualifikation höhere Anforderungen an die Leistungen des Systemgebers stellt. Er verlangt mehr Aufmerksamkeit für selbst entwickelte Ideen und lehnt die Bevormundung der Zentrale eher ab. Er fordert mehr Freiheitsgrade und unternehmerische Verantwortung für die Führung seines Betriebs. Der Anspruch an eine kooperative Führung des Systemmanagements wächst.

Phase III: Verselbstständigung: Der Franchisenehmer hat seine Position innerhalb des Systemverbunds gefestigt und sieht sich zunehmend als selbstständiger Unternehmer. Auch die selbstständige Führung seines Betriebs traut er sich zu. Seine Interessen decken sich zunehmend weniger mit denen des Systemgebers. Jede Beschränkung seiner Autonomie empfindet er als problematisch; er ist möglicherweise auf der Suche nach einer anderen Form der Selbständigkeit. Für die flexible Führung muss das Systemmanagement in dieser Phase sehr sensibel im Umgang mit dem Franchisenehmer sein.[106]

Für eine differenzierte Analyse des Controllingbedarfs im Franchisesystem ist diese Einteilung noch als zu grob anzusehen. Einerseits ist auch innerhalb der jeweiligen Phase eine Differenzierung der Betreuung durch den Franchisegeber erforderlich; so ist z. B. eine besondere Betreuung in der Eröffnungsphase notwendig. Andererseits erscheint ein sequenzielles, auf das im zeitlichen Entwicklungsprozess gleichartiger Franchisenehmer (Kohorte[107]) angepasstes Programmpaket im Sinne einer individuellen Betreuung dringend geboten. Eine weitere Unterteilung in die einzelnen Prozessphasen der Entwicklung eines Franchisenehmerbetriebes gemäß des sequenziellen und situativen Ansatzes erscheint daher zweckmäßig. Als Phasen der Geschäftsbeziehung zwischen Franchisenehmer und

---

[104] Vgl. dazu Teil IV, Kapitel 4.3.2.2.
[105] Vgl. zu den Phasen im Einzelnen Reuss, 1993, S. 56-58.
[106] Vgl. Kuhn, 1980, S. 134.
[107] Der Begriff der Kohorte stammt aus der Bevölkerungsstatistik und bezeichnet eine Mehrzahl von Personen, die sich im Gleichschritt durch die Zeit bewegt.

Franchisegeber bietet sich die in Abbildung IV-23 vorgenommene Unterteilung an.[108]

Die Phasen sind hier so gewählt worden, dass einerseits nach Betriebstypenstatus bzw. Know-how des Franchisenehmers und andererseits nach den anstehenden Aufgaben im Betrieb unterschieden werden kann. Dies ermöglicht es dem Management der Systemzentrale, ein differenzierteres Betreuungskonzept für jede einzelne Phase zu planen. Gleichzeitig werden die relevanten Informationsversorgungsaufgaben des Controllings evident.

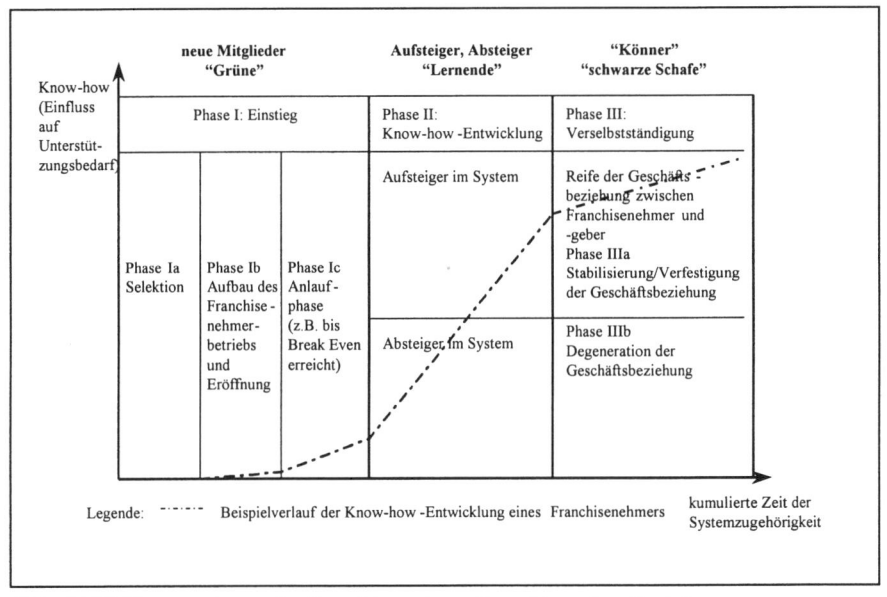

Know-how (Einfluss auf Unterstützungsbedarf)	neue Mitglieder "Grüne"			Aufsteiger, Absteiger "Lernende"	"Könner" "schwarze Schafe"
	Phase I: Einstieg			Phase II: Know-how-Entwicklung	Phase III: Verselbstständigung
				Aufsteiger im System	Reife der Geschäftsbeziehung zwischen Franchisenehmer und -geber
					Phase IIIa Stabilisierung/Verfestigung der Geschäftsbeziehung
	Phase Ia Selektion	Phase Ib Aufbau des Franchisenehmerbetriebs und Eröffnung	Phase Ic Anlaufphase (z.B. bis Break Even erreicht)	Absteiger im System	Phase IIIb Degeneration der Geschäftsbeziehung

Legende: ------ Beispielverlauf der Know-how-Entwicklung eines Franchisenehmers   kumulierte Zeit der Systemzugehörigkeit

Abb. IV-23: Phasenschema der Franchisenehmer-Franchisegeber-Beziehung

Die **Phase I** wird unterteilt in die drei Teilphasen der Selektion (Ia), des Aufbaus des Franchisenehmerbetriebs einschließlich der Eröffnung (Ib) und der Anlaufphase (Ic).

In der *Phase (Ia)* finden die Akquisition und Auswahl potenzieller Franchisenehmer statt. Die Gewinnung aussagekräftiger Informationen über die Bonität und die persönliche Qualifikation der Interessenten, insbes. die Aufdeckung der „hidden characteristics", könnte der Informationsversorgungsfunktion des Controlling zugewiesen werden. Die Phase endet mit der Unterzeichnung des Franchisevertrages.

---

[108] Ähnlich Tietz, 1991, S. 72 f. und 167 ff.

In die *Phase (Ib)* fallen alle Aktivitäten, die vor und während der Eröffnung des Betriebes erforderlich sind. Hierzu zählen als Controllingaktivitäten des Franchisegebers die Standort- und Marktpotenzialanalysen,[109] des Weiteren die Aktivitäten der Ladenplanung und Geschäftseinrichtung bis hin zu den begleitenden Aktivitäten (z. B. die lokale Werbung und Aktionen im Markt) sowie die Unterstützung des Franchisenehmers vor und während der Eröffnungsphase.

Die *Phase (Ic)* erfordert die besondere Informationsversorgung und Beratung des Franchisenehmers, weil hier neben der laufenden Betreuung besondere Unterstützungsaktivitäten aufgrund unvorhergesehener Probleme notwendig werden können. Diese Phase endet, wenn der Franchisenehmerbetrieb das erforderliche Know-how für die Geschäftsführung erworben hat. Das Ende der Phase könnte z. B. mit der Erreichung des Break-Even-Points markiert werden.

In allen drei Teilphasen ist ein Measurement der jeweils erreichten Performance im Bereich des Franchisenehmerbetriebs erforderlich, welches in diesem Stadium eine typische Controllingaufgabe der Franchisezentrale ist. Nicht nur das Franchisekonzept als Ganzes, sondern auch die Umsetzung in jedem einzelnen Franchisebetrieb sollte Gegenstand der experimentellen Optimierung sein, die dem Controlling obliegt.

Die **Phase II** ist dadurch gekennzeichnet, dass zunehmend spezifisches Know-how zur Geschäftsführung des Franchisenehmerbetriebes von der Systemzentrale in Richtung des Franchisenehmers fließt. Dieser fühlt sich daher mehr und mehr imstande, auch ohne die Unterstützung des Franchisegebers sein Geschäft zu führen. Die Managementberatung durch ein Controlling der Systemzentrale kann zurückgefahren werden. Gleichzeitig steigen die Ansprüche des Franchisenehmers an den Informationsversorgungsservice und ggf. auch an Entlastungsmaßnahmen des Systemgebers. Dabei sind in dieser Phase zwei Gruppen von Franchisenehmern zu unterscheiden, die *„Aufsteiger"* und die *„Absteiger"*. Dieser Einteilung werden folgende Merkmale zugrunde gelegt: einerseits der relative Umsatz im Vergleich zu gleichartigen Franchisenehmerbetrieben[110] und andererseits die „Qualität der Geschäftsbeziehung" zwischen Franchisenehmer und -geber. Letzteres Merkmal bezieht sich auf die Fähigkeit, konstruktiv Konflikte innerhalb der Geschäftsbeziehung auszutragen.

Die **Phase III** ist dadurch gekennzeichnet, dass einige Franchisenehmer für die Führung ihres Betriebs nun zu Experten geworden sind und sich imstande fühlen, diese auch ohne die Kooperation mit dem Franchisegeber zu bewerkstelligen. In Anlehnung an die Unterteilung in die „Aufsteiger" und die „Absteiger" der Phase II kann hier zwischen „Könnern" und „schwarzen Schafen" unterschieden werden.

---

[109] Vgl. Tietz, 1991, S. 182 ff. und 192 ff.
[110] Vgl. zu den Besonderheiten der Auswahl vergleichbarer Betriebe Müller-Hagedorn, 1998, S. 638 f.

Auch diesbezüglich soll die Unterscheidung nach o. a. Merkmalen vorgenommen werden, wobei hier allerdings die Geschäftsbeziehung im Vordergrund der Betrachtung steht. Es sind zwei Verläufe denkbar: die Stabilisierung bzw. Verfestigung der Geschäftsbeziehung *(Fall IIIa)* und die Degeneration der Geschäftsbeziehung *(Fall IIIb)*. Im ersten Fall haben sich Franchisenehmer und Franchisegeber aufeinander eingestimmt, d. h. Konflikte werden offen ausgetragen und konstruktiv einer Lösung zugeführt.

Die Controllingaufgaben sind im System nach dem Muster verteilt, dass jeder die Funktion übernimmt, die er vergleichsweise am besten ausüben kann. Im zweiten Fall liegt das Gegenteil vor. Auf der einen Seite kann sich der Franchisenehmer ausgenutzt, bevormundet oder missverstanden fühlen. Auf der anderen Seite kann der Franchisegeber den Partner als unkooperativ und für die Weiterentwicklung des Systems als störend empfinden. Wertvolle Informationsverarbeitungsressourcen werden zum Abbau der Informationsasymmetrien vergeudet.

Für das Controlling ergibt sich die wichtige Aufgabe, die Zuordnung der Frachisenehmer in den Phasen II und III zu den beiden Unterklassen zu unterstützen. Die Entscheidung über Aufrechterhaltung der Partnerschaft, Substitution des Franchisenehmers durch einen neuen Interessenten oder Umwandlung des Franchisebetriebs in einen Regiebetrieb (d. h. Filiale) ist durch umfangreiche Informationen und mithilfe von Methoden der dynamischen Investitionsrechnung zu unterstützen. Ferner sind Berechnungen erforderlich, ob Bevorzugungen gewährt werden sollten, um die Fluktuationsquote bei den „Aufsteigern" bzw. „Könnern" zu senken.

3.3.3.3 Die kombinierte Betrachtung der Entwicklungsstadien des Franchisesystems

Fügt man die beiden vorstehend aufgeführten Entwicklungsphasenmodelle nun in einer Matrix vereinfacht zusammen, so ergeben sich in einigen Feldern kritische Momente bzw. Konfliktpotenziale für die Kooperationspartner im Franchisesystem, die durch die Informationsbereitstellung und Durchführung geeigneter Maßnahmen rechtzeitig aufzudecken und zu entschärfen sind.

Die daraus resultierenden Anforderungen an das Informationsversorgungsprogramm im Zusammenhang mit der Lösung von Agency-Problemen bilden eine Besonderheit von Unternehmensnetzwerken, die bei der Gestaltung der Controllingkonzeption zu beachten sind.

		FRANCHISESYSTEM			
F R A N C H I S E N E H M E R		I Einführung	II Wachstum	III Reife	IV Sättigung
	I Einstieg	instabil	relativ stabil	relativ stabil - instabil	relativ stabil - instabil
	II Know-how - Entwicklung	instabil	("kreativ") stabil	relativ stabil - instabil	relativ stabil - instabil
	III Verselbst- ständigung	instabil	instabil	**sehr instabil**	**sehr instabil**

Abb. IV-24: Konfliktmatrix
(Quelle: In Anlehnung an Reuss ,1993, S. 99)

3.3.4 Das Aufgabenspektrum der Controllingkonzeption in Franchisesystemen

Kapitel 3 kann dem interessierten Leser aus der Franchisepraxis, der mit der Einführung des Controllings oder dem Aufbau einer Controllerorganisation in einem bestimmten Franchisesystem befasst ist, das Studium umfangreicher Spezialliteratur zum Controlling nicht ersparen.

Anliegen war es lediglich, den Blick dafür zu schärfen, dass die Controllingkonzeption nicht einfach aus einem Rezeptbuch entnommen oder von einer anderen Unternehmung „abgekupfert" werden kann, sondern eigene, fallspezifische, konzeptionelle Überlegungen notwendig macht. Dazu ist es nicht erforderlich, das „Rad aufs Neue zu erfinden": Die Bausteine einer jeden Controllingkonzeption, auf die hier gar nicht eingegangen werden konnte, liegen inzwischen in bewährter Form vor. Auch auf einige Teilkonzepte, welche die Basis des Controllings im

Franchising darstellen können, kann zurückgegriffen werden: Ist das betreffende Franchisesystem dem Handelsbereich zuzurechnen, so können bewährte Teilkonzepte verzweigter Handelssysteme herangezogen werden. Nur die franchisespezifischen bzw. die dem jeweiligen Entwicklungsstadium entsprechenden phasenspezifischen Controllingaufgaben müssen dann individuell konzipiert werden.

Das Controlling im Franchisesystem

Informationsversorgungssystem

(I) **Grundsätzliche** systembildende und -koppelnde Controllingaufgaben im Handelssystem bzgl. des Planungs- und Kontrollsystems.

(II) **Franchisespezifische** systembildende und -koppelnde Controllingaufgaben bzgl. des Personalführungs- und Organisationssystems.

(III) **Phasenspezifische** systembildende und -koppelnde Controllingaufgaben.

- Im Lebenszyklus des Franchisesystems
- Im Lebenszyklus des Franchisenehmers
- In Krisensituationen

Abb. IV-25: Das Aufgabenspektrum der Controllingkonzeption im Franchisesystem

Ad I: Die grundsätzlichen, systembildenden und -koppelnden Controllingaufgaben im Handelssystem beziehen sich auf das Planungs- und Kontrollsystem.[111] Zweck des Controllings ist hier die nutzeradäquate Aufbereitung und Bereitstellung von Planungs-, Entscheidungs- und Abweichungsinformationen. Diese Funktion ist als *Minimalprogramm* in jeder Unternehmung und damit auch in jedem Franchisesystem zu charakterisieren, gleichgültig wer diese Funktion übernimmt.

Ad II: Die systembildenden und -koppelnden Controllingaufgaben bzgl. des Personalführungs- und Organisationssystems weisen aufgrund der Agency-Problematik im Franchisesystem Besonderheiten auf. Diese sind im Zusammenhang mit der Steuerung der dezentralen Organisationseinheiten und der organisatorischen Gestaltung der Anreiz-, Steuerungs- und Kontrollsysteme zu sehen.

---

[111] Controlling kann auch in dieser allgemeinen Betrachtung des Handelsbetriebs das Personalführungs- und das Organisationssystems unterstützen. Dies geschieht hier für Franchisesysteme unter (2), weil hierin Besonderheiten zu sehen sind.

Ad III: Der spezifische Unterstützungsbedarf des Managements durch Controlling ergibt sich in Abhängigkeit von dem jeweils betrachteten Entwicklungsstadium. Das Erfordernis eines *auf bestimmte Cluster von Franchisenehmern zugeschnittenen Controllings* wurde im Zusammenhang mit dem Lebenszyklus des einzelnen Franchisenehmers aufgezeigt. Dieser Lebenszyklus ist unterschiedlich je nachdem, ob der Inhaber des Franchisebetriebs, also der Franchisenehmer im vertragsrechtlichen Sinne, oder ein (angestellter) Marktleiter das operative Geschäft führt. I. d. R. werden Marktleiter in der Franchisezentrale ausgebildet und sie verfügen aufgrund ihres Einsatzes als Stellvertreter oder Springer in anderen Franchisebetrieben schon über einige Erfahrungen. Weiterhin ergeben sich besondere Controllingaufgaben aus dem Lebenszyklus des *Gesamtsystems*. Die besondere Unterstützung des Franchisenehmerbetriebs durch Controlling in *Krisensituationen* ist für alle Systeme zwingend ratsam, wenngleich sich eine solche Situation bei einem unerfahrenen Franchisenehmer, der seinen Betrieb selbst führt, gegenüber einem erfahrenen angestellten Marktleiter noch verschärfen kann.

Die Basis einer jeglichen Controllingkonzeption ist das Informationssystem, das in einigen Unternehmungen dem Zuständigkeitsbereich der Controller zugewiesen wird, in anderen nicht.

Die Anforderungen an das Informationssystem ergeben sich aus dem Aufgabenspektrum der Unterstützungsleistungen des Controllings, das organisatorisch gesehen als Schnittstelle zwischen dem Informationssystem und den Führungsteilsystemen des Managements fungiert.

In gut organisierten Franchisesystemen wird der Informationsfluss mittels einer zentralen Buchhaltung, eines geeigneten Planungssystems für Zentrale und Partnerbetriebe und eines geschlossenen Warenwirtschaftssystems in Verbindung mit Zielvereinbarungs- und Abweichungsanalysegesprächen im Rahmen der regelmäßigen Treffen der Franchisepartner weitgehend gesichert.[112] Grundlage des Informationssystems für Handelsfranchisesysteme ist ein Warenwirtschaftssystem, das die quantitativen Vorgänge des täglichen Geschäfts erfasst und den Leistungsprozess zahlenmäßig abbildet (z. B. Umsatz, Anzahl und Art der abverkauften Artikel, Zahl der Kunden, Gewinn). Diese Daten sind durch das Controlling zweckgerecht aufzubereiten und in einer empfängeradäquaten Darstellung und Verdichtung bereitzustellen. Hierfür sind die Daten möglichst genau, lückenlos und zeitnah zu erfassen, soweit dies wirtschaftlich möglich ist: Unter Beachtung der Informationsökonomie sollte das Controlling die Informationsversorgung nicht maximieren („informations overload"), sondern optimieren. Ohne das Informationssystem ist ein (ergebniszielorientiertes) Controlling nicht möglich.

Das Informationssystem für Handelsfranchisesysteme setzt sich zusammen aus dem Standort-, dem Konkurrenz-, dem Waren-, dem Kunden-, dem Rechts-, dem Lieferanten- und dem Personalinformationssystem. Diese Informationssysteme

---

[112] Vgl. Seidel, 1997, S. 50.

werden durch Datenquellen, wie die Marktforschung, das Warenwirtschaftssystem, die Buchführung, das interne Rechnungswesen und sonstige Quellen von Primärdaten, gespeist.

Das Controlling hat im Rahmen seiner systembildenden und systemkoppelnden Aufgaben die Vernetzung der Datentöpfe untereinander, die Transformation der Daten in managementrelevante Informationen, die Vernetzung der einzelnen Subinformationssysteme untereinander, die Integration der verschiedenen Informationsversorgungssysteme unterschiedlicher Transaktionspartner und schließlich die Koordination zwischen dem Informationssystem und dem Handelsmanagement im Franchisesystem zu bewerkstelligen.[113]

Die Ausgestaltung des Informationssystems im Handelsfranchising richtet sich nach den Ansprüchen des kosten- und erlösorientierten Controllings.[114]

Die Besonderheiten des kostenorientierten Controllings im Franchising resultieren u. a. aus den hohen, seit Jahren steigenden Gemeinkosten im Handel und der Schwierigkeit der verursachungsgerechten Zurechenbarkeit von Kosten und Leistungen zu einzelnen Produkten und Leistungen für die Outlets. Die einfachste Form der Kostenrechnung besteht in der Gegenüberstellung der erzielten Betriebserträge und der gesamten Kosten, und zwar entweder nach dem Umsatzkostenverfahren oder nach dem Gesamtkostenverfahren. Darüber hinaus existiert die Möglichkeit bzw. wegen der hohen Gemeinkosten und der Zurechnungsproblematik von Kosten das Erfordernis der Anwendung einer Prozesskostenrechnung.[115] Die handels- bzw. absatzkanalspezifische Variante ist die DPR-Methode (DPR steht für „Direkte Produkt-Rentabilitäts-Methode"').[116] Diese Verfahren beziehen sich auf die Aufbereitung der innerbetrieblich anfallenden Kosten. Daneben haben Betriebsvergleiche für Handelsfranchisesysteme eine große Bedeutung. In der Franchiseunternehmung bieten insbesondere innerbetriebliche Betriebsvergleiche (gleiche Leistungen verursachen mitunter unterschiedliche Kosten) eine erhebliche Effizienzsteigerungsmöglichkeit für schwache Outlets, indem die relevanten Faktoren des erfolgreicheren Betriebs ermittelt werden können und die Schwächen anderer Betriebe evident werden und beseitigt werden können. Externe Betriebsvergleiche bieten darüber hinaus die Möglichkeit des Vergleichs der eigenen Betriebe mit denen anderer Unternehmungen. Hier können im Sinne eines Benchmarking exzellente Teilkonzepte (z. B. das Beschwerdemanagement, das Logistiksystem) oder ganze Konzepte (z. B. OBI-Baumarkt, Eismann) identifiziert und übernommen werden.

---

[113] Vgl. Ahlert, 1994, S. 81 f.
[114] Vgl. Müller-Hagedorn, 1998, S. 589-684; Ahlert, 1994, S. 3-114.
[115] Vgl. Müller-Hagedorn, 1998, S. 592 ff. und S. 615 ff.
[116] Vgl. Schröder, 1990.

Das erlösorientierte Controlling im Franchising hat die Aufgabe, die für die marktseitige Steuerung der Betriebe relevanten Informationen bereitzustellen.[117] Dabei handelt es sich um die ertragsmäßigen Konsequenzen der verschiedenen Handlungsalternativen im Entscheidungsfeld des Managements der Systemzentrale und desjenigen der Franchisebetriebe auf die Zielerreichung bei Vorliegen bestimmter Umweltzustände. Die Zielerreichung erstreckt sich auf liquiditäts-, kosten- und umsatz- bzw. gewinnorientierte Ziele. Dabei geht es sowohl um Informationen über den Absatzerfolg (erzielter Umsatz) als auch über die „[...] dem Kauf vorausgehenden Reaktionen der Kunden"[118], also ob etwa günstige Prädispositionen bei den aktuellen und potenziellen Kunden geschaffen worden sind. Letzteres ist Gegenstand der Zufriedenheitsforschung. Die Kontrolle der Umsatzentwicklung und wichtiger Bestimmungsfaktoren setzt Informationen über die aktuelle Absatzsituation voraus. Klassische (isolierte) Kennzahlen des Absatzerfolges sind etwa die Entwicklung des Umsatzes, die Entwicklung der Warenbestände, die Warenbewegung insgesamt, der Lagerumschlag, die Wareneingangkalkulation, die erzielte Kalkulation, Leistungskennzahlen, der Warenverderb und die Zahl der Kunden. „Ob ein Betrieb seine erlöswirtschaftlichen Ziele (z. B. Umsatz, Rohertrag, erzielte Kalkulation, Marktanteil) erreicht, hängt zum einen von seiner Absatzpolitik ab, zum anderen aber auch von der Entwicklung der Umwelt."[119] Hierzu eignen sich periodisch durchgeführte Betriebsvergleiche und aperiodisch durchgeführte Marktforschungsstudien. Die Kundenzufriedenheitsumfragen besitzen als Indikator für das opportunistische Verhalten einzelner Franchisenehmer eine besondere Bedeutung im Franchising.

3.4 Controlling in F&C-Netzwerken

Unter Verzicht auf die Zusammenstellung von Einzelergebnissen kann zu der einleitend aufgeführten Problemstellung das folgende Fazit gezogen werden:

Was die Frage nach den **Besonderheiten des Controllings** im Anwendungsfeld des Franchising anbetrifft, so ist zunächst darauf hinzuweisen, dass hier genauso wie in jeder anderen Unternehmung ein *allgemeiner Unterstützungsbedarf des Managements* zur Beseitigung von Defiziten vorliegen kann. Die Defizite können in einem Mangel an faktischem Wissen (Informationsdefizite), an theoretischem Wissen über die Kausalitäten und Gesetzmäßigkeiten im Entscheidungsfeld (Theoriedefizite) oder an methodischem Wissen (Konzeptionsdefizite) bestehen. Aufgabe des Controllings ist es, durch Informationsversorgung und Beratung zur Beseitigung dieser Defizite beizutragen.

---

[117] Vgl. Müller-Hagedorn, 1998, S. 642-664.
[118] Müller-Hagedorn 1998, S. 642.
[119] Müller-Hagedorn 1998, S. 664

Ein *besonderer Unterstützungsbedarf des Managements* resultiert in Systemen des Handelsfranchising aus zwei Tatbeständen: Es sind einerseits *verzweigte Handelssysteme*, in denen schon aufgrund der räumlichen und funktionalen Trennung der operativen Einheiten von der Zentrale, aber auch aufgrund der Standortbezogenheit, der hohen Dynamik des Umfeldes und der großen Flexibilität der Akteure, z. T. auch wegen des Operierens in zahlreichen Marktfeldern, erhebliche Abstimmungsprobleme zu bewältigen sind. Der spezifische Bedarf an einer Versorgung mit relevanten Informationen ist in diesen Systemen besonders hoch, weshalb diese auch prädestiniert sind für ein institutionalisiertes Controlling. Andererseits resultieren spezifische Aufgaben des Controllings aus dem Tatbestand, dass Franchisesysteme *kooperative* Gruppen mit einer zentralen Steuerung durch den *Systemkopf* darstellen.

Für die Klärung der Frage, welche besonderen Herausforderungen für das Management daraus entstehen, dass eine Gruppe rechtlich (und in Grenzen auch wirtschaftlich) selbstständiger Unternehmer durch einen Systemkopf zentral(istisch) zu steuern ist und welcher Unterstützungsbedarf daher für das Controlling anfällt, ist es nahe liegend, in der Literatur zur **Neuen Institutionenökonomik** nach Anhaltspunkten und Ansatzpunkten zu suchen. Die im Hinblick auf die Gestaltung einer geeigneten Controllingkonzeption besonders relevante Erkenntnis besteht darin, dass in Franchisesystemen spezifische Agency-Probleme zu bewältigen sind. Einerseits sind *Informationsasymmetrien zu verringern*: Eine ureigene Aufgabe des Controllings. Andererseits können Agency-Probleme in Franchisesystemen durch spezifische *Kontroll-, Anreiz-, Steuerungs- sowie Selektions- und Sanktionsmaßnahmen* bewältigt werden. Diese werden in der vorliegenden Arbeit – im Gegensatz zu einigen Literaturmeinungen – zwar ausdrücklich nicht dem Aufgabenfeld des Controlling subsumiert. Jedoch erwächst aus diesen Maßnahmen ein umfangreicher laufender, z. T. auch fallweiser Informationsbedarf, den zu decken Aufgabe des Controllings ist. Ohne fundierte Informationen, die über die bloße Feststellung von Sachverhalten – etwa Soll-Ist-Abweichungen – hinaus auch die Ursachenanalyse und Interpretation beinhalten, ist die für das Netzwerkmanagement in Franchisesystemen zentrale Beeinflussung des Franchisenehmerverhaltens nicht erfolgreich durchführbar.

Unter den betrachteten Agency-Aspekten sind größte Sorgfalt bei der *Partnerselektion* sowie ein gewisses Maß an *Kontrolle* der Franchisenehmer und auch der *Steuerung* – über die *Anreizgestaltung* hinaus – für den Franchisegeber zwingend notwendig, ja sogar als eine der Hauptverpflichtungen desselben anzusehen. Letztlich sind auch *Sanktionsmechanismen* erforderlich, um nötigenfalls ein systemkonformes Verhalten zu erzwingen bzw. opportunistisches Verhalten unter Strafandrohung zu verhindern.

Die *systembildenden und systemkoppelnden Aufgaben des Controllings im Franchising* erstrecken sich vor dem Hintergrund der Agency-Problematik auf die Gestaltung des Selektionssystems, des Informationssystems, des Kontrollsystems aber auch der Anreiz-, Steuerungs- und Sanktionsinstrumente.

Aus den vorstehenden Ausführungen ergibt sich, dass der hier untersuchte Zusammenhang auch umgekehrt betrachtet werden kann: Gemeint sind die **Besonderheiten des Franchising** als Anwendungsfeld des Controllings.

Bei der Frage nach einer zweckmäßigen Behandlung von Agency-Problemen (mit Unterstützung des Controllings) sollten Franchisesysteme „nicht über einen Kamm geschert werden". Wie gezeigt werden konnte, sind es vor allem die Führungsorganisation und das Entwicklungsstadium des Franchisesystems, welche differenzierte Anforderungen an Management und Controlling stellen. Wichtig ist aber auch, das Verhalten des Systemkopfes an der spezifischen Phase auszurichten, in der sich die individuelle Interaktion mit dem einzelnen Franchisenehmer (bzw. einer „Kohorte" ähnlicher Franchisenehmer) gerade befindet. Die differenzierte, sensible Feinabstimmung des Netzwerkmanagements auf spezifische Verhaltenskonstellationen im Franchisesystem kann als die eigentliche Herausforderung durch das Controlling bezeichnet werden.

Die **Gestaltung einer systemkonformen Controllingkonzeption** gehört zu den konstitutiven Aufgaben, die in jeder Franchisesystemzentrale zu bewältigen ist, und zwar nicht nur einmal, sondern stets auf's Neue. Die 1:1-Kopie einer anderswo bewährten Controllingkonzeption ist i. d. R. nicht zweckmäßig. Die Konzeption ist systemindividuell zu gestalten und im Verlauf der Entwicklungsstadien ständig anzupassen. Dabei ist immer wieder zu überprüfen, ob der Controllingapparat noch effizient funktioniert (Lean Controlling) und ob die Controllinginstrumente noch dem Stand der Kunst entsprechen: So zeichnet sich gegenwärtig ab, dass insbesondere Franchisesysteme für das strategische Controlling mithilfe der Balanced Scorecard prädestiniert zu sein scheinen.

Eine Grundfrage ist bei der Konzeption gleich am Anfang zu klären, möglicherweise im Einvernehmen zwischen Franchisegeber und Franchisenehmern:

Soll das Aufgabenspektrum, das gemeinsam als sinnvoll festgelegt wird und dessen Notwendigkeit allen Beteiligten und Betroffenen einleuchtet, überhaupt *„Controlling"* genannt werden?

In gewerblichen Verbundgruppen konnte sich dieser Begriff nicht durchsetzen, da er zu sehr an Kontrolle erinnert. Ob diese Ressentiments auch in Franchisesystemen bestehen, ist klärungsbedürftig. Alternativ könnte von *Informationsversorgung und interner Managementberatung* gesprochen werden.

4 Customer Relationship Management: Eine Herausforderung für Dienstleistungsnetzwerke[120]

4.1 CRM in F&C-Netzwerken

Der Verbraucher steht im Mittelpunkt aller Überlegungen eines kundenorientierten Unternehmens. Kundenorientierung zählt zu den wesentlichen Zielgrößen für das Management. Verstärkte Kundenorientierung ist eine Selbstverständlichkeit für exzellente Unternehmensnetzwerke, in denen alle Netzwerkaktivitäten an den Wünschen und Bedürfnissen der Verbraucher ausgerichtet werden. Dabei hat die Einsicht, dass die Profitabilität eines Kunden mit der Länge der Geschäftsbeziehung steigt, zu einer Abkehr von der Transaktions- hin zu einer Beziehungsorientierung geführt.[121] Nicht die Maximierung einzelner Transaktionen, sondern das Denken in langfristigen Geschäftsbeziehungen stehen in jüngster Zeit im Mittelpunkt des strategischen Netzwerkmanagements. Die investitionstheoretische Sichtweise einer Kundenbeziehung ist Kerngedanke des Customer Relationship Managements (CRM), das den Wert eines Kunden für die zentrale Steuerungsgröße des Managements erachtet. CRM, verstanden als kundenorientierte Unternehmensausrichtung mit dem Ziel, langfristig profitable Kundenbeziehungen aufzubauen und zu pflegen, stellt die neue Herausforderung für das Management kooperativer Unternehmensnetzwerke dar.[122]

Da neben dem CRM in der Literatur weitere Ansätze existieren, die sich mit dem Management von Kundenbeziehungen und dem Kundenwert beschäftigen, ist es sinnvoll, diese zunächst voneinander abzugrenzen. Zu nennen sind in diesem Zusammenhang insbesondere das Kundenbindungsmanagement, das Retention Marketing und Relationship Marketing.[123]

Das *Kundenbindungsmanagement* „[...] umfasst die systematische Planung, Realisation, Kontrolle und Anpassung aller auf den aktuellen Kundenstamm gerichteten Aktivitäten mit dem Ziel, die Wechselbereitschaft durch die Herstellung oder Intensivierung von faktischen oder emotionalen Bindungen zu verringern [...]"[124]. Es findet keine ausdrückliche Orientierung am Kundenwert statt; der Schwerpunkt liegt allein bei der Kundenbindung.

---

[120] Dieses Kapitel wurde von Maren Wunderlich verfasst. Es enthält Auszüge aus Ahlert/Wunderlich, 2002, S. 45-70. Mit freundlicher Genehmigung des Springer Verlags.
[121] Vgl. Bauer/Grether, 2002, S. 6.
[122] Vgl. Ahlert/Hesse, 2002.
[123] Vgl. Meffert, 1998, S. 119.
[124] Vgl. Meffert/Backhaus, 1994.

Im *Retention Marketing* werden nur Beziehungen zu hochrentablen, aktuellen Kunden gefördert.[125] Es werden also allein die Bedürfnisse der Kunden befriedigt, die einen ganz besonderen Wert für die Unternehmung darstellen. Alle anderen Kunden werden vernachlässigt. Demgegenüber ist im Rahmen des CRM eine differenziertere Betrachtung angezeigt. Auch im Rahmen des CRM sollen sehr wertvolle Kunden/Franchisenehmer besondere Beachtung finden. Allerdings besagt das CRM im Gegensatz zum Retention Marketing nicht, dass alle anderen Kunden/Franchisenehmer vernachlässigt werden sollten. Solange ein Kunde/Franchisenehmer überhaupt Erfolg versprechend ist, sollte er berücksichtigt werden.

Zentrales Anliegen des *Relationship Marketing* ist neben Aufbau und Pflege langfristiger Beziehungen zu aktuellen und potenziellen Kunden eine langfristige und nachhaltige Bindung anderer Geschäftspartner (Lieferanten, Mitarbeiter).[126] Es ist demnach umfassender als das CRM, da es auf alle möglichen Beziehungen einer Unternehmung mit seiner Umwelt eingeht. Hingegen stellt das CRM per definitionem den Wert eines Kunden, den Customer Value, in den Mittelpunkt.

Der vorliegende Beitrag setzt sich mit dem Konzept des CRM in kooperativen Unternehmensnetzwerken auseinander. Am Beispiel von Franchisingnetzwerken werden idealtypische Ansatzpunkte für die Ausgestaltung des CRM aufgezeigt und Handlungsempfehlungen für das Netzwerkmanagement gegeben.

4.2 Sichtweisen des CRM in Franchisingnetzwerken

Customer Relationship Management bezeichnet die kundenorientierte Unternehmensausrichtung mit dem Ziel, langfristig profitable Kundenbeziehungen aufzubauen und zu pflegen.[127] Aufgrund des Netzwerkcharakters ist es für die Führung von Franchisesystemen jedoch notwendig, das Management von Kundenbeziehungen differenziert zu betrachten.[128] Customer Relationship Management umfasst in Franchisingnetzwerken zwei zentrale Bereiche.[129]

Zum einen bedarf es eines CRM nach *innen*, dem die Aufgabe zukommt, die Beziehungen zu den Franchisenehmern zu gestalten. Die Notwendigkeit für ein *In-*

---

[125] Vgl. Meffert/Backhaus, 1994.
[126] Vgl. Meffert/Backhaus, 1994, Eine engere Begriffsauffassung vertreten hingegen Berry und Grönroos, die im Rahmen des Relationship Marketings ausschließlich die Beziehung zwischen Anbieter und Kunde betrachten. Vgl. Berry, 1983, S. 25; Grönroos, 1990, S. 4. Aber auch für die engere Begriffsauffassung gilt, dass die Fokussierung des CVM auf den Wert eines Kunden der zentrale Unterschied zum Relationship Marketing ist.
[127] Vgl. Hippner/Martin/Wilde, 2001, S. 417.
[128] Vgl. Ahlert, 2001, S. 30.
[129] Vgl. Ahlert/Wunderlich, 2002, S. 49.

ternes CRM resultiert aus der Tatsache, dass der Erfolg des Franchisegebers letztlich über die Franchisegebühr an den Erfolg des Franchisenehmers gekoppelt ist.[130] Die Auswahl qualifizierter, motivierter Franchisenehmer sowie deren langfristige Bindung ist damit ein entscheidender Erfolgsfaktor für die Stabilität und das Wachstum des Franchisingnetzwerks als Ganzes.[131] Vor dem Hintergrund, dass sich die Beziehung zwischen Franchisegeber und Franchisenehmer aufgrund der wechselseitigen Erfolgsabhängigkeit ständig in einem Spannungsfeld zwischen Konflikt und Kooperation bewegt, gewinnt das Interne CRM in Franchisingnetzwerken weiter an Bedeutung. In diesem Zusammenhang wird die Zufriedenheit der Franchisepartner zunehmend als Indikator für die Stabilität und den Bestand der Geschäftsbeziehung angesehen.[132] Folglich sind die selbstständigen Franchisenehmer im Rahmen des Internen CRM als Kunden des Franchisegebers zu betrachten.

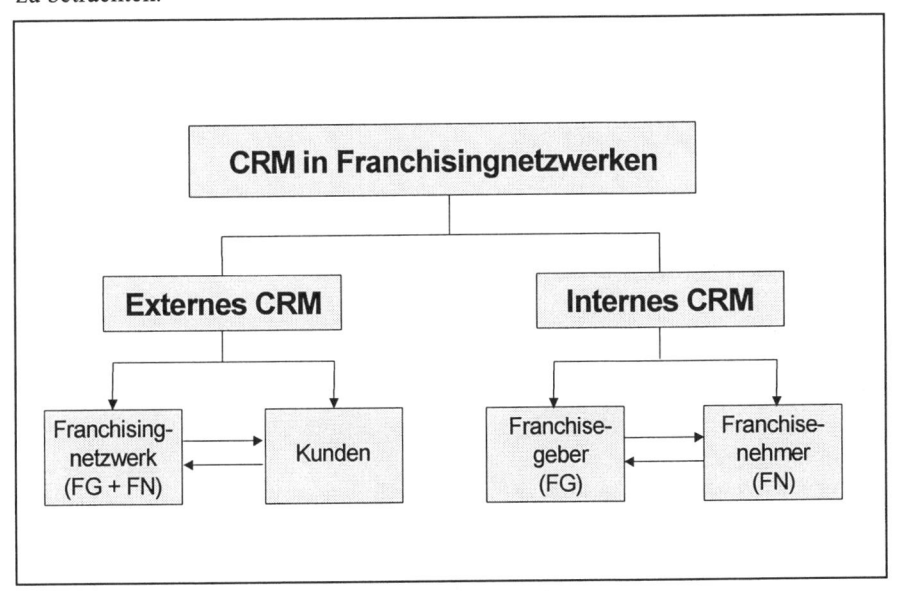

Abb. IV-26: Teilbereiche des CRM in Franchisingnetzwerken

Zum anderen bedarf es in Franchisesystemen eines absatzmarktgerichteten CRM, das wir im Folgenden als *Externes CRM* bezeichnen wollen. Im Mittelpunkt des Externen CRM steht die Gestaltung der Beziehungen zum Endkonsumenten. Ziel ist es, die mit langfristigen Kundenbeziehungen einhergehenden positiven Erfolgspotenziale auszuschöpfen.

Aufgrund des arbeitsteiligen Leistungsprogramms in Franchisesystemen liegt die Schnittstelle zwischen System und Kunde i. d. R. beim Franchisenehmer. Im

---

[130] Vgl. Gust, 2001, S. 5.
[131] Vgl. Ahlert, 2001, S. 54 f.
[132] Vgl. Müller, 1995, S. 127; Neumann, 1999, S. 167; Schlüter, 2001, S. 197.

Rahmen des Externen CRM ist daher zu entscheiden, welche Aufgaben am besten vom Franchisenehmer vor Ort bzw. vom Franchisegeber wahrgenommen werden sollen. Neben der Klärung von Zuständigkeiten sind darüber hinaus auch die organisatorischen und informationstechnologischen Voraussetzungen zu schaffen.

Das Externe CRM ist bereits Gegenstand zahlreicher Veröffentlichungen, weshalb im Mittelpunkt des vorliegenden Beitrages die Franchisegeber-Franchisenehmer-Beziehung und damit das Interne CRM steht.

4.3 Internes CRM

Wie im vorherigen Abschnitt aufgezeigt wurde, besteht in Franchisingnetzwerken aufgrund der Dualität der Anspruchsgruppen die Notwendigkeit, zwischen einem Internen und Externen CRM zu differenzieren. CRM i. w. S. steht für eine Abkehr von der Transaktions- hin zu einer Beziehungsorientierung, mit der insbesondere zwei strategische Zielsetzungen verfolgt werden.[133] Hierbei handelt es sich um:

- Optimierung des Customer Value,
- Aufbau langfristiger Kundenbeziehungen.

Die Konkretisierung der Zielsetzungen für das Interne CRM in Franchisingnetzwerken wird nachfolgend dargestellt.

4.3.1 Optimierung des Customer Value

Die investitionstheoretische Sichtweise einer Kundenbeziehung ist Kerngedanke des CRM, welches den Wert eines Kunden (Customer Value) für die zentrale Steuerungsgröße des Managements erachtet. Im Rahmen des Internen CRM in Franchisesystemen ist zu prüfen, welche Franchisenehmer *langfristig* zum Erfolg des Franchisesystems beitragen. Ggf. existierende Schwächen der Franchisenehmer sind frühzeitig aufzudecken, um diesen gezielt, z. B. durch Schulungen, aber auch im Extremfall durch Kündigung des Franchisevertrages, entgegenwirken zu können. Die Franchisegeber-Franchisenehmer-Beziehung ist als Investition zu begreifen, deren Erfolg sich am Wert des einzelnen Franchisenehmers bemisst.[134]

Aus der Perspektive des Franchisegebers (anbieterbezogene Sichtweise[135]) ist der Wert eines Franchisenehmers, wir wollen ihn im Folgenden als **Partner Value** (**PV**) bezeichnen, die zentrale Steuerungsgröße des Internen CRM. In diesem Sinne kann man den Partner Value *zunächst* definieren als den Beitrag, den der

---

[133] Vgl. Berheide/Wunderlich, 2002, S. 164 ff.; Frielitz et al., 2000, S. 10.
[134] Vgl. Plinke, 1997a, S. 32 ff.; Köhler, 1998, S. 351 ff.
[135] Vgl. zur anbieterorientierten Sichtweise allgemein Krüger, 1997, S. 114; Cornelsen, 1996, S. 14 ff.; Cornelsen, 2000, S. 37 ff.

Franchisenehmer zum Strategic System Value (SSV), zum Marktwert des Eigenkapitals des Franchisegebers, leistet.

Hingegen stellt der Wert der Leistungen des Franchisegebers für den einzelnen Franchisenehmer, also die Differenz zwischen Kosten bzw. Auszahlungen des Franchisenehmers und seinem wahrgenommenen Nutzen[136], den Wert aus Nachfragersicht dar.[137] Ein positiver Wert für jeden Franchisenehmer ist zwingend erforderlich; andernfalls wird er überhaupt keine Bereitschaft zur Mitarbeit in dem System zeigen. Allerdings steht die Erreichung eines positiven Werts nicht im Zentrum des CRM, sondern ist als zu erfüllende Nebenbedingung zu verstehen.[138]

Insbesondere ab einer gewissen Größe eines Systems können die Franchisenehmer nicht mehr durch ein oder zwei Mitarbeiter der Zentrale, wie dies in kleineren Systemen oft noch der Fall ist, betreut werden. Ferner steigt mit zunehmender Systemgröße die Heterogenität der Franchisenehmer. Um dennoch seiner vertraglichen *Verpflichtung zur Sicherung eines systemkonformen Verhaltens* nachzukommen, benötigt der Franchisegeber ein Informationssystem, das eine *systematische* und *frühzeitige* Beurteilung der Franchisenehmer ermöglicht. Hierzu sind für alle Franchisenehmer die Informationen aus den verschiedenen Teilinformationssystemen, wie dem Rechnungswesen und der Franchisenehmerbetreuung, zu einer zentralen Steuerungsgröße, dem Partner Value, zu aggregieren.[139] Anhand des Partner Value kann der Franchisegeber dann erkennen, welche Franchisenehmer zum Erfolg des Systems beitragen und welche der Systemstabilität schaden.

Mit Blick in die Literatur zeigt sich, dass die Mehrzahl der Autoren mit dem Begriff des Customer Value Messvorschriften der Kundenbewertung verbindet, an-

---

[136] Die Kosten bestehen nicht nur aus dem zu entrichtenden Preis, sondern umfassen außerdem Größen, wie z. B. den zeitlichen Aufwand für den Weg zur Einkaufsstätte. Der von einem Kunden wahrgenommene, individuelle Nutzen setzt sich aus dem konkreten Produktnutzen sowie aus dem erhaltenen Service zusammen.

[137] Zur nachfrageorientierten Sichtweise des Customer Value vgl. exemplarisch Butz/ Goodstein, 1996, S. 63 ff.

[138] Vgl. zu dieser Mittel-Zweck-Beziehung zwischen nachfrage- und anbieterbezogener Sichtweise des Customer Value Große-Oetringhaus, 1994; Sebastian/Lauszus 1994, S. 27 ff. „Der Kerngedanke des Value Marketing besteht darin, Kundenwerte gegenüber dem Wettbewerb stärker zu erhöhen und daraus Geschäftserfolge zu schaffen." Große-Oetringhaus, 1994, S. 57. Ein auf Einnahmen- und Ausgabenströmen basierender „Geschäftswert ist als Planwert aber nur dann realistisch, wenn sein Fundament solide ist. Alle methodischen Überlegungen zum Geschäftswert sind sinnlos, wenn die Ausgangsdaten für die geplanten Gewinne nicht stimmen. Gewinne beruhen letztlich auf Kundenwerten bzw. Kundenvorteilen. Die Ermittlung des Geschäftswertes muss daher die Frage einschließen, ob das Geschäft aus *Sicht des Kunden* und angesichts der *Kompetenz des Wettbewerbers* Werte schafft." Große-Oetringhaus, 1994, S. 58.

[139] Vgl. Meurer, 1997, S. 312; Cornelsen, 2000, S. 1 ff.; Blattberg/Thomas, 1998, S. 371 ff.

statt den Begriff konkret zu definieren.[140] Die derzeit existierenden Verfahren zur Bewertung von Kundenbeziehungen können allerdings nicht ohne weiteres zur Bewertung von Franchisenehmern herangezogen werden. Einerseits werden spezifische Charakteristika der Franchisegeber-Franchisenehmer-Beziehung nicht berücksichtigt. Andererseits liefern die Verfahren aufgrund unrealistischer Prämissen und Vereinfachungen keine entscheidungsrelevanten, zukunftsbezogenen Informationen.

Daher wurde eine Methodik speziell zur Bewertung von Franchisenehmern entwickelt und in einem Pilotsystem getestet.[141] Mithilfe dieser Methodik kann die zukünftige Entwicklung der Franchisenehmerstruktur prognostiziert werden. Darauf aufbauend ist eine investitionstheoretisch fundierte Berechnung der Partner Values möglich. Basierend auf diesen Informationen lassen sich wertsteigernde Maßnahmen im Hinblick auf den einzelnen Franchisenehmer sowie zur Steigerung des SSV ableiten. Die Methodik ermöglicht erstmalig eine realitätsnahe Abbildung aller zukünftigen, originären, franchisenehmerbezogenen Ein- und Auszahlungen sowie der damit verbundenen derivativen Zahlungen, wie Finanzierungs- und Steuerzahlungen. Eine detaillierte Vorstellung der Methodik würde den Rahmen dieses Beitrages überschreiten. Ziel dieses Kapitels ist es hingegen, die Notwendigkeit eines am Partner Value orientierten Internen CRM in Franchisesystemen, den Zusammenhang zwischen SSV und PV darzustellen und wesentliche Komponenten des PV herauszuarbeiten.

4.3.1.1 Zusammenhang zwischen Unternehmenswert und Wert eines Franchisenehmers

Die Optimierung des Unternehmungswertes ist ein bedeutendes Ziel der wertorientierten Unternehmungsführung. Allgemein setzt sich der Unternehmungswert aus dem Marktwert des Fremdkapitals und dem Marktwert des Eigenkapitals zusammen.[142] Insbesondere für börsennotierte Unternehmungen wird der Marktwert des Eigenkapitals zum Betrachtungszeitpunkt t_0 auch als Shareholder Value bezeichnet.[143]

Hinsichtlich seiner Ermittlung wird der Auffassung von Schneider gefolgt, wonach „das beste Bewertungsinstrument [...] ein effizienter Kapitalmarkt [ist], weil er jenes Wissen verwertet, das der einzelne praktisch nicht haben kann, aber über das die Gesamtheit aller Kapitalmarktteilnehmer verfügt."[144] Für börsennotierte

---

[140] Vgl. Cornelsen, 2000, S. 26 ff. und S. 38 ff.; Krüger, 1997, S. 105 ff.
[141] Vgl. Gust, 2001.
[142] Vgl. Grob/Langenkämper/Wieding, 1999, S. 456.
[143] Vgl. Grob, 2001, S. 197.
[144] Schneider, 1992, S. 520.

Unternehmungen berechnet sich damit der Marktwert des Eigenkapitals als Produkt aus Börsenkurs und Anzahl der ausgegebenen Aktien.[145]

Allgemeiner ausgedrückt ist eine Investition immer dann erfolgreich, wenn der Marktwert des Eigenkapitals für den Investitionsfall, bezogen auf den Betrachtungszeitpunkt t_0, größer ist als der sich ergebende Wert des Eigenkapitals bei einer risikoäquivalenten alternativen Kapitalverwendungsmöglichkeit.[146]

In diesem Kapitel stehen der Wert eines Franchisesystems aus der Perspektive des Franchisegebers und damit der Marktwert seines Eigenkapitals im Vordergrund. Es wird unterstellt, dass der Franchisegeber eine überdurchschnittliche Verzinsung seines der Unternehmung zur Verfügung gestellten Kapitals erwartet. Im Rahmen einer wertorientierten Führung von Franchisesystemen ist den Interessen der Franchisenehmer eine hohe Aufmerksamkeit zu schenken und ein konsequentes Beziehungsmanagement durchzuführen. Dies bedeutet, dass eine alleinige Maximierung des Marktwertes des Eigenkapitals des Franchisegebers und damit eine ausschließliche Berücksichtigung der Franchisegeberinteressen nicht möglich ist. Stattdessen sind Maßnahmen zur Optimierung der Franchisenehmerbeiträge durchzuführen, die sich letztlich positiv auf den Marktwert des Eigenkapitals auswirken. Um diesem Gedanken Rechnung zu tragen, wird der Marktwert des Eigenkapitals des Franchisegebers im Weiteren als Strategic System Value (SSV) bezeichnet.

Die Investition des Franchisegebers in das System ist dann erfolgreich, wenn – bezogen auf den Betrachtungszeitpunkt t_0 – der SSV größer ist als der sich ergebende Wert des Eigenkapitals bei einer risikoäquivalenten alternativen Kapitalverwendungsmöglichkeit. Da Franchisesysteme i. d. R. nicht börsennotiert sind, ist die Ermittlung der Zahlungsreihe für den Franchisegeber die zentrale Herausforderung der SSV-Berechnung.

Einen wesentlichen Einfluss auf die Zahlungsreihe des Franchisegebers und damit auf den SSV haben franchisenehmerbezogene Ein- und Auszahlungen. Jeder einzelne Franchisenehmer lässt sich als Teil der Gesamtinvestition des Franchisegebers auffassen. Dieser Wert eines Franchisenehmers in Sinne eines Teilmarktwertes des Eigenkapitals des Franchisegebers wird im Weiteren als Partner Value (PV) bezeichnet.

Unter Vernachlässigung von Verbundeffekten (in Form von Risikoverbünden, Synergien, Verwendung knapper Ressourcen etc.) zwischen Zentrale und Franchisenehmern einerseits und innerhalb der Franchisenehmerschaft andererseits

---

[145] Vgl. Grob/Langenkämper/Wieding, 1999, S. 454.
[146] Vgl. Grob, 2001, S. 196 ff.

kann der SSV als Summe aller PVs zzgl. des Wertbeitrags der Zentrale definiert werden:[147]

$$SSV^{148} = \sum_{i=1}^{n} PV_i + NV$$

PV_i Partner Value des Franchisenehmers i

i   Laufindex für die Anzahl der Franchisenehmer

NV   Neutral Value, Wertbeitrag der Zentrale inkl. des restlichen neutralen Bereiches

Allerdings existieren in der Realität durchaus Verbundeffekte.[149] Um den Zusammenhang zwischen SSV und PVs möglichst realitätsnah und zugleich einfach abzubilden, ist der aus den Verbundeffekten resultierende Wertbeitrag den Beteiligten (Zentrale bzw. Franchisenehmern) verursachungsgerecht zuzuordnen und Auszahlungen der Zentrale sind so weit wie möglich im Rahmen der PV-Berechnung bei den einzelnen Franchisenehmern zu berücksichtigen.[150]

Beispielsweise besteht in vielen Franchisesystemen die Möglichkeit, dass neue Franchisenehmer bei erfahrenen Franchisenehmern hospitieren, um den täglichen Arbeitsablauf in einem Franchisebetrieb kennen zu lernen. Hierdurch reduziert sich der Bedarf an Schulungen durch den Franchisegeber. Die daraus resultierenden Einsparungen des Franchisegebers sind als positive Komponenten bei der Ermittlung des PV für denjenigen Franchisenehmer, welcher die Betreuung des neuen Franchisenehmers übernommen hat, zu berücksichtigen. Die restlichen Auszahlungen für die Schulung neuer Franchisenehmer oder für die Betreuung durch Außendienstmitarbeiter sind, ggf. unter Verwendung von Mengen- und Wertschlüsseln, die mithilfe der Prozesskostenrechnung ermittelt wurden, den einzelnen Franchisenehmern zuzuordnen.

Der Erfolg einer Teilinvestition, der Partner Value, ist im Hinblick auf eine langfristige Erhöhung des SSV die Entscheidungsgröße für alle Maßnahmen der Franchisenehmerselektion, -akquisition und -betreuung.

Dieser Beitrag eines Franchisenehmers zum SSV kann z. B. in Form des VOFI-Endwerts aller franchisenehmerbezogenen Ein- und Auszahlungen quantifiziert

---

[147]   Vgl. zur Komponentenbewertung eines Konzerns Copeland/Koller/Murrin, 1998, S. 158 ff.
[148]   Vgl. dazu Teil IV, Kapitel 2.3.2.
[149]   Günther, 1997, S. 99.
[150]   Günther, 1997, S. 102.

werden. Dabei werden die Wirkungszusammenhänge zwischen indirekten (nichtmonetären) Komponenten und zukünftigen Ein- und Auszahlungen implizit durch entsprechende Wertansätze für die Zahlungsgrößen der zukünftigen Perioden berücksichtigt.

4.3.1.2 Stufen der Optimierung des Partner Value in Franchisesystemen

Es ist sinnvoll, die Optimierung der Partner Values in drei Stufen durchzuführen:

Zunächst sollten die Partner Values im Rahmen gegebener Konditionen (Gebühren, Investitionen) für einen festen Franchisenehmerstamm optimiert werden. Hierzu sind in einem ersten Schritt die Partner Values der Franchisenehmer zu berechnen, die sich ergeben, falls keine spezifischen wertsteigernden Maßnahmen durchgeführt werden. In einem zweiten Schritt ist dann zu überlegen, welche wertsteigernden Maßnahmen für die einzelnen Franchisenehmer z. B. im Direct Marketing ergriffen werden können und welche Auswirkungen sie auf die Partner Values haben. Diese erste Stufe ist Gegenstand der vorliegenden Arbeit.

In der zweiten Stufe ist die Gebührenpolitik zu modifizieren. Dies betrifft insbesondere die verschiedenen umsatzabhängigen Gebühren, die ein wesentlicher Bestandteil des SSV sind. Um seinen eigenen SSV zu optimieren, ist der Franchisegeber an der Maximierung der umsatzabhängigen Franchisegebühren und damit an der Maximierung des Franchisenehmerumsatzes interessiert. Hingegen sind die Franchisenehmer ihrerseits wiederum an der Optimierung ihres SSV und nicht an der Maximierung ihres Umsatzes interessiert. Denn wie bereits Cournot gezeigt hat, führt eine Maximierung des Umsatzes nicht zu einer Maximierung des Unternehmungsgewinns bzw. des Unternehmungswerts (SSV).[151] Darüber hinaus haben zahlreiche Untersuchungen zur leistungsorientierten Entlohnung von Mitarbeitern gezeigt, dass im Hinblick auf eine Gewinn-/SSV-Optimierung der Umsatz keine adäquate Bezugsgröße eines Anreizsystems darstellt.[152] Die existierende Gebührenpolitik führt somit zu einem Zielkonflikt zwischen Franchisegeber und Franchisenehmer. Es ist daher ein Gebührensystem zu konzipieren, von dem für die Franchisenehmer der Anreiz ausgeht, durch ihr Verhalten maximal dazu beizutragen, das Absatzpotenzial des Franchisesystems auszuschöpfen sowie ihren Partner Value und damit den SSV zu optimieren.

Die theoretisch exakte Problemlösung wird darin liegen, die Franchisegebühren an die gemeinsame Zielgröße, den SSV zu knüpfen, statt an den Umsatz. Allerdings hat sich in Expertengesprächen herauskristallisiert, dass eine derart gestaltete Gebührenpolitik bei den Franchisenehmern insbesondere auf psychologisch bedingte Widerstände stoßen würde. Denn um c. p. bei den SSV-abhängigen Gebühren die gleichen Einnahmen wie bei umsatzabhängigen Gebühren zu erhalten,

---

[151] Vgl. Ahlert, 1998a, S. 35 ff.
[152] Vgl. zur Gestaltung wertorientierter Anreizsysteme stellvertretend für viele Kaplan/ Norton, 1997, S. 131 ff.

muss der Franchisegeber mit deutlich höheren Prozentsätzen kalkulieren. Für den Franchisenehmer bedeutet dies jedoch, von einer betragsmäßig kleineren Erfolgsgröße (der Gewinn ist betragsmäßig kleiner als der Umsatz) prozentual höhere Gebühren zahlen zu müssen. Aus den genannten Gründen gehen bereits einige Franchisesysteme dazu über, die umsatzabhängige Franchisegebühr nach Sortimentsbereichen zu staffeln. Hiermit wird dem Gedanken Rechnung getragen, dass die verschiedenen Sortimentsbereiche unterschiedlich hohe Margen und damit einen unterschiedlich hohen Anteil am Gewinn des Franchisenehmers aufweisen. Darüber hinaus werden für spezielle Leistungen des Franchisegebers, wie Schulungen, Werbung oder EDV-Unterstützung, gesonderte Gebühren erhoben. Insgesamt sollen durch diese differenziertere Gebührenpolitik die Mängel der umsatzabhängigen Franchisegebühr reduziert werden.

Aufbauend auf den Erkenntnissen der beiden ersten Stufen ist in der dritten Stufe über Expansionsstrategien, d. h. die Aufnahme neuer Franchisenehmer bzw. Desinvestitionsstrategien, d. h. die Selektion und Exklusion nicht rentabler Franchisenehmer nachzudenken.

4.3.1.3 Komponenten und Einflussfaktoren des Partner Value

Unter den Komponenten des Partner Value eines Franchisenehmers sind die Bestandteile der den Partner Value bestimmenden Zahlungsreihe des Franchisenehmers zu verstehen. Der Franchisenehmer leistet monetäre und nicht-monetäre Beiträge zur Erreichung der gemeinsamen Ziele des Franchisesystems.[153]

Zu den monetären Komponenten des Partner Value zählen alle durch einen Franchisenehmer direkt verursachten Ein- und Auszahlungen. Von den monetären sind die nicht-monetären Komponenten des Partner Value eines Franchisenehmers abzugrenzen. Letztere sind als kurz- oder langfristige ökonomische Wirkungen von Verhaltensweisen des Franchisenehmers zu definieren, die nicht unter den erwähnten monetären Komponenten subsumiert sind. Hierzu zählen neben Kooperations-, Innovations-, Referenzwert und akquisitorischem Wert insbesondere auch diejenigen Wertbeiträge anderer Franchisenehmer, die auf das Verhalten des betrachteten Franchisenehmers, wie z. B. auf eine positive Beeinflussung anderer Franchisenehmer, zurückzuführen sind.

Monetäre und nicht-monetäre Komponenten sind zweckmäßigerweise getrennt zu betrachten, weil die monetären Komponenten deutlich höhere Quantifizierungsprobleme sowohl ex-post in der Ist-Erfassung als auch ex-ante im Rahmen von Entwicklungs- und Wirkungsprognosen verursachen.[154]

---

[153] Vgl. Schemuth, 1996, S. 20.
[154] Vgl. Backhaus, 1999, S. 38.

4.3.1.3.1 Monetäre Komponenten

Die monetären Komponenten des Franchisenehmerwertes sind nach einmaligen und laufenden Zahlungen zu unterscheiden.

Zu den einmaligen Einzahlungen des Franchisegebers aus der Geschäftsbeziehung zum Franchisenehmer gehören solche aus dem Verkauf von Einrichtungs- und Ausstattungsgegenständen für den Franchisebetrieb, die Eintritts- und Abschlussgebühr sowie Kreditvermittlungsgebühren.[155]

Fasst man den Franchisenehmer als Investitionsobjekt auf, so haben Auszahlungen für die Akquisition des Franchisenehmers den Charakter einer einmaligen Auszahlung, einer Anschaffungsauszahlung. Ebenso können einmalige Auszahlungen beim Einkauf von Einrichtungs- und Ausstattungsgegenständen und bei Beendigung der Geschäftsbeziehung anfallen.

Während einige Systeme keine Eintrittsgebühren fordern, werden in anderen Systemen bis zu 50.000 Euro an Eintrittsgebühren angesetzt.[156] Die Eintrittsgebühr erhält der Franchisegeber als Entgelt für seine Maßnahmen zur Eingliederung eines neuen Franchisenehmers. Hierzu zählen bspw. Schulungen, die das für die Existenzgründung erforderliche Know-how vermitteln, die Unterstützung bei der Suche nach einem geeigneten Ladenlokal sowie die Prüfung von Mietverträgen, die Gestaltung der Eröffnungswerbung durch Spezialisten etc. Die Festlegung von Höhe und Struktur der Franchisegebühren stellt sich letztlich als ein Optimierungsproblem dar, da sie sowohl aus Sicht der Franchisegeber als auch aus der Sicht der Franchisenehmer ein günstiges Preis-Leistungs-Verhältnis aufweisen sollen.

Von der Eintrittsgebühr, die an den Franchisegeber gezahlt wird, sind die erforderlichen Investitionen des Franchisenehmers[157] in Ladeneinrichtung, Warenausstattung etc. zu unterscheiden. Die Höhe der Investitionssumme ist von System zu System sehr unterschiedlich; sie wird maßgeblich durch die Größe der Franchisebetriebe und den Umfang der Ladeneinrichtung bestimmt. Bei der klassischen Form der Franchisenehmerfinanzierung sind Franchisenehmer von der Kompetenz

---

[155] Vgl. Skaupy, 1995, S. 101 ff.
[156] Vgl. hierzu ausführlicher die Ergebnisse einer Untersuchung von Herrfeld zur Ausgestaltung von Franchiseverträgen. Herrfeld, 1998, S. 52. Vgl. auch VNR Verlag für die deutsche Wirtschaft AG, 1999.
[157] Den spezifischen Investitionen des Franchisenehmers ist ex-ante eine Screening-Funktion zuzuschreiben, d. h. nicht nur die Eintrittsgebühr, sondern auch die *Investitionssumme* stellt ein Instrument des Franchisegebers zur Auswahl geeigneter Franchisenehmer dar. Arbeitet ein Franchisenehmer nicht profitabel bzw. entspricht er nicht den qualitativen Anforderungen des Franchisesystems, so läuft der Franchisenehmer Gefahr, im Zuge einer Kündigung des Franchisevertrages seine spezifischen Investitionen zu verlieren (sunk costs). Für den Franchisenehmer erhöhen sich damit durch die Eintrittsgebühr die Kosten eines Fehlverhaltens. Vgl. Herrfeld, 1998, S. 141 sowie die dort angegebene Literatur.

und dem Ermessensspielraum der jeweiligen Hausbank vor Ort abhängig. Der einzelne Franchisenehmer ist dabei oft nicht in der Lage, die Vielzahl der Faktoren, die in eine optimale Finanzierung hineinspielen können, zu überblicken. Viele Franchisesysteme unterstützen aus diesem Grund ihre Franchisenehmer bei der Suche nach der optimalen Finanzierung.[158] Der Franchisegeber kann entweder selber dem Franchisenehmer Finanzierungshilfen[159] gewähren oder aber einen Rahmenvertrag mit einer Bank abschließen, in dem die Anzahl der Neugründungen sowie die Finanzierungsvolumina festegelegt werden. Richtlinien legen die Anforderungen an neue Franchisenehmer fest. Vorher definierte Informationswege senken das Risiko für die kreditgebende Bank und erleichtern damit eine schnelle Kreditvergabe und die laufende Überprüfung der wirtschaftlichen Situation der Kreditnehmer (Franchisenehmer).

Die vorgenommene Abgrenzung von einmaligen und laufenden Zahlungen ist insofern bedeutend, als dass die Entstehung und Höhe der laufenden Zahlungen das vorrangige Unterscheidungsmerkmal zwischen mehr oder weniger profitablen Franchisenehmern ist. Im Gegensatz dazu kann für die einmaligen Zahlungen in vielen Franchisesystemen davon ausgegangen werden, dass diese für die Mehrzahl der Franchisenehmer in ähnlicher Höhe anfallen.[160] Als Ausnahme von dieser Regel sind die Kreditvermittlungsgebühren zu betrachten, weil diese unter anderem von der Eigenkapitalausstattung des Franchisenehmers abhängen.[161]

Laufende direkte Zahlungen lassen sich wiederum differenzieren. Es gibt franchisenehmerumsatzabhängige Zahlungen, zu welchen insbesondere die Franchisegebühr zählt, die in den meisten Franchisesystemen die wichtigste Einnahmenquelle ist.[162] Andere Zahlungen sind von der bisherigen Beziehungsdauer abhängig, eine dritte Kategorie kann als relativ konstant angenommen werden, während eine vierte Kategorie laufender Zahlungen orts- und franchisenehmerspezifisch ist.

Zu den umsatzabhängigen Gebühren zählen insbesondere

---

[158] Vgl. zu Franchisenehmerfinanzierung ausführlicher Meier, 1999, S. 206-224; Stern, 1994, S. 194-198; Skaupy, 1995, S. 185 ff.

[159] Die Finanzierungshilfen eines Franchisegebers lassen sich einteilen...
in *finanzielle Unterstützungen* in Form von Darlehen, Pachtverträgen, kurzfristigen Zwischenfinanzierungen, längeren Zahlungszielen, fixen Kreditlimiten auf Warenlieferungen, zeitlich begrenzten Beteiligungen, Mietzuschüssen und Werbekostensubventionen sowie
in *Besicherungshilfen* in Form von Bürgschaften, Rücknahmeverpflichtungen für Einrichtungen, Zusicherung des Geschäftswertes bei Vertragsauflösung und Rangrücktritt für Forderungen. Vgl. Meier, 1999, S. 208.

[160] Vgl. Skaupy, 1995, S. 101 f.

[161] Vgl. Skaupy, 1995, S. 105.

[162] Vgl. Nebel, 1999a, S. 225 ff.

- die laufende Gebühr sowie ggf.
- die Werbegebühr und
- Servicegebühren.

Die Höhe der erhobenen Gebühren differiert von System zu System sehr stark.[163]

Die laufenden Gebühren werden in Form eines bestimmten Prozentsatzes vom Brutto-Umsatz (seltener dienen der Netto-Umsatz oder der Wareneinstand als Berechnungsbasis) erhoben. Auch bei den laufenden Gebühren ergeben sich große Unterschiede zwischen den verschiedenen Franchisesystemen. Einige Systeme verzichten gänzlich auf die laufende Gebühr, i. d. R. liegt die laufende Gebühr jedoch zwischen 3 und 5 %. Dabei sind auch Mindestgebühren, welche die Franchisenehmer als laufende Gebühr zu zahlen haben, sowie Gebührensätze, die mit steigendem Umsatz abnehmen, vorzufinden.[164]

Falls die Auszahlungen des Franchisegebers für Werbung und sonstige Serviceleistungen nicht durch die laufende Gebühr mitgedeckt werden, werden Werbe- und Servicegebühren separat erhoben (i. d. R. dient der Brutto-Umsatz als Berechnungsbasis).[165] Diese Zahlungen können i. d. R. als relativ konstant und unabhängig von der Beziehungsdauer angenommen werden.[166]

Hingegen können bestimmte Zahlungen in hohem Maße von der bisherigen Beziehungsdauer abhängen, z. B. solche für Schulungen und Betreuung der Franchisenehmer. Anfangs fallen Auszahlungen für die Bewertung und Selektion der Franchisenehmer an. Daraufhin fallen Auszahlungen an, die im Rahmen der Akquisition der Franchisenehmer entstehen. Im Laufe der Geschäftsbeziehung treten Auszahlungen für die Franchisenehmerbetreuung und eventuell für die Auflösung der Geschäftsbeziehung auf.[167] Darunter sind z. B. die Auszahlungen des Rückkaufs von Waren und Einrichtungsgegenständen oder Ausgleichsansprüche zu

---

[163] Mit den *Eintritts- und laufenden Gebühren* wird nicht nur der Zweck verfolgt, dem Franchisegeber Einnahmen zur verschaffen. Darüber hinaus kommt diesen Gebühren insbesondere auch eine Screening- und Kapitalbeschaffungsfunktion zu. Die Eintrittsgebühr sollte positiv mit den erforderlichen Investitionen des Franchise*gebers*, die in das neue Franchisegeschäft gesteckt werden müssen, verknüpft sein, um eine Screening-Funktion auszuüben. Wenngleich empirische Untersuchungen die Kapitalbeschaffungsfunktion der Eintrittsgebühr nicht eindeutig bestätigen können, kann jedoch die Tatsache, dass junge Franchisesysteme im Vergleich zu älteren Franchisesystemen oftmals höhere Einstiegsgebühren erheben, als ein Indiz für die Kapitalbeschaffungsfunktion sein. Vgl. ausführlicher Herrfeld 1998, S. 128 ff. sowie die dort angegebene Literatur. Vgl. zur Kalkulation der Einstiegsgebühr auch Skaupy, 1995, S. 102.

[164] Vgl. Herrfeld, 1998, S. 52; Skaupy, 1995, S. 103 ff.
[165] Vgl. Herrfeld, 1998, S. 52; Skaupy, 1995, S. 105 f.
[166] Vgl. Nebel, 1999a, S. 226.
[167] Vgl. Krüger, 1997, S. 114 ff.

subsumieren.[168] Schließlich gibt es noch Zahlungen, deren Anfall und Höhe sehr orts- und franchisenehmerabhängig prognostiziert werden müssen (z. B. Mieteinnahmen).[169]

4.3.1.3.2 Nicht-monetäre Komponenten

Der Franchisegeber stellt dem Franchisenehmer ein erprobtes Unternehmungs- und Marketingkonzept sowie Know-how und Branchenwissen zur Verfügung. Ungeachtet dessen muss der Franchisenehmer eine selbstständige Unternehmung führen. Daher wird der Erfolg des Franchisenehmers und des gesamten Systems, gemessen am Partner Value, von der Persönlichkeit des Franchisenehmers, seinen unternehmerischen und verkäuferischen Fähigkeiten sowie insbesondere von dessen *Kooperationswert*, d. h. von der Bereitschaft, seine Fähigkeiten und Einsatzkraft in enger Zusammenarbeit mit dem Franchisegeber einzusetzen, bestimmt.

Die Ausprägung des *Innovationswertes* ist sehr stark mit dem Kooperationswert korreliert. Ein innovativer, kooperationsbereiter Partner kann durch seine Ideen erheblich zur Weiterentwicklung des Systems beitragen. Der Franchisegeber kann Informationen der Franchisenehmer, wie z. B. Anregungen, Verbesserungsvorschläge und Beschwerden, entsprechend nutzen.[170] Insbesondere aus Verbessungsvorschlägen und Beschwerden kann der Franchisegeber lernen, inwieweit Änderungsbedarf besteht und durch eine konsequente Umsetzung der zielkonformen Vorschläge und Ideen zum langfristigen Erfolg des Franchisesystems beiträgt.[171] Die Franchisenehmer sollten daher in die Innovationsprozesse des Franchisenehmers einbezogen werden.[172]

Indirekte Wertbeiträge des Franchisenehmers können als Ergebnis direkter, positiver oder negativer Kommunikation (= Referenzen) mit anderen Franchisenehmern über den Franchisegeber bzw. über das Franchisesystem entstehen.[173] Unter dem *Referenzwert* wird der Wert potenzieller neuer Franchisenehmer verstanden, die der Franchisenehmer durch Weiterempfehlungen und sein Einflussvermögen erreicht. An diese potenziellen Franchisenehmer werden Einstellungen und Informationen weitergegeben. Hierdurch werden sie positiv oder negativ beeinflusst.[174]

---

[168] Skaupy, 1995, S. 139.
[169] Vgl. Skaupy, 1995, S. 105 f.
[170] Vgl. Cornelsen, 1996, S. 20 f. Häufig beinhalten Franchiseverträge explizite Verpflichtungen der Franchisenehmer, laufend Markt- bzw. Konkurrenzbeobachtungen durchzuführen oder andere Informationen mit Bedeutung für die Zusammenarbeit an die Systemzentrale zu übermitteln. Vgl. Bauder, 1988, S. 213 f.
[171] Vgl. Homburg/Schnurr, 1998, S. 173.
[172] Vgl. Rieker, 1995, S. 59. Nicht selten gehen Innovationen auf Anregungen oder Initiativen von Franchisenehmern zurück. Als eines der bekanntesten Beispiele kann der Big Mac von McDonald's gelten. Vgl. Bradach, 1998, S. 4.
[173] Vgl. Cornelsen, 1998, S. 6.
[174] Vgl. Cornelsen, 1996, S. 14 f.

Eine solche Form der „Mund-zu-Mund-Propaganda" kann einen erheblichen Einfluss auf mögliche Franchisenehmer und auf die Reputation des Franchisesystems ausüben. Dies gilt insbesondere im Fall der Vermittlung von Eindrücken durch Meinungsführer.[175] Unter Berücksichtigung der aus der Sicht potenzieller Franchisenehmer hohen Komplexität des Aufbaus eines neuen Franchisenehmerbetriebs ist anzunehmen, dass sich diese potenziellen Franchisenehmer an erfahrene Franchisenehmer des Systems wenden. Bei der „Mund-zu-Mund-Propaganda" ist darüber hinaus zu berücksichtigen, dass negative Erfahrungen i. d. R. an einen größeren Personenkreis weitergegeben werden als positive.[176] Dieses negative, dem gesamten Franchisesystem schadende Potenzial ist vor allem vor der Beendigung von Geschäftsbeziehungen zu berücksichtigen, wenn unzufriedene Franchisenehmer das Image durch negative Propaganda schädigen. Außerdem beeinflusst der Franchisenehmer bzw. das Franchisenehmerpersonal durch sein Interaktionsverhalten mit dem Kunden in starkem Maße die Erfolgsfaktoren Image und Markenbekanntheit des Franchisesystems.[177] Der Begriff Referenzwert bezieht sich in dieser Arbeit also auf die ökonomischen Wirkungen von Referenztätigkeiten innerhalb des Franchisesystems.

Der *akquisitorische* Wert eines Franchisenehmers entsteht, wenn der Franchisenehmer neue Franchisenehmer oder Mitarbeiter für das System akquiriert oder maßgeblich zur Rekrutierung beiträgt. Auch diese Beiträge des Franchisenehmers zur Weiterentwicklung des Systempakets und der Netzwerkstrategie durch Weitergabe von Verbesserungsvorschlägen und Informationen über den eigenen Betrieb, über die Endkunden und über Abläufe und Gegebenheiten im Netz des Franchisesystems haben langfristig ökonomische Wirkungen für den Franchisegeber.[178]

4.3.2 Aufbau langfristiger Kundenbeziehungen

Neben der Optimierung des CV ist der Aufbau langfristiger Kundenbeziehungen ein weiteres Ziel. Durch die kontinuierliche Pflege bestehender Kundenbeziehungen soll eine möglichst hohe Kundenbindung erreicht werden.[179]

Im Rahmen des Internen CRM wird der Aufbau langfristiger Geschäftsbeziehungen zu den Franchisenehmern mit dem Ziel einer hohen Systembindung betrachtet. Hier sind zwei Sichtweisen von Systembindung zu unterscheiden:

---

[175] Vgl. Gierl/Kurbel, 1997, S. 180 f.
[176] Vgl. Schleuning, 1997, S. 147.
[177] Vgl. Kloyer, 1995, S. 34.
[178] Vgl. Gierl/Kurbel, 1997, S. 176. In der Praxis wird dieses Potenzial in der Hinsicht gelobt, als Franchisenehmer i. d. R. lediglich geeignete Personen vorschlagen, um sich nicht durch mangelhafte Vorschläge zu diskreditieren.
[179] Hettich/Hippner/Wilde, 2000, S. 1347.

- Die *franchisenehmerorientierte Perspektive*, die das bisherige Verhalten (Kooperationsverhalten, Weiterempfehlung an potenzielle Franchisenehmer) und das zukünftige Verhalten (Vertragsverlängerung, Weiterempfehlungsabsicht) umfasst.

- Die *franchisegeberorientierte Perspektive*, die alle Aktivitäten zur Herstellung und Intensivierung der Bindung der Franchisenehmer an das Netzwerk beinhaltet. In Anlehnung an das Kundenbindungsmanagement wollen wir diese Bindungsaktivitäten des Franchisegebers im Folgenden als Franchisenehmer-Bindungsmanagement bezeichnen. Ziel ist es, die Franchisenehmer insbesondere auch über die vertragliche Laufzeit hinaus zum Verbleib im System zu bewegen, um so die Stabilität und das Wachstum des Netzwerks sicherzustellen.

Aus Franchisegebersicht stehen mit dem Ziel der Systembindung dabei folgende Überlegungen im Vordergrund:[180]

- Amortisation der Akquisitionskosten,

- im Zeitablauf sinkende Betreuungskosten durch die zunehmende Erfahrung des Franchisenehmers,

- professionelle und kontinuierliche Bearbeitung des Zielmarktes, die zu konstanten, i. d. R. im Zeitablauf steigenden Gebühreneinnahmen führen,

- positive Mund-zu-Mund-Propaganda auf dem Markt für potenzielle Franchisenehmer,

- Förderung des Ideentransfers zwischen Franchisenehmer und Franchisegeber zur Weiterentwicklung des Franchisepakets, um eine hohe Marktaktualität und Wettbewerbsfähigkeit zu sichern,

- Zufriedenheit der Franchisenehmer führt zu systemkonformen Verhalten und erhöht das Engagement und die Identifikation mit dem Franchisesystem; Reibungsverluste durch Konflikte werden vermieden.

4.3.2.1 Grundlagen des Bindungsmanagements als zentraler Bestandteil des Internen CRM

Das Bindungsmanagement stellt einen zentralen Bestandteil des Internen CRM dar. Vor diesem Hintergrund werden nachfolgend zunächst die Bindungsstrategien näher betrachtet, bevor auf die spezifischen Instrumente der Franchisenehmerbindung eingegangen wird.

Im Rahmen des Bindungsmanagements ist es das Ziel, die Wechselbereitschaft der Kunden (in den weiteren Ausführungen werden Franchisenehmer als Kunden bezeichnet) durch die Herstellung oder Intensivierung von *Bindungen* zu verrin-

---

[180] Vgl. Ahlert, 2001, S. 54 ff. sowie die dort angegebene Literatur; Gust, 2001, S. 36; Neumann, 1999, S. 167 sowie Schlüter, 2001, S. 60 ff.

gern bzw. temporär einen Wechsel auszuschließen. Dabei kann in Abhängigkeit der Bindungsursachen zwischen einer *emotionalen* und einer *faktischen* Bindung unterschieden werden.[181] Hieraus folgen zwei alternative Bindungsstrategien, die auch kombiniert zum Einsatz kommen können: die Verbundenheitsstrategie und die Gebundenheitsstrategie.[182]

Verbundenheitsstrategie

Die Verbundenheitsstrategie basiert auf einer emotionalen Bindung der Kunden. Als Schlüsselfaktoren zum Aufbau einer emotionalen Bindung werden zum einen die *Zufriedenheit* mit der Leistung und zum anderen das *Vertrauen* in den Anbieter angesehen. Während Zufriedenheit das positive Ergebnis eines Vergleichsprozesses zwischen der erwarteten (Soll) und tatsächlich wahrgenommenen Leistung (Ist) darstellt, ist Vertrauen das auf zukünftige Situationen gerichtete Gefühl des Sich-Verlassen-Dürfens und beruht auf den bisherigen Erfahrungen einer Person mit einem Anbieter.[183] Dabei wird das Vertrauen durch wiederholte Zufriedenheit verstärkt. Die Verbundenheit setzt sich demnach aus Zufriedenheit und Vertrauen zusammen und führt zu einer Bindung, die vom Kunden ausgeht und seinem Willen entspricht. Da abnehmerseitige Gründe für diese Bindung vorliegen, kann von einem „Nicht-Wechseln-Wollen" gesprochen werden.[184]

Gebundenheitsstrategie

Neben der emotionalen Bindung kann die Bindung auch seitens des Anbieters durch den gezielten Aufbau von Wechselbarrieren forciert werden, die eine faktische Bindung begründen.[185] Will der Kunde dennoch den Anbieter wechseln, so ist dies mit Wechselkosten verbunden, die sich sowohl in monetärer Form als auch durch Nutzeneinbußen bemerkbar machen können.[186] Hinsichtlich der Wechselbarrieren können rechtliche, situative, ökonomische und technisch-funktionale Barrieren unterschieden werden.[187] *Rechtliche* Wechselbarrieren liegen z. B. vor, wenn Anbieter und Nachfrager aufgrund eines Vertrages miteinander verbunden sind, sodass eine Auflösung des Geschäftsverhältnisses erschwert wird. *Situative* Wechselbarrieren resultieren z. B. aus der Bequemlichkeit des Kunden, wenn er das Ladenlokal eines Anbieters aufgrund seiner günstigen Lage frequentiert. Von *ökonomischen* Wechselbarrieren wird gesprochen, wenn eine Beendigung der Geschäftsbeziehung mit finanziellen Einbußen verbunden ist.[188] Hierzu zählen z.

---

[181] Vgl. Meffert, 2000, S. 119.
[182] Vgl. Bliemel/Eggert, 1998, S. 39 ff.
[183] Bliemel/Eggert, 1998, S. 42.
[184] Vgl. Bliemel/Eggert, 1998, S. 42.
[185] Vgl. Meffert, 2000, S. 127 f.
[186] Vgl. Dittrich, 2000, S. 60.
[187] Homburg/Bruhn, 2000, S. 10 f.
[188] Plinke, 1998, S. 310.

B. Vertragsauflösungsgebühren. *Technisch-funktionale* Wechselbarrieren basieren auf technologischen Abhängigkeiten, die dazu führen, dass ein Wechsel mit Beschaffungs- oder Kompatibilitätsproblemen verbunden ist.[189] Bei der Gebundenheitsstrategie wird der Entscheidungs- und Handlungsspielraum des Kunden durch den Aufbau von Wechselbarrieren stark eingeschränkt.[190] Die Bindung beruht auf einem „Nicht-Wechseln-Können", d. h. auf dem Gebundensein der Kunden. Das Bindungsinteresse geht bei dieser Strategie vorrangig vom Anbieter aus.[191]

Da einer auf Zufriedenheit und Vertrauen beruhenden Bindung ein größeres Bindungspotenzial zugesagt wird, sollte diese das vorherrschende Ziel eines jeden Unternehmensnetzwerks sein.[192] Der Zusammenhang zwischen Bindungsursachen und Bindungsstrategien wird in der nachfolgenden Abbildung aufgezeigt.

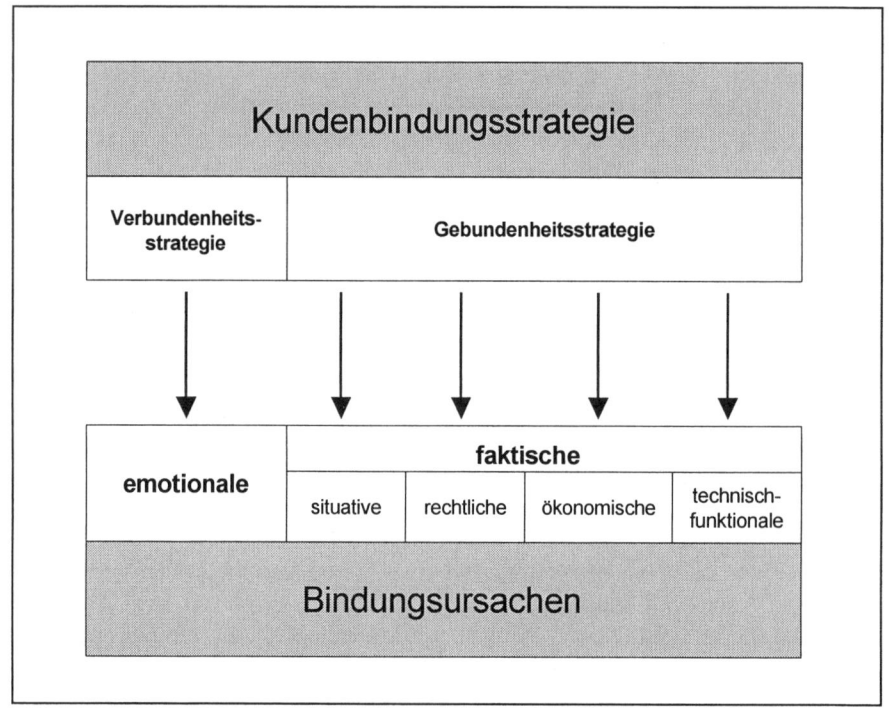

Abb. IV-27: Verbundenheits- und Gebundenheitsstrategie
(Quelle: In Anlehnung an Homburg/Fassnacht, 1998, S. 415)

Nachdem die Bindungsstrategien dargestellt wurden, sollen nunmehr Ansatzpunkte für das Franchisenehmerbindungsmanagement aufgezeigt werden.

---

[189] Hesse, 1997, S. 24.
[190] Vgl. Bruhn, 2001, S. 118.
[191] Vgl. Bliemel/Eggert, 1998, S. 41.
[192] Vgl. Bergmann, 1998, S. 49 ff.

4.3.2.2 Franchisenehmerbindungsmanagement

Die Zeitspanne während der Systemzugehörigkeit der Franchisenehmer kann in Anlehnung an das Konzept des Familienlebenszyklus als *Franchisenehmerlebenszyklus* bezeichnet und in die drei Phasen unterteilt werden.[193] Hierbei handelt es sich um die Phasen Einstieg, Know-how-Entwicklung und Verselbstständigung.

Diesen drei Phasen[194] können jeweils verschiedene Verhaltensmuster des Franchisenehmers zugeordnet werden, die den Einsatz phasenspezifischer Bindungsinstrumente erfordern. Eine weitere Differenzierung der Instrumente bietet sich auf Basis der verfolgten Bindungsstrategie an.

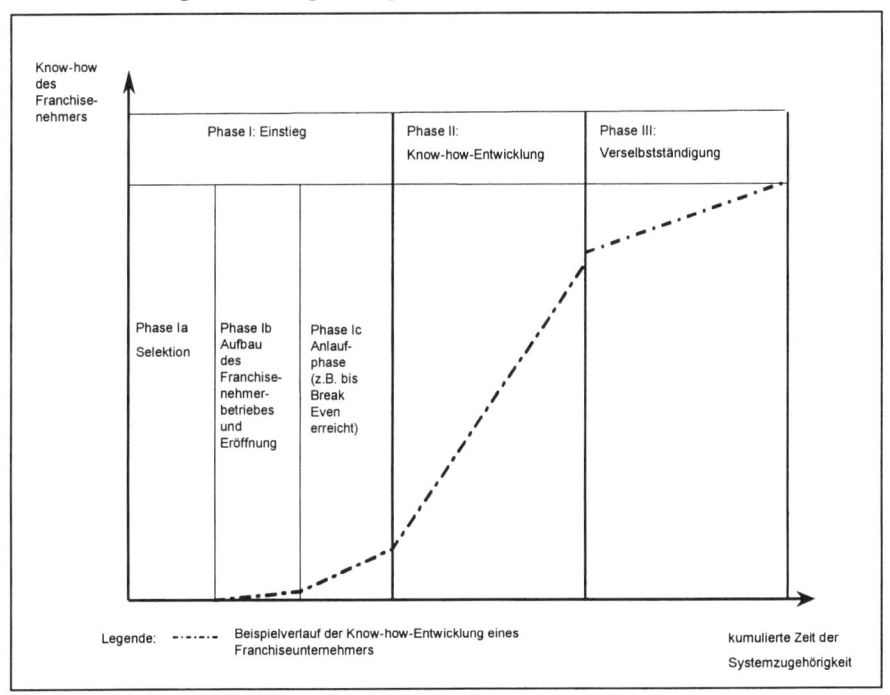

Abb. IV-28: Franchisenehmerlebenszyklus
(Quelle: Ahlert, 2001a, S. 206)

---

[193] Vgl. Ahlert, 2001, S. 201 sowie zum Familienlebenszykluskonzept Müller-Hagedorn, 1998, S. 321 f.
[194] Vgl. dazu Teil IV, Kapitel 3.3.3.2.

Phase I: Einstieg

In der ersten Phase findet seitens des Franchisegebers die Akquisition potenzieller Franchisenehmer statt.[195] Dabei ist die Auswahl der richtigen Franchisenehmer, d. h. qualifizierter und motivierter Franchisenehmer, die sich einerseits mit dem Franchisekonzept identifizieren und andererseits unternehmerisches Denken bei einer relativ straffen Führung umsetzen können, eine wichtige Voraussetzung für die langfristige Systembindung. Erst eine hohe Identifikation und Zufriedenheit mit dem Franchisekonzept führt dazu, dass der Franchisenehmer sich dem Franchisesystem verbunden fühlt und seine Leistungsbereitschaft gerne einsetzt.[196] Der Franchisegeber sollte daher genau prüfen, ob der potenzielle Franchisenehmer die unternehmerischen und persönlichen Eigenschaften erfüllt, die für eine erfolgreiche Zusammenarbeit entscheidend sind. Die Selektion geeigneter Systempartner stellt folglich einen Schlüsselfaktor für die Systembindung dar.[197] Mit der Unterzeichnung des Franchisevertrags begründet der Franchisenehmer dann eine rechtliche Bindung an den Franchisegeber für die Länge der Vertragslaufzeit.

Weiterhin fällt in die erste Phase der Aufbau und die Eröffnung des Franchisenehmerbetriebs. Nach Vertragsunterzeichnung leistet der Franchisenehmer spezifische Investitionen in die Errichtung des Franchisebetriebs und hat i. d. R. eine einmalige fixe Eintrittsgebühr zu zahlen. Hieraus resultiert eine ökonomische Bindung des Franchisenehmers. Umfasst der Aufbau des Betriebs auch Investitionen im Bereich der EDV, wie z. B. in ein gemeinsames Warenwirtschaftssystem wird darüber hinaus auch eine technisch-funktionale Bindung erzeugt. In der nun einsetzenden Anlaufphase ist der Franchisenehmer noch relativ unerfahren und auf den Erfahrungsschatz und das Know-how des Franchisegebers angewiesen. Eine umfassende Beratung und intensive Betreuung sind daher ausschlaggebend für die Zufriedenheit und das Vertrauen des Franchisenehmers mit bzw. in den Franchisegeber. Bei dem Franchisesystem Burger King erhält der Franchisenehmer z. B. eine fundierte Einweisung in die Burger-King-Geschäftsabläufe, in alle Abläufe im Restaurant, in Zubereitung und Haltbarkeitszeiten der Produkte sowie in die Schichtführung durch ein strukturiertes Training on the job (Training im Restaurant). Weiterhin absolviert er Seminare und Workshops, die das Training im Restaurant unterstützen und ein erfahrenes Betreuungsteam steht ihm vor und während der Betriebseröffnung zur Seite.[198] Darüber hinaus besteht auch die Möglichkeit, ein Patenschaftsmodell für neue Franchisenehmer anzubieten. Das Konzept basiert auf der Idee, dass sich einzelne erfahrene Franchisenehmer dazu bereit

---

[195] Vgl. Ahlert, 2001a, S. 206.
[196] Vgl. Meinig, 1995, S. 17.
[197] Vgl. Neumann, 1999, S. 168 f.
[198] http://www.burgerking.de.

erklären, neue Franchisenehmer für eine befristete Zeit im laufenden Betrieb mitarbeiten zu lassen, damit sie Erfahrungen sammeln können.[199]

Phase II: Know-how-Entwicklung

In der Phase der Know-how-Entwicklung erlangt der Franchisenehmer die notwendigen Kenntnisse und Fertigkeiten zur Führung seines Betriebs. Er agiert zunehmend selbstständiger und benötigt weniger Unterstützung durch den Franchisegeber.[200] In dieser Phase resultiert eine faktische Bindung insbesondere aus den besseren Einkaufskonditionen, an denen der Franchisenehmer durch seine Systemzugehörigkeit partizipieren kann. Die Weitergabe von Einkaufsvorteilen sollte daher vom Franchisegeber genutzt werden, um den Franchisenehmer an das System zu binden. Weiterhin ist es möglich, besonders erfolgreichen Franchisenehmern Bonusprogramme zuteil werden zu lassen. Diese können z. B. an dem Erreichen von bestimmten Umsatz- oder Ertragszielen bemessen werden. Ansatzpunkte im Rahmen einer Verbundenheitsstrategie sind auf der Leistungsebene insbesondere das Angebot von speziellen Seminaren und Schulungen, die sich an den franchisenehmerindividuellen Stärken und Schwächen orientieren. Hilfestellungen in dieser Form unterstützen sowohl die persönliche Weiterentwicklung als auch den geschäftlichen Erfolg des Franchisenehmers und tragen somit entscheidend zur Erhöhung der Zufriedenheit bei. Gleichzeitig kann der Franchisegeber hierdurch Kompetenzsignale setzen, die das Vertrauen des Franchisenehmers in sein Know-how und Wissen stärken. So bietet das Franchisesystem Tee Gschwendner seinen Franchisepartnern z. B. Aus- und Fortbildungsprogramme in Form von Teeseminaren und -verkostungen an.[201] Darüber hinaus kann durch eine umfassende interne Kommunikation das Entstehen eines Zusammengehörigkeitsgefühls sowie einer emotionalen Bindung gefördert werden. Zu nennen wären neben dem persönlichen Kontakt, wie dem regelmäßigen Besuch durch einen Franchiseberater, z. B. Instrumente wie Erfa-Tagungen, regionale Franchisenehmertreffen, Intranet oder Franchisenehmerzeitschriften.

Phase III: Verselbstständigung

Phase drei ist schließlich dadurch gekennzeichnet, dass der Franchisenehmer sich im Systemverbund etabliert hat und sich zunehmend als selbstständiger Unternehmer sieht. In dieser Phase fühlt sich der Franchisenehmer imstande, die Führung des Betriebs auch ohne den Franchisegeber zu bewerkstelligen.[202] Um den Franchisenehmer weiterhin an das System zu binden, kann der Franchisegeber dem Franchisenehmer z. B. anbieten, weitere Betriebe zu eröffnen (Multi-Unit-Franchise) oder auch eine Master-Franchise vergeben. Letztere erlaubt es dem

---

[199] Vgl. Neumann, 1999, S. 175.
[200] Vgl. Ahlert, 2001a, S. 207.
[201] http://www.teegschwendner.de.
[202] Vgl. Ahlert, 2001a, S. 205 ff.

Franchisenehmer, in einem bestimmten Gebiet als Franchisegeber zu agieren. Z. T. kann in dieser Phase auch schon die Notwendigkeit bestehen, einen neuen Vertrag aufzusetzen. Im Rahmen der Verbundenheitsstrategie kann der Franchisegeber die Mitbestimmung des Franchisenehmers erhöhen, indem er ihm die Mitgliedschaft in Beiräten und Gremien anbietet. So ist die Führung bei OBI in Gruppen, wie z. B. in Produkt-, Werbe- und Systemausschüssen organisiert, die Entscheidungen einstimmig zu treffen haben.[203] Ferner ist über die kontinuierliche Weiterentwicklung des Produkt- und Dienstleistungsportfolios und durch ein starkes Markenmanagement sicherzustellen, dass der Franchisenehmer mit der Marktaktualität und dem Alleinstellungsmerkmal des Franchisepakets, das letztlich seinen Markterfolg beeinflusst, zufrieden ist. Eine besondere Stellung können diesbezüglich Eigenmarken einnehmen, die exklusiv nur vom Franchisenehmer vertrieben und oftmals auch zu günstigeren Konditionen eingekauft werden können.[204] Das Thema Weiterentwicklung wird beispielsweise bei dem Franchisesystem Vom Fass großgeschrieben. Die Franchisepartner profitieren davon, dass die Systemzentrale den Markt kontinuierlich beobachtet und selbst neue Produkte entwickelt, die sie den Franchisenehmern exklusiv und preisgünstig zur Verfügung stellt.[205] Eigenmarken bieten dem Franchisenehmer folglich ein hohes Profilierungspotenzial, das zu einer Stärkung der Systembindung beitragen kann.

Nachfolgende Abbildung fasst noch einmal eine Auswahl von Instrumenten der Verbunden- und Gebundenheitsstrategie in Abhängigkeit der Franchisenehmerlebenszyklusphasen zusammen. Hieraus lässt sich erkennen, dass in Franchisingnetzwerken in der Einstiegsphase relativ viele Möglichkeiten bestehen, die Franchisenehmer faktisch zu binden. Dagegen gewinnen die Instrumente der Verbundenheitsstrategie im weiteren Verlauf der Geschäftsbeziehung an Bedeutung. Nur nachhaltig zufriedene Franchisenehmer werden aus Überzeugung im System verbleiben und nach Ablauf der Vertragslaufzeit dazu bereit sein, erneut faktische Bindungen einzugehen sowie durch eine positive Mund-zu-Mund-Propaganda die Akquisition neuer Franchisenehmer zu unterstützen.[206]

---

[203] Vgl. Lux/Maus/Birker/Lux, 1985, S. 201.
[204] Vgl. Neumann, 1999, S. 172.
[205] http://www.vomfass.de.
[206] Vgl. Schlüter, 2001, S. 61.

Tab. IV-22: Instrumente der Franchisenehmerbindung

	Verbundenheitsstrategie	Gebundenheitsstrategie
Phase I: Einstieg	• Beratung • Betreuung • Patenschaftsmodell	• Franchisevertrag • Investitionen in den Franchisebetrieb und EDV • Fixe Eintrittsgebühr
Phase II: Know-How Entwicklung	• Spezielle Schulungen • Seminare • Erfa-Tagungen • Regionale Franchisenehmer-Treffen/Stammtisch • Intranet • Franchisenehmer-Zeitschrift	• Weitergabe von Einkaufsvorteilen • Bonusprogramme
Phase III: Verselbständigung	• Beiräte • Gremien • Eigenmarken/Marke • Marktaktuelles Franchisepaket	• Multi-Unit Franchise • Master-Franchise • Vertragsverlängerung

4.3.3 Zufriedenheit als zentraler Einflussfaktor des Partner Value und als Voraussetzung für die Franchisenehmerbindung

Als eine wesentliche Determinante sowohl für das Niveau der monetären als auch der nicht-monetären Komponente des Partner Value sowie auch für die langfristige Franchisenehmerbindung ist die Zufriedenheit der Franchisenehmer anzusehen. Vereinfachend kann die (Un-)Zufriedenheit von Franchisenehmern als die von ihnen empfundene Differenz zwischen den erlebten und erwarteten Vorteilen der Systemzugehörigkeit interpretiert werden. Zufriedenheit stellt sich im Fall einer Bestätigung der Erwartung oder auch einer positiven Diskrepanz zwischen den Erfahrungen und Erwartungen ein. Sie ist die notwendige Voraussetzung für den dauerhaften Verbleib von Franchisenehmern in den Systemen. Bei einer negativen Differenz besteht Abwanderungspotenzial. Daraus lassen sich unmittelbar erste Effekte der Franchisenehmerzufriedenheit auf den SSV ableiten. Durch das Ausscheiden von Franchisenehmern entfallen nicht nur deren SSV-wirksamen Einzahlungen, sondern der Franchisegeber hat in diesem Zusammenhang vielfach Auszahlungen zu tätigen (z. B. Ausgleichsansprüche des Franchisenehmers, Rückkauf der Ladeneinrichtung). Des Weiteren fallen Investitionen zur Akquisition und Betreuung neuer Partner an, denen jedoch die Eintrittsgebühr gegenüber steht. Für den Fall eines einzelnen ausscheidenden Franchisenehmers ist durchaus ein positiver Gesamteffekt auf den SSV denkbar. Besteht aber eine manifeste Unzufriedenheit unter den Partnern, in deren Folge es zu einer massiven Abwanderungsbewegung kommt, ist von einem deutlicher Senkung des SSV auszugehen. I. d. R. dürfte es einem Franchisegeber kaum gelingen, eine ausreichende Anzahl neuer Franchisenehmer zu akquirieren. In derartigen Situationen ist der Bestand des gesamten Systems akut gefährdet.

Ein weiterer Wirkungszusammenhang zwischen der Zufriedenheit von Franchisenehmern und dem SSV des Franchisegebers liegt darin begründet, dass der Erfolg eines Franchisesystems wesentlich vom Engagement der Partner abhängt, dessen Ausmaß von deren (Un-)Zufriedenheit determiniert wird. Diese stellt die Ursache für deren Einsatz- und Leistungsbereitschaft dar. Zufriedene Partner setzen sich wesentlich intensiver für ihre Kunden ein.[207] Die bessere Ausschöpfung des lokalen Marktpotenzials ist über die Gebühren unmittelbar SSV-wirksam. Demgegenüber ist bei einer nachhaltigen Unzufriedenheit langfristig eine signifikante Veränderung des erfolgswirksamen Verhaltens (z. B. Reduzierung der Verkaufsanstrengungen) zu erwarten.[208] Eng damit verknüpft ist die Effektivität und Effizienz der systeminternen Zusammenarbeit. Typischerweise neigen unzufriedene Franchisenehmer zu systeminkonformen und dysfunktionalen Verhaltensweisen. Sie zeigen sich beispielsweise in der Nichteinhaltung von Vorgaben, in der Zurückhaltung von Informationen, in der verspäteten Zahlung von Gebühren oder die Bildung einer systeminternen Opposition.

Insgesamt führt eine stabile Zufriedenheit von Franchisenehmern zu „... higher morale, greater cooperation, more participation in joint activities, fewer terminations of relationships, less conflict, less litigation, and greater efficiency within the channel ..."[209] Diese Wirkungen lassen sich über die Größen Vertrauen und Commitment (= innere Verpflichtung) erklären, die zusammen mit dem Zufriedenheitskonstrukt als verhaltenswissenschaftliche „Erfolgsgrößen" des Relationship Marketings gelten.[210] Während das Zufriedenheitskonstrukt vorrangig auf den aktuellen Status der Zusammenarbeit abstellt, beziehen sich Vertrauen und Commitment auf deren künftiges Potenzial. Aufseiten der Partner ist ein Mindestmaß an Vertrauen und innerer Verpflichtung (Commitment) erforderlich, damit die Stabilität des Systems dauerhaft gewahrt bleibt.[211] Die Entstehung von Vertrauen und Commitment gegenüber dem Franchisegeber setzt wiederum eine stabile Zufriedenheit der Franchisenehmer voraus.[212]

---

[207] Meinig, 1995, S. 17.
[208] Vgl. Heß, 1994, S. 299 f.; Meffert/Wöllenstein/Burmann, 1996, S. 8.
[209] Bandyopadhyay/Robicheaux, 1997, S. 35 f. Vgl. dazu ferner Hunt/Nevin, 1974, S. 187.
[210] Vgl. Bauer/Grether/Leach, 1999, S. 284.
[211] Vgl. Heß, 1994, S. 92.
[212] Vgl. Bauer/Grether/Leach, 1999, S. 290 f.; Homburg/Giering/Hentschel, 1999, S. 176.

Vertrauen bedeutet allgemein, „sich auf eine Person zu verlassen bzw. Zuversicht in ein Ereignis zu entwickeln und in Erwartung eines Zugewinns bewusst ein Risiko einzugehen."[213] Im Kontext gewerblicher Geschäftsbeziehungen manifestiert es sich darin, dass „a firm [hier: Franchisenehmer] expects the other [hier: Franchisegeber] to provide competent role performance and meet fiduciary obligations".[214] Wenn Franchisenehmer ihrem Franchisegeber vertrauen, so erwarten sie, dass er seine Interessen nicht einseitig verfolgt und opportunistische Handlungen unterlässt.[215] Vertrauen entsteht im Rahmen von Lernprozessen. Seine Etablierung wirkt sich in mehrfacher Hinsicht positiv auf den SSV aus:[216]

Vertrauen reduziert Komplexität und hilft, Unsicherheit zu bewältigen. So deckt es die Eventualitäten ab, die vor dem Hintergrund einer ungewissen Zukunft von den Beteiligten nicht im Vorhinein vertraglich geregelt werden können.

Es reduziert die Notwendigkeit hierarchischer Überwachung und Kontrolle. Dadurch ergibt sich die Möglichkeit, Kosten- und Flexibilitätsnachteile struktureller Koordinationsverfahren zu überwinden.

Gerechtfertigtes, d. h. aufgrund von Erfahrungen entstandenes Vertrauen erhöht die Bereitschaft der Franchisenehmer, in der Zusammenarbeit „neue" Risiken einzugehen. Umgekehrt beschädigen Vertrauensbrüche sukzessiv die Basis der Zusammenarbeit.

Eng verknüpft mit Vertrauen ist Commitment, das als ein „desire to develop a stable relationship, a willingness to make short-term sacrifices to maintain the relationship, and a confidence in the stability of the relationship (...)"[217] umschrieben werden kann. Ein hohes Commitment geht mit den folgenden Effekten einher:[218]

Es wirkt stabilitätsfördernd, weil es Ausdruck einer positiven Bewertung der Zusammenarbeit ist und sich die Franchisenehmer folglich nicht mit Abwanderungsgedanken tragen. Des Weiteren zeigt es eine weit gehende Übereinstimmung zwischen den individuellen Zielen der Partner und den vom Franchisegeber vorgegebenen Gesamtsystemzielen sowie die Akzeptanz von Werten und Normen des Systems an.

Commitment erhöht die „Opferbereitschaft", die aus der Erwartung der langfristigen Zusammenarbeit erwächst. Diese Erwartung führt dazu, dass Franchisenehmer bereit sind, sich durch „Opfer" (z. B. spezifische Investitionen) an das System zu binden.

---

[213] Diller/Kusterer, 1988, S. 218.
[214] Doucette, 1996, S. 97.
[215] Vgl. Doucette, 1996, S. 97.
[216] Vgl. zum Folgenden Heß, 1994, S. 163 f. und die angegebene Literatur.
[217] Anderson/Weitz, 1992, S. 19.
[218] Vgl. zum Folgenden Heß, 1994, S. 167 ff. und die angegebene Literatur.

Der letztgenannte Punkt macht deutlich, dass es sich bei Vertrauen und Commitment um interdependente, sich wechselseitig beeinflussende Größen handelt. Commitment entsteht nicht unabhängig von Vertrauen. Es führt zur Toleranz gegenüber dem Partner und senkt gleichzeitig die Angst vor Vertrauensbrüchen.[219]

Im Licht der vorangegangenen Ausführungen ist unmittelbar einsichtig, dass ein wesentlicher Aspekt und zugleich zentraler Erfolgsfaktor der wertorientierten Steuerung von Franchisesystemen in dem gezielten Management der Franchisenehmerzufriedenheit besteht. Dabei ist allerdings zu beachten, dass die Erreichung einer hohen Partnerzufriedenheit kein Selbstzweck ist. Vielmehr sind alle Maßnahmen zur Aufrechterhaltung bzw. Erreichung einer stabilen Franchisenehmerzufriedenheit auf ihren Beitrag zur Steigerung des SSV zu überprüfen:[220] „Es gehört schon einiger Mut dazu, offen zu sagen, dass die Aufgabe der Franchisezentrale *nicht* darin besteht (bestehen darf!), ihre Franchisenehmer ... glücklich zu machen, sondern den Zahlungsstrom von und hin zu der Summe der Franchisenehmer strategisch zu optimieren. Das bedeutet keinesfalls Verzicht auf interne Betreuung oder verbrauchergerichtetes Marketing. Im Gegenteil: Die damit verbundenen Auszahlungen sind **Investitionen in den SSV$_{FG}$**."[221]

Das Management der Partnerzufriedenheit folgt dem allgemeinen Führungs- und Steuerungsprozess, der die Phasen Willensbildung, -umsetzung und -kontrolle beinhaltet. Grundlage der Willensbildung ist die Erhebung des Status quo. Obwohl diese Forderung einer „Binsenweisheit" gleichkommt, gilt es sie nachdrücklich zu betonen. Nach den Erfahrungen des Internationalen Centrums für Franchising und Cooperation (F&C) verfügen die meisten Franchisegeber lediglich über ungefähre und vielfach unrichtige Vermutungen über das Ausmaß der (Un-)Zufriedenheit unter ihren Franchisenehmern. Systeme, in denen die Zufriedenheit der Partner regelmäßig gemessen wird, stellen in Deutschland die Ausnahme dar. Daher ist es nicht verwunderlich, dass die Resultate der F&C-Befragungen für einige Franchisegeber teilweise sehr überraschend – im positiven wie im negativen Sinne – gewesen sind.

Ausgehend vom Status quo und seiner Analyse sind operationale Ziele und geeignete Maßnahmen zu deren Erreichung festzulegen. Dabei gilt es zweierlei Aspekte zu beachten: Da dem Management des SSV eine ganzheitliche Perspektive zugrunde liegt, sind sowohl Zielsetzungen als auch Maßnahmen im Zusammenhang mit der Partnerzufriedenheit mit denen in anderen relevanten Teilbereichen abzustimmen. Für derartige Planungsaufgaben bietet sich die Verwendung von Instrumenten wie der Balanced Scorecard an. Des Weiteren ist es nicht nur im Hinblick auf die Partnerzufriedenheit sinnvoll, bei der Maßnahmengestaltung Benchmarking zu betreiben und an den Erfahrungen

---

[219] Vgl. Diller/Kusterer, 1988, S. 218; Heß, 1994, S. 174 f.
[220] Vgl. zu dem allgemeinen Optimierungskalkül des Zufriedenheitsmanagements Meffert, 1997, S. 7.
[221] Ahlert, 2000, S. 23.

Benchmarking zu betreiben und an den Erfahrungen anderer Systeme zu partizipieren. Dadurch lässt sich das Risiko verringern, dass ineffektive und/oder ineffiziente Lösungen umgesetzt werden.

In einem gewissen zeitlichen Abstand zur Umsetzung der Maßnahmen (ca. sechs bis zwölf Monate) ist die Zufriedenheit der Franchisenehmer erneut zu erheben, um den Zielerreichungsgrad zu kontrollieren. Daran schließen sich erneut die Phase der Willensbildung und die ihr folgenden Schritte an. Dies gilt auch für den Fall, dass die Befragungsergebnisse keinen Handlungsbedarf anzeigen. Die Aufrechterhaltung eines erreichten und als angemessenen empfundenen Zufriedenheitsniveaus bei den Partnern stellt ebenfalls ein Ziel dar, dessen Erreichung es regelmäßig zu prüfen gilt.

4.4 Das Management von Kundenbeziehungen

Customer Relationship Management steht für die Abkehr von der Produkt- hin zur Kundenorientierung und rückt den Aufbau langfristig profitabler Kundenbeziehungen durch mehr Kundennähe in den Mittelpunkt der Unternehmensstrategie. Die Notwendigkeit einer stärkeren Kundennähe bedingt auf organisatorischer Ebene eine Ausrichtung aller Unternehmensaktivitäten an den Wünschen und Bedürfnissen der Kunden. Insbesondere Franchisingnetzwerke werden dieser Forderung mehr als gerecht, verbinden sie doch dezentrale Managementverantwortung auf Franchisenehmerebene mit einem zentralistisch – durch den Franchisegeber – effizient gesteuerten Systemhintergrund. Für das kundennahe, flexible Agieren vor Ort sind hoch motivierte, eigenständige Unternehmer prädestiniert, wie sie in der Person des Franchisenehmers zu finden sind. Darüber hinaus ermöglicht das arbeitsteilige Leistungsprogramm in Franchisingnetzwerken, dass die Franchisenehmer sich ganz auf die Betreuung und individuelle Behandlung ihrer Kunden konzentrieren können.

Customer Relationship Management umfasst in Franchisingnetzwerken jedoch zwei Bereiche. Neben der Gestaltung der Beziehungen zum Endkonsumenten müssen ferner die Beziehungen zu den Franchisenehmern als Kunden des Franchisegebers berücksichtigt werden. Aufgrund der Dualität der Anspruchsgruppen ist daher zwischen einem Internen und Externen CRM zu unterscheiden. Die zentrale Ziel- und Steuerungsgröße des Internen CRM ist der Partner Value. Anhand des Partner Value kann der Franchisegeber zum einen beurteilen, welche Franchisenehmer zum Erfolg des Franchisesystems beitragen und welche der Systemstabilität schaden. Zum anderen sollte der Franchisegeber die Maßnahmen zum Aufbau langfristiger Franchisenehmerbeziehungen am Partner Value ausrichten. Dies impliziert folglich ein differenziertes Franchisenehmerbeziehungsmanagement in Abhängigkeit des Partner Value.

Das Externe und das Interne CRM sind in der Franchisepraxis erst im Entstehen begriffen. So werden Instrumente und Maßnahmen zur Kunden- bzw. Systembindung bislang weitgehend isoliert eingesetzt. Des Weiteren mangelt es häufig an einer systematischen Zusammenarbeit zwischen Franchisegeber und Franchisenehmer im Rahmen des Externen CRM. Die Herausforderung an das Management von Franchisingnetzwerken besteht folglich darin, die notwendigen organisatorischen und informationstechnologischen Voraussetzungen zu schaffen und eine umfassende CRM-Konzeption sowohl für das Interne als auch das Externe CRM zu entwickeln, die neben der Festlegung von Zielsetzung und Stoßrichtung der Franchisenehmer- bzw. Kundenbearbeitung die Strategieumsetzung und Erfolgskontrolle beinhaltet.

Teil V
Beyond Networks: Tendenzen in der Entwicklung von Dienstleistungsnetzwerken

1 Das Netzwerkphänomen

Kooperative Unternehmensnetzwerke haben seit den achtziger Jahren des letzten Jahrhunderts stark an Bedeutung gewonnen.[1] Nach Auffassung zahlreicher Wissenschaftler und Praktiker gehört diesen Netzwerken insbesondere im tertiären Sektor die Zukunft. Damit sind nicht die Kartelle gemeint, also die horizontalen Kooperationen zwischen Konkurrenten, sondern Netzwerkarrangements einander durch Arbeitsteilung und Spezialisierung ergänzender Akteure, welche im Gegensatz zu nicht organisierten oder hierarchischen Systemen die Vorteile von Markt und Hierarchie miteinander verbinden. Grenzüberschreitende Netzwerkkonfigurationen, vor allem zwischen Unternehmen aus Industrieländern, nehmen in ihrer Zahl ebenso zu, wie die zahllosen Kooperationen im Forschungs- und Entwicklungsbereich sowie in den Bereichen Marketing und Vertrieb. Industrien mit hoher Kooperationsintensität zeichnen sich i. d. R. durch mittlere Konzentrations- und zunehmende Globalisierungsgrade aus. Häufig besteht eine hohe aktuelle oder gerade erst überwundene Regulierungsintensität mit entsprechenden Eintrittsbarrieren. Genau diese Tatbestände treffen auf weite Teile des tertiären Sektors zu.

1.1 Theoretische Ansätze

Dienstleistungsnetzwerke bilden den Untersuchungsgegenstand des vorliegenden Buches. Im Verlauf der Teile I bis IV wurden Dienstleistungsnetzwerke systematisiert und deren Erfolgsfaktoren hergeleitet. Danach wurden diese empirisch überprüft, und es wurden anhand von „Best Practices" exzellente Umsetzungsbeispiele vorgestellt. Besondere Aufmerksamkeit wurde sodann den spezifischen Herausforderungen des Managements von Dienstleistungsnetzwerken gewidmet.

Das vorliegende Kapitel V abstrahiert nunmehr von den speziellen Formen der Dienstleistungsnetzwerke und befasst sich zunächst mit dem Netzwerkphänomen an sich, um daran anschließend zu untersuchen, warum sich Unternehmens-Netzwerke – insbesondere solche des tertiären Sektors – trotz ihrer offensichtlichen ökonomischen Überlegenheit gegenüber anderen Organisationsformen noch nicht in der erwarteten Weise massenhaft durchgesetzt haben.

Aus formaler Sicht besteht jedes Netzwerk aus „Knoten" und „Verbindungen". Bei den Knoten handelt es sich um Akteure des Netzwerks, also (rechtlich) selbstständige Einheiten, die (wirtschaftlich) zumindest teilweise voneinander abhängen.[2] Die Verbindungen eines Netzwerks können als Austauschbeziehungen inter-

---

[1] Vgl. hier und im Folgenden Theurl, 2001, S. 74.
[2] Vgl. dazu Teil II, Kapitel 2 und die dort vorgestellte Systematisierung. Aus sozialwissenschaftlicher Sicht beschreibt z. B. Schenk Netzwerke als soziales

pretiert werden. Dabei ist die Art und Weise des Austauschs, also das „Wie" ebenso von Interesse, wie der ausgetauschte Gegenstand bzw. die ausgetauschte Ressource, also das „Was". Die Netzwerkanalyse beschäftigt sich – verkürzt ausgedrückt – mit der Frage: „Wer tauscht was mit wem auf welche Art und Weise aus?".

Man kann das Phänomen „Netzwerk" aus unterschiedlichen theoretischen Perspektiven betrachten, z. B. aus Sicht der „Resource Dependence Theory"[3], der „Transaktionskostentheorie"[4], der „Theorie des Strategischen Managements"[5], der „Internationalisierungstheorie"[6] oder aus Sicht der „Social Networks"[7] – um nur einige zu nennen. Wie in Teil II, Kapitel 1 dargelegt, sind aus Sicht des Managements die „Resource Dependence Theory" sowie die „Transaktionskostentheorie" nach Ansicht der Autoren nicht nur besonders gut zur Systematisierung von (Dienstleistungs-)Netzwerken geeignet. Es ergeben sich daraus auch praktisch relevante Erklärungsansätze bzw. Motive zur Bildung von Netzwerken, z. B.[8]

- Umsatzsteigerung (Verringerung des Wettbewerbs; Zugang zu Ressourcen und damit Erhöhung der Wettbewerbsfähigkeit durch z. B. schnelleren Markteintritt, bessere Leistungen etc.),

- Kostenreduktion (Skalen- und/oder Verbundeffekte durch Zentralisierung gewisser, tendenziell marktferner Aufgaben bzw. Ressourcentausch),

- Risikoreduktion (z. B. durch geringere spezifische Investitionen bzw. niedrigere Fixkosten) sowie

- rechtliche Notwendigkeiten (z. B. beim Eintritt in ausländische Zielmärkte).

Ebenso werden verschiedene Voraussetzungen für die Netzwerkbildung in der Theorie diskutiert. Diese lassen sich zu zwei grundsätzlichen „Arten" von Voraussetzungen verdichten, nämlich[9]

- institutionelle Voraussetzungen (günstige rechtliche Rahmenbedingungen, z. B. Unterstützung anstelle einer Benachteiligung durch den Staat) sowie

- Beziehungen bzw. relationale Voraussetzungen (Clusterung um „Kristallisationskerne" – z. B. Silicon Valley –; interpersonelle Verbindungen; Ressourcen-

---

Beziehungsgeflecht zwischen rechtlich selbstständigen Netzwerkmitgliedern. Vgl. Schenk, 1984, S. 124.

[3] Vgl. z. B. Alter/Hage, 1993.
[4] Vgl. z. B. Sydow, 1992.
[5] Vgl. z. B. Jarillo, 1993.
[6] Vgl. z. B. Buckley, 1994.
[7] Vgl. z. B. Wasserman/Faust, 1993.
[8] Vgl. z. B. Oliver, 1990; Glaister/Buckley, 1996, Ebers, 1997.
[9] Vgl. Ebers, 1997.

abhängigkeit – z. B. in der Hightech Industrie oder bei forschungsintensiven Dienstleistungen).

1.2 Netzwerke im Absatzmarkt

Wie jedes (solitäre) Unternehmen ist auch ein (Unternehmens-)Netzwerk in ein System von Märkten eingebettet. Auf dem Beschaffungsmarkt agiert es (u. a.) als Nachfrager nach den Spitzenleistungen bevorzugter Lieferanten zu möglichst günstigen Konditionen (Nachteilsausgleich gegenüber Massenfilialsystemen), auf dem Personalmarkt als Nachfrager nach den besten Arbeitskräften, auf dem Kapitalmarkt als Nachfrager von Eigen- bzw. Fremdkapital und auf dem Absatzmarkt als Anbieter von Leistungen. Hinzu kommt der Wettbewerb auf dem Partnermarkt um die besten Kooperationspartner, die so genannten „Unternehmer im Netzwerk".

Betrachten wir exemplarisch den Absatzmarkt näher: Er lässt sich als „Dreieck" darstellen, dessen Eckpunkte die „Bedürfnisse der Nachfrager", das „Angebot der Wettbewerber" und die „Ressourcen bzw. Kompetenzen des eigenen Unternehmens" bilden. Jede der drei Dimensionen bietet Ansatzpunkte für die Erklärung von Wettbewerbsvorteilen bzw. Suchfelder für die Erfolgsfaktoren von Unternehmen.

Aus Kundensicht kommt es besonders darauf an, eine einwandfreie Leistung in zuverlässiger Art und Weise geliefert zu bekommen. Das Konstrukt der „Marktorientierung"[10] bildet in einer Dimension diesen Kundenanspruch durch „customer orientation" ab. Die beiden anderen Dimensionen, nämlich „competitor orientation" und „interfunctional orientation" beziehen sich auf die beiden anderen Perspektiven des oben erwähnten Dreiecks, nämlich „Angebot der Wettbewerber" sowie „eigene Ressourcen".

Der von der Forschungsrichtung der „Industrial Organization"[11] vertretene Ansatz, dass die Struktur des Marktes – also z. B. die Konzentration und die Machtverhältnisse zwischen Anbietern, Nachfragern und Wettbewerbern – den Erfolg von Unternehmen beeinflusst, legt den Fokus der Betrachtung eher auf die Dimension „Angebot der Wettbewerber". Studien dieser Forschungsrichtung überprüfen häufig die „Structure-Conduct-Performance Hypothese"[12]. Die PIMS-Studien[13]

---

[10] Zu den drei validen Dimensionen der Marktorientierung, vgl. Narver/Slater, 1990, S. 24. Zur weiteren Diskussion bzw. Modifikation des Konstrukts vgl. insbesondere Kohli/Jaworski, 1990; Jaworski/Kohli, 1993; Slater/Narver, 1998; Connor, 1999; Slater/Narver, 1999.
[11] Vgl. zum Überblick den Sammelband von Schmalensee/Willing, 1989; Schmalensee, 1989, S. 952 ff., sowie grundlegend Mason, 1939; Bain, 1956.
[12] Auch S-C-P-Paradigma genannt; vgl. Mason, 1939; Bain, 1956.
[13] Vgl. Buzzell/Gale, 1987.

lassen sich in diesem Zusammenhang ebenso erwähnen wie beispielsweise die Arbeit von Schmalensee.[14]

Anders versucht der Ressourcenansatz[15] den Erfolg von Unternehmen zu erklären. Es wird angenommen, dass die unternehmensinternen Ressourcen und Fähigkeiten den Erfolg beeinflussen. Somit wird der Fokus eher auf das Management des Unternehmens gelegt.

Die drei vorgestellten Ansätze werden primär zur Analyse von *einzelnen* Unternehmen eingesetzt. Es sind Ansätze zur Erklärung des nachhaltigen Unternehmenserfolgs, die jeweils verstärkt auf eine Dimension des Dreiecks im Absatzmarkts ihren Fokus legen. Die folgende Abbildung zeigt dies in vereinfachter Weise.

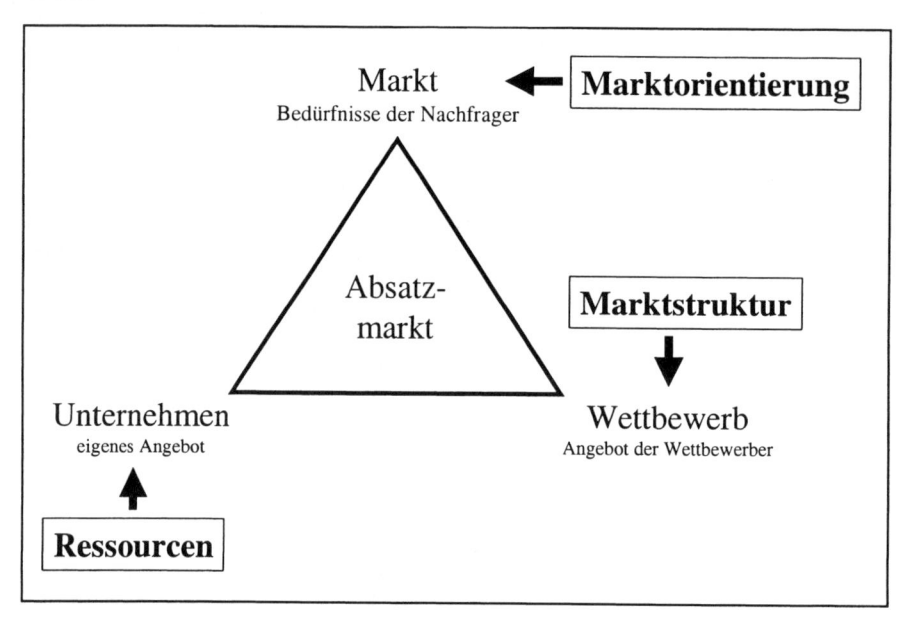

Abb. V-1: Ansatzpunkte der Theorien zur Erklärung des Unternehmenserfolgs

Die Beschränkung auf lediglich diese drei Dimensionen vernachlässigt eine wesentliche Entwicklung in der Unternehmenslandschaft der letzten Jahre: die zunehmende Tendenz zu Kooperationen zwischen Unternehmen.[16] Diese „Netzwerkbildung" kann als eine vierte, ergänzende Dimension angesehen werden, die Einfluss auf die drei übrigen Dimensionen bezüglich des Erfolgs von Unternehmen ausübt.

---

[14] Vgl. Schmalensee, 1985.
[15] Vgl. grundlegend Penrose, 1959; Wernerfeld, 1984; Barney, 1991, Grant, 1991; Mahoney/Pandian, 1992; Peteraf, 1993.
[16] Diese Auffassung vertreten z. B. auch Kang/Sakai, 2000 und Schwerk, 2000.

Marktorientierung kann durch eine effektivere Kundenbetreuung seitens des Netzwerkakteurs vor Ort sichergestellt werden. Die Marktstruktur wird durch Netzwerkbildung möglicherweise weniger wettbewerbsintensiv, was wiederum eine positive Auswirkung auf den Erfolg hat. Dies gilt allerdings nur dann, wenn sich ehemalige Konkurrenten im Netzwerk zusammenfinden. Auf jeden Fall kann sich die Schlagkraft der Unternehmen als kooperierende Gruppe gegenüber den restlichen Konkurrenten erhöhen. Durch Netzwerkbildung bekommen die Netzwerkpartner darüber hinaus Zugang zu schwer zu akquirierenden, komplementären Ressourcen. Offenbar gehört die Fähigkeit zur Kooperation zu den wesentlichen Kompetenzen bzw. Fähigkeiten des Managements bzw. jedes einzelnen Managers – letztlich jedes einzelnen Mitarbeiters, da so der Absatzmarkt zu eigenen Gunsten positiv beeinflusst werden kann.

1.3 Die ökonomische Überlegenheit von (systemkopfgesteuerten) Unternehmens-Netzwerken

Durch die Formierung von Netzwerken ergeben sich für die beteiligten Partner eine Reihe von Vorteilen, die im Wesentlichen auf der Kombination von Effizienz und Effektivität beruhen. Die Netzwerkpartner erlangen Zugang zu komplementären Ressourcen und Fähigkeiten und sie können Risiken teilen, Marktmacht erzielen und Skalen- sowie Verbundvorteile realisieren. Netzwerke verbinden somit dezentrale Managementverantwortung mit zentralistisch/effizienzorientierter Steuerung des Systemhintergrunds. Die „Betriebsstätten" des Netzwerkes sind – wie aus der Definition von Dienstleistungsnetzwerken in Teil II, Kapitel 1 ersichtlich – rechtlich selbstständig und können innerhalb klar definierter Grenzen autonom entscheiden sowie flexibel, kundennah agieren. Das hohe Motivationspotenzial des Unternehmers vor Ort muss im Gegensatz zum hierarchischen System nicht künstlich herbei „geführt" werden, sondern liegt in der Natur des Kooperationssystems.

Im Unterschied zu ungebundenen Solitären stellt eine zentrale Steuerungseinheit, der *Systemkopf*, ein effizientes Kostenmanagement, die konsequente Nutzung moderner Technologien und die Bündelung zersplitterter Machtpotenziale sicher. Vor allem sorgt der Systemkopf für die Entwicklung und permanente Verbesserung der Systemdienstleistungskonzeption. So werden die Vorteile von Markt und Hierarchie miteinander kombiniert: Dezentralität der operativen Arbeit durch das Partnerunternehmen mit einem effizient organisierten Systemhintergrund führen aus Sicht der Verbraucher zu einer individuelle Behandlung „vor Ort" bei geringen Kosten und großer Systemkompetenz.

Vor diesem Hintergrund sind in zahlreichen losen Gruppierungen (z. B. ECR-Wertschöpfungspartnerschaften, Strategischen Clubs, aber auch vielen virtuellen Netzwerken) und traditionellen Verbundgruppen zunehmend die Bereitschaft und der Wille zum Wandel in Richtung zentral gesteuerter Kooperationssysteme zu beobachten.[17] Unter den Schlagworten „Vertikalisierung" und „Reengineering kompletter Wertschöpfungsketten" wird darin eine zukunftsweisende Überlebensstrategie im Wettbewerb mit den hoch konzentrierten Massenfilialsystemen gesehen.[18]

---

[17] Vgl. zu den Hinderungsgründen von ECR-Partnerschaften Borchert, 2001.
[18] Vgl. Markmann/Olesch, 2001.

2 Hinderungsgründe für die massenhafte Durchsetzung von Netzwerken im tertiären Sektor

Trotz der offensichtlichen grundsätzlichen Überlegenheit von Netzwerken bei der Erstellung von Dienstleistungen kann (noch) nicht von einer massenhaften Durchsetzung dieses Organisationstyps im tertiären Sektor gesprochen werden. Zahlreiche Hinderungsgründe erschweren den Durchbruch von Dienstleistungsnetzwerken. Diese Hinderungsgründe lassen sich grob in drei Kategorien unterteilen:

1. Managementdefizite,
2. Benachteiligung durch die Rechtsordnung,
3. Imageprobleme.

2.1 Managementdefizite

Das Management kann als der „Meta-Erfolgsfaktor" schlechthin bezeichnet werden. Wie in Teil III, Kapitel 2 dargestellt, wird unter „Management" (bei Netzwerken spricht man vom „Netzwerkmanagement") die zielgerichtete Steuerung einer Organisation verstanden. Diese ist ganz wesentlich für den Erfolg verantwortlich, da eine kompetente Führung ein Unternehmen bzw. ein Netzwerk auf ein gemeinsames Ziel ausrichtet und die Zielerreichung kontrolliert, um gegebenenfalls steuernd einzugreifen.[19] Managementdefizite verhindern den langfristigen Erfolg, da sich fehlerhaftes Verhalten der Akteure negativ auf die Performance auswirkt. Die wesentlichen Managementdefizite, die sich in Dienstleistungsnetzwerken konstatieren lassen, sind

- die fehlende klare Systemführung,
- die mangelnde Führungsqualität des Systemkopfs in der Zentrale, aber auch der Führungskräfte in den Partnerunternehmen,
- die mangelhaften systeminternen Spielregeln.

---

[19] An dieser Stelle sei nicht noch einmal auf den Unterschied zwischen „Willensbildung" und „Willensdurchsetzung" eingegangen; verwiesen sei auf Teil II, Kapitel 1.

2.1.1 Art der Systemführung

Wie alle Netzwerke bilden sich auch Dienstleistungsnetzwerke entweder in einem ungeplanten, selbstorganisierten („emergenten") Prozess[20], oder sie formieren sich geplant, intentional.[21] Egal, wie das Dienstleistungsnetzwerk entstanden ist, müssen aufgrund eines möglichen opportunistischen Verhaltens der Akteure oder auch deren grundsätzlich unvereinbaren Zielsysteme Regeln gefunden und durchgesetzt werden, die die Kooperation dauerhaft (zumindest solange, bis das gemeinsame Ziel der Kooperation erreicht wurde) aufrecht erhalten. Diese Regeln können als die **Führungskonzeption**[22] des Dienstleistungsnetzwerks verstanden werden und in eine

- *funktionale* (lenken, gestalten und entwickeln des Netzwerks: „Was" wird getan?) und eine

- *institutionelle* (Strukturen, auf denen die funktionale Systemführung beruht: „Wer" tut es?) Systemführung

untergliedert werden.

Bei den hier in Betracht gezogenen Dienstleistungsnetzwerken soll es sich nur um solche handeln, die als Netzwerk zumindest für eine gewisse, längere Zeitspanne zusammenarbeiten; die spezifischen Herausforderungen, die sich bei „Ad-hoc Kooperationen" ergeben, werden nicht näher beleuchtet, da es sich bei diesen zumeist um sehr spezifische Probleme handelt, die nicht verallgemeinerungsfähig sind.

Bei allen Netzwerken[23], die auf Dauer (im obigen Sinne) angelegt sind, hat die Netzwerkführung die Aufgabe,

- lenkend, gestaltend und entwickelnd die Partner auf das gemeinsame Ziel auszurichten,

- opportunistisches Verhalten zu minimieren und

- die Beziehungen mit Netzwerkexternen (z. B. Kunden) zu koordinieren.

Da Netzwerke nicht wie hierarchisch organisierte Anbieter die Möglichkeit besitzen, die Aufgaben per Dienstanweisung umzusetzen, müssen andere Mechanismen zur Willensbildung und -umsetzung gefunden werden. Es stellt sich die Frage nach der institutionellen Systemführung.

---

[20] Zur Emergenz von Netzwerken vgl. Sydow, 1992, S. 220 und S. 246 ff.
[21] Zur intentionalen Entstehung von Netzwerken vgl. Gomes-Casseres, 1994, S. 66.
[22] Vgl. Evers, 1999, S. 73.
[23] Die Koordination z. B. des Leistungsaustauschs findet also nicht über rein marktliche Prozesse statt. Vgl. dazu Tei II, Kapitel 1.2.2.

Borchert[24] listet verschiedene systemführende Institutionen auf, nämlich „Broker", „Core-firm", „fokale Unternehmung", „Hub-firm", „Leading firm", „Makler", „Strategic center" sowie „Systemlieferant". Gemeinsam ist diesen Netzwerkkoordinatoren, dass sie die Rolle eines Systemführers („Systemkopf") einnehmen, der die oben aufgelisteten Aufgaben erfüllen kann. Weiter weist Borchert nach, dass gerade das Fehlen eines Systemkopfs Netzwerkarrangements scheitern lässt.

Dies leuchtet unmittelbar ein, da sich insbesondere opportunistisches Verhalten (z. B. Missbrauch der Marke) ohne das „Machtwort" einer zentralen Instanz kaum verhindern lässt. Letztlich ist ein Netzwerk im hier verwendeten Sinne ein anreizgesteuertes Absatzsystem zur Organisation einzelner, nach Eigennutzen strebender Einheiten.[25] Vor diesem Hintergrund lassen sich die Tendenzen vieler loser Formen der Kooperation zu einer strafferen Führung verstehen.

Es sei an dieser Stelle wiederholt, dass die Willens*bildung* in systemkopfgesteuerten Netzwerken sehr wohl in einem „demokratischen" Prozess, also partizipativ, erfolgen kann. Anders aber die Willens*durchsetzung*: Wenn ein gemeinsames Vorgehen beschlossen wurde, muss eine Instanz quasi „diktatorisch" dafür Sorge tragen, dass die Entscheidung durchgesetzt wird.[26]

Nachdem deutlich gemacht wurde, dass ein auf Dauer angelegtes Dienstleistungsnetzwerk (i. d. R.) am besten durch einen Systemkopf gesteuert wird, stellt sich zwangsläufig die Frage, warum es auch bei dem Prototyp eines systemkopfgesteuerten (Dienstleistungs-)Netzwerks, dem Franchisesystem, nicht nur „Gewinner", sondern auch „Verlierer" gibt. Eine erste Antwort könnte sein: Dem Systemkopf fehlt es an den notwendigen Führungsqualitäten und/oder die Franchisenehmer besitzen nicht die Qualitäten, welche die so genannten „Unternehmer im Netzwerk" benötigen.

2.1.2 Führungsqualitäten des Systemkopfs und der „Unternehmer im Netzwerk"

Jedes Netzwerk besteht aus einer Mehrzahl von Partnern. Wie dargelegt, ist es die Auffassung der Autoren, dass gerade solche Systeme, die von einer zentralen Instanz, also einem Systemkopf, gesteuert werden, die Chance besitzen, in Zukunft bei geeigneten Rahmenbedingungen den tertiären Sektor zu dominieren. Franchisesysteme sind „Prototypen" dieser Form der Netzwerkkonfiguration (allgemeiner: F&C-Netzwerke). Sie bestehen aus einem Systemkopf (Franchisegeber) und vielen Unternehmern im Netzwerk (Franchisenehmer). Damit das System als

---

[24] Hier und im Folgenden, vgl. Borchert, 2001, S. 123 ff.
[25] Eine ähnliche Auffassung vertreten auch Achrol/Etzel, 1992.
[26] Zur Unterscheidung zwischen „Willensbildung" und „Willensdurchsetzung" sei an dieser Stell nicht mehr vertiefend eingegangen, sondern auf Teil IV, Kapitel 2.3.1 verwiesen.

Ganzes effizient und effektiv funktioniert, haben beide gewisse Aufgaben zu erfüllen.

Der **Systemkopf** hat die Funktion, das Netzwerk als Ganzes zu führen; ihm obliegt die institutionelle Systemführung. Unabhängig von der Ausgestaltung des Netzwerks hat er zumindest zwei entscheidende Aufgaben: die Willensdurchsetzung – untermauert von einem entsprechenden Sanktionspotenzial – und die Bereitstellung eines effizienzorientierten Systemhintergrunds. Der Systemkopf wird somit zu einem Dienstleister für die Netzwerkpartner, der ein systemkonformes Verhalten aller garantiert. Weitere Aufgaben können darin bestehen, Innovationen im Dienstleistungsangebot (z. B. das „Systempaket" eines Franchisesystems) zu initiieren, globale Tendenzen in den Zielmärkten zu beobachten oder auch bei der Willensbildung federführend mitzuwirken.

Die **Unternehmer im Netzwerk** bilden die zweite Art von Partnern im Netzwerk. Es handelt sich dabei um rechtlich selbstständige Unternehmer, die zumindest teilweise wirtschaftlich vom Netzwerk abhängig sind. Ihre zentrale Aufgabe ist die Bearbeitung des lokalen Zielmarktes. Der Partner vor Ort muss das entsprechende idiosynkratische Wissen haben, welches seine Kernressource darstellt. Ebenso sollte er dem Netzwerk als Ganzem verpflichtet sein. Der Partner vor Ort sollte also gegenüber dem Endkunden unternehmerisch denken und im Netzwerk systemkonform agieren, wenn sich das Netzwerk auf Dauer im Systemwettbewerb behaupten will.

Selbst wenn die Führungsqualitäten des Systemkopfs unbestreitbar sind und die Franchisenehmer wirkliche Unternehmer sind, führen suboptimale systeminterne „Spielregeln" zum Ausbleiben dauerhaften Erfolgs.

2.1.3 Spielregeln im Netzwerk

Eine wesentliche Aufgabe des Management von Netzwerken – also hier des Systemkopfs – ist die Willensdurchsetzung. Dazu müssen gewisse **Spielregeln im Netzwerk** etabliert werden. Wie in Teil IV, Kapitel 2.2.3 ausführlich dargelegt, befinden sich F&C-Netzwerke in dem Dilemma, den optimalen Steuerungskompromiss zwischen Markt und Hierarchie, zwischen hohen Transaktionskosten und hohen Bürokratiekosten, zu finden, und es muss vermutet werden, dass die in praxi anzutreffenden Spielregeln in der Regel suboptimal sind.

Wie könnte ein für F&C-Netzwerke geeignetes Steuerungssystem, zumindest theoretisch, aussehen? Ausgangspunkt ist die Erkenntnis, dass ein Netzwerk im scharfen Systemwettbewerb (um Lieferanten, Kunden, Mitarbeiter, Partner und Kapital) nur überleben kann, wenn es alle Gewinnchancen ausschöpft. Dies ist gleichbedeutend mit der **Maximierung des Totalgewinns des Netzwerks als Ganzes**. Zu diesem Zweck müssten alle Netzakteure – in Franchisesystemen also der Franchisegeber und sämtliche Franchisenehmer – sich so verhalten bzw. in ihrem Verhalten derart gesteuert werden, als wären sie Organisationseinheiten einer einheitlichen Unternehmung. Die Managementzentrale müsste in sämtlichen Entscheidungsbereichen die jeweils optimale Lösungsalternative kennen, um die Maßnahmen in Richtung dieses Optimums anweisen zu können. Tatsächlich ist dies jedoch nicht praktikabel. Die Zentrale wäre einerseits in methodischer Hinsicht maßlos überfordert. Andererseits würde es ihr an den relevanten Informationen fehlen, die (wenn überhaupt) nur den Netzwerkakteuren vor Ort zur Verfügung stehen. Gegenüber zentralplanwirtschaftlichen Steuerungssystemen hat sich ja gerade der Markt als Koordinations- und Informationsversorgungsmechanismus als überlegen erwiesen. Auch die erforderliche Schnelligkeit, mit der vor Ort Entscheidungen getroffen und umgesetzt werden müssen, spricht gegen zentralistische Steuerungssysteme, vor allem aber auch der Motivationsaspekt. Werden die Entscheidungen nun aber dezentralisiert, d. h. selbstständigen Unternehmern mit eigenen Zielen übertragen, kann das (nur theoretisch denkbare) Maximum des Totalgewinns niemals erreicht werden.

Durch eine **geeignete Systemkonfiguration** kann also lediglich versucht werden, dem (theoretischen) Maximum nahe zu kommen. Die Systemkonfiguration umfasst die Konstitution, Struktur und Organisation des Netzwerkes sowie die „systeminternen Spielregeln". Wesentliche Komponenten der Strukturgestaltung sind die Selektions- und Expansionsstrategien sowie die Verkaufsgebietsabgrenzung, Beispiele für „Spielregeln" sind die Verrechnungspreissysteme für die internen Leistungen und Gegenleistungen, also unter anderem auch die so genannte „Gebührenordnung". Betrachten wir exemplarisch die Spielregeln etwas näher: Je besser sie in der Hinsicht sind, dass alle Akteure auf die Steigerung des totalen Systemgewinns ausgerichtet werden, desto komplizierter müssen sie sein; ihre Einhaltung und Überwachung verursacht hohe Bürokratiekosten. Je einfacher sie sind, desto näher kommt die Steuerung der rein marktlichen Koordination mit der Konsequenz hoher Transaktionskosten. Spielregeln bilden daher zwangsläufig Kompromisse, die in der Regel nicht als grundsätzlich richtig oder falsch, sondern höchstens als mehr oder weniger zweckmäßig bewertet werden können. Ähnliches gilt für die weiteren Komponenten der Netzwerkkonfiguration.

Die hohe Kunst des Netzwerkmanagements besteht darin, den **geeigneten Steuerungskompromiss** zu finden. Zur Verdeutlichung sei die in Theorie und Praxis umstrittene **Usance der umsatzabhängigen Franchisegebühr** hier noch einmal betrachtet:

Umsatzabhängige Franchisegebühren bedingen zwingend Zielkonflikte zwischen dem Franchisegeber und seinen Partnern. Der Franchisegeber erreicht sein Gewinnmaximum, wenn das Umsatzpotenzial im Gesamtmarkt des Franchisesystems maximal ausgeschöpft wird. Der Franchisenehmer erreicht sein Gewinnmaximum bei einer deutlich geringeren Leistungsmenge, da er den Gewinn, also die Differenz zwischen Umsatz und Kosten, maximiert. Das Netzwerk als Ganzes erreicht sein totales Gewinnmaximum hingegen dort, wo über den gesamten Lebenszyklus des Netzwerkes die Differenz aus Gesamtumsatz des Systems und den leistungsabhängigen Kosten (wobei jeder Akteur die Funktionen übernimmt, die er relativ am kostengünstigsten erfüllen kann) maximal wird.

Es fragt sich, warum sich diese umstrittene Usance der umsatzabhängigen Franchisegebühr gleichwohl – gewissermaßen sozialdarwinistisch – durchgesetzt hat. Der Grund dafür kann nur vermutet werden: Die „Spielregel" ist einfach, transparent und damit (bürokratie-)kostensparend. Dies bedeutet allerdings nicht, dass es nicht sinnvoll wäre, über eine bessere Kompromissregel nachzudenken.

Die fehlsteuernde Wirkung der umsatzabhängigen Franchisegebühr ist umso gravierender, je höher der Prozentsatz ist. Der Verminderung dieses Verrechnungssatzes steht jedoch der Finanzbedarf des Franchisegebers entgegen, der aus den für das Netzwerk als Ganzes (und damit auch für die einzelnen Franchisenehmern) zwingend erforderlichen Investitionen, insbesondere in die permanente Verbesserung des Systemdienstleistungspakets, resultiert.

Die Verminderung des Prozentsatzes der laufenden Franchisegebühr bei gleichzeitiger **Erhöhung der Eintrittsgebühr** verlagert den Zielkonflikt auf eine andere Ebene: Abgesehen davon, dass dadurch die Rekrutierung neuer Partner erschwert würde, würde mit steigender Zugehörigkeitsdauer des Franchisenehmers sein Gesamtbeitrag, auf das Jahr umgerechnet, kleiner. Der Franchisegeber könnte sich dazu verleiten lassen, die älteren durch neue Franchisebetriebe (oder durch Regiebetriebe) zu substituieren, das Netzwerk als Ganzes würde sein Optimum verfehlen. Damit wird eine wichtige Anforderung an Steuerungssysteme deutlich: Sie sollten nicht nur die zu steuernden Organisationseinheiten, sondern auch die steuernde Instanz zu einem ganzheitlich optimalen Verhalten veranlassen. Insbesondere in einer multipersonal, arbeitsteilig strukturierten Managementzentrale sollten die Anreize in Richtung einer systemkonformen Selbstverpflichtung gestaltet sein.

Als Ausweg wird mitunter vorgeschlagen, die laufende Franchisegebühr nicht an den Umsatz, sondern an den **Deckungsbeitrag des Franchisenehmers** (Umsatz ./. variable Kosten) zu koppeln. Diese nur vordergründig sinnvolle Spielregel würde drei Nachteile mit sich bringen:

- Der Prozentsatz müsste deutlich erhöht werden, um denselben Nettoerlös wie bei der umsatzabhängigen Gebühr zu erlangen, eine schon aus psychologischen Gründen kaum realisierbare Variante.

- Effizienter arbeitende Partner würden „bestraft", da sie einen höheren Beitrag zur Finanzierung des Systems zu leisten hätten als die weniger kostengünstig arbeitenden Betriebe. Die besten Betriebe sehen sich veranlasst, das Netzwerk möglichst bald zu verlassen, bei gleichbleibender Finanzierungslast müssten daraufhin die Prozentsätze ständig angehoben werden.

- Die Franchisenehmer werden angereizt, eine betriebswirtschaftlich falsche Kostenstruktur zu wählen, indem sie ihre Fixkosten „mit Gewalt" variabilisieren.

Noch gravierender wären die Fehlentwicklungen, wenn die Franchisegebühren an den **Periodengewinn der Franchisenehmer** gekoppelt würden. Anstelle der Variabilisierung von Fixkosten würde hier der Versuch treten, „sich arm zu rechnen" (z. B. durch hohe Geschäftsführergehälter). Auf Grund der nun sehr schmalen Bemessungsgrundlage würden die Prozentsätze in demotivierende Höhen steigen, die überdurchschnittlich rentablen Betriebe würden erst recht zur Fluktuation neigen. Vor allem bestünde die Gefahr, dass im Franchisesystem nur das (kurzfristige) Gewinnmaximum angestrebt würde, Investitionen in immaterielle Erfolgspotenziale würden unterbleiben.

Bedenkenswert erscheint die Einführung eines **gestaffelten Margensystems**, das die Höhe der umsatzabhängigen Franchisegebühr an den Grad der Ausschöpfung des Umsatzpotenzials koppelt. Werden die Prozentsätze im Feld des Zielkonfliktes deutlich abgesenkt, könnte der Franchisenehmer zu einem höheren Aktivitätsniveau angereizt werden. In die gleichen Richtungen wirken Rückerstattungen in Form eines **Bonussystems**.

Konsequent weiter gedacht, wäre es zweckmäßig, den Gebührensatz für die Potenzialausschöpfung auf Null zu senken und die laufende Franchisegebühr ausschließlich an die **Höhe des zugewiesenen Umsatzpotenzials zu koppeln.** Dadurch wäre auch die Franchisezentrale angereizt, verstärkt Anstrengungen in Richtung einer Vergrößerung der Umsatzpotenziale zu unternehmen. Dieser Vorschlag wurde in Teil IV, Kap. 2.3 ausführlich behandelt. An dieser Stelle sei noch einmal darauf hingewiesen, dass diese Gebührenordnung an zwei Voraussetzungen geknüpft ist:

- Die Verkaufsbezirke müssten eindeutig abgrenzbar sein.
- Das Umsatzpotenzial (eine fiktive Größe) müsste objektiv (und einvernehmlich) operationalisierbar sein.

Die vorstehenden Ausführungen dürften deutlich gemacht haben, dass die Optimierung der Netzwerkkonfiguration eine der entscheidenden Voraussetzungen für die Überlebensfähigkeit von F&C-Netzwerken im Systemwettbewerb darstellt. Tröstlich mag sein, dass auch in den alternativen Koordinationssystemen (z. B. in hierarchischen Systemen) die Maximierung des Totalgewinns nicht gelingen kann und **Steuerungskompromisse** gefunden werden müssen.

2.2 Rechtliche Hinderungsgründe

Dienstleistungsnetzwerke befinden sich auf differenten Märkten (Absatz-, Beschaffungs-, Kapital-, Personal- und Partnermärkten) in intensiven Wettbewerbsbeziehungen mit anderen Netzwerken und insbesondere mit alternativen Organisationssystemen (hierarchischen Systemen, freien Systemen, Mischsystemen). Wie aufgezeigt wurde, kann in diesem Zusammenhang von „Systemwettbewerb" gesprochen werden, der gegenwärtig in den meisten Branchen, insbesondere im tertiären Sektor, als sehr intensiv bezeichnet werden muss. Monopolisierungstendenzen mit der Folge mangelnder Ausweichmöglichkeiten für den Fall, dass eines der alternativen Angebotssysteme seine Konditionen gegenüber der Marktgegenseite, z. B. den Verbrauchern, verschlechtert, sind nicht zu beobachten. Unter diesen Umständen muss jedwede Reglementierung der Entfaltungsmöglichkeiten der differenten Angebotssysteme durch wettbewerbspolitische (und -rechtliche) Interventionen als verfehlt angesehen werden, insbesondere dann, wenn sie einzelne Alternativen gegenüber anderen systematisch benachteiligt, wie das heute der Fall ist:

Der Wettbewerb als Entdeckungsverfahren wird schon seit langem durch restriktive Rechtsnormen behindert, die eine Ungleichverteilung der Freiheitsgrade in der Wirtschaft begründen.[27] Besonders auffällig ist z. B., dass bestimmte Rechtsrestriktionen, wie das Preisbindungsverbot, das sog. Diskriminierungsverbot, das Verbot der Vereinbarung von Bezugsquoten oder des Gebietsschutzes zwar Unternehmenskooperationen in ihrer Bewegungsfreiheit gravierend beeinträchtigen, nicht aber für hierarchische Systeme (Unternehmen, Konzerne, integrierte Systeme) gelten. So dürfen beispielsweise Massenfilialsysteme des tertiären Sektors und erst recht rückwärts in die Produktionsstufe integrierende Handelssysteme sowie vorwärts in die Handelsstufen integrierende, direkt vertreibende Hersteller Preise per Dienstanweisung festlegen (binden), Verkaufsgebiete verbindlich abgrenzen und den Outlets Bezugszwang auferlegen; kooperierenden Systemen ist dies verwehrt. Freistellungsverordnungen für Selektivvertriebssysteme und Franchisesysteme werden zurückgenommen, d. h. die Reglementierungen werden nicht abgebaut, sondern stattdessen noch verschärft. Dass dies in jüngster Zeit von den Behörden und z. T. auch in den Medien als Liberalisierung (z. B. im Falle der Vertragshändlersysteme der Automobilbranche) bezeichnet wird, statt richtigerweise von einer Verminderung der Vertragsfreiheit der Netzakteure zu sprechen, zeigt deutlich das fehlende Verständnis für das Wesen eines funktionierenden Systemwettbewerbs. Die Ungleichverteilung der Freiheitsgrade mit der Konsequenz einer Diskriminierung ausgerechnet der F&C-Netzwerke durch die Rechtsordnung erscheint geradezu kurios, wenn man bedenkt, dass kooperative Gruppen mittelständischer Unternehmer den Wettbewerb aufgrund ihrer inneren Strukturen weniger beschränken als die hoch konzentrierten, vertikalisierenden Konzerne.

2.3 Imageprobleme

Neben den offensichtlichen rechtlichen Nachteilen, die der Gesetzgeber Netzwerken auferlegt, kämpft insbesondere die Organisationsform des Franchising mit erheblichen Vorurteilen in der Gesellschaft und demzufolge auch bei interessierten Unternehmensgründern. In einer Studie des Münsteraner F&C-Centrums unter

---

[27] Zu den rechtlichen Aspekten des Franchising vgl. insbesondere Ahlert, 2001; Flohr, 2001; Martinek, 2001 sowie die dort angegebene Literatur.

potenziellen Franchisenehmern wurden die Bekanntheit des Franchising und das Image des Franchisingkonzepts, des Franchisegebers sowie des Franchisenehmers erhoben und analysiert.[28] Ein wesentliches Ergebnis der Studie ist, dass das Image des Franchisingkonzepts sowie das Image des Franchisegebers tatsächlich (im Gegensatz zum Vorurteil) überwiegend positiv ausfallen und die Bekanntheit des Franchising mit über 73 % sehr zufriedenstellend ist. Es fällt weiter auf, dass den Befragten insbesondere die konstitutiven Merkmale des Franchising weitgehend bekannt sind.

Trotz des allgemein guten Ergebnisses zeigen sich jedoch auch Defizite beim Image des Franchising, die eine gezielte Imagebeeinflussung notwendig erscheinen lassen. Die kooperative Beziehung zwischen Franchisenehmer und Franchisegeber wird allgemein eher skeptisch beurteilt. Nicht selten wird Franchising als eine Art von „Selbstbereicherung des Franchisegebers auf Kosten der Franchisenehmer" bezeichnet. Diese Beurteilung schränkt die Zahl der möglichen Interessenten an der Tätigkeit als Franchisenehmer enorm ein – was wiederum den Markt für „Unternehmer im Netzwerk"[29] verkleinert und somit auch (tendenziell)

- die „Qualität" neuer Franchisenehmer zumindest in Frage stellt und
- das Wachstum von Systemdienstleistungen an eine natürliche Grenze, die sich aus einem Mangel an geeignetem „Humankapital" (hier: Franchisenehmer) konstituiert, führt.

Erstaunlicherweise haben weitere empirische Untersuchungen des F&C-Centrums bei *aktuellen* Franchisenehmern gezeigt, dass diese ganz im Gegensatz zu den *potenziellen* Franchisenehmern ein ausgeprägtes unternehmerisches Selbstverständnis besitzen. Sie haben im Laufe der Zeit Stolz auf die Zugehörigkeit zu ihrem System entwickelt. Ebenso übernehmen sie die Verantwortung für eventuell eintretende Misserfolge – alles Ausdruck unternehmerischen Denkens.[30] Trotzdem wird dieses positive Selbstbild von Außenstehenden nicht wahrgenommen. Daher rührt die mangelnde Attraktivität einer Selbstständigkeit als Franchisenehmer. Die Folge dieser mangelnden Attraktivität kann somit als ein weiterer Grund für das im internationalen Vergleich verhaltene Wachstum der Franchisebranche in Deutschland angesehen werden.

---

[28] Vgl. Ahlert/Hesse/Wunderlich, 2001.
[29] Vgl. zum „Unternehmer im Netzwerk" Ehrmann, 2001, S. 69 f.
[30] Vgl. Schlüter, 2000, S. 12-14.

3 Voraussetzungen für die massenhafte Durchsetzung von Netzwerken im tertiären Sektor

Die Unternehmensnetzwerke des Franchising und der Systemkooperation, die so genannten F&C-Netzwerke, weisen das Potenzial auf, als Sieger aus dem Wettbewerb der Systeme hervorzugehen. Um aber auch die in solche Systeme gesetzten Wachstumshoffnungen erfüllen zu können, müssen die oben angesprochenen Hinderungsgründe entschärft, wenn nicht gar beseitigt werden. Es kommt darauf an, das diesem Koordinationsmodell innewohnende Potenzial tatsächlich auch auszuschöpfen.

3.1 Ausbruch aus dem Managementdilemma

Es zeichnen sich einige Voraussetzungen für den Durchbruch der F&C-Idee ab, die vorwiegend im Bereich der Managementkonzepte und -methoden angesiedelt sind: Die Beseitigung von Defiziten in der Konstitution der Netzwerke (z. B. Selektions- und Expansionsstrategie, systeminterne Spielregeln, Prozessorganisation), in der strategischen Steuerung (z. B. wertorientiertes Netzwerkmanagement, Markenmanagement, Innovationsmanagement, Human Resource Management, Qualitätsmanagement) sowie im Bereich der stabilitätsorientierten Führung des Netzwerks, insbesondere des Konfliktmanagements, bilden die zentralen Herausforderungen.

Um diesen Herausforderungen zu begegnen, müssen zunächst **klare Führungsstrukturen** des Netzwerks bzw. im Netzwerk implementiert werden. Solche Strukturen können nur durch eine kompetente Instanz umgesetzt werden. Gesucht wird also ein **starker Systemkopf**. Es müssen neue Spielregeln, insbesondere geeignete Ziel- und Steuerungsgrößen, eingeführt werden, die suboptimale Handlungsweisen der Netzwerkakteure verhindern. Wie erwähnt, wäre z. B. ein **potenzialorientierter Gebührensatz in Verbindung mit einem prozessorientierten Verrechnungspreissystem** ideal.

Das Internationale Centrum für Franchising und Cooperation, Universität Münster, hat ein ganzheitliches Evaluierungskonzept erarbeitet, welches die neuesten Erkenntnisse der Managementforschung in Dienstleistungsnetzwerken berücksichtigt. Auf der Basis dieses Konzeptes zertifiziert das F&C-Centrum gemeinsam mit der DIN CERTCO (Berlin) kooperative Unternehmensnetzwerke und versucht dadurch, die Entwicklungschancen dieser Organisationsform zu erhöhen.

3.2 Beseitigung der rechtlichen Ungleichbehandlung

Es wird höchste Zeit für eine radikale **Deregulierung** der einseitig reglementierenden Rechtsnormen. Die Wettbewerbspolitik sollte sich auf die Missbrauchsaufsicht *aller* Systemtypen gleichermaßen zurückziehen. Unter funktionsfähigem Wettbewerb sollte man dem Verbraucher die Entscheidung überlassen, ob er Filialsysteme, kooperierende Gruppen mit oder ohne interne Regelungen von Preisen, Gebietsschutz und Bezugsquoten oder freie Systeme präferiert. Bisher geschieht dies offenbar deswegen nicht, weil das Phänomen des Systemwettbewerbs nicht verstanden wurde. Es darf nicht übersehen werden, dass die Zulässigkeit von beispielsweise Gebietsschutzabsprachen lediglich die *Option, nicht aber den Zwang* zu einer solchen Systemkonfiguration bedeutet. In dem immer schärfer werdenden Wettbewerb um kooperationsbereite Franchisenehmer konkurrieren Systeme mit und solche ohne Gebietsschutz miteinander. Franchisesysteme mit verfehlten Konfigurationen haben unter funktionierenden Marktprozessen keine Überlebenschance. Es hat sich auch für einige Filialsysteme als sinnvoll erwiesen, den Wettbewerb zwischen den Filialen zuzulassen, während andere besser mit klaren Gebietsabgrenzungen fahren.

Auch hier gilt die einfache Regel: Letztlich sollte der Verbraucher (und nicht der Gesetzgeber) die Strukturen der Angebotssysteme steuern. Es sollte dem „Wettbewerb als Entdeckungsverfahren" vorbehalten bleiben, welcher Systemtyp sich durchsetzen wird. Der Verzicht auf eine einseitige Reglementierung bestimmter Systemkonfigurationen kann dies erst ermöglichen.

3.3 Verbesserung des Images

Bei Gleichverteilung der Freiheitsgrade konkurrieren Dienstleistungsnetzwerke auf dem „Markt für Unternehmer". Wie oben dargestellt, wird insbesondere Franchising nicht immer als das angesehen, was es eigentlich ist: ein hervorragender Weg zur Selbstständigkeit. Vielmehr leidet das Image des Franchising unter dem (Irr-)Glauben potenzieller Franchisenehmer, dass sie nur ausgenutzt werden. Für die Verbesserung dieses unbefriedigenden Images ergeben sich insbesondere zwei Wege:

1. Änderung des Verhaltens der Franchisegeber, insbesondere der „schwarzen Schafe", und

2. kommunikationspolitische Maßnahmen, z. B. von bzw. durch anerkannte Institutionen.

Franchisegeber müssen aus ureigenem Interesse dafür Sorge tragen, dass die (größtenteils) kodifizierten Verhaltensweisen für und in Franchisesystemen eingehalten werden. Zuwiderhandlung muss entschieden entgegengetreten werden. Darüber hinaus kann die Implementierung bewährter Managementtechniken, wie bspw. die Einführung eines partizipativen Führungsstils, zu einer Verbesserung des eigenen Images führen. Hier sind vor allem diejenigen Franchiseunternehmen zum Handeln aufgefordert, die vom Selbstbild des Franchising im Sinne der oben erwähnten Regeln derzeit noch abweichen. Die Franchisenehmer-Zufriedenheitsanalysen des Münsteraner F&C-Centrums gewähren den Franchisegebern zuverlässigen Aufschluss darüber, ob ihr Partner-Relationship-Management verbesserungswürdig ist.

Kommunikationspolitische Maßnahmen können eine Verbesserung des Informationsstandes zum Thema „Franchising" bei potenziellen Franchisenehmern bewirken. Hier liegt es vor allem an Institutionen wie dem Deutschen Franchiseverband (DFV) und dem Internationalen Centrum für Franchising und Cooperation (F&C), aber auch an den politischen Entscheidungsträgern, das Image im positiven Sinne zu beeinflussen. Gezielte Publikationen, Umfragen, professionelle und neutrale Managementberatung und nicht zuletzt Vorlesungen in den Ausbildungsprogrammen von Universitäten und Fachhochschulen können dazu dienen, das Image und somit auch den Erfolg des Franchisingkonzeptes langfristig zu sichern.

4 Ausblick

Ziel des vorliegenden Werks war es, Exzellenz im tertiären Sektor zu identifizieren und die Gründe dafür zu finden. Es fiel auf, dass insbesondere im Ausland exzellente Konzepte vermehrt in Form von Systemdienstleistungen auftreten. Daher musste diese neue Erscheinungsform von „Netzwerken des tertiären Sektor" zunächst beschrieben und systematisiert werden. Ausgehend von der begrifflichen und inhaltlichen Klärung wurde die aus der Erfolgsforschung bekannte Frage nach dem Erfolg von eben solchen Dienstleistungsnetzwerken erneut gestellt:

„Welche Faktoren charakterisieren nachhaltig exzellente Dienstleister?"

Diese Frage wurde mit Hilfe mehrerer international ausgerichteter Erhebungen empirisch untersucht. Es zeigte sich, dass es für Dienstleistungsnetzwerke erstaunlicherweise nur eine relativ überschaubare Anzahl von Faktoren gibt, die exzellente von weniger erfolgreichen Dienstleistungsanbietern signifikant unterscheiden. Insbesondere konnte kausalanalytisch nachgewiesen werden, dass die Erfolgsfaktoren „Humankapital", „Leistungsqualität", „Markenmanagement", „Innovationsmanagement" sowie „Netzwerkmanagement" einen hohen, statistisch signifikanten Einfluss auf den (finanziellen) Erfolg von Dienstleistern haben. Jeder dieser Faktoren erklärt dabei einen gewissen Anteil am Gesamterfolg.

Die Analyse der „Best Practices" hat gezeigt, dass Exzellenz in der Kombination von Stärken aus dem Bereich verschiedener Erfolgsfaktoren liegt. Zur Veranschaulichung dieser Tatsache lässt sich die Metapher des Puzzles anführen. Viele Einzelteile ergeben – richtig zusammengesetzt – ein klares Bild des Erfolgs. Nur im Fall des Ineinandergreifens lässt sich Exzellenz feststellen.

Netzwerke – das ist die Auffassung der Autoren – haben insbesondere im tertiären Sektor die Chance, sich zukünftig im Systemwettbewerb durchzusetzen. Sie verbinden die Vorteile der beiden Koordinationsformen „Markt" und „Hierarchie", nämlich die effektive Kundenansprache einerseits und die effiziente Abwicklung kundenferner Aktivitäten andererseits. Trotzdem bestehen noch zahlreiche Hinderungsgründe, die es Dienstleistungsnetzwerken erschweren, im Systemwettbewerb zu konkurrieren. Dies sind insbesondere Defizite im Bereich des (Netzwerk-)Managements sowie rechtliche Ungleichbehandlung gerade im Vergleich zu integrierten Systemen. Damit einher geht das noch nicht befriedigende Image von Systemdienstleistungsanbietern. Änderungen dieser Unzulänglichkeiten könnten neue Impulse für den tertiären Sektor in Deutschland geben und die Frage beantworten: „Wo liegen die Chancen Deutschlands im Dienstleistungssektor?".

Zum einen sollten sich die Bemühungen darauf konzentrieren, gerade in den hochproduktiven und wertschöpfungsintensiven Teilbranchen des tertiären Sektors zu investieren. „Investieren" bedeutet hier konkret die Förderung insbesondere von Aus-, Fort und Weiterbildung des Faktors Humankapital. Deutschland muss zur *„Kaderschmiede für Systemköpfe"* werden.

Des Weiteren müssen noch konsequenter marktorientierte Angebotskonzepte erstellt werden. Kunden – in zunehmendem Maße auch Endkunden – möchten *„Problemlösungen"*, d. h. sie haben immer komplexer werdende Konsumprobleme („Sicherheit", „Multimedia"), die in idealer Weise von systemkopfgesteuerten Dienstleistungsnetzwerken befriedigt werden können.

Aus gesamtwirtschaftlicher Sicht können diese beiden Chancen, also eine Kombination aus neuen Ideen und Umsetzungskompetenz im Bereich des Managements, von Anbietern aus dem Hochlohnland Deutschland genutzt werden, um so auch international erfolgreich(er) zu werden. Somit könnten sie mit dazu beitragen, die unbefriedigende **Beschäftigungssituation** hierzulande zu entschärfen.

Aus wissenschaftlicher Sicht ist die Einarbeitung des in diesem Werk in seinen Grundzügen vorgestellten Netzwerkgedankens in das „klassische" Marketingverständnis von besonderem Interesse. **Netzwerkmarketing** kann vor diesem Hintergrund als die marktorientierte Führung von Netzwerken verstanden werden, also die Ausrichtung aller unternehmerischer Aktivitäten an den Kunden, den Wettbewerbern, dem eigenen „Unternehmen" mit seinen spezifischen Ressourcen und dem Netzwerk als Ganzem. Diese Sichtweise würde den klassischen Ansatz der Marktorientierung[31], welcher versucht, den aus der Forschungsrichtung des „Strategischen Managements" kommenden Ansatz der Ressourcentheorie mit dem aus der Analyse industrieller Marktprozesse stammenden Ansatz der „Industrial Organization" zu integrieren (und damit besser den Erfolg von Unternehmen erklären zu können), um einen entscheidenden Aspekt erweitern. Die marktorientierte Führung von Netzwerken, also das Netzwerkmarketing, kann der Entwicklung Rechnung tragen, dass Unternehmensgrenzen zunehmend durchlässiger und fluider werden und sich somit der Fokus der Analyse im Marketing zukünftig mehr auf die Beziehungen zwischen Unternehmen als auf das einzelne Unternehmen im Dreieck des Absatzmarkts konzentrieren muss.

Der Nutzen dieses Buchs für den interessierten Praktiker ist die Herausarbeitung konkreter Anhaltspunkte zur effizienten und effektiven Führung seines Dienstleistungsunternehmens. Eine **vorbildorientierte Neugestaltung der eigenen Unternehmensprozesse** werden durch Präsentation der kritischen Schlüsselfaktoren des Erfolgs sowie der Best Practices erleichtert.

Der tertiäre Sektor in Deutschland – das sei abschließend bemerkt – hat große Chancen. Sie zu nutzen liegt bei allen Beteiligten, also sowohl bei den Entscheidungsträgern aus der Politik, als auch bei den Wissenschaftlern sowie bei jedem einzelnen Unternehmer.

---

[31] Vgl. dazu insbesondere die Arbeiten zur Operationalisierung des Konstrukts „market orientation" von Kohli/Jaworski, 1990 und Narver/Slater, 1990.

Anhang

Fragen zum Netzwerkmanagement

Die Zusammenarbeit von Unternehmen zur Erstellung einer aus Kundensicht definierten Leistung verstanden werden.

Das Netzwerkmanagement ist für den Erfolg eines Unternehmens in unserer Branche von überragender Bedeutung.

Wir erstellen unsere Leistungen im Netzwerk.

Das Netzwerkmanagement ist für unser Unternehmen sehr wichtig, wir widmen ihm sehr viel Aufmerksamkeit.

Unser Netzwerkmanagement kann als exzellent bezeichnet werden.

Die Selektion der Netzwerkpartner (der mitarbeitenden Unternehmen) erfolgt nach festgelegten Kriterien.

Vertragliche Vereinbarungen sind Grundlage unseres Netzwerkes.

Im Netzwerk herrscht eine eindeutige Ressourcenverteilung.

Im Netzwerk herrscht eine eindeutige Verteilung der Zuständigkeiten.

Im Netzwerk herrscht eine hoher Grad an Standardisierung (z. B. festgelegte Arbeitsabläufe, Rollenverständnis etc.)

Unser Netzwerk verfügt über ein netzwerkweites Controlling.

Wir verstehen uns als Systemkopf (d. h. als ein Unternehmen oder eine Institution zur Führung und Koordination des Netzwerkes z. B. Franchisegeber als Systemkopf im Franchisesystem)

Ein anderer Netzwerkpartner führt die Rolle des Systemkopfs aus.

In unserem Netzwerk wird besonderer Wert auf vertrauensbildende Maßnahmen gelegt (Ausschüsse etc.)

Durch unser Netzwerk ist es den einzelnen Teilnehmern möglich, eine höhere Spezialisierung der eigenen Dienstleistung zu erzielen.

Durch Aufgabenteilung können in unserem Netzwerk die Kosten gesenkt werden.

Das Netzwerk verfügt über eine eigene (Dach-)Marke.

Die Netzwerkpartner verfügen über jeweils eigene Marken.

Fragen zum Markenmanagement

Markenmanagement ist für ein Unternehmen unserer Branche von überragender Bedeutung.

Das Markenmanagement ist für unser Unternehmen sehr wichtig, wir widmen ihm sehr viel Aufmerksamkeit.

Das Markenmanagement unseres Unternehmens kann als exzellent bezeichnet werden.

Die Erhöhung des Markenwerts ist eine wesentliche Zielgröße unseres Unternehmens.

Wir definieren in unserem Unternehmen einen eindeutigen Markenkern, also das wofür wir stehen.

Wir definieren in unserem Unternehmen das Markensystem, also die Leistungen, die unter unserer Marke geführt werden können.

Wir definieren in unserem Unternehmen die Stoßrichtung der zukünftigen Markenentwicklung.

Unsere Marke ist aus Konsumentensicht eindeutig positioniert.

Unser Unternehmen hat eine hohe aktive Markenbekanntheit (Recall).

Unser Unternehmen hat eine hohe passive Markenbekanntheit (Markenrecognition).

Unser Unternehmen hat ein sehr gutes Markenimage.

Unsere Kunden sind sehr loyal.

Unsere Kunden sind bereit, ein Premium („Aufpreisbereitschaft") für unsere Leistung zu zahlen.

Unsere Marke verfügt über starke emotionale Kundenbindung.

Fragen zum Innovationsmanagement

Innovationsmanagement ist für Unternehmen unserer Branche von überragender Bedeutung.

Das Innovationsmanagement ist für unser Unternehmen sehr wichtig, wir widmen ihm sehr viel Aufmerksamkeit.

Das Innovationsmanagement unseres Unternehmens kann als exzellent bezeichnet werden.

Die Mehrzahl unserer Innovationen ist durch neue Technologien entstanden („Technology-Push").

Weil wir qualifizierte „Techniker" haben, sind unsere Innovation erfolgreich.

Die Mehrzahl unserer Innovationen bietet neue Kundennutzen („Market-Pull").

Weil wir qualifiziertes Marketing haben, sind unsere Innovation erfolgreich.

Unser Unternehmen verfügt über einen allen bekannten, aus klar definierten Entwicklungsstufen und Regeln bestehenden Innovationsprozess.

Unseren Mitarbeitern werden gezielt Anreize geboten, um Innovationen zu entwickeln.

Wir konzentrieren uns auf Innovation aus dem Bereich unserer Kernkompetenz.

Innovationen werden vor der Markteinführung intensiv getestet.

Innovationen werden vor der Markteinführung einer Wirtschaftlichkeitsprüfung unterzogen.

Innovationen werden in unserem Unternehmen ständig durch eine prozessbegleitende Erfolgsmessung überprüft.

Unsere Kunden sind während der gesamten Dauer der Leistungserstellung (von der Bedarfserfassung bis zur Nachkaufphase), in den Innovationsprozess eingebunden.

Fragen zu den Humanressourcen

Für den Erfolg eines Unternehmens in unserer Branche ist die Nutzung von Humanressourcen von überragender Bedeutung.

Der Faktor „Humankapital" ist für unser Unternehmen sehr wichtig, wir widmen ihm sehr viel Aufmerksamkeit.

Der Einsatz des Humankapitals in unserem Unternehmen kann als exzellent bezeichnet werden.

Die Fähigkeiten (physische und/oder intellektuelle Kompetenz) unserer Mitarbeiter können als exzellent bezeichnet werden.

Die Kenntnisse (Wissen um Sachverhalte) unserer Mitarbeiter können als exzellent bezeichnet werden.

Unser Unternehmen bietet ein reichhaltiges Programm an Trainingsmaßnahmen zur Weiterbildung des Personals an.

Die Fähigkeiten und Kenntnisse der vorhandenen Mitarbeiter werden kontinuierlich gemessen und in entsprechende Personalentwicklungsmaßnahmen überführt.

Die Fertigkeiten (Kombination von Fähigkeiten und Kenntnissen) unserer Mitarbeiter können als exzellent bezeichnet werden.

Unser Unternehmen fördert durch Maßnahmen („Team-Events") die Harmonie zwischen den Mitarbeitern.

In unserem Unternehmen identifizieren sich die Mitarbeiter mit Ihren Aufgaben.

Unsere Mitarbeiter werden am Wert des Unternehmens beteiligt (z. B. durch Aktienoptionen)

Der Know-how Austausch wird durch die Kommunikation unserer Mitarbeiter gewährleistet.

Es bestehen Anreizsysteme (z. B. „freundlichster Mitarbeiter des Monats"), die zur Motivation unserer Mitarbeiter beitragen.

Die Zufriedenheit unserer Mitarbeiter ist als sehr hoch anzusehen.

Fragen zur Leistungsqualität

Für den Erfolg eines Unternehmens unserer Branche ist die Leistungsqualität von überragender Bedeutung.

Die Verbesserung der Leistungsqualität ist für unser Unternehmen sehr wichtig, wir widmen ihr sehr viel Aufmerksamkeit.

Die Qualität unserer angebotenen Leistungen kann als exzellent bezeichnet werden.

Unser Unternehmen erfüllt zuverlässig das Leistungsversprechen (z. B. Erfüllung des Kostenvoranschlags, Pünktlichkeit etc.).

Unser Unternehmen reagiert umgehend auf Kundenanfragen (unmittelbarer Rückruf, sofortige Erfüllung von Wünschen etc.)

Unser Kundenkontaktpersonal ist fachlich kompetent.

Unser Back-Office Personal ist fachlich kompetent.

Unser Unternehmen ist bezüglich der Termine zur Leistungserstellung flexibel (z. B. Öffnungszeiten, Notdienste etc.).

Unsere Mitarbeiter im Kundenkontakt (Verkäufer, Techniker etc.) treten einheitlich auf.

Der Kunde wird in der Vorkaufphase umfassend informiert.

Die Erwartungshaltung der Kunden (z. B. durch Werbung) wird auf einem erfüllbaren Niveau gehalten.

Sonderwünsche von Kunden können berücksichtigt werden

Bei uns besteht ein vorbildliches Beschwerdemanagement.

Unser Leistungssortiment wird aus Kundensicht definiert (z. B. „Alles für den Bauherrn").

Wir verstehen uns als Qualitätsführer / Wir verstehen uns als Preisführer.

Der Kunde hat die Möglichkeit, jederzeit Kontakt (z. B. Hotline, e-mail, Internet) zu unserem Unternehmen aufzunehmen.

Das Leistungsangebot zeichnet sich durch Preistransparenz aus.

Die Zufriedenheit unserer Kunden wird regelmäßig abgefragt

Abbildungsverzeichnis

Abb. II-1: Dimensionenorientierte Betrachtung von Dienstleistungen 24
Abb. II-2: Die Substitutionalität von Anbieter- und Nachfrageraktivitäten 27
Abb. II-3: Informationsasymmetrie bei verschiedenen Gütertypen 29
Abb. II-4: Klassifizierung von Dienstleistungen aus Konsumentensicht 30
Abb. II-5: Klassifikation von Dienstleistungen aus Unternehmenssicht 34
Abb. II-6: Einteilung der Konsumprobleme 35
Abb. II-7: Die Systematik der skizzierten Netzwerkansätze 37
Abb. II-8: Organisationsformen ökonomischer Aktivitäten 42
Abb. II-9: Ressourcenabhängigkeit und Machtverteilung im Netzwerk 44
Abb. II-10: Der Münsteraner Ansatz der Erfolgsforschung 52
Abb. II-11: Suchfelder exzellenter Praktiken 60
Abb. II-12 Der Benchmarkingprozess 63
Abb. II-13: Durchschnittliche Wichtigkeit der Einzelaspekte der Erfolgsfaktoren in der zweiten Runde 78
Abb. II-14: Durchschnittliche Wichtigkeit der Erfolgsfaktoren der dritten Runde und deren Standardabweichungen 81
Abb. II-15: Entwicklung der Mittelwerte der Erfolgsfaktoren von Runde zu Runde 83
Abb. II-16: Entwicklung der Standardabweichung der Erfolgsfaktoren von Runde zu Runde 83
Abb. II-17: Das Modell „NetworkExcellence" 90
Abb. II-18: Konzeptualisierung des Erfolgs von Dienstleistungsnetzwerken 93
Abb. II-19: Positionierung der Erfolgsfaktoren 101
Abb. II-20: Bewertung des Konstruktes Netzwerkmanagement 105
Abb. II-21: Einstellung von Franchiseunternehmen zum Netzwerkmanagement 106

Abb. II-22:	Bewertung des Konstruktes Markenmanagement	108
Abb. II-23:	Einstellung von Franchiseunternehmen zum Markenmanagement	109
Abb. II-24:	Bewertung des Konstruktes Innovationsmanagement	110
Abb. II-25:	Einstellung von Franchiseunternehmen zum Innovationsmanagement	112
Abb. II-26:	Bewertung des Konstruktes Mass Customization	113
Abb. II-27:	Einstellung von Franchiseunternehmen zur Mass Customization	115
Abb. II-28:	Bewertung des Konstruktes Internationalisierung	117
Abb. II-29:	Einstellung von Franchiseunternehmen zur Internationalisierung	118
Abb. II-30:	Bewertung des Konstruktes Humankapital	120
Abb. II-31:	Einstellung von Franchiseunternehmen zum Humankapital	121
Abb. II-32:	Bewertung des Konstruktes Dienstleistungsqualität	123
Abb. II-33:	Einstellung von Franchiseunternehmen zur Dienstleistungsqualität	124
Abb. II-34:	Bewertung des Konstruktes Dienstleistungsmentalität	125
Abb. II-35:	Einstellung von Franchiseunternehmen zum Dienstleistungsmanagement	126
Abb. II-36:	Schätzung des zukünftigen Kanalnutzungsverhaltens der Bankkunden in Prozent	141
Abb. II-37:	Die Erfolgsfaktoren als sich gegenseitig ergänzende Konzepte	151
Abb. II-38:	Wirkungsstärke der Erfolgsfaktoren	159
Abb. II-39:	Das Positionierungsmodell	172
Abb. II-40:	Realpositionierung	174
Abb. II-41:	Positionierung der Erfolgsfaktoren	176
Abb. II-42:	Vier Perspektiven der Balanced Scorecard	179
Abb. II-43:	Beispiel einer Ursache-Wirkungs-Beziehung	180
Abb. II-44:	Zuordnung der Erfolgsfaktoren zu den Dimensionen	184
Abb. II-45:	Positionierung bzgl. des Erfolgsfaktors „Humankapital"	186

Abb. III-1:	Konzeptualisierung des Netzwerkmanagements	194
Abb. III-2:	Wachstum an Verkaufsfläche	202
Abb. III-3:	Anzahl an Fachgeschäften	203
Abb. III-4:	Anzahl der Mitarbeiter	203
Abb. III-5:	Internationalisierung im Fachhandel	204
Abb. III-6:	Konzeptualisierung des Markenmanagements	211
Abb. III-7:	Konzeptualsierung des Innovationsmanagements	222
Abb. III-8:	Konzeptualisierung des Netzwerkmanagements	236
Abb. III-9:	Dienstleistungsqualitätsmodell nach Donabedian	251
Abb. III-10:	Qualitätsmodell nach Grönroos	252
Abb. III-11:	Dienstleistungsqualitätsmodell nach Meyer/Mattmüller	254
Abb. III-12:	Gap-Modell nach Zeithaml, Parasuraman und Berry	255
Abb. III-13:	Konzeptualisierung der Leistungsqualität	258
Abb. III-14:	Die Erfolgsfaktoren im Zeitablauf	268
Abb. IV-1:	Zahl der Franchisegeber in Deutschland 1975-2005	285
Abb. IV-2:	Entwicklung der Zahl der Franchisenehmer in Deutschland 1988-2005	286
Abb. IV-3:	Umsatzentwicklung im Franchising 1988-2005	287
Abb. IV-4:	Franchising in der Welt	294
Abb. IV-5:	Wertorientiertes Management von F&C-Netzwerken	299
Abb. IV-6:	Alternative Koordinationsformen	300
Abb. IV-7:	Koordinationsmethoden	302
Abb. IV-8:	Zielkonflikt zwischen Franchisegeber und Franchisenehmer bei umsatzabhängiger Provision	308
Abb. IV-9:	Komponenten des SSV aus FG-Perspektive	313
Abb. IV-10:	Zahlungsströme im Zeitablauf	318
Abb. IV-11:	Das System „Unternehmung" mit seinen Subsystemen nach Horváth und Küpper	341
Abb. IV-12:	Dimensionen des Controllingbegriffs	343
Abb. IV-13:	Die zu unterstützende Phase im Managementzyklus	344

Abb. IV-14:	Die Quellen der bereitzustellenden Informationen	345
Abb. IV-15:	Die Art der Managementunterstützung	346
Abb. IV-16:	Controllingziele	347
Abb. IV-17:	Institutionalisierung des Controllings	348
Abb. IV-18:	Operatives vs. strategisches Controlling	349
Abb. IV-19:	Das Controllingprofil	350
Abb. IV-20:	Konstitutive Systemmerkmale des Franchising	353
Abb. IV-21:	Die Typologisierung von Franchisesystemen und Auswahl der im vorliegenden Kapitel betrachteten Typen	355
Abb. IV-22:	Das Lebenszyklusmodell des Franchisesystems und seine Entwicklungsphasen	359
Abb. IV-23:	Phasenschema der Franchisenehmer-Franchisegeber-Beziehung	363
Abb. IV-24:	Konfliktmatrix	366
Abb. IV-25:	Das Aufgabenspektrum der Controllingkonzeption im Franchisesystem	367
Abb. IV-26:	Teilbereiche des CRM in Franchisingnetzwerken	375
Abb. IV-27:	Verbundenheits- und Gebundenheitsstrategie	390
Abb. IV-28:	Franchisenehmerlebenszyklus	391
Abb. V-1:	Ansatzpunkte der Theorien zur Erklärung des Unternehmenserfolgs	406

Tabellenverzeichnis

Tab. I-1:	Entwicklung der Bruttowertschöpfung nach Wirtschaftsbereichen	4
Tab. I-2:	Entwicklung der Erwerbstätigen nach Wirtschaftsbereichen	5
Tab. I-3:	Salden der Dienstleistungsexporte und -importe für die Jahre 1986 bis 1996	6
Tab. I-4:	Salden der Dienstleistungsexporte und -importe im Jahre 1996	7
Tab. II-1:	Systematisierungsansätze von Dienstleistungen	20
Tab. II-2:	Bundesdeutsche Wirtschaftszweigsystematik	22
Tab. II-3:	Einteilung der Dienstleistungs-Teilbranchen nach Informationsasymmetrie	31
Tab. II-4	Merkmale und Merkmalsausprägungen von Dienstleistungen	35
Tab. II-5	Typologie interorganisationaler Netzwerke	38
Tab. II-6	Merkmale und Merkmalsausprägungen von Netzwerken	45
Tab. II-7:	Einordnung von Cisco	47
Tab. II-8:	Einordnung von Heidrick & Struggles	48
Tab. II-9:	Einordnung von McDonald's	48
Tab. II-10:	Einordnung von Garant Schuh + Mode	49
Tab. II-11:	Phasen der Erfolgsfaktorenforschung	53
Tab. II-12:	Benchmarking Typ A	54
Tab. II-13:	Benchmarking Typ B	54
Tab. II-14:	Dimensionen der Erfolgsforschung	58
Tab. II-15:	Kernfragen	72
Tab. II-16:	Erfolgsfaktoren	73
Tab. II-17:	Aspekte der Erfolgsfaktoren	76
Tab. II-18:	Affektive Nennung von Erfolgsfaktoren	77

Tab. II-19:	Mittelwerte der Einzelaspekte und der aggregierten Erfolgsfaktoren der zweiten Runde	79
Tab. II-20:	Rangbestimmung durch Gewichtungsfaktoren	80
Tab. II-21:	Ranking gemäß aufsummierter Punktzahl aus dritter Runde	81
Tab. II-22:	Darstellung der Ergebnisse der Delphi-Runden zwei und drei	82
Tab. II-23:	Untersuchung der Diskriminanzvalidität	94
Tab. II-24:	Untersuchung der Konvergenzvalidität	95
Tab. II-25:	Überprüfung der Reliabilität der Messskalen	96
Tab. II-26:	Selbsteinschätzung des Erfolgs	98
Tab. II-27:	Beschreibung der Erfolgsfaktoren	98
Tab. II-28:	Korrelationen zwischen Gesamterfolg und Umsetzung der Erfolgsfaktoren	100
Tab. II-29:	Strukturkoeffizienten	101
Tab. II-30:	Mittelwerte über die Branchenbedeutung und die Umsetzung in den Unternehmen	128
Tab. II-31:	Rückläufe nach Kategorien der Befragten	130
Tab. II-32:	Schätzung der Veränderung des Umsatzanteils der einzelnen Vertriebskanäle	143
Tab. II-33:	Bewertung potentieller Vorteile einer etablierten einheitlichen Dachmarke	149
Tab. II-34:	Bewertung potentieller Vorteile einer neuen eigenständigen Internetmarke	150
Tab. II-35:	Bewertung des Erfolgs	156
Tab. II-36:	Wichtigkeit der Erfolgsfaktoren	157
Tab. II-37:	Umsetzung der Erfolgsfaktoren im eigenen Dienstleistungsnetzwerk	158
Tab. II-38:	Das „Umsetzungs-Gap"	160
Tab. II-39:	Mittelwertdifferenzen der Items zum Faktor Humankapital	161
Tab. II-40:	Mittelwertdifferenzen der Items zum Vertriebsmanagement	162
Tab. II-41:	Erhobene Kennzahlen	164
Tab. II-42:	Ergebnisse der Hauptachsen-Faktorenanalyse „Humankapital"	165

Tabellenverzeichnis

Tab. II-43:	Ergebnisse der Hauptachsen-Faktorenanalyse „Vertriebsmanagement"	166
Tab. II-44:	Die Benchmarks	187
Tab. III-1:	Gütekriterien des Gesamtmodells	194
Tab. III-2:	Untersuchung der Diskriminanzvalidität	195
Tab. III-3:	Untersuchung der Konvergenzvalidität	195
Tab. III-4:	Überprüfung der Reliabilität der Messskalen	196
Tab. III-5:	Überprüfung der Hypothesen	197
Tab. III-6:	Umsatz- und Gewinnentwicklung der Roche Diagnostics	198
Tab. III-7:	Umsatz- und Gewinnentwicklung bei der Garant Schuh + Mode AG	201
Tab. III-8:	Umsatz- und Gewinnentwicklung von Dell Computers	206
Tab. III-9:	Gütekriterien des Gesamtmodells	212
Tab. III-10:	Untersuchung der Diskriminanzvalidität	212
Tab. III-11:	Untersuchung der Konvergenzvalidität	213
Tab. III-12:	Überprüfung der Reliabilität der Messskalen	213
Tab. III-13:	Überprüfung der Hypothesen	214
Tab. III-14:	Umsatz- und Gewinnentwicklung von McDonald's	215
Tab. III-15:	Anzahl der Outlets bei McDonald's	215
Tab. III-16:	Gütekriterien des Gesamtmodells	222
Tab. III-17:	Untersuchung der Diskriminanzvalidität	223
Tab. III-18:	Untersuchung der Konvergenzvalidität	223
Tab. III-19:	Überprüfung der Reliabilität der Messskalen	223
Tab. III-20:	Überprüfung der Hypothesen	224
Tab. III-21:	Umsatz- und Gewinnentwicklung von Cisco Systems	226
Tab. III-22:	Umsatz- und Gewinnentwicklung des IBM Gesamtkonzerns	229
Tab. III-23:	Umsatz- und Gewinnentwicklung von IBM GS	229
Tab. III-24:	Umsatz und Gewinnentwicklung von Pixelpark	232
Tab. III-25:	Umsatz und Gewinnentwicklung von Intershop	232
Tab. III-26:	Gütekriterien des Gesamtmodells	236

Tab. III-27:	Untersuchung der Diskriminanzvalidität	237
Tab. III-28:	Untersuchung der Konvergenzvalidität	237
Tab. III-29:	Überprüfung der Reliabilität der Messskalen	238
Tab. III-30:	Überprüfung der Hypothesen	239
Tab. III-31:	Umsatz- und Gewinnentwicklung Tchibo Holding	240
Tab. III-32:	Umsatz- und Gewinnentwicklung von Hewlett-Packard	243
Tab. III-33:	Der Markt für PCs und Computerausstattung (Ausschnitt)	243
Tab. III-34:	Gütekriterien des Gesamtmodells	258
Tab. III-35:	Untersuchung der Diskriminanzvalidität	259
Tab. III-36:	Untersuchung der Konvergenzvalidität	259
Tab. III-37:	Überprüfung der Reliabilität der Messskalen	259
Tab. III-38:	Überprüfung der Hypothesen	260
Tab. III-39:	Umsatz- und Gewinnentwicklung von The Body Shop	262
Tab. III-40:	Umsatz- und Gewinnentwicklung von Heidrick & Struggles	264
Tab. IV-1:	Europa im Überblick	275
Tab. IV-2:	Franchisenehmer und -geber	276
Tab. IV-3:	Durchsetzungsdichte an Franchisesystemen	277
Tab. IV-4:	Bedeutung des Franchising aus gesamtwirtschaftlicher Sicht	278
Tab. IV-5:	Nordamerika	279
Tab. IV-6:	Franchisenehmer und -geber	279
Tab. IV-7:	Durchsetzungsdichte an Franchisesystemen	280
Tab. IV-8:	Bedeutung des Franchising aus gesamtwirtschaftlicher Sicht	280
Tab. IV-9:	Südamerika	280
Tab. IV-10:	Franchisenehmer und -geber	281
Tab. IV-11:	Bedeutung des Franchising im Überblick	281
Tab. IV-12:	Asien	282
Tab. IV-13:	Franchisenehmer und -geber	282
Tab. IV-14:	Ozeanien	283
Tab. IV-15:	Franchisenehmer und -geber	283

Tab. IV-16:	Afrika	284
Tab. IV-17:	Franchisenehmer und -geber	284
Tab. IV-18:	Die zehn größten Franchisesysteme Deutschlands	288
Tab. IV-19:	Die zehn größten Franchisesysteme Österreichs	289
Tab. IV-20:	Franchising in Europa im Überblick	293
Tab. IV-21:	Die zehn größten Franchisesysteme in den USA	295
Tab. IV-22:	Instrumente der Franchisenehmerbindung	395

Literaturverzeichnis

AAKER, D. (1992): Management des Markenwerts, Frankfurt a. M.

AAKER, D. (1996): Measuring brand equity across products and markets, in: California Management Review, Vol. 38, S. 102-120.

ACHROL, R. S./ETZEL, M. J. (1992): Enhancing the effectiveness of the Franchise system: Franchisee goals and Franchisor services, Fountainblea.

ADAM, D. (1996): Planung und Entscheidung, 4. Aufl., Wiesbaden.

ADAM, D. (2001): Abschiedsvorlesung über das Thema: Wozu und zu welchem Ende studiert man Allgemeine Betriebswirtschaftslehre – weshalb ist Forschung zu Allgemeinen notwendig? Münster, 07.02.2001.

AHLERT, D. (1994): Warenwirtschaftsmanagement und Controlling in der Konsumgüterdistribution – Betriebswirtschaftliche Grundlegung und praktische Herausforderungen aus der Perspektive von Handel und Industrie, in: Ahlert, D./Olbrich, R. (Hrsg.): Integrierte Warenwirtschaftssysteme und Handelscontrolling: Konzeptionelle Grundlagen und Umsetzung in der Handelspraxis, Stuttgart, S. 3-114.

AHLERT, D. (1996): Distributionspolitik – Das Management des Absatzkanals, Stuttgart, Jena.

AHLERT, D. (1998): Grundlagen des Controlling, Bd. 4 der Münsteraner Schriften zur Distributions- und Handelsforschung, 3. Aufl., Münster.

AHLERT, D. (1998a): Strategisches Marketingmanagement in Industrie und Handel, 4. Aufl., Münster.

AHLERT, D. (1998b): Absatz, Grundzüge des Marketing, Teil II, Arbeitsunterlage des Lehrstuhls für Betriebswirtschaftslehre, insbes. Distribution und Handel, Münster.

AHLERT, D. (2000): Die aktuellen Problemstellungen des Franchising aus Perspektive der Wissenschaft, in: Diskussionsforum für Handel, Distribution und Netzwerkmanagement (DfHDN), S. 5-27.

AHLERT, D. (2000a): Integriertes Markenmanagement und kundengetriebenes Category Management in Netzwerken der Konsumgüterdistribution, Bd. 7 der Münsteraner Schriften zur Distributions- und Handelsforschung, Münster.

AHLERT, D. (2001): Wertorientiertes Management von F&C-Netzwerken – Ein neues Paradigma für die Theorie des Netzwerkmanagements?, in: Ahlert, D. (Hrsg.): Handbuch Franchising & Cooperation, Neuwied und Kriftel, S. 13-64.

AHLERT, M. (2001a): Controllingkonzeptionen für Franchisesysteme, in: Ahlert, D. (Hrsg.): Handbuch Franchising & Cooperation, Neuwied und Kriftel, S. 185-212.

AHLERT, D./BLAICH, G./EVANSCHITZKY, H./HESSE, J. (2002): Erfolgsforschung in Dienstleistungsnetzwerken, in: Ahlert, D./Evanschitzky, H./Hesse, J. (Hrsg.): Exzellenz in Dienstleistung und Vertrieb – Konzeptionelle Grundlagen und empirische Ergebnisse, Wiesbaden, S. 1-28.

AHLERT, D./BORCHERT, S. (2000): Prozessmanagement im vertikalen Marketing. Efficient Consumer Response (ECR) in Konsumgüternetzen, Heidelberg u. a.

AHLERT, D./EVANSCHITZKY, H. (2002): Erfolgsfaktoren von Dienstleistungsnetzwerken: theoretische Grundlagen und empirische Ergebnisse, in: Bruhn, M./Stauss, B. (Hrsg.): Jahrbuch Dienstleistungsmanagement 2002, S. 121-147.

AHLERT, D./EVANSCHITZKY, H. (2002a): Systematisierung von Dienstleistungen auf Basis der wahrgenommenen Informationsasymmetrie: eine empirische Studie, Münster (im Druck).

AHLERT, D./EVANSCHITZKY, H./HESSE, J. (2001): E-Commerce zwischen Anspruch und Wirklichkeit, Frankfurt.

AHLERT, D./EVANSCHITZKY, H./HESSE, J. (2002): E-Satisfaction – Replication and Extension, Discussion Paper on Retailing and Distribution, Münster.

AHLERT, D./EVANSCHITZKY, H./HESSE, J. (2002a): Exzellenz in Dienstleistung und Vertrieb – Konzeptionelle Grundlagen und empirische Ergebnisse, Wiesbaden.

AHLERT, D./GÜNTHER, J. (1992): Strategische Controlling und experimentelle Optimierung im Handel, Arbeitspapier 8 des Lehrstuhls für Distribution & Handel, Münster.

AHLERT, D./HESSE, J./WUNDERLICH, M. (2001): Was Glauben Sie Ist Franchising? Empirisch gestützte Analyse zum Image des Franchising, Münster.

AHLERT, D./KENNING, P. (1999): Die Betriebstypenmarke als Vertauensanker bei der Einkaufsstättenwahl des Konsumenten?, in: BBE-Jahrbuch des Handels, Köln, S. 115-134.

AHLERT, D./KENNING, P./PETERMANN, F. (2001): Die Bedeutung von Vertrauen für die Interaktionsbeziehungen zwischen Dienstleistungsanbietern und -nachfragern, in: Bruhn, M./Stauss, B.: Jahrbuch Dienstleistungsmanagement 2001, S. 277-298.

AHLERT, D./KENNING, P./SCHNEIDER, D.(2000): Markenmanagement im Handel, Wiesbaden.

AHLERT, D./KOLLENBACH, S./KORTE, C. (1996): Strategisches Handelsmanagement – Erfolgskonzepte und Profilierungsstrategien am Beispiel des Automobilhandels, Stuttgart.

AHLERT, D./OLBRICH, R. (2001): Institutionelle Handelsbetriebslehre, Bd. 6 der Münsteraner Schriften zur Distributions- und Handelsforschung, 2. Aufl., Münster.

AHLERT, D./SCHRÖDER, H. (1996): Rechtliche Grundlagen des Marketing, Stuttgart u. a.

AHLERT, D./SCHRÖDER, H. (2001): Strategische Erfolgsfaktorenforschung und Benchmarking in Handel und Distribution, Bd. 3 der Münsteraner Schriften zur Distributions- und Handelsforschung, 2. Aufl., Münster.

AHLERT, D./WUNDERLICH, M. (2002): CRM in kooperativen Unternehmensnetzwerken, in: Ahlert, D./Becker, J./Knackstedt, R./Wunderlich, M. (Hrsg.): Customer Relationship Management im Handel, Berlin u. a., S. 45-70.

AHLERT, M. (2001a): Controlling-Konzeptionen für Franchisesysteme, in: Ahlert, D. (Hrsg.): Handbuch Franchising & Cooperation, Neuwied, Kriftel, S. 185-212.

ALEWELL, D. (1993): Interne Arbeitsmärkte: eine informations-ökonomische Analyse, Hamburg.

ALGERMISSEN, J. (1976): Der Handelsbetrieb, Zürich u. a.

ALTER, C./HAGE, J. (1993): Organizations working together, London.

ALTMANN, F. W. (1996): Stabilität vertraglicher Kooperationsverhältnisse im Franchising: Eine institutionenökonomische Analyse, Frankfurt a. M. u. a.

ALVES, R. (1996): Integrierte Führung und Imitationsmanagement in Filialsystemen des Handels, Frankfurt a. M.

ALZNAUER-LESAAR, M. (1995): Franchise und Existenzgründung: So machen Sie sich als Franchise-Nehmer erfolgreich selbständig, Würzburg.

AMIT, R./BELCOURT, M. (1999): Human resource management process: A value creating source of competitive advantage, in: European Management Journal, Vol. 17/2, S. 174-181.

ANDERSON, J. C./WEITZ, B. A. (1992): The use of pledges to build and sustain commitment in distribution channels, in: Journal of Marketing Research, Vol. 29, S. 18-34.

ARMSTRONG, S. J./OVERTON, T. S. (1977): Estimating non-response bias in mail surveys, in: Journal of Marketing Research, Vol. 14, S. 396-402.

ARTHUR ANDERSEN & CO (1995): A study of worldwide Franchise associations, November, o. O.

BABAKUS, E./BOLLER, G. W. (1992): An empirical assessment of the SERVQUAL scale, in: Journal of Business Research, Vol. 24, S. 253-268.

BABAKUS, E./CRAVENS, D. W./GRANT, K./INGRAM, T. N./LAFORGE, R. W. (1996): Investigating the relationship amongst sales, management, control, sales territory design, salesperson performance, and sales organizational effectiveness, in: International Journal of Research in Marketing, Vol. 13, S. 345-363.

BACKHAUS, K. (1999): Industriegütermarketing, 6. Aufl., München u. a.

BACKHAUS, K./ERICHSON, B./PLINKE, W./WEIBER, R. (2000): Multivariate Analysemethoden: Eine anwendungsorientierte Einführung, 9. Aufl., Berlin u. a.

BAGOZZI, R. P./FOXON, G. R. (1996): Construct validation of a measure of adaptive-innovative cognitive styles in consumption, in: International Journal of Research in Marketing, Vol. 13, S. 210-213.

BAIN, J. S. (1956): Barriers to new competition, Cambridge.

BANDYOPADHYAY, S./ROBICHEAUX, R. A. (1997): Dealer Satisfaction Trough Relationship Marketing Across Cultures, in: Journal of Marketing Channels, Vol. 6/2, S. 35-55.

BARNEY, J. B. (1991): Firm resources and sustained competitive advantage, in: Journal of Management, Vol. 17, S. 99-120.

BARTLETT, C./GHOSHAL, S. (1990): Internationale Unternehmensführung, Frankfurt a. M.

BARZEL, D./WAHLE, P. (1990): Das PIMS-Programm – was es wirklich wert ist, in: HarvardManager, Heft 1/1990, S. 100-109.

BATTENFELD, D. (1997): Kostenmanagement und prozeßorientierte Kostenrechnung im Handel: konzeptionelle Grundlagen einer internen Marktorientierung durch Verrechnungspreise, Frankfurt a. M.

BAUDER, W. (1988): Der Franchise-Vertrag: Eine systematische Darstellung von Rechtstatsachen, Tübingen.

BAUER, H./GRETHER, M. (2002): CRM – Mehr als nur Hard- und Software, in: Texis, Jg. 19/1, S. 6-9.

BAUER, H./GRETHER, M./LEACH, R. B. (1999): Relationship Marketing im Internet, in: Jahrbuch der Absatz- und Verbrauchsforschung, Jg. 45/3, S. 284-302.

BBE (1999): BBE-Specialreport System-, Handel und Systemvertrieb, Köln.

BEKIER, M. M./FLUR, D. K./SINGHAM, S. J. (2000): A future for bricks and mortar, in: The McKinsey Quarterly, Vol. 3, S. 78-85.

BELLO, D. C./HOLBROOK, M. B. (1995): Does an absence of brand equity generalize across product classes, in: Journal of Business Research, Vol. 34/5, S. 125-131.

BENKENSTEIN, M./GÜTHOFF, J. (1996): Typologisierung von Dienstleistungen, Ein Ansatz auf der Grundlage system- und käuferverhaltenstheoretischer Überlegungen, in: ZfB, Jg. 66, S. 1493-1510.

BENKENSTEIN, M./GÜTHOFF, J. (1997): Qualitätsdimensionen komplexer Dienstleistungen: Konzeptionelle Operationalisierung und empirische Validierung auf der Grundlage von Servqual und eines Teilleistungsmodells, in: Marketing ZFP, Jg. 19, S. 81-92.

BEREKOVEN, L. (1983): Der Dienstleistungsmarkt in der BRD, Bd. 1 und 2, Göttingen.

BEREKOVEN, L./ECKERT, W./ELLENRIEDER, P. (1999): Marktforschung: methodische Grundlagen und praktische Anwendung, 8. Aufl., Wiesbaden.

BERGMANN, K. (1998): Angewandtes Kundenbindungsmanagement, Frankfurt a. M.

BERHEIDE, T./WUNDERLICH, M. (2002): Der Erfolgsfaktor CRM am Beispiel der ASP-Branche, in: Ahlert, D./Evanschitzky, H./Hesse, J. (2002): Exzellenz in Dienstleistung und Vertrieb – Konzeptionelle Grundlagen und empirische Ergebnisse, Wiesbaden, S. 161-186.

BERRY, L. L. (1983): Relationship Marketing, in: Berry, L. L./Shostack, G. L./Upah, G. D. (Hrsg.), Emerging perspectives on service Marketing, Chicago, S. 25-28.

BERRY, L. L./LEFKOWITH, E. F./CLARK, T. (1988): In services, what's in a name? in: Harvard Business Review, Vol. 66/5, S. 128-137.

BERRY, L. L./PARASURAMAN, A. (1992): Service-Marketing, übersetzt von Künzel, P., Frankfurt a. M., New York.

BETSCH, O. (2000): Privatkundengeschäft –Achillesferse der Banken?, in: Bank-Archiv, Jänner, S. 5-14.

BEZOLD, T. (1996): Zur Messung der Dienstleistungsqualität in sportökonomischen Einsatzfeldern: Eine theoretische und empirische Studie zur Methodenentwicklung unter besonderer Berücksichtigung des ereignisorientierten Ansatzes, Frankfurt a. M.

BHARADWAJ, S. G./VARADARAJAN, R. P./FAHY, J. (1993): Sustainable competitive advantage in service industries: a conceptual model and research proposition, in: Journal of Marketing, Vol. 57/4, S. 83-99.

BIEBERSTEIN, I (1995): Dienstleistungsmarketing, Kiel.

BIEBERSTEIN, I. (2001): Dienstleistungs-Marketing, 3. Aufl., Kiel.

BIEGER, T. (1998): Dienstleistungsmanagement: Einführung in Strategien und Prozesse bei persönlichen Dienstleistungen, Bern u. a.

BIERMANN, T. (1997): Dienstleister müssen besser werden, in: Harvard Business Manager, Vol. 2/97, S. 85-94.

BLATTBERG, R. C./THOMAS, J. S. (1998): The Fundamentals of Customer Equity Management, in: Bruhn, M./Homburg, C. (Hrsg.), Handbuch Kundenbindungsmanagement, Grundlagen - Konzepte - Erfahrungen, Wiesbaden, S. 359-386.

BLEICHER, K. (1996): Das Konzept integriertes Management, 4. Aufl., Frankfurt a. M.

BLEICHER, K. (1999), Das Konzept integriertes Management: Visionen-Missionen-Programme, 5. Aufl., Frankfurt a. M., New York.

BLEYMÜLLER, J./GEHLERT, G./GÜLCHER, H. (1996): Statistik für Wirtschaftswissenschaftler, München.

BLIEMEL, F. W./EGGERT, A. (1998): Kundenbindung – die neue Sollstrategie, in: Marketing ZFP, Jg. 20/1, S. 37-46.

BOEHM, H. (1997): Partnerschafts-Bilanz als strategisches Controlling in Franchise-Systemen, in: Deutscher Franchiseverband e.V. (Hrsg.), Jahrbuch Franchising, 1996/1997, Frankfurt a. M., S. 88-102.

BÖING, C. (2001): Erfolgsfaktoren im Electronic Commerce in Business-to-Consumer-Märkten – eine Analyse auf empirischer Basis, Wiesbaden.

BOND'S FRANCHISE GUIDE 1998 Edition. Ed. Minjia Qiu, Jeff Bond, 11th Annual Edition, 1998, Oakland.

BONGARTZ, U. (2000): Worksite Marketing – Strategie mit Multiplikatoreffekt, in: Die Bank, Nr. 1/Januar 2000, S. 52-54.

BORCHERT, S. (2001): Führung von Distributionsnetzwerken, Wiesbaden.

BORCHERT, S./MARKMANN, F./STEFFEN, M./VOGEL, S. (1999): Netzwerkaspekte – Konzepte, Typologie und Managementansätze, Arbeitspapier 21 des Lehrstuhls für Distribution & Handel, Münster.

BOSCH, H. D. (2001): Internet, Online-Banking, E-Commerce: Neue Chancen und Möglichkeiten im Privat- und Firmenkunden-Geschäft, Unterlagen zum Vortrag im Rahmen der Tagung des Fraunhofer Instituts zum Thema „Filialbanken und eBusiness – @ktuelle Herausforderungen im Finanzdienstleistungsbereich", 06.02.2001, Stuttgart.

BOSS, S./MCGRANAHAN, D./MEHTA, A. (2000): Will the banks control on-line banking, in: The McKinsey Quarterly, 2000 number 3, S. 70-77.

BRADACH, J. L. (1998): Franchise Organizations, Boston.

BRADY, M. K./CRONIN, J. J., JR. (2001): Some new thoughts on conceptualizing perceived service quality – An hierarchical approach, in: Journal of Marketing, Vol. 65/3, S. 34-49.

BRADY, M. K./CRONIN, J. J./ BRAND, R. R. (2002): Performance-only measurement of service quality: a replication and extension, in: Journal of Business Research, Vol. 55, S. 17-31.

BRAIM, K. H. (1995): Unternehmenskultur als Erfolgsfaktor: Plädoyer für eine mitarbeiter- und marktorientierte Strategie der Zukunft, Gütersloh.

BRANDES, W./WATERMANN, B. (2001): Service Center Online Bank, Ohne Beratung – schlechte Geschäfte, in: Börse Online, Nr. 13, S. 10-21.

BRICKLEY, J. A./DARK, F. H./WEISBACH, M. S. (1991): An agency perspective on Franchising, in: Financial Management, Vol. 20, S. 27-35.

BRITISH FRANCHISE ASSOCIATION. (2000): Franchise survey 2000, London.

BRONNER, R. (1992): Komplexität, in: Frese, E. (Hrsg.), Handwörterbuch der Organisation, 3. Aufl., Stuttgart.

BRUHN, M. (1997): Qualitätsmanagement für Dienstleistungen, 2. Aufl., Berlin u. a.

BRUHN, M. (1997): Qualitätsmanagement für Dienstleistungen: Grundlagen – Konzepte – Methoden, 2. Aufl., Berlin, Heidelberg.

BRUHN, M. (2000): Qualitätssicherung im Dienstleistungsmarketing, in: Bruhn, M./Strauss, B. (Hrsg.): Dienstleistungsqualität, 3. Aufl., Wiesbaden.

BRUHN, M. (2000): Qualitätssicherung im Dienstleistungsmarketing: Eine Einführung in die theoretischen und praktischen Probleme, in: Bruhn, M./Stauss, B. (Hrsg.): Dienstleistungsqualität: Konzepte, Methoden, Erfahrungen, 3. Aufl., Wiesbaden, S. 21-48.

BRUHN, M. (2001): Qualitätsmanagement für Dienstleistungen: Grundlagen, Konzepte, Methoden, 3. Aufl., Berlin u. a.

BRUHN, M./MURMANN, B. (2000): Interdependenzen von Qualitätsurteilen bei mehrstufigen Dienstleistungsprozessen, in: Bruhn, M./Stauss, M. (Hrsg.): Jahrbuch Dienstleistungsmanagement 2000, Wiesbaden, S. 74-101.

BRUHN, M./STAUSS, M. (2000): Dienstleistungsqualität: Konzepte – Methoden – Erfahrungen, 3. Aufl., Wiesbaden.

BUCKLEY, C. (1995): Delphi: a methodology for preferences more than predictions, in: Library Management, Vol. 16/7 1995, S. 16-19.

BUCKLEY, P. J. (1994): Introduction: cooperative forms of transnational corporation activity, in: Buckley, P. J. (Hrsg.): Cooperative forms of transnational corporation activity, London, S. 1-20.

BÜHL, A./ZÖFEL, P. (2000): SPSS Version 9, 6. Aufl., München u. a.

BÜKER, B. (1991): Qualitätsbeurteilung investiver Dienstleistungen: Operationalisierungsansätze an einem empirischen Beispiel zentraler EDV-Dienste, Meffert, H. (Hrsg.), Frankfurt a. M.

BULLINGER, H.-J./ENGSTLER, M./JORDAN, L. (2000): Szenario Finanzdienstleistungsmarkt 2000plus – Chancen für kleine und mittlere Filialbanken, Trendstudie, 2. Aufl., Fraunhofer-Institut für Arbeitswirtschaft und Organisation IAO, Stuttgart.

BUNDESMINISTERIUM FÜR WIRTSCHAFT (1995) Ausschuss für Begriffsdefinitionen aus der Handels- und Absatzwirtschaft, Katalog E, 4. Aufl., Köln, S. 58.

BURCHARD, U. (2000): Auf dem Weg zur Hochleistungsorganisation, in: Die Bank, Nr. 1, S. 24-27.

BUTZ, H. E./GOODSTEIN, L. D. (1996): Measuring customer value, gaining the strategic advantage, in: Organizational Dynamics, Winter 1996, S. 63-77.

BUZZELL, R. D./GALE, B. T. (1987): The PIMS principles – Linking strategy to performance, New York.

BUZZELL, R. D./GALE, B. T. (1989): Das PIMS-Programm, Strategien und Unternehmenserfolg, Wiesbaden.

BYRNE, B. M. (2001): Structural equation modeling with AMOS: Basic concepts, applications and programming, London.

CAMP, R. C. (1994): Business process benchmarking: Findings and implementing best practices, Wisconsin.

CARMAN, J. M. (1990): Consumer perception of service quality: An assessment of the SERVQUAL dimensions, in: Journal of Retailing, Vol. 66, S. 33-55.

CARUANA, A./EWING, M. T./RAMASESHAN, B. (2000): Assessment of the three-column format SERVQUAL: An experimental approach, in: Journal of Business Research, Vol. 49, S. 57-65.

CHANG, T. Z./CHEN, S. J. (1998): Market orientation, service quality and business profitability: A conceptual model and empirical evidence, in: Journal of Service Marketing, Vol. 12/4, S. 246-264.

CHAUDHURI, A./HOLBROOK, M. B. (2001): The chain effects from brand trust and brand affect to brand performance: the role of brand loyalty, in: Journal of Marketing, Vol. 65/2, S. 81-93.

CHETTY, S./HOLM, D. (2000): Internationalization of small to medium-sized manufacturing firms: a network approach, in International Business Review, No. 9/2000, S. 77-93.

CHURCHILL, G. A., JR. (1979): A paradigm for developing better measures of Marketing constructs, in: Journal of Marketing Research, Vol. 16, S. 64-73.

CLARKE, R. E./GUPTA, U. G. (1996): Theory and application of the Delphi technique: A bibliography (1975-1994), in: Technological Forecasting and Social Changes, Vol. 53, S. 185-211.

CLINE, K. (2000): Mobilizing for E-Strategy, in: Banking Strategies, January/February 2000, S. 18-23.

COASE, R. H. (1937): The nature of the firm, in Economia, Vol. 4, S. 396-405.

COE, N. (1997): Internationalisation, diversification and spatial restructuring in transnational computer service firms: Case studies from the U.K. market, in: Geoforum, No. 3-4, S. 253-270.

CONNOR, T. (1999): Customer-led and market-oriented: a matter of balance, in: Strategic Management Journal, 20, S. 1157-1163.

COOPER, R. G. (1979): Identifying industrial new product success: project NewProd, in: Industrial Marketing Management Vol. 8, S. 124-135.

COOPER, R. G./KLEINSCHMIDT, E. J. (1993): Major new products: what distinguishes the winners in the chemical industry?, in: Journal of Product Innovation Management, Vol. 10, S. 90-111.

COPELAND, T./KOLLER, T./MURRIN, J. (1998): Unternehmenswert, Methoden und Strategien für eine wertorientierte Unternehmensführung, 2. Aufl., Frankfurt a. M.

CORNELSEN, J. (1996): Kundenwert, Begriff und Bestimmungsfaktoren, Arbeitspapier Nr. 43 des Lehrstuhls für Marketing der Universität Erlangen-Nürnberg, Nürnberg.

CORNELSEN, J. (1998): Kundenbewertung mit Referenzwerten, Theorie und Ergebnisse des Kooperationsprojektes 'Kundenwert' in Zusammenarbeit mit der GfK AG, Arbeitspapier Nr. 64 des Lehrstuhls für Marketing der Universität Erlangen-Nürnberg, Nürnberg.

CORNELSEN, J. (2000): Kundenwertanalysen im Beziehungsmarketing: Theoretische Grundlegung und Ergebnisse einer empirischen Studie im Automobilbereich, in: Diller, H. (Hrsg.), Schriften zum innovativen Marketing, Bd. 3, Nürnberg.

CORSTEN, H. (1985): Die Produktion von Dienstleistungen: Grundzüge einer Produktionswirtschaftslehre des tertiären Sektors, Betriebswirtschaftliche Studien 51, Berlin.

CORSTEN, H. (1988): Betriebswirtschaftslehre der Dienstleistungsunternehmen, München, Wien.

CORSTEN, H. (1990): Betriebswirtschaftslehre der Dienstleistungsunternehmungen, 2. Aufl., München, Wien.

CORSTEN, H. (1997): Dienstleistungsmanagement, 3. Aufl., München, Wien.

CORSTEN, H. (2000): Der Integrationsgrad des externen Faktors als Gestaltungsparameter in Dienstleistungsunternehmungen – Voraussetzungen und Möglichkeiten der Externalisierung und Internalisierung, in: Bruhn, M./Stauss, B. (Hrsg.): Dienstleistungsqualität, Konzepte – Methoden – Erfahrungen, Wiesbaden.

CORSTEN, H./SCHNEIDER, H. (1999): Wettbewerbsfaktor Dienstleistung, München, Wien.

CREUSEN, U./SALFELD, A. (2001): Balanced Scorecard als Insturment zum Aufbau von lernenden Organisationen – Dargestellt am Beispiel des Franchisesystems OBI, in: Ahlert, D. (Hrsg.): Handbuch Franchising & Cooperation, Neuwied und Kriftel, S. 237-257.

CRONBACH, L. J. (1951): Coefficient Alpha and the internal structure of tests, in: Psycometrica, 16, S. 3-31.

CRONBACH, L. J. (1970): Essentials of psychological testing, 3. Aufl., New York.

CRONIN, J. J., JR./TAYLOR, S. A. (1992): Measuring service quality: A reexamination and extension, in: Journal of Marketing, Vol. 56/3, S. 55-68.

CRONIN, J. J., JR./TAYLOR, S. A. (1994): SERVPERF versus SERVQUAL: Reconciling performance-based and perceptions-minus-expectations measurement of service quality, in: Journal of Marketing, Vol. 58, S. 125-131.

DALKEY, N. C. (1969): Delphi Methode: An experimental study of group opinion, The Rand Cooperation, Santa Monica.

DE BRENTANI, U. (1989): Success and failure in new industrial services, in: Journal of Product Innovation, Vol. 6, S. 239-258.

DEPPISCH, C. G. (1997): Dienstleistungsqualität im Handel, Wiesbaden.

DESPANDE, R./ FARTEY, J. U./WEBSTER, F. E. (1993): corporate culture, customer orientation, and innovativeness in Japanese firms: A quadrad analysis, in: Journal of Marketing, Vol. 57, S. 23-27.

DEUTSCHE BANK (2000): Results 1999, Geschäftsbericht – Kurzfassung, Deutsche Bank, Frankfurt a. M.

DEUTSCHE BUNDESBANK (2001): Bankenstatistik, Februar 2001, Frankfurt am Main.

DEUTSCHER FRANCHISEVERBAND (2002): Franchise-Telex des DFV, München.

DILLER, H./KUSTERER, M. (1988): Beziehungsmanagement: Theoretische Grundlagen und explorative Befunde, in: Marketing-Zeitschrift für Forschung und Praxis, 10. Jg. (1988), Nr. 3, S. 211-220.

DITTRICH, S. (2000): Kundenbindung als Kernaufgabe im Marketing – Kundenpotenziale langfristig ausschöpfen, St. Gallen.

DOKE, E. R./SWANSON, N. E. (1995): Decision variables for selecting prototyping in information systems development: a Delphi Study of MIS managers, in: Information&Management Vol. 29, S. 173-182.

DONABEDIAN, A. (1980): The definition of quality and approaches to its assessment: Explorations in quality, assessment and monitoring, Vol. 1, Ann Arbor.

DOUCETTE, W. R. (1996): The influence of relational norms and trust on customer satisfaction in interfirm exchange relationships, in: Journal of Consumer Satisfaction, Dissatisfaction and Complaining Behavior, Vol. 9, S. 95-103.

DRUCKER, P. F. (1954): The Practice of Management, New York.

DURAY, R./MILLIGAN, G. (1999): Improving customer satisfaction through mass customization, in: Quality Progress, Vol. 8.

DUSCH, M./MÖLLER M. (1997): Praktische Anwendungen der Balanced Scorecard, in: Controlling, Heft 2, S. 116-121.

EBERS, M. (1997): The formation of inter-organizational networks, Oxford.

EHRMANN, T. (2001): Hybride Strukturen und Netzwerkunternehmer, in: Ahlert, D. (Hrsg.): Handbuch Franchising & Cooperation, Neuwied und Kriftel, S. 65-72.

EICKHOFF, M. (1997): Erfolgsforschung im Bekleidungsfacheinzelhandel, Frankfurt a. M.

EISELE, J. (1995): Erfolgsfaktoren des Joint Venture-Management, Wiesbaden.

ESCHENBACH, S. (1999): Zielorientierung – Systematisch führen – Balanced Scorecards für die Materialwirtschaft, in: Beschaffung Aktuell, Vol. 10, S. 38-41.

EUROPEAN FRANCHISE SURVEY SUPPLEMENT (1998): Progress an Prospects 1998, Oxon.

EUROPEAN FRANCHISE SURVEY (1997): European Franchise Federation, NatWest Bank, August, Oxon.

EVANSCHITZKY, H. (2001): Auswirkungen des E-Commerce auf Franchisesysteme, in: Ahlert, D. (Hrsg.): Handbuch Franchising & Cooperation, Neuwied, Kriftel, S. 297-310.

EVANSCHITZKY, H. (2001): Das Verhältnis neuer und traditioneller Absatzkanäle im Rahmen des Channel Management, in: Conrady, R./Jaspersen, T./Pepels, W. (Hrsg.): Online Marketing: Instrumente, Neuwied, Kriftel, S. 222-240.

EVANSCHITZKY, H./STEIFF, J. (2002): NetworkExcellence – Positionierungsmodell und erfolgsfaktorenorientierte Balanced Scorecard, in: Ahlert, D./Evanschitzky, H./Hesse, J. (Hrsg.): Exzellenz in Dienstleistung und Vertrieb – Konzeptionelle Grundlagen und empirische Ergebnisse, Wiesbaden, S. 187-209.

EVERS, M. (1999): Strategische Führung mittelständischer Unternehmensnetzwerke, München.

FARQUHAR, P. H. (1989): Managing brand equity, in: Marketing Research, Vol. 1/3, S. 24-33.

FASSOT, G. (1999): Benchmarking für Dienstleistungsunternehmen, in: Corsten, H./Schneider, H. (Hrsg.): Wettbewerbsfaktor Dienstleistung, München, S. 109-128.

FISCHER, J. (2001): Direktbank und Filialnetz – Kundennähe neu definiert, Unterlagen zum Vortrag im Rahmen der Tagung des Fraunhofer Instituts zum Thema „Filialbanken und eBusiness – @ktuelle Herausforderungen im Finanzdienstleistungsbereich", 06.02.2001, Stuttgart.

FISCHER, M. (1993): Make-or-Buy-Entscheidungen im Marketing: neue Institutionenlehre und Distributionspolitik, Wiesbaden.

FLETCHER, R. (2001): A holistic approach to internationalization, in: International Business Review, Vol. 10, S. 25-49.

FLOHR, E. (2001): Die konkreten Auswirkungen der neuen europäischen Gruppenfreistellungsverordnung auf Vertragsgestaltung und Vertragspraxis beim Franchising, in: Ahlert, D. (Hrsg.): Handbuch Franchising & Cooperation, Neuwied und Kriftel, S. 339-359.

FORIT (2000): Private Banking im Internet, Marktdaten – Kundenbedürfnisse – Strategische Empfehlungen, Studie der Forit Internet Business Research, Frankfurt a. M.

FORNELL, C./LARCKER, D. F. (1981): Evaluation structural equation models with unobservable variables and measurement errors, in: Journal of Marketing Research, Vol. 18/1, S. 39-50.

FRIELITZ, C./HIPPNER, H./MARTIN, S./WILDE, K. D. (2000): Customer Relationshhip Management – Nutzen, Komponenten, Trends, in: Wilde, K. D./Hippner, H. (Hrsg.): CRM 2000, Düsseldorf, S. 9-44.

FRITSCH, M. (2001): Innovation by networking: an economic perspective, in: Koschatzky, K./Kulicke, M./Zenker, A. (Hrsg.): Innovation Networks – Concepts and challenges in the European perspective, Heidelberg, New York.

FRITSCH, M./WEIN, T./EWERS, H. J. (2001): Marktversagen und Wirtschaftspolitik, 4. Aufl., Berlin.

FRITZ, W. (1990): Marketing – ein Schlüsselfaktor des Unternehmenserfolges?, in: Marketing ZFP, Heft 2, S. 91-110.

FRITZ, W. (1994): Die Produktqualität – ein Schlüssenfaktor des Unternehmenserfolg?, in: ZFB, Heft 8, S. 1045-1063.

FRITZ, W. (1995): Marketing-Management und Unternehmenserfolg, 2. Aufl., Stuttgart.

GARVIN, D. A. (1984): What does „product quality" really mean?, in: Sloan Management Review, Vol. 26, S. 25-43.

GEBAUER, E. (1995): Der Kunde soll zurückkommen, in BAG Handelsmagazin 8/95, S. 42-49.

GEMÜNDEN, H. G./RITTER, T./HEYDEBRECK, P. (1996): Network configuration and innovation success: An empirical analysis in German high-tech industries, in: International Journal of Research in Marketing, Vol. 13, S. 449-462.

GERHARDT, J. (1987): Dienstleistungsproduktion. Eine produktionstheoretische Analyse der Dienstleistungsprozesse, Bergisch Gladbach, Köln.

GEROSKI, P./MACHIN, S./REENEN, J. (1993): The profitability of innovating firms, in: RAND Journal of Economics, Vol. 24/2, S. 198-211.

GERPOTT, T. J./KNÜFERMANN, M. (2000): Internet-Banking – Eine empirische Untersuchung bei deutschen Sparkassen, in: Bank-Archiv, Jänner, S. 38-50.

GIBBONS, N. (2001): Wettlauf im Netz, Im Online-Banking wächst der Wettbewerbsdruck – und der Beratungsbedarf, in: Bank der Zukunft, Verlagsbeilage zur Frankfurter Allgemeinen Zeitung, Montag, 26. Februar 2001, S. B9.

GIERL, H./KURBEL, T M. (1997): Möglichkeiten zur Ermittlung des Kundenwertes, in: Link et al. (Hrsg.): Handbuch Database Marketing, 2. Aufl., Ettlingen, S. 175-189.

GILLNER, A./REDDEMANN, A./HOETH, U. (1997): Balance zwischen Verdienen und Vertrauen – von der Dienstleistungsqualität zur Dienstleistungsmentalität, in: Personalführung, Nr. 11, Düsseldorf.

GLAISTER, K. W./BUCKLEY, P. J. (1996): Strategic motives for international allianze formation, in: Journal of Management Studies, Vol. 33, S. 301-332.

GOMES-CASSERES, B. (1994): Group vs. group: How alliance networks compete, in: Harvard Business Review, Vol. 72/4, S. 62-74

GRANT, R. M. (1991): The resource-based theory of competitive advantage, in: California Management Review, Vol. 33/3, S. 114-135.

GREEN, A./PRICE, I. (2000): Whither FM? A Delphi study of the profession and the industry, in: Facilities, Vol. 18, S. 281-293.

GROB, H. L. (2001): Einführung in die Investitionsrechnung, 4. Aufl., Köln.

GROB, H. L./LANGENKÄMPER, C./WIEDING, A. (1999): Unternehmensbewertung mit VOFI, in: ZfbF, Jg. 51, S. 454-479.

GRÖNROOS, C. (1990): Relationship approach to Marketing in service contexts, The Marketing and organizational behavior Interface, in: Journal of Business Research, Vol. 23, S. 3-11.

GRÖNROOS, C. (2000): Service Management and Marketing: A customer relationship management approach, 2. Aufl., Chichester u. a..

GROSSEKETTLER, H. (1978): Die volkswirtschaftliche Problematik von Vertriebskooperationen – zur wettbewerbspolitischen Beurteilung von Vertriebsbindungs-, Alleinvertriebs-, Vertragshändler- und Franchisesystemen, in: Zeitschrift für Genossenschaftswesen, S. 325 ff.

GROSSEKETTLER, H. (1981): Die volkswirtschaftliche Problematik von Vertriebskooperationen – zur wettbewerbspolitischen Beurteilung von Vertriebsbindungs-, Alleinvertriebs-, Vertragshändler- und Franchisesystemen, in: Ahlert, D. (Hrsg.): Vertragliche Vertriebssysteme zwischen Industrie und Handel, Wiesbaden, S. 255-314.

GROSSE-OETRINGHAUS, W. F. (1994): Value Marketing, Steigerung des Geschäftserfolgs durch Erhöhung von Kundenwerten, in: Tomczak, T./Belz, C. (Hrsg.), Kundennähe realisieren, St. Gallen, S. 55-79.

GÜNTHER, T. (1997): Unternehmenswertorientiertes Controlling, München.

GUPTA, U. G./CLARKE, R. E. (1996): Theory and application of the Delphi Technique: A bibliography (1975-1994), in: Technological Forecasting and Social Change, Vol. 53, S. 185-211.

GUST, E. M. (2001): Customer Value Management in Franchisesystemen – Konzeptionelle Grundlagen der Franchisenehmerbewertung, Wiesbaden.

GUTENBERG, E. (1983): Grundlagen der Betriebswirtschaftslehre, Band 1, 24. Auflage (1. Auflage 1951), Berlin u. a.

GÜTHOFF, J. (1995): Qualität komplexer Dienstleistungen: Konzeption und empirische Analyse der Wahrnehmungsdimensionen, Wiesbaden.

HAFNER, N. (2001): Servicequalität des Telefonmarketing: Operationalisierung und Messung der Dienstleistungsqualität im Call Center, Benkenstein, M. (Hrsg.), Wiesbaden.

HALLER, S. (1998): Beurteilung von Dienstleistungsqualität. Dynamische Betrachtung des Qualitätsurteils im Weiterbildungsbereich, 2. Aufl., Wiesbaden.

HALLER, S. (2001): Dienstleistungsmanagement: Grundlagen – Konzepte – Instrumente, Wiesbaden.

HALLOWELL, R. (1996): The relationship of customer satisfaction, customer loyalty, and profitability: an empirical study, in: International Journal of Service Industry Management, Vol. 7, S. 27-42.

HAMMER, M./CHAMPY, J. (1995): Business Reengineering: Die Radikalkur für das Unternehmen, New York.

HANRIEDER, M.: Franchising: Planung und Praxis; erfolgsorientiertes Arbeiten mit und in Partner-Systemen, Neuwied 1991.

HARBISON, J. R./PEKAR, P. (1998): Institutionalizing alliance skills: Secrets of repeatable success, in: Journal of Strategy and Business, Vol. 11, S. 79-94.

HAREL, G. H./TZAFRIR, S. S. (1999): The effect of human resource management practice on the perception of organizational and market performance of the firm, in: Human Resource Management, Vol. 38/3, S. 185-200.

HARRIS, L. C. (2001): Market orientation and performance: objective and subjective empirical evidence from UK companies, in: Journal of Management Stuides, Vol. 38, S. 17-43.

HARRIS, L. C./OGBONNA, E. (1999): Strategic human resource management, market orientation, and organizational performance, in: Journal of Business Research, Vol. 51, S. 157-166.

HARTMANN-WENDELS, T./PFINGSTEN, A./WEBER, M. (2000): Bankbetriebslehre, 2. überarbeitete Auflage, Berlin u. a.

HAUSCHILDT, J. (1997): Innovationsmanagement, München.

HEIGL, C. (2000): Strategische Modelle im Internet-Banking, in Bank-Archiv, April 2000, S. 299-304.

HENTSCHEL, B. (1990): Die Messung wahrgenommener Dienstleistungsqualität mit SERVQUAL: Eine kritische Auseinandersetzung, in: Marketing ZFP, 12. Jg., 1990, S. 230-240.

HENTZE, J./LINDERT, K. (1998): Motivations- und Anreizsysteme in Dienstleistungsunternehmen, in: Meyer, A. (Hrsg.): Handbuch Dienstleistungs-Marketing, S. 1010-1030, Stuttgart.

HERRFELD, P. (1998): Die Abhängigkeit des Franchisenehmers, Rechtliche und ökonomische Aspekte, Wiesbaden.

HERRMANN, A./HOMBURG, C. (2000): Marktforschung, Methoden – Anwendungen – Praxisbeispiele, 2. Aufl., Wiesbaden.

HESS (1994): Konflikte in Vertraglichen Vertriebssystemen der Automobilwirtschaft: Theoretische und empirische Analyse, Ottobrunn.

HESSE, J. (1997): Vom Beeinflussungsmarketing zum Beziehungsmarketing, in: Hesse, J./Kaupp, P. (Hrsg.): Kundenkommunikation und Kundenbindung – Neue Ansätze zum Dialog im Marketing, Berlin, S. 13-54.

HETTICH, S./HIPPNER, H./WILDE, K. D. (2000): Customer Relationship Management, in: Das Wirtschaftsstudium, Jg. 29/10, S. 1346-1356.

HEYDEMANN, N. (2000): Internet Trust Services – Banken als Security Dienstleister, in: Die Bank, Nr. 9, S. 640-643.

HICKSON, D. J./ASTLEY, W. G./BUTLER, R. J./WILSON, D. C. (1981): Organization as power, in: Cummings, L. L./Staw, B. M. (Hrsg.): Research in Organizational Behavior, Bd. 3, S. 151-196.

HIENTZSCH, R. (2000): Vertriebswege – Den Mix koordinieren, in: Bankmagazin, April 2000, S. 54-56.

HILDEBRANDT, L. (1998): Kausalanalytische Validierung in der Marketingforschung, in: Homburg, C./Hildebrandt, L. (Hrsg.): Die Kausalanalyse: ein Instrument der empirischen betriebswirtschaftlichen Forschung, Stuttgart, S. 85-110.

HILKER, J. (1993): Marketingimplementierung: Grundlagen und Umsetzung am Beispiel ostdeutscher Unternehmen, Wiesbaden.

HILL, T. P. (1997): On goods and services, Review of Income Wealth, Vol. 33.

HILTROP, J. M. (1996): The impact of human resource management on organizational performance, in: European Management Journal, Vol. 14/6, S. 628-637.

HINTERHUBER, H. H. (1996): Strategische Unternehmensführung I – Strategisches Denken: Visionen – Unternehmenspolitik – Strategie, 6. Aufl., Berlin u. a.

HIPPNER, H./MARTIN, S./WILDE, K. (2001): Customer Relationship Management, in: Wirtschaftsstudium, Jg. 30/8, S. 417-422.

HOLBROOK, M. B. (1992): Product quality, attributes, and brand name as determinants of price: The case of consumer electronics, in: Marketing Letters, Vol. 3/1, S. 71-83.

HOMBURG, C. (Hrsg.): Kundenzufriedenheit: Konzepte – Methoden – Erfahrungen, 4. Aufl., Wiesbaden.

HOMBURG, C./BAUMGARTNER, H. (1995): Die Kausalanalyse als Instrument der Marketingforschung: Eine Bestandsaufnahme, in: Zeitschrift für Betriebswirtschaft, Jg. 65, Heft 10/95, S. 1091-1108.

HOMBURG C./BAUMGARTNER H. (1998): Beurteilung von Kausalmodellen: Bestandsaufnahme und Anwendungsempfehlungen, in: Homburg, C./Hildebrandt, L. (Hrsg.): Die Kausalanalyse: ein Instrument der empirischen betriebswirtschaftlichen Forschung, Stuttgart, S. 343

HOMBURG, C./BRUHN, M. (2000): Kundenbindungsmanagement. Eine Einführung in die theoretische und praktische Problemstellung, in: Bruhn, M./Homburg, C. (Hrsg.): Handbuch Kundenbindungsmanagement. Grundlagen, Konzepte, Erfahrungen, 3. Aufl., Wiesbaden, S. 3-36.

HOMBURG, C./GIERING, A. (1996): Konzeptualisierung und Operationalisierung komplexer Konstrukte: Ein Leitfaden für die Marketingforschung, in: Marketing ZFP, Heft 1, S. 5-24.

HOMBURG, C./GIERING, A./HENTSCHEL, B (1999): Der Zusammenhang zwischen Kundenzufriedenheit und Kundenbindung, in: Die Betriebswirtschaft, Jg. 59, S. 174-195.

HOMBURG, C./HILDEBRANDT, L. (1998): Die Kausalanalyse: Bestandsaufnahme, Entwicklungsrichtungen, Problemfelder, in: Homburg, C./Hildebrandt, L. (Hrsg.): Die Kausalanalyse: ein Instrument der empirischen betriebswirtschaftlichen Forschung, Stuttgart, S. 15-43.

HOMBURG, C./KEBBEL, P. (2001): Komplexität als Determinante der Qualitätswahrnehmung von Dienstleistungen, in ZFBF, Jg. 53, S. 478-499.

HOMBURG, C./PFLESSER, C. (2000): Strukturgleichungsmodelle mit latenten Variablen: Kausalanalyse, in: Herrmann, A./Homburg, C. (Hrsg.): Marktforschung: Methoden, Anwendungen, Praxisbeispiele, 2. Aufl., Wiesbaden, S. 633-659.

HOMBURG, C./SCHNEIDER, J./SCHÄFER, H. (2001): Sales Excellence – Vertriebsmanagement mit System, Wiesbaden.

HOMBURG, C./SCHNURR, P. (1998): Kundenwert als Instrument der Wertorientierten Unternehmensführung, in: Bruhn et al. (Hrsg.): Wertorientierte Unternehmensführung, Perspektiven und Handlungsfelder für die Wertsteigerung von Unternehmen, Wiesbaden, S. 169-189.

HOMBURG, C./STOCK, R. (2001): Theoretische Perspektiven zur Kundenzufriedenheit, in: Homburg, C. (Hrsg.): Kundenzufriedenheit: Konzepte – Methoden – Erfahrungen, 4. Aufl., Wiesbaden, S. 17-50.

HORSTMANN, W. (1999): Der Balanced Scorecard-Ansatz als Instrument der Umsetzung von Unternehmensstrategien, in: Controlling, Heft 4/5, S.193-199.

HORVÁTH, P. (1998): Controlling, 7. Aufl., München.

HORVÁTH, P. (1999): Richtig verstanden ist die Balanced Scorecard das künftige Managementinstrument, in: Frankfurter Allgemeine Zeitung, 30.08.1999, S. 29.

HUBER, F. (1995): Ein Konzept zur Ermittlung und Bearbeitung des Frühkäufersegments im Bekleidungsmarkt, in: Marketing ZFP, Jg. 17, S. 110-121.

HUBER, F./HERRMANN, A./WEIS, M. (2001): Markenloyalität durch Markenpersönlichkeit, in: Marketing ZFP, Jg. 23, S. 5-15.

HUCKEMANN, M./BUßMANN, W./DANNENBERG, H./HUNDGEBUTH, M. (2000): Verkaufs-Prozess-Management, Neuwied, Kriftel.

HUFF, D. L. (1964): Defining and estimating a trading area, in: Journal of Marketing, Vol. 28/7, S. 34-38.

HUNT, S. D./NEVIN, J. R. (1974): Power in a channel of distribution: sources and consequences, in: Journal of Marketing Research, Vol. 11, S. 186-193.

HUSMANN, N./RILEY, M. A. (2001): Enttäuschung im Web, in: Börse Online, Nr. 6, S. 78-79.

IMO, C. (2000): Internet Broking – Status und Trends, die Informationsrevolution, in: Bank-Archiv, April 2000, S. 265-275.

INFRATEST BURKE (2000): Trendindikator 2000, Einstellungen zu Finanzdienstleistungen 1993 – 2000, Trendindikator der Infratest Burke Finanzforschung, München.

INFRATEST BURKE (2000b): FinanzMarktDatenService 2000, Infratest Burke Finanzforschung, München.

INTERNATIONAL FRANCHISE ASSOCIATION (2002): Country profiles – www.franchise.org.

JARILLO, J. C. (1988): On strategic networks, in: Strategic Management Journal, Vol. 9, S. 31-41.

JARILLO, J. C. (1993): Strategic Networks: Creating the borderless organization, Oxford.

JAWORSKI, B. J./KOHLI, A. K. (1993): Market orientation: antecedents and consequences, in: Journal of Marketing, Vol. 57, S. 53-70.

JENSEN, B./HARMSEN, H. (2001): Implementation of success factors in new product development – the missing links?, in: European Journal of Innovation Management, Vol. 4, S. 37-52.

JUNGA, C./NEUGEBAUER, A.. (2001): Einsatz der Balanced Scorecard in Franchise-Netzwerken, in: Ahlert, D. (Hrsg.): Handbuch Franchising & Cooperation, Neuwied und Kriftel, S. 281-294.

KANDAMPULLY, J. (2002): Innovation as core competency of service organisation: The role of technology, knowledge and networks, in: European Journal of Innovation Management, Vol. 5/1, S. 18-26.

KANG, N. H./SAKAI, K. (2000): International Strategic Alliances: Their role in industrial globalization, OECD STI Working Paper, 2000/1, Paris.

KAPLAN, R. S./NORTON, D. P. (1996): The Balanced Scorecard, Bosten.

KAPLAN, R. S./NORTON, D. P. (1997): Balanced Scorecard – Strategien erfolgreich umsetzen, Stuttgart.

KAPLAN, R. S./NORTON, D. P. (1997a): Strategieumsetzung mit Hilfe der Balanced Scorecard, in: Seidenschwarz, W./Gleich, R. (Hrsg.): Die Kunst des Controlling, München, S. 313-342.

KARLÖF, B./ÖSTBLOM, S. (1994): Das Benchmarking-Konzept: Wegweiser zur Spitzenleistung in Qualität und Produktivität, München.

KELLOGG, D. L./NIE, W. (1995): A framework for strategic service management, in: Journal of Operations Management, Vol. 13, S. 323-337.

KENNING, P. (2001): Customer Trust Management – Ein Beitrag zum Vertrauensmanagement im Lebensmitteleinzelhandel, Wiesbaden (im Druck).

KERN, H. (2000): Finanzportale – vom „One-stop-shopping" zum „One-dot-shopping", in Bank-Archiv, Mai 2000, S. 370-376.

KIESER, A. (1974): Der Einfluß der Umwelt auf die Organisationsstruktur der Unternehmung, in: Zeitschrift für Organisation, Jg. 43, S. 302-314.

KIESER, A. (1974a): Produktinnovation; in: Tietz, B. (Hrsg.): Handwörterbuch der Absatzwirtschaft, Stuttgart, S. 1733-1743.

KLAUS, A./DÖRNEMANN, J./ KNUST, P. (1998): Chancen der IT-Unterstützung bei der Balanced Scorecard-Einführung, in: Controlling, Heft 6, S. 374 - 380.

KLEIN, S. (1996): Interorganisationssysteme und Unternehmensnetzwerke. Wechselwirkungen zwischen organisatorischer und informationstechnischer Entwicklung, Wiesbaden.

KLEINSCHMIDT, E. J. (1994): A comparative analysis of new product programs: European versus North American companies, in: European Journal of Marketing, Vol. 28, S. 5-29.

KLOSE, M. (1999): Dienstleistungsproduktion –Ein theoretischer Rahmen- in: Wettbewerbsfaktor Dienstleistung, Hrsg.: Corsten, H./Schneider, H., München, S. 3-21.

KLOYER, M. (1995): Management von Franchisesystemen - Eine Ressource-Dependence-Perspektive, Wiesbaden.

KÖHLER, R. (1998): Kundenorientiertes Rechnungswesen als Voraussetzung des Kundenbindungsmanagements, in: Bruhn, M./Homburg, C. (Hrsg.), Handbuch Kundenbindungsmanagement, Grundlagen – Konzepte – Erfahrungen, Wiesbaden, S. 329-358.

KÖHLER, R./MAJER, W./WIEZOREK, H. (2001): Erfolgsfaktor Marke. Neue Strategien des Markenmanagements, München.

KOHLI, A. K./JAWORSKI, B. J. (1990): Market orientation: the construct, research propositons and managerial implications, in: Journal of Marketing, Vol. 54, S. 1-19.

KOHLI, A. K./JAWORSKI, B. J./KUMAR, A. (1990): MARKOR: a measure of market orientation, in: Journal of Marketing Research, Vol. 30, S. 467-477.

KOTLER, P. (1991): Marketing Management, 7. Aufl., New York.

KRAHE, A. (1999): Balanced Scorecard – Bausteine zu einem prozeßorientierten Controlling, in: controller magazin, Vol. 2, S. 116-122.

KRISHNAN, B. J./HARTLINE, M. D. (2001): Brand equity: is it more improtant in services? in: Journal of Service Marketing, Vol. 15, S. 328-342.

KROEBER-RIEL, W./WEINBERG, P. (1999): Konsumentenverhalten, 7. Aufl., München.

KRÖNFELD, B. (1995): Erfolgsforschung in kooperierenden Handelssystemen – eine empirische Analyse des organisationalen Lernens von erfolgreichen Vorbildern, Frankfurt a. M.

KRÜGER, S. M. (1997): Profitabilitätsorientierte Kundenbindung durch Zufriedenheitsmanagement, Kundenwert als Steuerungsgröße für die Kundenbindung in marktorientierten Dienstleistungsunternehmen, in: Schriftenreihe Schwerpunkt Marketing, Band 47, München.

KRYSTEK, U./ZUR, B. (1997): Internationalisierung: Eine Herausforderung für die Unternehmensführung, Berlin u. a.

KUHN, G. (1980): Systemführung und Konfliktbewältigung, in: Boehm, H. (Hrsg.): Checklist Franchising, S. 115-142.

KUNKEL, M. (1994): Franchising und asymmetrische Informationen: Eine institutionenökonomische Untersuchung, Wiesbaden.

KÜPPER, H. U. (1997): Controlling: Konzeption, Aufgaben und Instrumente, Stuttgart.

KÜTING, K./LORSON, P. (1995): Grundlagen des Benchmarking, in: Betrieb und Wirtschaft, S. 73-79.

LADO, A. A./WILSON, M. C. (1994): Human resource systems and sustained competitive advantage: a competency-based perspective, in: Academy of Management Review, Vol. 19/4, S. 699-727.

LADO, A. A./ZHANG, M. J. (1998): Expert systems, knowledge development and utilization, and sustained competitive advantage: A resource-based model, in: Journal of Management, Vol. 24/4, S. 489-509.

LAFONTAINE, F. (1992): Agency theory and Franchising: Some empirical results, in: RAND Journal of Economics, Vol. 23/2, S. 263-283.

LANGEARD, E. (1981): Grundfragen des Dienstleistungsmarketing, in: Marketing ZFP, 3. Jg., S. 233-240.

LEIBFRIED, K. H./MCNAIR, C. J. (1993): Benchmarking: Von der Konkurrenz lernen, die Konkurrenz überholen, München.

LEICHTFUSS, R./SCHULTZ, T. (2000): Sieben Thesen zur Privatkundenbank der Zukunft, in: Frankfurter Allgemeine Zeitung, 13.11.2000.

LINDSTRÖM, M./ANDERSEN, T. F. (2000): Brand building on the Internet, Kogan Page, London u. a.

LINSTONE, H. A./TUROFF, M. (1975): The Delphi Method. Techniques and applications, Reading.

LORENZONI, G. /GRANDI, A. /BOARI, C. (1989): Network organizations: Three basic concepts, unveröffentlichtes Arbeitspapier der Universität Bologna.

LOTT, C. U./GRAMKE, V. (1999): Erfolgsfaktor Interaktion – Grundlage einer hohen Dienstleistungsmentalität, in: io-management, Nr. 1/2, Zürich, S. 1056-1062.

LOVELOCK, C. H. (1983): Classifying services to gain strategic marketing insights, in: Journal of Marketing, Vol. 47/2, S. 9-20.

LUCE, R. D., RAIFFA, H., (1957): Games and decisions: Introduction and critical survey, New York.

LUCERTINI, M./NICOLÒ, F./TELMON, D. (1995): Integration of Benchmarking and Benchmarking of integration, in: International Journal of Production Economics, Vol. 38, 1995, S. 59-71.

LÜCK, W. (1999): Risikomanagementsysteme und Überwachungssysteme einrichten: Neue Anforderungen an Vorstand, Aufsichtsrat, Interne Revision und Abschlussprüfer durch das KonTraG, in: Frankfurter Allgemeine Zeitung, 25.01.1999, S. 29.

LUCZAK, H. (1997): Innovationsmanagement als Basis neuer Dienstleistungen; in: Bullinger, H. J. (Hrsg.): Dienstleistungen für das 21. Jahrhundert, Stuttgart, S. 515-525.

LUX, E./MAUS, M./BIRKER, K./LUX, H. (1985): Mensch, System, Markt – Die Grundpfeiler im OBI-Franchise-Konzept, in: io Management-Zeitschrift, Nr. 4, S. 201-204.

MAAS, P. (1990): Franchising in wirtschaftspsychologischer Perspektive - Handlungsspielraum und Handlungskompetenz in Franchise-Systemen: Eine empirische Studie bei Franchise-Nehmern, Frankfurt a. M.

MACHARZINA, KLAUS (1999): Unternehmensführung: Das internationale Managementwissen: Konzepte – Methoden – Praxis, 3. Aufl., Wiesbaden.

MAHONEY, J. T./PANDIAN, J. R. (1992): The resource-based view within the conversation of strategic management, in Strategic Management Journal, Vol. 13, S. 363-380.

MALERI, R. (1973): Grundzüge der Dienstleistungsproduktion, Berlin u. a.

MALERI, R. (1997): Grundlagen der Dienstleistungsproduktion, 4. Aufl., Berlin u. a.

MALTHUS, T. R. (1910): Grundsätze der politischen Ökonomie, 1. Buch, Berlin.

MALTZAN, B.-A. V. (2001): Die Kunst der Synthese, Private Banking verbindet zunehmend Technologie mit persönlicher Beratung, in: Bank der Zukunft, Verlagsbeilage zur Frankfurter Allgemeinen Zeitung, 26.02.2001, S. B12.

MARKMANN, F. (2002): Franchising in Verbundgruppen, Wiesbaden.

MARKMANN, F./OLESCH, G. (2001): Franchisesysteme und Verbundgruppen – ein Vergleich von Struktur und Strategie, in: Ahlert, D. (Hrsg.): Handbuch Franchising & Cooperation, Neuwied und Kriftel, S. 107-137.

MARTINEK, M. (1987): Franchising: Grundlagen der zivil- und wettbewerbsrechtlichen Behandlung der vertikalen Gruppenkooperation beim Absatz von Waren und Dienstleistungen, Heidelberg.

MARTINEK, M. (2001): Franchising 2000 – Standortbestimmung und Zukunftsperspektiven des Franchising, in: Ahlert, D. (Hrsg.): Handbuch Franchising & Cooperation, Neuwied und Kriftel, S. 327-338.

MASON, E. S. (1939): Price and production policies of large scale enterprises, in: American Economic Review, Vol. 29, S. 61-74.

MATTMÜLLER, R. (1997): Zur Wettbewerbsschwäche von Verbundgruppen im Handel – eine institutionenökonomische Analyse der Beziehung zwischen Zentrale und Anschlussbetrieben, in: Jahrbuch der Absatz- und Verbrauchsforschung, Nr. 4, S. 383-400.

MAUDE, D. (2000): Banking on the device, in: The McKinsey Quarterly, No. 3, S. 87-97.

MCDANIEL, C./GATES, R. (2001): Marketing Research Essentials, 3. Aufl., South-Western College Publishing, Cincinnati.

MCDOUGALL, G./SNETSINGER, D. (1990): The intangibility of services: measurement and competitive perspectives, in: Journal of Service Marketing, Vol. 4, S. 27-40.

MEFFERT, H. (1994): Marktorientierte Führung von Dienstleistungsunternehmen – neuere Entwicklungen in Theorie und Praxis, in DBW, Heft 4/94, S. 519-541.

MEFFERT, H. (1997): Kundenzufriedenheit: State of the art und Entwicklungsperspektiven, in: Meffert, H./Backhaus, K. (Hrsg.): Kundenzufriedenheit: Dokumentation des Workshops vom 26./27. Juni 1997, Dokumentationspapier Nr. 113, Münster, S. 1-8.

MEFFERT, H. (1998): Kundenbindung als Element moderner Wettbewerbsstrategien, in: Bruhn, M./Homburg, C. (Hrsg.): Handbuch Kundenbindungsmanagement, Wiesbaden, S. 117-133.

MEFFERT, H. (1999): Erfolgsfaktorenforschung im Marketing – auf der Suche nach dem "Stein der Weisen" – Auftaktrede zum 5. Münsteraner Marketing-Symposium.

MEFFERT, H. (2000): Marketing: Grundlagen marktorientierter Unternehmensführung. Konzepte – Instrumente – Fallbeispiele, 9. Aufl., Wiesbaden.

MEFFERT, H. (2000a): Internationalisierungskonzepte im Dienstleistungsbereich – Bestandsaufnahme und Perspektiven, in: Belz, C./Bieger, T. (Hrsg.): Dienstleistungskompetenz und innovative Geschäftsmodelle, St. Gallen, S. 504-519.

MEFFERT, H./BACKHAUS, K. (1994): Kundenbindung und Kundenbindungsmanagement, Instrumente zur Sicherung der Wettbewerbsposition, Münster.

MEFFERT, H./BÖING, C. (2000): Erfolgsfaktoren und Eintrittsvoraussetzungen im Business-to-Consumer-E-Commerce – ausgewählte Ergebnisse einer empirischen Analyse, in: Meffert, H./Backhaus, K./Becker, J. (Hrsg.): Arbeitspapier 138, Münster.

MEFFERT, H./BRUHN, M. (2000): Dienstleistungsmarketing, Grundlagen – Konzepte – Methoden, 3. Aufl., Wiesbaden.

MEFFERT, H./MEURER, J. (1995): Marktorientierte Führung von Franchisesystemen – theoretische Grundlagen und empirische Befunde, in: Meffert, H./Backhaus, K./Becker, J. (Hrsg.): Arbeitspapier 98, Münster.

MEFFERT, H./WÖLLENSTEIN, S./BURMANN, C. (1996): Konflikt- und Kooperationsverhalten in vertraglichen Vertriebssystemen der Automobilindustrie, in: Meffert, H./Backhaus, K./Becker, J. (Hrsg.): Arbeitspapier 105, Münster.

MEFFERT, H./WOLTER, F. (2000): Internationalisierungskonzepte im Dienstleistungsbereich – Bestandsaufnahmen und Perspektiven, in: Meffert, H./Backhaus, K./Becker, J. (Hrsg.): Arbeitspapier 108, Münster.

MEIER, H.-J. (1999): Finanzierung des Franchisebetriebes, in: Nebel, J. (Hrsg.), Das Franchise-System: Handbuch für Franchisegeber und Franchisenehmer, Neuwied, Kriftel, S. 206-224.

MEIJAARD, J. (2001): Making sense of the New Economy, Arbeitspapier eingestellt im Ecommerce Research Forum des MIT, http://ecommerce.mit.edu/papers.

MEINIG, W. (1995): DSI - Dealer Satisfaction Index '95: Das Händler-Zufriedenheits-Barometer, Ottobrunn.

MEISSNER, W. (1989): Innovation und Organisation, Stuttgart.

MELLEROWICZ, K. (1963): Markenartikel – Die ökonomischen Gesetze ihrer Preisbildung und Preisbindung, München.

MELS, G./BOSHOFF, C./NEL, D. (1997): The dimensions of service quality: The original European perspective revisited, in: The Service Industries Journal, Vol. 17, S. 173-189.

MEURER, J. (1997): Führung von Franchisesystemen, Führungstypen – Einflußfaktoren – Verhaltens- und Erfolgswirkungen, in: Schriftenreihe Unternehmensführung und Marketing, Bd. 30, Wiesbaden.

MEYER, A. (1994): Dienstleistungs–Marketing, 6. Aufl., Augsburg.

MEYER, A. (1998): Dienstleistungs–Marketing, 7. Aufl., Augsburg.

MEYER, A./MATTMÜLLER, R. (1987): Qualität von Dienstleistungen: Entwurf eines praxisorientierten Qualitätsmodells, in: Marketing ZFP, Jg. 9, S. 187-195.

MEYER, H./POGODA, A. (1997): Forschungsbericht in: Brandmeyer, K./Deichsel, A. (Hrsg.): Jahrbuch Markentechnik 1997/1998 – Markenwelt, Markentechnik, Markentheorie, Stuttgart, S. 309-365.

MEYER, M. (1994): Ökonomische Organisation der Industrie: Netzwerkarrangements zwischen Markt und Unternehmung, Münster.

MICHELL, P./KING, J./REAST, J. (2001): Brand value related to industrial products, in: Industrial Marketing Management, Vol. 30, S. 415-425.

MILES, R. E./SNOW, C. C./COLEMAN, H. (1992): Managing the 21st century network organizations, in: Organizational Dynamics, Jg. 20, S. 5-20.

MUELLER, R. K. (1988): Betriebliche Netzwerke: kontra Hierarchie und Bürokratie, Freiburg.

MÜLLER, W. (1995): Aufbau und Stabilisierung von Wettbewerbsvorteilen durch ein integratives Dienstleistungsmanagement, in: Reuss, H./Müller, W. (Hrsg.): Wettbewerbsvorteile im Automobilhandel: Strategien und Konzepte für ein erfolgreiches Vertragshändler-Management, Frankfurt a. M., S. 80-140.

MÜLLER, M. (2001): Das Beste vom Besten, Was vermögende Privatkunden für ihr Geld verlangen, in: Bank der Zukunft, Verlagsbeilage zur Frankfurter Allgemeinen Zeitung, 26.02.2001, S. B9.

MÜLLER-HAGEDORN, L. (1998): Der Handel, Stuttgart u. a.

NARVER, J. C./SLATER, S. F. (1990): The effect of market orientation on business performance, in: Journal of Marketing, Vol. 54/4, S. 20-35.

NEBEL, J. (1999): Franchisenehmer auswählen und gewinnen, in: Nebel, J. (Hrsg.): Das Franchise-System: Handbuch für Franchisegeber und Franchisenehmer, Neuwied, Kriftel, S. 189-205.

NEBEL, J. (1999a): Franchisegebühren, in: Nebel, J. (Hrsg.): Das Franchise-System: Handbuch für Franchisegeber und Franchisenehmer, Neuwied, Kriftel, S. 225-231.

NEUMANN, U. (1999): Systembildung als Unternehmensziel beim Franchising, in: Deutscher Franchise Verband (Hrsg.): Jahrbuch Franchising 1999/2000, Frankfurt a. M., S. 166-176.

NEUS, W. (1998): Einführung in die Betriebswirtschaftslehre aus institutionenökonomischer Sicht, Tübingen.

NÖLKE, U. (2000): Die Freunde im Netz, in: Bankmagazin, Mai 2000, S. 58-60.

NORTH, K. (1998): Wissensorientierte Unternehmensführung, Wiesbaden.

NUNNALLY, J. C. (1978): Psychometric Theory, 2. Aufl., New York.

O. V. (1997): Wochenbericht des DIW, Nr. 16/97.

O. V. (1997a): Wochenbericht des DIW, Nr. 27-28/97.

O. V. (1997b): Wochenbericht des DIW, Nr. 34-2/97.

O. V. (1997c): „How much can I make?": Actual sales and profit potential for your small business, Genevieve Graves, Minjia Qiu, 2. Aufl., Oakland.

O. V. (1998): Franchising – Your Business: Getting Started, Loyds Bank, o. O.

O. V. (1998a):The Profile of Franchising, Volume III: A Statistical profile of the 1998 uniform franchise offering circular (UFOC) Data. IFA Educational Foundation, Inc., Februar 2000, Washington.

O. V. (2000): Franchise Survey 2000 der British Franchise Association sponsored by Nat-West Bank, März 2000, o. O.

O. V. (2001): Kaum Kreditabschlüsse im Internet, in: Börse Online, Nr. 11, S. 101.

O. V. (2001a): Measuring the Internet economy, University of Texas Working Paper in cooperation with Cisco Systems, Austin.

O. V. (2002): Franchise, Time magazine 10/2002.

OBRING, K. (1992): Strategische Unternehmensführung und polyzentrische Strukturen, Dissertation, München.

OLIVER, C. (1990): Determinants of interorganizational relationships: integration and future directions, in: Academy of Management Review, Vol. 15, S. 241-265.

OLIVER, R. (1999): Whence consumer loyalty? in: Journal of Marketing, Vol. 63 (special issue), S. 33-44.

OSBERG, S. (1999): The Sum of the parts, in: Open Finance, No. 39, S. 12-13.

OSSADNIK, W. (1996): Controlling, München.

OTTENJANN, M. (1996): Lernende Unternehmung im Handel, Frankfurt a. M.

PARASURAMAN, A./ZEITHAML, V. A./BERRY, L. L. (1984): A conceptual model of service quality and its implications for future research, Working Paper No. 84-106 of the Marketing Science Institute, Cambridge.

PAUSENBERGER, E/NÖCKER, R. (2000): Kooperative Formen der Auslandsmarktbearbeitung, in: Zeitschrift für betriebswirtschaftliche Forschung, Jg. 52, S. 393-412.

PEPPERS, D./ROGERS, M. (1997): Enterprise One to One, New York.

PESSEMIER, E. A. (1959): A new way to determine buying decisions, in: Journal of Marketing, Vol. 24/3, S. 41-46.

PETERAF, M. A. (1993): The cornerstone of competitive advantage: A resource-based view, in: Strategic Management Journal, Vol. 14, S. 179-191.

PETERS, L./SAIDIN, H. (2000): IT and mass customization of services: the challenge of implementation, in: International Journal of Information Management, No. 20, S. 103-119.

PETERS, T. J./WATERMAN, R. H. (1982): In Search of Excellence, New York.

PETERS, T. J./WATERMAN, R. H. (1991): Auf der Suche nach Spitzenleistungen, 14. Aufl., Landsberg/Lech.

PFEFFER, J. (1987): A resource dependence perspective on intercorporate relations, in: Mizruchi, M. S./Schwartz, M. (Hrsg.): Intercorporate relations, Canbridge, S. 25-55.

PFEFFER, J. (1992): Managing with power: politics and influence in organizations, Boston.

PFEFFER, J./SALANCIK, G. R. (1978): The external control of organizations – a resource dependence perspective, New York.

PICOT, A. (1982): Transaktionskostenansatz in der Organisationstheorie: Stand der Diskussion und Aussagewert, in: Die Betriebswirtschaft, Jg. 42, S. 267-284.

PICOT, A./REICHWALD, R./WIGAND, R. T. (1998): Die grenzenlose Unternehmung: Information, Organisation und Management, Lehrbuch zur Unternehmensführung im Informationszeitalter, 3. Aufl., Wiesbaden.

PICOT, A./REICHWALD, R./WIGAND, R. (2001): Die grenzenlose Unternehmung, Information, Organisation und Management, 4. Aufl., Wiesbaden.

PICOT, A./WOLFF, B. (1995): Franchising als effiziente Vertriebsform, in: Kaas, K. P. (Hrsg.) Kontrakte, Geschäftsbeziehungen, Netzwerke, ZfbF-Sonderheft 35, S. 223-243.

PIESKE, R. (1995): Benchmarking in der Praxis, Landsberg/Lech.

PILLER, F. T. (1998): Kundenindividuelle Massenproduktion - Die Wettbewerbsstrategie der Zukunft, Wiesbaden.

PILLER, F. T. (2000): Mass Customization: Ein wettbewerbsstrategisches Konzept im Informationszeitalter, Wiesbaden.

PINE, B. J. (1998): Vorwort, in: Piller, F. T. (Hrsg.): Kundenindividuelle Massenproduktion, Wiesbaden.

PINE, B. J./VICTOR, B./BOYTON, A. C. (1993): New competitive strategies: challenges to organizations and information technology, in: IBM Systems Journal, No. 32, S. 40-64.

PLESCHAK, F./SABISCH, H. (1996): Innovationsmanagement, Stuttgart.

PLINKE, W. (1997a): Grundlagen des Geschäftsbeziehungsmanagements, in: Kleinaltenkamp, M./Plinke, W. (Hrsg.): Geschäftsbeziehungsmanagement, Berlin u. a., S. 1-62.

PLINKE, W. (1998): Die Geschäftsbeziehung als Investition, in: Specht, G./Silberer, G./Engelhardt, W. H. (Hrsg.): Marketing-Schnittstellen – Herausforderungen für das Management, Stuttgart, S. 305-325.

PLÖTNER, O. (1994): Das Vertrauen des Kunden: Relevanz, Aufbau und Steuerung auf Industriellen Märkten, Wiesbaden.

POSSELT, T. (1999): Das Design vertraglicher Vertriebsbeziehungen am Beispiel Franchising, in: ZfB, Jg. 69, S. 347-375.

POWELL, W. W. (1987): Hybrid organizational arrangements, in CMR, 30/1, S. 67-87.

POWELL, W. W. (1990): Neither markets nor hierarchy: Network forms of organization, in: Staw, B. M./Cummings, L. L. (Hrsg.): Research in Organizational Behavior, Greenwich, S. 295-336.

PRAHALAD, C. K./HAMEL, G. (1990): The core competence of the corporation, in: Harvard Business Review, Vol. 68/3, S. 79-91.

RAPPAPORT, A. (1986): Creating shareholder value: the new standard for business performance, New York.

RATHMELL, J. M. (1974): Marketing in the Service Sector, Cambridge.

RAU, H. (1996): Benchmarking. Die Fehler der Praxis, in: Harvard Business Manager, Heft 4, S. 21-25.

REICHARDT, C. (2000): One-to-One-Marketing im Internet, Erfolgreiches E-Business für Finanzdienstleister, Wiesbaden.

REUSS, H. (1993): Konfliktmanagement im Franchise-Vertriebssystem der Automobilindustrie, Frankfurt a. M., New York.

RIEKER, S. A. (1995): Bedeutende Kunden, Analyse und Gestaltung von langfristigen Anbieter-Nachfrager-Beziehungen auf industriellen Märkten, Wiesbaden.

ROBLEDO, M. A. (2001): Measuring and managing service quality: integrating customer expectations, in: Managing Service Quality, Vol. 11, S. 22-31.

ROSEN, S. (1987): Human Capital, in: Eatwell, J./Millgate, M./Newman, P. (Hrsg), The New Palgrave. A Dictionary of Economics, Bd. II, London, S. 681-690.

ROTH, A. V./CHASE, R. B./VOSS, C. (1997): Service in the US, Severn.

ROWE, G./WRIGHT, G. (1999): The Delphi technique as a forecasting tool: issues and analysis, in: International Journal of Forecasting Vol. 15, S. 353-375.

RUST, R. T./ZAHORIK, A. J./KEININGHAM, T. L. (1995): Return on quality (ROQ): Making service quality financially accountable, in: Journal of Marketing, Vol. 59/2, S. 58-70.

SAWHNEY, M./PARIKH, D. (2001): Where value lives in a networked world, in: Harvard Business Review, Vol. 79/1, S. 79-86.

SAY, J. B. (1852): Cours Complet d'économie politique pratique, 3. Aufl., Bd. I, Paris.

SCHARITZER, D. (1994): Dienstleistungsqualität-Kundenzufriedenheit, in: Topritzhofer, E. (Hrsg.): Schriftenreihe Forschungsergebnisse der Wirtschaftsuniversität Wien.

SCHEMUTH, J. (1996): Möglichkeiten und Grenzen der Bestimmung des Wertes eines Kunden für ein Unternehmen der Automobilindustrie, Arbeitspapier Nr. 74 des Lehrstuhls für Marketing der Ludwig-Maximilians-Universität München, München.

SCHENK, M. (1984): Soziale Netzwerke und Kommunikation, Tübingen.

SCHLEUNING, C. (1997): Die Analyse und Bewertung der einzelnen Interessenten und Kunden als Grundlage für die Ausgestaltung des Database Marketing, in: Link, J. et al. (Hrsg.), korrigierte Aufl., Ettlingen-Oberweier, S. 143-158.

SCHLÜTER, F. (1999): Produktionsplanung und -steuerung als Dienstleistung, in: Corsten, H./Schneider, H. (Hrsg.): Wettbewerbsfaktor Dienstleistung, München, S. 239-254.

SCHLÜTER, H. (2000): Die Zufriedenheit von Franchisenehmern, Arbeitspapier des Internationalen Centrum für Franchising und Cooperation, Münster.

SCHLÜTER, H. (2001): Franchisenehmer-Zufriedenheit: theoretische Fundierung und empirische Analyse, Wiesbaden.

SCHMALENSEE, R. (1985): Do markets differ much? in: American Economic Review, Vol. 75, S. 341-351.

SCHMALENSEE, R. (1989): Inter-industry studies of structure and performance, in: Schmalensee, R./Willig, R. D. (Hrsg.): Handbook of Industrial Organization, Vol. II, North-Holland u. a., S. 952-1009.

SCHMALENSEE, R./WILLIG, R. D. (1989): Handbook of Industrial Organization, Vol. I und II, North-Holland u. a.

SCHMENNER, R. W. (1986): How can service business survive and prosper? in: Sloan Management Review, S. 21-32.

SCHNEIDER, D. (1992): Investition, Finanzierung und Besteuerung, Lehrbuch der Investitions-, Finanzierungs- und Ungewißheitstheorie, 7. Aufl., Wiesbaden.

SCHNEIDER, D./GERBERT, P. (1999): E-Shopping, Erfolgsstrategien im electronic commerce, Marken schaffen, Shops gestalten, Kunden binden, Wiesbaden.

SCHRÖDER, H. (1990): Die DPR-Methode auf dem Prüfstand, in: Absatzwirtschaft, Jg. 33., Heft 10, S. 110-121.

SCHRÖDER, H. (1995): Auf der Suche nach Vorbildern – Bestandsaufnahme zur Erfolgsforschung im Handel, in: Lebensmittelzeitung, 24.02.1995, S. 58-59.

SCHRÖDER, H. (1996): Benchmarking im Handel: Minimalprogramm, in: absatzwirtschaft, Heft 9, S. 94-99.

SCHRÖDER, H. (1996a): Noch besteht hoher Nachholbedarf – Bestandsaufnahme zur Umfrage des Benchmarking im Handel, in: Lebensmittelzeitung, 22.11.1996, S. 58-59.

SCHRÖDER, H./ALVES, R./KRÖNFELD, B./OTTENJANN, M. (1994): Erfolgsforschung in bundesdeutschen Handelssystemen – Auf der Suche nach erfolgreichen Vorbildern, Münster.

SCHÜLLER, A. (1976): Dienstleistungsmärkte in der Bundesrepublik Deutschland, Köln.

SCHULZE, A. (2001): Die deutsche Franchisewirtschaft im internationalen Vergleich, in: Ahlert, D. (Hrsg.): Handbuch Franchising und Cooperation, Neuwied, Kriftel, S. 95-105.

SCHULTZ, S./WEISE, C. (1999): Der deutsche Dienstleistungshandel im internationalen Vergleich, Heft 180 der Beiträge zur Strukturforschung, Berlin.

SCHWEITZER, M./FRIEDL, B. (1992): Beitrag zu einer umfassenden Controlling-Konzeption, in: Spremann, K./Zur, E. (Hrsg.): Controlling, Wiesbaden, S. 141-167.

SCHWERK, A. (2000): Dynamik von Unternehmenskooperationen, Berlin.

SCHWETJE, T. (1999): Kundenzufriedenheit und Arbeitszufriedenheit bei Dienstleistungen: Operationalisierung und Erklärung der Beziehungen am Beispiel des Handels, Wiesbaden.

SEBASTIAN, K. H./LAUSZUS, D. (1994): Höherer Kundenwert und höhere Gewinne, in: Gablers Magazin, Vol. 2, S. 27-30.

SEIDEL, M. B. (1997): Erfolgsfaktoren von Franchise-Nehmern unter besonderer Berücksichtigung der Kundenzufriedenheit: Eine empirische Analyse am Beispiel eines Franchise-Systems, Frankfurt a. M.

SERVATIUS, H. G. (1994): Reengeneering-Programme umsetzen, Stuttgart.

SHEPPECK, M. A./MILITELLO, J. (2000): Strategic human resource configuration and organizational performance, in: Human Resource Management, Vol. 39/1, S. 5-16.

SHIPLEY, D./HOWARD, P. (1993): Brand-naming industrial products, in: Industrial Marketing Management, Vol. 22, S. 59-66.

SILVESTRO, R. F./JOHNSTON, R./VOSS, C. (1992): Toward a classification of service processes, in: Journal of Operations Management, Vol. 2/4, S. 211-214.

SIMON, H. A. (1959): Administrative behavior: A study of decision-making processes in Administrative Organization, 2. Aufl., New York.

SIMON, H. A. (1994): Management-Lernen als strategische Herausforderung, in: Simon, H. A./Schwuchow, K. (Hrsg.): Management-Lernen und Strategie, Stuttgart.

SKAUPY, W. (1995): Franchising, Handbuch für die Betriebs- und Rechtspraxis, 2. Aufl., München.

SLATER, J. C./OLSON, E. M. (2000): Strategy type and performance: The influence of sales force management, in: Strategic Management Journal, Vol. 21, S. 813-829.

SLATER, S. F./NARVER, J. C. (1998): Customer-led and market-oriented: let's not confuse the two, in: Strategic Management Journal, 19, S. 1001-1006.

SLATER, S. F./NARVER, J. C. (1999): Market-oriented is more than customer-led, in: Strategic Management Journal, 20, S. 1165-1168.

STATISTISCHES BUNDESAMT (2001): Fachserie 18, Reihe 1.3 ff., Wiesbaden.

STAUSS, B. (1992a): Dienstleistungsqualität contra Kostensenkung?, in: Betriebswirtschaftliche Blätter, Heft 2, S. 111-116.

STAUSS, B. (1992b): Dienstleistungsqualität aus Kundensicht, Eichstätter Hochschulreden Nr.85, Regensburg.

STAUSS, B. (1999): Kundenzufriedenheit, in: Marketing ZFP, Jg. 21, S. 5-24.

STERN, P. (1994): Unterstützung von britischen Geschäftsbanken für das Franchising, in: Lang, H. (Hrsg.): Jahrbuch Franchising, Frankfurt a. M., S. 194-198.

STUDENT, D./WERRES, T. (2002): Mit beschränkter Wirkung, in: ManagerMagazin, 6/02, S. 112-121.

STUHLMANN, S. (1999): Die Bedeutung des externen Faktors in der Dienstleistungsproduktion, in: Corsten, H./Schneider, H. (Hrsg.): Wettbewerbsfaktor Dienstleistung, München, S. 23-58.

SYDOW, J. (1992): Strategische Netzwerke, Evolution und Organisation, Wiesbaden.

SYDOW, J. (1999): Management von Netzwerkorganisationen, Wiesbaden.

SYDOW, J./WINDELER, A./KREBS, M./LOOSE, A./VAN WELL, B. (1995): Organisation von Netzwerken, Stuttgart.

TEUBNER, G. (1992):Die vielköpfige Hydra: Netzwerke als kollektive Akteure höherer Ordnung, in: Krohn, W./Küppers, G. (Hrsg.), Emergenz: Die Entstehung von Ordnung, Organisation und Bedeutung, 2. Aufl., Frankfurt a. M., S. 189-216.

THEURL, T. (2001): Die Kooperation von Unternehmen: Facetten der Dynamik, in: Ahlert, D. (Hrsg.): Handbuch Franchising & Cooperation, Neuwied und Kriftel, S. 73-91.

THORELLI, H. B. (1986): Networks: Between markets and hierarchies, in: Strategic Management Journal, Vol. 7, S. 37-51.

TIETZ, B. (1960): Einzelfragen zur Typenbildung in der Betriebswirtschaftslehre – dargestellt am Beispiel der Typologie der Messen und Ausstellungen, Köln.

TIETZ, B. (1991): Handbuch Franchising: Zukunftsstrategien für die Marktbearbeitung, 2. Aufl., Landsberg/Lech.

TINTELNOT, C., MEIßNER, D., STEINMEIER, I. (1999): Innovationsmanagement, Berlin.

TOMCZAK, T. (1998): Markenmanagement für Dienstleistungen, St. Gallen.

TOMINAGA, M. (1996): Die kundenfeindliche Gesellschaft: Erfolgsstrategien der Dienstleister, Düsseldorf.

TROMMSDORFF, V. (1998): Konsumentenverhalten, 3. Aufl., Stuttgart u. a.

U.S. DEPARTMENT OF COMMERCE (1990): The Franchise sector in Europe: Consolidated profile of selected European Franchise markets, Madrid.

ULLMANN-MARGALIT, E. (1977): The Emergence of Norms, Oxford.

ULRICH, H. (1970): Die Unternehmung als produktives soziales System, 2. Aufl., Bern, Stuttgart.

UNGER, M. (1998): Die Automobil-Kaufentscheidung: Ein theoretischer Erklärungsansatz und seine empirische Überprüfung, Frankfurt a. M.

VENKATRAMAN, N./GRANT, J. H. (1986): Construct measurement in organizational strategy research: a critique an proposal, in: Academy of Management Review, 11/1, S. 71-87.

VENKATRAMAN, N./RAMANUJAM, V. (1987): Measurment of business economic performance: an examination of method convergence, in: Journal of Management, Vol. 13/1, S. 109-122.

VERMA, R. (2000): An empirical analysis of management challenges in service factories, service shops, mass services and professional services, in: International Journal of Service Industrial Management, Vol. 11/1, S. 8-25.

VNR VERLAG FÜR DIE DEUTSCHE WIRTSCHAFT AG (1999): Franchise-Chancen für Deutschland 1999/2000, Selbständigmachen als Partner erfolgreicher Unternehmen, in Zusammenarbeit mit dem Deutschen Franchise-Verband e. V., Bonn u. a.

WASSERMAN, ,S./FAUST, K. (1993): Social Network Analysis, New York.

WATSON, G. H. (1993): Benchmarking, Landsberg/Lech.

WEBER, J. (1999): Einführung in das Controlling, 8. Aufl., Stuttgart.

WEBER, S. M. (1999a): Netzwerkartige Wertschöpfungssysteme – Informations- und Kommunikationssysteme im Beziehungsgeflecht Hersteller-Handel-Serviceanbieter, Wiesbaden.

WEBER, J./SCHÄFFER, U. (1998): Balanced Scorecard – Gedanken zur Einordnung des Konzepts in das bisherige Controlling-Instrumentarium, in: Zeitschrift für Planung, Vol. 9, S. 341-365.

WECHSLER, W. (1978): Delphi-Methode – Gestaltung und Potential für betriebliche Prognoseprozesse, München.

WEMMERLOV, U. (1990): A taxonomy for service process and its implication for system design, in: International Journal of Service Industry Management, Vol. 1/3, S. 20-40.

WERNERFELD, B. (1984): A resource-based view of the firm, in: Strategic Management Journal, Vol. 16, S. 171-180.

WESTBROOK, R./WILLIAMSON, P. (1993): Mass Customization, in: European Management Journal, Jg. 11, Oxford, S. 38-45.

WILLIAMSON, O. E. (1975): Markets and hierarchies: Analysis and antitrust implications. A study in the economics of internal organization, New York.

WILLIAMSON, O. E. (1985): The economic institutions of capitalism, New York.

WILLIAMSON, O. E. (1990): Die ökonomischen Institutionen des Kapitalismus: Unternehmen, Märkte, Kooperation, Tübingen.

WINTERS, L. G./LILLA, J. (1991): Brand equity measures: some recent advances, in: Marketing Research, Vol. 3/6, S. 70-73.

WITTMANN, W. (1959): Unternehmung und unvollkommene Information: Unternehmerische Voraussicht, Ungewissheit und Planung, Köln.

WOLLF-PETERSEIM, D. (2001): Strategische Steuerung mit dem Instrument des Balanced Scorecard am Beispiel der OBI-Gruppe, in: Ahlert, D. (Hrsg.): Handbuch Franchising & Cooperation, Neuwied und Kriftel, S. 259-279.

ZECH, L. G./LILLA, J. (2001): Partner der Familie, Family Office: Beratungsintensive Bankdienstleistung mit Zukunft, in: Bank der Zukunft, Verlagsbeilage zur Frankfurter Allgemeinen Zeitung, Montag, 26.02.2001, S. B12.

ZEITHAML, V. A./BITNER, M. J. (1996): Services Marketing, New York u. a.

ZEITHAML, V. A./PARASURAMAN, A./BERRY, L. L. (1985): Problems and strategies in service Marketing, in: Journal of Marketing, Vol. 49/2, S. 33-46.

ZEITHAML, V. A./PARASURAMAN, A./BERRY, L. L. (1985a): A conceptual model of service quality and its implications for future research, , in: Journal of Marketing, Vol. 49/4, S. 41-50.

ZEITHAML, V. A./PARASURAMAN, A./BERRY, L. L. (1988): SERVQUAL: A multiple-item scale for measuring consumers' perception of service quality, in: Journal of Retailing, Vol. 64/1, S. 12-40.

ZEITHAML, V. A./PARASURAMAN, A./BERRY, L. L. (1991): Refinement and reassessment of the SERVQUAL scale, in: Journal of Retailing, Vol. 67, S. 420-450.

ZEITHAML, V. A./PARASURAMAN, A./BERRY, L. L. (1992): Qualitätsservice: Was Ihre Kunden erwarten - was Sie leisten müssen, Frankfurt a. M.

ZEITHAML, V. A./PARASURAMAN, A./BERRY, L. L. (1993): Research Note: More on Improving Service Quality Measurement, in: Journal of Retailing, Vol. 69, S. 140-149.

ZEITHAML, V. A./PARASURAMAN, A./BERRY, L. L. (1994): Reassessment of expectations as a comparison standard in measuring service quality: Implications for further research, in: Journal of Marketing, Vol. 58, S. 111-124.

ZEITHAML, V. A./PARASURAMAN, A./BERRY, L. L. (1994a): Alternative scales for measuring service quality: A comparative assessment based on psychometric and diagnostic criteria, in: Journal of Retailing, Vol. 70, S. 201-230.

ZENTES, J./SWOBODA, B. (1997): Grundbegriffe des internationalen Management, Stuttgart.

Überzeugende Konzepte für die Praxis

R. Teichmann, Deutscher Manager-Verband, Berlin; **F. Lehner,** Universität Regensburg (Hrsg.)

Mobile Commerce

Strategien, Geschäftsmodelle, Fallstudien

2002. VIII, 261 S. 54 Abb. Geb. **€ 39,95**; sFr 64,- ISBN 3-540-42740-6

Mobile Commerce ist die Nutzung mobiler Technologie, um bestehende Geschäftsprozesse zu verbessern und zu erweitern, oder um neue Geschäftsfelder zu erschließen. Der Praxis-Leitfaden beschreibt den dynamischen Markt des Mobile Commerce und zeigt wichtige Erfolgsfaktoren auf, um im Wettbewerb zu bestehen. Das Hauptaugenmerk richtet sich auf die strategische Bedeutung der eingesetzten Technologien und Produktportfolios. Eine Vielzahl von Fallbeispielen macht das Buch zu einem wertvollen Kompendium.

R. Teichmann, Deutscher Manager-Verband e.V., Berlin (Hrsg.)

Customer und Shareholder Relationship Management

Erfolgreiche Kunden- und Aktionärsbindung in der Praxis

2002. VIII, 279 S. 98 Abb., 3 Tab. Geb. **€ 44,95**; sFr 72,- ISBN 3-540-43571-9

Dauerhafte Kundenbeziehungen sind Voraussetzung für den Unternehmenserfolg. Das Buch bietet Grundlagen und Instrumente für die Entwicklung und Erhaltung erfolgreicher und dauerhafter Kundenbeziehungen und stellt CRM-Konzepte für eine Neuausrichtung sämtlicher Geschäftsprozesse auf den Kunden vor. Daneben werden auch die Beziehungen zu den Aktionären behandelt (Shareholder Relationship Management). Neun Fallstudien aus teilweise weltbekannten Unternehmen zeigen die erfolgreiche Umsetzung der Konzepte und bieten praktische Lösungen.

R. Lackes, C. Tillmanns, Universität Dortmund

Data Mining für die Unternehmenspraxis

Entscheidungshilfen und Fallstudien mit führenden Softwarelösungen

2002. Etwa 300 S. Geb. **€ 39,95**; sFr 64,- ISBN 3-540-43390-2

Ein echtes How-to-do-Buch für Praktiker in Unternehmen, die sich mit der Analyse von großen Datenbeständen beschäftigen. Im Mittelpunkt stehen vier Fallstudien aus dem Customer Relationship Management eines Versandhändlers. Die Fallstudien mit acht führenden Softwarelösungen machen die Stärken und Schwächen der einzelnen Lösungen transparent und verdeutlichen die methodisch-korrekte Vorgehensweise beim Data Mining. Beides liefert wertvolle Entscheidungshilfen für die Auswahl von Standardsoftware zum Data Mining und für die praktische Datenanalyse.

Besuchen Sie uns im Internet:
www.springer.de/economics

Bitte bestellen Sie bei Ihrem Buchhändler!

All Euro and GBP prices are net-prices subject to local VAT, e.g. in Germany 7% VAT for books. Prices and other details are subject to change without notice. d&p · BA 43991/2

Springer

Kundenbindung
in der digitalen Welt?

A. Berres, H.-J. Bullinger (Hrsg.)

E-Business - Handbuch für Entscheider

Praxiserfahrungen, Strategien, Handlungsempfehlungen

Wer es versteht, die Möglichkeiten des E-Business effizient zu nutzen und in die Unternehmensstrategie zu integrieren, wird auch auf umkämpften Märkten erfolgreich sein.

2., vollst. neu bearb. Aufl.
2002. VIII, 860 S. 176 Abb.,
29 Tab. Geb. € **99,95**;
sFr 155,-
ISBN 3-540-43263-9

A. Förster, P. Kreuz

Offensives Marketing im E-Business

Loyale Kunden gewinnen - CRM-Potenziale nutzen

Die vier Schlüsselprinzipien zum dauerhaften Markterfolg:

▶ Attract
▶ Convert
▶ Serve
▶ Retain

2002. XI, 276 S. 97 Abb.
Geb. € **44,95**; sFr 69,50
ISBN 3-540-43164-0

J. Link (Hrsg.)

Customer Relationship Management

Erfolgreiche Kundenbeziehungen durch integrierte Informationssysteme

Um dem Kunden zahlreiche Kommunikationskanäle und hohe Reaktionsgeschwindigkeit bieten zu können, muß ein hoher Integrationsgrad innerhalb und zwischen Front-Office-Bereich und Back-Office-Bereich realisiert werden.

2001. VIII, 325 S. 84 Abb.,
9 Tab. Geb. € **44,95**;
sFr 69,50
ISBN 3-540-42444-X

P. Vervest, A. Dunn

Erfolgreich beim Kunden in der digitalen Welt

Das vorliegende Buch bietet eine Anleitung für eine erfolgreiche Nutzung der Chancen der neuen digitalen Technologien.

2002. XX, 222 S. 36 Abb.
Geb. € **34,95**; sFr 54,50
ISBN 3-540-42073-8

Springer · Kundenservice
Haberstr. 7 · 69126 Heidelberg
Tel.: (0 62 21) 345 - 217/-218
Fax: (0 62 21) 345 - 229
e-mail: orders@springer.de

Die €-Preise für Bücher sind gültig in Deutschland und enthalten 7% MwSt.
Preisänderungen und Irrtümer vorbehalten. d&p · BA 43831/2

Springer

Druck: Strauss Offsetdruck, Mörlenbach
Verarbeitung: Schäffer, Grünstadt